Konrad Bundschuh

Einführung in die sonderpädagogische Diagnostik

7., überarbeitete Auflage
Mit 12 Abbildungen und 5 Tabellen

Ernst Reinhardt Verlag München Basel

Prof. em. Dr. phil. Konrad Bundschuh war Ordinarius und Inhaber des Lehrstuhls für Verhaltensgestörtenpädagogik und Geistigbehindertenpädagogik am Institut für Sonderpädagogik, Ludwig-Maximilians-Universität München.

Vom selben Autor außerdem erhältlich:

Konrad Bundschuh (2008): Heilpädagogische Psychologie. 4., überarbeitete, erweiterte und neu gestaltete Auflage. Ernst Reinhardt Verlag, München/ Basel. 359 Seiten

Bibliografische Information der Deutschen Bibliothek

Die Deutsche Bibliothek verzeichnet diese Publikation in der Deutschen Nationalbibliografie; detaillierte bibliografische Daten sind im Internet über <http://dnb.ddb.de> abrufbar.
UTB-ISBN 978-3-8252-0999-5
ISBN 978-3-497-02187-1

Einbandgestaltung: Atelier Reichert, Stuttgart
Satz: Rist Satz & Druck GmbH, Ilmmünster
Printed in Germany
ISBN 3-8252-0999-7 (UTB-Bestellnummer)

Ernst Reinhardt Verlag, Kemnatenstr. 46, D-80639 München
Net: www.reinhardt-verlag.de Mail: info@reinhardt-verlag.de

Inhalt

Vorwort zur siebten Auflage

Seit der letzten Überarbeitung des vorliegenden Buches (2005) sind zwar erst wenige Jahre vergangen; es hat sich aber in dieser Zeit gerade der Bereich der Diagnostik im sonder- und heilpädagogischen Arbeitsfeld derart dynamisch entwickelt, dass weitere inhaltliche Veränderungen notwendig wurden. Dieses Buch reagiert damit flexibel und aktuell auf neue Fragestellungen und Herausforderungen, die sich durch den Wandel (sonder-) pädagogischer Problemfelder durch wissenschaftliche Weiterentwicklungen und institutionelle sowie schulpolitische Veränderungen ergeben haben. Kompetenz- und ressourcenorientierte Diagnostik gehören zum Wandel von der Sonderschule zur Förderschule, Präventionsmaßnahmen begleiten die Entwicklung von Kindern zwischen Vorschule und Übergang ins Berufsleben, wobei Prävention im engen Sinne bereits im pränatalen Stadium beginnt. Integration und Inklusion implizieren ein Höchstmaß an Gemeinsamkeit und gleichzeitig Orientierung am Kind und seinen Möglichkeiten.

Die zahlreichen positiven Rückmeldungen zu den bisherigen Auflagen bestätigen den Bedarf einer „Einführung in die sonderpädagogische Diagnostik". Dieses Buch gehört zum Standardwerk für diagnostische Fragestellungen der Sonder- und Heilpädagogik, Psychologie und auch Allgemeinpädagogik, wenn man Störfaktoren in den Bereichen Schule, Kind- und Umfeldsituation, Gesellschaft und auch Schulsystem in die Frage nach einer bestmöglichen Erziehung integrieren möchte.

An diagnostischen Fragestellungen bestand im Zusammenhang mit bedrängenden pädagogischen Problemsituationen schon immer ein besonderes Interesse. Der diagnostische Handlungsbedarf hat angesichts zunehmender Leistungsorientierung des Schulsystems und anwachsender Vulnerabilität im außerschulischen Umfeld von Kindern (auseinanderbrechende Familien, wechselnde Partnerbeziehungen mit entsprechenden Belastungen und Konfliktsituationen gerade für Kinder, Alleinerziehende, Armut, Verunsicherung in Erziehungsfragen, unkritischer Medienkonsum, Kindesmissbrauch …), also infolge zahlreicher störungs- und behinderungsinduzierender Bedingungen, eher zugenommen.

Deutliche Veränderungen und Ergänzungen wurden im Kapitel 3 eingebracht, vor allem zur Frage nach der Klientel und dem Aufgabenbereich
hinsichtlich des individuellen (sonderpädagogischen) Förderbedarfs.
Dieser ergibt sich bereits im Vorschulbereich, des Weiteren bei ca. 20
Prozent aller SchülerInnen zwischen Förderschulen, Allgemeinschulen,
Realschulen und Gymnasien temporär und teilweise langfristig angesichts überfordernder (schulischer) Wirklichkeiten. Nicht nur Lernprozesse, sondern vor allem auch die soziale und emotionale Entwicklung
der Kinder und Jugendlichen sind von ungünstigen Bedingungen (Lern-
klima, Leistungsdruck, einseitige Orientierung am Leistungsdenken)
tangiert. Orientierung am Kind und Orientierung am Förderbedarf stellen eine Herausforderung an die Schulen bzw. an die Lehrer dar, sich
individuell und in differenzierter Form auf die Lern- und Lebensprozes-
se der Schüler einzustellen und es nicht zuzulassen, Lernstörungen,
Versagensängste und Minderwertigkeitsgefühle zu produzieren. Schüler
müssen die Chance einer optimalen Entfaltung ihrer Persönlichkeit im
Kontext Lernen und Bildung entsprechend vorhandener Ressourcen und
Kompetenzen erhalten.

Sonder- und Heilpädagogen, Frühpädagogen, Psychologen und Mediziner haben im Rahmen der Entwicklungsdiagnostik die Aufgabe,
Entwicklungsverzögerungen und Verhaltensauffälligkeiten, d. h. Förderbedarf im sozialen und emotionalen Bereich, zu erkennen sowie zur
Erhellung der Entstehung möglicher Beeinträchtigungen beizutragen,
Maßnahmen zu deren Behebung zu ergreifen, also Förderungsmöglichkeiten und ggf. Therapien vorzuschlagen, sowie bei der Prophylaxe
möglicher Fehlentwicklungen unterschiedlicher Art mitzuwirken. Mit
Problemen dieser Art werden vor allem Frühförderstellen bzw. -zentren,
Mobile Sonderpädagogische Hilfen (MSH), Schulvorbereitende Einrichtungen (SVE), Mobile Sonderpädagogische Dienste (MSD), Sonderpädagogische Förderzentren, Erziehungsberatungsstellen, psychiatrische
Kliniken und Kinderkliniken, schulpsychologische Dienste sowie Kin-
der- und Erziehungsheime konfrontiert. Frühförderung zielt darauf, bei
vorliegenden Entwicklungsverzögerungen, Behinderungen und Entwicklungsgefährdungen frühe Hilfen anzubieten, die zur möglichst guten Entwicklung betroffener Kinder, d. h. ressourcenorientiert, zur Entfaltung ihrer Möglichkeiten und Kompetenzen mit Blick auf Integration
in ihre Lebenswelt beitragen.

Gerade im umfangreichen Kapitel 5 mit nahezu 200 Seiten, das sich
mit Fragen der Informationsgewinnung, d. h. vor allem mit diagnostischen Verfahren im Rahmen förderdiagnostischer Praxis mit dem Ziel

ressourcen- und kompetenzorientierter Förderung beschäftigt, wurden zahlreiche Aktualisierungen und weitere wichtige Ergänzungen eingebracht. So wurde der Neukonzeption diagnostischer Verfahren zur Intelligenzdiagnostik (HAWIK-IV, SON 2007) Rechnung getragen, weiterhin der Entwicklungsdiagnose der Untersuchung schulischer Leistungen. Allgemein betrachtet wurden neuere (Test-) Verfahren eingebracht.

Orientierung am Förderbedarf und die Ausarbeitung von Förderplänen auf der Basis von Prozessdiagnostik (vgl. 6.6.1, 11. Förderplanung) stellen eine Herausforderung an Lehrer und Schulen dar, sich individuell und in differenzierender Form auf Lernmöglichkeiten und -prozesse der SchülerInnen mit Problemen einzustellen und maßgeblich durch Primärprävention tätig zu werden. Schüler haben dadurch die Chance einer optimalen Entfaltung ihrer Persönlichkeit im Kontext Lernen und Verhalten entsprechend vorhandener Ressourcen und sich entwickelnder Möglichkeiten und Kompetenzen.

Literatur, die Informationen zu diagnostischen Verfahren sowie Förderung bietet, und das Sach- und Testverzeichnis wurden ebenfalls ergänzt und aktualisiert.

Der Bedeutung aktueller Frage- und Problemstellungen wurde mehr Raum gegeben. Thematisiert wird im Besonderen das, was für die Gegenwart zum Problem und zur Herausforderung geworden ist. Das Grundprinzip, so umfassend wie möglich in enger Vernetzung von Theorie und Praxis, sachlich ausgewogen und kritisch zu informieren, wurde beibehalten.

Der wissenschaftliche Fokus liegt gewissermaßen am Puls einer veränderten Wirklichkeit, die Bisheriges in Frage stellt und zu neuen Denk- und Handlungsprozessen anregt. Der Inhalt der neuen Auflage dieses Buches konzentriert sich auf diagnostische Themen, die für die Sonder- und Heilpädagogik sowie Psychologie und Allgemeinpädagogik in einer gewandelten Wirklichkeit grundlegend wichtig sind und aktuelle Herausforderungen darstellen.

Vorwort zur ersten Auflage

1. Motivation/Ausgangslage

Während meines Studiums der Sonderpädagogik in München (1970 bis 1972) fiel mir auf, dass zu sonderpädagogisch-diagnostischen Problem- und Fragestellungen nahezu keine Literatur vorlag. Die sonderpädagogische Diagnostik war weder wissenschaftstheoretisch fundiert (ist es auch heute noch nicht), noch herrschte in der Praxis Klarheit über Ziele, Inhalte und Aufgabenbereiche.

In der Zwischenzeit setzten sich mehrere Autoren – zumeist kritisch – mit diagnostischen Fragen im Bereich der Pädagogik, speziell der Sonderpädagogik auseinander (*Kleber* 1973, *Kautter* und *Munz* 1974, *Zimmermann* 1974, *Kornmann* 1977, *Klauer* 1978 u. a.). Diese Literatur beschäftigt sich jeweils mit Teilaspekten diagnostisch-förderdiagnostischer Fragestellungen, wie z. B. mit statistischen Problemen, Testtheorie, mit Tests speziell oder mit diagnostischen Problemen im Zusammenhang mit Lernbehinderten. Eine gründliche Diskussion praktischer Fragen erfolgte nicht.

Immer wieder wurde ich von Studierenden aufgefordert und angeregt, meine Ausführungen der Vorlesung *„Einführung in die sonderpädagogische Diagnostik"* zu publizieren. Deutlich wurde die Notwendigkeit, über diagnostische Fragen im sonderpädagogischen Bereich zu informieren bei Referaten und Diskussionen mit Wissenschaftlern und Praktikern.

2. Ziele

Es wird der Versuch unternommen, die Bereiche und Probleme sonderpädagogischer Diagnostik unter Einbezug einer kurzen Darstellung der geschichtlichen Entwicklung wissenschaftstheoretisch zu hinterfragen und zu diskutieren. In einem zweiten, stärker praxisorientierten Teil werden Probleme förderdiagnostischer Informationsgewinnung unter Einbezug und kurzer Vorstellung möglicher Verfahren behandelt. In einem dritten Teil soll eingeführt werden in die Problematik der „förderungsorientierten Gutachtenerstellung", wobei eigene praktikable Lösungswege aufgezeigt werden. Insgesamt gesehen soll die Schrift mit der Intention einer möglichst engen Verknüpfung von Theorie und Praxis über diagnostische Probleme im sonderpädagogischen Bereich informieren.

3. Methode

Den Ausgangspunkt bilden die Fragen: Welche Inhalte gehören zum Bereich der sonderpädagogischen Diagnostik, und wie können diese Inhalte reflektiert und weitergegeben werden.

Um diese Problematik zu bewältigen, ist ein umfangreiches Sichten der Literatur aus den Fachgebieten Heil- und Sonderpädagogik (Teilbereiche der Pädagogik), Psychologie, Psychiatrie, Soziologie und Medizin erforderlich sowie eine Aktualisierung eigener Erfahrungen aus dem Problembereich. Es erfolgt dann ein systematischer Aufbau nach logischen Aspekten, wobei der Adressat lernzielorientiert informiert werden soll.

4. Inhalte

Die Arbeit teilt sich in drei große Bereiche: in einen wissenschaftstheoretischen, einen praxisorientierten und einen Teil, der den Aspekt Gutachtenerstellung diskutiert und praktisch aufzeigt.

Im theoretischen Teil erfolgt zunächst ein geschichtlicher Aufriss der Intelligenzdiagnostik unter besonderer Berücksichtigung sonderpädagogischer Aspekte (Entstehung der Psychodiagnostik, Beiträge der Psychiatrie, Ansatz *Binets,* Fortschritte der Intelligenzmessung).

Das 3. Kapitel enthält Erläuterungen zu Termini, Aufgaben, Funktionen und Bereichen sonderpädagogischer Diagnostik. Abschließend zu diesem Kapitel wird sonderpädagogische Diagnostik schwerpunktmäßig begründet unter dem Aspekt der *Förderdiagnose.*

Im 4. Kapitel wird eine speziell für sonderpädagogische Fragestellungen notwendige Einführung in testtheoretische Voraussetzungen zur Realisierung von Förderdiagnostik gegeben. Als Grundlage dient die den Umgang mit psychologisch-pädagogischen Verfahren fundierende klassische Testtheorie (Begriff Test, Gütekriterien psychologischer Testverfahren und sonderpädagogische Relevanz, Probleme der Standardisierung und Klassifikation von Tests).

Das 5. Kapitel, mit dem der zweite Teil der Arbeit beginnt, weist Möglichkeiten der Informationsgewinnung im Rahmen förderdiagnostischer Praxis auf, wobei teilweise eine kritische Auseinandersetzung mit vorliegenden Verfahren erfolgt, und praktische Fragen der Informationsgewinnung mittels Verhaltensbeobachtung, Intelligenz und Schulleistungstests, Verfahren zur Überprüfung des sozialen, affektiv-emotionalen Verhaltens, des Arbeitsverhaltens, der Sprache und Motorik behandelt werden. Dieses Kapitel endet mit der theoretischen und praktischen Erörterung der Bereiche Exploration – Informationsgespräche.

Das 6. Kapitel (dritter Teil) beschäftigt sich mit der förderungsorientierten sonderpädagogischen Begutachtung, denn sinnvoll wird sonderpädagogische Diagnostik nur, wenn sie einen Förderungsprozess auslöst, ihn begleitet, sich unmittelbar am Kind orientiert und damit eine effektive Hilfe zur Entfaltung von Möglichkeiten und Integration bietet.

Unter diesem Aspekt wird das förderungsorientierte Gutachten von der psychologischen und medizinischen Begutachtung abgehoben, indem es durch seinen spezifischen Aufbau und Inhalt auf die Einleitung von Fördermaßnahmen (eines Förderungsprozesses) zielt.

Bisher vorliegende Gutachtenschemata und -formen werden diskutiert.

Abschließend möchte ich einen eigenen Gutachtenaufbau vorschlagen (Schwerpunkt Förderung) und dazu zwei praktische Falldarstellungen (geistig behindertes und lernbehindertes Kind) vorstellen.

5. Ausblick

Im Verlauf der Arbeit wurde mir immer stärker bewusst, dass der Aufgabenbereich sonderpädagogischer Diagnostik sehr weit reicht, denn er umfasst an sich alle Altersgruppen und sämtliche Behinderungsarten. Es wäre für mich ein Erfolg, wenn die Basis für einen systematischen Ansatz der Behandlung dieser umfangreichen Problematik für Theorie und Praxis gelegt wäre.

1 Einleitung

Praktische und wissenschaftliche Probleme fordern immer wieder Diagnostik im sonder- und heilpädagogischen Arbeitsfeld heraus. Dieser Bereich ist gegenwärtig von einem Anstieg multidimensionaler und komplexer Fragestellungen im Hinblick auf individuellen Förderbedarf geprägt. Die bisherigen eher „klassischen" diagnostischen Arbeitsfelder Lernbehinderung, geistige Behinderung, Verhaltensstörung, Sprachstörungen und -behinderungen, körperliche Behinderung, Beeinträchtigungen und Behinderung der Sinne (Seh- und Hörbehinderung) haben sich angesichts verstärkter und immer komplexerer Notsituationen von Kindern bis in den Bereich der Regelschule erweitert. Dieses Problemfeld Regelschule ist teilweise durch SchülerInnen mit Verhaltens-, Lern- und Leistungsstörungen, psychosomatischen Auffälligkeiten (Essprobleme, Bauch- und Kopfschmerzen, Tics, Obstipation, Magenbeschwerden, Ein-schlafschwierigkeiten etc.) sowie durch Abhängigkeit von Medikamenten, Drogen und Alkohol gekennzeichnet. Wir haben es mit einer Heterogenität der Schülerschaft zu tun, wie sie bisher noch nicht festgestellt werden konnte. Entwicklung, Schullaufbahn und Leben von ca. 25 Prozent der Kinder in der Regelschule erweisen sich nicht als positiv. Diese Kinder gelten als lern-, leistungs- oder verhaltensgestört und damit meist auch als erziehungsschwierig. Es handelt sich dabei um SchülerInnen, die durch das Erleben permanenter Frustrationen und Ängste in der Entwicklung ihrer Persönlichkeit gefährdet sind. Ein kritisches Hinterfragen der Lehrplaninhalte, pädagogischer und didaktischer Methoden, eigentlich eine Diagnostik dieser Schule ist längst überfällig.

Erst recht im Förderschulbereich (bisher „Sonderschulbereich") kann man von einer heterogenen Schülerschaft sprechen, die von schwerster geistiger Behinderung und damit Mehrfachbehinderung, von der Sinnesbehinderung bis hin zum überdurchschnittlich intelligenten, aber extrem verhaltensgestörten Kind reicht. Darunter finden sich SchülerInnen mit Wahrnehmungsstörungen unterschiedlicher Art, mit Teilleistungsstörungen, gravierenden Lese- und Schreibproblemen, Dyskalkulie, Erziehungsschwierigkeiten, mit psychischer und physischer Frühdeprivation, mit autistischen Zügen, seelischer Behinderung und Hyperaktivität –

allgemein gesehen: SchülerInnen mit kognitiven und emotionalen Strukturierungs- und Verarbeitungsstörungen sowie SchülerInnen, die unter primär behindernden Bedingungen außerschulischer Art aufgewachsen sind, bei denen eine Kind-Umfeld-Diagnose dringend geboten ist. Dabei muss man erkennen und feststellen, dass es diese Störungen oder Behinderungen in linearer oder einheitlich-homogener, klar abgrenzbarer Form überhaupt nicht gibt. Wir haben es sowohl mit den Phänomenen Heterogenität, Individualität, Mehrfachstörung und -behinderung von Schülern als auch mit behindernd wirkenden Umfeldbedingungen zu tun.

Daraus erwächst – unter bildungspolitischem Aspekt betrachtet – die Aufgabe, Kindern und Jugendlichen ein von ihrem spezifischen Förderbedarf bestimmtes, also beobachtungs-/diagnosegeleitetes differenziertes Förderangebot sowohl im Regel- als auch im Förderschulwesen bereitzustellen. Zieldifferentes Lernen wird orientiert an der jeweiligen Entwicklungsstufe des Schülers angestrebt.

Historisch betrachtet haben diagnostische Fragestellungen im sonderoder heilpädagogischen Arbeitsfeld eine bewegte, meist vom Zeitgeist geprägte, insofern auch kritikbedürftige Geschichte, die hier allerdings nur bruchstückhaft aufgezeigt werden kann.

Im Jahre 1904 setzte das französische Ministerium für Unterricht eine Kommission ein, die einen Unterrichtsplan für anormale und zurückgebliebene Kinder ausarbeiten sollte. Alfred Binet (1857 – 1911), der anfangs Jurist war, sich später den Naturwissenschaften der Psychologie und medizinischen Fragen zuwandte, befand sich als Berichterstatter in dieser Kommission. *Binet* sah sich besonders angesprochen, er war interessiert an diesem Unterrichtsplan und den damit zusammenhängenden Problemen. Seine Aufgabe war die Klärung der Frage, wie der Intelligenzgrad jener Kinder festgestellt werden könnte, die nicht in der Lage waren, dem üblichen Unterricht zu folgen. Die „Auslese" der genannten Kinder stand als Problem im Mittelpunkt. Für *Binet* war dies der Anstoß, zusammen mit dem Arzt Théodore *Simon* (1873 – 1961) das bekannte *Binet-Simon*-Testsystem auszuarbeiten.

Diese Zeit, die noch zahlreiche Impulse durch die experimentelle Psychologie, Physiologie, Medizin, durch die Naturwissenschaften, v. a. auch durch die Mathematik erfuhr, darf wohl als ein wesentlicher Ausgangspunkt der sonderpädagogisch-psychologischen Diagnostik betrachtet werden.

Die vor ca. 90 Jahren durch das französische Unterrichtsministerium eingesetzte Kommission aus Medizinern, Naturwissenschaftlern, Pädagogen und Psychologen arbeitete ein dreiteiliges Verfahren zur Erfassung von Kindern mit geistiger Retardation aus. *Binet* und *Simon* stellten im Jahre 1905 dieses Verfahren zur Feststellung von Kindern mit „geistiger Inferiorität" vor. Es beinhaltete:

„ 1. Ärztliche Untersuchung (‚medizinische Methode') zur Aufdeckung der anatomisch-physiologischen Ursachen ‚geistiger Inferiorität'.

2. Schulleistungsprüfung (‚pädagogische Methode') zur Feststellung des Wissensbestandes und der Fertigkeit in den Kulturtechniken.

3. Intelligenzprüfung (‚psychologische Methode') zur Feststellung, ob schon von der Anlage her eine geistige Minderbegabung als Ursache für das Schulversagen vorliegt." (*Kautter* und *Munz,* 1974, 291).

Es ergibt sich die Überlegung, ob und inwieweit die vorhandenen psychologisch-pädagogischen und auch medizinischen Methoden der Gegenwart sich als Entscheidungshilfen zur Förderung auffälliger, gestörter und behinderter Kinder eignen. Auch wenn wir es zunächst mit diagnostischen Problemen zu tun haben, erhält die pädagogische Fragestellung den Vorrang. Im Zentrum steht das Kind, ihm muss geholfen werden.

Dem pädagogischen Aspekt kommt also die dominierende Rolle zu. In diesem Zusammenhang gelten folgende aus den Empfehlungen der Bildungskommission des Deutschen Bildungsrates (1973) abgeleitete Prioritäten:

„a) Das Entstehen von Schulversagen und Lernbehinderung sollte soweit wie möglich verhindert werden (erreichbar durch prophylaktische Maßnahmen).

b) Wo dies nicht möglich ist, sollte versucht werden, das Versagen oder die Behinderung zu beheben oder zumindest in ihrem Ausmaß so weit wie möglich zu reduzieren und vor allem Sekundärschäden, die sich besonders in Verhaltens- und Persönlichkeitsstörungen manifestieren, vorzubeugen (erreichbar durch therapeutische Maßnahmen).

c) Wo prophylaktische und rehabilitative Maßnahmen nicht voll erfolgreich sind, sollten dem Behinderten Kenntnisse, Einstellungen und Fertigkeiten vermittelt werden, die ihn befähigen, ein möglichst selbstbestimmtes Leben zu führen." (*Zimmermann* und *Kornmann* 1977, 462).

So wird die Aufgabe der Erörterung der Problematik „sonderpädagogisch-psychologische Diagnostik" als „Förderdiagnostik" vor allem mit der Erkenntnis verbunden sein, dass es um Informationsgewinnung zwecks Hilfe in einer Notsituation und damit um Förderung geht. Der heilpädagogische Aspekt steht im Vordergrund (vgl. *Bundschuh* 2010).

Unter Berücksichtigung dieses Aspektes erfolgt ein kurzer Überblick zur Geschichte der Intelligenzdiagnostik, eine kritische Einführung in das Verständnis notwendiger testtheoretischer Grundlagen sowie in die Bereiche relevanter Verfahren (Methoden) der Informationsgewinnung und der Gutachtenerstellung.

2 Geschichtlicher Aufriss der Intelligenzdiagnostik unter besonderer Berücksichtigung sonderpädagogischer Aspekte

Lernziele

1. Informieren über erste Ansätze sonderpädagogischer Diagnostik im Rahmen der Geschichte der Intelligenzdiagnostik.
2. Aufzeigen, welche unterschiedlichen Versuche unternommen wurden, um Intelligenz näher zu erfassen und zu beschreiben.
3. Den Ansatz Binets nachzuvollziehen und kritisch zu würdigen.
4. Wesentliche Momente einer Weiterentwicklung der Intelligenzerfassung und -beschreibung aufzuzeigen.

Zur Zeit des Übergangs vom 19. ins 20. Jahrhundert, etwa im Zeitraum zwischen 1890 und 1920, vollzog sich in der Psychologie eine Wende. Aus einer mehr theoretisch ausgerichteten Psychologie, die sich anfangs nur sehr vorsichtig an praktische Aufgaben heranwagte, wurde immer mehr eine angewandte Psychologie. Sie erhielt ihre Impulse im Wesentlichen durch das technisch-wissenschaftliche Denken dieser Zeit (vgl. *Dorsch* 1963, 40ff).

2.1 Die Entstehung der Psychodiagnostik

Die ersten Psychologen, die sich mehr dem Experiment zuwandten, waren in hohem Maße durch die Physik und Medizin geprägt. Den Grundstein für die Entstehung einer besonderen Diagnostik auf psychologischem Gebiet legte Francis *Galton* (1822 – 1911) in einem Laboratorium in London 1884/85. Er beschäftigte sich mit der Messung individueller psychologischer Unterschiede und legte den Schwerpunkt auf die Abweichungen vom Durchschnitt. Er schuf damit den Ansatz für eine differenzielle Psychologie. Sein im Jahre 1883 erschienenes Werk trug den Titel: „Inquiries into human faculty and its development". Ihn interessierten vor allem die menschlichen Fähigkeiten und deren Entwicklung. Galton gab dem Experiment in der Psychologie die besondere Wende zur Testform, indem er z. B. beim Menschen die Hörschwelle feststellen, Gewichte ordnen und Reaktionszeiten messen ließ.

Bereits in seinem Buch „Hereditary genius, an inquiri into its laws and consequences" (1869) versuchte er die Hochbegabung messbar zu machen, indem er das Verhältnis feststellte, in welchem der Geniale zur Bevölkerung steht. *Galton* wandte statistische Methoden auf die Problematik der Vererbung an, indem er das unter dem Namen *Gauss*-Verteilung bekannte Gesetz aufgriff. Damit war die Grundlage der Normalverteilungs- oder auch Wahrscheinlichkeitskurve geschaffen.

Im Zusammenhang mit der Entwicklung der Psychodiagnostik muss auch noch James Mckeen *Cattell* (1860 – 1944) genannt werden. Er schrieb im Jahre 1890 einen Arikel über „Mental tests and their measurements". Aufgrund dieses Artikels wird *Cattell* gewöhnlich als Urheber des Begriffs „Test" bezeichnet. Bereits 1896 begann *Cattell* bei Studenten, die sich an der Columbia-Universität immatrikulieren ließen, mit der Überprüfung der Intelligenz. Seine Testbatterie beinhaltete z. B. Maximalgeschwindigkeit der Armbewegung, Bestimmung der Schmerzschwelle bei Druck, Reaktionszeit für Farben, Halbierung einer Strecke nach Augenmaß, Zahl der nach einmaligem Hören behaltenen Buchstaben ...

Bekannt ist auch die Methode von Hermann *Ebbinghaus* (1850 – 1909), der sich mit Lern- und Gedächtnisvorgängen beschäftigte, vor allem im Zusammenhang mit erlebnisneutralen, unvorbelasteten Elementen (Lernen sinnloser Silben). 1897 veröffentlichte *Ebbinghaus* einen Lückentest als Intelligenztest, der gelegentlich heute noch Verwendung findet. Es handelt sich um einen Gruppentest, zu dessen Durchführung lediglich Papier und Bleistift gebraucht werden.

2.2 Beiträge der Psychiatrie

In Deutschland versuchten Psychiater durch psychologische Versuche, die individuellen Unterschiede vor allem zur Klärung „psychischer Defekte" sichtbar zu machen. Zu nennen sind hier an erster Stelle Konrad *Rieger* (1855 – 1939) und Emil *Kraepelin* (1856 – 1926). Sie brachten die experimentell-psychologischen Methoden als erste in die Nervenheilkunde ein. *Kraepelin* führte an Patienten Versuche durch, über die wir heute (zumindest partiell) geteilter Meinung sein können. Lernvorgänge wurden gemessen, einstellige Zahlen mussten fortlaufend addiert,

Zahlenreihen und sinnlose Silben auswendig gelernt werden. Es entstand die Idee, „künstliche Geistesstörungen" auf dem Wege der Ermüdung, Erschöpfung, aber auch über Stimulanzien und Giftwirkungen zu erzeugen. Versuchspläne weisen darauf hin, dass sich Vpn fünf Tage lang den verschiedensten Arbeiten und Prüfungen aussetzen mussten (vgl. F. *Dorsch* 1963, 46ff).

Der Würzburger Psychiater *Rieger* arbeitete bereits (1889/90) einen Entwurf zur Intelligenzuntersuchung aus, der eine allgemein anwendbare Methode zur Intelligenzüberprüfung darstellte. Gemessen wurden u. a. Wahrnehmung, Gedächtnis, Nachahmung, Assoziation, identifizierendes Erkennen, Kombination.

Den Ideen zur Überprüfung der Intelligenz fügte Theodor *Ziehen* (1862 – 1950) einen sehr wichtigen Gedanken hinzu. Er stellte die Forderung auf, man müsse erst bei allen Aufgaben zur Intelligenzprüfung die Schwankungsbreite ermitteln, bevor man solche Aufgaben verwende. Es genügte also nicht, dass man Tests entworfen hatte, vielmehr mussten sie auch erprobt werden, d. h., es musste experimentell geklärt werden, wie gut oder wie schlecht eine bestimmte Personengruppe die Testaufgaben löste. Dieser Ansatz stellte vor allem im sonderpädagogischen Bereich einen Anlass zur Kritik dar (Defizitbeschreibungen, Wertungen; vgl. 3.4 und 5.2).

2.3 Der Ansatz Alfred Binets

Man kann Alfred *Binet* (1857 – 1911) als das „Haupt" der französischen Schule für experimentelle Psychologie bezeichnen. Er schuf einen ganz neuen, vor allem auch für die sonderpädagogische Diagnostik – zumindest historisch gesehen – relevanten Ansatz (*Dorsch* 1963, 48ff) *Binet* studierte zunächst Jura, dann wandte er sich hauptsächlich den Gebieten Medizin, Psychiatrie und Psychologie zu. Ganz allgemein ausgedrückt, suchte er nach Zusammenhängen zwischen der körperlichen und geistigen Entwicklung. Man kann es wohl als *Binets* Leistung bezeichnen, dass er Alter und Intellekt in Bezug setzte. Dies soll insofern näher dargestellt werden, als diagnostisch-sonderpädagogische Belange tangiert werden. Darüber hinaus interessierten *Binet* stets Fragen, die Kinder betrafen. So gab er zwischen 1894 und 1896 Arbeiten über Gedächtnis und Suggestibilität bei Kindern heraus. Immer wieder beschäftigen ihn die Auswirkungen des Altersfortschrittes, der altersbedingten Reife auf die Intelligenzleistung und auf den Intelligenzwandel des Individuums.

Binet blieb jedoch nicht bei Fragen zur geistigen Leistung des Kindes stehen. Er wandte sich vielmehr auch der Erkundung körperlicher Leistungen und deren Abhängigkeit vom Alter zu. Gemessen wurden Muskelkraft, Handdruck, Zugkraft, Sprungkraft, Schnelligkeit, Vitalität, Atmung und Zirkulation. Er experimentierte mit Reaktionsgeräten wie Dynamometer und Ergograph. Um 1900 veröffentlichte er Arbeiten unter dem Titel „Attention et adaptation". Darin verglich er intelligente und unintelligente Schüler. *Binet* benutzte dazu eine Testserie mit Gedächtnisaufgaben, Buchstabendurchstreichen, Übertragen von Ziffern, Sätzen und Zeichnungen, ferner sollten taktile Eindrücke unterschieden werden. Seine Idee, ein Stufenmaß der Intelligenz zu schaffen, war damit jedoch noch nicht realisiert.

Einen entscheidenden Impuls erhielt *Binet,* als das französische Unterrichtsministerium 1904 eine Kommission einsetzte, die eine Klärung der Frage nach der Unterrichtung geistig zurückgebliebener Kinder herbeiführen und auch einen Unterrichtsplan für „abnorme" und behinderte Kinder ausarbeiten sollte. In diese Kommission wurde *Binet* berufen. Von dem Gremium wurde beschlossen, „dass ohne pädagogischmedizinische Begutachtung kein zurückbleibendes Kind aus der Normalschule in die Spezialschule überwiesen werden dürfe" (*Dorsch* 1963, 51). Diese Maßnahme war gedacht zum Schutz des Kindes. Willkür und Subjektivität sollten verringert werden. Die zentrale Frage lautete nun: Wie aber soll man begutachten? *Binet* sollte dieses Problem lösen. Zusammen mit seinem Mitarbeiter, dem Arzt Théodore *Simon* (1873 – 1961), brachte er eine Serie von 30 Testaufgaben heraus, die hinsichtlich des Schwierigkeitsgrades so anstiegen, dass die ersten Aufgaben dem niedrigsten Intelligenzniveau und die letzten Aufgaben dem normalen kindlichen Intelligenzdurchschnitt entsprachen. Wurden also alle Aufgaben von einem Kind der entsprechenden Altersstufe gelöst, galt das Kind als „normal". Die Entwicklung der Intelligenz war altersentsprechend.

Damit schufen die beiden Wissenschaftler „eine Klassifikation vom Grenzfall der Idiotie über Imbezillität, Debilität, Schwachbegabte zum Normalfall" (*Dorsch* 1963, 51).

Den Testaufgaben ging eine Reihe von Vorversuchen voraus. Man kann *unter dieser Rücksicht* sogar von einer empirisch orientierten Arbeitsweise sprechen. Es gab auch so etwas wie standardisierte Bedingungen; die Forderungen hierzu lauteten: geringer Zeitaufwand, eindeutige Instruktion, keine Kenntnisaufgabe, keine suggestive Beeinflussung, Beobachtung *der* Versuchsperson …

Folgende Aufgabenstellungen, die sich auf die Bereiche „Urteil", „gesunder Menschenverstand", „praktischer Sinn", „Initiative", „Fähigkeit sich anzupassen" erstreckten (vgl. *Roth* u. a. 1973, 23), werden angeführt:

„1. Fixierendes Sehen (folgen die Augen des Kindes einer brennenden bewegten Kerze?).
2. Durch Berühren hervorgerufenes Greifen.
3. Durch Sehen hervorgerufenes Greifen.
4. Gegenstand erkennen (ein Holzklötzchen und ein Stück Schokolade zur Wahl) ...
5. Aufgabe 4 wird erschwert durch das Einwickeln der Gegenstände vor den Augen des Kindes.
6. Befolgen einfacher Befehle (Türe schließen u. a.). Versagt das Kind bei 1 – 6, dann handelt es sich um einen Grenzfall der Idiotie.
7. Wortverständnis bei Gegenständen (Kopf, Augen zeigen lassen, Tasse aus anderen Gegenständen herauszeigen).
8. Wortverständnis bei Bildern.
9. Benennen von Gegenständen auf Bildern.
10. Vergleich von zwei verschieden langen Linien.
11. Wiederholen von drei vorgesprochenen Zahlen.
12. Vergleichen von zwei verschieden schweren Gewichten. Versagt das Kind bei 7 – 12, dann handelt es sich um Imbezillität bzw. Debilität.
13. Suggestibilität (z. B. unter vorgelegten Gegenständen einen zeigen lassen, der nicht vorhanden ist).
14. Definieren von bekannten Gegenständen (Zweckangaben).
15. Wiederholen von vorgesprochenen Sätzen mit 15 Wörtern.
16. Unterscheiden von bekannten Gegenständen aus dem Gedächtnis.
17. Erinnerung an vorgelegte Bilder.
18. Zeichnen aus dem Gedächtnis (eine geometrische Figur wird 1 – 2 Sekunden vorgelegt).
19. Wiederholen von mehr als drei vorgesprochenen Zahlen.
20. Bestimmung der Ähnlichkeit von Gegenständen aus dem Gedächtnis (z. B. zwischen Mohnblume und Blut).
21. Längenvergleich mit dem Augenmaß.
22. Ordnen von 5 gleich aussehenden, aber verschieden schweren Gewichten.
23. Bemerken einer Lücke in der Reihenfolge dieser 5 Gewichte. Versagt das Kind bei 13 – 23, so handelt es sich um Intelligenzschwäche.
24. Worte finden lassen, die sich auf ein gegebenes Wort reimen.
25. Ergänzen von Lücken in einem leichten Text mit 7 Lücken.
26. Satzbildung mit drei gegebenen Wörtern (Binet gab: Paris, rivière, fortune).

27. Beantworten von abstrakten Fragen (warum soll man besser so als so handeln?).
28. Zeitangabe bei umgestellt bzw. vertauscht gedachten Uhrzeigern.
29. Ausschneidversuch (bei einem doppelt gefalteten Papier wird an der Falzkante ein Dreieck abgeschnitten: wie sieht der Bogen nach der Entfaltung aus?).
30. Definieren von abstrakten Begriffen" (*Dorsch* 1963, 51f).

Damit versteht *Binet* „letztlich unter Intelligenz die Fähigkeit zum guten Urteilen, Verständnis und Denken" (*Roth* u. a. 1973, 23).

Binet und *Simon* schlugen vor, man solle diese psychologische Untersuchung zugleich verbinden mit einer pädagogischen Untersuchung, mit einer Überprüfung des Schulwissens und des allgemeinen Lebenswissens sowie mit einer medizinischen Untersuchung mit allgemein körperlichem Befund und Feststellungen zu physiologischen Funktionen, dem Entwicklungsstand und den erblichen Einflüssen (vgl. *Dorsch* 1963, 52). Milieufaktoren spielten offensichtlich kaum eine Rolle.

Die Testversuche wurden zunächst an Kindern im Alter von 3 – 11 Jahren durchgeführt. Die 30-Test-Methode aus dem Jahre 1905 verbesserten die beiden Wissenschaftler infolge neuer Erkenntnisse bald. 1908 erschien erstmals die unter dem Namen *Binet-Simon* weltbekannte und verbreitete Methode der Intelligenzprüfung mit dem Titel: „Le développement de l'intelligence chez les enfants". Diese Intelligenzprüfung enthielt für jedes Alter zwischen 3 und 13 Jahren Testaufgaben. Die Lösung der Aufgaben eines bestimmten Jahrganges wies darauf hin, dass die entsprechende Intelligenznorm erreicht worden war. Für jede Altersstufe hatte man fünf bis acht Aufgaben vorgesehen. Nach *Binet* sollte festgestellt werden, bis zu welcher Altersstufe von einem Kind alle Tests gelöst werden. Ein Versagen in nur einem Test einer Altersstufe spielte damals keine Rolle (während heute dadurch das Intelligenzalter niedriger wird).

Löste ein Kind *alle* Testaufgaben einer Altersstufe, so entsprach dies dem Intelligenzalter dieser Altersstufe. Löste z. B. ein siebenjähriges Kind alle Aufgaben, die für sieben Jahre vorgesehen waren, so stimmten Intelligenzalter (IA) und Lebensalter (LA) überein, d. h., das Kind verfügte nach der damaligen Interpretation über eine „normale Intelligenz".

Blieben je fünf bis acht Tests der niedrigeren Altersstufe ungelöst, so bedeutete dies den Abzug von einem oder mehreren Intelligenzjahren. Einen Intelligenzrückstand von zwei Jahren – später waren es drei – interpretierte *Binet* mit „geistiger Schwäche", die eine Einweisung in die Hilfsschule rechtfertigte. So gab es grob dargestellt drei Möglichkeiten:

IA = LA: durchschnittliche oder normale Intelligenz.

IA > LA: Intelligenzvorsprung (IV) oder überdurchschnittliche Intelligenz.

IA < LA: Intelligenzrückstand (IR) oder unterdurchschnittliche Intelligenz.

Damit gebrauchte *Binet* zur Charakterisierung der jeweiligen Verhältnisse die Begriffe „Intelligenzvorsprung" und „Intelligenzrückstand". Man kann also feststellen, dass *Binet* die Bezeichnungen *Intelligenzalter* (IA) und *Lebensalter* (LA) einführte und die beiden Daten miteinander in Beziehung setzte. Aufgrund dieses Gedankens, Lebensalter und Intelligenzalter zu vergleichen, waren Ansätze für eine „Messung" (Abschätzung) der Intelligenz geschaffen. Wie bereits dargelegt, beschrieb der Wissenschaftler die Abweichungen von der durchschnittlichen Norm mit den Begriffen *Intelligenzvorsprung* (IV) bzw. *Intelligenzrückstand* (IR).

Indem die Aufgaben ständig bezüglich ihres Schwierigkeitsgrades in Kindergärten und anderen Einrichtungen für Kinder überprüft wurden, kann man sagen, dass *Binet* den Versuch unternahm, eine auf empirischem Wege entstandene Maßskala aufzuzeigen und zu erproben. Mit Hilfe der genannten Aufgabenstellungen ergab sich eine Möglichkeit zur „Klassifizierung des Schwachsinns" (unterdurchschnittliche Intelligenzgrade). So kam *Binet* zur folgenden Einteilung geistig Retardierter („Schwachsinniger"):

„Der *Debile* bleibt auf der Intelligenzstufe des 9- bis 10jährigen Kindes stehen. Er kann nicht ohne Beaufsichtigung leben und seinen Unterhalt nicht selbständig erwerben" (vergleichbar etwa heute mit dem Intelligenzbereich 55 – 75).

„Der ‚Imbezille' bleibt auf der Stufe des 6jährigen Kindes stehen. Er kann weder schreiben noch lesen" (etwa IA 25 – 59).

„Der *Idiot* steht auf der Stufe des 2jährigen Kindes, das nicht spricht und nicht versteht" (etwa IA < 25) (*Dorsch* 1963, 52 f).

Im pädagogischen Bereich würde man einer solchen Einteilung sicherlich einige Kritik entgegensetzen. Punktuell soll hierzu Stellung genommen werden:

1. Mit dieser schematischen Klassifizierung (Einteilung) verbindet sich die Gefahr, dass die so bezeichneten Kinder „festgeschrieben" werden, d. h., die Beurteilung (Einschätzung) der Intelligenz wird als weitgehend endgültig gesehen.

2. Der milieutheoretische Aspekt bleibt unberücksichtigt; die Intelligenzentwicklung scheint damit im Wesentlichen von Anlagefaktoren abzuhängen.

3. Der Versuch einer Charakterisierung menschlicher Leistungen und Fähigkeiten durch die Attribute „Unterhalt selbständig erwerben", „weder lesen noch schreiben können", „nicht sprechen und nicht verstehen", muss scheitern, weil etwa der Persönlichkeitsbereich völlig unberücksichtigt bleibt, wie z. B. das Gefühlsleben und der musische Bereich, weil insgesamt gesehen die Ausgangsbasis viel zu schmal, zu schematisch ist.

4. Die Begriffe „Debilität", „Imbezillität" und „Idiotie" werden zwar heute vor allem im psychiatrischen Bereich noch verwendet, ihr Gebrauch sollte aber – nicht nur im pädagogischen Feld – entschieden abgelehnt werden, weil deren Inhalte mit Vorurteilen behaftet sind und damit einen diffamierenden Charakter tragen („Menschen zweiter Klasse" …).

Bei aller Kritik an der Klassifizierung *Binets* darf nicht der Impuls dieses Wissenschaftlers für die Problematik der Intelligenzprüfung in Vergessenheit geraten. Seine Ansätze stellten einen wesentlichen Fortschritt dar; so etwa der Aufbau der Verfahren nach dem sogenannten „Staffelsystem" (Staffel- oder Stufenprinzip), d. h., es liegt eine Staffelung des Tests nach steigendem Schwierigkeitsgrad mit ansteigendem Lebensalter vor. *Binet* überprüfte die einzelnen Aufgaben ständig. Verbesserungen wurden durchgeführt. Noch vor seinem Tode im Jahre 1911 bestimmte er, dass einheitlich für jede Altersstufe fünf Tests verwendet wurden. Dies ergab dann bei der Verrechnung für jede gelöste bzw. nichtgelöste Aufgabe eine Steigerung bzw. einen Abfall von einem Fünftel, was einem Intelligenzalter von 2,4 Monaten entspricht. Für die 11 Altersstufen vom 3. bis zum 13. Lebensjahr wurden insgesamt 59 Testaufgaben eingeführt (vgl. *Dorsch* 1963, 53).

Die Forschung und Wissenschaft erkannte *Binets* Leistung an. Seine Tests und seine Werke wurden in etwa 50 Sprachen übersetzt. Vor allem die Psychiater griffen sein Verfahren, die „*Binet-Simon*-Stufenleiter zur Messung der Intelligenz", auf. *Binet* konnte den mächtigen Aufschwung und den raschen Ausbau seines Systems, aber auch die teilweise heftigen, kritischen Einwände nicht mehr erleben.

Die Leistung *Binets* wird sicherlich treffend durch einen Beitrag *Groffmanns* (1971, 167) charakterisiert: „Wendet man eine moderne Testdefinition, z. B. die von *Anastasi* ([2]1961, S. 21) – ein psychologischer

Test ist im wesentlichen ein objektives und standardisiertes Maß einer Stichprobe von Verhaltensweisen' – auf den Stufentest von *Binet* und *Simon* an, dann ist abschließend festzustellen, daß diese Definition in einem Maße erfüllt wurde, wie dies vorher niemals der Fall war. Das Verfahren ist in Anwendung und Auswertung standardisiert, beruht auf einer empirisch hergestellten, objektiven Schwierigkeitsordnung der Aufgaben, die Notwendigkeit von Reliabilität und Validität war erkannt und ihre Prüfung in Angriff genommen worden, und schließlich wurde eine Stichprobe von Verhaltensweisen erfaßt, die nicht als separate Teilfähigkeiten nebeneinandergestellt, sondern zur einheitlichen, sich in festlegbaren Fortschritten entwickelnden, allgemeinen Intelligenz vereinigt wurden. Der Schritt zum Testsystem war vollzogen, ein Vorbild psychologischer Messung geschaffen. Am Anfang dieser Leistung stand der Mut zur Reduktion einer Vielzahl von qualitativen Differenzen auf einfache Gradunterschiede."

2.4 Die Weiterentwicklung des Binet-Systems

Es begann nun ein rascher Aufschwung der Intelligenzmessung. Zunächst wohl am stärksten *in den USA*.

Um 1912 versuchte L. M. *Terman* eine Revision des Stufentests herauszugeben. Aus den Vorarbeiten entstand 1916 die sehr erfolgreiche „Stanford Revision of the Binet-Simon Intelligence Scale". 1937 wurde diese Revision weiter ausgebaut und als Stanford-Revision von *Terman* und M. A. *Merrill* herausgebracht. Inzwischen erschien 1960 eine dritte Stanford-Revision. In den USA gilt dieser Test heute noch als gut standardisiert. Die Stanford-Revisionen hatten vor allem deshalb Erfolge, weil sie doch sorgfältig konstruiert und geeicht, aber auch praktisch problemlos durchzuführen waren. Eine deutsche Bearbeitung von H. R. *Lückert* (1957) lehnt sich an die Stanford-Revision von *Terman* und *Merrill* aus dem Jahre 1937 an.

In *Deutschland* beschäftigte sich bereits 1910 bis 1914 O. *Bobertag* mit der Übertragung des *Binet*-Tests auf deutsche Verhältnisse.

Irmgard *Norden* gab 1953 das *Binetarium* – eine Zusammenstellung des Testmaterials – heraus. Damit war der Test so bearbeitet, dass er in Deutschland Verwendung finden konnte. 1954 wurde das *Binetarium* nochmals überarbeitet.

In Deutschland wurden Eichversuche des *Binet*-Tests unternommen von Elisabeth *Höhn*, Gerhild *von Staabs* und Alf *Kleiner*.

In der *Schweiz* sorgten Hans *Biäsch*, Josefine *Kramer* und Ernst *Probst* für die Ausbreitung und Überarbeitungen des *Binet*-Testsystems. J. *Kramer* war mehrere Jahre lang in Heimen tätig, in denen Kinder von 8 bis 16 Jahren betreut wurden. Zugleich war sie Leiterin einer Erziehungs- und Schulberatungsstelle. Kramer überarbeitete den *Binet*-Test besonders für Schulversager und weniger begabte Kinder (vgl. *Groffmann* 1971; *Kramer* 1972, 72 – 78).

2.5 Fortschritte der Intelligenzmessung

Wie bereits dargelegt, sollte nach *Binet* die Differenz zwischen IA und LA, d. h. die Abweichung von der altersmäßigen Intelligenznorm, als Richtmaß gelten. Es ergeben sich jedoch Probleme, wenn man die Intelligenzhöhe eines Menschen mit den Begriffen „Intelligenzvorsprung" bzw. „Intelligenzrückstand" in Form von Monaten und Jahren zum Ausdruck bringen will. An einem praktischen Beispiel soll veranschaulicht werden, dass die Bezeichnungen „Intelligenzvorsprung" oder „Intelligenzrückstand" die objektiven Tatbestände verfälschen können. So besteht ein wesentlicher Unterschied zwischen einem 14-Jährigen mit einem Intelligenzrückstand von zwei Jahren (er befindet sich also auf der Intelligenzstufe eines 12-Jährigen) und einem vierjährigen Kind mit einem Intelligenzrückstand von ebenfalls zwei Jahren (es befindet sich auf der Intelligenzstufe eines zweijährigen Kindes). Es ist offensichtlich, dass ein Intelligenzrückstand von zwei Jahren bei einem vierjährigen Kind viel gravierender ist als bei einem 14-jährigen Jugendlichen, denn die Intelligenzentwicklung vollzieht sich beim Kleinkind viel rascher.

Aufgrund dieser Probleme musste ein Maßstab gefunden werden, der die Gegebenheiten in objektiver Form darstellen konnte. Einen wichtigen Beitrag hierzu leistete William *Stern* (1871 – 1938) im Jahre 1912 mit der Einführung des *Intelligenzquotienten* (IQ). *Stern* schlug vor, den Quotienten aus Intelligenzalter und Lebensalter zu errechnen und damit ein „Entwicklungsmaß der Intelligenz" zu bilden.

Die Formel hierzu lautet: $IQ = \dfrac{IA}{LA}$

Später multiplizierte man mit 100. Dies ergab dann eine ganzzahlige „Quotientenskala", so dass die Formel lautete:

$$IQ = \frac{IA}{LA} \times 100$$

Es ist zu erkennen, dass dasjenige Kind den IQ 1 (100) aufweist, dessen Intelligenzalter genau dem Lebensalter entspricht. Bei überdurchschnittlich intelligenten Kindern müsste demnach der IQ größer als eins (unechter Bruch), bei unterdurchschnittlich intelligenten Kindern kleiner als eins (echter Bruch) sein. Hierzu einige praktische Beispiele:

IA:	8 J.	9 J.	12 J.	9;2 J. = 110 Monate
LA:	8 J.	12 J.	10 J.	10;4 J. = 124 Monate
IQ:	1,0	0,75	1,20	0,89
	(100)	(75,00)	(120,00)	(89)

Diese Darstellungen dürfen jedoch nicht darüber hinwegtäuschen, dass bereits W. *Stern* klar war, dass die Intelligenzentwicklung im Gegensatz zum Lebensalter nicht gleichmäßig fortschreitet, sondern in der frühen Kindheit rasch und später langsamer verläuft, bis sie schließlich, was angenommen wurde, zum Stillstand kommt, dass also keine lineare Beziehung zwischen IA und LA besteht. Das war der Grund für den Vorschlag des IQ, aber auch die Wurzel der Erkenntnis, dass selbst der IQ kein unbedingt konstanter Ausdruck von Vorsprüngen und Rückständen sein muss. Man weiß z. B. bei den Bearbeitungen von *Norden* (1953), *Kramer* (1954, [2]1959) oder *Lückert* (1957) nicht, „ob Kinder verschiedener Altersstufen bei gleichem IQ wirklich gleich ‚intelligent' oder bei demselben Kind der gleiche IQ in verschiedenen Lebensaltern dasselbe bedeutet" (*Groffmann* 1971, 173).

Binet-Tests werden auch heute noch relativ oft verwendet. Dabei ist jedoch zu bedenken, dass der aufgrund der *Binet*-Tests bestimmte IQ kein Standardwert ist, „sondern ein Quotient aus einem Maß für intellektuelle Entwicklung, dem Intelligenzalter und dem Lebensalter" ist. „Der IQ von 1.00 bzw. 100 stellt nicht notwendigerweise den Mittelwert der IQ-Verteilung dar. Der Mittelwert kann in einigen Altersstufen z. B. bei 105 oder 110 liegen" (*Kleber* 1976, 83). Damit zeigen sich gewisse unsichere Implikationen, die mit der Verwendung der genannten Tests verbunden sind.

Wenn der zuletzt angeführte Autor an gleicher Stelle zum Ausdruck bringt, die Differenz zwischen dem Intelligenzalter (IA) und dem Lebensalter (LA) sei im sonderpädagogischen Bereich eine „Minusdifferenz" und der Intelligenzrückstand spiele für die Beurteilung eines Probanden die wichtigste Rolle, so muss hinzugefügt werden, dass der sonderpädagogische Bereich auch Verhaltensgestörte einschließt und insofern auch eine „Plusdifferenz" eine Rolle spielt. Dies könnte – allerdings in Ausnahmefällen – auch bei Lernbehinderten der Fall sein.

Nach diesem kurzen Exkurs in Problemgebiete, die durchaus für die gegenwärtige sonderpädagogische Situation Relevanz besitzen, soll die ursprüngliche Fragestellung nach den Fortschritten der Intelligenzmessung wieder aufgegriffen werden.

F. *Dorsch* vertritt die Meinung, der weitere Ausbau des *Binet*-Systems sei in drei Richtungen verlaufen:

„1. Einbeziehung des Kleinkinds unter drei Jahren bis zum Säugling."
„2. Entwicklung sprachunabhängiger Intelligenztests."
„3. Entwicklung analytischer Intelligenztests." (1963, 55)

Man muss jedoch bemerken, dass nicht alle bei *Dorsch* angeführten Ansätze unmittelbar auf die Gedanken *Binets* zurückzuführen sind, dass vielmehr zumindest einige Entwicklungen als eigenständige Ansätze zu bezeichnen sind.

Als Zusammenschau wichtiger Entwicklungsrichtungen sollen die folgenden Ausführungen gelten:

1. Weiterentwicklung bisheriger Verfahren, Neuentwicklungen unter Einbezug des Säuglings bis zum Schulkind: Zu nennen sind in diesem Zusammenhang z. B. Namen wie Arnold *Gesell* (Beobachtung der Entwicklung des Säuglings und des Kleinkindes hinsichtlich Motorik, Reizanpassung, Lallen, ersten sprachlichen Äußerungen und sozialem Kontakt seit 1925), Charlotte *Bühler* sowie Hildegard *Hetzer* (Erfassung der kindlichen Entwicklungsstufen aus den wesentlichen Merkmalen der Körperbewegung, der sinnlichen Rezeption, Sozialität, Materialbeherrschung und Denkleistung seit 1928), Lotte *Schenk-Danzinger* (Entwicklungstests für Kinder vom 5. bis 11. Lebensjahr), Inge *Flehmig* u. a. (Denver-Entwicklungsskalen), Ernst J. *Kiphard* (Sensomotorisches Entwicklungsgitter für die Entwicklungsbereiche optische Wahrnehmung, Handgeschicklichkeit, Körperkontrolle, Sprache, akustische Wahrnehmung für das Alter von 6 bis 48 Monaten), Reimer *Kornmann* (Testbatterie für entwicklungsrückständige Schulanfänger).

Dorsch (1963, 55) nennt noch die Entwicklung von „Spieltests", die jedoch auch als projektive Verfahren Verwendung finden, wie z. B. von Gerhild *v. Staabs* den „Scenotest", von Margaret *Lowenfeld* das „Weltspiel" und von Charlotte *Bühler* den „Welttest".

2. Entwicklung sprachunabhängiger Tests (nonverbale Verfahren): Diese Verfahren reichen zurück bis zu den Formbrettern (Einlegebrettern), die bereits 1866 von einem französischen Arzt zum Training von „Schwachsinnigen" benützt wurden (vgl. *Dorsch* 1963, 55).

Als in der heutigen Zeit Verwendung findende nonverbale Verfahren kann man beispielsweise nennen den „Progressiven Matrizentest" von *Raven* (1947, 1975), Tests zur Erfassung der Grundintelligenz von *Weiss* und *Cattell* (1997), evtl. auch Teile aus dem Intelligenztest von *Kramer* (1972) und aus dem „Hamburg-Wechsler-Intelligenztest für Kinder" von *Wechsler* (Hawik-Revision 1985).

3. Entwicklung analytischer Intelligenztests: Der Intelligenzquotient geht bei diesen Tests nicht etwa auf das Intelligenzalter zurück, vielmehr auf bestimmte Intelligenzfunktionen, die hinsichtlich ihrer Verteilung auf statistischem Wege mit Leistungsmittelwerten verglichen werden. Hierzu gehören die von *Meili* (1938) und *Thurstone* (1953) herausgegebenen Testserien sowie die von *Wechsler* 1939 entwickelte und erprobte Intelligenz-Skala für Erwachsene und der Intelligenzstrukturtest (IST) von *Amthauer* (1955).

4. Die Entwicklung von Gruppentestverfahren: Aus der praktischen Notwendigkeit heraus, möglichst schnell qualifizierte Personen für bestimmte Aufgaben der amerikanischen Armee auszulesen, wurden Gruppentests entwickelt (Army-Alpha-Test; er setzt englische Sprachkenntnisse und Lesefähigkeit voraus. Army-Beta-Test als sprachfreier Test).

Gruppentests wurden wohl erstmals von W. *Stern* entwickelt. Gruppentests sind z. B. der bereits genannte Intelligenz-Struktur-Test (IST) von *Amthauer* (1955), das Begabungs-Test-System (BTS) von *Horn* (1972), der Grundintelligenztest von *Weiß* und *Cattell* (1997), die speziell zur Überprüfung von schulleistungsschwachen Schülern entwickelte „Schulleistungsbatterie für Lernbehinderte und für schulleistungsschwache Grundschüler" (SBL 1 und SBL 2) von *Kautter* und *Storz* (2000, SBL 2 2002).

Es gibt zahlreiche Gruppenverfahren, die auch für den sonderpädagogischen Bereich Bedeutung haben, wenn es beispielsweise um Intelligenz-, Schul-, Wahrnehmungsleistungen oder um die Erfassung von Feinmotorik und Händigkeit geht.

Gruppentests haben die Vorteile, dass sie unter gleichen Bedingungen durchgeführt und in gleicher Weise ausgewertet werden, dass alle untersuchten Individuen die gleiche Anweisung erhalten, diese Tests ganz global ausgedrückt objektiver und ökonomischer zu handhaben sind.

Zusammenfassung

Die ersten Versuche, Intelligenz zu erfassen und messbar zu machen, wurden unternommen unter Einbeziehung geistiger, physiologisch motorischer und perzeptiver Leistungen. Anregungen lieferten neben der Psychologie und Medizin (spez. Psychiatrie) vor allem auch die Mathematik und Physik. Der Gedanke, vom „durchschnittlichen" Individuum und von Abweichungen vom Durchschnitt auszugehen, gewann stärker an Bedeutung.

Binet bezog in sein „Staffelsystem" die Idee einer relativen Übereinstimmung von Intelligenzleistungen und Lebensalter ein. Sein Stufentest wurde verbreitet und weiterentwickelt in den USA, in Deutschland, in der Schweiz und in zahlreichen anderen Ländern. Mit der Einführung des „Intelligenzquotienten" (IQ) durch William *Stern* (1912) wurde ein heute noch gebräuchliches Maß für die Messung der Intelligenz geschaffen. Die Methoden der Intelligenzerfassung fanden unter Einbezug sogenannter Gruppen- und nonverbaler Verfahren rasche Verbreitung.

Im pädagogisch-sonderpädagogischen Bereich wäre die Entwicklung von „Verfahren" zur Einschätzung der kognitiven Möglichkeiten eines Kindes unter Einbezug von Handlungen aus dem Bereich seiner bisherigen Umwelt, also in seiner natürlichen Umgebung, wünschenswert. Hierbei einen gangbaren Mittelweg zwischen „objektiver" und „subjektiver" Beobachtung zu finden, könnte eine zukünftige pädagogische Aufgabe sein. Die Kritik am Intelligenzbegriff hat auch zu einer deutlichen Verunsicherung der Intelligenzdiagnostik insbesondere im sonder- oder heilpädagogischen Arbeitsfeld geführt.

Psychologische Diagnostik gilt zunächst als ein Teilgebiet der Psychologie, speziell der angewandten Psychologie. Diagnostik umfasst die Gesamtheit der Verfahren und Theorien, die dazu dienen, Verhalten und psychische Prozesse einzelner Personen oder auch Gruppen zu erforschen. Diagnostik hatte im Rahmen sonder- oder heilpädagogischer Problemstellungen schon immer eine große Bedeutung, wurde aber auch kritisch hinterfragt.

Die Erwartungen an die Diagnostik im sonder- und heilpädagogischen Arbeitsfeld, speziell auch bezüglich der Kinder mit Mehrfachbehinderungen, erweisen sich als hoch. Diese Erwartungen im Sinne des Auffindens optimaler Förderungswege in Richtung Therapie und „Heilung" sind nicht immer erfüllbar. Dennoch wird eine kinderorientierte, d. h. für die wirklichen Probleme eines Kindes und seines sozialen Umfeldes offene heilpädagogische Diagnostik gute Dienste im Rahmen des Entwicklungs- und Erziehungsgeschehens leisten, vor allem durch die Möglichkeiten der Informationsgewinnung zur differenzierten Beschreibung des Verhaltens und der Lernausgangslage bei Kindern mit einem besonderen Förderungsbedarf, der Diagnose behindernder Bedingungen sowie den daraus hervorgehenden Ansätzen zu deren Beseitigung in Verbindung mit Beratung, Förderung, ggf. Therapie. Insofern nimmt die Beschäftigung mit diagnostischen Fragestellungen angesichts der Zunahme von Notsituationen bei Kindern und Jugendlichen auch in einer Zeit des Umbruchs und Wandels im sonder- und heilpädagogischen Arbeitsfeld einen wichtigen Platz ein.

Diagnostik erhält ebenfalls eine neue Bedeutung im Rahmen der Erstellung von Förderplänen (vgl. Kap. 6.6.1).

3 Begriff, Aufgaben, Funktionen und Bereiche der sonder- und heilpädagogischen Diagnostik

Lernziele

1. Den Begriff „Psychodiagnostik" kennen lernen.
2. In der Lage sein, zwischen Psychodiagnostik und sonderpädagogischer Diagnostik zu differenzieren.
3. Die Einsicht gewinnen, dass der Aufgabenbereich sonderpädagogischer Diagnostik in unmittelbarem Zusammenhang mit dem pädagogischen Feld (Problembereich) beeinträchtigter, gestörter und behinderter Kinder steht.
4. Erkennen, dass sonderpädagogische Diagnostik primär „Förderdiagnostik" sein sollte.

Zur Orientierung: In diesem Abschnitt wird es um die Klärung des Begriffes Psychodiagnostik, um die Abgrenzung der sonderpädagogischen Diagnostik von der Diagnostik im Bereich der Medizin, aber auch der Psychologie gehen; schließlich werden Aufgabenbereich und Funktion sonderpädagogischer Diagnostik im Hinblick auf den Aspekt der Förderdiagnostik besprochen.

3.1 Zum Begriff „Psychodiagnostik"

Der Begriff „Diagnose" stammt aus dem Griechischen und bedeutet soviel wie „Unterscheidung", „Entscheidung". Im medizinischen Sinne ist das Erkennen einer Krankheit gemeint oder ganz allgemein die Erkenntnis der Beschaffenheit eines psychischen oder physischen Zustandes aufgrund von Symptomen. Bei der medizinischen Diagnostik handelt es sich – obgleich gegenwärtig sehr viel von „Vorsorge" gesprochen wird – mehr oder weniger um die Feststellung eines momentanen Zustandes.

Dagegen soll die *Psychodiagnostik* im Allgemeinen *überdauernde* Eigenschaften bestimmen. Die *Psychodiagnostik* ist daher weitgehend nicht nur Diagnose, sondern vor allem auch Prognose (Vorhersage). So

zielt „das traditionelle Vorgehen in der Persönlichkeitsdiagnostik … primär auf ein Verstehen der dem Individuum zugrunde liegenden Persönlichkeitsmerkmale und Eigenschaften ab, um auf diesem Weg Verhalten
vorherzusagen" (*Goldfried*, M. R; *Kent*, R. N. 1976, 4). Es ergibt sich die
Frage, ob die Psychodiagnostik, vor allem die traditionelle Psychodiagnostik, mit der Vorhersage von Verhalten nicht in hohem Maße stärker
eine „*Selektionsstrategie*" im Sinne einer Optimierung durch geeignete
Auswahl von Personen und/oder Bedingungen betrieb als eine „*Mo-di-
fikationsstrategie*" im Sinne einer „Optimierung durch eine *Veränderung* des Verhaltens und/oder von Bedingungen" (*Pawlik* 1982, 15f).

Selektionsstrategie im Zusammenhang mit Personenselektion würde
im engeren Sinne realisiert, wenn es z. B. um Aufnahme oder Ablehnung,
um die Platzierung eines Bewerbers bei der Personaleinstellung oder im
pädagogischen Bereich um die Selektion durch Vorschultestung (Schulreife) oder um die Aufnahme in eine Sonder-, jetzt „Förder"-Schule geht.

Zu fordern wäre auf jeden Fall im pädagogischen Bereich eine Betonung der Modifikationsstrategie, obgleich die Realität teilweise nur so etwas wie eine „*Mischstrategie*" (*Pawlik* 1976, 16) zuzulassen scheint. Nachdem an dieser Stelle der Problemkreis „Strategien der Psychodiagnostik"
nur tangiert werden kann, sollen einige Forderungen an die Psychodiagnostik im pädagogischen Bereich in akzentuierter Form angeführt werden:

Die Verwendung psychodiagnostischer Methoden muss dem jeweiligen Problemfall angepasst sein. So kann z. B. die Intelligenzleistung
eines sprachgestörten Kindes nicht erschöpfend mit dem *Hawik-III* (2000)
erfasst werden. Weiterhin darf das Ergebnis einer psychodiagnostischen
Untersuchung für die betroffene Person nicht „Festlegung" bedeuten,
vielmehr den Ansatz zur Hilfe, zur Emanzipation, Diagnostik muss also
Information zwecks Förderung, ggf. Therapie, d. h. effektive Hilfe für
die betroffene Person bedeuten.

Diagnose und damit auch Prognose implizieren den Impuls zu weiteren diagnostischen Maßnahmen in einem späteren Zeitpunkt. So
versteht *Pawlik* alternativ zur „Diagnostik als Messung" die Diagnostik
in einem „übergreifenden Ansatz als Einbringen von Information für und
über *Behandlung* … Zielsetzung bei der Konstruktion psychodiagnostischer Verfahren und bei ihrer Gütekontrolle muss daher der Gewinn
(Nutzen, „utility") sein, den diese diagnostische Information 1. für die
Auswahl einer geeigneten Behandlung der untersuchten Person und/oder
2. für die Beurteilung der Effektivität der danach realisierten Behandlung
bringt. Dabei ist mit „Behandlung" … jede Handlung gemeint, die der
Psychologe, der Proband selbst und/oder andere Personen *mit Wirkung
für den Probanden* setzen (1982, 34).

Welcher Methoden bedient sich nun die Psychodiagnostik? Diagnostiziert wird aufgrund von *Anamnese* (med. Aspekt: Ermittlung der Krankengeschichte; psychol. Aspekte: Erhellung des Lebenslaufes im Hinblick auf eine Störung, Ermittlung der Lebensgeschichte einer Person; objektive Daten über die Entwicklung: Geburtsverlauf, vorschulische Phase, Schulbesuch, Krankheiten, Berufsausbildung ...), *Exploration* (das Aufsuchen, Erforschen, Erfragen psychischer oder physischer Besonderheiten; heute mehr durch Gespräch, Interview als Stellungnahme zu den erhobenen Anamnesedaten, zu Testdaten sowie zu dem jeweiligen Problem gedacht), *Verhaltensbeobachtung,* durch vorliegende Befunde, ganz allgemein durch Tests. Der *Tests,* in all ihren Formen, bedient sich die Psychodiagnostik je nach vorliegender Fragestellung in verschiedener Auswahl immer häufiger, ja ausschließlicher, um möglichst objektive und umfassende Informationen zu erhalten. Historisch gesehen entstand die Leitidee von einer Wissenschaft der psychologischen Diagnostik im Zusammenhang mit der Entwicklung des Testbegriffes. Seit der Erscheinung des Rorschachbuches mit dem Titel „Psychodiagnostik" im Jahre 1920 setzte sich dieser Begriff immer mehr durch. Rorschach verstand sein Verfahren einmal als „Test" oder „Prüftest", zum anderen aber auch als „wahrnehmungsdiagnostisches Experiment", d. h., aufgrund der Art der Wahrnehmung sollten psychische Krankheiten erkannt werden (vgl. R. *Heiß,* 1971, 8f). In der Folgezeit erschienen Werke über „psychologische Diagnose", Lehrbücher wurden geschrieben mit den Titeln „Psychodiagnose", „psychologische Diagnose", „diagnostische Psychologie". Robert *Heiß* versteht unter diesen Bezeichnungen und speziell unter dem Begriff psychologische Diagnose „... die Gesamtheit *aller* Verfahren ..., welche der Erkundung der individuellen psychischen Struktur dienen" (1971, 9).

Die Diskussion der Frage, ob durch diese „Erkundung" und durch Vorhersage von Verhalten nicht „festgeschrieben", „selegiert", statt modifiziert wird, erfolgt an anderer Stelle.

3.2 Gegenstands- und Aufgabenbereich sonderpädagogischer Diagnostik

Wohl am besten gelingt der Zugang zu dem angesprochenen Problembereich, wenn zunächst die Personengruppe beschrieben wird, mit der die sonderpädagogische Diagnostik konfrontiert wird.

Traditionell gesehen lässt sich die sonderpädagogische Diagnostik dadurch kennzeichnen, dass sie es mit – möglicherweise – psychisch-kognitiv oder auch physisch behinderten Kindern und Jugendlichen zu tun hat, die in ihrer geistigen, emotionalen, sozialen, möglicherweise auch motorischen und sensomotorischen Entfaltung beeinträchtigt, gestört oder behindert sind, d. h. von so genannten durchschnittlich entwickelten oder nichtbehinderten Kindern hinsichtlich Lern- und/oder Sozial- und Emotionalverhalten abweichen. Dabei ist auf die Problematik des Verständnisses und damit auf die Relativität und auf das unterschiedliche Verständnis von „Störung" und „Behinderung" hinzuweisen. *Kleber* (1976, 11) spricht etwa im Zusammenhang mit Schülern mit Lernbehinderungen von einer „Zielgruppe", die unterhalb der durchschnittlichen Leistungsfähigkeit liegt, wobei sonderpädagogischer Förderbedarf nach den KMK-Empfehlungen von 1994 eben nicht nur an speziellen Sonder- oder Förderschulen eingebracht werden kann, vielmehr an allen Schulen denkbar ist, z. B. im Bereich der Grund- und Hauptschule bis hin zu Gymnasien etwa bei vorliegenden Lern-, Leistungs- und Verhaltensstörungen, wie auch immer verursacht. Die spezielle Bedürfnis- und Notsituation von Kindern fordert gegenwärtig verstärkt vor allem im Präventivbereich psychologische, speziell diagnostische und allgemein didaktisch-fachliche Kompetenzen im Hinblick auf Diagnose und Erkennung der Problematik sowie Unterstützung des Kindes und der Erziehungspersonen und mit der Zielrichtung Förderung (vgl. Bundschuh 2008 a, 32 – 36).

Wenn auch die Gruppe der Schüler mit Lernbehinderungen und/oder Verhaltensstörungen den größten Bereich der mit sonderpädagogisch-diagnostischen Maßnahmen zu Konfrontierenden umfasst, geht es nicht allein und primär um diese Gruppe, vielmehr steht die Frage der Hilfe, Unterstützung und Förderung aller Kinder mit einem besonderen Förderbedarf im Vordergrund der Überlegungen.

Traditionell gesehen hat es die sonderpädagogische Diagnostik mit allen Personen zu tun, mit denen sich die allgemeine Sonderpädagogik beschäftigt, also mit allen „Formen der Beeinträchtigung", wie sie von *Bach* beschrieben wurden (1995, 8f). Wenn man vom Schweregrad ausgeht, müsste man die teilweise nicht oder kaum objektiv feststellbare Form der „Gefährdung" (Auffälligkeit) sowie das Bedrohtsein von Behinderung an den Anfang stellen und als gravierende Form die Behinderung nennen.

Bach definiert „Beeinträchtigung" als „die Erschwerung" der Personalisation und Sozialisation eines Menschen (…). Sie ist durch besondere Herausforderungen an Erziehung und Förderung bei Erziehungsprozessen in Familie, Schulen, ggf. auch in Heimen gekennzeichnet.

Liegt noch keine objektive Feststellung vor, wird erst von bloßer *Auffälligkeit* gesprochen. Der Übergang zwischen regelhaften und erschwerenden, unregelhaften Gegebenheiten des Erziehungsprozesses ist fließend, Beginn und Ausmaß der einzelnen Beeinträchtigungen sind nicht präzise zu fixieren. Beeinträchtigungen müssen unter dem Aspekt subjektiver, sozialer, situativer und temporärer Relativität gesehen werden.

Im diagnostischen Bereich wird es notwendig sein, die Probleme eines Kindes sowie die behindernden Bedingungen im Umfeld in differenzierter Form zu erkennen und zu analysieren. Traditionell gesehen wurde zwischen einzelnen Formen von Beeinträchtigungen unterschieden, demgemäß zwischen Schweregraden von Beeinträchtigungen.

Kinder mit Behinderungen waren auf der Basis der Überlegungen des *Deutschen Bildungsrates* der 70er Jahre dadurch gekennzeichnet, dass ihre individuellen Beeinträchtigungen, *„umfänglich"*, (d. h., mehrere Lernbereiche sind betroffen), *„schwer"* (d. h., graduell mehr als ein Fünftel unter dem Regelbereich liegend) und *„langfristig"* (d. h. eine Angleichung an den Regelbereich ist voraussichtlich innerhalb von zwei Jahren nicht möglich) waren. Die Frage wäre natürlich, ob z. B. alle „Lernbehinderten" „behindert" waren im Sinne dieser Definition.

Heute beschäftigt sich die Diagnostik im Arbeitsfeld Sonder- und Heilpädagogik vor allem mit der Problemsituation des einzelnen Kindes im Kontext Beeinflussung durch das Umfeld, speziell mit der Frage nach dem individuellen Förderbedarf – im Unterschied zu Klassifizierungen und Zuordnungen zu „Schweregraden von Beeinträchtigungen".

Die sonderpädagogische Diagnostik befasst sich auch mit Kindern mit Lern- und Verhaltensstörungen bzw. -auffälligkeiten. *Bach* definiert *Störungen* als „individuale Beeinträchtigungen, die *partiell* (d. h. nur einen Lernbereich betreffend), oder *weniger schwer* (d. h. graduell weniger als ein Fünftel vom Regelbereich abweichend) oder *kurzfristig* (d. h. voraussichtlich in bis zu zwei Jahren dem Regelbereich anzugleichen) sind" (1995, 9f). Auch hierbei geht es in erster Linie – wiederum traditionell betrachtet – um Zuordnungen.

Bei Kindern mit Lernstörungen und Verhaltensauffälligkeiten kommt der sonderpädagogischen Diagnostik primär die Aufgabe zu, Störungen hinsichtlich ihrer Ätiologie, vor allem im Kontext behindernder Bedingungen zu analysieren, das Kind zu stützen und eine für das Kind positive Veränderung im Umfeld zu bewirken.

Die nächste Personengruppe, mit der sonderpädagogische Diagnostik konfrontiert wird, sind Kinder und Jugendliche mit Gefährdungen. *Gefährdungen* bezeichnet *Bach* als „Beeinträchtigungen, die in der Form

somatischer, ökonomischer oder sozialer Lernbedingungen mit erschwe-
rendem Charakter *Störungen* oder *Behinderungen* zu *bewirken* oder zu
verstärken angetan sind" (1995, 10). Im Zusammenhang mit Gefährdungen sind vor allem „Prävention" und „Prophylaxe" von Bedeutung (vgl.
Bundschuh 2009, 26 – 30). So wäre es dringend nötig, dass im vorschulischen Stadium (Kindergarten, Vorschule, Schulkindergarten oder schon
früher) Gefährdungen erkannt und aufgrund von Verhaltensbeobachtungen und Entwicklungsskalen Möglichkeiten kompensatorischer Erziehung im Hinblick etwa auf Lernreize und soziales Verhalten entworfen
und realisiert werden.

Schließlich ist es auch notwendig, „*Sozialrückständigkeiten*" zu
diagnostizieren, d. h. Beeinträchtigungen der Gesellschaft, die in der
Form von Einstellungen, Verhaltensweisen, Gepflogenheiten, materiellen Bedingungen und gesetzlichen Regelungen, *Gefährdungen, Störungen und Behinderungen* teils verursachen, teils steigern und teils ignorieren und damit mögliche Hilfestellungen verhindern (vgl. *Bach* 1995,
19). Die „Diagnose behindernder Bedingungen" (*Bundschuh* 1998 d,
165 – 181) wird verstärkt gesehen und erforscht.

Es ist darauf hinzuweisen, dass die angeführten Formen der Beeinträchtigung häufig in Verbindung unterschiedlicher Kombinationen mit
wechselseitigem Verstärkungscharakter auftreten und dass zwischen
„Behinderungen und Störungen, zwischen Störungen und Gefährdungen
und zwischen Gefährdungen und Sozialrückständigkeiten (…) fließende
Übergänge" (*Bach* 1995, 10) bestehen können.

Aufgabe des vorliegenden Buches ist es nicht primär, über eine
Grundlageninformation hinausgehend, Probleme und Kritik der aufgezeigten „Beeinträchtigungen" mit der Vielfalt wechselseitiger Bezüge
und Verflechtungen zu diskutieren und zu erörtern. Hierzu sei auf kritische Literatur im Bereich Sonderpädagogik verwiesen, die sich mit
Detailfragen bezüglich Beeinträchtigungen, Störungen und Behinderungen unter dem Aspekt historischer und gegenwärtiger Problemstellungen
auseinandersetzt.

Resümierend ist hervorzuheben, dass es nicht nur zum Gegenstandsbereich sonderpädagogischer Diagnostik gehören kann, besondere Strategien der Diagnose in Anlehnung an verschiedene Arten und Schweregrade vorkommender Beeinträchtigungen zu entwickeln, vielmehr wird
der Schwerpunkt auf der differenzierten und individuellen Diagnose der
kindlichen Problematik und der Bedürfnisse (vgl. *Bundschuh* 2007,
32 – 42) unter Einbezug des Umfeldes im Sinne des Helfens, Förderns,
Kompensierens und des Lernens liegen. Demnach wird die sonderpäd-

agogische Diagnostik in flexibler, dynamischer und differenzierter Weise aktiv werden im Rahmen einer Erziehung unter „erschwerten Bedingungen" bei vorliegender Behinderung, im Rahmen einer „Fördererziehung" bei vorliegender Störung, im Rahmen einer „Vorsorgeerziehung" bei Gefährdung und im Rahmen der „Gesellschaftserziehung" bei vorliegender Sozialrückständigkeit mit dem Schwerpunkt der Analyse behindernder Bedingungen im Umfeld des Kindes unter Berücksichtigung der gesellschaftlichen Bedingungen.

Aufgrund dieser weiten Aufgabenbereiche kann es nicht genügen, wenn der im Bereich der Sonderpädagogik tätig werdende Diagnostiker nur psychologisch-diagnostisch „in Aktion tritt" oder handelt, er muss vielmehr zuerst auch als *pädagogischer* und *didaktischer* Fachmann ausgewiesen sein (vgl. *Bundschuh* 2008 a, 234ff).

Zusammenfassend gesehen umfasst das sonder- und heilpädagogische Arbeitsfeld unter Berücksichtigung institutioneller Entscheidungsbereiche primär die folgenden Personengruppen:

1. Kinder, die in früher Kindheit und im vorschulischen Alter als auffällig, teilweise auch als „entwicklungsverzögert" bezeichnet werden. Pädagogisch relevante Stichworte sind „Früherkennung", „Früherfassung" und „Frühbetreuung", wobei in diesem Zusammenhang auf die ungelöste Problematik der frühen Erkennung bzw. Diagnose und Förderung hinzuweisen ist, d. h. Behinderungen können auch durch Diagnosen erzeugt werden (vgl. *Bundschuh* 2008 a, 314, 326ff).

2. Kinder, die bei der Einschulung individuellen sonderpädagogischen Förderbedarf aufweisen wie z. B. bei offensichtlichen geistigen, sozialen, emotionalen oder körperlichen Beeinträchtigungen.

3. Kinder, die in der Regelschule auffällig werden infolge partiellen oder auch generellen Nichtleistenkönnens (Leistungs- und Schulversagen im Hinblick auf den vorgegebenen Lehrplan, an sich ein „Versagen" der Schule) in Unterrichtsfächern, wobei keinesfalls gesagt ist, dass diese Kinder in eine „besondere Schule"/Förderschule aufgenommen werden müssen. Andere Möglichkeiten spezieller Hilfe und Förderung wären unterrichtliche Maßnahmen, Änderung der Einstellung von Eltern und Lehrern gegenüber dem Kind, Überweisung an eine Erziehungsberatungsstelle, therapeutische Maßnahmen. Optimal wären wohl Förder- und Stützmaßnahmen durch Regel- und Sonder- bzw. Förderschullehrer in der Grund- und Hauptschule nach einem gemeinsam erstellten Förder- und Therapieplan.

4. Kinder, die aufgrund ihres Verhaltens in der Regelschule „als nicht mehr tragbar" gelten. Zu denken wäre dabei an erziehungsschwierige oder verhaltensgestörte Kinder.
5. Kinder, die irgendwelche die Lernleistung und das Sozialverhalten beeinträchtigende Sinnesschädigungen aufweisen (Hör- und Sehstörungen bzw. -behinderungen);
6. körperbehinderte oder hinsichtlich ihrer Motorik beeinträchtigte Kinder;
7. sprachgestörte und -behinderte Kinder;
8. beeinträchtigte Schüler, die vor der Berufswahl stehen. Ihnen sollte bei der Berufsfindung und -ausbildung geholfen werden.
9. Allgemein gesehen Kinder, Jugendliche und Eltern, die sich im Rahmen von Erziehung und Unterricht (Lernen) in Notsituationen befinden, vielleicht unter behindernden Bedingungen leben, individuelle Beratung, Hilfe und Unterstützung in Erziehungs- und Lernfragen suchen.

Diagnostik von Behinderung hängt auch von Rahmenbedingungen (vgl. auch *Langfeldt* 2006, 626ff) ab, nämlich davon, was man unter „Behinderung" verstehen möchte. Der Deutsche Bildungsrat (1973, 32) definierte: „Als behindert im erziehungswissenschaftlichen Sinne gelten alle Kinder, Jugendlichen und Erwachsenen, die in ihrem Lernen, im sozialen Verhalten, in der sprachlichen Kommunikation oder in den psychomotorischen Fähigkeiten so weit beeinträchtigt sind, dass ihre Teilhabe am Leben der Gesellschaft wesentlich erschwert ist. Deshalb bedürfen sie besonderer pädagogischer Förderung." Es ist sehr fraglich, ob diese Definition in Zeiten des Bemühens um Integration und Inklusion noch eine Gültigkeit hat. Diese Definition weist auf zweierlei hin:

– Nicht ein funktionales Defizit macht die Behinderung aus, sondern die Einschränkung, die sich daraus für die gesellschaftliche Integration ergibt.
– Es besteht eine uneingeschränkte ethische Pflicht zur Förderung.

Die ICF (Internationale Klassifikation der Funktionsfähigkeit, Behinderung und Gesundheit) hingegen konzentriert sich weniger auf Behinderung und Defekte als die traditionelle Beschreibung von Behinderung, sondern beinhaltet primär ressourcen- und kompetenzorientierte Akzente.

Tab. 1: Anzahl der schulpflichtigen Schüler mit sonderpädagogischem Förderbedarf in der Bundesrepublik im Jahre 2002 (Sekretariat der Ständigen Konferenz des Kultusministers der Länder in der Bundesrepublik Deutschland, 2003, XI, 118)

	Anzahl	Prozent
schulpflichtige Schüler der Klassen 1 bis 10 insgesamt	8.941.561	100,000
darunter Behinderte mit Förderschwerpunkt:		
Lernen (Lernbehinderte)	262.389	2,934
Sehen (Sehbehinderte und Blinde)	6.613	0,074
Hören (Schwerhörige und Gehörlose)	14.518	0,162
Sprache (Sprachbehinderte)	44.891	0,502
Körperliche und motorische Entwicklung (Körperbehinderte)	26.483	0,296
Geistige Entwicklung (Geistigbehinderte)	70.451	0,788
Emotionale und soziale Entwicklung (Verhaltensgestörte)	41.012	0,459
Förderschwerpunkt übergreifend bzw. ohne Zuordnung	19.295	0,216
Kranke	9.592	0,107
Behinderte insgesamt	495.244	5,539

Pragmatisch lässt sich festhalten, dass Kinder, die dem Bildungsgang der Regelschule (Grund- und/oder Hauptschule) nicht zu folgen vermögen, als „behindert" gelten und deshalb in besonderer Weise gefördert werden müssen. Sie stellen einen Teil der Klientel der sonderpädagogischen Diagnostik dar, deren Umfang gegenwärtig fast eine halbe Million Schüler betrifft (siehe Tab. 1). Jährlich werden schätzungsweise 50.000 Kinder und Jugendliche diagnostiziert und begutachtet. Nimmt man allerdings den Präventionsbereich und die damit verbundene wichtige Aufgabe des Lern- und Leistungsbereiches mit hinzu, dürfte sich die Zahl der zu untersuchenden Kinder wohl eher verdoppeln.

Zur Erziehung und Unterrichtung behinderter und von Behinderung bedrohter Kinder verfügt die Bundesrepublik über ein differenziertes System unterschiedlicher Förderschulen. Es gibt Förderschulen (für Blinde, Sehbehinderte, Gehörlose, Hörgeschädigte, Körperbehinderte und für Kranke), die in Analogie zum Regelschulwesen zu sehen sind. In ihnen ist es wenigstens prinzipiell möglich, bis zur Hochschulreife zu

gelangen. Schulen für den Förderbedarf emotionale und soziale Entwicklung und für den Förderbedarf Sprache streben nach entsprechendem
therapeutischem Erfolg eine Rückführung in das Regelschulsystem an.
Schulen mit dem Förderschwerpunkt Lernen hingegen vermitteln einen
eigenen Abschluss und bieten die Option einer externen Hauptschulab-
schlussprüfung. Schulen für Kinder mit Förderbedarf geistige Entwicklung führen meistens in eine beschützende Einrichtung. In einigen Bundesländern gibt es nachdrückliche Bemühungen, diese Differenzierung
zu überwinden und Kinder mit Behinderung bzw. mit einem speziellen
Förderbedarf in Regelschulen „integrativ" zu fördern. Insgesamt werden
gegenwärtig fast 66.000 (13,3 %) der Schüler mit Behinderung in Regelschulen integrativ unterrichtet. Die Integrationsquote variiert jedoch
in Abhängigkeit vom Schweregrad der Behinderung, der Behinderungs-
art oder auch von der Höhe des Förderbedarfs beträchtlich (Sekretariat
der Ständigen Konferenz der Länder in der Bundesrepublik Deutschland
2003). Im Zusammenhang mit der Integrations- und Inklusionsdebatte
wird in der erziehungswissenschaftlichen Literatur und im Praxisfeld
zunehmend der Begriff „behindert" zu Gunsten der Umschreibung „Per-
son/Schüler mit besonderem/speziellem Förderbedarf" ersetzt.

Anforderungen an die Diagnostik

Primäres Ziel der sonderpädagogischen Diagnostik ist die Feststellung
des besonderen Förderbedarfs mit einer anschließenden Entscheidung
über den angemessenen Förderort (Förderschule oder Regelschule). Das
dabei von Lehrkräften der Sonder- bzw. Förderschulen durchzuführende
Verfahren ist weitgehend durch Verordnungen der Bundesländer geregelt,
in denen u. a. eine medizinische und eine sonderpädagogisch-diagnosti-
sche Überprüfung verbindlich vorgeschrieben werden. Soweit es sich
auf schulische Entscheidungen bezieht, ist das Verfahren für die verschiedenen Gruppen von Kindern mit Behinderung formal weitgehend
gleich und von der Wahl des späteren Förderortes unabhängig. Verantwortlich für seine korrekte Durchführung ist die Schulaufsicht.
    Spezielle Förderung kann darüber hinaus auch an Regelschulen unter
Einbezug mobiler sonderpädagogischer Dienste an Sonderpädagogischen Förderzentren erfolgen. Die Regelschule hat an sich auch die
Aufgabe, Schüler zu fördern. Hierzu ist ein von einem Kompetenzteam
erstellter Förderplan hilfreich (vgl. *Bundschuh* 2007, 238 – 256), d. h.

auch an der Regelschule kann individuelle Förderung mittels eines Förderplanes durchgeführt werden.

Bei Kindern mit Sinnesbeeinträchtigung (-schädigung) oder Kindern mit Körperbehinderung erfolgt eine einschlägige Diagnostik bereits im Kleinkind- oder Vorschulalter (vgl. Kap. 5.2.2). Sie ist im Rahmen von Frühförderung teils medizinisch, teils pädagogisch-psychologisch an den Möglichkeiten sensorischer oder motorischer Förderung orientiert (vgl. *Bundschuh* 2007, 257 – 277). Bei Kindern mit Sprachstörung ist eine Diagnostik der Sprachentwicklung *(Sprachdiagnostik),* die in logopädische Therapien münden kann, schon im Vorschulalter möglich. Bei vorliegendem Förderbedarf geistige Entwicklung (traditionell „geistige Behinderung") steht pädagogisch-psychologisch betrachtet die Diagnostik des Entwicklungsstandes mit Hilfe von Entwicklungsskalen und Entwicklungstests, speziell auch unter Anwendung diagnostischer Verfahren für verschiedene Schweregrade von Behinderung, und darüber hinaus die Diagnostik adaptiver Kompetenzen im Vordergrund (vgl. 5.2.2.2 bis 5.2.2.4). Entwicklungsstörungen, speziell auch Förderbedarf geistige Entwicklung, zu diagnostizieren bedeutet, sich an pädagogischen Prinzipien der *Frühdiagnostik* und Frühförderung zu orientieren.

Obwohl Verhaltensstörungen relativ frühzeitig diagnostiziert werden können, wird die Diagnose für viele Kinder erst im Grundschulalter relevant, wenn sie mit den Regeln für angemessenes schulisches Verhalten kollidieren. In der schulischen Praxis werden Aufmerksamkeitsstörungen (Aufmerksamkeitsdiagnostik) und soziale sowie emotionale Störungen (vgl. *Bundschuh* 2003, 159 – 180; 2007, 206 – 238) häufig als dominierend beschrieben.

Förderbedarf Lernen tritt in der Regel im Gegensatz zu den übrigen Förderbedürfnissen (traditionell: Behinderungsarten) erst im unmittelbaren Zusammenhang mit der Beschulung auf. Aus diesem Grund ist es grundsätzlich diskussionswürdig, inwieweit Lern- und/oder Verhaltensprobleme mit den Ressourcen des Kindes zusammenhängen oder als institutionelles Versagen der Schule zu betrachten sind.

Die Diagnostik von Kindern mit einem speziellen Förderbedarf erweist sich häufig als komplex, denn es muss meist auch die Kind-Umfeld-Diagnose einbezogen werden, teilweise verbunden mit der Problematik „Grenzfälle" und Mehrfachbehinderung. Kinder mit Lernschwierigkeiten zeigen häufig auch Verhaltensstörungen; Kinder mit Sprachstörungen haben teilweise auch Schwierigkeiten im Lernen; sinnes- und/oder organgeschädigte Kinder können ebenso verhaltensgestört, sprachgestört oder lernbehindert sein wie sensorisch und körperlich gesunde Kinder. In solchen Fällen kann die vorgesehene Beschulung dann eher von äußeren Umständen (z. B. Erreichbarkeit von Schulen) als von konkreten Ergebnissen der Diagnostik abhängen.

Gerade die Diagnostik von „Lernbehinderung" galt lange Zeit und gilt heute noch als problematisch im Kontext umstrittener Praxis.

Im Jahre 1973 verabschiedete der Deutsche Bildungsrat eine einflussreiche Definition von Lernbehinderung, die unterdurchschnittliche Intelligenzleistung und schwerwiegendes, umfängliches Schulversagen als bestimmende Merkmale von Lernbehinderung vorsah (Deutscher Bildungsrat 1973, 38). Die Diagnose Förderbedarf Lernen umfasst weit mehr als *Intelligenzdiagnostik* und Schulleistungsdiagnostik.

Die angeführte Definition von Lernbehinderung stimmt nicht, wie man vermuten könnte, mit dem überein, was im anglo-amerikanischen Sprachgebrauch unter „learning disabilities" verstanden wird. Diese werden als Sammelbegriff für eine Vielzahl unterschiedlicher und unterscheidbarer Störungen (oder Schwierigkeiten) verwendet, die das Lernen beeinträchtigen können. Lese-Rechtschreibschwierigkeiten, Rechenschwierigkeiten oder Aufmerksamkeitsstörungen gehören beispielsweise dazu. Learning disabilities werden vorwiegend als isolierte Teilleistungsstörungen bei durchschnittlicher Intelligenz betrachtet, die nicht zu „umfänglichem Schulversagen" führen müssen. Sie fallen daher nicht unter den Begriff der Lernbehinderung.

Je umfänglicher der Förderbedarf – „das Schulversagen" – eines Kindes ist, desto höher ist die Wahrscheinlichkeit, dass mehrere Teilleistungsstörungen gemeinsam auftreten.

Insofern bedeutet eine Diagnostik von Lernbehinderung auch *Sprachdiagnostik, Aufmerksamkeitsdiagnostik* und *Diagnostik von Lernstörungen.*

Dies stimmt mit einem differenzierten Beschreibungsversuch von *Kanter* (1980) überein, in dem Lernbehinderung einerseits auf niedrige Intelligenz zurückgeführt wird und andererseits auf chronifizierte Lernstörungen, die neurologisch, konstitutionell, psychoreaktiv und/oder sozio-kulturell bedingt sein können. Es handelt sich demnach bei den Schülern mit einem speziellen Förderbedarf Lernen (bisher „Lernbehinderung" genannt) um eine heterogene Gruppe. Dies zeigt sich auch an den Inhalten der diagnostischen Gutachten.

Aus Sicht der Psychologie unterscheidet sich der diagnostische Prozess bei Kindern mit einem hohen Förderbedarf (Kinder mit Behinderung) nicht grundsätzlich von sonstiger pädagogisch-psychologischer Diagnostik, allerdings liegt der Schwerpunkt auf der sonder- und heilpädagogischen Verantwortung. Im außerschulischen Kontext arbeiten Psychologen u. a. mit (Kinder-)Ärzten, Kinder- und Jugendpsychiatern, Kindertherapeuten, Logopäden oder Physiotherapeuten zusammen. Dabei geht es um individuelle Diagnostik und Therapie, die in der Regel als unmittelbare Hilfe wahrgenommen werden. Im schulischen Kontext dagegen sind auch schwierige institutionelle Entscheidungen zu treffen, dabei sind Sonderpädagogen die professionellen Interaktionspartner.

In Ablehnung einer Diagnostik, die Selektionsentscheidungen im Schulsystem unterstützen oder gar legitimieren sollte, entwickelte sich das Programm Förderdiagnostik (*Bundschuh* 1994; 2007). Es geht dabei zunächst um das (Fremd-) Verstehen der Kinder, um ganzheitliche, qualitative und/oder prozessorientierte-systemische Sichtweisen (vgl. *Bundschuh* 2007, 61 – 72, 77 – 98). Quantitative Diagnostik (standardisierte Tests oder Kategoriensysteme) spielt vor allem im institutionellen Bereich eine Rolle. Darüber hinaus leistet sie einen wichtigen Beitrag zur Erkennung von Ursachen (z. B. Wahrnehmungsstörungen, Ängste, psychische Probleme allgemein) und kann damit auch im Dienste einer differenzierteren Analyse einer Lern-Leistungs- und/oder Verhaltensproblematik und der sich daraus abzuleitenden Fördermaßnahmen stehen.

Man muss davon ausgehen, dass Behinderungen nicht isoliert auftreten, dass sie sekundäre Beeinträchtigungen im Gefolge haben. So kann man sagen, dass jedes Kind mit einer Behinderung auch „mehrfachbehindert" sein wird, denn auch soziale und emotionale Bereiche sind in der Regel betroffen (vgl. *Bundschuh* 2003). Daraus ergibt sich die Aufgabe, durch Förderpläne und Einleitung kompensatorischer Maßnahmen Folgebeeinträchtigungen vorzubeugen.

Aber auch nach der Beseitigung einer Störung werden weitere Betreuung und Fürsorge notwendig sein, dafür müssen behindernde Bedingungen im Umfeld des Kindes analysiert und neutralisiert werden.

Man kann wie folgt den Gegenstand sonderpädagogischer Diagnostik beschreiben: Gegenstand einer sonderpädagogischen Diagnostik ist der Mensch/das Kind, der/das bezüglich einer (optimalen) Entfaltung seiner Möglichkeiten im geistigen, sozialen, emotionalen oder physischen Bereich gefährdet, bedroht, gestört oder behindert ist, wobei Prozesse der Isolation von der Aneignung der Welt (behindernde Bedingungen) stets mitgedacht werden müssen.

Einbezogen werden demnach in den Gegenstandsbereich die Sozial-rückständigkeiten der Gesellschaft, die in der Form von Einstellungen, Verhaltensweisen, Gepflogenheiten, materiellen Bedingungen und ge-setzlichen Regelungen, Gefährdungen, Störungen und Behinderungen teils verursachen, teils steigern, teils ignorieren und damit mögliche Hilfestellungen verhindern.

Aus diesem komplexen Gegenstand ergibt sich für die sonderpädago-gisch-psychologische Diagnostik ein weites Aufgabenfeld.

3.3 Aufgabenbereiche sonder- und heilpädagogischer Diagnostik im Rahmen institutioneller und organisatorischer Entscheidungsfelder

Innerhalb unseres Schulsystems stehen zu unterschiedlichen Zeitpunkten in der individuellen Schulkarriere institutionelle Entscheidungen über den weiteren schulischen Werdegang an. Dabei stellt die Entscheidung für oder gegen den Förderschulbesuch eines Kindes oder Jugendlichen eine Besonderheit dar. Sie verlangt die Durchführung eines formellen Verfahrens, in dessen Verlauf eine pädagogisch-psychologische Diagnos-tik und Begutachtung erfolgt. Dieses Tätigkeitsfeld wird in der deutschen Sonderpädagogik als eine genuin pädagogische Aufgabe betrachtet, bei welcher der Psychologie nur der Status einer Hilfswissenschaft zuge-sprochen wird. In der Praxis werden daher in der Regel ausschließlich Sonderschullehrerinnen und -lehrer mit dieser Aufgabe betraut; die Beteiligung von Diplom-PsychologenInnen stellt eine Ausnahme dar, wenngleich Kooperation stets wünschenswert ist.

(1) Sie bemüht sich um die Diagnose des Erscheinungsbildes von „Be-einträchtigungen" (Gefährdung, Störung, Behinderung, sonstige De-fizite). Mit dem Erkennen einer Form der Gefährdung ist zugleich die Erforschung der Ätiologie des Phänomens unter Einbeziehung des sozialen Umfeldes, speziell der Erziehungsfelder (Familie, Pflegefa-milie, Heim, Schule) und der materiellen Umwelt sowie ökonomischer Bedingungen verbunden. Hinweise und Informationen oder nur Infor-mationen erhält man durch Fremd- und Eigenanamnese (vgl. Kap. 5.3), durch Befragung von Eltern, Lehrern, weitere Bezugspersonen, Kind, durch vorliegende Schülerakten, manchmal auch durch den Einsatz von

Testverfahren (Angst, Motivation, Wahrnehmung ...). Bei der Frage nach der Ätiologie ist der diagnostizierende Sonderpädagoge auf ärztliche Untersuchungsbefunde angewiesen. Allerdings werden vom Mediziner nur Aussagen über physische Bereiche erwartet. Der Arzt kann z. B. Hinweise auf organisch bedingte Störungen geben, die zur Erklärung einer Verhaltensstörung beitragen können, oder er kann verweisen auf Sinnesbeeinträchtigungen, die von ärztlicher und pädagogischer Seite zu entsprechenden Aktivitäten führen müssen. Bereits nach einem Gutachten der Kultusministerkonferenz von 1960 „sollte es nicht mehr die Aufgabe des Arztes sein, die Hilfsschulbedürftigkeit festzustellen, sondern nur noch den allgemeinen Gesundheitszustand des Kindes sowie mögliche organische Ursachen des Versagens, insbesondere Sinnesdefekte, und Möglichkeiten ärztlicher Behandlung zu erkennen" (zit. n. *Kautter* und *Munz* 1974, 334). Die Aufgaben, Probleme und Prinzipien der Zusammenarbeit zwischen Ärzten und Pädagogen hat *Bach* diskutiert, wobei folgende Aspekte im Vordergrund der Auseinandersetzung stehen:

1. Analyse der Aufgaben einer Zusammenarbeit und Präzision der Notwendigkeiten einer Kooperation;
2. Formen von Kooperationsproblemen, Hintergründe von Problemen, Ansätze für erforderliche Korrekturen;
3. Ableitung der Prinzipien wirksamer Kooperation zwischen Ärzten und Pädagogen aus den gemeinsamen Aufgaben und den vorliegenden negativen und positiven Erfahrungen (vgl. 1976, 136).

Dabei werden vor allem vier Formen unzweckmäßigen Verhaltens zwischen Medizinern und Pädagogen unterschieden: die Konfrontation, die Okkupation, Subordinationsansinnen und bloß additive Beziehungen (1976, 139).

(2) Die sonder- oder heilpädagogische Diagnostik entscheidet, ob ein Kind einer individuellen Betreuung und Förderung mittels Aufnahme in eine Förderschule bedarf oder ob möglicherweise auf der Basis von Beratung des Regelschullehrers oder der Eltern, vielleicht auch mit Hilfe „Mobiler Dienste" individueller Förderunterricht oder Therapie genügen. Ein ganz besonderes Problem stellen Kinder dar, deren Leistungen sich im Grenzbereich bewegen. Dabei sei betont, dass ein Gutachten ohne Vorschläge für praktikable Fördermaßnahmen im Aufgabenbereich der sonderpädagogischen Diagnostik nahezu wertlos ist.

(3) Liegt spezieller Förderbedarf vor, bedarf es der Entscheidung, in welcher Schule oder Einrichtung (Regelschule, Schule zur individuellen Lernförderung [ehemals Schule für Lernbehinderte], Schule zur individuellen Lebensbewältigung [ehemals Schule für Geistigbehinderte], Schule zur Erziehungshilfe, Schule für Körperbehinderte, Sehbehinderte/Blinde, Hörbehinderte/Gehörlose) der Schüler am besten gefördert werden kann; bzw. ob eine spezielle Förderung durch ambulante Dienste oder eine Therapie angezeigt erscheint.

Analoge Entscheidungen wären auch vor dem Schuleintritt bezüglich einer bestimmten vorschulischen Einrichtung zu treffen.

Bei Mehrfachbehinderten i. e. S. ist die Frage der Aufnahme in eine bestimmte Schule nicht selten mit großen Problemen verbunden. Es gibt Kinder, die z. B. deutliche Merkmale einer Körperbehinderung, einer sprachlichen Behinderung oder einer geistigen Behinderung zeigen. Bei solchen Kindern sollte nicht in erster Linie nach der Offensichtlichkeit einer Behinderung entschieden werden, vielmehr sollten das Wohl des Kindes, seine Entfaltungsmöglichkeiten, vor allem der individuelle Förderbedarf bei der Wahl der Fördermaßnahmen dominieren.

(4) Eng verbunden mit der Diagnose ist die *Prognose*. Es werden gezielte und überlegte Hinweise auf die mögliche zukünftige Entwicklung gegeben. Es geht um die Fragestellung der Hilfe, Förderung, Förderaussichten, gegebenenfalls auch der Heilungschancen einer Krankheit oder auch um die Verschlechterung eines Verhaltens oder Zustandsbildes. Auch in diesem Fall muss überlegt werden, was optimal getan werden kann (z. B. Muskelschwund, Autismus, Hyperaktivität). Bei Kindern und Jugendlichen im Hauptschulalter kann mit der Prognose auch die Frage der Eignung für ein bestimmtes Berufsfeld verbunden sein; denn gerade im sonderpädagogischen Bereich müssen Spezialbegabungen im Hinblick auf geistige, soziale, körperliche Möglichkeiten besonders früh erkannt und gefördert werden.

Die Prognose hängt wesentlich von der Kenntnis des Umfeldes eines Kindes ab. Wichtige Momente sind beispielsweise die Flexibilität oder Rigidität, ganz einfach die Umstellungsfähigkeit der Eltern bei Erziehungsfehlhaltungen, die Wirkung einer Heimaufnahme, Fördermaßnahmen, therapeutische Einflüsse, die Bedeutung einer Aufnahme in eine Förderschule überhaupt.

Über die Probleme der „Prognose" wird im Verlauf dieses Abschnittes eingehender diskutiert.

Die weiteren Aufgaben der sonderpädagogischen Diagnostik können nach den einführenden Beschreibungen in kurzer Form aufgezählt werden. Diagnostische Aktivitäten mit Gutachtenerstellung und Förderungsvorschlägen sind nötig:

(5) bei eventueller Rücküberweisung (Rückführung) an die Regelschule;

(6) bei einer Überweisung an eine andere (sonderpädagogische) Einrichtung bzw. Förderschule;

(7) jeweils am Ende eines Schuljahres für den Schülerbogen und den Förderplan (meist Kurzgutachten über Fortschritte, Verschlechterungen, psychische und soziale Auffälligkeiten, Verhalten allgemein);

(8) wenn die Eltern eine Verlängerung der Schulbesuchszeit beantragen, d. h., die Lehrer müssen beurteilen, ob eine Verlängerung pädagogisch sinnvoll ist;

(9) bei einer Heimeinweisung;

(10) bei Gericht und Jugendamt (Diebstahl, Vergewaltigung, Gewaltanwendung ...)

(11) im Zusammenhang mit der Früherkennung und Früherfassung von Behinderung bedrohter Kinder (Weiterentwicklung des Gedankens einer möglichst frühen und intensiven Förderung gefährdeter und von Behinderung bedrohter Kinder in den letzten Jahren);

(12) aktive Mithilfe – auch durch den Einsatz diagnostischer Mittel – bei der Berufsfindung (Unterstützung des Arbeitsamtes; Kontakte mit Betrieben);

(13) im Rahmen eines Einbezugs förderdiagnostischer Aufgaben im Bereich erweiterter Aufgabenfelder wie Frühförderung und Regelschule.

Sonderpädagogik ist heute weitaus mehr als Sonderschulpädagogik, sie findet nicht nur in Förderschulen statt, sondern reicht weit in die Früherziehung und Vorschulerziehung sowie in die Bereiche der Regelschule hinein, gefordert durch Kinder und Eltern in Notsituationen im Erziehungs- und Lernprozess.

Als übergreifende permanente Aufgabe wird Verhaltensbeobachtung Erziehungs- und Lernprozesse begleiten (vgl. 5.2.1).

Aus der Diagnose und Analyse der vorliegenden Problematik ergibt sich die Aufgabe, die Möglichkeiten der Erziehung und Bildung des jeweiligen Kindes zu eruieren. Sonderpädagogik muss sich beschäftigen mit der Frage nach dem *gegenwärtigen* Stand der Entwicklung eines Kindes, mit der Frage nach der *optimalen* Förderung, der Ermutigung, evtl. mit dem Problem, dass es der Behinderte lernt, mit seiner Behinderung zu leben, mit dem Ausgleich eines Defizites etwa auch auf anderem Gebiet, also mit der Frage der *Kompensation* (Alfred *Adler*).

Auch die *Selbstregulierungstendenzen* und die *Selbstentfaltungskräfte* im kindlichen Organismus sind zu beachten, d. h., ein Kind ist wandelbar im Laufe des Wachstums, es „entwickelt sich" (Konstruktivismus) und wird nicht nur geprägt (vgl. *Bundschuh* 2008 a, 97ff). Im Zusammenhang mit der Diagnose gibt der Pädagoge Hilfestellung, beseitigt hemmende Einflüsse und trägt damit bei zur Entfaltung der im Kind vorhandenen Möglichkeiten. Überforderungssituationen in der Grundschule werden im Zusammenhang mit besonderen Maßnahmen abgebaut, Erfolgserlebnisse vermittelt, soziale Diskrimination durch den Anschluss an die Klassengemeinschaft (Integration) beseitigt. In unmittelbarem Zusammenhang mit den konkreten Aufgaben des diagnostizierenden Sonderschullehrers stehen noch einige wichtige Aspekte, wie z. B. die grundsätzliche Frage nach der Sicherheit bzw. Unsicherheit einer Diagnose, die Frage der Ätiologie, ferner die Bedeutung einer Aufnahme in eine Förderschule für das Kind. Die hier angeführten Aspekte sollen zumindest punktuell im Folgenden angesprochen werden.

Man kann wohl sagen, dass eine Diagnose, die zugleich Fördermaßnahmen intendiert und impliziert, um so schwieriger wird, je stärker ein Mensch beeinträchtigt ist, etwa bei Menschen mit schwerer geistiger Behinderung oder mit schweren Verhaltensstörungen. Häufig wird die eigentliche Primärbehinderung (Grundbehinderung) von sekundären oder tertiären Behinderungen oder Störungen überlagert, die sich in der Folgezeit aufgebaut haben, wie das bei der Taubheit, Blindheit, bei körperlichen Beeinträchtigungen schlechthin der Fall ist oder im psychischen Bereich bei sozialen Störungen bis hin zur Neurose. Es kann vorkommen, dass sich im Verlauf einer psychologisch-sonderpädagogischen Untersuchung bei problematischen Kindern Widersprüche zeigen zwischen der intellektuellen Leistung, die im Intelligenztest erreicht wird, und der schulischen Leistung, zwischen den Aussagen des bisherigen Lehrers und den Ergebnissen der sonderpädagogischen Untersuchung (schlechte Leistungen in der Schule – relativ gute bei der Untersuchung). In einem solchen Fall müsste die Möglichkeit zu einer längeren Beobachtung eines Probanden, zu wiederholtem Testen mit verschiedenen Verfahren gegeben sein, vor allem auch mit möglichst „kulturfreien" Verfahren, also mit Tests, deren Ergebnisse kaum von Lernprozessen, von Anregungen durch die Umwelt beeinflusst werden, um zu einer weitgehend gesicherten Information und Aussage über eine Förderung zu kommen.

Ungereimtheiten und Widersprüche im Verlauf einer Untersuchung sollten stets zu denken geben und nach Möglichkeit aufgeklärt werden.

Zum Aufgabenfeld des diagnostisch tätigen Sonderschullehrers gehören auch Fragen nach dem *Zeitpunkt* der Entstehung und damit eng verknüpft auch die Frage nach der *Ätiologie* (Ursache) einer Beeinträchtigung. Wichtig wäre es also zu klären, wann eine Störung oder Schädigung eingetreten ist:

1. *pränatal* (vorgeburtlich), etwa durch Röteln, infektiöse Hepatitis (Gelbsucht), toxische (giftige) Einflüsse, Sauerstoffmangelzustände, evtl. bereits durch Milieueinflüsse (mangelnde Hygiene, keine Vorsorgeuntersuchung ...)
2. *perinatal* (während der Geburt), evtl. durch eine besondere Lage des Kindes im Mutterleib, Atemstillstand, Asphyxie (Sauerstoffmangel), besondere Umstände bei der Geburt ...
3. oder *postnatal* (nach der Geburt), möglicherweise durch frühkindliche Gehirnschädigung, Unfälle leichter bis schwerer Art, Infektionskrankheiten, besondere Krankheiten oder vielleicht durch ungünstige Milieueinflüsse (soziokulturelle Benachteiligung, wenig Lernreize, schlechte Ernährung ...).

Gerade im Zusammenhang mit einer Milieuschädigung spielt die Intensität und die Dauer eine wesentliche Rolle für den Schweregrad einer Störung oder gar Behinderung. Zu denken wäre z. B. an fortgesetzte Kindesmisshandlung, an ständige Ehekonflikte, die vor dem Kind ausgetragen werden, in die vielleicht das Kind einbezogen wird, an gravierende Fehleinstellungen der Eltern zum Kind ...

Zeitpunkt und Ätiologie einer Beeinträchtigung können sicherlich nicht immer ganz exakt eruiert werden, dennoch darf das Bemühen um Klärung der genannten Aspekte nicht als zweitrangig betrachtet werden, da die Fördermaßnahmen in einem unmittelbaren Bezug zum Ursachenbereich stehen.

Die Bedeutung einer Aufnahme in eine Förderschule sollte für das Kind – und auch für die Eltern – nicht als gering angesehen werden. Die zunächst allgemeine Diagnose und das „– Urteil – förderschulbedürftig" bringen eine Zuordnung zu einer Minderheit mit sich mit allen Konsequenzen für das spätere Leben. Man muss aber auch bedenken, dass ein Verbleiben an der Volks- oder „Regelschule" für die Lernbereitschaft und für die gesamte Entwicklung der Persönlichkeit negative Folgen mit sich bringt, wenn das Kind ständig überfordert wird, immer wieder sein Nicht-Leistenkönnen erfährt. Zahlreiche Autoren (*Wegener* 1963, *Begemann* 1970, *Iben* 1970, *Höhn* 1974, *Klauer* 1975, u. a.) bringen immer wieder die Problematik der Entscheidung „Sonderschulbedürftigkeit" im Zusammenhang mit Lernbehinderten zur Diskussion. Das niedrige Sozialprestige gerade bei der zahlenmäßig größten Gruppe der „Behinderten", nämlich bei den Lernbehinderten, zeigt sich nicht nur darin, dass vermeintliche Dummheit in unserer Gesellschaft leider immer noch Spott und Schande hervorruft, sondern auch deutliche Beeinträchtigungen der Entwicklungsmöglichkeiten vor allem nach Beendigung der Schulzeit zur Folge hat, die von der Gesellschaft gesetzt werden.

So bleiben „Lernbehinderten" – Schülern mit Förderbedarf Lernen – bestimmte Berufe verschlossen, denen sie begabungsmäßig durchaus gewachsen wären, wie z. B. die Beamtenlaufbahn des einfachen Dienstes bei der Post oder eine ganze Reihe von Lehrberufen.

Greift man wiederum die Gruppe der Schüler mit Lernbehinderung – jetzt Förderbedarf/-schwerpunkt Lernen – heraus, so muss man bemerken, dass bei keinem anderen Förderschultyp so viele Probleme auftreten, es vielleicht wegen der mangelnden Offensichtlichkeit der Beeinträchtigung dieser Kinder so viele Widersprüche und Anfechtungsklagen gegen Ein- und Umschulungsentscheidungen gab, wie bei der Schule für Lernbehinderte (früher „Hilfsschule" genannt), weil die „Behinderung" zu wenig offensichtlich, zu wenig prägnant und auffällig ist, weil sie eben häufig erst dann zutage tritt, wenn schulische Anforderungen an die Kinder gestellt werden. Deshalb sehen auch die Eltern manchmal die Notwendigkeit der Maßnahmen in Form einer „besonderen" Beschulung ihrer Kinder nicht ein.

Sie wehren sich im Zusammenhang mit dem vielerorts diffamierenden Charakter dieses Schultyps gegen eine Aufnahme ihrer Kinder in eine Schule für Lernbehinderte (vgl. auch *Baiers* Ausführungen zum Phänomen „Lernbehinderung" von 1980, wo der Begriff Lernbehinderung als „euphemistisch", „relational", „diffamierend", „fixierend", simplifizierend" und als „pauschalierend" gesehen wird).

Gerade diese Aufgaben des diagnostizierenden Sonderpädagogen im institutionellen Bereich haben viel zur Kritik an seiner diagnostischen Tätigkeit beigetragen. Die Frage bleibt offen, wer an seine Stelle tritt, wenn er diese Aufgabe nicht auf der Basis seiner sonderpädagogischen Kompetenz, seines pädagogischen Verständnisses und seiner pädagogischen Einstellung realisiert, vielleicht ein Mediziner oder ein Verwaltungsfachmann? Ohne gründliche, aber auch praktikable (!) innovatorische Reflexionen über „rein pädagogische" Möglichkeiten im Rahmen eines Schulsystems sollte weder das Sonder-, jetzt Förderschulwesen aufgelöst noch der Beruf des Sonder- oder Förderschullehrers „abgeschafft" werden. (Vgl. die unbefriedigende, in Einzelfällen schlimme Situation in Italien, über die 1982 Prof. *Galliani* von der Universität Padua berichtete.) Möglicherweise hilft die im folgenden Abschnitt behandelte, pädagogisch akzeptablere Förderdiagnostik im Sinne einer Prozess- und Begleitdiagnostik, die speziell auch im Rahmen von Unterricht realisiert werden kann, weiter.

3.4 Sonderpädagogisch-psychologische Diagnose als Förderdiagnose

In den vorangegangenen Ausführungen wurde bereits mehrmals hervorgehoben, dass die Diagnose alleine im Hinblick auf das Kind wenig Relevanz besitzen würde, wenn nicht gleichzeitig gezielte, differenzierte Vorschläge zur Förderung eines in seiner Entwicklung beeinträchtigten Kindes gegeben würden. Das Moment der Förderung enthält eine so eminent wichtige Funktion, dass nicht darauf verzichtet werden kann, diesen Aspekt zu thematisieren und allen weiteren Ausführungen als Prinzip zugrunde zu legen. Es geht im Rahmen der sonderpädagogischen Diagnostik nicht in erster Linie um die Feststellung einer Störung, eines Defizits oder einer Behinderung, vielmehr ganz speziell um die „Herausstellung der für eine sonderpäd. Förderung geeigneten Ansatz- und Ausgleichsmöglichkeiten" (vgl. 5.8), wobei man sich auch der ärztlichen Befunde bedienen sollte.

Die sonderpädagogische Untersuchung intendiert insbesondere Ansätze und Vorschläge für gezielte Maßnahmen zum *Abbau* und zur Kompensation von Beeinträchtigungen, zur *Prävention* von Störungen, zur *Prophylaxe* bei vorliegenden Beeinträchtigungen und *Anregungen* zur *Entfaltung* einer evtl. Spezialbegabung. Wie bereits *Wegener* schreibt, erstrebt der Sonderpädagoge „die selbständige Feststellung von Erziehungs- und Bildungsmöglichkeiten auf seiten des behinderten Kindes". Das Urteil der „Nichteignung für die Normalschule" bedarf stets der Ergänzung durch das „positive Urteil der Eignung" für eine bestimmte sonderpädagogische Einrichtung (1969, 562). Nach *Wegener* führt in diesem Sinne die sonderpädagogische Diagnostik immer zu einer „Bildbarkeits-Diagnose". Der Sonderpädagoge forscht gleichsam auch nach einem Begabungsbereich, der einer „Begabungsinsel" gleichkommt und zur Emanzipation geführt werden soll. Der Autor zeigt hier deutlich die positiven Ansätze einer sonderpädagogischen Diagnostik auf, seine Ausführungen lassen bereits den Schwerpunkt des Momentes „Förderung" erkennen. Sein (förderdiagnostischer) Ansatz wird jedoch durch neuere Erkenntnisse ergänzt und weitergeführt. Es geht heute nicht mehr in erster Linie um eine „Feststellung", nicht mehr um ein „Urteil", nicht mehr um die „Einweisung" in eine bestimmte „sonderpädagogische Einrichtung", vielmehr geht es – zunächst allgemein ausgedrückt – um die Transformation förderdiagnostischer Erkenntnisse in die Entwicklung, in Lernprozesse, Unterrichtsprozesse (Curricula), in das Leben eines in seiner Entwicklung gefährdeten Menschen schlechthin.

Förderungsspezifische Diagnostik soll dazu beitragen, erschwerte Lernprozesse zu erleichtern, massives Schulversagen soll so möglichst gar nicht erst entstehen bzw. gemildert oder überwunden werden:

– *Zeitlich* kann eine förderungsspezifische Diagnostik nicht auf die Überprüfungsperiode beschränkt bleiben. Sie muss stets dann angewendet werden, wenn Lernschwierigkeiten auftreten.
– *Gegenstand* der förderungsspezifischen Diagnostik sind nicht Merkmale des Kindes, sondern das gesamte Bedingungsgefüge des schulischen Erfolgs und Misserfolgs.
– Als *Methoden* sind solche Verfahren vorzuziehen, deren Daten direkt Ansatzpunkte für pädagogische und therapeutische Interventionen liefern und nicht erst über verschiedene Arten von Schlussfolgerungen ein hypothetisches Konstrukt (wie es z. B. die „Intelligenz" ist) quantifizieren.

Ich bin der Meinung, dass sich förderungsspezifische Diagnostik auch im Rahmen einer unmittelbaren Verbindung von indirekten und direkten Verfahren realisieren lässt.

„Indirekte Modelle" sonderpädagogischer Diagnostik werden von Peter *Barkey* so beschrieben: Sie beziehen sich „weitgehend auf individuell zentrierte Defizitannahmen oder Feststellungen, die als individuelle Beschreibungsmomente wenig expliziten Bezug auf zu erreichende Lernziele nehmen" (1975, 21).

„Indirekte Modelle sonderpädagogischer Diagnostik benutzen als Vergleichsgruppe jahrgangsgleiche, nach biographischen und demographischen Kriterien homogenisierte Schülerpopulationen, die durch die Verteilung ihrer Lernleistungen gruppenspezifische Kriterien für bestimmte Auffälligkeiten repräsentieren. Unterschiedliche Lernbedingungen werden als Störvariable berücksichtigt, die sich durch entsprechendes Vorgehen bei der Auswahl der Bezugsgruppe – bei standardisierten Tests: Eichstichprobe – ausgleichen sollen. Indirekte Modelle sonderpädagogischer Diagnostik beziehen sich sehr häufig auf der Medizin entlehnte Analogien …" (1975, 21f). Unter den indirekten Modellen sonderpädagogischer Diagnostik versteht man vor allem die Verfahren, die sich an die normorientierte Diagnostik anlehnen; d. h., sie werden mit dem Ziel angewendet, einzelne Untersuchungsergebnisse im Hinblick auf statistische Bezugswerte (Normen, Testnormen, Eichwerte) einer bestimmten Bezugsgruppe auszudrücken und zu interpretieren. Hierzu gehören alle Verfahren, die man als psychometrische Verfahren (messende Verfahren) bezeichnet, die den Vergleich einer Einzelleistung mit der Leistung einer größeren Bezugsgruppe zulassen. Dies könnten z. B. Intelligenztests, Schulleistungs-, Schulreifetests, Fähigkeitstests … sein.

Barkey sieht die „wohl wichtigste Dimension direkter Modelle sonderpädagogischer Diagnostik darin, dass sie bei einer Feststellung mehr oder weniger nicht erreichter Lernziele die Bedingungen für das Nichterreichen dieser Lernziele erkundet, damit neue gezielte Maßnahmen eingeleitet werden können" (1975, 21). Diese Modelle „benutzen als Bezugsgruppe die Schüler, die in einer bestimmten Zeit und im Rahmen einer bestimmten pädagogischen Unterweisung gleiche Lernangebote für ein explizit genanntes Lernziel erhalten. Direkte Modelle versuchen bei Nichterreichen dieses Ziels Bedingungen für das Nichterreichen aufzudecken und daraus Handlungsanweisungen für zusätzliche pädagogische Hilfen abzuleiten" (ebd.). So stellen die direkten Modelle sonderpädagogischer Diagnostik „verstärkt die Möglichkeiten der Modifikation und Variation pädagogischen Handelns im Sinne etwa der Verhaltensmodifikation in den Vordergrund" (1975, 22).

Beispielhaft charakterisiert wird eine relativ flexible und variable Form der Verhaltensbeobachtung – empfohlen vor allem die „Situationsanalyse" als eine Form der Beobachtung des Schülerverhaltens in spezifischen Lernsituationen und Lernprozessen.

Im Zusammenhang mit problematischen Kindern ist anzustreben, „die ohnehin vorhandenen Stigmatisierungen nicht noch durch wissenschaftlich aufgebauschte Nomenklaturen zu untermauern, sondern Kategorien zu finden, die in bezug auf erzieherisch mögliche Interventionen dem Lehrer Hilfen für sein pädagogisches Handeln bieten" (1975, 27).

Barkey als Vertreter direkter Modelle meint, bei der Beurteilung schulischer Leistungen seien direkte Modelle der Leistungsprüfung vorzuziehen.

Direkte Modelle stellen die pädagogische Problemanalyse in den Mittelpunkt, wobei zwischen curricularem, Interaktions- und Modifikationsaspekt unterschieden wird.

Sonderpädagogische Diagnostik, orientiert an direkten Modellen, geschieht also auf der Grundlage der Analyse und Strukturierung der Lernziele und Kenntnisse des Unterrichtsverlaufsgeschehens. Die gegenwärtig diskutierten und auch versuchsweise erprobten alternativen diagnostischen Konzepte im pädagogisch-sonderpädagogischen Bereich orientierten sich in hohem Maße an dem aufgezeigten Gedanken direkter Modelle, wobei die wesentlichen Schwerpunkte in dem erweiterten diagnostischen Prozess, in den unmittelbar an die Diagnose anschließenden Interventions-, Handlungs- und Evaluationsstrategien liegen.

Verschiedene Beiträge vergleichen und bewerten herkömmliche Diagnostik mit neueren förderungsorientierten Ansätzen. So stellen *Barkey* (1975) und *Eggert* (1975) indirekte und direkte Modelle einander gegenüber, *Kautter* (1975) hält die am Medizinischen Modell orientierte Diagnostik für Selektionsentscheidungen für den „gegenwärtigen Zustand" und strebt eine an den Förderungsbedürfnissen orientierte Diagnostik an.

Kobi stellt (1977, 115 – 123) in 28 Thesen „Einweisungsdiagnostik" und „Förderdiagnostik" gegenüber. Es fällt schwer, die wesentlichen Inhalte dieser sehr systematisch aufgezeigten Thesen hier darzulegen, denn alle implizieren hohe Relevanz. Es soll deshalb der Versuch unternommen werden, die aus der Sicht des Verfassers bedeutsamsten Momente der Förderdiagnostik (FD) vorzustellen:

– „Die Förder-Diagnostik entwickelte sich in kritischer Distanznahme von der Einweisungs-Diagnostik im Zuge verschiedener Theorien des Lernens und der Verhaltensmodifikation, des Integrationsgedankens, der Bestrebungen um Frühförderung, der Kommunikationsforschung etc. ..." (These 1).

- „Im Vordergrund stehen kriterienorientierte, curriculare und modifikatorische Interventionsfragen" (These 2).
- „Paradigma für die FD ist die Interaktion zwischen Lehrenden und Lernenden, welche ein definiertes Lernziel mittlerer Reichweite anstreben" (These 3).
- „FD findet ihre Zweckbestimmung in der Förderung und hat ihren Bezugsrahmen in einem Fluß-System. Je dynamischer, durchlässiger und anverwandlungsfähiger ein solches System (z. B. Gesamtschule) ist, um so eher kann FD individualisierte, ad personam konkretisierte und problemzentrierte Innovationen (z. B. orthodidaktischer oder verhaltensmodifikatorischer Art) vornehmen" (These 6).
- „FD ist topologisch und relational orientiert. D. h., sie ist nach einem pädagogischen Denkmodell an der Ortung von Störungsherden und der Herstellung optimaler Arrangements interessiert" (These 7).
- „Grundlegend ist ein ökologisches Interaktions-Modell; das zur Diskussion stehende Kind wird – wie alle übrigen Personen – als integrierendes Unterganzes eines Kommunikationssystems gesehen" (These 9).
- „In der FD werden das Subjekt, seine Leistungen und sein Verhalten im Bezugssystem seiner gegenwärtigen Lebensumstände und deren Anforderungen gesehen und ,fest'-gestellt. FD ist an intraindividuellen Unterschieden interessiert" (These 10).
- „Personen werden nicht auf einen Objektstatus reduziert, sondern als Subjekte interpelliert: sowohl während der Situationsanalyse wie auch während des Meinungsbildungsprozesses bzgl. des Interventionskonzepts" (These 11).
- „Wichtiger noch als die (Leistungs-)Produkt-Analyse ist die (Lern-)Prozeß-Analyse: Der Frage, wie groß und welcher Art die Abweichungen von einer Erwartungsnorm sind, ist die Frage übergeordnet, über welche Wege und Marken derartige Abweichungen zustande kommen" (These 13).
- „FD ist nicht ein Akt, sondern ein Prozeß. Kontinuierliche Situationsanalysen innerhalb der Interventionen weisen FD als Begleit-Diagnostik aus. Sie ermitteln Daten und Fakten, die in einem direkten Bezug stehen zu heilpädagogisch-orthodidaktischen Interventionen und Innovationen" (These 14).
- „Subjektive Bezüge und die Eigenwelt der Person werden in ihrer existentiellen Bedeutung ernst genommen. Die Maske der Objektivität wird fallen gelassen; an deren Stelle tritt eine unverhüllte und möglichst dichte Subjektivität …" (These 15).
- „FD begibt sich in den Lebens- und Erlebensraum ihrer Probanden oder Konfliktpartner, und sie versucht diesen auf den subjekthaften Realitätsebenen zu begegnen. Subjekte werden in jener Umgebung, von der sie sich abheben, interpelliert und zur Selbstdarstellung eingeladen …" (These 16).

- „FD ist lifespace-(Lebensraum-)Diagnostik: Sie findet an jenem Ort und unter jenen Umständen statt, wo ein Kind angeblich versagt oder sich bewähren sollte" (These 18).
- „Diagnostik und pädagogische Intervention bilden eine untrennbare Einheit innerhalb interaktionalen Kreis- und Gestaltungsprozessen" (These 21).
- „Die diagnostische Situation ist offen: Kind, Eltern, Lehrer wird der diagnostische Prozeß einsehbar (transparent) gemacht. Es wird, wenn immer möglich, vermieden, daß zwischen den Beteiligten so etwas wie ein Arzt-Geheimnis Platz greift. ‚Offene Akten'!" (These 22).
- „(Etappen-)Ziele gelten als erreicht, wenn alle Beteiligten aufgrund einer Alternativen-Prüfung sich auf gemeinsamer Vertragsbasis einigen können und wenn eine Diagnose neue Perspektiven eröffnet" (These 23).
- „Die Verantwortung ist grundsätzlich unteilbar – auch dann, wenn gewisse Aufträge, klar umschrieben, an einzelne Personen abgegeben werden. Die Erfüllung des persönlichen Auftrags entbindet nicht von der Gesamtverantwortung! – Dem Kind, den Eltern, der Lehrerschaft, den Behörden wird je die Entscheidungssituation und die mit den getroffenen Entscheidungen verbundenen Konsequenzen transparent gehalten …" (These 24).
- „FD sieht in ihrem Probanden einen Schüler (im weitesten Sinne), d. h. ein in einem Auszeugungsprozeß befindliches Subjekt, mit dem zusammen Lernperspektiven zu entwerfen sind. – Dieses werdende Subjekt ist der FD vieldeutig. Was sie vornimmt, ist eine Art Spektralanalyse, d. h. ein Aufweisen verschiedener Ziele und Wege, zwischen denen das Subjekt im Extremfall nach einem analogen (fließenden, nahtlosen) Entscheidungssystem sich frei bewegen kann …" (These 25).
- „FD zielt auf Fazilitation, erfaßt problemzentriert Interaktionsprozesse und ist durch ein systemanalytisches Vorgehen charakterisiert. Sie orientiert sich an einem Flußmodell, welches keine starren und unverrückbaren Grenzen aufweist" (These 27).
- „FD kann sich hingegen in einem rigiden Schachtel-System kaum entfalten. Systemimmante Barrieren legen sich der Realisierung gezielter Förderprogramme hindernd in den Weg …" (These 28).

Kobi zeigt damit eine dynamische und prozessuale Vorgehensweise von Förderdiagnostik auf, deren Realisierung ohne Einschränkung wünschenswert ist. Die Hauptbarriere einer Verwirklichung solcher Gedanken liegt – wie *Kobi* bemerkt – in der Struktur gegenwärtiger Schulsysteme. Der Autor meint abschließend zu den aufgestellten Thesen: „Es wird gezeigt, dass Förderdiagnostik aus heilpädagogischer Sicht zwar dringend notwendig wäre, innerhalb eines rigiden (Schul-)Systems jedoch nur geringe Entfaltungsmöglichkeiten hat" (1977, 123).

Erfasst werden somit Veränderungen und deren Bedingungen. Weiterhin ergeben sich alle handlungs- und entscheidungsrelevanten Daten aus direkter Beobachtung aller am Interaktionsprozess beteiligten Personen, einschließlich des gesamten situativen Kontextes. Ziel der Diagnostik ist es, Informationen zur Optimierung schulischer Lehr-, Lern- und Interaktionsprozesse zu erhalten. Die zu stellende Frage lautet: Versucht nicht der interessierte, am Schüler orientierte Lehrer im Unterricht ohnehin eine Realisierung dessen, was mit „direkten Modellen" beschrieben wird? Der Lehrer informiert, lässt erarbeiten, diskutiert, evaluiert, setzt zusammen mit den Schülern neue Ziele, um nur einige Tätigkeiten anzuführen. Der angesichts bekannter Probleme in Schulen und Schulklassen versuchsweise schülerorientiert arbeitende Lehrer fühlt sich jedoch ständig überfordert.

Sonderpädagogische Diagnostik kann wohl nicht ganz auf die Verwendung normierter und standardisierter Verfahren verzichten. Der Gedanke der direkten Modelle erweist sich als sehr positiv, dürfte aber auch in nächster Zukunft noch nicht in vollem Maße realisierbar sein.

Realistisch erscheint die Forderung, dass ein mit sonderpädagogischen Maßnahmen konfrontiertes Kind – sei es in der Vorschule, Regel- oder Förderschule – fortwährend hinsichtlich seiner Entwicklung beobachtet, dass es in prozessualer Form förderdiagnostisch begleitet wird, dass mindestens jährlich eine gründlichere förderdiagnostische Untersuchung mit allen Möglichkeiten der Neuorientierung angesetzt wird.

Förderdiagnose zielt hin auf Förderung und Hilfe im pädagogischen Bereich, auf Integration im sozialen Bereich unter Einbezug der Familie und der übrigen sozialen Umwelt, auf Entwicklung und Entfaltung im psychischen Bereich, auf Heilung und Therapie im Allgemeinen, so weit dies im sonderpädagogischen Feld möglich sein kann, wobei auf die enge Verflechtung und Verzahnung der angesprochenen Bereiche hinzuweisen ist. Förderung hat immer die Ganzheit eines Kindes im Auge zu behalten (vgl. *Bundschuh* 2007, 59 – 72).

Während im Zusammenhang mit Früherkennung und weiteren Maßnahmen bei geistig behinderten, körperbehinderten und sinnesbeeinträchtigten Kindern sich der Gedanke der „Förderdiagnose" auf dem Weg der Realisierung befindet, müssen im Zusammenhang mit potenziell lernbehinderten Kindern Neuüberlegungen, Reformen, Neustrukturierungen, Veränderungen in Richtung Präventivmaßnahmen unter Einbeziehung der Familien, ferner Durchlässigkeit und Dynamik eintreten. Die neue Bezeichnung „Förderbedarf Lernen" deutet dies an.

Zusammenfassung

Psychodiagnostik im herkömmlichen Sinn zielt auf Erkundung der individuellen psychischen Struktur, der einem Individuum zugrunde liegenden Persönlichkeitsmerkmale und Eigenschaften. Sie bedient sich ganz bestimmter Verfahren (Anamnese, Exploration, Verhaltensbeobachtung, Tests, Fragebögen).

Diese Diagnostik orientierte sich in hohem Maße am Medizinischen Modell, d. h., Störungen sind Sache des Individuums, sie werden durch bestimmte Ursachen im Bereich des Individuums hervorgerufen. Die Erkennung und Beseitigung dieser im Individuum liegenden Ursache führt zur Therapie.

Abgelöst wird diese Diagnostik, die Defizite und Störungen in der Person selbst sucht, durch eine an soziologische und sozialwissenschaftliche Gedanken orientierte Vorgehensweise, d. h. verursachende Momente einer Störung (Schulversagen, Verhaltensstörungen) werden vor allem

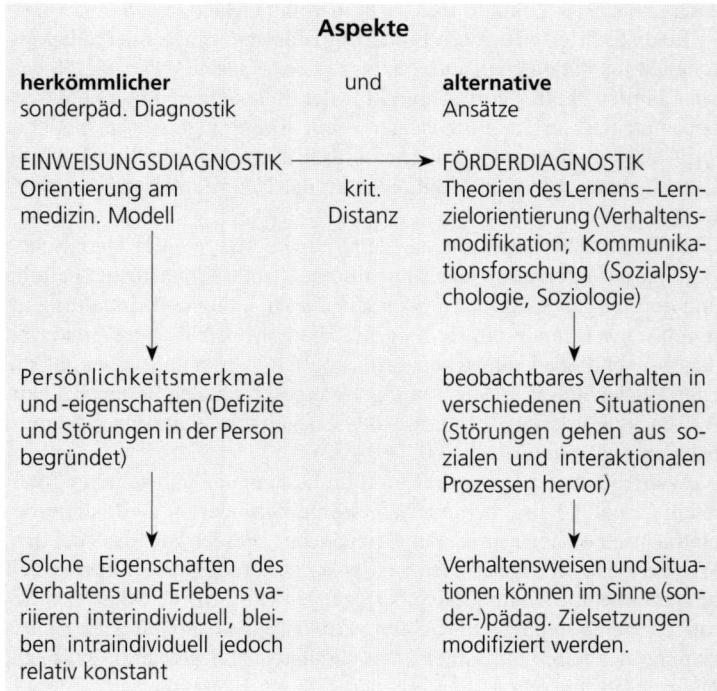

Aspekte

herkömmlicher	und	**alternative**
sonderpäd. Diagnostik		Ansätze

EINWEISUNGSDIAGNOSTIK ⟶ FÖRDERDIAGNOSTIK
Orientierung am medizin. Modell — krit. Distanz — Theorien des Lernens – Lernzielorientierung (Verhaltensmodifikation; Kommunikationsforschung (Sozialpsychologie, Soziologie)

↓ ↓

Persönlichkeitsmerkmale und -eigenschaften (Defizite und Störungen in der Person begründet) — beobachtbares Verhalten in verschiedenen Situationen (Störungen gehen aus sozialen und interaktionalen Prozessen hervor)

↓ ↓

Solche Eigenschaften des Verhaltens und Erlebens variieren interindividuell, bleiben intraindividuell jedoch relativ konstant — Verhaltensweisen und Situationen können im Sinne (sonder-)pädag. Zielsetzungen modifiziert werden.

METHODEN

Frage – Antwort	← Anamnese → Exploration, ← Verhaltens- → beobachtung ← Tests, … →	partnerschaftliches Gespräch (Verständnis) ??
Selektionsstrategie indirekte Modelle	← STRATEGIEN / → MODELLE Mischstrategie mehrdimensionale Diagnostik	Modifikationsstrategie direkte Modelle Intervention – Entscheidung Einheit von diagnosti- scher Intervention und Pädagogik
Maßnahmen verbunden mit Gefahr der Festlegung (Charakter der Endgültigkeit)	← ENTSCHEIDUNG →	Einleitung eines Förde- rungsprozesses. Dyna- mik, Durchlässigkeit, permanente Lernana- lysen, unbürokratischer Rahmen
scheinbar „problemlos" (rigides Schulsystem: feste Strukturen, Schachtelsystem) ◻◻◻◻◻	← REALISIERUNG →	permanente Orientie- rung am Kind, Flexibi- lität (Problem: Schulsystem, z. B. in L-Schulen Reali- sierung fast „utopisch") ••••••••••••••
Verantwortung Vertretbarkeit dieser Entscheidung!	Diagnose Förderschul- bedürftigkeit	Vorläufigkeitscharakter Diagnose des indivi- duellen Förderbedarfs

im Kommunikationsbereich des Individuums gesucht, z. B. im Familienmilieu, im Bereich der Schule, in der sozialen Umwelt überhaupt durch
Etikettierungs-, Stigmatisierungsprozesse und durch Rollenzuweisung
(„er ist aggressiv, unruhig, faul"; „er geht aus dieser Familie hervor",
„er kommt aus dieser Gegend"). Systeme können behindern (vgl. *Bundschuh* 2007, 64ff; 2008 a, 326 – 331).

Der Gegenstandsbereich der sonderpädagogischen Diagnostik steht in enger Beziehung zu in ihrer geistigen, emotionalen, sozialen, physischen Entwicklung gefährdeten oder beinträchtigten Personen, wobei stets der Interaktions- und Umweltbereich impliziert ist. Zumeist wird es sich dabei um Kinder handeln, denkbar wäre jedoch, dass es die sonderpädagogische Diagnostik mit Personen aller Altersgruppen zu tun hat.

Die Aufgaben fordern vom Sonderpädagogen neben einer Kenntnis der „Normalentwicklung" Informationen über Verursachungsmomente, Bedingungen und Formen von Beeinträchtigungen sowie Möglichkeiten der Förderung und Therapie.

Die ursprünglich als Hauptaufgabe gesehene Diagnose als Entscheidung für bestimmte Maßnahmen meist selektiver Art wird abgelöst durch den Prozess der Förderung. Diagnose und Förderung können nicht mehr getrennt gesehen werden, stellen eine Einheit dar und müssen permanent unter Einbezug der Umwelt und deren Interaktionen als Prozess stattfinden. Somit müssen die Tendenzen, im pädagogischen Bereich von einer Selektionsstrategie zu einer Modifikationsstrategie zu kommen, verstärkt und weiterentwickelt werden.

Der Sonderschullehrer trug mit „seiner Diagnose" und Entscheidung „Sonderschulbedürftigkeit" ein kaum vertretbares Maß an Verantwortung. Sollte sich der Gedanke der Förderdiagnostik auch im schulbürokratischen und schulbehördlichen Bereich hinsichtlich mehr Offenheit, Flexibilität und Dynamik auch hinsichtlich der Frage nach der Integration weiter durchsetzen, werden sich die Probleme, die sich bisher im Rahmen der „Überprüfung auf Sonderschulbedürftigkeit", jetzt Förderschulbedürftigkeit bzw. Frage nach dem individuellen Förderbedarf, ergaben, erheblich neutralisieren. Sonderpädagogische Diagnostik erhält ihre Legitimation nur aus den Aspekten Verstehen und Förderung (vgl. *Bundschuh* 2007, 77 – 144), sie darf keinesfalls statischen, vielmehr nur dynamischen Charakter haben.

Alternativmodelle zur herkömmlichen Diagnostik orientieren sich in hohem Maße am schulischen Geschehen (Verhalten, Lernziele, Curricula).

Es zeigt sich, dass es eine Reihe von Ansätzen gibt, die zahlreichen Probleme einer traditionellen Diagnostik, die sich weitgehend als statische Diagnostik, Selektionsdiagnostik, Merkmals- und Eigenschaftsdiagnostik erwiesen hat und somit eher Festschreibungen und defizitäre Beschreibungen im Zusammenhang mit sonder- oder heilpädagogischen Problemstellungen lieferte (anstelle von Förderungsimpulsen), zu überwinden.

Mit der *Veränderungsdiagnostik* verfolgt man das Ziel, durch den Vergleich zweier oder mehrerer Zustände im Zeitverlauf eine Aussage über Veränderungen oder Stabilität von Merkmalen zu treffen. Unter pädagogischem und psychologischem Aspekt betrachtet geht es dabei meist auch um einen Prozess zwischen Ist- und Sollzustand. In der Regel wird die erzielte Veränderung als Folge eines natürlichen Prozesses (z. B. Wachstum, Reifung, Lernen), einer Intervention (z. B. pädagogische Förderung, Psycho- oder Pharmakotherapie) oder situationsbedingter Variabilität (z. B. Tagesereignisse) interpretiert. Vorhaben zur Veränderungsdiagnostik setzen gezielte Annahmen über Entwicklungs- und Interventionsverläufe sowie Situationseinflüsse voraus. Diese Annahmen können nur überprüft werden, wenn adäquate, veränderungssensitive Erhebungsverfahren vorliegen, die Veränderungen – zuverlässig – abbilden können. Letztlich hängt die Entscheidung darüber, wann und wie oft eine Verhaltensweise bzw. auch ein Merkmal im Verlauf einer Zeitspanne erhoben werden soll, von bestimmten Annahmen über Entwicklungen und den damit zusammenhängenden psychologischen Prozessen ab, die erfasst werden sollen.

Die neueren Entwicklungen führen weg von der statischen, indirekten Vorgehensweise über den Einbezug behavioristischer, sozialwissenschaftlicher, entwicklungspsychologischer und anthropologischer Einflüsse im weiten Sinne hin zu einer lernorientierten, „direkten" Diagnostik. Häufig bestand nur Interesse an dem, was „ist", im weitgehend statischen Sinn (Persönlichkeitsmerkmale und -eigenschaften). Dieser Aspekt erweitert sich nun in Richtung was „soll", und wie dieses „Soll" erreicht werden kann. Der Schwerpunkt der neueren Ansätze liegt auf dem Moment der Information zwecks Handeln und Förderung, d. h., intendiert wird primär der Fortschritt der Persönlichkeit durch Erweiterung der Handlungskompetenz (vgl. *Bundschuh* 2008 a, 218 – 224).

Die Psychologische Diagnostik ist eng mit anderen Teildisziplinen der Psychologie vernetzt. Die Entwicklung psychodiagnostischer Methoden und Erhebungsstrategien im sonder- und heilpädagogischen Arbeitsfeld wird in hohem Maße von diagnostischen bzw. förderdiagnostischen Fragestellungen beeinflusst. Um dieses große Aufgabengebiet bewältigen zu können, bedarf es der engen Verbindung insbesondere zur Entwicklungspsychologie, der Pädagogischen Psychologie (Frage nach dem Lernen und Lernstörungen), der Klinischen (Psychotherapien können zur Aufarbeitung und Beseitigung sozialer und emotionaler Störungen beitragen), der Medizinischen Psychologie und der Sozialpsychologie (Analyse der Kind-Umfeld-Bedingungen).

Entwicklungspsychologie
Beobachtung des Entwicklungsstandes; Förderung orientiert an
den Möglichkeiten des Kindes. Methoden: Verhaltensbeobachtung,
Anamnese, Entwicklungsskalen
Erhellung des Bedingungshintergrundes von Beeinträchtigungen

↓↑

Lernpsychologie	**Heilpädagogische Diagnostik**	**Klinische Psychologie Therapien**
Lernausgangslage/ Lernbasis	Förderdiagnostik	Abbau von Störungen des Erlebens und Verhaltens
Zonen der nächsten Entwicklung	*Ziel:* Verstehen- und Kennenlernen des Kindes, Fördermaßnahmen. Gegenstand:	Verstehen und Erklären von Verhaltens- und Lernproblemen
Beobachtung, wie ein Kind am besten lernt (Lerntyp, Lernmethode)	Notsituationen, ins Stocken geratene Prozesse, Erziehungsbedürfnisse. Berücksichtigung anthropologischer, pädagogischer, didaktischer, sozialer und therapeutischer Aspekte	Anwendung kinderorientierter Therapiemethoden
Wichtig, *wie* und in welcher *Lernumwelt* ein Kind bisher gehandelt und gelernt hat		

↓↑

Sozialpsychologie/Soziologie
Verstehen durch Erkennen und Analysieren
bisheriger Kommunikations- und Interaktionsprozesse (Biographie)
Probleme des Zusammenlebens und des Werdens des Kindes
unter den gegebenen soziokulturellen und ökonomischen Bedingungen
analysieren

Abb. 1: Querverbindungen heilpädagogischer Diagnostik (*Bundschuh* 2008 a, 239)

Die Abb. 1 zeigt die Bedeutung der Förderdiagnostik im sonder- und heilpädagogischen Erziehungs- und Arbeitsfeld auf. Förderdiagnostik leistet einen Beitrag zum besseren Kennenlernen und Verstehen von Personen in einer Notsituation. Gegenstand der Förderdiagnostik sind nicht Defizite oder „Mängel" des Kindes, einer Person, vielmehr die Notsituation selbst, die Entwicklungen behindernder Bedingungen, ins Stocken geratene Erziehungs- und Lernprozesse sowie die Erkundung der aus der Notsituation entstandenen speziellen Erziehungs- und Handlungsbedürfnisse. Verwiesen sei hierbei auf die pädagogische Verantwortung und die Berücksichtigung der anthropologischen, pädagogischen, sozialen, didaktischen, ganzheitlichen und ggf. therapeutischen Dimensionen der Förderdiagnostik (*Bundschuh* [3]2007, 134 – 144f).

Die sonderpädagogische Diagnostik hat zwar Methoden und viele Impulse aus der psychologischen Diagnostik entnommen, ist aber hinsichtlich ihrer speziellen Aufgaben, ihrer schwierigen und herausfordernden Handlungsfelder und ihrer Ziele eigenständig (vgl. *Bundschuh* 2007). Unter sonderpädagogischer Diagnostik wird das Insgesamt aller Erkenntnisbemühungen im Dienste aktueller (heil-) pädagogischer Herausforderungen, Prozesse und Entscheidungen verstanden. Diagnostik im sonder- und heilpädagogischen Arbeitsfeld ist primär auf den Einzelfall unter Einbezug negativer, d. h. für die Entwicklung ungünstiger, aber auch positiver, d. h. förderlicher Umfeldbedingungen, fokussiert. In Anlehnung an die Definition „pädagogischer Diagnostik" von *Ingenkamp* und *Lissmann* (2008, 13) umfasst sonderpädagogische Diagnostik alle diagnostischen Tätigkeiten, durch die bei einzelnen Schülern bzw. Lernenden Voraussetzungen und Bedingungen planmäßiger Lehr- und Lernprozesse ermittelt, (gestörte) Lernprozesse analysiert und Lernergebnisse festgestellt werden, um individuelles Lernen zu verbessern bzw. zu optimieren, bei Bedarf auch Verhalten positiv zu beeinflussen. Zur sonderpädagogischen Diagnostik bzw. Förderdiagnostik gehören ferner die diagnostischen Tätigkeiten, die die Zuweisung zu individuellen Förderprogrammen bzw. Fördermaßnahmen unter Einbezug eines Förderplanes ermöglichen. Dies alles geschieht im Kontext gesellschaftlich verankerter Aufgaben der Ausbildung und Bildung kindlicher Persönlichkeit.

4 Testtheoretische Voraussetzungen zur Realisierung sonder- und heilpädagogischer Diagnostik

Lernziele

1. Erklären, was man unter einem psychologischen Test versteht.

2. Inhalt und Bedeutung von Gütekriterien kennenlernen und die Relevanz und Problematik der Gütekriterien im Bereich sonderpädagogischer Fragestellungen erkennen:

   - Wissen vermitteln, dass Objektivität auch Grenzen hat.
   - Die Bedeutung von Reliabilitäts- und Validitätskoeffizienten kennen und verstehen lernen.
   - Verstehen, warum Normen für den Umgang mit psychometrischen Tests wichtig sind.
   - Einsicht gewinnen in den historischen Ansatz der Normierung, ihn problematisieren.
   - Einführen in grundlegende Begriffe, die mit Normierung im Zusammenhang stehen.
   - Normierungsmöglichkeiten in Bezug auf die praktische Anwendung kennen lernen.
   - Den Umgang mit Normen und Normentabellen vermitteln.
   - Erkennen, dass auch Nebengütekriterien für den praktischen Umgang mit Tests bedeutsam sind.
   - Den Begriff „Standardisierung" mit seinen verschiedenen Aspekten verstehen.
   - Die Brauchbarkeit von Tests mit Hilfe der Gütekriterien beurteilen können.
   - Aufgrund der Kenntnis der Gütekriterien zur Einsicht gelangen, dass Tests und testdiagnostisches Vorgehen nicht zu absoluten, vielmehr zu begrenzten Aussagen (Wahrscheinlichkeitsaussagen) führen.
   - Erkennen, dass jedes Testergebnis Fehler einschließt.
   - Standardmessfehler und Vertrauensbereiche – falls im Test nicht angegeben – berechnen können.

3. Die Vorteile von Klassifikationen (Einteilungen) erkennen und Tests – gegebenenfalls – nach mehreren Aspekten klassifizieren.

4. Wissen um die spezielle Problematik von Verfahren projektiver Art erwerben.

5. Eine für sonderpädagogische Fragestellungen akzeptable Einteilung von Tests nennen.

Eine wichtige Ausgangsbasis sonderpädagogischer Diagnostik stellte bis vor wenigen Jahren vor allem im Rahmen institutioneller Gegebenheiten – neben anderen Informationsquellen – sowohl für Psychologen als auch für diagnostizierende (Sonder-)Pädagogen die Durchführung, Auswertung und Interpretation psychologisch und schulpädagogisch orientierter Tests dar. Ohne die Anwendung wissenschaftlich und empirisch fundierter Tests war die Erstellung „sonderpädagogischer Gutachten" kaum vorstellbar.

Die Problematik der Verwendung von „Tests" im Rahmen sonder- und heilpädagogischer Fragestellungen wurde allerdings vor allem im wissenschaftlichen Bereich bereits seit Mitte der 70er Jahre häufig in Form von Kritik und Ablehnung behandelt. Andererseits wurde die Verwendung von Tests bei der Gutachtenerstellung im Rahmen des „Verfahrens der Aufnahme und Überweisung in die Sonderschule" (Deutscher Bildungsrat) als selbstverständlich angesehen, ja geradezu postuliert (*Kautter/Munz* 1974; *Zimmermann/Kornmann* 1977). Zwei Momente sind dabei zu beachten: Unter institutionellem Aspekt im Kontext Schule wurde die Verwendung von Tests zur Selektion von Kindern, deren Lernleistungen und/oder Verhaltensweisen von den Vorgaben der Lehrpläne, den Erwartungen von Schulen und Lehrern abwichen – hierzu gehörten i. d. R. Kinder mit Behinderungen – kaum in Frage gestellt; im Rahmen pädagogischer und heilpädagogischer, speziell im Kontext integrativer Pädagogik stößt die Verwendung psychometrischer Tests auf Kritik bis Ablehnung (*Probst* 1974, *Kautter/Munz* 1974, *Kornmann* 1975 und *Kobi* 1977). Eine Ausnahme bilden *Zimmermann* (1974) und *Kleber* (1976). Gleichzeitig wird die Notwendigkeit der Verwendung von Tests als selbstverständlich angesehen (*Storz* 1971, *Kautter/Munz* 1974, *Munz/Schoor* 1975, *Kornmann* 1983, *Zimmermann/Kornmann* 1977, *Langfeldt* 1993, *Suhrweier/Hetzer* 1993 und *Eggert* 1998). Man erhält den Eindruck, als sei das Konzept der klassischen Testtheorie im Rahmen unterschiedlicher Institutionen und Systeme (Schulen, Heime, forensischer Bereich, Verkehrswesen ...) durchaus „notwendig".

Es gibt mehrere Begründungen für die Kenntnis testtheoretischer Grundlagen für Fachleute, die in den Bereichen Sonder- und Förderschulen, an Sonderpädagogischen Förderzentren, Diagnose- und Förderklassen, Kooperationsschulen, aber auch an Grund- und Hauptschulen im Kontext Schülerprobleme und -nöte tätig sind. Lehrer an Sonder- und Förderschulen wurden und werden relativ häufig mit Implikationen psychologischer Testverfahren konfrontiert, indem sie

– eine sinnvolle Auswahl im Hinblick auf eine Untersuchung treffen müssen,
– selbst Tests durchführen,
– mit Tests im Sinne qualitativer Diagnostik (Variation von Testbedingungen) handeln,
– Gutachten lesen und analysieren,
– aus Befunden Informationen entnehmen, z. B. zwecks Fehleranalyse, Ursachenfindung,
– eine kritische Stellungnahme zu einem bereits vorliegenden Gutachten eines Psychologen, Mediziners, Kinder- und Jugendpsychiaters abgeben,
– neu erschienene Testverfahren beurteilen,
– bei der Lektüre eines diagnostischen Fachbuches Fachbegriffe kennen sollten,
– insgesamt gesehen kritisch und in pädagogischer Verantwortung mit psychologischen Tests umgehen.

Insofern ist es im Rahmen einer Betrachtung der Problematik Tests notwendig, auch auf Grundlagen und Termini klassischer Testtheorie einzugehen. Unter Berücksichtigung der zahlreichen Arten von Tests geht es darum, über wesentliche Aspekte psychologischer Testverfahren kritisch zu informieren.

Psychologen haben im Verlauf der vergangenen hundert Jahre versucht, immer exaktere Methoden zur Diagnose z. B. der Intelligenz, verschiedener Arten der Wahrnehmung, der Motorik sowie sozialer und emotionaler Bereiche zu entwickeln. Hierzu gehören auch die Ausdifferenzierung diagnostischer Methoden und die damit verbundene Möglichkeit der Einschätzung von Entwicklungsverzögerungen und Behinderungen allgemein. Akzentuiert dargestellt beruft sich die Psychologie dabei auf die Statistik, auf Wahrscheinlichkeitsaussagen *(Gauß)* und leitet davon die „Normalverteilung" von Persönlichkeitseigenschaften und Verhaltensweisen ab. Geschätzt werden auf dieser Basis die Abstände von Eigenschaften, Verhaltensweisen oder Leistungen von der sogenannten Normalität, vom Durchschnitt oder von der „durchschnittlichen Normalität".

Testtheorie und die Anwendung von Tests wurden aus verschiedenen Gründen kritisiert:

1. Es besteht die Schwierigkeit oder Unsicherheit, Persönlichkeitseigenschaften wie Intelligenz, Angst, Motivation, Gefühle überhaupt, wissenschaftlich genau zu bestimmen. Psychologen sprechen im Zusammenhang mit solchen Persönlichkeitseigenschaften, die wissenschaftlich nicht exakt definiert bzw. empirisch erfasst werden können, von „Hypothetischen Konstrukten".

2. Es ergibt sich die Problematik, welche Verhaltensweisen diese Eigenschaften repräsentieren, also durch welche Fragen oder Aufgabenstellungen (Items) man diese Eigenschaften oder Verhaltensweisen prüfen, testen oder erkennen kann.

3. Die Grenzwerte (z. B. für IQ-Werte) bei verschiedenen Klassifikationen sind relativ willkürlich gesetzt. In unterschiedlichen Publikationen und bei verschiedenen Autoren finden sich z. B. im Hinblick auf „geistige Behinderung" z. T. erhebliche Differenzen in den Grenzwerten.

4. Werden Menschen mit einer Behinderung auf der Basis der Normalverteilungsannahme/-theorie, durch den Vergleich mit einer fiktiven Normalität bzw. dem statistisch bestimmten „Durchschnitt" in der Regel negativ oder defizitär beschrieben. Aus der expliziten Betonung des Negativabstandes zur Normalität, also der „Defizite", ergeben sich vor allem die Negativbeschreibungen von Behinderung, Entwicklungsverzögerung und Störungen im Lernen und Verhalten.

5. Geht in unserer an Leistung, Erfolg und Perfektion orientierten Gesellschaft mit der Klassifizierung auch häufig eine negative Wertung einher. Gerade Klassifikation und die damit verbundene Wertung wirken sich aufgrund der daraus hervorgehenden Einstellung und Wahrnehmung auf Kinder und Jugendliche mit einer Behinderung negativ aus.

6. Die Anwendung spezieller diagnostischer Messverfahren traditioneller Art impliziert die Gefahr, das Verhalten von Kindern mit Behinderungen lediglich auf Teil- bzw. Funktionsbereiche zu reduzieren. Psychometrisch orientierte Diagnoseinstrumente leisten an sich keinen direkten Beitrag zur Informationsgewinnung über den Grad der Selbstständigkeit der Daseinsbewältigung in gegenwärtigen oder zukünftigen Lebenssituationen.

7. Diagnostische Messverfahren erfassen nicht die Lebenswirklichkeit eines Kindes. Sie diagnostizieren nicht, was ein Kind bisher gelernt hat, wo es, wie und warum es handelt, wie ein Kind bisher gelebt, was es erfahren hat. Lineare Aufgabenstellungen diagnostischer Messverfahren erweisen sich in der Regel als wenig motivierend, eher künstlich und realitätsfern. Psychometrische Tests prüfen kaum Handlungsvoraussetzungen für zukünftiges Lernen, Arbeiten und Leben. Sie liefern keine direkten Informationen über Fördermöglichkeiten.

8. Objektivität und Kontrolle verhindern die Offenheit zum Verstehenlernen und zur Wahrnehmung dessen, was ein Kind wirklich zeigen möchte. Das Verhalten eines Kindes in einer Notsituation, speziell eines Kindes mit Behinderung auch nur annäherungsweise verstehen und interpretieren zu wollen, setzt das Bemühen um eine Beziehung zum Kind voraus.

Bei aller Kritik an der Verwendung psychometrischer Tests ergeben sich selbst unter förderdiagnostischem Aspekt betrachtet auch einige *positive Momente:*

- In kurzer Zeit liefern Tests manchmal relativ viele, zum Teil bisher unbekannte Informationen, die auch für Förderungsprozesse eine Bedeutung haben. Bei der Verwendung von Individualverfahren ist gleichzeitig Verhaltensbeobachtung möglich.
- Es besteht die Möglichkeit der Entdeckung bislang nicht bekannter oder falsch eingeschätzter Kompetenzen und Fertigkeiten.
- Unerwartet hohe Ergebnisse oder Leistungen z. B. in den Bereichen Intelligenz, Motorik oder Sprache zeigen möglicherweise, dass ein Kind nicht adäquat unterrichtet und gefördert wurde, z. B. auch bei Hochbegabung.
- Ein Test liefert manchmal einen Beitrag zur Erhellung von Ursachen für schulische Probleme und/oder Verhaltensauffälligkeiten wie z. B. in den Bereichen Emotionalität (Angst), Wahrnehmung, Motorik, Sprache, Kommunikation und Sozialverhalten.
- Die Durchführung von Tests, die Interpretation und Diskussion der Ergebnisse könnten manchmal eine bessere Einschätzung der Gesamtproblematik ermöglichen, vielleicht sogar zu einem besseren Verstehen eines Kindes in einer Notsituation hervorgerufen durch das soziale Umfeld, speziell durch die Anforderungen der Schule, beitragen.

– Qualitative Diagnostik mit einer modifizierten Durchführung von Testaufgaben (Variation von Testbedingungen) entsprechend den Möglichkeiten eines Kindes können zu einer besseren Einschätzung der Lernausgangslage führen.

Dabei erweisen sich die differenzierte Betrachtung und Analyse sogenannter „Fehler" als Ausgangsbasis für Förderung und als Chance zum Fortschritt bezüglich Wissen und Kenntnis im Hinblick auf einen Schüler in einer Problemsituation hinsichtlich seines bisherigen *Lernwegs,* seines *Lernverhaltens* und vorhandener *Lösungsansätze.*

Förderdiagnostisches Handeln beruht auf anthropologischen und pädagogischen Prämissen (*Bundschuh* 2007, 84 – 100) und schließt die Beachtung der gesamten kindlichen Persönlichkeit, die Orientierung am Kind und seinen speziellen Bedürfnissen sowie die Kind-Umfeld-Bedingungen ein. Eine Entscheidung für oder gegen die Verwendung von Tests im sonder- und heilpädagogischen Arbeitsfeld kann nur auf der Basis (heil-)pädagogischer Verantwortung erfolgen.

Es wird dem Leser empfohlen, „zweigleisig zu denken": einmal gibt es die Realitäten wie z. B. die Institution Schule, zum anderen gibt es ein Wissen um das pädagogisch Notwendige, um das, was ein Kind eigentlich bräuchte. Letzteres ist in diesem Kapitel nicht Gegenstand der Erörterung, es wird nur stellenweise angesprochen. Hier geht es in erster Linie um die durchaus kritische Vermittlung testtheoretischer Grundlageninformationen.

Psychodiagnostische Strategien, die sich der Veränderungsdiagnostik bedienen, greifen zwangsläufig auf Erkenntnisse der Entwicklungspsychologie (vgl. *Bundschuh* 2007, 58 – 62; 2008 a, 87 – 114) zurück, insbesondere wenn es darum geht, entwicklungsbedingte Prozesse zu erfassen. Die psychodiagnostische Erfassung von Merkmalsausprägungen und die psychodiagnostische Urteilsbildung im Allgemeinen werden durch vielfältige kognitive Faktoren beeinflusst, deren Verständnis zur Optimierung psychodiagnostischer Prozesse beiträgt.

Psychodiagnostische Erkenntnisse unterliegen den Grenzen unserer Erkenntnisfähigkeit, deren Reflexion für eine angemessene Bewertung psychodiagnostischer Ergebnisse von Bedeutung ist, d. h., der Umgang mit diagnostischen Methoden setzt auch die Kenntnis wissenschaftlicher Grundlagen (Testtheorie, Wissen über Fehler, Grenzen diagnostischer Möglichkeiten) voraus.

Psychologisch betrachtet sind Entwicklung und Bewertung psychodiagnostischer Erhebungsmethoden und Prozesse ohne die Erkenntnisse der Psychometrie nicht möglich. Die Mess- und Testtheorie stellt daher das zentrale Methodenfach für die Psychologische Diagnostik dar.

4.1 Der psychologische Test

Das Wort „Test" stammt aus dem englischen Sprachgebrauch. Es bedeutet soviel wie Probe. Gustav A. *Lienert,* an dessen Ausführungen in dem für die vorliegende Thematik als Standardwerk anerkannten Buch „Testaufbau und Testanalyse" sich die folgenden Darstellungen zunächst orientieren, schreibt dem Wort „Test" im psychologischen Sprachverständnis eine mehrfache Bedeutung zu. Unter „Test" kann verstanden werden (1998, 1):

1. „Ein Verfahren zur Untersuchung eines Persönlichkeitsmerkmals." (Persönlichkeitsmerkmale sind z. B. Intelligenz, Konzentrationsfähigkeit, Gedächtnisleistungen, Ängstlichkeit, Selbstsicherheit …)
2. „Der Vorgang der Durchführung der Untersuchung." (Es geht darum: Was geschieht im Testverlauf? Z. B. Einstellung des Probanden, Darbietung von Instruktionen und Testmaterial …)
3. „Die Gesamtheit der zur Durchführung notwendigen Materialien." (Z. B. Testmaterial, Testhandbuch …)
4. „Jede Untersuchung, sofern sie Stichprobencharakter hat." (Stichprobe: Zufällige Auswahl aus einer Gesamtheit).
5. „Gewisse mathematisch-statistische Prüfverfahren." (Z. B. χ^2-Test; t-Test; U-Test).

Eine wichtige Bedeutung kommt sicherlich dem ersten Punkt zu; denn sehr häufig wird das Wort „Test" in dieser Bedeutung gebraucht. Im Sinne dieser Auffassung definiert auch *Lienert:* „Ein Test ist ein wissenschaftliches Routineverfahren zur Untersuchung eines oder mehrerer empirisch abgrenzbarer Persönlichkeitsmerkmale mit dem Ziel einer möglichst quantitativen Aussage über den relativen Grad der individuellen Merkmalsausprägung" (1998, 1). Die Schwerpunkte dieser Definition kann man wohl so setzen:

1. Nur die *wissenschaftlich* begründete Untersuchung kann als Test gelten; wobei wir „wissenschaftlich" so interpretieren, dass der Test auf dem Wege der empirischen Überprüfung und Erprobung zustande gekommen ist und in seinem Aufbau Gesetzen der Logik nicht widersprechen darf.

2. Die Durchführung geschieht routinemäßig, also unter Standardbedingungen, man könnte auch sagen „handwerksmäßig".

(Von „Standardbedingungen" spricht man, wenn der Test den so genannten „Gütekriterien" entspricht, wenn das Verhalten des Testleiters, die Untersuchungssituation und die Kriterien der Auswertung genau festgelegt, „standardisiert" sind.)

Der Sonderschullehrer muss über die Standardisierung eines Verfahrens Bescheid wissen, um den Grad der Wahrscheinlichkeit einer subjektiven Verfälschung der Ergebnisse zumindest einschätzen zu können.

3. Der Test ermöglicht eine relative Positionsbestimmung des untersuchten Individuums innerhalb einer Gruppe von Individuen bezüglich eines Merkmals.

(Relativ heißt, dass das Ergebnis niemals exakt bestimmt werden kann, weil Testergebnisse mit Messfehlern behaftet sein können, demnach bewegt sich der wahre Wert eines Ergebnisses in einer gewissen Streubreite. So muss man z. B. wissen, dass ein IQ von 89 im Hamburg-Wechsler-Intelligenztest für Kinder bedeuten kann, dass der Intelligenzquotient des betreffenden Probanden mit einer gewissen Wahrscheinlichkeit etwa zwischen 81 und 97 liegen kann.

Positionsbestimmung besagt, dass angegeben wird, um wie viel ein Individuum besser oder schlechter im Test abschneidet als der Durchschnitt der Gruppe, an welcher der Test normiert wurde.)

4. Bestimmte – also verhaltens- und erlebnisanalytisch – abgrenzbare Eigenschaften werden überprüft, z. B. Gedächtnis, verbale Fähigkeiten, Formauffassung, Motivation, Geltungsstreben.

Zusammenfassend kann Folgendes hervorgehoben werden:

Ein psychologischer Test ist:

1. ein Beobachtungs- oder Prüfsystem.

2. Er richtet sich auf eine Verhaltensstichprobe, die möglichst exakt einen Teilbereich einer Persönlichkeit erfassen soll. Dabei wird der Verhaltensausschnitt, den der Test intendiert, um so enger sein, je exakter der Test misst. Eine Ergänzung, Bekräftigung oder Zurückweisung eines Ergebnisses wird jedoch durch weitere Verfahren notwendig sein. Deshalb braucht man auch mehrdimensionale oder multidimensionale Tests; z. B. wird, wenn man Intelligenz etwa als ein zusammengesetztes Merkmal betrachtet, nicht ein eindimensionales Verfahren genügen.

3. Er klassifiziert eine Person innerhalb einer Gruppe oder stuft quantitativ auf einer Skala ein.

4. Ein Test will Aussagen über zukünftiges Verhalten machen. Die Frage lautet vor allem auch im sonderpädagogischen Bereich: Mit welcher Sicherheit kann er das? Kann er das überhaupt?

Im Bereich der sonderpädagogischen Förderdiagnostik ergibt sich vor allem ein Problem aus der Tatsache, dass aus den wenigen Beobachtungs- und Testdaten, die ja nur eine kleine Stichprobe aus dem Gesamtverhalten (zum Beispiel aus dem schulischen Bereich, Motorik, Wahrnehmung) darstellen, die leider noch zu häufig in „unverantwortlich kurzer Zeit" gewonnen werden, dass eben aus diesem relativ kleinen Verhaltensausschnitt Aussagen über das Verhalten in einer ähnlichen oder einer anderen Situation erfolgen sollen, in der das Kind vielleicht ganz anders engagiert und motiviert ist. So steht der diagnostizierende Pädagoge zum Beispiel vor der nahezu unlösbaren Aufgabe abzuschätzen, wie sich ein Kind aufgrund der aus der Untersuchungssituation hervorgehenden Fördervorschläge oder irgendwelcher Umschulungsmaßnahmen in seiner zukünftigen Umwelt entwickeln und verhalten wird.

Wenn wir auf die ursprüngliche Intention von Tests zurückgehen, so können wir feststellen, dass von einer momentanen gegenwärtigen Leistung eines Probanden über die erfolgten Leistungen einer Bezugsgruppe, an der der Test in der Eichstichprobe normiert wurde, auf die zukünftigen Leistungen des zu Untersuchenden geschlossen wird. Das Problem liegt darin, dass das zukünftige Verhalten eines Kindes aber nicht von der Standardbezugsgruppe, sondern von inneren und äußeren Bedingungen der individuellen Situation wie etwa Motivation, Angst, Freude, Frustration abhängt. Gerade die genannten Bedingungen müssen bei irgendwie beeinträchtigten, entwicklungsgefährdeten Kindern als häufig unstabil oder nur schwer fassbar angesehen werden.

Aufgrund der Testdefinition hätte man zunächst den Eindruck gewinnen können, es könnten mit Hilfe dieser Verfahren klare und gesicherte Aussagen erfolgen. Die Analyse von Tests, Testsituationen und Testergebnissen führt dann jedoch zu einigen Unsicherheiten.

Einige Probleme und Fehlerquellen bei der Verwendung von Tests sollen deshalb zunächst punktuell angesprochen werden. In verständlicher und informativer Weise hat Karl-Heinz *Schneider* (1976, 129f) auf ungelöste Testprobleme hingewiesen, deren Kenntnis für den Untersucher wichtig ist.

Selbst wenn ein Test alle Definitionsmerkmale von *Lienert* enthält, können Fehler nicht ausgeschlossen werden. So könnte Angst bei Tests, die Leistungen fordern, das Zustandekommen eines optimalen Ergebnisses verhindern. Gerade bei lern- und leistungsgestörten Kindern könnte eine volle Leistungsentfaltung sowohl in der Schule als auch bei einem Leistungstest infolge Angst, mangelnder Motivation oder auch aus neurotischen Gründen unmöglich werden.

Zufällige *Fehler* können ein Testergebnis verfälschen, z. B. wenn ein Kind eine Anweisung (Instruktion) nicht richtig verstanden hat. Der häufig unter Zeitdruck stehende Sonderschullehrer könnte möglicherweise übersehen, dass ein Kind einer Instruktion nicht folgen konnte. So besteht beispielsweise auch bei dem Motoriktest LOS KF-18 und vor allem bei einigen Untertests der Testbatterie für Geistigbehinderte (Befolgen von Anweisungen, Hamburger Version der Lincoln-Oseretzky-Skala), aber auch bei anderen „gängigen" Testverfahren die Gefahr, dass Kinder die Anweisung nicht verstehen, dass sie gar nicht genau wissen, was von ihnen erwartet wird.

Ein weiterer gravierender Fehler entsteht, wenn etwa ein *falscher* Test zur Erfassung eines bestimmten Merkmals angewendet wird oder wenn die Testergebnisse *falsch interpretiert* werden. So wäre es völlig unzulässig, wenn man nach der Verwendung eines Intelligenztests behaupten würde, dass die gezeigte Leistung angeboren sei.

Eine weitere Fehlerquelle stellt die *Bekanntheit* eines Tests dar. Es könnte z. B. sein, dass einige Eltern, die ihre Kinder einschulen wollen, erfahren haben, welche Aufgabenstellungen im Schulreifetest gefordert werden. Sie konnten ihre Kinder entsprechend einstellen. Der Test wird dann nicht mehr unter Standardbedingungen durchgeführt, weil von einigen Kindern die Lösung von Aufgaben trainiert werden konnte, während andere – mangels Kenntnis – dazu nicht in der Lage waren. Ähnlich könnte es sein, wenn ein Kind wiederholt mit dem gleichen Intelligenztest konfrontiert wird.

Jeder Pädagoge, der verantwortungsbewusst Tests durchführt, auswertet, interpretiert, aus den Ergebnissen Schlüsse zieht, sollte sich der genannten Implikation bewusst sein. Auf die Kritik traditioneller Tests sei ausdrücklich verwiesen (z. B. *Schmid* 1977).

4.1.1   Die Bestandteile eines Tests

Zu den gebräuchlichen Tests gehören einige notwendige Bestandteile.
G. A. *Lienert* teilt ein in *Material*bestandteile und *Durchführungs*bestandteile (1998, 5f).

Die *Material*bestandteile eines Tests werden auch „Testrequisiten"
genannt. Bei den standardisierten Testverfahren ist die Durchführung
eines Tests ohne diese Requisiten nicht möglich. Zu ihnen gehören:

1. das *Testhandbuch* oder Testmanual (engl.). Es enthält gewöhnlich
   eine kurze Beschreibung des Tests und eine Darstellung der theoretischen Grundlagen, Hinweise werden gegeben für die Durchführung
   und für die Interpretation anhand von Normen.

   Für den sonderpädagogischen Bereich wäre es dringend erforderlich, dass im Zusammenhang mit den Normen und Interpretations-
   hinweisen auch die aufgrund der Ergebnisse angezeigten Fördermaßnahmen (Trainingsschwerpunkte, Übungen, Therapiemaßnahmen …)
   zumindest punktuell angeführt werden.

2. das *Testmaterial* zur Durchführung und Auswertung eines Tests.
   Hierzu gehören Testhefte, manipulierbare Gegenstände (Klötzchen,
   Bälle, Bildmaterial …) Unterlagen zur Bearbeitung und Verarbeitung
   der Testergebnisse.

3. die *Auswertungshilfen;* gemeint sind Kontrollblätter, Loch- und Klar-
   sichtfolien, Schablonen, Messgeräte. (Bei einigen Tests kann auch
   über die Verlage eine computermäßige Auswertung erfolgen.)

Nach dem Testverlauf und methodisch lassen sich die *Durchführungs*-
bestandteile wie folgt anführen:

1. Die *Testanweisung* oder *Instruktion* des Testleiters (Tl). Zum einen
   wird der Tl informiert über Bedingungen, Durchführung und Auswertung des Tests, zum anderen aber auch der Proband (Pb) (oder
   eine Gruppe von Probanden [Pbn]) über die Testleistung, die von ihm
   gefordert wird. Der Pb kann sich in gewisser Weise auf die Testaufgaben einstellen.

   Für die sonderpädagogische Diagnostik wird im Hinblick auf die
   besonderen Probleme der Kinder gefordert, dass Instruktionen möglichst kurz und verständlich formuliert werden. Es wäre durchaus
   denkbar, dass Alternativmöglichkeiten von Instruktionen für beeinträchtigte Kinder angeboten werden (ähnlich den Instruktionen für
   Kinder und Erwachsene), damit eine gewisse Objektivität der Bedingungen gewahrt bleibt; denn es wäre möglich, dass ein Kind eine

Leistung deshalb nicht vollbringen kann, weil es eine Instruktion nicht versteht und vielleicht die wesentlichen Momente gedächtnismäßig nicht behalten kann.

2. Die *Testdurchführung* kann z. B. bestehen in einer geistigen Tätigkeit (logisch-mathematisches Denken, Gedächtnisleistungen, verbale Aufgaben …), in einer motorischen Reaktion (Feinmotorik: Kreise punktieren, Figuren ausschneiden, Zeichnen, Perlen in eine Schnur fädeln; Grobmotorik: Hüpfen mit beiden Beinen, Luftsprung mit Klatschen …), in einer Stellungnahme (Fragebogen) zu einer Verhaltens-, Erlebnis- oder Einstellungsfrage.

3. Die *Testauswertung* kann durch Auszählen, auf schematische oder automatische, aber auch intuitive Weise (z. T. bei projektiven Verfahren) erfolgen (s. auch Auswertungshilfen).

4. Die *Interpretation* (sie findet allerdings erst nach der Testdurchführung statt).

4.1.2   Die Phasen des testdiagnostischen Prozesses

Um die Bedingungen für alle zu untersuchenden Personen gleich zu halten, muss der Ablauf eines testdiagnostischen Prozesses genau festgelegt sein. Ein Test sollte allen Pbn in der gleichen Weise angeboten werden. Diese Forderung ist wohl optimal und ideal nur theoretisch erfüllbar, in der Praxis werden vollständig standardisierte (gleiche) Testbedingungen kaum realisierbar sein.

Im Zusammenhang mit Tests wurde bereits auf einige Fehlerquellen verwiesen. Im Hinblick auf die Bedingungen einer Testdurchführung muss auf weitere Fehlerquellen hingewiesen werden. Auf eine systematische Darstellung bezüglich der Beeinflussung von Testergebnissen muss hier jedoch verzichtet werden. Vertiefend wird die angesprochene Problematik behandelt von R. *Dieterich* (1973, 89 – 94) und vor allem von H. *Hartmann* (1973, 34 – 69).

Beeinflussend können wirken die Art der Darbietung der Instruktion (Betonungen, Monotonie, Verständlichkeit der Sprache), jede soziale und kommunikative Interaktion zwischen Tl und Pb, weitere Momente wie Beleuchtung, Lärm, Intaktheit des Testmaterials …

So meint H. *Hartmann* (1973, 61), indem er sich an Ausführungen *Spitznagels* (1964, 93ff) orientiert: „Der ideale Diagnostiker und der ideale Proband sind Fiktionen." Im Zusammenhang mit Versuchsbedingungen bringt M. *Sader* zum Ausdruck: „Es gibt wohl kaum eine nennenswerte Versuchsbedingung, die nicht schon einmal planmäßig variiert worden wäre und von der man nicht gefunden hätte, daß ihre Variation die Versuchsergebnisse merklich beeinflussen kann" (1957, 54)

Um Fehler zu vermeiden oder weitgehend einzuschränken, ist eine größtmögliche Festlegung des testdiagnostischen Prozesses nötig. Gewöhnlich werden vier Phasen unterschieden: Provokation, Registrierung, Auswertung und Interpretation (*Michel, L.* 1971, 20f).

1. Die *Provokation* fordert infolge einer bestimmten Reizkonstellation den Probanden zu einem Verhalten heraus. Die Provokation kann geschehen z. B. durch eine Frage, durch die Aufforderung, etwas zu tun (verbal, zeichnerisch, motorisch). Sie wird allgemein durch die Instruktion eingeleitet.

2. Die *Registrierung* gehört zu den Aufgaben des Tl oder eines Helfers (Protokollant, weiterer Beobachter). Die Art der Registrierung des gezeig-ten Verhaltens (Reaktion des Pb auf die Provokation) ist in den jeweiligen Testhandbüchern vorgegeben. Gewöhnlich werden die Aspekte des Testverhaltens registriert, die für die Diagnose eine Bedeutung haben. Beim von Behinderung bedrohten oder offensichtlich behinderten Kind wird es jedoch wichtig sein, nicht nur die Momente festzuhalten, die später in die Testauswertung eingehen, vielmehr sollte die Registrierung nahezu aller Verhaltensweisen in der Testsituation erfolgen.

   Dies kann auf schriftliche Weise, per Tonbandgerät (Verbalverhalten), im Idealfall mit Hilfe einer Videoaufzeichnung (falls der Pb dadurch nicht beeinflusst wird), geschehen. Manchmal können durch die Verhaltensbeobachtung bei Individualverfahren (von einem Tl kann nur ein Pb getestet werden) erste vorsichtige Schlüsse auf die Ursachen etwa einer Leistungsstörung gezogen werden. Beobachtet werden könnten z. B. Ängstlichkeit, Gehemmtheit, Aggressivität (allg. Verhaltensstörungen), Motorik, Sprache. Aus der Verhaltensbeobachtung können sich ferner Hinweise auf die zusätzliche Einbeziehung spezieller Testverfahren ergeben. Es kann wohl gesagt werden, dass die bei uns üblichen Verfahren zur Erfassung der Intelligenz eine exakte Registrierung der Antworten nötig machen. Grundsätzlich muss auf die Objektivität der Registrierung geachtet werden, d. h., dass verschiedene Testleiter dasselbe Testverhalten eines Pb in identischer Weise registrieren.

3. In der *Auswertung* werden die registrierten Verhaltensdaten aufbereitet. Dieser Vorgang kann von Test zu Test sehr verschieden sein. Es

geht manchmal um die Häufigkeit bestimmter Reaktionen, manchmal um die Feststellung, wie viele Antworten richtig oder falsch sind. Schwierig wird die Auswertung bei Testverfahren, bei denen die Entscheidung der Bewertung subjektiven Einflüssen eines Tl unterliegt (Kreativität). Zu den wohl schwierigsten – aber auch umstrittensten Verfahren gehören die sogen. „projektiven Verfahren". Bei den meisten Tests „objektiver" Art ergibt sich zunächst ein Rohwert, der dann mit Hilfe von Tabellen umgerechnet wird, sodass der Vergleich der individuellen Testergebnisse mit den Daten eines repräsentativen Querschnitts aus der Population (Gruppe, welcher der Proband angehört) möglich wird (Normdaten).

4. In der *Interpretationsphase* schließlich werden die diagnostischen Schlussfolgerungen aus dem bereits aufbereiteten Datenmaterial gezogen. Mit Schlussfolgerungen ist gemeint, dass zuverlässige Aussagen erfolgen können über zukünftiges Verhalten, z. B. über Fähigkeiten (logisches Denken, Rechnen, Konzentration, Gedächtnis) oder über sonstige Persönlichkeitseigenschaften.

Es besteht im Zusammenhang mit der Interpretation die Gefahr, dass etwa einem Kind ein bestimmtes Verhalten zugeschrieben wird, dass eine gewisse Fixierung erfolgt, deshalb wird gefordert, dass die Interpretation der Testergebnisse – vor allem im pädagogischen Raum – stets auf das Moment der Förderung und Therapie gerichtet sein soll (s. Ausführungen über „Förderdiagnose").

4.2 Gütekriterien psychologischer Tests und sonderpädagogische Relevanz

In den bisherigen Ausführungen wurden mehrmals Problembereiche tangiert, die z. B. folgende Fragestellungen aufwarfen: Wie zuverlässig ist eigentlich ein Testergebnis? Wie hoch ist die Wahrscheinlichkeit einer Verfälschung von Testergebnissen? Nach welchen Kriterien können Güte und Brauchbarkeit eines Testverfahrens beurteilt werden? Antworten auf solche und ähnliche Fragen muss der förderdiagnostisch arbeitende Pädagoge finden, wenn er in irgendeiner Weise mit psychologischen Tests konfrontiert wird.

Die folgenden Ausführungen stellen den Versuch dar, systematisch die aufgeworfenen Fragen zu behandeln.

In der Literatur, die sich mit Testfragen auseinandersetzt, werden meist auch die Gütekriterien von Tests besprochen. So bei *Lienert* (1998), *Michel* (1971), *Kleber* (1976), *Dieterich* (1973), *Steinack* (1973), *Büscher*

(1974), *Zimmermann* (1974), *Klausmeier/Ripple* (1975), *Langfeldt* (1976), *Ingenkamp* u. *Lissmann* (2005) um nur einige zu nennen.

Man könnte fragen, warum in den vorliegenden Ausführungen ebenfalls eine Darstellung der Gütekriterien erfolgt. Die Gütekriterien sollen hier vorgestellt werden, weil:

- die vorliegenden Ausführungen zwar in knapper Form, aber doch umfassend informieren sollen;
- sonderpädagogische Aspekte in der genannten Literatur zu wenig spezifisch berücksichtigt werden;
- Gütekriterien ein wichtiges Hilfsmittel bei der Einschätzung der Relevanz eines Testverfahrens darstellen;
- eine kritische Betrachtung notwendig ist.

Als *Gütekriterien* von Tests bezeichnet man:

1. Objektivität,

2. Reliabilität (Zuverlässigkeit),

3. Validität (Gültigkeit),

4. Normierung (Eichung),

5. Vergleichbarkeit,

6. Ökonomie,

7. Nützlichkeit.

Lienert vertritt die Meinung, ein guter Test solle als *Hauptgütekriterien* folgende drei Punkte erfüllen (1998, 7):

1. Er soll objektiv,
2. reliabel,
3. valide sein.

Vier *Nebengütekriterien* bezeichnet er als „bedingte Forderungen" an einen Test:

4. Er soll normiert,
5. vergleichbar,
6. ökonomisch,
7. nützlich sein.

4.2.1   Objektivität

Unter Objektivität versteht man zunächst allgemein „den Grad, in dem die Ergebnisse eines Tests unabhängig vom Untersucher sind. Ein Test wäre demnach vollkommen objektiv, wenn verschiedene Untersucher bei demselben Pbn zu gleichen Ergebnissen gelangten" (*Lienert* 1998, 7). Gemeint ist, dass die Ergebnisse von der Person des Testleiters unabhängig sind. Man kann in diesem Zusammenhang auch von „interpersoneller Übereinstimmung" der Untersucher sprechen. In der Fachsprache wird die Objektivität im testpsychologischen Sinne weiter differenziert und zwar in die Durchführungs-, Auswertungs- und *Interpretations*objektivität sowie in die Forderung nach Objektivität der diagnostischen Konsequenzen (Förderungsansätze).

4.2.1.1 Durchführungs- oder Darbietungsobjektivität

Dieser Objektivitätsaspekt besagt, dass die Testergebnisse unabhängig vom *Verhalten* des *Testleiters* sein sollen. Die sozialen Interaktionen müssten demnach auf das in der Instruktion vorgegebene Maß beschränkt bleiben. Es ist allerdings sehr fraglich, ob diese Forderung bei einem Teil der Kinder, mit denen wir es zu tun haben, in vollem Umfang eingehalten werden kann, denn es gibt Problemkinder, die ohne besondere Ermutigung, ohne Lob, vielleicht auch ohne Pausen, nicht testfähig wären (z. B. Kinder mit autistischen Zügen). Andererseits gehört zur Darbietungsobjektivität, dass sich der Testleiter an die Standardisierungsbedingungen hält. So sollte auch die äußerliche Situation für jeden Pb gleich sein.

Kleber vertritt die Meinung, dass erfahrene Testleiter dazu neigen, die Instruktionen nicht zu verlesen, sondern aus dem Gedächtnis zu geben. Hierbei würden sich aber häufig kleinere Veränderungen einschleichen, die erhebliche Auswirkungen auf die Testergebnisse hätten (1973, 52f). Bei der heutigen Vielzahl von Testverfahren und bei der manchmal nicht unerheblichen Länge von Instruktionen muß dringend empfohlen werden, nicht ohne die vorgegebenen Instruktionen zu arbeiten, weil die Gefahr zusätzlicher Fehlerquellen doch sehr groß ist. Es gibt jedoch auch Testverfahren, bei denen es empfehlenswert erscheint, die Instruktion eindeutig so zu geben, dass der Pb weiß, was von ihm verlangt wird. Zusätzliche Erklärungen oder gegebenenfalls auch Vorzeigen werden nötig. So muss etwa das Kind wissen, wie die von ihm verlangte motorische Übung im Lincoln-Oseretzky-Test in der Hamburger Version oder in der Kurzform 18 *(Eggert)* vonstatten geht. Ähnlich ist es auch in der Einübungsphase beim Progressiven Matrizentest *(Raven)* oder bei Teilen des Snijders-Oomen-Tests (S. O. N. von *Snijders* und *Snijders-Oomen*). Weiterhin dürfte es gerade bei Problemkindern wichtig sein, bei der Instruktionsphase Blickkontakt mit dem entsprechenden Probanden zu halten; diese Phase sollte nicht völlig monoton und steril vonstatten gehen, vielmehr sollte der Testleiter die Haltung eines Partners einnehmen.

Im Bereich der sonderpädagogischen Diagnostik ergeben sich teilweise schwerwiegende Probleme. So kann es sein, dass die Instruktion nicht für alle Pbn, vor allem auch für milieugeschädigte und sprachgestörte Kinder die gleiche Bedeutung hat. Es ist durchaus denkbar, dass Kinder mit Behinderungen nicht selten Testaufgaben nicht lösen können, weil sie die Instruktionen nur teilweise, falsch oder überhaupt nicht verstehen, vielleicht auch die sprachlichen Voraussetzungen zum Verstehen nicht besitzen.

Nachdem der Sonderpädagoge mit diesem Sachverhalt rechnen muss, ihn kennt, besteht bei ihm die Neigung zu besonderen Erklärungen, Wiederholungen der Testinstruktion mit jeweils anderen Worten und neuer Akzentuierung. Es besteht die Gefahr, dass die Testleistung – weil eben die Instruktion nicht in ihrer ursprünglichen Form, also standardisiert, gegeben wurde – eine zu gute Bewertung erfährt (Milde-Effekt) (*Kleber* 1973, 53f).

Damit kann die Durchführungsobjektivität nicht mehr als gegeben angesehen werden. Bezüglich der besonderen Problematik im Bereich der sonderpädagogischen Diagnostik scheinen vier Aspekte von Bedeutung zu sein:

1. Bei gut standardisierten, psychometrischen Verfahren muss man die vorgegebenen Instruktionen und Testbedingungen einhalten.
2. Es gibt Verfahren, bei denen zusätzliche Erklärungen in einem bestimmten Rahmen abgegeben werden dürfen bzw. müssen.
3. Bei besonders schwierigen Kindern werden manchmal eine Änderung der zeitlichen Abfolge von Testaufgaben, das Einlegen von Pausen, eine zusätzliche Ermutigung oder Lob nötig sein. Solche Maßnahmen sollten jedoch grundsätzlich im Gutachten vermerkt werden.
4. Es gibt Testverfahren, bei denen bei jüngeren, bei stark gehemmten und bei auf sozialen Kontakt angewiesenen Kindern zusätzliche Motivation oder Ermutigung empfohlen und nahegelegt wird.

4.2.1.2 Auswertungsobjektivität

Sie bezieht sich auf die Auswertung nach vorgegebenen Regeln. Auswertungsobjektivität ist gegeben, wenn verschiedene unabhängige Auswerter die Testergebnisse in identischer Weise deuten, wenn sie bei gleichen Protokollen zu gleichen Resultaten kommen. Bei Leistungstests, bei Fragebogen, wenn es z. B. um die Unterscheidung „richtig" oder „falsch" geht, oder bei gebundenen Aufgaben (z. B. bei „multiple choice"-Verfahren) ist die Auswertungsobjektivität leicht zu sichern. Kaum oder weniger gegeben ist diese Objektivität, wenn offene Aufgaben vorliegen, die freie Antworten zum Ziel haben, wie dies teilweise bei Tests aus der *Binet*-Reihe (Geschichten zu Bildern erzählen) oder bei wenigen Untertests im Hamburg-Wechsler-Intelligenztest für Kinder der Fall ist (z. B. „Allgemeines Verständnis", „Wortschatztest").

Offensichtlich kann die Objektivität der Auswertung auch bei Verfahren gering sein, die Kreativität (Einfallsreichtum, Produktivität) zu erfassen suchen, denn Spontaneität und Kreativität können nur schwer mit dem Kriterium der Objektivität in Einklang gebracht werden.

Die Auswertungsobjektivität wird kaum bei den sogenannten Projektiven Verfahren gesichert. Auf diese Problematik soll an dieser Stelle jedoch nur hingewiesen werden, sie wird im Zusammenhang mit den verschiedenen Testarten zu diskutieren sein.

4.2.1.3 Interpretationsobjektivität

Hier wird gefordert, dass die Interpretation der Testergebnisse von der Person des Testleiters unabhängig sein soll; aufgrund eines vorliegenden Testbefundes sollen verschiedene unabhängige Fachleute (Psychologen, Sonderpädagogen) zu gleichen Aussagen bezüglich eines Probanden kommen. Die Interpretationsmöglichkeit muss durch exakte Angaben des Testautors klar und konkret dargestellt werden. Man kann wohl nicht ganz der folgenden Darstellung *Lienerts* zustimmen: „Die Interpretationsobjektivität ist vollkommen und zugleich trivial, wenn es sich um normierte Leistungsteste oder Fragebogen handelt, in welchen die Auswertung einen numerischen Wert liefert, der die Position des Pb entlang der Testskala festlegt ..." (1998, 8). Es gibt Testverfahren, bei denen ein Skalenwert nicht befriedigen kann, so wird im Hand-Dominanz-Test *(Steingrüber/Lienert)* zwar zum Ausdruck gebracht, in welchem Maße ein Pb Links- oder Rechtshänder ist, man erfährt aber nichts darüber, welcher interpretatorische Wert einer solchen Feststellung beizumessen ist. Damit wurde bereits die Frage nach der diagnostischen Konsequenz oder nach den Förderungsmöglichkeiten angesprochen.

4.2.1.4 Objektivität der „diagnostischen Konsequenzen" oder der Förderungsansätze

Den Gedanken der „Objektivität der diagnostischen Konsequenzen" greift R. *Dieterich* (1973, 170) auf. Gemeint ist, dass das Testhandbuch auch *Hinweise* über *Maßnahmen* enthalten soll, die aufgrund einer bestimmten Diagnose einzuleiten wären. Der genannte Autor meint, der Psychologe müsse eindeutig wissen, ab welchem Punktwert ein Kind eingeschult werden kann, wann eine Therapie angezeigt ist. Dabei wäre allerdings zu bedenken, dass Punktwerte nicht als absolut genommen werden dürfen, dass sie nicht den „wahren Wert" darstellen, vielmehr mit „Fehlern" behaftet sind. Die Forderung, dass Maßnahmen unmittelbar von Punktwerten abhängen sollten, wird wohl utopisch sein, es würde bereits genügen, wenn die jeweiligen Testautoren Zusammenhänge zwischen gewissen Grenzbereichen und zu ergreifenden Maßnahmen aufzeigen würden. Gerade auch im Bereich sonderpädagogischer Diagnostik wären solche Hinweise dringend nötig.

Es darf doch wohl nicht die Intention eines Tests sein, die Leistungen von Personen auf Normenskalen einzuordnen, vielmehr geht es um die Konsequenz bestimmter Ergebnisse im Hinblick auf einzuleitende Trainings- und Lernvorgänge, auf Modifikation, auf Förderung ganz allgemein.

Abschließend kann man sagen, dass die Wahrscheinlichkeit einer Verminderung der Objektivität mit dem steigenden Schweregrad von Beeinträchtigungen zunimmt. Unter pädagogischem Aspekt gesehen spielt Objektivität in diesem Problembereich schwere Behinderung an sich überhaupt keine Rolle.

4.2.2   Reliabilität*

Im Zusammenhang mit der Reliabilität ist zu fragen, ob das Testverhalten eines Probanden in einem bestimmten Test generalisierbar ist, also ob die Person, die einem Test unterzogen wird, sich bei anderer Gelegenheit, aber gleichen oder ähnlichen Aufgaben auch gleich verhalten würde. Man versteht unter dem Gütekriterium der Testzuverlässigkeit „den Grad

---

* Für hilfreiche Hinweise bei statistischen Fragen danke ich Herrn Privatdozent Dr. rer. nat. Herbert *Vogt* (Universität Würzburg) sehr herzlich.

der Genauigkeit, mit dem er ein bestimmtes Persönlichkeits- oder Verhaltensmerkmal mißt, gleichgültig, ob er dieses Merkmal auch zu messen beansprucht (welche Frage ein Problem der Validität ist)" *(Lienert* 1998, 9). Wäre also die Reliabilität eines Tests hoch, so dürfte der Testwert eines Probanden kaum schwanken, der Test müsste bei einer Wiederholung unter gleichen Bedingungen zu dem gleichen Ergebnis führen. Etwas verallgemeinert kann man sagen: Ein Test ist zuverlässig, wenn er das, was er zu messen vorgibt, zuverlässig, genau, exakt, gut misst.

Es ist üblich, die Zuverlässigkeit eines Tests als Korrelationskoeffizient anzugeben. Einen Korrelationskoeffizienten kann man als Ausdruck des Zusammenhanges zwischen zwei oder mehreren Variablen bezeichnen. Es wird also im Zusammenhang mit der Reliabilität eine Beziehung hergestellt, z. B. zwischen einer ersten und einer zweiten Untersuchung mit dem gleichen Verfahren oder mit einem Parallelverfahren (Ähnlichkeit mit dem ersten Verfahren ist nachgewiesen).

Ein Korrelationskoeffizient wird mit dem Symbol „r" bezeichnet. Wird eine Korrelation in Form von r_{tt} dargestellt, so bedeutet dies, dass es sich um eine Korrelation zwischen Tests und Wiederholung, zwischen Testteilen oder zwischen Paralleltests handelt, also um eine „Test-Test-Korrelation".

Demnach existiert die Reliabilität eines Tests an sich nicht, vielmehr werden nur die Ergebnisse verschiedener methodischer Zugänge zum Ausdruck gebracht.

Um den Begriff der Reliabilität verstehen und Reliabilität interpretieren zu können, muss etwas zu Korrelation allgemein und speziell etwas zum Zuverlässigkeitskoeffizienten ausgesagt werden. Man könnte natürlich auch die Frage stellen, welche Notwendigkeit überhaupt besteht, sich mit der Reliabilität und Korrelation zu beschäftigen. Die Auseinandersetzung mit dieser Problematik ist deshalb wichtig, weil die Höhe der Reliabilität Auskunft darüber gibt, ob man einem Testergebnis vertrauen kann. Ist die Reliabilität eines Tests gering, darf man dem einzelnen Testergebnis nicht vertrauen, denn es könnte fehlerhaft und zufällig entstanden sein.

Der bereits angeführte Korrelationskoeffizient (r) ist so angelegt, dass er Werte zwischen $r = +1,00$ und $r = -1,00$ annimmt.

Es kann nicht die Aufgabe dieser Ausführungen sein, den Leser in die Lage zu versetzen, Formeln für Korrelationsberechnungen abzuleiten oder Korrelationen zu berechnen, vielmehr geht es um das Verständnis, um die Interpretation von Korrelationskoeffizienten. Idealtypisch ist das folgende Beispiel:

Ein Lehrer lässt in seiner Klasse zwei Klassenarbeiten schreiben.
Drei Extremfälle könnten auftreten:

Fall 1: Die Schüler schneiden bei beiden Arbeiten gleich gut ab. Dies kann man deutlich erkennen, wenn man die Schüler nach der Güte ihrer Leistungen in eine Rangreihe bringt:

```
Arbeit 1                                    Arbeit 2
   1 ──────────────────────────── 1
   2 ──────────────────────────── 2
   3 ──────────────────────────── 3
   4 ──────────────────────────── 4
   5 ──────────────────────────── 5
   6 ──────────────────────────── 6
   7 ──────────────────────────── 7
   8 ──────────────────────────── 8          r = +1.00
```

Die Ergebnisse bei der Arbeit 1 sind genauso angeordnet wie bei der Arbeit 2. Höchstmögliche positive Beziehung, Korrelationskoeffizient: $r = +1,00$ („vollständiger und gleichsinniger Zusammenhang zwischen zwei Messreihen")

Fall 2: Der beste Schüler bei der Arbeit 1 schneidet bei der Arbeit 2 am schlechtesten ab, der zweitbeste am zweitschlechtesten, der drittbeste am drittschlechtesten usw., und der schlechteste schneidet am besten ab. Den Zusammenhang zwischen diesen Arbeiten kann man als gegenläufig bezeichnen:

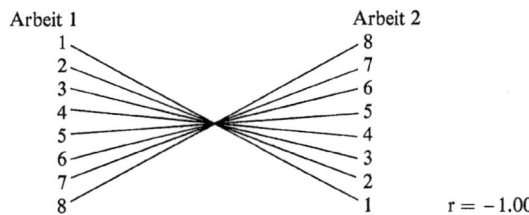

```
Arbeit 1                                    Arbeit 2
   1                                            8
   2                                            7
   3                                            6
   4                                            5
   5                                            4
   6                                            3
   7                                            2
   8                                            1          r = -1.00
```

Die Ergebnisse bei der Arbeit 1 sind genau entgegengesetzt angeordnet gegenüber den Ergebnissen bei der Arbeit 2. Höchstmögliche negative Beziehung, Korrelationskoeffizient: $r = -1,00$ („vollständiger, aber gegenläufiger Zusammenhang").

Fall 3: Schüler, die in der ersten Arbeit gut abgeschnitten haben, schneiden in der zweiten Arbeit z. T. gut und z. T. schlecht ab, während die schlechten Schüler von Arbeit 1 genauso oft in der 2. Arbeit gut und schlecht abschneiden wie zuvor die guten. Zwischen den Ergebnissen der beiden Arbeiten besteht kein Zusammenhang:

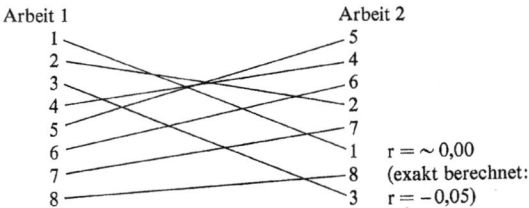

Die Ergebnisse der Arbeit 1 sind im Vergleich zu den Ergebnissen bei der Arbeit 2 rein zufällig angeordnet. Keine Korrelation: $r \sim 0,00$ (kein erkennbarer Zusammenhang).

Beispiele für Korrelationsberechnungen können sein: Berechnungen von Zusammenhängen zwischen den Fächern Naturlehre und Rechnen (vgl. *Zimmermann* 1974, 148f), zwischen Lernbehinderung und Konzentrationsfähigkeit, zwischen den Ergebnissen von Paralleltests zwischen den Ergebnissen von Testwiederholungen …

Zusammenfassend kann man hervorheben: Man kann den Grad eines Zusammenhanges zwischen den Messreihen von zwei veränderlichen Merkmalen durch einen Korrelationskoeffizienten angeben. Dieser bewegt sich je nach dem Zusammenhang zwischen $r = +1,00$ und $r = -1,00$. Praktisch werden diese Werte ganz selten erreicht. Erhielte man einen Korrelationskoeffizienten von $r = 0,00$, würde dies bedeuten, dass zwischen den beiden Merkmalen kein durch Korrelationskoeffizienten ausdrückbarer Zusammenhang besteht.

Wichtig ist es zu wissen: Der Korrelationskoeffizient kennzeichnet den Grad der *Gemeinsamkeit* zweier Merkmale.

Den *Anteil* der Gemeinsamkeit – genauer gesagt handelt es sich hier um Varianzanteile – kann man auch in Prozenten ausdrücken, indem das Quadrat des Korrelationskoeffizienten mit 100 multipliziert wird. Korrelieren z. B. die Ergebnisse eines Intelligenztests mit der Wiederholung dieses Tests mit $r = 0,90$, dann erfassen sie $100 \times 0,90^2 = 81 \%$.

Weitere Beispiele:

r = 0,50: Zuverlässigkeitsmaß zwischen beiden Tests: $r^2 = 25\,\%$
r = 0,30: Zuverlässigkeitsmaß zwischen beiden Tests: $r^2 = 9\,\%$
r = 0,20: Zuverlässigkeitsmaß zwischen beiden Tests: $r^2 = 4\,\%$
(r^2 wird auch als Zuverlässigkeitsmaß bezeichnet).

Diese Beispiele zeigen, wie niedrig der Grad an Gemeinsamkeit oder auch wie unzuverlässig ein Test misst, wenn der Korrelationskoeffizient unter r = 0,50 liegt.

4.2.2.1 Bedingungen für Reliabilität

1. *Stabilität* des zu messenden oder gemessenen Merkmals. Das zu messende Merkmal darf sich nicht (rasch) verändern, es muss zumindest relativ stabil sein. (Stimmungen könnten sich – besonders bei manchen Personen – rasch ändern; ebenso Kenntnisse für Prüfungen.) Als relativ stabiles Merkmal kann man die Intelligenz eines Menschen bezeichnen, falls sie nicht durch akute Ereignisse (Alkohol, depressive Verstimmung, starke Frustration ...) oder durch andauernde ungünstige Einflüsse (Milieu, fortgesetzte Kindesmisshandlung, Hospitalismus ...) in ihrer Entfaltung und damit auch Messbarkeit beeinträchtigt ist. Als relativ stabil kann man sicherlich auch rechtschriftliche und mathematische Fertigkeiten bezeichnen.
2. *Gesicherte Objektivität* der Durchführung, Auswertung und der Interpretation, der Testbedingungen allgemein.
3. *Genügend* Aufgaben (Items), damit ein Persönlichkeitsmerkmal auch erschöpfend erfasst wird.

Es ist deutlich geworden, dass zur Bestimmung eines Korrelationskoeffizienten ein Vergleich von Merkmalen (Variablen, Alternativen) durchgeführt werden muss. Je nach Art der Bestimmung der Zuverlässigkeit eines Tests unterscheidet man vier Zugänge: *Paralleltest-, Retest-, Splithalf*-Reliabilität und mittels *Konsistenzanalyse*.

4.2.2.2 Methoden zur Bestimmung der Zuverlässigkeit eines Tests

Paralleltestmethode:

Voraussetzung: Von einem Test müssen zwei gleichwertige Formen vorhanden sein; strenge Vergleichbarkeit dieser Formen.

Bestimmung der Paralleltest-Reliabilität: Der Test wird in seinen zwei Formen (A/B) denselben Personen an zwei nicht weit auseinanderliegenden Zeitpunkten (etwa nächster Tag) zur Lösung vorgelegt. Je genauer die Ergebnisse beider Testdurchführungen übereinstimmen, umso größer ist die Reliabilität. Die Reliabilität wird in Form eines Korrelationskoeffizienten dargestellt.

Forderung an einen guten Test: Paralleltest-Reliabilität von $r = 0,85$ und mehr.

Beispiele für Tests mit parallelen Formen: Grundintelligenztest von *Cattell/Weiss* (Formen A/B),

Begabungstest-System (B-T-S) von *Horn* (Formen A/B).

Für Gruppentests ist das Vorliegen paralleler Formen eine unabdingbare Forderung.

Retestmethode (Testwiederholungsmethode):

Bestimmung der Retest-Reliabilität: Derselbe Test wird gleichen Personen zu verschiedenen Zeitpunkten vorgelegt.

Probleme dieser Methode: Wiederholungszeitpunkt muss zeitlich entfernt liegen, damit sich die Personen nicht an frühere Lösungen erinnern können. Liegen die beiden Zeitpunkte jedoch zu weit auseinander, könnten sich die Bedingungen in der Person geändert haben (Motivation, andere Interessen, Entwicklung eines Kindes, Veränderungen – Probleme der Stabilität eines Merkmals).

Forderung: Korrelationskoeffizient bei dieser Methode sollte über $r = 0,90$ liegen.

Bei einer Reihe von Testverfahren wäre eine zweite Testung nicht möglich, weil sie weniger stabile Merkmale erfassen sollen. Bei solchen Tests berechnet man die

Split-half-Reliabilität (Testhalbierungs-Reliabilität):

Notwendigkeit: Bei Tests, die „relativ instabile, flukturierende oder stark übungsabhängige Merkmale erfassen sollen" – das zu messende Merkmal ändert sich.

Bestimmung der Split-half-Reliabilität: Einmalige Durchführung des entsprechenden Tests.

Aufteilung des Tests in 2 Hälften (Behandlung wie Paralleltests) – Berechnung des Korrelationskoeffizienten zwischen beiden Hälften.

Probleme dieser Methode: Bei der Aufteilung des Tests (Aufgaben mit geraden und ungeraden Nummern) sollten die Testhälften hinsichtlich Trennschärfe und Schwierigkeitsgrad gleich sein.

Forderung: Bei der Korrelation der Ergebnisse beider Testhälften sollte der Reliabilitätskoeffizient r = 0,90 und mehr betragen. Testhalbierungs- und Paralleltestmethode sind sich ähnlich.

Konsistenzanalyse:

Bestimmung (Vorgehen): Jede Testaufgabe wird für sich betrachtet, der Test wird also nicht halbiert, sondern in so viele Teile zerlegt, wie er Aufgaben hat. Der Korrelationskoeffizient geht praktisch aus dem Vergleich jeder Aufgabe mit jeder hervor.

Notwendigkeit: Wenn sich das zu messende Merkmal schnell verändert (vgl. Testhalbierungs-Reliabilität).

Zusammenfassung

1. Reliabilität besagt, dass ein Test bei zeitlich verschiedenen Messungen an gleichen wie an verschiedenen Personen dieselben Fähigkeiten oder Persönlichkeitsmerkmale messen sollte. Ein Test sollte in seiner Funktion als Messinstrument *unveränderlich* sein, d. h., er soll *Stabilität* besitzen.

   In einer relativ weiten Definition wird zum Ausdruck gebracht, ein Test ist dann zuverlässig, wenn er ein Persönlichkeitsmerkmal exakt, genau und gut misst.

   Problem: Aber nicht alle Persönlichkeitsmerkmale sind stabil!

2. Unter *Korrelation* versteht man den Grad der Gemeinsamkeit zweier Merkmale.

3. Es gibt verschiedene Methoden der Reliabilitätsbestimmung. Die Zuverlässigkeit eines Tests hängt nicht nur von dem jeweiligen Korrelationskoeffizienten, sondern auch von der verwendeten Methode zur Bestimmung dieses Koeffizienten ab.

4. Tests mit einem Zuverlässigkeitskoeffizienten von mindestens $r_{tt} = 0,80$ können als ausreichend, mit $r_{tt} = 0,90$ und mehr als gut bezeichnet werden.

   Es kann keinesfalls eine annähernd gesicherte Entscheidung bei Einzelpersonen getroffen werden, wenn die Testreliabilität unter 0,80 liegt (vgl. *Klausmeier* und *Ripple* 1975, 55; *Kleber* 1973, 27 und 105; *Steinack* 1973, 12).

5. Der Reliabilitätskoeffizient stellt eine wesentliche Voraussetzung für die Berechnung des *Standardmessfehlers* dar.

6. Kritik: Die Forderung nach hoher Reliabilität und der Gedanke an Förderung stehen sich an sich im Wege. Der förderdiagnostisch arbeitende Pädagoge möchte ja erreichen, dass sich etwas *ändert*.

4.2.3   Validität (Gültigkeit)

G. *Lienert* versteht unter Validität eines Tests den Grad der Genauigkeit, „mit dem dieser Test dasjenige Persönlichkeitsmerkmal oder diejenige Verhaltensweise, das (die) er messen oder vorhersagen soll, tatsächlich mißt oder vorhersagt" (1998, 10). Es geht also bei der Genauigkeit um die Frage, ob ein Testverfahren wirklich das misst, was es messen soll.

Geht es z. B. in einem Test um die Erfassung logischen Denkens, so könnte die Gefahr bestehen, dass ein Kind vielleicht Aufgaben nicht lösen kann, weil es aufgrund mangelnden Sprachverständnisses die Instruktion nicht oder nicht richtig versteht. Das Kind scheitert demnach nicht an der Fähigkeit, die der Test erfassen soll, sondern an sprachlichen Mängeln, die möglicherweise auf die Umwelt zurückzuführen wären. Die Validität eines solchen Tests wäre demnach gering.

Manchmal wird im Zusammenhang mit Validität auch von *„Treffsicherheit"* gesprochen, d. h. wie genau oder wie sicher ein Merkmal gemessen wird.

Validität kann nicht als Eigenschaft eines Tests betrachtet werden, vielmehr geht sie hervor aus bestimmten methodischen Vorgehensweisen.

Es besteht – ähnlich wie bei der Reliabilität – die Notwendigkeit, die Gültigkeit eines Tests durch einen Korrelationskoeffizienten auszudrücken, und zwar als Korrelation zwischen dem *Testergebnis* und einem *Kriterium,* das wirklich das Merkmal zum Inhalt hat, das der Test erfasst. So könnten z. B. Korrelationen bezüglich der Erfassung von Rechenleistungen zwischen dem Lehrerurteil und einem Rechentest gebildet werden. Man würde dabei voraussetzen, dass das Lehrerurteil richtig ist. Demnach kann auch gesagt werden, dass Gültigkeit gemessen wird durch den Grad, mit dem Testergebnisse mit einem definierten Gültigkeitskriterium übereinstimmen.

Es ist üblich, den Gültigkeitskoeffizienten mit der Bezeichnung r_{tc} auszudrücken, wobei der Index „tc" darauf hinweist, dass es sich um eine Korrelation zwischen Test (test) und Kriterium (criterion) handelt.

Gewöhnlich liegen Gültigkeitskoeffizienten niedriger als die Zuverlässigkeitskoeffizienten.

Werte über r_{tc} von 0,60 und mehr können als hoch, Werte zwischen 0,40 und 0,60 als mittel und Werte unter 0,40 als niedrig betrachtet werden (vgl. *Lienert* 1969,15; *Steinack* 1973, 10; *Zimmermann* 1974, 155 f). *Lienert* betont jedoch auch, es ließen sich keine starren Normen bezüglich der Validität einführen, sondern nur Richtlinien aufzeigen. „Es wird dabei deutlich, dass ein relativer Maßstab mehr für sich hat als ein absoluter" (1969, 310). Die angegebenen Gültigkeitsbereiche können demnach nur als Orientierung dienen.

Ein weiteres schwerwiegendes Problem stellt sich im Zusammenhang mit der Validität: Misst der Test das, was derjenige, der den Test anwendet, messen will? Testautoren geben zwar normalerweise an, für welche Zwecke ein Test valide ist, die Entscheidung, welcher Test zur Erfassung eines bestimmten Persönlichkeitsmerkmals Verwendung findet, liegt jedoch beim Untersuchenden.

Bei auftretenden Unsicherheiten dürfte die Hinzunahme weiterer Testverfahren, die dasselbe Merkmal zu messen beanspruchen, zu einer Lösung führen.

Es wurde bereits angedeutet, dass die Validität aus dem Vergleich eines Tests mit einem Kriterium, das tatsächlich das zu messende Merkmal besitzt, hervorgeht. Aufgrund der Vorgehensweisen zur Feststellung der Validität unterscheidet man vier Möglichkeiten: Bestimmung der *inhaltlichen Validität,* der *Übereinstimmungsvalidität,* der *Vorhersagevalidität* und der *Konstruktvalidität.*

4.2.3.1 Die inhaltliche Validität

Vorgehen: Fachleute beurteilen, ob der Test auch tatsächlich das misst, was er messen soll. Der Test selbst repräsentiert also das zu erfassende Persönlichkeitsmerkmal oder die in Frage stehende Eigenschaft. Dieses Verfahren findet zumeist Verwendung bei Schulleistungstests oder ganz allgemein bei lernzielorientierten Tests. Soll beispielsweise die Rechenfertigkeit überprüft werden, so müssten Lehrer feststellen, ob die Auswahl der im Test gestellten Aufgaben tatsächlich repräsentativ für die Erfassung der Rechenfertigkeit ist.

Die Testaufgaben gelten also bei diesem Verfahren als das beste Kriterium für das zu messende Merkmal. Sachverständige können beurteilen, ob die Aufgaben tatsächlich für das zu testende Sachgebiet Relevanz besitzen (Beispiele: Rechtschreibtests, Lesetests, Schreibmaschinentests …).

Sind sich die Beurteiler darüber einig, dass die Testaufgaben tatsächlich die Unterrichtsgebiete und Lernziele erfassen, die von den Lehrplänen angegeben werden, spricht man im schulischen Bereich auch von *Lehrplangültigkeit.*

Problem: Ist das Kriterium selbst (in diesem Falle also Lehrer, Prüfer) zuverlässig und gültig?

4.2.3.2 Die Übereinstimmungsgültigkeit (kriterienbezogene Validität)

Voraussetzung: Es muss ein Außenkriterium vorhanden sein, welches das zu erfassende Persönlichkeitsmerkmal direkt oder indirekt repräsentiert oder widerspiegelt. (Außenkriterium: Ein Test, der das entsprechende Merkmal misst oder zum Beispiel Psychotherapeuten, Lehrer ...).

Das Außenkriterium muss selbst hinreichende Reliabilität und Validität aufweisen.

Vorgehen: Es wird überprüft, wie gut die Testergebnisse des neukonstruierten Tests mit dem Außenkriterium korrelieren (übereinstimmen). In der Praxis wird gewöhnlich mit einem bereits gut validierten Test verglichen. Bei der Konstruktion eines Intelligenztests wird man überprüfen, wie gut die Ergebnisse dieses Tests mit anderen als valide geltenden Intelligenztests übereinstimmen oder – so meint *Ingenkamp* – wie gut die Messergebnisse zum Beispiel mit den Leistungen in Schule oder Leben übereinstimmen, da man annehmen könne, dass sich intelligentes Verhalten in Schul- und Lebenserfolg ausdrückt. Die Übereinstimmungsvalidität eines Tests sollte grundsätzlich angegeben sein.

Probleme: Außenkriterium, z. B. Was ist Intelligenz? Angst? Motivation? Es ist fraglich, ob sich intelligentes Verhalten in Schul- und Lebenserfolg ausdrückt.

Beispiele: Der nichtangepasste intelligente Schüler wird scheitern (Verhaltensstörung – Lernstörung); Regimekritiker im Ostblock – Lebenserfolg? Durchaus intelligente „Anarchisten" in westlichen Ländern – Gefängnis! – Berufliche Aussichten intelligenter „Links- oder Rechtsextremisten"!

4.2.3.3 Die Vorhersagegültigkeit (prognostische Validität)

Vorgehen: Ein Testergebnis wird ermittelt z. B. bezüglich schulischer Leistungen. Es wird damit eine Prognose gestellt von den Testergebnissen auf das zukünftige Lernverhalten z. B. in Realschulen, Gymnasien, aber auch in Sonderschulen. Die Vorhersagegültigkeit wird berechnet als Korrelation zwischen der Testleistung und – in unserem Falle – der späteren Schulleistung.

Erwartung: Die Vorhersage erfüllt sich.

Probleme: Trotz Aufnahmeprüfungen und -tests scheitern später viele Schüler in weiterführenden Schulen. Der aufgrund einer Überprüfung mit validen Tests in eine Sonderschule aufgenommene Schüler wird – weil sich die Vorhersage „erfüllt" – in der Sonderschule bleiben – Rückführung? – Festschreibung! Im ersten Fall (weiterführende Schulen) erfüllt sich die Prognose nicht, im zweiten Fall (Sonderschule) scheint sie sich in vollem Maße zu erfüllen. Bei absoluter Reliabilitäts- und Validitätsgläubigkeit wäre der Gedanke an eine Förderdiagnostik überflüssig, weil die Testergebnisse immer gleich schlecht ausfallen müssten, sonst wäre der Test weder reliabel noch valide!

4.2.3.4 Die Konstruktvalidität (theoretische Gültigkeit)

Bestimmung: Es geht um die Frage, wie gut ein Test mit der Theorie übereinstimmt, von der seine Testkonstruktion ausging. Es geht um den Nachweis, dass die theoretischen Annahmen über das, was ein Test messen soll, gültig sind. *Lienert* drückt dies so aus: „Aufgrund theoretischer – sachlogischer und begrifflicher – Erwägungen und anhand von sich daran anschließenden empirischen Untersuchungen wird entschieden, ob ein Test ein bestimmtes Konstrukt zu erfassen vermag" (1998, 11). Konstrukte wären z. B. Intelligenz, Angst, Motivation.

Man wird also erst nach der Konstruktion eines Tests versuchen, die im Rahmen der Theorie verankerten Aussagen zu überprüfen.

Die *Persönlichkeitsmerkmale,* die der entsprechende Test erfasst, müssen einer genauen psychologischen Analyse unterzogen werden. Soll z. B. ein Test Angst oder Aggression messen, so muss nachgewiesen sein, dass die vom Test erfassten Merkmale tatsächlich mit den Konstrukten Angst oder Aggression übereinstimmen.

Nachweis der Konstruktvalidität erfolgt nicht durch einen Korrelationskoeffizienten, vielmehr zeigt der Testautor die Untersuchungen auf, die er durchgeführt hat, zum Nachweis der Konstruktvalidität.

Probleme: Prinzip der Bestimmung der Konstruktvalidität ist für den Nichtfachmann oft schwer zugänglich.

Zusammenfassung

1. Ein Test ist valide (gültig), wenn er wirklich das misst, was er zu messen beansprucht.
2. Hohe Validität kann nur eintreten bei hoher Objektivität und hoher Reliabilität.

   (Es kann jedoch möglich sein, dass die Reliabilität sehr hoch und die Validität = null ist.)

   Das zu messende Merkmal bedarf einer präzisen Beschreibung; die im Test vorkommenden Items und Aufgaben müssen das zu messende Merkmal repräsentieren.
3. Im Zusammenhang mit der Validität soll aufgrund des Testverhaltens auf ein Verhalten außerhalb der Testsituation oder auf bestimmte Fähigkeiten, allgemein auf Merkmale und Eigenschaften – einer Person geschlossen werden (wenn z. B. ein Proband in einem Rechentest Addition und Subtraktion gut beherrscht, wird er diese Leistungen auch außerhalb der Testsituation erbringen). Ergeben sich in einem Angsttest hohe Angstwerte, so ist zu erwarten, dass das Verhalten des Probanden in hohem Maße von Angst mitbestimmt wird, dass etwa Prüfungsleistungen aufgrund von Angst herabgesetzt sind.
4. Nachdem bei der Inhalts- und Konstruktvalidität nicht immer Korrelationskoeffizienten angegeben sind und der Gültigkeitskoeffizient nur als relativer Maßstab gilt, wird es jeweils nötig sein, sich in den Testhandbüchern zu informieren, wie der jeweilige Autor zu seinen Aussagen über Validität gekommen ist.

   Empfohlen wird grundsätzlich die Lektüre kritischer Ausführungen über die in Frage kommenden Testverfahren.
5. Gerade das Gütekriterium Validität enthält manchmal so viele mathematische und statistische Implikationen, dass es für den im Hinblick auf die Testkonstruktion relativen Laien kaum noch durchschaut werden kann.

4.2.4   Normierung

4.2.4.1 Notwendigkeit

Die Normierung nimmt einen wichtigen Platz unter den vier wichtigsten Gütekriterien ein. Der diagnostizierende Pädagoge wird nahezu ständig mit Normen konfrontiert.

Das Vorliegen eines individuellen Testergebnisses alleine nützt nichts, es ist nur interpretierbar in Bezug auf vergleichbares Datenmaterial von anderen Individuen. Über einen Test sollen also Angaben verfügbar sein, die eine Einordnung des individuellen Testergebnisses in ein größeres Bezugssystem ermöglichen, nämlich Normen.

Im Zusammenhang mit der Ermittlung von Normdaten spricht man auch von *Eichung*. Unter Eichung wird also die Gewinnung von Normdaten verstanden. Ein Test, der zwar die Gütekriterien Objektivität, Reliabilität und Validität erfüllen würde, aber nicht normiert wäre, hätte keine oder kaum diagnostische Bedeutung. Die Verwendung von Normskalen bringt im Wesentlichen drei Vorteile:

1. Bei der Verwendung von Tests kann sich der Testleiter zumeist leicht und rasch mit den Normskalen vertraut machen. Es wäre umständlich und nicht gemäß der Forderung nach Objektivität, wenn der Testleiter die Normen selbst festlegen müsste. (Bei informellen Tests wie z. B. Klassenarbeiten ist dies gewöhnlich Aufgabe des Lehrers.)

2. Indem ein weitgehend einheitlicher Maßstab zur Anwendung kommt, können die Testergebnisse eines Probanden bei verschiedenen Tests *direkt* miteinander *verglichen* werden.

3. Wird es möglich, Testergebnisse verschiedener Probanden unmittelbar zu vergleichen.

Die Normierung eines Tests bezieht sich stets auf eine bestimmte Population, also auf eine Vergleichsgruppe. Solche Vergleichsgruppen können nach Merkmalen aufgestellt werden, wie z. B. Alter, Geschlecht, sozialer Status, spezifische Behinderungen, Stadt – Land, Schulklassen …

Es ist wohl einsichtig, dass ein für geistig Behinderte konstruierter und an der Gruppe der geistig Behinderten normierter Test nicht für die Untersuchung Nichtbehinderter dienlich sein kann (Beispiel: Testbatterie für geistig behinderte Kinder – von *Bondy* u. a.; für Lernbehinderte: Schulleistungsprüfung lernbehinderter Schüler – von *Reinartz*). Ebenso wäre es unsinnig, einen an körperlich nicht behinderten Kindern geeichten Motoriktest bei Körperbehinderten einsetzen zu wollen. (Beispiel: Lincoln-Oseretzky-Test-Kurzform 18). Man kann also von einem Test nicht mehr erwarten, als dass er das misst, was er messen soll oder zu messen beabsichtigt.

Wie geht nun eine Testeichung vor sich? Ein Test wird zunächst konstruiert und verschiedentlich erprobt. Die Eichung beginnt gewöhnlich im Endstadium. Eine große Anzahl von Personen (etwa 1400 – 1500), die die Personengruppe widerspiegelt (repräsentiert), für die der Test gedacht ist, soll die Testaufgabe lösen. Aus dieser „Eichstichprobe" (es können nicht alle Personen erfasst werden, die ein bestimmtes Merkmal repräsentieren) wird dann die Leistungs*norm*, also der Vergleichsmaßstab auf rechnerischem Wege ermittelt. Es kommt dabei vor, dass sich die Leistungen bei der Eichstichprobe unterscheiden. So könnten spezielle Normen gebildet werden für männliche und weibliche Personen, für Altersgruppen, Schularten ...

Nach dieser kurzen Einführung in den Vorgang der Eichung wird neben der Information – auch für das Verständnis der weiteren Ausführungen – eine Darstellung des historischen Ansatzes der Normierung notwendig.

4.2.4.2 Der historische Ansatz zur Gewinnung von Normen

Bereits in den Ausführungen über die Entstehung der Psychodiagnostik wurden die Namen *Gauß* und *Galton* erwähnt. Auf *Gauß* lässt sich der Gedanke der „Normalverteilung" zurückführen, der sich anschaulich an der „*Gaußschen* Kurve" darstellen lässt.

Anhand des sogenannten „*Galtonschen* Brettes" (ein Zufallsapparat, der von dem englischen Statistiker Francis *Galton* gebaut wurde) kann das Prinzip dieser *Gaußschen* Kurve erklärt werden.

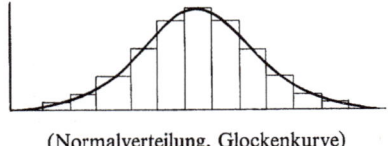

(Normalverteilung, Glockenkurve)

Abb. 2: Verteilung von Kugeln in einem Zufallsapparat (Galtonsches Brett[*]) (vgl. *Kleber* 1973, 58; *Kramer* 1972, 42).
(Menge gleichmäßig verteilter Metallstifte, darüber ein Trichter, unterhalb der Metallstifte ein Behälter.)

---

[*]   Das „Galtonsche Brett" ist nicht der einzige Weg zur Ableitung der Normalverteilung; es gibt vielmehr viele Möglichkeiten der Ableitung.

Fällt nun durch den Trichter eine große Anzahl (einige hundert) gleich großer Kugeln, so kann man beobachten, dass nur ganz wenige Kugeln in die äußersten Bereiche der Auffangbehälter fallen, sich im mittleren Bereich viele Kugeln vorfinden und die größte Anzahl in der Mitte liegt.

Zahlreiche theoretische und experimentelle Forschungen ergaben, dass es eine ganz typische Erfahrungs-Verteilung gibt, die man mathematisch ausdrücken kann. Diese Verteilung nennt man Wahrscheinlichkeitsverteilung oder *Normalverteilung.* Die zugehörige Kurve heißt „Glockenkurve". Die Glockenkurve (manchmal auch *„Gaußsche* Kurve" genannt) weist die folgenden Merkmale auf: gleichmäßiges Ansteigen von beiden Seiten, Symmetrie, *ein* Gipfelpunkt.

Diese Verteilung hat man nun auch auf biologische und psychische Bereiche übertragen. Man könnte z. B. die Körpergrößen einer sehr großen Anzahl von Personen feststellen und dann eine Aussage darüber treffen, wie viele Personen bezüglich ihrer Körpergröße in den mittleren Bereich, wie viele in den Bereich für sehr große und sehr kleine Personen fallen. Damit hätte man zunächst eine Möglichkeit zu einer Grobeinteilung oder Grobnormierung. Ähnlich kann man vorgehen, wenn es um Leistungen, um die Lösung von Aufgaben geht.

Überträgt man dieses Modell auf den Intelligenzbereich, so würde man feststellen, dass der mittlere Intelligenzbereich zahlenmäßig („normale" oder „durchschn." Intelligenz) am stärksten repräsentiert wird. Weit rechts müsste man sich den hochintelligenten Menschen ("Genie") und weit links den schwerst geistigbehinderten („Imbezillität" – „Idiotie") denken.

An der Übertragung des genannten Modells auf psychische Bereiche wurde viel Kritik geübt, z. B. weil doch sehr leicht mit dieser Einteilung auch eine Wertung einhergehen könnte und weil die Frage der Intelligenz eines Menschen in hohem Maße von Intelligenzbegriff und auch vom benutzten Intelligenztest abhängt.

Auch wenn die Kritik am Modell der Normalverteilung und den damit verbundenen Implikationen in der Gegenwart sehr heftig geführt wird, muss bemerkt werden, dass die *Gaußsche* Kurve oder die Normalverteilungskurve eine der bedeutsamsten mathematischen Grundlagen der gesamten Testpsychologie darstellt. Vor allem der Gedanke der Eichung oder Normierung von Tests (wie weit weicht ein Individuum mit seiner Leistung, mit Meinungen, Einstellungen ... vom Durchschnitt ab) geht von dieser Basis aus.

Die Urteilsbildung zu der Frage, ob man Normensysteme ablehnen oder akzeptieren soll, kann dem Leser nicht erspart bleiben. Der Behauptung von Rainer *Dieterich* kann nicht widersprochen werden, wenn gesagt wird, „dass der Interpretationswert statistischer Normen ohnehin begrenzt ist" (1973, 190).

Im Rahmen förderdiagnostischen Denkens dürften im Allgemeinen nicht mehr die sozialen und leistungsmäßigen Bezugsnormen dominieren, denn sie sagen nichts über Förderung aus, vielmehr gilt als Basis die individuelle bzw. intraindividuelle „Norm", d. h., das einzelne Kind, das Individuum ist „Träger dieses Maßstabes", der Ausgangspunkt schlechthin. Damit kann Diagnostik bei Kindern mit Beeinträchtigungen (besonderen Entwicklungs- und Erziehungsbedürfnissen, special needs) nicht mehr Defizitdiagnostik sein.

4.2.4.3 Mathematisch-statistische Voraussetzungen für das Verständnis von Normen

Man kann sicherlich nicht verständlich in gebräuchliche Normierungen oder Normen einführen, ohne über einige grundlegende Voraussetzungen zu informieren. Im Zusammenhang mit dieser Information kann es jedoch nicht etwa um Ableitungen von Formeln gehen (dies sind Probleme von Statistikbüchern), vielmehr steht die Kenntnis einiger notwendiger Fakten im Mittelpunkt.

a) Das arithmetische Mittel (der Mittelwert)

Begriffsklärung: Der *Mittelwert* (Durchschnitt oder arithmetisches Mittel) ist die Zahl, die errechnet wird, wenn man alle Werte addiert und durch die Anzahl der Beobachtungen dividiert.

Liegen Zahlenwerte, z. B. Noten vor, kann man auch wie folgt formulieren: Der Mittelwert ist die Summe aller Einzelwerte dividiert durch die Anzahl der Zahlenwerte.

Erklärung:

$x_1, x_2, x_3, \ldots x_N$ = Zahlenwerte
$\bar{x}$ = Mittelwert
N = Anzahl der Zahlenwerte

$$\bar{x} = \frac{\sum x}{N} \; ; \; \bar{x} = \frac{x_1 + x_2 + x_3 + \ldots x_N}{N}$$

Beispiel:
9 Zahlenwerte liegen vor (etwa Noten einer Klassenarbeit):
2, 3, 4, 3, 4, 5, 4, 5, 6;

$$\bar{x} = \frac{36}{9} = 4$$

Bedeutung des Mittelwertes: Möglichkeit der Einschätzung, ob sich ein individuelles Messergebnis (hier: ein individueller Zahlenwert) über oder unter dem Durchschnitt befindet.

Mit dem Mittelwert ist noch nichts darüber ausgesagt, wie weit die Einzelwerte um diesen Mittelwert gestreut sind. Auskunft über die Nähe oder Entfernung zum Mittelwert gibt die Standardabweichung.

b) Die Standardabweichung oder Streuung

Mit Hilfe der Standardabweichung kann die relative Position einzelner Messwerte im Vergleich zur Gesamtverteilung der Messwerte um den Mittelwert besser eingeschätzt werden. Streuen die einzelnen Werte sehr weit um den Mittelwert, wird demnach auch die Standardabweichung größer sein.

Begriffserklärung: Die Standardabweichung (meist mit σ = Sigma oder s bezeichnet) ist gleich der Wurzel aus dem Mittel der Quadrate aller gemeinsamen Abweichungen (= die Wurzel aus dem Durchschnitt der quadrierten Abstände vom Mittelwert).

Es werden also die Abweichungen der einzelnen Werte vom Mittelwert quadriert und dann – ähnlich wie bei der Berechnung des Mittelwertes – gemittelt.

Beispiel:
S. 9 Zahlenwerte oben
(2, 3, 4, 3, 4, 5, 4, 5, 6)

$$s = \sqrt{\frac{\sum (\bar{x} - x)^2}{N}} \; {}^{*}$$

$\bar{x} = 4$
$(\bar{x} - x)$: $+2, +1, 0, +1, 0, -1, 0, -1, -2$;
$(\bar{x} - x)^2$: $4, 1, 0, 1, 0, 1, 0, 1, 4$;
$\sum (\bar{x} - x)^2 = 12$

$$s = \sqrt{\frac{12}{9}} = 1{,}15 \ldots$$

---

*   Aus mathematischen Gründen benutzen Statistiker häufig die folgende Formel:

$$s = \sqrt{\frac{\sum\limits_{i=1}^{N} (\bar{x} - x_i)^2}{N - 1}}$$

Wenn das Modell der Normalverteilung zutrifft, verteilt sich der Anteil der Zahlenwerte etwa nach folgenden Prozentsätzen:

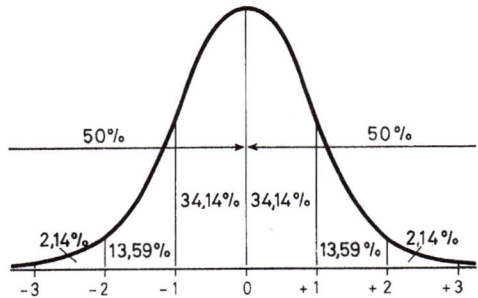

Abb. 3: Normalverteilungskurve mit Standardskala und Flächenanteilen (Vgl. *Kleber*, E. W. 1973, 60)

Einfache Streuung   (± 1 σ): 68,28 %
Doppelte Streuung   (± 2 σ): 95,46 %
Dreifache Streuung   (± 3 σ): 99,74 %

Die fehlenden 0,3 % können das Gesamtbild kaum noch verändern, bleiben damit unberücksichtigt.

Man kann also sagen: zwischen x̄ und x̄ – 1 σ bzw. zwischen x̄ und x̄ + 1 σ liegen je 34,14 %, in dem zweiten Intervall x̄ – σ und x̄ – 2 σ bzw. x + σ und x + 2 σ liegen je 13,59 %; in dem dritten Intervall zwischen x̄ – 2 σ und x̄ – 3 σ bzw. x̄ + 2 σ und x̄ + 3 σ liegen je 2,14 % der Verteilung[*].

Bezogen auf Leistungsbereiche bedeutet dies: Der Durchschnittsbereich, der sich auf die Streuungseinheit – 1 σ bis + 1 σ bezieht, hebt die mittleren 68,28 % der Leistungsbreite hervor und bezeichnet damit jede Leistung, die in diesen Bereich fällt, als durchschnittlich, darüber- bzw. darunterliegende Leistung als über- bzw. unterdurchschnittlich.

Im Zusammenhang mit der später notwendigen Einschätzung von Testergebnissen anhand von Normenskalen wird noch eine weitere

---

[*]   Wenn wir nicht den Mittelwert x̄ = 0 haben und wenn die Streuung σ nicht = 1 ist, dann sind die Verhältnisse ähnlich.

Besonderheit der Normalverteilungskurve (*Gaußschen* Glockenkurve) bedeutsam. Geht man von den jeweiligen Flächenanteilen aus, so liegen zwischen x̄ + 1,96 s 95 % aller Anteile (übertragen auf unser Beispiel: aller Messwerte).

In jedem Endstück der Kurve, also außerhalb M ± 1,96 s liegen je 2,5 % der Werte.

Zwischen M ± 2,58 σ sind 99 % der Werte eingeschlossen. Nur 1 % aller Messwerte weicht vom Mittelwert stärker als M ± 2,58 s ab. (Da die Messwerte nur ein ungefähres Bild ergeben, stimmt die Aussage nur ungefähr auch für große Stichproben!)

Wie bereits angedeutet, erhalten die Werte 1,96 s und 2,58 s für die an anderer Stelle (2.4.5) folgenden Deutungen statistischer Aussagen eine besondere Wichtigkeit. Diese Beziehungen zeigt die folgende Abbildung auf.

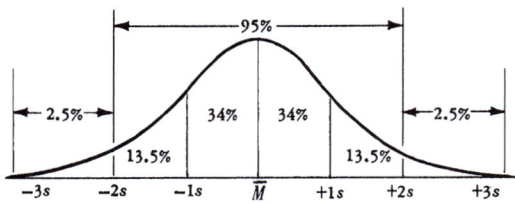

Abb. 4: Normalverteilung und *Gaußsche* Glockenkurve

c) Die Transformation von Werten

Wir haben bisher gesehen, dass man von verschiedenen Messwerten den Durchschnittswert und die Streuung berechnen kann. Damit hat man zwar ein grobes Maß, um die Messwerte einzuordnen. Diese Durchschnittswerte und Streuungswerte ändern sich jedoch, wenn bei neuen Aufgabenstellungen neue Messwerte vorkommen. Um nun Messwerte und Leistungen vergleichbar zu machen, wurden bestimmte Normenskalen geschaffen, d. h., man kann Mittelwert und Streuungswert festlegen, Leistungen auf diese neuen Werte transponieren und dann die Leistung des jeweiligen Probanden anhand der Leistung der Gruppe, an der der Test normiert wurde, einordnen.

Mit Hilfe einer Formel können wir – falls Normalverteilung vorliegt, jeden Rohwert in einen Standardwert transponieren. Diese Formel lautet:

$$z = \frac{x - M}{s}$$

z = der Standardwert, der bestimmt werden muss
x = der Rohwert (jeweiliger Messwert)
M = das Mittel der Verteilung der Rohwerte (Messwerte) (= $\bar{x}$)
s = die Standardabweichung der Verteilung

Merkmale des Standardwertes (z): Er kann definiert werden als der Quotient aus der Differenz der individuellen Abweichung vom Mittelwert, dividiert durch die Standardabweichung (s).

Der Standardwert gibt an, um wie viele Standardabweichungen der Rohwert vom Mittelwert abweicht. Gewöhnlich liegt der Standardwert zwischen –3 und +3. Man kann erwarten, dass etwa 99,9 % aller Werte zwischen –3 und +3 liegen. Liegt ein Rohwert unter dem Mittelwert, wird der Standardwert negativ, liegt er darüber, wird er positiv.

Beispiel für die Funktion des Standardwertes: Erreicht ein Schüler bei einem Schulleistungstest im Fach Deutsch (Rechtschreiben) einen Wert von 60 und in Mathematik einen Wert von 9, so kann man diese beiden Ergebnisse nicht ohne ein gemeinsames Maß vergleichen. Wenn man die Werte in Einheiten der Standardabweichung umgewandelt hat, kann die Standardabweichung zum gemeinsamen Maß werden und einen Vergleich ermöglichen. Beträgt das Mittel der Ergebnisse im Rechtschreiben 55 und die Standardabweichung 5, so ergibt sich der folgende z-Wert von + 1.

$$z = \frac{x - M}{s} = \frac{60 - 55}{5} = \frac{5}{5} = 1$$

Geht man im Mathematiktest von einem Mittelwert von 6 und einer Standardabweichung von 1,5 aus, so ergibt sich mit dem Rohwert von 9 ein z-Wert von +2.

$$z = \frac{x - M}{s} = \frac{9 - 6}{5} = \frac{3}{1,5} = 2$$

Jetzt kann man sagen, dass der Schüler die mittlere Leistung seiner Klasse im Rechtschreibtest um 1 Standardabweichung und die mittlere Mathematikleistung um 2 Standardabweichungen übertrifft. Im Gegensatz zu den numerischen Rohwerten in beiden Untertests ist die Überlegenheit des Schülers im Vergleich zu den übrigen Schülern seiner Klasse im Fach Mathematik größer.

Übungsbeispiele: Bestimmen Sie den z-Wert dieser beiden Fälle! Welcher Schüler war innerhalb seiner eigenen Gruppe besser?

	Rohwerte	M	s	z
Horst	75	65	10	____
Otto	70	60	7	____

4.2.4.4 Die gebräuchlichen Normenskalen

Es wurde bereits dargestellt, dass ein Individualergebnis nur dann sinnvoll wird, wenn es mit den Testergebnissen der Population, welcher der Proband angehört, verglichen werden kann.

Rohwerte oder Messwerte können transponiert werden in verschiedene Normenskalen. Hierzu bedarf es der Kenntnis des neuen Mittelwertes und der jeweiligen Standardabweichung.

Mit Hilfe der Formel $z = \dfrac{x - M}{s}$ wird die Umrechnung möglich.

Die gebräuchlichsten Normenskalen sind:

1. Standardnormen: Diese Normen gehen auf die z-Werte der sogenannten Standardnormalverteilung zurück.

z-Skala definiert durch **M = 0** und Streuung von **s = 1**; Werte zwischen – 3 und + 3 treten in der Regel auf.

$$z = \frac{x - M}{s}$$

Diese z-Werte werden in der Regel wegen ihrer Unhandlichkeit (man muss mit positiven und negativen Dezimalzahlen arbeiten) nur als Zwischenmaße verwendet.

Durch eine lineare Transformation (d. h. die Verteilungsform bleibt an sich unverändert) erhält man

Z- oder Standardwerte (SW)*: Die SW haben einen Mittelwert von 100 und eine Streuung von $s_{sw} = 10$. Sie gehen aus den z-Werten hervor durch die *Umrechnung SW = 100 + 10 z*. Die dadurch erreichte Skala reicht normalerweise von 70 – 130.

Ähnlich ist es bei der *IQ-Skala*

Sie kann als Abweichungsskala durch einen Mittelwert von 100 und eine Streuung von $S_{IQ} = + 15$ definiert werden. Die Umrechung geschieht wie folgt:

$$IQ = 100 + 15 z$$

2. *Standard-Äquivalent-Normen:* Die bekannteste und gebräuchlichste Skala dieser Art ist die T-Wert-Skala. Sie hat einen Mittelwert von $T = 50$ und eine Streuung von $S_T = 10$. Die T-Wert-Skala findet sich in sehr vielen Testverfahren, vor allem aber in Schultests. Man rechnet wie folgt um:

$$T = 50 + 10 z$$

Die Skala reicht damit normalerweise von 20 – 80.

3. *Prozentrangnormen:* Bei der Anwendung dieser Normen müssen die Werte nicht normal verteilt sein, es handelt sich mehr um eine Grobnormierung. Im Prinzip wird nur gefragt, wie viel Prozent aller Schüler oder Probanden eine gleich gute oder schlechtere Leistung erreicht haben als der zu beurteilende Schüler. Diese Normen sind von der Theorie her relativ problemlos, in der Praxis können sie leicht ermittelt werden.

---

* Nur anwendbar, wenn die Rohwertverteilung bereits annähernd normal war.

Geht man von einer Fläche, die 100 % darstellen soll, aus, so werden Prozentrangnormen gewonnen durch fortlaufende Summation der durch die Rohwerte repräsentierten Flächenstücke, wobei die Teilflächen jeweils in Prozenten der Gesamtfläche ausgedrückt werden (vgl. *Michel,* 1971, 31). Man addiert also fortlaufend die durch die Rohwerte dargestellten Einzelergebnisse. Sie werden dann im Vergleich mit dem Gesamtergebnis ausgedrückt. Man spricht auch von „kumulierten Häufigkeiten".

$$PR = 100 \cdot \frac{f \; cum:}{N}$$

Zur Berechnung von Prozentrangnormen soll ein Beispiel aus *Mittenecker* (Planung und statistische Auswertung von Experimenten. Wien 1983, 7 – 11) in verkürzter Form gegeben werden.

Fragestellung: Wie verteilen sich die Testzahlen einer Gedächtnisprüfung bei $N = 85$ Schülern einer bestimmten Schule? Messzahl für jedes untersuchte Individuum ist die Anzahl der gemerkten Wörter aus einer Liste von 25 Wörtern, die ihm dreimal vorgelesen wurde.

Lösung: Zunächst erfolgt die Feststellung der Häufigkeitsverteilung, es wird also ausgedrückt, wie oft jede Messzahl vorkommt; dann die Ordnung der Häufigkeiten und die Berechnung der Prozentränge (vgl. auch Tab. 1).

Der Prozentrang z. B. eines Schülers gibt also an, welcher Prozentsatz der Schüler in der Vergleichsgruppe eine gleich gute oder schlechtere Leistung erreicht hat als der betreffende Schüler. So bedeutet der Prozentrang 70, dass 70 % der Schüler in der Vergleichsgruppe schlechtere Leistungen aufweisen, während 30 % bessere Leistungen erreichten als der angesprochene Schüler.

Vorteile von Prozentrangnormen: Anschaulichkeit und Geläufigkeit dieser Normierung. – Es müssen keinerlei Voraussetzungen bezüglich der Verteilungsform der Rohprodukte gegeben sein.

Nachteile von Prozentrangnormen: Gleiche numerische Prozentrangunterschiede in den verschiedenen Skalenbereichen bezeichnen unter-

Tabelle 2

Messzahl (Anzahl der gemerkten W.) X	einfache Häufigkeit (Anzahl der Schüler) f	kumulierte Häufigkeit f cum	Prozent- summe f cum %
17	1	85 = N	100,00
16	0	84	98,78
15	2	84	98,78
14	3	82	96,43
13	3	79	92,90
12	7	76	89,38
11	16	69	81,14
10	16	53	62,33
9	14	37	43,51
8	10	23	27,05
7	6	13	15,29
6	2	7	8,23
5	3	5	5,88
4	1	2	2,35
3	1	1	1,18

Ent.: *Mittenecker*, [8]1970, S. 7 – 11

schiedliche Leistungsdifferenzen, und zwar sind an den Enden der Skala dieselben Prozentrangdifferenzen weit bedeutungsvoller als gegen die Skalenmitte zu. Der Leistungsunterschied zwischen PR 40 und 50 z. B. ist wesentlich geringer als zwischen 85 und 95. Die Rangordnung ermöglicht keine genaue Angabe über die Größe des Leistungsabstandes. Daher dürfen Prozentränge nicht addiert und aus ihnen keine arithmetischen Mittelwerte berechnet werden.

$$PR = 100 \cdot \frac{f \, cum:}{N}$$

PR   = Prozentrang
f cum = die Anzahl der Schüler, die kleinere oder gleich gute Leistungen erbracht haben.

Übungsbeispiel zur Umrechnung eines Rohwertes in verschiedene Normenskalen. (Es wird angenommen, dass die Bedingungen für die Skalen gegeben sind.) In einem Test erreicht ein Schüler einen Rohwert von 88. Wir wissen, dass M = 66,38 und s = 26,54 beträgt.

z-Skala:

$$z = \frac{x - M}{s} = \frac{88 - 66,38}{26,54} = \frac{21,62}{26,54} = 0,81$$

Z- oder Standardwertskala (SW):

$$(z = 0,81) \; SW = 100 + 10 \, z = 100 + 8,1 = 108$$

IQ-Skala:

$$IQ = 100 + 15 \, z = 100 + 15 \cdot 0,81 = 100 + 12,15 = 112,15$$

C-Skala:

$$C = 5 + 2 \, z = 5 + 2 \cdot 0,81 = 6,62$$

T-Wert-Skala:

$$T = 50 + 10 \, z = 50 + 8,1 = 58,1$$

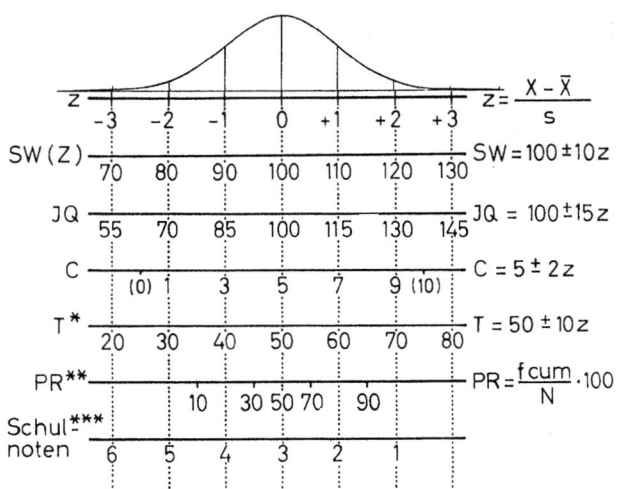

Abb. 5: Vgl. *Kleber* 1973, 82; *Michel* 1971, 29

Die jeweiligen Ergebnisse entsprechen einem Prozentrang (PR) von ca. 79. (Vgl. auch die Ergebnisse der verschiedenen Skalen mit den Abb. 4 u. 5, S. 103/105.)

Die primäre Kritik an der Messung von Persönlichkeitseigenschaften, Fähigkeiten, Verhaltensweisen wie Intelligenz, Angst, Konzentration, Gedächtnis, Motivation … bezieht sich darauf, dass

- psychische Qualitäten wie physikalische Messwerte behandelt werden; eigentlich geht es um hypothetische Konstrukte,
- durch statistische Konstruktion Normalverteilung geschaffen wird,
- kaum wissenschaftlich exakt zu definierende Persönlichkeitsmerkmale/-eigenschaften wie z. B. Intelligenz im Verhalten bzw. in welchem Verhalten repräsentiert werden,
- dann noch eine Repräsentation in Testaufgaben oder Items erfolgen kann,
- sich solche Ergebnisse in einer „Normalverteilungskurve" darstellen lassen,
- die Gefahr besteht, dass Ergebnisse – auf einer Normenskala abgebildet – auch Wertungen implizieren und Menschen mit Behinderungen/Abweichungen negativ bzw. defizitär beschrieben werden.

4.2.4.5 Standardmessfehler und Vertrauensbereiche

An sich würde es an dieser Stelle genügen anzuführen, welche Bedeutung den Begriffen „Standardmessfehler" und „Vertrauensbereich" zukommt. Nachdem jedoch nicht in allen gebräuchlichen Testverfahren exakte Angaben über die genannten Größen zu finden sind, ergibt sich die Notwendigkeit, auch in kurzer Form anhand von Erklärungen und Beispielen in die entsprechenden Berechnungen einzuführen.

Erklärung: Im Zusammenhang mit der Besprechung der Gütekriterien Objektivität, Zuverlässigkeit und Gültigkeit wurde deutlich, dass Testergebnisse nicht als absolut richtig (zuverlässig) hingenommen werden dürfen, vielmehr muss man davon ausgehen, dass jedes Testergebnis mit gewissen Fehlern (Messfehlern) behaftet sein kann.

Messfehler können sich ergeben aufgrund der Besonderheit eines Merkmals (Intelligenz, Konzentration, Angst …) bei einzelnen Individuen, sie könnten auch hervorgehen aus der Testsituation (Raum, Testmaterial, Störungen aus der Umwelt …) und durch den Testleiter selbst (falsche Handhabung, ungenaue Arbeitsweise …). Solche Fehler

T	cumf %	PR	z	Z	IQ	Schul-noten	C
20	0,13	0	-3,0	70	55		-1
21	0,19	0	-2,9	71	·		
22	0,26	0	-2,8	72	58		
23	0,33	0	-2,7	73	·		
24	0,47	0	-2,6	74	61		
25	0,62	1	-2,5	75	·		0
26	0,82	1	-2,4	76	64		
27	1,07	1	-2,3	77	·		
28	1,39	1	-2,2	78	67		
29	1,79	2	-2,1	79	·		
30	2,28	2	-2,0	80	70	5	1
31	2,87	3	-1,9	81	·		
32	3,59	3	-1,8	82	73		
33	4,46	4	-1,7	83	·		
34	5,48	5	-1,6	84	76		
35	6,68	7	-1,5	85	·		2
36	8,08	8	-1,4	86	79		
37	9,68	10	-1,3	87	·		
38	11,51	12	-1,2	88	82		
39	13,57	13	-1,1	89	·		
40	15,87	16	-1,0	90	85	4	3
41	18,41	18	-0,9	91	·		
42	21,19	21	-0,8	92	88		
43	24,20	24	-0,7	93	·		
44	27,43	27	-0,6	94	91		
45	30,85	31	-0,5	95	·		4
46	34,46	34	-0,4	96	94		
47	38,21	38	-0,3	97	·		
48	42,07	42	-0,2	98	97		
49	46,02	46	-0,1	99	·		
50	50,00	50	0,0	100	100	3	5
$50 + 10\,z$	$\dfrac{\text{cumf} - \frac{f}{2}}{N}$	dito	$\dfrac{X-M}{\sigma}$	$100 + 10\,z$	$100 + 15\,z$	$3 - z$	$5 + 2\,z$

T	cumf f%	PR	z	Z	IQ	SN	C
50	50,00	50	0,0	100	100	3	5
51	53,98	54	0,1	101	·		
52	57,93	58	0,2	102	103		
53	61,79	62	0,3	103	·		
54	65,54	66	0,4	104	106		
55	69,15	69	0,5	105	·		6
56	72,57	73	0,6	106	109		
57	75,80	76	0,7	107	·		
58	78,81	79	0,8	108	112		
59	81,59	82	0,9	109	·		
60	84,10	84	1,0	110	115	2	7
61	86,43	86	1,1	111	·		
62	88,49	88	1,2	112	118		
63	90,32	90	1,3	113	·		
64	91,92	92	1,4	114	121		
65	93,32	93	1,5	115	·		8
66	94,52	95	1,6	116	124		
67	95,54	96	1,7	117	·		
68	96,41	96	1,8	118	127		
69	97,13	97	1,9	119	·		
70	97,72	98	2,0	120	130	1	9
71	98,21	98	2,1	121	·		
72	98,61	99	2,2	122	133		
73	98,93	99	2,3	123	·		
74	99,18	99	2,4	124	136		
75	99,38	100	2,5	125	·		10
76	99,53	100	2,6	126	139		
77	99,65	100	2,7	127	·		
78	99,74	100	2,8	128	142		
79	99,81	100	2,9	129	·		
80	99,87	100	3,0	130	145		11
$50 + 10\,z$	$\dfrac{\text{cumf} - \frac{f}{2}}{N}$	dito	$\dfrac{X-M}{\sigma}$	$100 + 10\,z$	$100 + 15\,z$	$3 - z$	$5 + z$

Abb. 6: Die Transformation von Testnormen. Ent. *Lienert* 1998, 410

gehen in die Testleistung ein, sie beeinflussen sie. Man kann demnach folgern, dass sich Testergebnisse zusammensetzen aus dem tatsächlichen Ergebnis und aus einem Fehleranteil.

Die Höhe des Fehleranteils steht in hohem Maße mit der Zuverlässigkeit eines Testverfahrens in Zusammenhang. Man kann also sagen, dass die Wahrscheinlichkeit für Fehler umso größer ist, je niedriger die Zuverlässigkeit eines Tests ist.

Durch die Berechnung des *„Standardmessfehlers"* wird es möglich, von jedem Test- oder Leistungswert eines Probanden den Bereich zu bestimmen, in dem der „wahre" Leistungswert zu erwarten ist. Der Standardmessfehler dient als Unsicherheitsmaß für individuelle Testpunktwerte.

Funktion des Standardmessfehlers: Mit seiner Hilfe kann die Genauigkeit eines Testergebnisses abgeschätzt werden.

1. Man kann berechnen, in welchem Bereich um den mittels Test erreichten Wert der „wahre Leistungswert" liegt. Dieser Bereich wird in der Fachsprache *„Vertrauensbereich"* (Vertrauensintervall Konfidenzintervall) genannt. (Angenommenes Beispiel: Testwert IQ = 88; Standardmessfehler ± 7 IQ-Punkte; wir vermuten den „wahren Testwert" zwischen den Werten 81 und 95.) Die Wahrscheinlichkeit, mit welcher der „wahre Testwert" außerhalb des Vertrauensbereiches liegt, bezeichnet man als „Irrtumswahrscheinlichkeit" oder „Signifikanzniveau". Die Irrtumswahrscheinlichkeit wird in Prozenten ausgedrückt. Sie beträgt manchmal 32 %, sollte bei 5 %, im günstigsten Falle bei 1 % liegen.

2. Man kann mittels Berechnung zu einer Aussage darüber kommen, ob zwei Probanden, die verschiedene Testwerte erreichten, sich auch in ihren „wahren" Testwerten unterscheiden oder ob die Unterschiede etwa nur scheinbar vorliegen, also von einem „zufälligen" Fehler abhängen, der auf einen Messfehler zurückgeht.

   Man bezeichnet den Mindestunterschied, den zwei Testwerte zeigen müssen, damit die wahren Werte von zwei Probanden (bei einer vorgegebenen Irrtumswahrscheinlichkeit) als tatsächlich voneinander verschieden bezeichnet werden dürfen, als *„kritische Differenz"*.

3. Könnte man aussagen, ob sich die Testergebnisse eines Probanden in zwei oder mehreren Tests mit unterschiedlichen Gültigkeitswerten nicht nur zufällig, sondern „tatsächlich" unterscheiden.

Fehlen in Testhandbüchern die Angaben über den Standardmessfehler, kann man ihn aufgrund der Testzuverlässigkeit nach der folgenden Formel berechnen:

$$s_e = s_t \cdot \sqrt{1 - r_{tt}}$$

In dieser Formel bedeuten: s_e = Standardmessfehler
s_t = Standardabweichung
r_{tt} = Zuverlässigkeitskoeffizient

Übungsbeispiel zur Berechnung des Standardmessfehlers: Ein Proband erreicht in einem Intelligenztest einen IQ von 88. Der Intelligenztest hat einen Zuverlässigkeitskoeffizienten von $r_{tt} = 0,91$ und eine Streuung (s_t) von 15. In welchem IQ-Bereich ist der wahre Wert des Probanden zu erwarten, wenn man mit 68 %iger Sicherheit eine Aussage machen möchte?

$$s_e = s_t \cdot \sqrt{1 - r_{tt}} \qquad s_e = 15 \cdot 0,3 = 5$$

$$s_e = 15 \cdot \sqrt{1 - 0,91} \qquad s_e = 5$$

Mit 68 %iger Sicherheit erwarten wir den wahren Wert des Probanden im IQ-Bereich 83 bis 93.

Bei einer Sicherheitswahrscheinlichkeit von 68 % (oder einer Irrtumswahrscheinlichkeit von 32 %) gesteht man sich als Testleiter zu, dass man sich in 100 Fällen 32mal irren darf (vgl. *Kleber* 1973, 92).

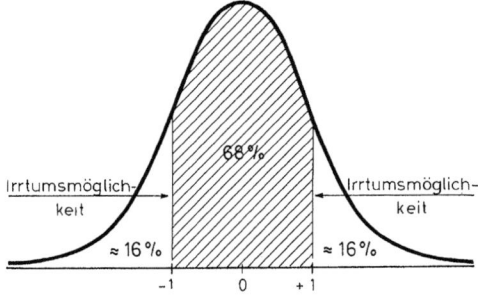

Abb. 7: Abgesicherter Bereich einer Wahrscheinlichkeitsaussage bei Verwendung des Standardmessfehlers als Vertrauensbereichsintervallwert (C) (*Kleber* 1973, 93).

Im Zusammenhang mit der Bedeutung von Entscheidungen im sonderpädagogischen Bereich sollte man auf strengere Maßstäbe achten. Man muss sich bemühen, höchstens eine Irrtumswahrscheinlichkeit von 5 % zuzulassen, d. h., die Testinterpretation sollte auf einem kritischen z-Wert von 1,96 (es werden dabei 95 % der Wahrscheinlichkeitskurve abgedeckt) basieren. In diesem Zusammenhang errechnet sich der Vertrauensbereichsintervall (C) wie folgt:

$$C = z_{crit} \cdot se$$

$$C = z_{crit} \cdot s_t \cdot \sqrt{1 - r_{tt}}$$

Nimmt man das obige Beispiel, so ergibt sich:

$$C = 1,96 \cdot 15 \cdot \sqrt{1 - 0,91}$$

$$C = 1,96 \cdot 4,5 \approx 9$$

Der wahre Testwert des genannten Probanden liegt bei 5 % Irrtumswahrscheinlichkeit und einem getesteten IQ von 88 zwischen 79 und 97, d. h., die Leistungen können unterdurchschnittlich bis durchschnittlich sein.

Der *Vertrauensbereich* (VB) (der Bereich, in dem man den wahren Leistungswert erwartet) wird berechnet durch Addition oder Subtraktion des Vertrauensintervallwertes (C) zu bzw. von dem tatsächlich erhaltenen Leistungswert (X).

$$VB = x \pm C$$

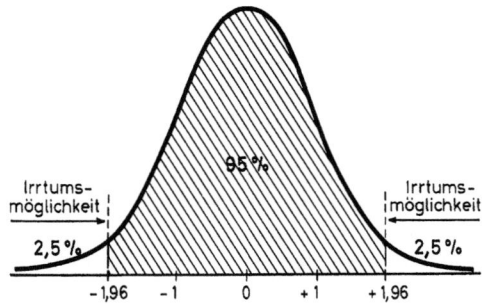

Abb. 8: Abgesicherter Bereich einer Wahrscheinlichkeitsaussage bei Verwendung von $Z_{crit} = 1,96 \cdot s_e$ als Vertrauensbereichsintervallwert (C) (*Kleber* 1973, 95).

Formeln für Vertrauensbereiche bei den Irrtumswahrscheinlichkeiten P = 32 %, P = 5 % und P = 1 %.

$$VB_{(p=32\%)} = x + s_t \sqrt{1 - r_{tt}}$$

$$VB_{(p=5\%)} = x \pm 1,96 \cdot s_e = x \pm 1,96 \cdot s_t \sqrt{1 - r_{tt}}$$

$$VB_{(p=1\%)} = x \pm 2,58 \cdot s_e = x \pm 2,58 \cdot s_t \cdot \sqrt{1 - r_{tt}}$$

Übungsbeispiel zur Berechnung des Vertrauensbereiches: Der Bildertest BT 1–2 gibt für das 1. Schuljahr eine Halbierungszuverlässigkeit von $r_{tt} = 0,94$ an. Ein Schüler erreicht darin einen IQ von 97. Wie groß ist sein Vertrauensbereich auf dem 5 %-Niveau? (IQ-Skala hat eine Standardabweichung von s = 15.)

Es ergibt sich:

$$VB_{(P=5\%)} = 97 \pm 1,96 \cdot 15 \cdot \sqrt{1 - 0,94}$$

$$= 97 \pm 1,96 \cdot 15 \cdot 0,24$$

$$= 97 \pm 7,1$$

$$\approx 89 \text{ bis } 105$$

Damit liegt der wahre IQ auf dem 5 %-Niveau zwischen 89 und 105 Punkten. (Mit der Sicherheit von mindestens 95 % kann behauptet werden, dass der wahre Bildertest-IQ des Schülers nicht größer als 105 und nicht kleiner als 89 Punkte beträgt). Problem: Die Genauigkeit eines durch einmalige Messung gewonnenen Intelligenzquotienten bei relativ guter Testzuverlässigkeit!

Anmerkung: In vielen neu erschienenen Testverfahren werden bereits in den Testhandbüchern Standardmessfehler und Vertrauensbereiche (in Form von „Band"-Bereichen) angegeben.

Anwendungsbeispiel zur Berechnung des Standardmessfehlers und des Vertrauensbereiches: Ein Schüler wurde mit dem HAWIK getestet und erreichte einen IQ von 84. Können wir seine Leistung unter Berücksichtigung des Standardmessfehlers und einer Testzuverlässigkeit von $r_{tt} = 0,89$ bei Lernbehinderten als unterdurchschnittlich bezeichnen?

Der Testautor *(Wechsler)* definiert den IQ-Bereich zwischen 91 und 109 als durchschnittlich. Wir lassen eine Irrtumswahrscheinlichkeit von 5 % gelten (s = 15).

4.2.5   Nebengütekriterien von Tests

Erst wenn die Angaben über die Hauptgütekriterien überprüft sind und befriedigend ausfallen, sollte man im Allgemeinen das Augenmerk auf die Nebengütekriterien legen.

Während bei den Hauptgütekriterien der Schwerpunkt auf dem wissenschaftlichen und theoretischen Aspekt des Tests liegt, geht es bei den Nebengütekriterien vor allem um Momente der *praktischen Durchführung*.

Gerade für den leider häufig unter Zeitdruck mit Tests arbeitenden Lehrer darf deshalb die Bedeutung der Nebengütekriterien nicht als gering angesehen werden. Die Autoren *Klausmeier* und *Ripple* sprechen in diesem Zusammenhang statt von Nebengütekriterien treffend von der *„Praktikabilität"* eines Testverfahrens, wobei sie folgende Faktoren zu bedenken geben: „(1) die Zeit, die die Durchführung des Tests beansprucht; (2) das Ausmaß an Vorbereitung oder Training, das die Anwendung, Auswertung und Interpretation des Tests erfordert; (3) den Zeitaufwand für die Auswertung des Tests; (4) die Schwierigkeit der Interpretation der Testergebnisse; (5) die Kosten; (6) die äußere Aufmachung des Tests" (1975, 57).

Wie bereits dargelegt, teilt *Lienert* die Nebengütekriterien ein in Normierung, Vergleichbarkeit, Ökonomie und Nützlichkeit eines Tests (1998, 11ff). (Abweichend von Lienert wird in den vorliegenden Ausführungen die Normierung als Hauptgütekriterium bezeichnet.)

4.2.5.1 Die Vergleichbarkeit

Ein Test ist vergleichbar, wenn Parallelformen vorhanden sind, die sich vor allem auch hinsichtlich der Validität weitgehend entsprechen (Korrelation zwischen beiden Testformen sollte höher als $r = 0,85$ liegen).

Durch das Vorliegen von Parallelformen kann eine *Gruppe* von Schülern getestet werden. Parallelformen haben folgende Vorteile:

1. Eine Gruppe von Schülern kann getestet werden, ohne dass ein Abschreiben möglich ist;
2. durch den Vergleich der Ergebnisse eines Probanden mit beiden Testformen ist eine Kontrollmöglichkeit gegeben (Erhöhung der Zuverlässigkeit). Dieser Vorteil ist gerade bei beeinträchtigten Kindern notwendig, weil doch die Gefahr besteht, dass durch situative innerpsychische Bedingungen ein Testergebnis – verglichen mit den tatsächlichen Möglichkeiten – zu niedrig ausfällt.

4.2.5.2 Die Ökonomie eines Tests

Von einem ökonomischen Test spricht man, wenn ein Test

1. eine kurze Durchführungszeit benötigt,
2. wenig Material verbraucht (beim Einkauf und für den Gebrauch nicht zu teuer ist),
3. einfach gehandhabt werden kann,
4. als Gruppentest durchführbar ist,
5. schnell und bequem ausgewertet werden kann.

Ein Test gilt als ökonomisch, wenn er möglichst alle genannten Bedingungen erfüllt, er wird als weniger ökonomisch bezeichnet, wenn er nur einem Teil dieser Bedingungen entspricht (vgl. *Lienert*, 1998, 12).

Der Forderung nach Ökonomie werden zumeist die Gruppenverfahren gerecht, weil eine größere Gruppe von Probanden gleichzeitig getestet werden kann, weil diese Verfahren gewöhnlich mit Hilfe von Schablonen ausgewertet werden und weil das Testmaterial relativ preisgünstig ist (Beispiele: BTS *[Horn]* CFT *[Cattell/Weiss]*, BT *[Horn];* DRT *[Müller],* viele Schultests ...). Als günstig erweisen sich auch Gruppenverfahren, wenn man zu Beginn eines Schuljahres einen Überblick über den Leistungsstand einer Klasse in bestimmten Fächern erhalten will. Andererseits aber ergibt sich für den Lehrer die Gefahr der Voreingenommenheit („Selffulfilling prophecy" – *Rosenthal*).

4.2.5.3 Die Nützlichkeit eines Tests

„Ein Test ist dann nützlich, wenn er ein Persönlichkeitsmerkmal oder eine Verhaltensweise misst oder vorhersagt, für dessen Untersuchung ein praktisches Bedürfnis besteht." Hohe Nützlichkeit liegt vor, wenn der Test in seiner speziellen Funktion durch keinen anderen vertreten werden kann, wenn er ein Persönlichkeitsmerkmal besser erfasst als ein anderer Test. Könnte man mit einer Anzahl anderer Tests ein Persönlichkeitsmerkmal ebenso gut prüfen, wäre die Nützlichkeit des Tests gering (*Lienert* 1998, 13). Im sonderpädagogischen Bereich kann die Nützlichkeit eines Tests nur unter dem Aspekt der Förderung gesehen werden. Es geht also um die Frage: Trägt dieser Test in irgendeiner Weise zur Förderung eines beeinträchtigten Kindes bei? Zeigt er Wege zu einem Funktionstraining, zu therapeutischen Maßnahmen, zu pädagogischem Handeln auf? Im Zusammenhang mit sonderpädagogischen Fragestellungen konnte man häufig den kritischen Vorwurf hören, ob es nicht nützlichere und ökonomischere Möglichkeiten der Informationsgewinnung gebe als Tests, etwa die Information durch den Klassenlehrer, der ja den Schüler viel länger und intensiver beobachten könne als der diagnostizierende Sonderschullehrer. Hierauf soll kurz geantwortet werden:

1. Das Gutachten, die Hinweise und Meinungen des Klassenlehrers werden in die förderdiagnostischen Fragen bzw. Pläne einbezogen.
2. Es könnte sein, dass ein Kind gegen alles, was mit seiner bisherigen Klasse zusammenhängt, Abwehrhaltungen aufgebaut hat, die ihm nicht ermöglichen, neue Verhaltensweisen zu zeigen.
3. Dem Lehrerurteil kann nicht grundsätzlich Objektivität bescheinigt werden.
4. Der ursprüngliche Klassenlehrer besitzt meist nicht die entsprechende Ausbildung und Kompetenzen, um Ursachen einer Beeinträchtigung zu erkennen oder Fördermaßnahmen einzuleiten.
5. Bisher hat sich die ursprüngliche Schule nicht als „nützlich" erwiesen, wenn es um die Einleitung von Fördermaßnahmen beeinträchtigter Kinder ging.

Es wird abschließend zum Fragenbereich der Praktikabilität von Testverfahren in differenzierter Form eine „Checkliste" vorgestellt, die eine Beurteilung angebotener Tests erleichtert:

1. Gibt bereits der Prospekt sachliche Informationen über wichtige Kriterien des Tests?
2. Informiert der Autor über den theoretischen Hintergrund und die pädagogische Zielsetzung des Verfahrens?
3. Eignet sich der Test zur Realisierung pädagogischer und didaktischer Unterrichtsziele, falls er als Schulleistungstest eingesetzt werden soll?
4. Gibt das Beiheft (Testhandbuch) gezielte und erschöpfende Auskünfte über Durchführung, Auswertung und Interpretation, sodass sie in Verbindung mit den Vorkenntnissen den jeweiligen Lehrer zur sachgerechten Anwendung befähigen?
5. Gibt der Test diagnostische Hinweise, die gezieltes Lernen fördern können?
6. Gibt der Test Hinweise zur Prophylaxe von Lern- und Leistungsstörungen, zur Beseitigung psychischer Störungen?

7. Werden überhaupt Hilfen zur pädagogischen Verwertung der Ergebnisse und zum Einsatz von Fördermaßnahmen gegeben?
8. Lassen sich aus den Testergebnissen Prognosen ableiten, die nicht als Vorurteil, sondern als Möglichkeit der Entfaltung gesehen werden?
9. Wird im Zusammenhang mit dem Test nachgewiesen, dass er sich in Situationen bewährt hat, die mit denen vergleichbar sind, unter denen der Test zukünftig angewandt werden soll (z. B. bei GB, L, V …)?
10. Werden in einer für den Lehrer verständlichen Weise Informationen über die wichtigsten Phasen der Testkonstruktion und ihre Ergebnisse mitgeteilt?
11. Ermöglichen Material und Beiheft (Testhandbuch) eine objektive Anwendung, Auswertung und Interpretation?
12. Misst der Test zuverlässig? Wird der Standardmessfehler angegeben und möglichst im Normenband verarbeitet?
13. Ist die Gültigkeit des Verfahrens für den angegebenen Zweck nachgewiesen?
14. Ist der Test im Vergleich zu anderen im Zeitbedarf und im Preis ökonomisch? (Vgl. zur praktischen Verwendbarkeit auch weitere Stellen der vorliegenden Arbeit.)

4.3 Zum Begriff „Standardisierung"

Nach der Darstellung der Haupt- und Nebengütekriterien soll zu dem bereits erwähnten Begriff „Standardisierung" noch eine kurze erklärende Darstellung erfolgen.

In der Literatur wird der Begriff Standardisierung zumeist ohne besondere Erläuterungen verwendet als Oberbegriff für die Gütekriterien Objektivität, Reliabilität und Validität. Unter diesem Aspekt wird unter einem standardisierten Test verstanden, dass eine einheitliche Testsituation gegeben ist, dass er normiert ist, dass hinreichende Reliabilitäts- und Validitätsuntersuchungen vorliegen, die Gütekriterien also in befriedigendem Maße gewährleistet sind (vgl. *Kleber* 1973, 50f).

Man kann jedoch auch mit *Kleber* den Begriff der Standardisierung auf seinen eigentlichen Inhalt einengen und auf die Abgrenzung der Verhaltensstichprobe beziehen. Dies bedeutet:

„1. Das zu verwendende Material wird entwickelt und in gleicher Form für alle Testdurchführungen bereitgestellt.

2. Die Aufgaben werden inhaltlich erprobt und die günstigste Form für alle Testdurchführungen verbindlich festgelegt (Gleiches gilt für die Anweisungen genereller und spezieller Art).
3. Wird die Beobachtungsmethode festgelegt, d. h., es wird eine verbindliche Aufstellung erarbeitet, wie zu beobachten, zu protokollieren und auszuwerten ist, letztlich im günstigsten Falle auch, wie die gewonnenen Ergebnisse zu interpretieren sind."

Wie der zuletzt genannte Autor an gleicher Stelle zum Ausdruck bringt, ist ein Verfahren dann optimal standardisiert, „wenn die Ergebnisse vom Testleiterverhalten und äußeren Bedingungen völlig unabhängig sind, wenn sie ausschließlich von den inneren Bedingungen des Probanden abhängen …"

Streng genommen wäre es richtig, wenn man innere Bedingungen, die das Testverhalten eines Probanden negativ beeinflussen, wie z. B. Angst, Hemmung, Erregung, Gefühl des Leistungsdrucks … eliminieren würde. Die Schaffung einer kontrollierbaren, innerpsychischen Normallage wird jedoch praktisch kaum möglich sein. Jeder Testleiter muss demnach über solche Phänomene Bescheid wissen und bei Anzeichen innerpsychischer Störungen versuchen, den Probanden in eine entspannte Lage zu versetzen, den Test abbrechen oder zumindest bei der Darstellung der Ergebnisse unmissverständlich auf dieses Fehlermoment verweisen und damit das Ergebnis weitgehend relativieren.

Man spricht also im Allgemeinen von einem standardisierten Test, wenn die Gütekriterien in befriedigendem Maße erfüllt, Testleiterverhalten und Untersuchungssituation exakt fixiert sind.

4.4 Objektivität, Standardisierung und sozialpsychologische Überlegungen

Die Forderung nach Objektivität bei der Verwendung der an der klassischen Testtheorie orientierten Verfahren wurde mehrfach erschüttert. Nachdem sich die Objektivitätsforderung am Modell des naturwissenschaftlichen Experiments orientiert, sind bei „idealer" Einhaltung dieser Forderung die Bedingungen dieser „standardisierten Situation" (vgl. 4.3) so streng bzw. eng definiert, dass dem Diagnostiker kein eigener Ermessungsspielraum zur Ausgestaltung der Situation bleibt. Wenn wir aber ein Kind verstehen- und kennen lernen, ihm partnerschaftlich begegnen wollen, so benötigen wir dringend einen Spielraum.

Kautter hinterfragt kritisch die Forderung nach strikter Objektivität im Rahmen sonderpädagogischer Diagnostik unter verschiedenen Aspekten, die hier nur auszugsweise angeführt werden können (1994, 2 – 8).

1. Es wird betont, dass im Zusammenhang mit der Objektivitätsforderung verkannt oder zumindest vernachlässigt wird, dass verschiedene Situationen dieselbe äußere Situation unterschiedlich kognizieren, also wahrnehmen können. *Kautter* legt nahe, dass es darum geht, „die Situationsdeutung des Partners wahrzunehmen und sie durch Interaktion mit ihm in Richtung einer intendierten Situationsdeutung zu beeinflussen. Dies heißt, … daß sich der Diagnostiker nicht hinter einer standardisierten Situation verstecken darf, sondern sich als interagierende Person in die Untersuchung einbringen muss …" (ebd.).

2. „Nicht die Standardisierung der Situation, sondern deren flexible Abwandlung und Veränderung schafft differenzierte Einblicke in die Art, wie der andere denkt, fühlt und handelt, was ihm wichtig und weniger wichtig ist." *Kautter* schlägt vor, je nachdem wie der Proband auf die Standardsituation antworte, diese individuell und schrittweise zu verändern, um aus den Äußerungen des Kindes näheren Aufschluss über seine Situationsdeutungen, Kognitionen, Verarbeitungsprozesse, Zielsetzungen, Handlungsentschlüsse, Gefühle usw. zu erhalten.

3. Im Zusammenhang mit der Objektivitätsforderung dürfe sich der Diagnostiker nicht als eigenständige, unverwechselbare Person einbringen, selbst der „kontrollierte" Diagnostiker könne nicht verhindern, dass er seine Erwartungen und Gefühle unbewusst andeute und ganz unwillkürlich auf bestimmte Äußerungen reagiere. Während die Objektivitätsforderung eine „künstliche Situation" schaffe, sei für eine pädagogische Situation die offene und vertrauensvolle soziale Beziehung zwischen Kind und Erwachsenen konstituierend.

4. „Eine Diagnostik, die sich nach dem Modell des streng kontrollierten naturwissenschaftlichen Experiments ausrichtet, gründet das Handeln auf das diesem Modell zugrundeliegende *deterministische Menschenbild.*" *Kautter* liegt es näher, auch das förderungsdiagnostische Handeln interaktionistisch zu verstehen. „Das ist nicht mehr Datenerhebung in einer objektiven Situation, sondern Interaktion zweier autonom handelnder Menschen, die sich gegenseitig kennenlernen" (ebd.).

Leider steht nicht genügend Raum zur Diskussion dieses Ansatzes zur Verfügung. Für die Ausbildung im Zusammenhang mit sonderpädagogischer Diagnostik und für die Praxis ergeben sich hieraus verschiedene Möglichkeiten:

1. Auf die Verwendung traditioneller psychologisch-pädagogischer Tests ganz verzichten.
2. Die Standardforderungen nur noch teilweise berücksichtigen, entsprechend der Situation variieren.
3. Sich überhaupt nicht mehr an die Forderungen nach Objektivität (Standardisierung) gebunden fühlen,völlig frei disponieren.
4. Quasi zweigleisig arbeiten: einerseits dem Verlangen von Institutionen nach „objektiver Begutachtung" entsprechen, andererseits aus der Interaktion und Kommunikation mit dem Kind hervorgehende förderdiagnostische Aussagen einbringen mit dem Versuch, sie in pädagogisches Handeln umzusetzen.

Dem kindorientierten Diagnostiker hat sich schon immer gezeigt, dass bei einem Teil der ihm anvertrauten Kinder mit geistigen oder körperlichen Behinderungen, mit Lernbehinderungen, Verhaltensauffälligkeiten, ... „standardisierte Tests" nicht realisierbar oder nur in Form von Abänderungen anwendbar sind, d. h., dass deren Verwendung z. B. bei Geistigbehinderten nicht als pädagogisch sinnvoll gilt. Die letzte pädagogische Verantwortung kann dem Diagnostiker nicht abgenommen werden, ob er Tests einsetzt und wie er dies für pädagogisch vertretbar hält. Er wird vielleicht auch manchmal den Nutzen der Anwendung dieser Verfahren erkennen, ganz gleich, ob dies in der standardisierten oder in einer modifizierten Form geschieht.

Kautter verweist nachdrücklich darauf, dass er im Zusammenhang mit seiner Kritik an der Objektivitätsforderung „nicht einem unkontrollierten, unkritischen ‚Drauflosdiagnostizieren' das Wort reden" möchte. Auch habe er „keine begründeten, systematisch ausgearbeiteten Alternativen anzubieten" (ebd.).

4.5 Die Klassifikation von Testverfahren und deren Bedeutung für die sonderpädagogische Diagnostik

Aus den bisherigen Ausführungen könnte man den Schluss ziehen, dass es nur eine *Art* psychologischer Verfahren gibt, nämlich Testverfahren, die den angeführten Gütekriterien in befriedigender Weise entsprechen.

Es wird jedoch eine ganze Reihe psychologischer Verfahren publiziert, an die man nicht mit den Maßstäben der klassischen Testtheorie (Gütekriterien) herantreten kann: Es handelt sich um Verfahren *projektiver* Art, die weitgehend auf tiefenpsychologischen Annahmen beruhen. Im Zusammenhang mit Verfahren projektiver Art wird teilweise auch von „Persönlichkeitstests" gesprochen. Man kann zunächst grob einteilen in *psychometrische* Tests und *projektive* Verfahren.

Die bereits aufgezeigten Informationen zur Testtheorie – speziell die Testdefinitionen – sind gegenüber der zuletzt genannten Gruppe von Tests dadurch gekennzeichnet, „dass sie eine Messung des diagnostisch relevanten Verhaltens ermöglichen sollen und damit die quantitative Bestimmung der relativen Position, die ein Individuum hinsichtlich eines oder mehrerer psychischer Merkmale innerhalb der Population, welcher es angehört, einnimmt" (*Michel, L.* 1971, 19).

Man kann sich die Frage stellen, welcher Nutzen sich mit Klassifikationsversuchen von Tests verbindet. Durch die Klassifikation kann die Fülle der Testverfahren sicherlich strukturiert und damit leichter überschaubar gemacht werden. Es gibt zahlreiche Möglichkeiten, Tests nach bestimmten inhaltlichen oder formalen Kriterien zu klassifizieren.

4.5.1 Verschiedene Klassifikationsaspekte

Ordnet man nach dem Aspekt des Testmediums, kann man unterscheiden zwischen „*paper-pencil*" auch „Papier-Bleistift-Test" genannt (z. B. Begabungs-Test-System von *Horn,* 1972) und „*Manipulations-* oder *Materialbearbeitungstests*" (Teile aus dem Intelligenztest von *J. Kramer* (1972) – Umgang mit Perlen, Farbtäfelchen …) oder auch Bildertests (z. B. *Bildertest* 1 – 2 von *Horn* u. a., 1967).

Nach der Verwendung der *Sprache* kann man differenzieren zwischen verbalen Tests (z. B. Verbalteil des Hamburg-Wechsler-Intelligenztests für Kinder von *Wechsler,* 1956) und *nonverbalen* Tests (z. B. Progressive Matrizen von *Raven,* 1947 – deutsche Bearbeitung 1978 und Snijders-Oomen nicht-verbale Intelligenztestreihe von *Snijders* und *Snijders-Oomen).* Im Hinblick auf den Zeitfaktor kann man *Geschwindigkeitstests* (speed tests) und *Niveau*-Tests nennen. Bei vielen Testverfahren spielen die Geschwindigkeit *und* das Niveau eine wichtige Rolle (z. B. Schulleistungstest lernbehinderter Schüler von *Reinartz,* 1974, oder die Kurzform des Lincoln-Oseretzky-Tests [KF-18] von *Eggert* 1974; Geschwindigkeitstest: Kreise-Punktieren von *Bondy,* 1969;

Niveau-Test: Columbia-Mental-Maturity-Scale von *Burgemeister* et al., 1954).

Zieht man die Untersuchung mehrerer Personen in Betracht, kann man in *Individual-* (z. B. Hamburg-Wechsler-Intelligenztest für Kinder, *Wechsler*) und *Gruppentests* (z. B. Grundintelligenztest 2, *Cattell* und *Weiss*; Bildertest 1 – 2, *Horn* 1967) einteilen. Es gäbe noch zahlreiche andere Möglichkeiten der Einteilung von Testverfahren (vgl. *Michel* 1971, 32 ff; *Kleber* 1973, 129ff).

Die wohl am häufigsten und relativ grob und umfassend genannte Zweiteilung ist die Gruppe der *„Fähigkeitstests"* (oft auch als „Intelligenz- und Leistungstests" bezeichnet) und die der *„Persönlichkeitstests"*, die jedoch in einem großen Maße nicht mehr zu den psychometrischen, sondern mehr zu den objektiven Verfahren gehören (vgl. E. *Stern* 1955, *Meili* 1961). In dem von R. *Heiss* (1964) herausgegebenen Handbuch der Psychologie Band 6 (Psychologische Diagnostik) werden unter den *„Fähigkeitstests"* angeführt:

- „Intelligenztests", spezielle „Intelligenztests für Kinder" (Tests aus der *Binet*-Reihe, Hamburg-Wechsler-Intelligenztest für Kinder, Begabungs-Test-System, Progressiver Matrizentest ...); „Intelligenztests für Erwachsene" (Hamburg-Wechsler-Intelligenztest für Erwachsene, Intelligenz-Struktur-Test ...) und Zeichentests zur Prüfung der Intelligenz (Aufgaben aus dem *Binet*-System, *Benton*-Test, Haus-Baum-Mensch-Test ...),
- *Entwicklungstests* (Wiener Entwicklungstests – *Bühler-Hetzer,* Entwicklungsdiagnose nach A. *Gesell,* Verfahren zur Überprüfung der Motorik ...),
- *Schultests* (informelle Tests, standardisierte Tests, Schulleistungstests),
- *Allgemeine Leistungstests* (Pauli-Test, Konzentrations-Test ...),
- Tests zur Prüfung *spezieller Fähigkeiten* (Gesichtssinn, Gehörsinn, Berufseignung, Gedächtnis ...).

Von den Fähigkeitstests abgehoben wird in dem genannten Handbuch der Psychologie (Teil III) die Gruppe der *Persönlichkeitstests.*

Auf die Problematik einer Einteilung der Persönlichkeitstests in „subjektive" und „objektive" Persönlichkeitstests im Vergleich zu den „projektiven" Verfahren (vgl. *Mittenecker* 1969, 461) soll hier nicht eingegangen werden. Wichtig erscheint jedoch eine – wenngleich nur kurze – Besprechung der Problematik von Verfahren projektiver Art im sonderpädagogischen Bereich.

4.5.2 Zur Problematik „Projektion" und Verfahren projektiver Art

In der Literatur, die sich mit sonderpädagogisch-diagnostischen Fragestellungen befasst, wird das Problem der projektiven Verfahren kaum angesprochen. Nachdem der diagnostizierende Pädagoge es mit psychologisch-pädagogischen Untersuchungen zu tun hat, die Hintergründe von Aussagen von Fachleuten zu einem Problemkind erkennen, Begriffe kennen und teilweise damit umgehen muss, sich vielleicht selbst mit einem Verfahren projektiver Art konfrontiert sieht, wird in knapper Form auf diese Thematik eingegangen. Vorausgeschickt werden soll jedoch die Bemerkung, dass projektive Verfahren in erster Linie von ausgebildeten Psychologen durchgeführt und interpretiert und nur in wenigen Ausnahmen und unter ganz bestimmten Aspekten auch von psychologisch ausgebildeten Sonderschullehrern als Hilfe zur Informationsgewinnung verwendet werden sollten.

Eine wichtige Voraussetzung für das Verständnis von „Deutungen" projektiver Verfahren stellt eine Vorkenntnis des Begriffes und des Vorgangs der „Projektion" dar.

In Orientierung an der Darstellung Hans *Hörmanns* „Theoretische Grundlagen der projektiven Tests" (1971, 71 – 112) sollen die anschließenden Erläuterungen erfolgen.

Der Name Projektion stammt aus dem Lateinischen und besagt soviel wie „Abbilden", „Hinausverlegen". Gemeint ist etwa in der Fachsprache die Verlagerung, das Übertragen von „Innenvorgängen" (von „innerpsychischen" Vorgängen) in die Außenwelt.

Gleich zu Anfang sei betont, dass es zahlreiche Versionen und Interpretationen dieses Begriffes gibt und hier nur sehr wenige angeboten werden können. L. K. *Frank* sprach am 15. Mai 1939 in einem Vortrag zum erstenmal von jenen diagnostischen Hilfsmitteln, die Einblicke in die private Welt und die Persönlichkeit des Individuums auf eine Art zu erlangen streben, die irgendwie anders war, als die bis zu dieser Zeit üblichen Tests und Fragebogen. Er versteht unter projektiven Verfahren „Methoden, welche die Persönlichkeit dadurch untersuchen, dass sie die Vp einer Situation gegenüberstellen, auf welche die Vp entsprechend der Bedeutung reagiert, die diese Situation für sie besitzt … Das Wesen eines projektiven Verfahrens liegt darin, dass es etwas hervorruft, was – auf verschiedene Art – Ausdruck der Eigenwelt, des Persönlichkeitsprozesses der Vp ist" (1948, 46f).

Von S. *Freud* ist der sogenannte „klassische" Projektionsbegriff bekannt. *Hörmann* formuliert ihn so: „Eine Eigenschaft, die das Ich bedroht, wird in der eigenen Person nicht gesehen und einem Objekt, etwa einer Person, der Außenwelt zugeschrieben" (1971, 73f). Z. B. berührt auf einem etwas unscharfen Bild ein Mann die Schultern eines Jungen mit der Hand. Die Person, die das Motiv der Aggressivität bei sich verdrängt hat, könnte vielleicht wahrnehmen, der Mann wolle den Jungen angreifen oder gar töten. Die Person verdrängt dieses Motiv der Aggression bei sich selbst und schreibt es dem Mann auf dem Bild zu. Wollte man an dieser Stelle einen Gedanken aus der Schulpraxis anfügen, so könnte man in Bezug auf Kinder in Sonderschulen feststellen, dass von ihnen teilweise an sich neutrale Situationen als bedrohlich und gefährlich empfunden werden, sie also zur Abwehr (Aggression) veranlasst, während dies beim psychisch ausgeglichenen Kind noch lange nicht der Fall sein muss. Damit könnte man vielleicht einen Teil der Aggressionen von Verhaltensgestörten erklären. Später, in „Totem und Tabu", findet sich bei *Freud* ein weiterer Projektionsbegriff, er beinhaltet: „Aber die Projektion ist nicht für die Abwehr geschaffen, sie kommt auch zustande, wo es keine Konflikte gibt. Die Projektion innerer Wahrnehmungen nach außen ist ein primitiver Mechanismus, dem z. B. auch unsere Sinneswahrnehmungen unterliegen, der also an der Gestaltung unserer Außenwelt normalerweise den größten Anteil hat" (1924, 81).

Es gibt noch eine ganze Anzahl von Projektionsbegriffen etwa von *Cattell, Rohkeach, Postman* und *Brunner* u. a. Als interessant erweist sich auch der weite Projektionsbegriff *Rapaports* (1942), der besagt, jedes Verhalten des Menschen sei projektiv.

Als ziemlich umfassend kann man die Einteilung des Projektionsbegriffes nach *Murstein* und *Pryer* bezeichnen. Neben der *klassischen Projektion* (im Sinne *Freuds*) beschreiben die Autoren eine „attributive", eine *„autistische"* und eine *„rationalisierte"* Projektion (1959, 353 – 374).

Als **attributiv** wird eine Projektion bezeichnet, wenn eine Person ihre eigenen Motive, Gefühle und Verhaltensweisen anderen zuschreibt. Hierbei spielen das Unbewusste und das Ich mit seinen Verteidigungsmechanismen (Verdrängung) keine Rolle. So könnte z. B. ein Mensch schlechter Laune, also gereizt sein und meinen, andere Menschen, denen er begegnet, seien schlechter Laune.

Autistische Projektion besagt, dass die Wahrnehmung von den Bedürfnissen des Individuums stark beeinflusst wird, sodass Wahrnehmung und Bedürfnisse Ähnlichkeiten zeigen. Man hat z. B. festgestellt, dass hungernde Soldaten in irgendwelchen – nicht ganz deutlich gezeigten – Objekten – Nahrungsmittel sehen. Manche Schüler scheinen ein permanentes Bedürfnis danach zu haben, dass sich ihnen jemand zuwendet, weil ihre Bezugspersonen dieses Bedürfnis in der entsprechenden Entwicklungsphase nicht adäquat befriedigen konnten. Diese Schüler fordern den Lehrer ständig und meinen, er müsse sich ihnen stets zuwenden.

Bei der **rationalisierten** Projektion ist sich das Individuum nicht des Prozesses der Projektion bewusst, aber es weiß um sein Verhalten und versucht es durch Rationalisierung zu rechtfertigen. Als Beispiel für eine rationalisierte Projektion wird von *Hörmann* eine Untersuchung von *Frankel-Brunswik* aus dem Jahre 1939 angeführt, die den Nachweis erbrachte, dass zwischen der von Beurteilern eingeschätzten wissenschaftlichen Befähigung von Studenten und den Wünschen dieser Studenten nach pädagogischen Reformen eine negative Korrelation von 0,6 besteht (1971, 77). Vielleicht kann man dies auch als Rationalisierung bezeichnen, wenn der leistungsschwache Schüler mit schlechten Noten grundsätzlich meint, der Lehrer sei daran schuld.

Man kann auch die Wahrnehmung durch Selektivität, Organisation, Akzentuierung und Fixierung als Projektion bezeichnen.

In Form einer Zusammenfassung definieren *Murstein* und *Pryer* Projektion wie folgt: „Von Projektion soll dann gesprochen werden, wenn ein Individuum Verhalten manifestiert, welches auf emotionale Werte oder Bedürfnisse des Individuums hinweist" (1959, 370).

Wollte man den Vorgang der Projektion selbst zusammenfassend darstellen, so könnte man vielleicht Folgendes sagen: Im Verhalten eines Individuums drücken sich eigene Gefühle, Konflikte, Motive, Wünsche, Bedürfnisse, Triebe, Sehnsüchte aus. In manchen Projektionsbegriffen geht man von der Annahme aus, dass ebendiese (Gefühle, Motive …) die Art der Wahrnehmung beeinflussen, wobei die Momente „bewusst" und „unbewusst" eine Rolle spielen können.

Aus dieser äußerst knappen Darstellung dürfte hervorgehen, dass es sehr schwierig ist, den Vorgang der Projektion, vor allem die terminologische Problematik, in der Vielfalt aufzuzeigen, wie dies die entsprechende Fachliteratur tut. Es dürfte aber auch deutlich geworden sein, welch große Heterogenität im Zusammenhang mit dem Projektionsbegriff selbst unter kompetenten Wissenschaftlern bestand und heute noch besteht.

4.5.3   Psychometrische und projektive Verfahren

Die „Informationsgewinnung" – falls man überhaupt davon reden kann – in Bezug auf ein Individuum mittels projektiver Verfahren erfolgt anders als durch die Anwendung psychometrischer Tests. Der Bereich der Unsicherheit wird bei den Verfahren projektiver Art wesentlich größer sein, kann kaum geschätzt werden, weil vor allem die Objektivität der Auswertung, der Interpretation und der diagnostischen Konsequenzen und daher auch die Gütekriterien der Zuverlässigkeit und Gültigkeit nicht in befriedigender Weise gegeben sind. Einige Unterschiede werden noch aus einem kurzen Vergleich der Diagnostik durch projektive und psychometrische Methoden deutlich:

1. Im psychometrischen Test wird eine Leistung oder ein Verhalten *gemessen* und *bewertet* (einheitliche Bewertungsskala). Bei den Verfahren projektiver Art (z. B. Rorschach-Test, „Familie in Tieren" von L. *Brem-Gräser,* „Sceno"-Test von G. von *Staabs,* Thomas Erzähltest von *Thomas*) werden Testergebnisse zumeist *charakterisiert,* beschrieben, signiert und *interpretiert.* Beim psychometrischen Test gibt es also richtige und unrichtige Lösungen (zuvor festgelegte Normenskala), bei den projektiven Methoden wird die Leistung zumeist nur nach *qualitativen* Gesichtspunkten charakterisiert.
2. Beim psychometrischen Test handelt es sich um eine „*Muss-Leistung",* bei den projektiven Verfahren spricht man von einer „*Kann-Leistung",* d. h., die Antworten (Reaktionen) können von Individuum zu Individuum völlig verschieden ausfallen und sind doch richtig; eine Reaktion kann auch gänzlich unterbleiben. Von den Aktivitäten her gesehen sollen bei den zuletzt genannten Verfahren z. B. Zufallsformen gedeutet (*Rorschach*-Test), Geschichten zu vorgelegten Bildern erzählt (Thematischer Apperzeptionstest von *Murray;* Kinder-Apperzeptions-Test von *Bellak / Bellak*), Zeichnungen erstellt (Familie in Tieren von L. *Brem-Gräser*) oder Szenen aufgebaut oder mit Figuren und Spielmaterial hantiert (Sceno-Test von G. von *Staabs*) werden.
3. Im Zusammenhang mit psychometrischen Verfahren spricht man vom „*Zwangscharakter",* beim projektiven Verfahren von einem „*Auffor-derungscharakter".*

Der folgende Aspekt betrifft die Auswertung und klang bereits an: Für den psychometrischen Test gibt es eine *Wert-* oder *Normenskala,* die mittels Berechnung zu einer Bewertung führt, während den projektiven Verfahren qualitative Einordnungsskalen zugrunde liegen, in welche die Ergebnisse einzuordnen sind.

Anmerkung zur Verwendung projektiver Verfahren im pädagogischen Bereich: Der Umgang mit projektiven Verfahren fordert besondere Kenntnisse, eine ganz spezielle Schulung und eine gründliche praktische Einübung. Dies alles kann im Zusammenhang mit einem Studium der Pädagogik nicht und während eines sonderpädagogischen Studiums nur ansatzweise vermittelt werden. Die Handhabung der in Frage stehenden Testverfahren steht an sich nur Psychologen und Psychotherapeuten zu, aber auch sie bedürfen der sorgfältigen Einarbeitung. Einige Tests mit projektivem Charakter können meiner Meinung nach auch von ausgebildeten Sonderpädagogen einbezogen werden, jedoch primär als Ergänzungsverfahren, etwa zur Erkundung sozialer oder emotionaler Störungen, wobei tiefenpsychologisch orientierte Interpretationen von den genannten Fachleuten vollzogen werden sollten. Diese von Sonderpädagogen einsetzbaren Verfahren werden an anderer Stelle genannt (vgl. 5.2.5).

Grundkenntnisse über Implikationen von Verfahren projektiver Art werden für den Sonderpädagogen in jedem Fall notwendig sein, denn er muss ja auch Gutachten und Stellungnahmen von Psychologen und anderen Fachleuten lesen und verstehen können.

Abgesehen von diagnostischen Aspekten kann die Kenntnis von Projektionsbegriffen dienlich sein, Schülerverhalten besser zu verstehen, etwa im Zusammenhang mit gehäuftem Auftreten von Aggressionen, Gehemmtheiten oder auch bei Konzentrationsstörungen.

4.5.4   Der eigene Klassifikationsaspekt

Orientiert an der praktischen Arbeit im sonderpädagogischen Bereich werden in der vorliegenden Arbeit verschiedene Methoden zur förderdiagnostischen Informationsgewinnung wie folgt eingeteilt:

1   Informationsgespräche:
     anamnestisches Gespräch, Explorationsgespräch

2   Verhaltensbeobachtungen:
2.1   als untersuchungsbegleitende Methode in systematischer oder freier, aber gerichteter Form

2.2   als unterrichtsbegleitende Methode in systematischer oder freier, aber gerichteter Form

2.3   in der natürlichen Situation, z. B. Spiel, zu Hause während des Tages (systematisch oder gerichtet)

3.   Verfahren zur Diagnose kognitiven Verhaltens (Intelligenztests)

3.1   Individualverfahren

3.2   Gruppenverfahren

4.   Schulleistungstests

4.1   Für die sonderpädagogische Diagnostik spezifisches Verfahren

4.2   Schulleistungstests mit förderdiagnostischer Bedeutung

4.2.1   Mehrfächrige Schulleistungstests

4.2.2   Fächerspezifische Tests

4.2.3   Informelle Verfahren

5   Methoden zur Beobachtung und Überprüfung verschiedener Bereiche (teils als Tests, teils mehr als Verhaltensbeobachtung)

5.1   Soziales und affektiv-emotionales Verhalten

5.2.1   Quantitativ orientierte Verfahren

5.2.2   Projektive Verfahren

5.2   Arbeitsverhalten

5.3   Sprachliches Verhalten – Sprache

5.4   Motorik

5.5   Wahrnehmung

6   Sonstige Verfahren mit förderdiagnostischer Bedeutung

Bewusst ausgeklammert wurden „Schulreifetests".

5 Informationsgewinnung im Rahmen förderdiagnostischer Praxis mit dem Ziel der Kompetenzförderung

Vorschule, Schule und außerschulische Bildung stellen hohe Anforderungen an den Diagnostiker, wenn er zum Beispiel die Schulreife (etwa für die Grundschule) oder die Übertrittsreife (etwa für Realschule oder Gymnasium) prüfen soll oder wenn es um Frühförderung und um den individuellen Förderbedarf eines Kindes geht.

Diagnostische Vorgehens- und Verfahrensweisen im pädagogisch-psychologischen, insbesondere aber im sonderpädagogischen Bereich gerieten – wie bereits aufgezeigt – teilweise in heftige Kritik.

Bei sachlicher Reflexion über die Integration diagnostischer Aktivitäten in die Förderung von Kindern wird man die Verwendung herkömmlicher Verfahren kritisch überdenken. Zumindest aber sollte der Sonderpädagoge auch ein Grundwissen über verschiedene diagnostische Methoden im Hinblick auf das Praxisfeld haben.

Es ist jedoch zu wünschen, dass im Bereich der Schulpraxis und im Zusammenhang mit Hilfestellungen für die Familie eines Kindes mit einem besonderen Förderbedarf die Verwendung direkter Verfahren wie Verhaltensbeobachtung im Kontext Prozessdiagnostik zu einer Reduzierung herkömmlicher diagnostischer Methoden führt.

Die Voraussetzung für einen sinnvollen, pädagogisch orientierten Umgang mit diagnostischen und speziell förderdiagnostischen Verfahren im Bereich der Sonderpädagogik setzt beim Sonderpädagogen ein solides, fundiertes Wissen um die Implikation beider Möglichkeiten voraus.

Grundsätzlich wird sich sicherlich der förderdiagnostisch tätige Lehrer Fragen stellen, wie z. B.: Welchen methodischen Weg kann man einschlagen, um ein Kind am besten zu fördern? Aus welchen Verfahren lassen sich unmittelbar Fördermaßnahmen ableiten? Was kann man mit diesem oder jenem Test anfangen? Was leistet er? Was sagt er aus im Hinblick auf ein ganz bestimmtes Problem? Wie zuverlässig, nützlich, gültig, objektiv ist er? Was nützen solche Gütekriterien überhaupt bei der Beseitigung individueller schulischer und sozialer Probleme? Auf alle diese Fragen bei der Fülle der Möglichkeiten aus dem mehr psychologischen Bereich (Testverfahren), aus dem pädagogisch-sonderpädagogischen Bereich (lernzielorientierte Verfahren, Verhaltensbeobachtung … kriteriumsorientierte Verfahren …) erschöpfend zu antworten, erscheint aussichtslos. Es kann vielmehr nur darum gehen, einige Gruppen von Verfahren mit etwa gleichen Merkmalen aufzuzeigen und zu diskutieren, wobei auch die sogenannten herkömmlichen Verfahren nicht ausgeschlossen werden.

Die Orientierung an einem Klassifikationsschema im Rahmen eines Aufweises diagnostisch-förderdiagnostischer Verfahren bringt insofern Probleme mit sich, weil sich trotz ähnlicher Merkmale Überschneidungen bei den einzelnen Gruppen von Verfahren ergeben. Der primäre Orientierungsaspekt ist die sonderpädagogische Relevanz im Hinblick auf ganz bestimmte Problem- und Fragestellungen, auf die Funktionen der einzelnen Verfahren.

Generell sei gesagt, dass es gegenwärtig wohl kein Verfahren gibt, das in zufriedenstellender Weise der Lösung förderdiagnostischer Probleme im sonderpädagogischen Bereich dienlich ist. Eine endgültige Antwort auf die diagnostische Vorgehensweise bis in letzte Detail kann sicherlich nicht gegeben werden, dazu erweist sich das Aufgabenfeld der Förderdiagnostik als zu komplex und heterogen (vorschulischer Bereich bis in das Erwachsenenalter; Regelschule, verschiedene Förderschularten, zahlreiche Ansätze und Modelle psychologischer, pädagogischer und schulpädagogischer Orientierung). „Förderdiagnostik konkret" (*Bundschuh* [3]2007) gibt hierzu genauere Informationen.

5.1 Phase der Vorinformation – Einleitung des förderdiagnostischen Prozesses

Der diagnostische Prozess

Der diagnostische Prozess beginnt mit der Phase der Vorinformation. Er bezeichnet die zeitliche, organisatorische, strategische und personale Dimension zwischen vorgegebenen, zunächst noch allgemeinen und später präzisierten diagnostischen Fragestellungen sowie deren Beantwortung. Die Beantwortung erfolgt in Form einer Diagnose mit der Zielrichtung, Beratung, Unterstützung und Förderung, schließlich Begutachtung; im weiten Sinne kann man auch von Prognose sprechen. Im Verlauf des diagnostischen Prozesses können sich aus der Beantwortung einer Teilfragestellung neue Fragen ergeben, so dass aus Informationen auch neue Fragen und die Notwendigkeit einer Beantwortung hervorgehen können. Die Notwendigkeit der Beantwortung der Fragestellungen stellt den Ausgangspunkt für den diagnostischen Prozess und die Zielrichtung bis hin zu einer möglichen Entscheidung dar.

In der Phase der Vorinformation (vgl. Tab. 3) gewinnt der Untersucher einen ersten Eindruck über das Kind mit Problemen. Er wird zunächst erfahren, welche besondere Problem- oder Fragestellung vorliegt, welche Fördermaßnahmen bisher (frühe Kindheit – Vorschule – Schule) ergriffen wurden und welchen Erfolg solche Initiativen mit sich brachten, wie die kindliche Entwicklung verlief. Unterstützt werden kann diese Untersuchungsphase evtl. durch bereits vorliegende Informationen von Institutionen wie Kindergärten, Vorschulen oder Schule (Akten). In der Regel werden bedauerlicherweise die Initiativen zur Einleitung förderdiagnostischer Maßnahmen nicht von den Eltern oder von Eltern und Lehrern gemeinsam, sondern von den Lehrern allein ergriffen. Häufig spielt sich gegenwärtig leider immer noch in der Schulpraxis der gesamte Untersuchungsvorgang im Zusammenhang mit der Überprüfung von Sonderschulbedürftigkeit ohne aktiven Einbezug der Eltern ab. Das Gespräch mit den Eltern hat jedoch unabdingbar wichtige Funktionen, von denen hier nur zwei genannt werden sollen: Falls die Eltern nicht selbst dem Sonderpädagogen ihre Probleme berichten, steht ihnen das Recht zu zu erfahren, warum ihr Kind mit besonderen Maßnahmen konfrontiert wird, d. h. einen Förderbedarf aufweist; ferner stellt ein solches Gespräch für den Untersucher bereits eine wichtige Informationsquelle für die zu planenden Fördermaßnahmen dar. Die Eröffnung eines Gesprächs mit dem Ziel der gegenseitigen Information bringt bei Eltern, deren Kind bereits sehr früh deutliche Entwicklungsstörungen (Behinderungen) zeigt, deren Kind offensichtlich geistig behindert, sinnesbehindert oder auch verhaltensgestört ist, erfahrungsgemäß keine allzu großen Probleme mit sich. Schwierigkeiten ergeben sich jedoch häufig, wenn der Pädagoge oder Untersucher ein Gespräch mit den Eltern eines lernbehinderten oder potenziell lernbehinderten Kindes führen möchte; denn diesen Eltern fällt die „Lernbehinderung" ihres Kindes teilweise nicht auf, sie haben ungünstige Einstellungen gegenüber der Schule für Lernbehinderte, vielleicht bringen sie auch wenig Interesse an der Entwicklung und an der Weiterbildung ihres Kindes mit, häufig spielt der Zeitfaktor eine Rolle, um nur einige Gründe anzuführen.

Geht man vom Begriff **Anamnese** im ursprünglichen Sinne aus, also von seiner Bedeutung als Ermittlung, Erhellung der Lebensgeschichte (Biografie: vorgeburtliche Phase, Geburtsverlauf, Krankheiten, vorschulische und schulische Gegebenheiten …) eines Probanden im Hinblick auf die vorliegende Frage- und Problemstellung, kann sich der Sonderpädagoge meist durch die Daten in den Schülerakten (Gutachten der Regelschule, Zeugnisse …) informieren. Die Anamnese ist – sofern sie sich auf die

Tabelle 3: Akzentuierung förderdiagnostischer Aktivitäten im Verlauf von Förderungsprozessen*

Phase der Vorinformation

Problem-/Fragestellung
(Vorinformation einer Schule, einzelner Personen wie Eltern bzw. sonstige Bezugspersonen, Personal aus dem vorschulischen Bereich, Ärzte)

→ *Anamnese*
(erste Informationsgespräche mit den Eltern, dem Kind, Bezugspersonen, Lehrern)

→ *Hypothesenbildung*
(Vermutungen über Ursachen, Planung der Untersuchung, einzusetzender Verfahren und Maßnahmen)

Psychologische/pädagogische/medizinische Informationsphase

Einsatz von Verfahren:

formelle Verfahren — Überprüfung der Sinnestüchtigkeit; *Tests* (Intelligenz-, Schulleistungs-, Motorik-, Sprach- u. Persönlichkeitstests, Fragebogen und weitere Verfahren)

informell während der gesamten Untersuchung — *Verhaltensbeobachtung* (Sozial-Kontaktverhalten, Sprache, Motorik, Arbeitsverhalten, Erscheinungsbild)

→ Sichtung, Auswertung, Interpretation der Informationen (Daten); einschl. Aussagen von Medizinern

Entscheidungsprozess

→ *Explorierendes*, teils auch schon beratendes Gespräch mit Eltern, Kind, evtl. nochmals mit Lehrern und anderen Bezugspersonen

Ggf. Entscheidung im Benehmen mit der Schulaufsichtsbehörde

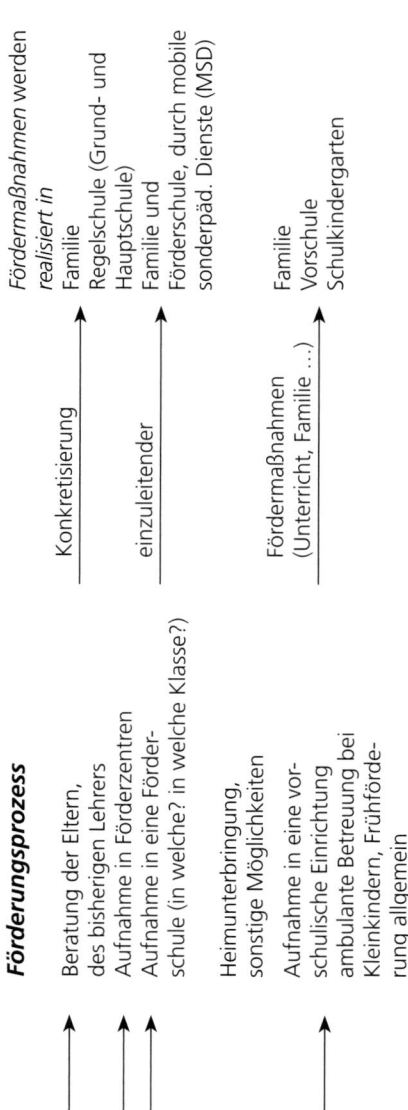

Förderungsprozess

Beratung der Eltern, des bisherigen Lehrers
Aufnahme in Förderzentren
Aufnahme in eine Förderschule (in welche? in welche Klasse?)

— Konkretisierung →
— einzuleitender →

Fördermaßnahmen werden realisiert in
Familie
Regelschule (Grund- und Hauptschule)
Familie und Förderschule, durch mobile sonderpäd. Dienste (MSD)

Heimunterbringung, sonstige Möglichkeiten

Aufnahme in eine vorschulische Einrichtung ambulante Betreuung bei Kleinkindern, Frühförderung allgemein

— Fördermaßnahmen (Unterricht, Familie ...) →

Familie
Vorschule
Schulkindergarten

Permanente Effektivitätskontrolle (mit dem Ziel der allmählichen Aufhebung der „besonderen" Fördermaßnahmen in Regelschule, Förderschule, Familie, Vorschule, Heim ...)

* Diese Darstellung gilt zugleich als Lernzielkatalog für Kapitel 5.

Lebensdaten eines Kindes bezieht – objektiv. Das anamnestische Gespräch wird jedoch den Rahmen dieser Fakten sprengen und – gerade bei beeinträchtigten oder gefährdeten Kindern – auf besondere Lebensumstände, auf den Entwicklungsverlauf im Zusammenhang mit dem Verhalten des Kindes und seinen Sozialbezügen eingehen. Weit gefasst wird die psychologische Anamnese bei W. *Schramel,* wenn sich die Anamneseerhebung erstreckt auf das „Insgesamt der Mitteilungen eines Probanden oder einer wesentlichen Beziehungsperson über seine Persönlichkeit, Lebensgeschichte, soziale Bezüge, Erlebnisse, Handlungen, Einstellungen und Wünsche im allgemeinen oder in speziellen Bereichen" (1971, 868). Es wird hier auch unterschieden zwischen den Mitteilungen eines Probanden *(Eigenanamnese)* und dem Gespräch mit einer wesentlichen Bezugsperson *(Fremdanamnese),* wobei Eltern, Pflegeeltern, Heimleiter … gemeint sein können. Die Fremdanamnese wird vor allem durchgeführt, wenn die anamnestischen Daten nicht eruierbar sind, wenn es sich um jüngere oder verbal beeinträchtigte Probanden handelt, die Informationen durch eine Bezugsperson umfassender und zuverlässiger werden.

Einige Probleme treten im Zusammenhang mit der Anamnese, speziell der Fremdanamnese auf: die Gefahr der subjektiven Verzerrung, das mehr oder weniger direkte Ansprechen, die Reaktion der Eltern auf die Behinderung. Es sei hier bereits angedeutet, dass im Zusammenhang mit der Anamnese keinesfalls irgendwelcher Druck ausgeübt werden darf, vielmehr ein völlig repressionsfreies Gespräch in partnerschaftlicher Kommunikation und Atmosphäre – positive Wertschätzung/Verstehen – geführt werden sollte.

Als Hilfsmittel zur Realisierung der Anamnese werden von verschiedenen Autoren Anamneseschemata angeboten. Solche Schemata verweisen auf wichtige Momente, können aber zumeist nicht unbesehen übernommen werden, vielmehr müssen sie unter Berücksichtigung der jeweiligen besonderen Problemstellung modifiziert werden.

Ein sehr umfassendes Anamneseschema findet sich bei L. *Kemmler* (1980) („Die Anamnese in der Erziehungsberatung"). Die Autorin führt die folgenden zu erhebenden Hauptbereiche an:

1. „Grund der Vorstellung" (Sorgen und Probleme mit dem Kind, Beginn der Schwierigkeiten, Verlauf, bisherige Maßnahmen und Erfolg oder Misserfolge …).
2. „Wohnort und äußerer Lebensrahmen" (Wo lebte das Kind bisher? Beschaffenheit der Wohnung, Aussehen des Zimmers, Verhältnisse in der Familie …).

3. „Krankheiten" (Chronologische Aufführung aller Krankheiten u. Gebrechen bis zur Vorstellung, Kinderkrankheiten, Krämpfe, körperliche Auffälligkeiten …).

4. „Biografie" (Entwicklung des Kindes, Schwangerschaft, Geburt, bis zum augenblicklichen Zustand).
Themenbereiche: Schwangerschaft und Geburt; – erstes Lebensjahr allgemein – orale Entwicklung – Sprachentwicklung – Reinlichkeit – Auseinandersetzung mit den Mitmenschen – Zärtlichkeit und Sexualität – frühe Kindheit allgemein – Einschulung – Schulalter – Pubertät – augenblickliche Situation.

5. „Familiensituation und Umweltbeziehungen" (Erziehungshaltung und Normen der Eltern, besonders auch Verhalten zum Baby und Kleinkind, Beziehungen zu Personen außerhalb der Familie).

6. „Familienanamnese" (Auffällige Krankheiten oder Besonderheiten in der Familie, ähnliche Symptome und Probleme bei einem anderen Familienmitglied …).

7. „Eindruck von der Mutter" (Persönlicher Eindruck des Erziehungsberaters von der Mutter: Geistiges Niveau, Zuverlässigkeit der Aussagen, Kontaktverhalten).

Weiterhin werden im Hinblick auf spezielle Fragen und unter Berücksichtigung von Symptom und Verursachung folgende zusätzliche Problemstellungen thematisiert:

a) Einnässen und Einkoten
b) Sprach- und Sprechstörungen
c) sexuelle Auffälligkeiten
d) kindliche Unaufrichtigkeiten
e) Schulschwierigkeiten allgemein
f) Schreib-, Lese- und Rechenschwäche
g) Allgemeine motorische Unruhe, Konzentrationsstörungen
h) Angst, Minderwertigkeitsgefühl, Stimmungsschwankungen
i) Kontaktstörungen
k) Trotz, Ungehorsam, Streitlust, Boshaftigkeit
l) Konstitution
m) Hospitalisationsschäden
n) Neurotisch gestörte Entwicklung
o) Strukturelle Verwahrlosung
p) Schwachsinn, hirnorganische Schäden
q) Anfallsleiden

Die Fülle der zu erhebenden Fakten stellt für den Lehrer sicherlich eine Überforderung dar. Das Anamneseschema von *Kemmler* kann als Anregung dazu dienen, welche Problemkreise im Zusammenhang mit bestimmten Symptomen angesprochen werden sollten. Der Pädagoge wird sich dann nach dieser Orientierung die Schwerpunkte selbst setzen.

In der Regel werden pädagogische Einrichtungen und Erziehungsberatungsstellen sich selbst Orientierungskataloge zur Anamneseerhebung entwerfen. Es gibt neben den oben angeführten Anamnesebögen noch eine ganze Reihe von in der Literatur dargestellten Anamneseschemata. So werden bereits auch von Verlagen Fragebögen angeboten, die nur noch durch Ankreuzen auszufüllen sind. Fragebögen haben den Vorteil, dass sie die wesentlichen Punkte ansprechen, dass die wichtigen Daten nicht vergessen werden. Andererseits tragen sie auch einen bürokratischen, wenig flexiblen Charakter, sie gehen nicht auf die individuelle Problematik ein. Anamnestische Fragebögen können keinesfalls das Gespräch ersetzen.

Im Zusammenhang mit anamnestischen Fragebögen ist zu nennen der 1993 erschienene „Diagnostische Elternfragebogen" (DEF) von *Dehmelt, Kuhnert* und *Zinn*. Dieser Fragebogen wendet sich an die Eltern eines Kindes oder Jugendlichen mit dem Ziel, eine Ausgangsbasis für Beratung und weitere Untersuchungen zu schaffen. Empfohlen wird der DEF für Psychologen, Erziehungsberatungsstellen, Lehrer … Wenngleich die Auswertung als nicht vollkommen objektiv angesehen werden muss, ergeben sich doch intersubjektiv überprüf- und feststellbare Fragenkomplexe, die Auskünfte über bestimmte Syndrombereiche geben können (vgl. *Dehmelt* u. a. 1993, 5ff).

Angesprochen werden die Bereiche: Geburt, Entwicklung, äußere Einflüsse im Leben des Kindes bzw. Jugendlichen, Alter der Eltern, Erziehungsmilieu und seine Einflüsse auf das Kind, Sozialverhalten, Freizeitgestaltung und Interesse, Schulschwierigkeiten und Lernstörungen, besondere Verhaltensauffälligkeiten.

Weiterhin kann man anführen den „Pädagogischen Anamnese-Fragebogen" von B. J. *Trihas*. Dieser Fragebogen ist vor allem als Mittel zur Bestandsaufnahme für nachschulische Förderungsmaßnahmen bei jugendlichen Menschen gedacht. Der beratende Pädagoge erhält ein weitgehend genaues Bild der Biografie des Probanden. Als nachteilig dürfte sich vor allem für Behinderte die große Anzahl von Fragestellungen (148 und weitere Unterteilungen) erweisen, das Auftreten von Ermüdung kann nicht ausgeschlossen werden, andererseits würde eine Hilfe (etwa Vorlesen der Fragen) durch den Untersucher die Ergebnisse nicht verfälschen.

Als Leitfaden für das Informationsgespräch mit Eltern von Kindern mit einem besonderen Förderbedarf hat sich ein eigener **Impulskatalog** bewährt (vgl. 5.3).

Zusammenschauend kann man sagen: Die Anamnese orientiert sich an den biografischen, entwicklungsrelevanten Daten. Sie liefert wichtige Informationen, die durch Tests und Verhaltensbeobachtungen nicht gewonnen werden können. Z. B. wäre es durchaus denkbar, dass Ursachen für Verhaltens- und Lernstörungen aufgedeckt, Zusammenhänge zwischen sozioökonomischen Faktoren, zwischen „pathogenem Familienmilieu" (*Richter* 1976), konflikt- und probleminduzierender Familienkonstellation und Lernstörungen oder Lernbehinderungen transparent werden.*

— Der Diagnostiker sollte die Fragestellung sehr konkret fassen, so dass Kollegen seine Denkschritte nachvollziehen können.
— Er sollte die subjektive Bedeutsamkeit von Problemen aufhellen. Dies wird durch die Erhebung biografischer Daten im Kontext Anamnese möglich.
— Die Subjektivität und Individualität sollte der Diagnostiker in Orientierung an der speziellen Situation der betroffenen Person, des Kindes erhellen und hinsichtlich eines möglichen individuellen Förderbedarfs hinterfragen.

Zur Klärung einer diagnostischen Fragestellung sind alle diagnostischen Methoden legitim, die einen Beitrag zu einer Antwort versprechen, sofern sie ethischen Prinzipien entsprechen und dem Wohl des Kindes dienen.

Durch die Problem- bzw. Fragestellung und die Anamneseerhebung werden grundlegende Informationen über ein Kind ermittelt. Dem Untersucher stellt sich jetzt die Aufgabe der *Hypothesenbildung* über die *Ursachen* (unter Einbezug der Umweltfaktoren) und der Reflexion über alle Implikationen der vorliegenden Störungen im Lern- und Verhaltensbereich.

---

* Es würde sich aufgrund gewisser Ähnlichkeiten im Zusammenhang mit dem Gesprächscharakter, aber auch von Inhalten her die Behandlung der Thematik *Exploration* hier anbieten. Geht man jedoch von der Methode des förderdiagnostischen Untersuchungsprozesses aus, muss dem genannten Problembereich eine andere Stelle zugewiesen werden (s. Kap. 5.3, Impulskatalog).

In adäquater Weise werden dann die psychodiagnostischen Mittel und förderdiagnostischen Verfahren – falls vorhanden – zur Überprüfung der Hypothesen und weiteren Informationsgewinnung mit dem Ziel der Einleitung des Förderungsprozesses ausgewählt. Die vielfältigen Varianten von Beeinträchtigungen bei Kindern und die verwirrende Anzahl herkömmlich-diagnostischer und neu entwickelter förderdiagnostischer Verfahren (indirekter und direkter Verfahren) lassen es angezeigt erscheinen, einen Überblick über die sich im sonder- oder heilpädagogischen Aufgabenfeld anbietenden Verfahren zur Informationsgewinnung zu geben und sie teilweise zu erläutern.

5.2 Die Informationsphase

An sich stellt nahezu jeder psychologisch-pädagogische Diagnoseprozess zur Informationsgewinnung zwecks Einleitung von Förderung bzw. Realisierung von Förderungsmaßnahmen eine Verhaltensbeobachtung dar. Solche Prozesse im Rahmen der Informationsgewinnung (vgl. Tab. 3) mit dem Ziel der Förderung werden begleitet von mehr oder weniger *direkten* oder *indirekten* (vgl. 3.4) *systematischen* oder *zufälligen* Beobachtungen (vgl. 5.2.1). Die traditionellen Testverfahren, die auf den Annahmen und Grundlagen der klassischen Testtheorie beruhen (vgl. Kap. 4), stellen – auch wenn sie nur „Stichprobencharakter" besitzen – eine Form der Verhaltensbeobachtung dar. Die Probleme, die im Umgang mit den traditionellen Testverfahren eine Rolle spielen, wurden mehrfach angesprochen. Eine Gegenüberstellung der förderdiagnostischen Relevanz und der Kritik dieser Tests, die in diesem Kapitel angeführt werden, erweist sich im Hinblick auf Strukturierung und Bewertung als sinnvoll.

Förderungsorientierte Relevanz und Probleme der Verwendung traditioneller psychologisch-pädagogischer Tests

Förderdiagnostische Relevanz:	Probleme/Kritik:
in kurzer Zeit ein breites Informationsspektrum, vor allem bei der Verwendung von Individualverfahren, Möglichkeiten der Verhaltensbeobachtung;	kaum Informationen über Förderung; vor allem bei Gruppentests nur in geringem Umfang Verhaltensbeobachtung möglich; Ergebnisse beinhalten kaum Aussagen über Förderung;

Möglichkeit der Entdeckung bisher nicht bekannter oder falsch eingeschätzter Fähigkeiten und Fertigkeiten;

Aufwand zur Entdeckung solcher Fähigkeiten und Fertigkeiten nicht gerechtfertigt;

Normen bzw. Skalen ermöglichen eine Einschätzung des Entwicklungsstandes, evtl. auch die Beobachtung der Lernausgangslage eines Bereiches oder mehrerer Bereiche;

Normen bzw. Skalen „klassifizieren", haben „festschreibende" Wirkung, Dynamik von Entwicklungsprozessen zu wenig berücksichtigt; Ergebnisse werden auch „wertend" interpretiert; bei Behinderten meist Defizitbeschreibung;

bei unerwartet hohen Ergebnissen und Leistungen (IQ, Schulleistungen ...) Hinweis dafür, dass ein Kind z. B. nicht „lernbehindert", nicht „geistig behindert" sein kann (Underachiever); wichtiges Argument etwa gegen das Gutachten des bisherigen Lehrers;

relativ häufig Bestätigung bisheriger Aussagen zu den Leistungen eines Kindes, dann wird kaum noch hinterfragt, obgleich ein Irrtum vorliegen kann;

Items (Aufgaben- und Fragestellung) sind teilweise der Alltagswirklichkeit entnommen, Ergebnisse lassen Schlüsse auf Bewältigung dieser „Realität" zu;

Items und Normen orientieren sich an bestimmter „sozio-kultureller Schicht"; Bevorzugung von Kindern, die z. B. in ganz bestimmter Weise „intelligent" sind – primär verbal; Erfahrungsbereich von sogen. „Unterschichtkindern" fällt z. B. aus den Intelligenztests weitgehend heraus (ähnlich bei Schulleistungstests, Fragebogen ...); teilweise realitätsferne Aufgabenstellung; sie bilden vielleicht „Realitätsbereiche" von Psychologen und Lehrern ab; praktische Problemstellungen werden zu wenig angesprochen;

Tests liefern evtl. einen Beitrag zur Erhellung von Ursachen für Probleme;

Erhellung der Ursachen für Beeinträchtigungen hilft kaum weiter;

bei Individualverfahren im Zusammenhang mit entsprechender Handhabung Kommunikation möglich;	künstliche, sterile, kaum kommunikationsfördernde Testsituationen;
durch Einsatz mehrerer Tests, entsprechender Diskussion und Interpretation bessere Einschätzung der Gesamtproblematik möglich;	multidimensionale Testungen für ein Kind ungünstig; auch der Einsatz mehrerer Tests führt lediglich zu additiven Ergebnissen; Ganzheit zu wenig berücksichtigt; menschliche Wirklichkeit kann nicht auf Testsituationen reduziert werden;
Veränderungen von Tests in qualitativer Richtung möglich (modifizierte Durchführung entsprechend den Möglichkeiten eines Kindes, Auswertung durch Analyse einzelner Antworten …)	(teilnehmende) Beobachtung in der natürlichen Situation (Spiel, Anschauen von Bildern, evtl. im Unterricht …) ist der sterilen, künstlichen Testsituation vorzuziehen.

Verhaltensbeobachtung im Sinne eines übergreifenden diagnostischen Prinzips und im Zusammenhang mit der Beschreibung verschiedener Arten soll zu Beginn dieses Kapitels thematisiert werden.

5.2.1   Die Verhaltensbeobachtung

Täglich nimmt der Mensch Gegenstände und Lebewesen wahr. Er kann dies unwillkürlich tun, ohne besondere Absicht. Man kann aber auch eine bestimmte Intention damit verbinden, also willkürlich und bewusst beobachten, indem man das Augenmerk auf Vorgänge, bestimmte Eigenschaften von Objekten oder Verhaltensweisen von Lebewesen richtet, es soll bei der Verhaltensbeobachtung „etwas Wesentliches am Objekt" erkannt werden (*Hasemann* 1971, 807). Als Verhalten versteht der genannte Autor die „Gesamtheit der Aktionen und Reaktionen eines Menschen, soweit diese ohne Zuhilfenahme von Instrumenten durch andere Menschen wahrnehmbar ist …". In diesem Zusammenhang wird Verhaltensbeobachtung definiert „als die auf das Verhalten eines oder mehrerer Menschen gerichtete, nicht dem Zufall überlassene, methodisch kontrollierte Wahrnehmung einer oder mehrerer Personen, mit der Absicht, dadurch etwas für die Persönlichkeit der beobachteten Person Charakteristisches zu erfahren".

Gegenwärtig geht es bei der Beobachtung weniger um die Erkundung von Persönlichkeitsmerkmalen und -eigenschaften, weil sie nur schwer beschrieben werden können und kaum objektiv fassbar sind, als vielmehr um Verhaltensweisen, die exakt beobachtbar, überprüfbar und damit objektivierbar sind. Konkret kommt auf den Pädagogen, speziell aber auf den mit sonderpädagogischen Fragestellungen konfrontierten Pädagogen, die Aufgabe der Verhaltensbeobachtung zu, in Kindergarten, Vorschule, Schulkindergarten, in Schule und Unterricht, Heim, in Familien, in Spielgruppen (Verhaltensstörungen, Lernstörungen ...) und vor allem bei ganz bestimmten Problemstellungen im Rahmen der förderdiagnostischen Untersuchung.

Der im förderdiagnostischen Bereich tätige Erzieher hat es – wie bereits mehrmals zum Ausdruck gebracht – hinsichtlich der vorliegenden Beeinträchtigungen bzw. im Zusammenhang mit einem individuellen Förderbedarf mit heterogenen Gruppen von Kindern und gleichzeitig mit Mehrfachbehinderten zu tun. Speziell für diesen Personenkreis und für die entsprechenden Problemstellungen gibt es nicht immer standardisierte, objektive Verfahren, ja deren Anwendung ist nicht einmal generell wünschenswert, weil sie bezüglich der Förderung nur im begrenzten Umfang Aussagen ermöglichen, sodass im Rahmen förderdiagnostischer Prozesse der Verhaltensbeobachtung als „direktem" Zugang speziell auch im Unterricht oder im Spiel, also in der „natürlichen" Situation, eine bedeutsame Rolle zukommt.

In Bezug auf Verhaltensbeobachtung ist Objektivität – vor allem, wenn es sich nur um *einen* Beobachter handelt – sicherlich nur schwer zu erreichen. Ferner sind wir im Zusammenhang mit Förderungsprozessen auch auf die „klinisch-intuitive Beurteilung" (vgl. *Wegener* Enz. Hb. 1969, 565) angewiesen, die in höherem Maße als die kontrollierte Beobachtung Fehlerquellen impliziert, deren sich der Beobachter unbedingt bewusst sein sollte. Deshalb folgt ein kurzer Überblick über Fehlerquellen im Zusammenhang mit Verhaltensbeobachtung und Schülerbeurteilung.

In der Fachliteratur werden Fehlerquellen genannt, denen der Beobachter unterliegen könnte:

Der „*Halo-Effekt*", auch „Hof" oder „Schein"-Effekt genannt. Er besagt, dass hervortretende Einzelmerkmale wie z. B. besondere Mimik, motorische Schwerfälligkeit oder der Gesamteindruck (z. B. extreme Unruhe, lebhaftes Temperament – Passivität) in unkontrollierbarer Weise die

Beobachtung und damit auch die Ergebnisse („Beurteilung", Entscheidungen) in Richtung Verallgemeinerung beeinflussen.

Der *„Generosity error"*: Er gefährdet die Objektivität des boebachtenden Pädagogen insofern, als die Tendenz besteht, etwa infolge von Sympathiegefühlen, die auf Vorerlebnisse, auf Ähnlichkeit mit eigenen Bekannten (Assoziationen), auf die Kontaktfreude und -willigkeit zurückgehen, oder auch infolge von Mitleid (Hilfsbedürftigkeit Körperbehinderter, Gehemmter …), ein Kind besonders wohlwollend und günstig einzuschätzen. Andererseits können auch paradoxe, also gegenteilige Beurteilungseffekte aus dem bewussten Wunsch nach Vermeidung dieser Fehler entstehen.

„Central tendency" besagt, dass der Beobachter der Tendenz unterliegt, keine extremen Beurteilungen, also nur „mittelmäßige" zu geben, und zwar aus Furcht vor der Gefahr, falsch zu beobachten und zu beurteilen.

Gefahren, die dem Sonderpädagogen aufgrund seiner *psychologischen* und *medizinisch-kinderpsychiatrischen Ausbildung* drohen: Infolge theoretischen Wissens und der Kenntnis statistischer Zusammenhänge können vermeintlich zusammengehörige Merkmale überschätzt werden. Eine unkritische Unterstellung des zweiten Merkmals beim Nachweis des ersten könnte die Folge sein, so z. B. wenn man von Zusammenhängen gehört hat zwischen Schwerhörigkeit und bestimmten Charaktereigentümlichkeiten, Blindheit und hochdifferenzierter Funktion anderer Sinne, Schulversagen und Minderwertigkeitsgefühlen, Lese- Rechtschreibstörung und infantilem Gehabe, hirnorganisch bedingten Intelligenzstörungen und spezifischen Ausfällen im visuell-motorischen Bereich. Auch die Assoziationen im Zusammenhang mit bestimmten Erscheinungsbildern und nicht zuletzt die geläufigen Begriffe der Fachsprache (Autismus, Mutismus, Mongolismus, Spastizismus …) könnten allzuleicht bewirken, dass der beobachtende und förderdiagnostisch tätige Pädagoge Einzelphänomenen einen größeren Realitätsgehalt beimisst, als sie tatsächlich besitzen. Somit können theoretisch „stimmige" und logisch richtige Diagnosen sprachlich formuliert werden, die von der seelischen Wirklichkeit des Probanden weit entfernt und daher wertlos, ja bedenklich sind und mehr schaden als nützen (*Wegener* 1969, 565 f). Aufgrund solcher Imponderabilien könnten sich Diagnosen ergeben, die mit der tatsächlichen Situation nicht übereinstimmen. Man muss also im Zusammenhang mit Schlussfolgerungen äußerste Vorsicht walten lassen.

Es gibt eine Reihe von Faktoren, die den Beobachtungs- und Beurteilungsprozess auf Seiten des Beobachters beeinträchtigen können:

- die biologisch-physiologische Ausstattung des Beurteilers wie Gesundheit, Sinnesmängel ...
- die intellektuelle Ausstattung und Erfahrung: Beobachtungs- und Kritikfähigkeit, sprachliches Geschick ...
- situative und/oder habituelle psychische Zustände wie Stimmungen, psychischer Stress, Depressionen ...
- private und berufsbedingte Einstellungen: Zufriedenheit im Beruf, Milde (liency) oder Strenge, antiautoritäre oder autoritäre Erziehungshaltung, Neigung zu Vorurteilen und Kritik, Normvorstellungen, Verantwortungsbewusstsein ...

Weitere Beobachtungsfehler sind: Fixierung, Akzentuierung, Selektion, Projektion und Identifizierung. Eine Reduzierung von Beobachtungsfehlern wird möglich durch die Weiterentwicklung geeigneter Beobachtungs- und Protokollierungsmethoden, durch gründliche Schulung der Beobachter und durch die Teilnahme mehrerer geschulter Beobachter. Der Verfasser vertritt die Meinung, dass bei richtiger Auswahl und verantwortungsbewusster Durchführung standardisierter Testverfahren sich die Irrtumswahrscheinlichkeit wesentlich verringert, dass ferner frühere Fehleinschätzungen und -beurteilungen erkannt und korrigiert werden können.

Es gibt zwischen der zufälligen und gezielten (kontrollierten) Beobachtung zahlreiche Varianten der Verhaltensbeobachtung. *Riedel* unterscheidet im Zusammenhang mit Schülerbeobachtungen zwischen den Dimensionen *Kontrolle* (unkontrolliert – kontrolliert) und *Kontinuität* (kontinuierlich – diskontinuierlich). Im Bereich der Verhaltensmodifikation hat man verfeinerte Beobachtungsmethoden entwickelt. Verwiesen sei hierzu auf die Fachliteratur, die zahlreiche Beobachtungssysteme, -verfahren, -methoden und -apparate zur Erfassung von Verhaltensweisen anbietet.

Beobachtung bedeutet die aufmerksame Wahrnehmung und Registrierung von Ereignissen, Personen oder Sachen vor dem Hintergrund jeweils bestimmter Situationen. Unterscheiden lässt sich die gezielte, wissenschaftlich orientierte Verhaltensbeobachtung von den unreflektierten, alltäglichen und gewohnheitsmäßigen Wahrnehmungsvorgängen durch folgende Bedingungen:

– Zielgerichtetheit (geschieht nicht beiläufig und ungerichtet, sondern ist bewusst und gezielt auf ein konkretes Beobachtungsfeld oder Beobachtungsobjekt ausgerichtet).

– Differenziertheit (keine Einseitigkeit und Vergröberung; originalgetreu und umfassend sollen solche Äußerungsmerkmale registriert und eingeordnet werden, aus denen Informationen zum besseren Verständnis der beobachteten Person ggf. im Kontext zu ihrer sozialen Umwelt abgeleitet werden können).

– Objektivität (Bemühung um ein sachorientiertes Vorgehen, bei dem persönliche Erwartungen, Einstellungen und Interessen des Beobachters keinen Einfluss auf die Ergebnisse seiner Wahrnehmung haben; mehrere Beobachter, gleicher Beobachtungsgegenstand).

Gerade im sonderpädagogischen Bereich ist manchmal die teilnehmende Beobachtung in der *natürlichen* Situation dringend erforderlich, um ein Kind näher und besser verstehen und kennen zu lernen. Hierbei spielen die genannten Bedingungen eine untergeordnete Rolle. Vielmehr kommt es darauf an, einem Kind unvoreingenommen und „kindgemäß", d. h. hier auch seinen Möglichkeiten entsprechend, zu begegnen. Diese Art von teilnehmender Beobachtung ist in jedem förderungsorientierten Diagnoseprozess dringend angeraten, geradezu unumgänglich im Rahmen der Förderarbeit bei geistig behinderten, bei Kindern mit autistischen Zügen, bei gehemmten, stärker passiv eingestellten Kindern. Auch diese Art von Beobachtung bezeichnen wir als wissenschaftlich, sie kann pädagogisch zwingend sein.

Eine kurze Beschreibung der wichtigsten Beobachtungsarten soll die Orientierung erleichtern. *Köhne* unterscheidet Beobachtungen danach, ob sie

„– zufällig oder systematisch sind,
– frei oder gebunden,
– in natürlichen oder künstlichen Situationen stattfinden,
– wissentlich oder unwissentlich,
– teilnehmend oder nichtteilnehmend,
– Kurzzeitbeobachtung oder Dauerbeobachtung,
– kontinuierlich oder fraktioniert,
– vermittelt oder unvermittelt sind, und ob es sich um
– Einzelbeobachtung oder Gruppenbeobachtung handelt" (1979, 25f).

Die *Zufalls-, Gelegenheitsbeobachtung* (ergibt sich unmittelbar aus einer Situation heraus, ohne vorherige Planung oder Vorbereitung).

Systematische Beobachtung (Untersucher stellt sich auf bestimmte Durchführungsbedingungen wie Beginn, Dauer, Beobachtungssystem, -technik ... ein).

Freie Beobachtung (nichtstandardisierte B.; es bleibt dem Beobachter überlassen, auf welche Verhaltensweisen er sein Augenmerk richtet; keinerlei Einschränkungen oder Vorschriften hinsichtlich der zu erfassenden Merkmalsbereiche).

Gebundene Beobachtung (standardisierte B.; ein bestimmtes inhaltliches Auswahlkonzept ist jeweils vorgegeben; Beobachtungssystem, z. B. Merkmals-, Kategoriesystem, Schätzverfahren; hierbei sind entsprechend dem Beobachtungsziel und -zweck relevante Verhaltensmerkmale oder Merkmalsbereiche überschaubar angeordnet).

Beobachtung in natürlichen Situationen (unkontrollierte B. in „natürlichem Feld"; lässt die Situation, in der das Verhalten abläuft, unbeeinflusst und unverändert; vor allem im sonderpädagogischen Bereich wichtig zu ganzheitlichem Erfassen und Verstehen; unserer Meinung nach kann der Rahmen der Situation auch in kindorientierter Weise bereitgestellt werden, z. B. Spielmaterialien, Bilderbücher, Situationen in der freien Natur, in der Wohnung, Familie ...).

Beobachtung in künstlichen Situationen (kontrollierte B.; Situationen, evtl. damit verbundene Anforderungen, werden absichtlich hergestellt, um zu ermitteln, wie sich das Kind unter dem Einfluss gerade dieser Variablen verhält. Beispiele: Kind im Umgang mit einem bestimmten Spiel, Spieltests, Tests überhaupt; Extremfall Versuchsanordnung eines Experiments).

In einer bestimmten Beobachtungssituation sind verschiedene Beobachtungsarten auch mehrfach kombinierbar, z. B. Lehrer beim Spiel im Rahmen des Turnunterrichtes: freie Beobachtung, natürliche Situation, evtl. teilnehmend, über kürzere oder längere Zeit.

Es sei noch darauf verwiesen, dass es sich bei den angeführten Beobachtungsarten in der Regel um *„Fremdbeobachtung"* handelt. Die *Selbstbeobachtung* (Introspektion oder Erlebnisbeobachtung) bezieht sich auf das eigene Erleben. Im Rahmen sonderpädagogischer Fragestellungen erhält die (rückschauende) Selbstbeobachtung Bedeutung, wenn es beim Schüler um die Exploration von Lernproblemen geht, beim Lehrer z. B. um Analyse von Unterricht (Unterrichtsnachbereitung).

Wichtig erscheint uns gerade im Rahmen sonderpädagogischer Fragestellung, dass Verhaltensmerkmale auf drei unterschiedlichen, jedoch zusammengehörigen und einander ergänzenden Ebenen auftreten: Verhaltensmerkmale können *offen* in Erscheinung treten, sie können verdeckt sein, und sie können anhand bestimmter *Verhaltenseffekte,* Auswirkungen von Verhaltensweisen, ableitbar sein:

– *offen* (offenkundig, manifest) ist Verhalten dann, wenn es über konkrete Belegzeichen direkt wahrgenommen oder durch geeignete Registriervorrichtungen direkt erfasst und gemessen werden kann, z. B. lacht, gähnt, verspricht sich … Gerade im sonderpädagogischen Bereich ist es von Bedeutung, dass Verhaltensweisen konkret nach Möglichkeit unter Einbezug der situativen Bedingungen zur Darstellung kommen;
– *verdeckt* (verborgen, latent) ist Verhalten dann, wenn es indirekt aus bestimmten offenen Merkmalszusammenhängen und Symptomen abgeleitet werden muss oder für den Beobachter aufgrund von Introspektion erschließbar ist; z. B. freut sich – im Zusammenhang mit dem offenen Verhalten „lacht" – oder er gähnt, kann bedeuten: er ist müde oder gelangweilt (verdecktes Verhalten);
– *Verhaltenseffekt:* bei Personenwahrnehmungen bezieht man unwillkürlich auch solche Merkmale zur Beurteilung mit ein, die selbst keine Verhaltensweisen sind, die jedoch als Indikatoren (z. B. Kleidung, Wohnungseinrichtung, Bekanntenkreis, Haartracht, Fahrzeug) auf bestimmte Gewohnheiten, Interessen, Eigenschaften usw. der Zielperson hinzuweisen scheinen. Auf das hohe Fehlerrisiko der „Verhaltenseffekte" im Zusammenhang mit Einschätzungen einer Person sei verwiesen. Dieses Wissen ist auch im sonderpädagogischen Bereich von Bedeutung, etwa wenn das „Erscheinungsbild" bei der Lehrerbeurteilung eine Rolle spielen könnte.

Bei aller Planung wird jedoch nicht ausgeschlossen, dass auch „zufällige" und relativ „freie" Beobachtungen manchmal zu sehr wichtigen Erkenntnissen führen, ja den wesentlichen Impuls für eine exakte Verhaltensbeobachtung oder die Verwendung anderer Verfahren geben. Man sollte im Rahmen förderdiagnostischer Fragestellungen einige Bereiche besonders in die Verhaltensbeobachtung einbeziehen, z. B.:

Das *Erscheinungsbild:* Man gewinnt oft den ersten Eindruck von einer Person rein intuitiv, und nicht selten wird dieser erste Eindruck entscheidend für alle weiteren Beziehungen zu diesem Menschen. Wird dieser erste Eindruck im Zusammenhang mit dem Umgang mit Kindern nicht überprüft und hinterfragt, kann er leicht zu einer Fehlerquelle werden.

Vom äußeren *Erscheinungsbild* her kann man feststellen, ob ein Kind gepflegt oder ungepflegt ist. Äußere „Verwahrlosung" kann auch ein Hinweis auf „innerpsychische" Probleme sein, auf eine soziokulturelle Benachteiligung, die wiederum Ursache für die Unmöglichkeit einer vollen Leistungsentfaltung sein kann. Man muss darum wissen, dass ungepflegte vernachlässigte Kinder nicht selten ungünstiger von Lehrern eingeschätzt und beurteilt wurden als äußerlich gut aussehende.

Bei der Vorstellung eines Kindes mit Förderbedarf sollte man das *körperliche Erscheinungsbild* mit dem Lebensalter des Kindes vergleichen, also die Frage nach der altersadäquaten Entwicklung stellen. Akzeleration und Retardation im körperlichen Bereich können Rückschlüsse auf mögliche Beeinträchtigungen intellektueller Leistungsfähigkeit geben. Man sollte wissen, dass etwa ein Drittel bis die Hälfte aller Schüler mit Förderbedarf Lernen auch motorisch, also körperlich beeinträchtigt ist und dass Kinder mit Förderbedarf geistige Entwicklung auch motorische und andere Defizite aufweisen, dass sie in der Regel jünger aussehen als altersgleiche Nichtbehinderte. Häufig erweist sich bei lern- und leistungsgestörten Kindern der gesamte Allgemeinzustand als schlechter. Stimmung und Vitalität spielen aber auch im Zusammenhang mit der Leistungsfähigkeit, der Intelligenzentwicklung und -entfaltung und dem Sozialverhalten beim Lernen schlechthin eine bedeutsame Rolle. Das in seiner Vitalsphäre gehemmte und beeinträchtigte Kind wird sich auch in den übrigen Bereichen (sozial, geistig, motorisch …) nicht voll entfalten können. Die physische Beeinträchtigung führt dann auch zu den typischen Symptomen der raschen Ermüdbarkeit und des Wechsels von Lust und Unlust.

Noch bevor irgendwelche Tests über die Motorik zur Anwendung gelangen, sollte man die Frage nach dem physischen Zustand stellen. Ist der Körper harmonisch gebaut oder liegen Disproportioniertheiten vor? Beeinträchtigen Fehlbildungen möglicherweise die Leistungsfähigkeit und das Stimmungsgefüge?

Wichtig wäre es in jedem Fall festzustellen, ob ein Kind durch andere Kinder, Personen oder Erzieher aufgrund einer leiblich ungünstigen Erscheinung negativ eingeschätzt wird und damit einer nahezu permanenten Frustration unterliegt; denn es ist hinreichend bekannt, dass unter der ungünstigen Einschätzung und Einstellung der Umwelt das Selbstbewusstsein und die Selbsteinschätzung leiden, die Kommunikationsfähigkeit eingeengt wird und das gesamte soziale Verhalten eine negative Beeinflussung erfährt.

Die Besprechung der Möglichkeiten zur Verhaltensbeobachtung im Zusammenhang mit den Bereichen *Sozial-, Arbeits-, Sprachverhalten* und *Motorik* erfolgt im Rahmen dazu entsprechender Verfahren an anderer Stelle (vgl. 5.2.5 – 5.2.9).

5.2.2 Entwicklungsdiagnose und Entwicklungstests unter besonderer Berücksichtigung von Früherkennung und -förderung

Die Notwendigkeit für Entwicklungsdiagnostik ist im Zusammenhang mit zahlreichen Herausforderungen und Problemstellungen im sonder- und heilpädagogischen, aber auch im psychologischen Arbeitsfeld im Hinblick auf die Feststellung der individuellen Entwicklung – Entwicklungsniveau, Förderungsmöglichkeiten, Analyse der individuellen Entwicklungsbedingungen, Bedingungsgefüge für eine Entwicklungsverzögerung, Kind-Umfeld-Analyse (vgl. 5.2), Zone der nächsten Entwicklung – unbestritten.

Die Methoden der Entwicklungsdiagnostik erweisen sich zwischen Verhaltensbeobachtung und Entwicklungstests als vielfältig, d. h. sie können im Rahmen ganz spezieller Problemstellungen sowohl bei gravierenden Entwicklungsverzögerungen, bei vorliegender schwerer geistiger Behinderung als auch bei leichten Formen der Verzögerung angewandt werden. Die ersten Entwicklungsdiagnosen werden an sich schon im pränatalen Stadium von Medizinern,* im postnatalen Stadium speziell von Kinderärzten, im Verlauf des Säuglingsalters und später auch von den Eltern erstellt. Sie erstrecken sich in der Regel auf die Beobachtung der Funktionstüchtigkeit verschiedener Entwicklungsbereiche wie z. B. Motorik/Sensumotorik, Kommunikation und Sozialverhalten, Sprache, verschiedene Bereiche der Wahrnehmung, allgemein auf kindliche Verhaltensweisen. Ist die Entwicklung des Kindes – mutmaßlich oder offensichtlich – verzögert bzw. zeigen sich Verhaltensauffälligkeiten, wenden sich die Eltern oft zwecks Entwicklungsdiagnose, Beratung und Unterstützung an den Kinderarzt, an Pädiater und Beratungsstellen der Frühförderung. Früherkennung, Beratung und Frühförderung als

---

*   (Auf die komplexen und unter ethischem Aspekt umstrittenen Fragen der Präimplantations- und Pränataldiagnostik kann hier nicht eingegangen werden, vgl. *Bundschuh* 2002 b, 99 ff)

Präventivmaßnahmen erweisen sich im Hinblick auf die weitere Entwicklung als wichtig.

Mit Beginn des Schulalters treten anlässlich der Schulreifeprüfungen die Berufspädagogen und Psychologen in den Kreis der „Entwicklungsdiagnostiker". Zu deren Anliegen gehört dann neben der Beurteilung der Voraussetzungen für die Einschulung in die Allgemeine Schule u. a. auch die Diagnostizierung der sozialen und emotionalen, der sprachlichen, der motorischen Entwicklung, der Wahrnehmung und des intellektuellen Entwicklungsstandes allgemein. Wobei die Durchführung von Schulreifeprüfungen bzw. -tests nicht zwingend ist. Beurteilungen des Entwicklungsstandes beziehen sich indes nicht nur auf Kinder und Jugendliche, sondern auch auf Heranwachsende, auf Erwachsene und Alternde. Die gesamte Lebensspanne wird heute zu Recht als Entwicklungs- und Veränderungsprozess betrachtet. Tagtäglich werden auch in diesen Lebensabschnitten Entwicklungsdiagnosen gestellt: bei der Einstellung von Stellenbewerbern, teilweise bei Führerscheinentzug, bei medizinischen Beurteilungen und vielen anderen Gelegenheiten mehr. Außer den Personen des täglichen Lebenskreises und der oben genannten Hauptgruppen (Eltern, Ärzte, Sonder- und Allgemeinschullehrer), fungieren als „Entwicklungsdiagnostiker" noch Angehörige vieler weiterer Personengruppen in mehr oder weniger professioneller Form, u. a. Kindergärtnerinnen, Heilpädagogen, Sozialarbeiter, vor allem auch Psychologen.

Psychologen, Mediziner, Sonder- und Heilpädagogen sowie Frühpädagogen haben im Rahmen der Entwicklungsdiagnostik die Aufgabe, Verhaltensauffälligkeiten, soziale und emotionale Störungen und Entwicklungsverzögerungen zu erkennen sowie zur Erhellung der Entstehung möglicher Beeinträchtigungen beizutragen, Maßnahmen zu deren Behebung zu ergreifen, also Förderungsmöglichkeiten und ggf. Therapien vorzuschlagen sowie bei der Prophylaxe möglicher Fehlentwicklungen unterschiedlicher Art mitzuwirken. Spezielle Anforderungen ergeben sich bei Kindern mit Behinderung, Entwicklungsverzögerung, auch bei Kindern mit aktuellen retardierten, akzelerierten und regressiven Entwicklungsverläufen sowie bei Beurteilungen in schulischen, beruflichen und forensischen Belangen. Mit Problemen dieser Art werden vor allem Frühförderstellen/-zentren, Mobile Sonderpädagogische Hilfen (MSH), Schulvorbereitende Einrichtungen (SVE), Mobile Sonderpädagogische Dienste (MSD), Sonderpädagogische Förderzentren, Erziehungsberatungsstellen, Psychiatrische Kliniken und Kinderkliniken, schulpsychologische Dienste sowie Kinder- und Erziehungsheime konfrontiert. Als besonders wichtig erweist sich die Frühförderung, die ein Hilfsangebot für Kinder im Säuglings-, Kleinkind- und Kindergartenalter darstellt, die als entwicklungsverzögert, behindert oder von Behinderung bedroht gelten, sowie auch für deren Eltern und andere Personen, die Erziehungsaufgaben wahrnehmen. Der frühen Förderung entwicklungsverzögerter und behinderter Kinder im Alter von 0 bis 6 Jahren kommt sowohl unter präventivem als auch unter dem Aspekt der unmittelbaren Unterstützung und Hilfe zur Entwicklungsförderung und zur Integration – das Kind selbst und vor allem auch das Umfeld gehören dazu – eine besondere Bedeutung zu.

Frühförderung zielt darauf, bei vorliegenden Entwicklungsverzögerungen, Behinderungen und Entwicklungsgefährdungen frühe Hilfen anzubieten, die zur möglichst guten Entwicklung betroffener Kinder, d. h. ressourcenorientiert zur Entfaltung ihrer Möglichkeiten und Kompetenzen beitragen mit Blick auf Integration in ihre Lebenswelt. Wissenschaftliche Untersuchungen sowie Berichte der Eltern geförderter Kinder lassen erkennen, dass eine konzeptionell durchdachte und professionell gestaltete Frühförderung einen hohen Wirkungsgrad hat und von den Eltern sowohl im Hinblick auf die kindliche Entwicklung als auch für den häufig schmerzvollen eigenen Lernprozess im Zusammenhang mit ihrem Kind als hilfreich und wertvoll erlebt wird (Bundschuh 2002 a, 152ff).

5.2.2.1 Grundprinzipien der Entwicklungsdiagnostik

Entwicklungsdiagnostik verfährt nach demselben allgemein-diagnostischen Grundprinzip, d. h. der diagnostische Schluss kommt aufgrund eines Vergleichs zwischen einem gegebenen „Ist-Verhalten" und einem erwarteten „Soll-Verhalten" zustande. Mit Ist-Verhalten ist ein an einem Kind beobachtetes Verhalten bestimmter Art, mit Soll-Verhalten das an der Alterspopulation, der das Kind entstammt, im Durchschnitt beobachtete Verhalten derselben Art gemeint. Dem Prinzip liegt die Überlegung zugrunde, dass das durchschnittliche Verhalten in einer bestimmten Alterspopulation relativ gleich ist und dass die Entwicklung des Verhaltens, d. h. die Veränderung des Verhaltens von Alterspopulation zu Alterspopulation innerhalb des Kontinuums des menschlichen Lebenslaufs in relativ geordneter Folge vonstatten geht. Es wird auch von altersadäquater Entwicklung gesprochen.

So einfach dieses Grundprinzip zunächst auch scheint, so komplex wird es bei näherer Betrachtung. Einige Fragen verweisen auf diese Problematik: Welche Kriterien gibt es zu einer adäquaten Erfassung von

Ist- und Soll-Verhalten? Was soll jeweils als Verhaltenseinheit aufgefasst werden? Wie kann die Alterspopulation, nach der das Soll-Verhalten erwartet wird, abgegrenzt werden? Wie unterscheidet man die Lernbedingungen eines Verhaltens (Anlage – Umwelt)? – Die Güte einer Entwicklungsdiagnose richtet sich im Wesentlichen danach, mit welchem (je nach Zielsetzung schwankenden) Exaktheitsgrad Fragen dieser Art beantwortet werden können. Sie fragen an sich nicht danach, ob oder inwieweit ihre Vergleichsnormen auch subjektiven Erfahrungsfeldern entstammen. Es ist darum nicht verwunderlich, dass der Alltags-Entwicklungsdiagnostiker zwar zu grob-gültigen Entwicklungsdiagnosen imstande sein kann, dass er aber beim Versuch genauer Entwicklungsstandbestimmungen versagt. Er erwartet deshalb von der Wissenschaft und insbesondere von der Psychologie, der Wissenschaft von den Formen und den Bedingungen des Verhaltens, Methoden und Verfahren, die den vielfältigen Erfordernissen der Praxis nach – relativ – objektiver (exakter) Entwicklungsdiagnostik des Verhaltens entsprechen. Aus dieser Erwartung gehen die Entwicklungstests (ETs) hervor. Im sonder- und heilpädagogischen Arbeitsfeld geht die Bedeutung der Entwicklungsdiagnostik weit über diese Fragen hinaus.

5.2.2.2 Klassifizierung von Entwicklungstests und Screenings

Entwicklungstests sind standardisierte Verfahren, die den Entwicklungsstand des Gesamtverhaltens oder bestimmter Verhaltensbereiche erfassen sollen. Da sich alles Verhalten über die gesamte Lebenslaufspanne hinweg entwickelt, ist die Konzeption von Entwicklungstests grundsätzlich für alle Verhaltensbereiche und für alle Lebensalter möglich. Die meisten bisher vorliegenden Entwicklungstests beziehen sich jedoch auf die altersadäquate Entwicklung, vielleicht noch auf Fragen der Kompetenzerweiterung, und schließen Entwicklungsverzögerungen oder -beeinträchtigungen weitgehend aus. Entsprechend sind die meisten Entwicklungstests zur Anwendung bei Kindern und Jugendlichen gedacht. In einem sehr weiten Sinne kann jeder psychologische Test auch als potenzieller Entwicklungstest aufgefasst werden, insofern nämlich, als er einen Aspekt, wie z. B. Sprache, Motorik, Kommunikation, Intelligenz, Schulleistungen zu einem gewissen Zeitpunkt im Entwicklungskontinuum erfasst. Entwicklungsspezifische Aspekte erhält ein Test aber erst, wenn er Entwicklungsverläufe definiert bzw. normiert. Das trifft in erster Linie auf jene Tests zu, die *unmittelbar* darauf abzielen, den Entwicklungsstand des gesamten Verhaltens oder bestimmter Bereiche wie Motorik, Sprache, Wahrnehmung, Kognition zu erfassen. Der besseren Übersicht halber sollen sie *primäre Entwicklungstests* genannt werden.

Demgegenüber kann man als *sekundäre Entwicklungstests* die Verfahren bezeichnen, die zwar Norm- oder Richtwerte für verschiedene Altersstufen angeben, deren eigentliches Anliegen aber außerhalb des traditionellen entwicklungsdiagnostischen Rahmens liegt. Ein sekundärer Entwicklungstest wäre z. B. der Sceno-Test, dem es auf das Aufdecken individualtypischer projektiver Verhaltensweisen ankommt, obwohl dieses Verfahren u. U. auch gleichzeitig entwicklungsrelevante Daten liefern kann. Ähnliches gilt für spielerische Gestaltungsverfahren, für zeichnerische Gestaltungs- und Reproduktionsverfahren, für Formdeute- und Bilddeutemethoden, thematische Tests und Fragebogentests sowie Handgeschicklichkeitsproben und viele andere Leistungs- und Persönlichkeitstests.

Im Folgenden wird nur noch auf die primären Entwicklungstests und Screeningverfahren Bezug genommen. Screeningverfahren dienen der Identifikation von Kindern, die der Frühförderung bedürfen. Sie können auch im Rahmen kinderärztlicher Routineuntersuchungen eingesetzt werden. Diese Verfahren sollten in möglichst differenzierter Form, mit hoher Spezifität und Sensitivität frühkindliche Entwicklung erfassen. Dabei sollte eine Trennung unauffälliger, also altersadäquat entwickelter, und entwicklungsverzögerter Kinder, ggf. auch sozial und/oder emotional auffälliger Kinder möglich sein.

Spezielle Verfahren kommen in der Frühförderung zum Einsatz, wenn bereits eine umschriebene Entwicklungsabweichung oder -verzögerung z. B. im Bereich der Motorik, des Sprachverhaltens, der geistigen Entwicklung, der Kommunikation oder der Wahrnehmung identifiziert ist.

Hinsichtlich der Klassifizierung der primären Entwicklungstests soll zunächst danach gefragt werden, ob die einzelnen Verfahren den gesamten Verhaltenskomplex oder nur Ausschnitte aus dem Gesamtverhalten erfassen wollen. Dementsprechend können unterschieden werden:

1. Verfahren zur Beobachtung bzw. zur Ermittlung des Entwicklungsstandes des Gesamtverhaltens = *allgemeine Entwicklungstests*.
2. Verfahren zur Beobachtung bzw. zur Ermittlung des Entwicklungsstandes spezieller Verhaltensbereiche = *spezielle Entwicklungstests*.

Die folgende Zusammenstellung soll zunächst unter Einbezug des historischen Aspektes einen Überblick über diese Verfahrensgruppen vermitteln.

Primäre Entwicklungstests. Allgemeine Übersicht

Autor(en) bzw. Bearbeiter	Bezeichnung des Tests
1. Allgemeine Entwicklungstests	
Bühler/Hetzer (²1961)	Kleinkindertests
Hetzer (1955)	Entwicklungstestreihen
Schenk-Danzinger (1953)	Entwicklungstests
Baar (1957)	Sprachfreie Entwicklungstests
Brunet et Lezine (1951)	Echelle de Developpement
McCleery (1955)	Skale of Adolescent Development
2 a. Spezielle Entwicklungstests. Motorische Entwicklung	
Oseretzky (1931)	Stufenleiter der motorischen Begabung
Sloan (1955)	Motor Development Skale
Johnson et al. (1951)	Motor Age Test
Rey (1952)	Epreuve de Motricité Digitale – MOT – LOS KF 18
Weitere Ausführungen zum Bereich Motorik bzw. motorische Entwicklung (vgl. Kap. 5.2.8).	
2 b. Spezielle Entwicklungstests. Soziale Entwicklung	
Doll (1953)	Vineland Social Maturity Scale
2 c. Spezielle Entwicklungstests. Wahrnehmungsentwicklung	
Frostig et al. (⁹2000)	Developmental Test of Visual Perception
Weitere Ausführungen zur Entwicklung und Diagnose der Wahrnehmung bzw. Wahrnehmungsleistungen (vgl. Kap. 5.2.9).	
2 d. Spezielle Entwicklungstests. Intelligenzentwicklung	
Cattell (1940)	Infant Intelligente Scale

Griffiths (1954)	Mental Development Scale
Hardesty/Priester (1956)	Hamburg-Wechsler Intelligenztest für Kinder
Petermann/Petermann (2010)	HAWIK-IV
Lückert (1957)	Stanford Intelligenz Test
Snijders/Oomen (1958/²1997)	Nicht-verbale Intelligenztestreihe
Cattell/Cattell (1949, 1950)	Culture-Free-Intelligence Test
Thurstone/Thurstone (1948, 1949, 1953)	SRA Primary Mental Abilities
Raven (1975/³2002)	Progressive Matrices (colored)

Weitere Ausführungen zur Intelligenz und Intelligenzdiagnostik vgl. Kap. 5.2.3

2 e. Spezielle Entwicklungstests. Schultests	
Hetzer/Tent (1958)	Schulreifetest
Roth et al. (1960)	Frankfurter Schulreifetest 6. – 7. LJ
Damm et al. (1957)	Frankfurter Tests verschiedene Schulstufen

5.2.2.3 Einzelne Verfahren zur Ermittlung des Entwicklungsstandes des Gesamtverhaltens – Darstellung und Kritik

Hier zunächst Informationen zu einem „klassischen" Entwicklungstest

■ Wiener Entwicklungstests (WET; Entwicklungstests der Bühler-Hetzer-Gruppe, *Kastner-Koller* u. *Deimann* ²2002)

Aussage- und Anwendungsbereich. Die prinzipielle Zielsetzung der Entwicklungstests der *Bühler-Hetzer*-Gruppe, zusammenfassend als „Wiener Entwicklungstestreihen" (WETR) bezeichnet, ist von *Bühler* und *Hetzer,* den Hauptautorinnen der für Kinder im LA 0;1 bis 5;12 entwickelten „Kleinkindertests" (BHKT) klar herausgestellt worden.

Nach den Angaben dieser beiden Autorinnen (*Bühler/Hetzer* [2]1953, [3]1961) sollen die WETR Aussagen über den allgemeinen individuellen Entwicklungsstand (Gesamtentwicklungshöhe) und über die individuelle Entwicklungsstruktur (Entwicklungshöhe der einzelnen Funktionen) eines Kindes ermöglichen. Zudem sollen sie Hinweise über mögliche Ursachen von Entwicklungsrückständen und -vorsprüngen liefern.

Schenk-Danzinger (1971) zielt mit ihren „Entwicklungstests für das Schulalter (5 – 11 Jahre)" (SDET) im Besonderen auf die Klärung der Ursachen von Schulschwierigkeiten und auf die Prognostizierung der Schullaufbahn ab, während *Baar* (1957) durch ihre „Sprachfreien Entwicklungstests" (BSET) das Problem der Entwicklungsuntersuchung hörgeschädigter Kinder (1. – 7. LJ) zu lösen suchte.

Hauptanwendungsbereiche für die WETR sind heute ebenso wie früher Erziehungsberatungsstellen, Kinderkliniken, schulpsychologische Dienste und andere Institutionen, die sich mit erzieherisch auffälligen, verhaltensgestörten oder kranken Kindern befassen. Die Brauchbarkeit der WETR für die Beurteilung von tauben, schwerhörigen, sprachgestörten und hirngeschädigten Kindern stellte sich heraus.

Theoretische Grundlagen. Bühler und *Hetzer* standen, als sie die BHKT zu konzipieren begannen, vor einer Reihe theoretischer Probleme. Sie mussten festlegen, *was* innerhalb der Komplexität kindlichen Verhaltens als entwicklungsrelevant anzusehen sei, durch *welche* Verhaltensbereiche Entwicklungstypisches repräsentiert werde und *wie* entwicklungscharakteristische Verhaltensweisen zu erfassen seien.

Unter entwicklungstypischen verstehen *Bühler* und *Hetzer* (1932) alterscharakteristische Verhaltensweisen. „Alterscharakteristisch" fassen sie im Sinne statistischer Häufigkeit und in Gegenüberstellung und Abgrenzung zu „individuell charakteristisch", „situationsabhängig" und „milieubedingt". Das Problem der Trennung dieser verschiedenen Aspekte innerhalb einer konkreten Verhaltenssituation versuchen sie an Beispielen zu erklären, um sich schließlich mit der Formulierung „unsere Tests gehen nun auf die Auswertung derjenigen Momente aus, die als primär symptomatisch für den Entwicklungsstand anzusehen sind" (*Bühler/Hetzer* 1932, 15), relativ eindeutig festzulegen. Aus dem Ausdruck „primär" geht hervor, dass die Autorinnen nicht glauben, von Individual- und Umweltfaktoren ganz und gar unabhängige Testergebnisse zu erhalten. Andererseits scheint es aber im Hinblick auf die Festlegung des für die WETR spezifischen Entwicklungsbegriffs gerechtfertigt zu sein, alters- bzw. entwicklungstypisches Verhalten in erster Linie mit reifetypischem Verhalten gleichzusetzen und individual- und milieutypische Verhaltensweisen von diesem weitgehend abzugrenzen.

Der Wiener Entwicklungstest (WET) ist seit 2002 in überarbeiteter und neu normierter Form erhältlich. Sein Einsatzbereich liegt bei Kindern zwischen drei und sechs Jahren. Er wurde vor allem für förderdiagnostische Fragestellungen konzipiert und liefert wichtige Informationen für den Bereich der kindlichen Entwicklung für Erziehungsberatung, Entwicklungskontrolle und Förderplanung.

Es folgt eine akzentuierte Darstellung gängiger Entwicklungsskalen bzw. Screeningverfahren mit Blick auf Früherkennung, Frühförderung sowie sonder- und heilpädagogische Fragestellungen:

■ Denver Entwicklungsskalen (deutsche Übersetzung: *Flehmig/ Schloon/Uhde* 1973)

Testart und Konzept: Es handelt sich um ein Verfahren zur Prüfung des Entwicklungsstandes, ferner um einen Suchtest (Screening-Test), durch den Auffälligkeiten der Entwicklung erkannt werden sollen. Der Denver-Suchtest erfasst vier Bereiche: grobe Motorik, feine Motorik und Adaption, Sprache, sozialer Kontakt. Ziel des Verfahrens ist es, möglichst frühzeitig Auffälligkeiten und Entwicklungsverzögerungen zu erkennen und entsprechende Fachärzte hinzuzuziehen. Es handelt sich um ein Grobscreening.

Einsatz und Durchführung
– 1. Lebensmonat bis 6. Lebensjahr.
– Einzeltest, keine Parallelformen, geeignet zur Verlaufskontrolle; auch Eltern bzw. Bezugsperson werden befragt.
– Dauer ca. 15 – 20 Minuten.
– Material: rotes Wollknäuel, Klapper, acht Klötzchen (in den Farben rot, blau, gelb und grün), schmales Gläschen, Rosinen, Glocke, Tennisball, Bleistift, Handanweisung, Protokollbogen.

Normen: Normen im eigentlichen Sinne liegen nicht vor. Bei der Erstellung der Aufgaben wurden ca. 1000 (amerikanische) Kinder untersucht. Berechnet wurde, in welchem Alter und zu welchem Zeitpunkt 25 %, 50 %, 75 % und 90 % der Kinder die Aufgaben lösen konnten. Es liegt demnach eine Orientierung an altersadäquat entwickelten und entwicklungsrückständigen Kindern vor.

Testaufbau: Die oben aufgeführten Bereiche enthalten Verhaltensweisen, die für verschiedene Funktionen im jeweiligen Lebensmonat typisch sind, z. B. sozialer Kontakt, Feinmotorik und Adaption, Sprache, Grobmotorik.

Zu jeder Aufgabe werden genaue Anweisungen zur Durchführung gegeben, außerdem Hinweise, worauf bei Verhaltensbeobachtungen geachtet werden soll.

Der Denver-Test besteht aus insgesamt 105 Items, davon sind 49 durch die Eltern zu beantworten. Je nach dem chronologischen Alter werden dem Kind bzw. den Eltern ca. 20 – 25 Items vorgelegt. Als Verzögerung wird jede nicht gelöste Aufgabe links von der Alterslinie betrachtet (d. h. ein Item, das 90 % der früheren Altersgruppe bewältigen). Das Endergebnis wird den Bereichen „abnorm", „fraglich", „normal" zugeordnet.

Gütekriterien: Im Manual werden keine Gütekriterien angegeben, es liegen aber Untersuchungsergebnisse vor.

- Objektivität: *Frankenburg/Dodds* (1967) fanden bei vier Untersuchern eine Übereinstimmung bezüglich der Ergebnisse von 97 %.
- Reliabilität: Retest (nach 7 – 14 Tagen) r = .66 – .83 (schwankt je nach Altersgruppe); Übereinstimmung der Eltern- und Testleiterbeurteilungen liegt zwischen 68 % – 100 %.
- Validität: Korrelationen von Denver-Test und Kriterientests (Bayley-Skalen, Cattell-Test, RYDS, Standford-Binet) r = .84 – .97; Übereinstimmung mit neurologischer Untersuchung (nach *Richter* 1973).

Kritik: Für Kinder mit deutlichen Entwicklungsverzögerungen ist das Verfahren zu wenig differenziert.

■ **Wie weit ist ein Kind entwickelt? Eine Anleitung zur Entwicklungsüberprüfung (sensomotorisches Entwicklungsgitter) (*Kiphard* [12] 2006)**

Testart: Verfahren zur Prüfung des allgemeinen Entwicklungsstandes.

Konzept: Das vorliegende Verfahren hat zum Ziel, Eltern entwicklungsverzögerter und behinderter Kinder Hilfen zu geben. Hierzu wird der konkrete Entwicklungsstand des Kindes in einem sensomotorischen Entwicklungsgitter festgehalten; dieses dient als Basis für Trainingsprogramme. Es werden diagnostische Kriterien beschrieben, mit denen eine verzögerte Entwicklung des Kindes erkannt werden kann.

Einsatz und Durchführung:
- Das Entwicklungsgitter umfasst 48 Entwicklungsschritte vom 1.–48. Lebensmonat, auch zunächst als Screening für behinderte und schwerbehinderte Kinder höherer Altersstufen vorgesehen.
- Einzeltest, geeignet zur Verlaufskontrolle und Testwiederholung, keine Parallelformen.
- Dauer: keine Angaben (unterschiedlich je nach der Entwicklung bzw. Behinderung des Kindes).
- Erforderliches Material: Je nach Altersstufe sind unterschiedliche Materialien erforderlich, die sich jedoch weitgehend aus Alltagsgegenständen und Spielsachen des Kindes zusammensetzen (z. B. 1. LJ: Würfel, Klötzchen, Rassel; 2. LJ: Puppe, Bauklötze, Bilderbuch; 3. LJ: Kreise und Dreieck auf Pappe, Löffel und Gabel, Perlen, Ball).

Normen: Normen im eigentlichen Sinne liegen nicht vor. Die Alterswerte gelten für Spätentwickler (90 % der Kinder dieser Altersstufe beherrschen die Aufgaben).

Testaufbau: Das sensomotorische Entwicklungsgitter besteht aus 240 Aufgaben. Sie sind 48 Entwicklungsschritten in jeweils ansteigender Schwierigkeit zugeordnet. Dabei werden fünf Funktionsbereiche erfasst:

1. Sehen und optisch Wahrnehmen,
2. Greifen sowie Hand- und Fingergeschick,
3. Fortbewegung und Gesamt-Körperkontrolle,
4. Mundgeschick und aktiver Sprachlaut,
5. Hören und akustisch Wahrnehmen (Sprachverständnis).

Für jeden Lebensmonat und Funktionsbereich wird eine Aufgabe gegeben. Insgesamt werden für jedes Lebensjahr alle fünf Funktionsbereiche mit je zwölf Aufgaben ansteigender Schwierigkeit berücksichtigt. Aufgaben und benötigtes Material sind z. B. für das 2. Lebensjahr „Überprüfung der Hände": z. B. „20 baut Turm aus zwei Würfeln". Bleibt die erwartete Reaktion aus, so gilt dies als nicht gekonnt. Hat das Kind die betreffende Funktion geschafft, so spricht man von einer altersgemäßen Leistung. In dem Entwicklungsgitter sind die Mindestanforderungen angegeben, die Altersangaben orientieren sich an der untersten Grenze der Norm.

Die Kontrolle des Entwicklungsverlaufs und der eingeleiteten Fördermaßnahmen sollte halbjährlich erfolgen. Zur Verdeutlichung des Unterschiedes zwischen dem Lebensalter und dem erreichten Entwicklungsstand kann ein Entwicklungsquotient gebildet werden. Nach Angaben des Autors dienen sämtliche Aufgaben nicht nur der Entwicklungsprüfung, sondern stellen ein gezieltes Übungsprogramm zur Förderung entwicklungsrückständiger Kinder dar.

Gütekriterien: Es liegen keine Angaben zur *Objektivität* vor, sie kann für die Durchführung und Auswertung aufgrund der genauen Instruktionen als weitestgehend erfüllt angesehen werden, aber es besteht auch die Gefahr der subjektiven Beurteilung. Zur Reliabilität und zur Validität liegen keine Angaben vor.

Bewertungen: Das Buch enthält eine ausführliche Beschreibung des Entwicklungsgitters und differenzierte Angaben über altersgemäße sowie verzögerte Entwicklungsverläufe. Fördermaßnahmen (wie z. B. Krankengymnastik) werden empfohlen. Das Verfahren sollte zur Diagnose schwer behinderter Kinder nur in Ergänzung mit speziell für diese Gruppe entwickelten Verfahren (z. B. PAC) verwendet werden.

■ Förderdiagnostik bei Schwerstbehinderten (*Haupt/Fröhlich* [6]1993):
Es handelt sich um eine Kombination aus Fragebogen und Beobachtungsverfahren.

Konzept: Schwerstbehinderte Kinder mit sehr geringen Ausdrucks- und Antwortmöglichkeiten können oftmals nur unzureichend in ihrem Entwicklungsstand eingeschätzt werden, da auf dem üblichen Diagnoseweg ihre Vorstellungen, Gefühle etc. nicht zu erfassen sind. Bereits vorliegende Testverfahren für Kinder mit geistiger Behinderung setzen Fähigkeiten und Fertigkeiten voraus, die bei diesen Kindern oft nicht beobachtbar sind. Der Entwicklungsbogen ist für Kinder erarbeitet, die sowohl in psychomotorischer als auch emotionaler, sozialer, kommunikativer und kognitiver Entwicklung stark behindert sind. Ziel dieses Verfahrens ist es, die Basisfertigkeiten möglichst genau zu beschreiben, von denen eine pädagogisch-psychologische Förderung ausgehen kann. Übliche Testgütekriterien liegen nicht vor.

Einsatz und Durchführung:
– Alter: keine speziellen Angaben; für schwerstbehinderte Kinder aller Altersstufen auf dem frühesten Entwicklungsniveau.
– Einzeluntersuchung; es wird empfohlen, den Test innerhalb der häuslichen Umgebung durchzuführen.
– Dauer: Nach Angaben der Autoren sollte die gesamte Durchführung, d. h. die Beantwortung aller Items, eine Woche nicht überschreiten.

– Geeignet zur Wiederholungsmessung (Verlaufskontrolle wird empfohlen in halbjährlichen Abständen).
– Eltern oder Dauerbezugspersonen werden einbezogen.
– Erforderliches Material: Handbuch mit Fragebogen, Stift, Tuch, Spiegel, Lieblingsspielzeug des Kindes, weiches Fell, Massagebürste …

Normen: Da es sich um kein Testverfahren im eigentlichen Sinne handelt, sondern „um ein organisiertes Beobachtungsverfahren, das dahin orientiert ist, die bestmögliche Überprüfungssituation für das Kind zu schaffen" (S. 7), liegen keine Normen vor. Der Schwerpunkt des Verfahrens liegt in der qualitativen Auswertung.

Testaufbau: Ein wesentlicher Teil der Durchführung besteht in einer gezielten und detaillierten Beobachtung. Viele Items können beantwortet werden, wenn der Untersucher den Kontakt zwischen Kind und Hauptbezugsperson beobachtet. Teilweise werden die Hauptbezugspersonen zum Verhalten des Kindes befragt. Es soll festgehalten werden, auf welchem Niveau (1 – 4 mit zunehmender Autonomie) das Kind seine höchsten Werte erreicht. Niveau 1: „Kinder, deren momentaner Entwicklungsstand durch eine starke Abhängigkeit von der Dauerbezugsperson geprägt ist". Niveau 2: „Überprüfung der visuellen und auditiven Sinne". Niveau 3: „Selbstständigkeit", z. B. im Spielen und Fortbewegen. Niveau 4: „soziale Kompetenz und ein gewisses Umweltverständnis, das erreicht wurde". Der Test bezieht die folgenden Bereiche ein:

1. Beziehung zwischen Mutter (Betreuer) und Kind,
2. Reaktion des Kindes auf Sprache,
3. Sprachliche Äußerungen des Kindes,
4. Reaktionen des Kindes auf äußere Reize,
5. Hören,
6. Sehen,
7. Hände (Manipulation),
8. Bewegungen des ganzen Körpers,
9. Trinken und Essen.

Das Handbuch enthält Förderungsvorschläge für die jeweiligen Entwicklungsniveaus.

Gütekriterien: Da es sich um ein qualitatives Beobachtungsinstrument handelt, liegen keine Angaben zu den in der klassischen Testtheorie geforderten Gütekriterien vor.

Bewertungen: Kritisch anzumerken ist bei diesem Verfahren, dass von den Autoren nicht näher festgelegt wurde, welcher Teil des Verfahrens Elterninterview und welcher gezielte Beobachtung sein soll. So verleitet die Formulierung der Items dazu, vor allem Informationen der Eltern zu berücksichtigen. Es wird nicht problematisiert, dass Eltern bzw. Betreuer durchaus einer verzerrten Wahrnehmung hinsichtlich des Entwicklungsstandes ihrer Kinder unterliegen können (Wunschdenken). Ist sich der Untersucher dieser Problematik nicht bewusst, kann leicht ein subjektives Entwicklungsniveau erstellt werden, das den tatsächlichen momentanen Fertigkeiten des Kindes nicht entspricht. Sehr hilfreich ist, dass konkrete Fördervorschläge für die einzelnen Entwicklungsniveaus angegeben werden.

✗■ Griffiths Entwicklungsskalen zur Beurteilung der Entwicklung in den ersten beiden Lebensjahren (GES) (*Griffith* 1983; 2. überarbeitete und erweiterte Auflage von *Brandt/Sticker* 2001)

Testart: Differenzierter Test für das Säuglings- und Kleinkindalter zur Diagnose und Analyse des Entwicklungsprofils und des Gesamtentwicklungsstandes.

Konzept: Ziel der GES ist die Feststellung des Entwicklungsstandes zur Frühdiagnose von Entwicklungsverzögerungen und Entwicklungsabweichungen. Es wird ein Gesamt-Entwicklungsquotient (EQ) sowie ein Entwicklungsquotient für jede Unterskala berechnet, woraus sich ein Entwicklungsprofil ergibt. Die GES sind so angelegt, dass sie bei Vorliegen von Teilausfällen, Retardierung oder geistiger Behinderung konkrete Hinweise zur Beratung der Eltern sowie für Planung und Durchführung gezielter Frühfördermaßnahmen liefern. Der Test ist in fünf Unterskalen eingeteilt:

1. Motorik,
2. Persönlich-Sozial,
3. Hören und Sprechen,
4. Auge und Hand,
5. Leistungen.

Zu betonen ist nach Griffith die Wichtigkeit der Punkte vier und fünf, da die Handmotorik im Zusammenhang mit der morphologischen Entwicklung des Großhirns steht und somit der Gebrauch der Hände eng mit allen anderen Entwicklungsbereichen verknüpft ist.

Einsatz und Durchführung:
- 1. Lebensmonat bis 2. Lebensjahr bzw. bis 8. Lebensjahr; geeignet auch für entwicklungsrückständige Kinder.
- Einzeltest, möglichst in Anwesenheit einer vertrauten Bezugsperson des Kindes; zur Verlaufskontrolle einer Frühbehandlung geeignet – keine Parallelformen.
- Dauer ca. 20 – 45 Minuten, jedoch abhängig vom jeweiligen Entwicklungsstand bzw. Grad der Störung des Kindes.
- Erforderliches Material: Für die unterschiedlichsten Altersstufen sind verschiedene Materialien erforderlich (s. Handbuch). Für die ersten beiden Lebensjahre z. B. Taschenlampe, Papierservietten, Handglocke, rasselnder Ring, roter Holzring mit roter Schnur.

Normen: Die ursprüngliche Standardisierung erfolgte 1954 an 571 Londoner Kindern (ca. 36 Kinder pro Gruppe). Für die deutsche Bearbeitung des Griffith-Tests wurden 1000 Reifgeborene und 750 Frühgeborene untersucht. Seit der Erstauflage (1983) liegen Erfahrungen von über 2000 Untersuchungen vor.

Testaufbau: Der Griffith-Test besteht aus fünf Unterskalen, wovon jede Unterskala einen in sich abgegrenzten Entwicklungsbereich misst. Bis zum 3. Lebensmonat wird eine Alterskorrektur durchgeführt.

Die Durchführung beginnt 2 – 3 Monate unter dem tatsächlichen Alter oder dem geschätzten Entwicklungsalter des Kindes (4 – 6 Aufgaben in jeder Unterskala). Kann das Kind die Aufgaben noch nicht lösen, muss der Versuchsleiter so lange in der Unterskala nach unten testen, bis keine Lücken mehr auftreten. Der ermittelte Score ist die Gesamtzahl der gelösten Items. Die Items sind nach Alter und entsprechendem Schwierigkeitsgrad gestaffelt.

- Skala A – Motorik (48 Items): A 2 hält in Sitzhaltung den Kopf für einige Sekunden aufgerichtet (1 – 3 Monate).
- Skala B – Persönlich-Sozial (48 Items): Beurteilt die Sozialentwicklung des Kindes, z. B. B 3 lächelt (1 – 3 Monate), P: Das Kind muss auf freundlichen Zuspruch und/oder Anlächeln durch Untersucher oder die Mutter lächeln.
- Skala C – Hören und Sprechen (48 Items): Misst die akustische Wahrnehmungsfähigkeit und Sprachentwicklung.
- Skala D – Auge und Hand (48 Items): (Verzögerte) Greifentwicklung und fehlende Auge-Hand-Koordination werden erfasst, z. B. D 22 hält mit Vorliebe kleine Spielzeuge in der Hand (9 – 14 Monate).

- Skala E – Leistungen (48 Items): Die Erfüllung der Aufgaben in D und E steht in engem Zusammenhang mit der morphologischen Großhirnreifung. Erfasst werden die Erfindungskraft und Bereitwilligkeit des Kindes in einigen Problemsituationen, z. B. E 19 öffnet ein Kästchen (7 – 12 Monate).

Gütekriterien:
- Objektivität: Es liegen mehrere Studien vor, es wurden jedoch keine detaillierten Ergebnisse beschrieben.
- Reliabilität: Die Retest-Reliabilität liegt (bezogen auf 3-Monats-Intervalle) für den Gesamtentwicklungsquotienten zwischen r = .49 und r = .81.
- Validität: Übereinstimmung Griffith-Test mit Cattel-Test r = .84 – .94. Untersuchungen zur Vorhersage-Validität liegen vor: r = .87 – .92.
- Normierung: Die Normierung basiert auf insgesamt 1750 Untersuchungen. Die Unterskalen- und Gesamtentwicklungsquotienten lassen sich ökonomisch ohne Hinzuziehung von Normtabellen ermitteln.

Bewertungen: Hansen kritisierte 1992 die Itembeschreibungen im Testhandbuch. Die Beschreibungen seien nicht sehr präzise, sodass nur eingearbeitete Personen den Test durchführen könnten. Nach Hindley (1960) seien bei den Items für die ersten Altersstufen die Beurteilungskriterien ungenauer als bei späteren Aufgaben.

■ Heidelberger-Kompentenz-Inventar für geistig Behinderte (HKI) (*Holtz* u. a. [4]1998)

Testart: Fähigkeitstestbatterie für geistig Behinderte, speziell bezogen auf das Konstrukt „Kompetenz".

Konzept: Das HKI misst Fähigkeiten in den drei Bereichen praktische, kognitive und soziale Kompetenz. Es erfasst die für die Integration Behinderter bedeutsamen und erzieherisch beeinflussbaren Verhaltensmuster.

Einsatz und Durchführung:
- 7. – 16. Lebensjahr; geistig Behinderte, die nicht im Heim wohnen und die deutsche Staatsangehörigkeit besitzen; befragt werden die Betreuer bzw. Bezugspersonen.
- Einzeldurchführung, keine Parallelformen.

- Dauer: ca. sechs Wochen Beobachtungszeitraum.
- erforderliches Material: Handbuch, Item-Fragebögen für Beobachter.

Normen: Es liegen Prozentränge vor: getrennt nach Alter, Unter- und Großbereichen der Kompetenz sowie Gesamtkompetenzwert; gesamte Eichstichprobe N = 1368.

Testaufbau: Das HKI besteht aus 152 Items, verteilt auf 19 Unterbereiche.

- *Praktische Kompetenz:*
  1. Nahrungsaufnahme/Kleidung,
  2. Hygiene,
  3. Sicherheitsverhalten,
  4. praktische Fertigkeiten (z. B. trinkt allein aus Tasse oder Glas; trocknet Geschirr und Bestecke ab),

- *kognitive Kompetenz:*
  5. Verkehr und Aktionsradius (gibt eigenen Wohnort, Straße und Hausnummer an),
  6. Geld/Einkaufen (weiß, dass man mit Geld etwas kaufen kann),
  7. Inanspruchnahme von Dienstleistungen und öffentlichen Einrichtungen,
  8. zeitliche Orientierung (unterscheidet Tageszeiten),
  9. geometrische Grundbegriffe (zeigt bei Nachfrage auf Kreis, Dreieck, Rechteck),
  10. Rechnen (addiert und subtrahiert im Zahlenraum 1 – 20 mit Zehnerüberschreitung),
  11. Lesen / Schreiben (kommentiert Bilder in Bilderbüchern),
  12. Sprachverstehen (versteht Fragen, die Widerspruch provozieren sollen),
  13. Sprachproduktion (spricht mindestens Einwortsätze),
- *soziale Kompetenz:*
  14. Lern- und Arbeitsverhalten (beschäftigt sich fünf Minuten allein mit einer gestellten Aufgabe),
  15. Identitätsfindung/Selbstkonzept (erkennt eigene Kleidungsstücke wieder),
  16. Selbstkontrolle (wartet, bis es an der Reihe ist),
  17. Selbstbehauptung (erkennt eigene Gefühle und teilt sie verstehbar mit),
  18. Perspektivenübernahme/Sozialkontakt (nimmt an Gruppenspielen teil),
  19. Kooperation/soziale Regeln.

Gütekriterien:
- Objektivität: ist für Durchführung, Auswertung und Interpretation gesichert.
- Reliabilität: Testwiederholung r = .76 – .92 für die Unterbereiche (N = 126); innere Konsistenz r = .36 – .89 (N = 59).
- Validität: Inhaltsgültigkeit vorhanden; Kriteriumsgültigkeit: Korrelationen mit verschiedenen Intelligenztests und Lehrerurteil liegen vor; faktorielle Gültigkeit für praktische, kognitive und soziale Kompetenz vorhanden.

Bewertungen: Die Autoren sind der Auffassung, dass das HKI auch anwendbar sei für weitere Altersgruppen, im Grenzbereich zwischen geistiger und Lernbehinderung sowie für einen großen Teil der im Heim lebenden Menschen mit geistiger Behinderung.

■ **Münchener Funktionelle Entwicklungsdiagnostik (MFED) (*Hellbrügge* ⁴2001)**

Testart: Verfahren zur Erfassung des kindlichen Entwicklungsstandes, 1. – 3. Lebensjahr.

Konzept: Bei der MFED handelt es sich um eine Neubearbeitung und Erweiterung der „Entwicklungsphysiologischen Tabellen für das Säuglingsalter" nach *Hellbrügge* und *Pechstein* (1968). Grundannahme des Verfahrens ist es, dass die jeweils höhere Entwicklungsstufe auf der vorangegangenen aufbaut und dass dieser Entwicklungsablauf in abgrenzbaren, repräsentativen Verhaltenseinheiten messbar ist. Die MFED erfasst acht Funktionsbereiche: Krabbel-, Sitz-, Lauf-, Greif-, Perzeptions-, Sprech-, Sprachverständnis- und Sozialalter. Es handelt sich um eine mehrdimensionale Diagnostik mit dem Anliegen, Entwicklungsstörungen möglichst frühzeitig erkennen und behandeln zu können (Früherkennung, Frühtherapie).

Einsatz und Durchführung:
- 1. – 3. Lebensjahr, aber auch geeignet für entwicklungsrückständige und behinderte Kinder höherer Altersstufen.
- Einzeltest, keine Parallelformen, geeignet zur Verlaufskontrolle, Bezugsperson sollte anwesend sein.
- Dauer: keine Angaben zum 1. Lebensjahr; 2. und 3. Lebensjahr ca. 50 Minuten.
- Erforderliches Material: Glocke, rote Rassel, farbiger Greifring, einfarbige Holzwürfel, flache, bunte Plastikscheiben, Puppe …

Normen: Normen im eigentlichen Sinne liegen nicht vor. Die Beurteilung orientiert sich an normal entwickelten Säuglingen: Die einzelnen Verhaltensweisen wurden jeweils dem Lebensmonat zugeordnet, in dem 90 % der untersuchten Kinder diese erfüllt hatten (Mindestnorm). Dies dient zur besseren Feststellung von Entwicklungsrückständen. Grundlage dieser Bewertung ist eine von Hellbrügge begonnene Längsschnittstudie (N = 1660 Münchener Kinder).

Testaufbau: Die MFED besteht aus den o. g. acht Funktionsbereichen. Pro Lebensmonat gibt es für jeden Funktionsbereich eine Aufgabe. Hierbei ist die Durchführung und Beurteilung jeweils genau beschrieben.

Diagnostik des

1. Krabbelalters: (Ende 3. Monat):
   a) „hebt den Kopf zwischen 45 und 90°"
   b) „hält den Kopf wenigstens eine Minute hoch"
   c) „Abstützen auf beiden Unterarmen"
   d) „Hüften überwiegend mäßig gestreckt".
2. Sitzalters (Ende 2. Monat): „hält Kopf in Sitzhaltung wenigstens fünf Sekunden lang aufrecht".
3. Laufalters (Ende 3. Monat): „steht mit voller Gewichtsübernahme an den Händen gehalten für wenigstens eine halbe Minute".
4. Greifalters (Ende 5. Monat): „führt Hand zum Spielzeug und berührt es".
5. Perzeptionsalters (Ende 4. Monat): „betrachtet Spielzeug in seiner Hand".
6. Sprechalters (6. und 7. Monat): „Aneinanderreihung verschiedenartiger deutlicher Silben bei wechselnder Lautstärke und Tonhöhe" (Plaudern).
7. Sprachverständnisalters (Ende 10. Monat): „sucht auf Befragen nach bekannter Person (z. B. Vater) oder bekanntem Gegenstand durch Kopfdrehen".
8. Sozialalters (Ende 8. Monat): „reagiert freudig auf Versteckspiel hinter Möbeln".

Bei der Untersuchung wird mit den Aufgaben begonnen, die mindestens eine Monatsstufe unter dem chronologischen Alter liegen. Die Untersuchung wird so lange fortgesetzt, bis keine Aufgaben höherer Altersstufen mehr gelöst werden können. Für die verschiedenen Verhaltensbereiche kann das jeweilige Entwicklungsalter bestimmt werden. Auf die Bestimmung eines globalen Entwicklungsalters oder eines Entwicklungsquotienten wird verzichtet. Aus dem Entwicklungs-/Testprofil ergeben sich Ansatzpunkte zu Beratungsgesprächen mit den Eltern und zur Therapie/ Förderplanung.

Gütekriterien:
– Objektivität: Bezüglich der Auswertungsobjektivität erzielten zwei unabhängige Untersucher bei der Überprüfung von 26 Säuglingen im Alter von sechs und zwölf Monaten eine Übereinstimmung von 88 %. Reliabilität: Es liegen keine Angaben vor.
– Validität: ist nach Meinung der Autoren nicht bestimmbar, da die MFED eine Reihe von Verhaltensweisen enthält (z. B.: „Zangen-griff"), für die es kein eigentliches Gültigkeitskriterium gibt.

Bewertungen: Das Handbuch enthält in einem zweiten Teil ausführliche Informationen über prophylaktische Maßnahmen bei entwicklungsgefähr-deten Kindern: Über Therapiemöglichkeiten mehrfach behinderter Kinder sowie über Ergebnisse eines Vergleichs der Entwicklung von Heim- und Familienkindern wird berichtet. Zur Diagnose von Schwerstbehinderun-gen sollten differenziertere Beobachtungen angeboten werden.

■ TARC-Methode (The TARC Assessment System, *Sailor/Mix* 1975; deutsche Übersetzung: *Niedermann/Müller/Simmen* 1987)

Testart: Beurteilungsbogen für „praktisch bildungs- und gewöhnungs-fähige Geistigbehinderte".

Konzept: Durch die TARC-Methode (wurde im Zusammenhang mit der „Topeka / Kansas Association for Retarded Citizens" konzipiert) soll die Diagnostik von „praktisch bildungsfähigen und gewöhnungsfähigen Kindern und Jugendlichen" ermöglicht werden. Hierdurch soll gerade bei diesen Kindern die Therapie- und Förderungsplanung sowie deren Verlaufskontrolle erleichtert werden. In dem Kurz-Beurteilungsverfah-ren werden die für eine Förderung bedeutsamen Fähigkeiten durch aufgelistete Verhaltensweisen erfasst.

Einsatz und Durchführung:
– 3. – 16. Lebensjahr; kann auch bei Schwerbehinderten noch im Er-wachsenenalter eingesetzt werden; im Bereich der schwach bzw. leicht Behinderten ist das Verfahren nicht mehr trennscharf.
– Einzeltest: Der Untersucher sollte das betreffende Kind über einen Zeitraum von ca. drei Wochen vor der Testung beobachtet haben.

- Dauer: Es liegen keine Richtwerte vor, je nach der Mitarbeit des Kindes.
- Erforderliches Material: Handanweisung, Beurteilungsbogen, Stifte.

Normen: Die Rohwerte können innerhalb des Profilbogens zu einer Standardwert-Skala (M = 50, s = 20) in Beziehung gesetzt werden. Amerikanische Standardisierungsstichprobe (N = 283): schwerbehinderte Jungen und Mädchen im Alter von 3 – 16 Jahren. Es handelt sich nach Ansicht der Autoren um ein lernziel- und nicht um ein normorientiertes Verfahren.

Testaufbau: Mit Hilfe des TARC-Beurteilungsbogens lässt sich der allgemeine Entwicklungsstand bei schwer Behinderten für die lebenspraktischen, motorischen, kommunikativen und sozialen Fähigkeiten ermitteln. Der Test ist unterteilt nach den folgenden lebenspraktischen Bereichen:

1. Sauberkeit (4 Items),
2. sich waschen (5 Items),
3. essen (18 Items),
4. Umgang mit Kleidung (10 Items),
5. Beurteilung der Motorik (28 Items): Skala „Feinmotorik", „Verhalten bei feinmotorischen Aktivitäten", „Grobmotorik", „Verhalten bei grobmotorischen Aktivitäten",
6. vorschulische Fertigkeiten (26 Items),
7. Beurteilung der Kommunikationsfähigkeit (Sprache): Skala „Verständnis der gesprochenen Sprache": (16 Items), „Gebrauch der Sprache": (6 Items),
8. vorschulische Fertigkeiten (26 Items),
9. Beurteilung des Sozialverhaltens; „Beobachtetes Verhalten in der Gruppe" (4 Items); „Beobachtetes Verhalten als Einzelperson" (4 Items); „Befolgen von Anweisungen" (6 Items); „Interaktionen mit Erwachsenen" (5 Items); „Interaktionen mit Gleichaltrigen" (5 Items); „Mithilfe bei Gruppenaktivitäten" (4 Items); „durchschnittliche emotionale Kontrolle" (5 Items),
10. „vorschulische Fertigkeiten" (12 Items)

Gütekriterien:
- Objektivität: Da es sich um ein Beobachtungsverfahren handelt, geht die subjektive Wahrnehmung und Bewertung des Beobachters bei der Beurteilung mit ein. Interraterreliabilität r = .59 – .87.
- Reliabilität: Retest r = .80 nach sechs Monaten.
- Validität: Es liegen keine Ergebnisse vor.

Bewertungen: Obwohl der Test als Beobachtungsverfahren gedacht ist, sind die Items so formuliert, dass sie zur Befragung der Betreuer bzw. der Bezugspersonen verwendet werden können. Hierzu machen die Autoren keine Angaben. Gefordert wird eine mindestens dreiwöchige Beobachtungszeit des zu beurteilenden Kindes, wobei der Beurteiler keine vorgefasste Meinung über das Verhalten des Kindes haben sollte. Insgesamt wird durch diese Festlegung die Durchführung der TARC-Methode sehr zeitaufwändig. Auswertung und Profildarstellung sind sehr übersichtlich, Interpretations- und Fördermaßnahmen werden beispielhaft aufgezeigt.

■ **Beobachtungsbogen für 3- bis 6-jährige Kinder (BBK 3 – 6) von A. *Frey, E. Duhm* und D. *Althaus* und Mitarbeiter (in Anwendung seit 2008)**

Ziele und Einsatzbereich: Der BBK 3 – 6 ist ein Screening-Verfahren sowohl zur Früherkennung von Entwicklungsgefährdungen als auch zur Früherkennung von besonderen Begabungen bei Kindern im Alter von drei bis sechs Jahren. Der BBK 3 – 6 kann von ErzieherInnen oder Diplom-PädagogInnen in Kindertagesstätten durchgeführt werden. Es handelt sich beim BBK 3 – 6 um die grundlegende Überarbeitung des bewährten BBK; er diagnostiziert den allgemeinen Entwicklungsstand bei Kindern zwischen drei und sechs Jahren und soll der Erkennung einer Entwicklungsverzögerung oder auch einer besonderen Begabung dienen. Insgesamt erhebt der BBK 3 – 6 folgende 12 Fähigkeits- bzw. Funktionsbereiche: Aufgabenorientierung, Erstlesen-Erstrechnen-Erstschreiben, Kommunikation, Reflexivität, Sprachentwicklung, Literaturverständnis, Feinmotorik, Grobmotorik, Medientechnik, Spielintensität, Aggression sowie Schüchternheit. Der BBK 3 – 6 ermöglicht einen breiten und umfassenden Überblick über Stärken und Schwächen eines Kindes und liefert Erkenntnisse für weitere Diagnosen sowie für mögliche Frühfördermaßnahmen. Der Beobachtungsbogen ist übersichtlich gestaltet. Die verschiedenen Verhaltensweisen (Entwicklungsindikatoren) werden entweder als Beobachtungs- oder als Durchführungsaufgaben vorgegeben.

Gütekriterien: Die Zuverlässigkeit bzw. die internen Konsistenzen liegen zwischen .75 (Literaturverständnis) und .96 (Sprachentwicklung). Untersuchungen mit hochbegabten und entwicklungsgefährdeten Kindern sowie mit Kindern mit nichtdeutscher Muttersprache belegen die Validität des BBK.

Normen: Der BBK 3 – 6 wurde an einer Stichprobe von 3.456 Kindertagesstättenkindern (1.689 Mädchen, 1.755 Jungen) im Alter von 36 bis 83 Monaten normiert. Normwerte liegen für vier Altersgruppen (3;0 – 3;11 Jahre, 4;0 – 4;11 Jahre, 5;0 – 5;11 Jahre, 6;0 – 6;11 Jahre), für Jungen und Mädchen sowie für Kinder mit nichtdeutscher Muttersprache vor.

Für die *Bearbeitung* der Beobachtungsaufgaben werden ca. 45 Minuten, für die Durchführungsaufgaben ca. 10 Minuten benötigt. Für die Beobachtung aller Kinder einer Kindergruppe sollten etwa vier Wochen vorgesehen werden.

■ **Verhaltensfragebogen bei Entwicklungsstörungen (VFE) Deutsche Version der Developmental Behaviour Checklist (DBC) von S. L. *Einfeld*, B. J. *Tonge* und H.-C. *Steinhausen* (in Anwendung seit 2007)**

Ziele und Einsatzbereich: Es handelt sich um einen Fragebogen zur Beurteilung von Verhaltensauffälligkeiten bei Menschen mit geistiger Behinderung in fast allen Altersbereichen (ab 4 Jahren über das Jugend- bis zum Erwachsenenalter).

Der VFE ist ein Instrument zur Erfassung eines breiten Bereichs von Störungen des Verhaltens und der Emotionen bei Menschen mit geistiger Behinderung. Der Fragebogen liegt in einer Fassung für Eltern und primäre Bezugspersonen (VFE-E) mit 96 Items, einer Lehrerversion (VFE-L) mit 94 Items sowie einer Version für Erwachsene (VFE-ER) mit 107 Items vor. Die Auswertung kann auf drei Ebenen erfolgen: Dem Gesamtverhaltensproblemwert, den fünf Subskalen-Werten disruptiv/ antisoziales Verhalten, Selbstabsorbierung, Kommunikationsstörung, Angst und Soziale Beziehung sowie den Werten für die Einzelmerkmale. Der VFE ist die deutsche Bearbeitung der australischen Developmental Behaviour Checklist (DBC).

Gütekriterien: Die Erhebungen zur Interbeobachterübereinstimmung, der Test-Retest-Reliabilität und Veränderungs-Sensitivität erfüllen – so die Verfasser – die Erwartung an ein zeitgemäßes diagnostisches Instrument. Der Fragebogen erfüllt auch die Anforderung hinsichtlich inhaltlicher Validität, Konstrukt-Validität, Übereinstimmungsvalidität und Kriteriumsgruppen-Validität.

Es liegen allerdings noch keine gesicherten *Normen* vor.

Die Beantwortung des VFE dauert etwa 15 Minuten.

■ **Kognitiver Entwicklungstest für das Kindergartenalter (KET-KID) von M. *Daseking* und F. *Petermann* (in Anwendung seit 2009)**

Ziele und Einsatzbereich: Testverfahren für die diagnostische Einzelfalluntersuchung zur Früherkennung kognitiver und motorischer Teilleistungsstörungen sowie zur Erfassung von neuropsychologischen Basisfähigkeiten für Kinder im Altersbereich von 3;0 Jahren bis 6;6 Jahren. Im KET-KID werden kognitive Basiskompetenzen und Teilleistungen, wie visuelle Wahrnehmungsleistungen, auditive und visuelle Gedächtnisleistungen, expressive und rezeptive Sprache, Aufmerksamkeit und Psychomotorik, erfasst. Der Test ermöglicht auch Aussagen zur Lateralität. Die Grundkonzeption basiert auf entwicklungsneuropsychologischen Erkenntnissen zu den genannten Entwicklungsbereichen bzw. -störungen mit dem Ziel einer frühen Interventionsplanung für Kinder, die bestimmte, den einzelnen Teilleistungen zuzuordnende Fördermaßnahmen aufweisen. Auch allgemeine Entwicklungsverläufe der verschiedenen kognitiven Fähigkeiten können mit Hilfe des KET-KID diagnostiziert werden. In acht der insgesamt zehn Untertests werden Leistungen erhoben, die in einem Entwicklungsquotienten zusammenfließen (Psychomotorik, Artikulation, Auditives Gedächtnis, Sprachverständnis, Räumliche Vorstellung, Visuokonstruktion, Bildhaftes Gedächtnis und Rhythmus). Weiterhin lassen sich verbale und nonverbale Fähigkeiten getrennt bewerten. Verschiedene Untertests ermöglichen auch die Einschätzung der Lateralität eines Kindes.

Gütekriterien: Für die Entwicklungsskala liegt die Zuverlässigkeit bei .94, die Reliabilität ist insgesamt als hoch einzuschätzen. Die internen Konsistenzen für die Untertests liegen zwischen .68 und .90. Für das Verfahren wurden die *Kriteriums- und die Konstruktvalidität* ermittelt.

Die *Normen* basieren auf den Leistungen von 622 Kindern aus verschiedenen deutschen Standorten.

Bearbeitungsdauer: Ca. 30 Minuten.

■ **Dortmunder Entwicklungsscreening für den Kindergarten (DESK 3–6) von H. *Tröster*, J. *Flender* und D. *Reineke* (in Anwendung seit 2004)**

Ziele und Einsatzbereich: Screening-Verfahren zur Früherkennung von Entwicklungsgefährdungen bei Kindern im Alter von 3 bis 6 Jahren.

Das DESK 3 – 6 kann von Erzieherinnen im Kindergarten durchgeführt werden. Mit dem DESK 3 – 6 sollen erste Anzeichen für eine Entwicklungsgefährdung von Vorschulkindern diagnostiziert und gegebenenfalls Frühfördermaßnahmen begründet werden. Die nach drei Altersstufen getrennten Testhefte enthalten Entwicklungsaufgaben zur Feinmotorik, zur Grobmotorik, zur Sprache und Kognition und zur sozialen Entwicklung, die von der Mehrzahl der altersgemäß entwickelten Kinder bewältigt werden. Die Entwicklungsaufgaben werden entweder als Beobachtungsaufgaben oder als Durchführungsaufgaben vorgegeben. Die Beobachtungsaufgaben erfassen entwicklungsbedingte Kompetenzen des Kindes, die von der Erzieherin aufgrund ihrer Beobachtung des Kindes im Kindergarten beurteilt werden können. Als Durchführungsaufgaben werden solche Entwicklungsaufgaben vorgegeben, die von der Erzieherin im Kindergarten in der Regel nicht zuverlässig zu beobachten sind und daher gezielt überprüft werden müssen. Die Durchführungsaufgaben sind in die Spielszenen eingebettet, die der Erzieherin eine Beurteilung der Aufgaben unter weitgehend standardisierten Bedingungen ermöglichen. Das DESK 3 – 6 ergibt einen dreigestuften Screening-Befund: „unauffällig", „fraglich" oder „auffällig". Die Ergebnisse des Kindes in den vier Subskalen des DESK 3 – 6 werden in ein Screening-Profil eingetragen, das Hinweise auf Förderbereiche des Kindes gibt.

Gütekriterien: Die interne Konsistenz des DESK 3 – 6 liegt für die drei Altersgruppen zwischen $\alpha = .91$ und $\alpha = .93$. Studien zu Zusammenhängen zwischen dem DESK 3 – 6 und dem Wiener Entwicklungstest (WET) und zu den Differenzierungsmöglichkeiten zwischen a) entwicklungsauffälligen und entwicklungsunauffälligen Kindern, b) Kindern mit und ohne zusätzlichem Förderungsbedarf und c) Kindern mit und ohne Einschulungsempfehlung für die Regelschule belegen die *Validität* des Verfahrens.

Normen: Es werden Stanine-Normen und Prozentrangnormen für die drei Altersgruppen, für Jungen und Mädchen sowie für Kinder mit nichtdeutscher Muttersprache angegeben.

Bearbeitungsdauer: Für die Beobachtungsaufgaben werden ca. 15 – 20 Minuten benötigt. Für die Beobachtung aller Kinder einer Kindergartengruppe mit dem DESK 3 – 6 sollten etwa drei bis vier Wochen vorgesehen werden.

■ **Elternfragebögen für die Früherkennung von Risikokindern (ELFRA)
von H. *Grimm* und H. *Doil* ([2]2006)**

Ziele und Einsatzbereich: Die Elternfragebögen sind Screeninginstrumente, die es ermöglichen, schon im Alter von 12 und 24 Monaten Risikokinder für eine Sprachentwicklungsstörung zu erkennen. Speziell für die kinderärztliche Praxis liegen Kurzformen vor, die in besonders einfacher und ökonomischer Weise eine zuverlässige Sprachentwicklungsdiagnose erlauben sollen. Die Elternfragebögen für die Früherkennung von Risikokindern (ELFRA) dienen der Erfassung des erreichten Entwicklungsstandes und der Abklärung von Entwicklungsstörungen; sie sind leicht einsetzbar. Der Elternfragebogen ELFRA 1 misst bei 12 Monate alten Kindern den erreichten Entwicklungsstand bei der Sprachproduktion, dem Sprachverständnis, dem gestischen Verhalten sowie der Feinmotorik. Beim Elternfragebogen ELFRA 2 für 24 Monate alte Kinder stehen der produktive Wortschatz sowie die wichtigsten grammatikalischen Entwicklungsschritte im Vordergrund. Bei Kindern mit bekannten Entwicklungsbeeinträchtigungen (z. B. geistige Behinderung, Autismus, sensorische Behinderungen) können die Elternfragebögen auch noch im höheren Alter eingesetzt werden. Dem Verfahren liegen außerdem Elternratgeber bei, die den Eltern von Kindern mit einer Sprachentwicklungsverzögerung ausgehändigt werden können.

Gütekriterien: Zuverlässigkeit, die interne Konsistenz der einzelnen Entwicklungsskalen variiert zwischen .84 und .98. Die beiden Elternfragebögen bilden differenziert die erreichten Entwicklungsschritte mit 12 und 24 Monaten ab. Empirische Untersuchungen belegen die inhaltliche *Validität,* die Differenzierungsfähigkeit sowie die prognostische Validität.

Normen: Es liegen kritische Werte für die einzelnen Entwicklungsskalen vor.

Die *Bearbeitungsdauer* beträgt ca. zehn Minuten.

■ **Sprachentwicklungstest für drei- bis fünfjährige Kinder (SETK 3–5), Diagnose von Sprachverarbeitungsschwierigkeiten und auditiven Gedächtnisleistungen von H. Grimm unter Mitarbeit von M. *Aktas* und S. *Frevert* (2001)**

Ziele und Einsatzbereich: Kinder im Alter von 3;0 – 5;11 Jahren und ältere Kinder mit Entwicklungsverzögerungen; Einzeltest.

Der SETK 3 – 5 erfasst mit vier Untertests bei dreijährigen Kindern und mit fünf Untertests bei vier- bis fünfjährigen Kindern rezeptive und produktive Sprachverarbeitungsfähigkeiten sowie auditive Gedächtnisleistungen. Mit dem SETK 3 – 5 soll es möglich sein, im Altersbereich zwischen drei und fünf Jahren zuverlässig das erreichte Sprachentwicklungsniveau festzustellen und in einen kausalen Erklärungszusammenhang mit auditiven Gedächtnisleistungen zu bringen. Dabei spielt das phonologische Arbeitsgedächtnis eine ganz entscheidende Rolle.

Gütekriterien: Die interne Konsistenz der Untertests variiert zwischen $\alpha = .62$ und $\alpha = .89$.

Nach Aussagen der Verfasser belegen Untersuchungen die Differenzierungsfähigkeit und die prognostische Validität.

Normen: Es liegen Normen (T-Werte, Prozentränge) für die fünf Altersgruppen 3;0 – 3;5 Jahre, 3;6 – 3;11 Jahre, 4;0 – 4;5 Jahre, 4;6 – 4;11 Jahre und 5;0 – 5; 11 Jahre vor (N = 495).

Bearbeitungsdauer: 20 bis maximal 30 Minuten.

■ **Bielefelder Screening zur Früherkennung von Lese-Rechtschreibschwierigkeiten (BISC) von H. *Jansen,* C. *Mannhaupt,* H. *Marx* und H. *Skowronek* (²2002)**

Ziele und Einsatzbereich: Vorschulkinder zu Beginn oder Mitte des letzten Vorschuljahres (Einzeltest).

Das BISC ermöglicht die zuverlässige individuelle Identifizierung von Vorschulkindern mit einem Risiko zur Ausbildung von Lese-Rechtschreibschwierigkeiten. Das Verfahren basiert auf der Annahme, dass eine nicht ausreichend ausgebildete phonologische Bewusstheit sowie Aufmerksamkeits- und Gedächtnisprobleme für die Ausbildung von Lese-Rechtschreibschwierigkeiten verantwortlich sind. Aus den Ergebnissen lassen sich Schlüsse für eine Förderung ziehen. Abgerundet werden die Neuerungen von einer qualitativ verbesserten Neuaufnahme der dem Kind vorzuspielenden Subtestitems auf CD.

Gütekriterien: Im Vorschulalter liegt über einen Zeitraum von sechs Monaten eine akzeptable Retestreliabilität (r = .82). vor. Das BISC weist durchgängig moderate bis hohe Korrelationen mit den Leistungskriterien im ersten und zweiten Schuljahr auf. Das Screening soll eine gute individuelle Vorhersage von Lese-Rechtschreibschwierigkeiten ermöglichen.

Es liegen *Altersnormen* (N = 1.120) für die Testzeitpunkte zehn Monate vor Einschulung und vier Monate vor Einschulung vor.

Bearbeitungsdauer ca. 20 – 25 Minuten.

■ Die Diagnostischen Einschätzskalen zur Beurteilung des Entwicklungsstandes und der Schulfähigkeit (DES) Von K. *Barth* (⁵2008)

Ziele und Einsatzbereich: Bei Kindern im letzten Kindergartenjahr vor der Einschulung bzw. zu Beginn des schulischen Erstunterrichts. Die DES wurden entwickelt, um Kinder im Übergangsfeld Kindergarten/Schule möglichst früh und gezielt fördern zu können. Es handelt sich um ein „Screening-Verfahren", das Erzieherinnen, Grundschullehrerinnen, Sozialpädagoginnen von Schulkindergärten, Förderklassen und Sonderpädagogen Hilfestellung bei der Beurteilung des Entwicklungsstandes eines Kindes geben soll. Diese Einschätzung erlaubt auch eine kompetente Elternberatung sowie eine Orientierung darüber, wann bestimmte weitere Fachdienste (Kinderärzte, neuropädiatrische Zentren, Beratungsstellen, Sprach-, Ergo-, Mototherapeuten usw.) zur genaueren diagnostischen Klärung der Entwicklungsauffälligkeiten eingeschaltet werden sollen. Im Sinne einer präventiven Diagnostik können anhand der Aufgabenbereiche der DES Prozesse erkannt werden, die die weitere Entwicklung des Kindes behindern oder verzögern, so dass – auch im präventiven Sinne – ein Förderplan aufgestellt werden kann. Es werden insgesamt 28 Entwicklungsaufgaben in den Bereichen Wahrnehmung, Motorik, Gedächtnis, kognitive, soziale und emotionale Arbeit erfasst.

Bearbeitungsdauer: 1½ bis 2 Stunden.

■ Basisdiagnostik für umschriebene Entwicklungsstörungen im Vorschulalter (BUEVA) von G. *Esser* unter Mitarbeit von A. *Wyschkon* (in Anwendung seit 2002)

Ziele und Einsatzbereich: Erkennung von Teilleistungsstörungen bereits vor dem Schulbeginn bei Kindern im Alter von vier bis fünf Jahren bzw. zum Zeitpunkt der Einschulung.

Das Verfahren dient der Prävention von Verhaltens- und Leistungsstörungen sowie der Früherkennung bestimmter Entwicklungsstörungen. Zu diesem Zweck wurden in der BUEVA Untertests aus bewährten Testverfahren zusammengestellt und so modifiziert, dass den Besonderheiten der Kinder im Vorschulalter Rechnung getragen wird. Bei Vierjährigen wird nach Aussagen der Autoren ökonomisch die allgemeine

Intelligenz, die Artikulation, die expressive und die rezeptive Sprache sowie die Visuomotorik erfasst, bei Fünfjährigen wird zusätzlich die Aufmerksamkeitsleistung mit zwei Untertests erhoben. Ihr Differenzierungsoptimum weist die Testbatterie im deutlich unterdurchschnittlichen Leistungsbereich auf.

Gütekriterien: Die Vorhersage späterer Schulleistungsprobleme soll – sowohl für die Leistungen im Rechnen als auch für die Rechtschreibleistung – mit der BUEVA bereits im Alter von 4 ½ Jahren möglich sein.

Normen: T-Werte und Prozentrangwerte liegen für vier- und fünfjährige Kindergartenkinder (N = 657) sowie für Kinder im Rahmen der Einschulungsuntersuchung (N = 1.930) vor.

Bearbeitungsdauer: 20 Minuten für vierjährige, 25 Minuten für fünfjährige Kinder.

■ **Basisdiagnostik Umschriebener Entwicklungsstörungen im Grundschulalter: (BUEGA) von G. *Esser,* A. *Wyschkon* und K. *Ballaschk* (in Anwendung seit 2008)**

Ziele und Einsatzbereich: Der Geltungsbereich des Verfahrens erstreckt sich auf die Klassen eins bis fünf.

Ziel der BUEGA ist es, im Grundschulalter vorliegende, für Lernvorgänge relevante Teilleistungsstörungen sowie Aufmerksamkeitsstörungen auf ökonomische Weise zu erfassen. Folgende Leistungsbereiche werden geprüft: verbale Intelligenz, nonverbale Intelligenz, expressive Sprache, Lesen, Rechtschreibung, Rechnen und Aufmerksamkeit. Aus den Testergebnissen wird ein Gesamtwert gebildet, der auch aufgrund seiner hohen Korrelation mit Schulleistungen für die Schullaufbahnberatung herangezogen werden kann.

Gütekriterien: Die Zuverlässigkeit wird auf der Basis der internen Konsistenzen der einzelnen Untertests als sehr gut bis ausreichend eingeschätzt, auch die Ergebnisse zur internen kriteriumsbezogenen Validität, zur Korrelation mit Lehrerurteilen sowie zur Konstruktvalidität fielen – so die Autoren – zufriedenstellend bis sehr zufriedenstellend aus.

Normen: An der Normierung nahmen insgesamt 2.321 Schüler teil, eine gute Differenzierung im unteren und oberen Leistungsbereich ist möglich.

Die *Durchführung* dieses Individualtests beansprucht je nach Alter und Leistungsfähigkeit des Kindes zwischen 40 und 60 Minuten.

5.2.2.4 Entwicklungstests und Screenings –
Möglichkeiten und Grenzen

Bezüglich der Funktionen von Entwicklungstests kann zusammenfassend gesagt werden: Entwicklungstests sollen den Entwicklungsstand des Verhaltens von Kindern und Jugendlichen anzeigen. Das heißt zunächst, dass sie die Möglichkeit bieten müssen, den aktuellen Entwicklungsstand im Sinne des Ist-Verhaltens zu beobachten und festzustellen. Über die Bestandsaufnahme des gegenwärtigen Verhaltens hinaus müssen sie aber gleichzeitig indizieren, wie weit untersuchte Personen zum gegebenen Zeitpunkt in ihrer Verhaltensentwicklung fortgeschritten sind, d. h. an welcher Stelle eines Entwicklungskontinuums das aktuelle Verhalten einzuordnen ist. Normalerweise werden außerdem auch Angaben darüber erwartet, warum sich ein Kind zu einer gegebenen Zeit gerade an dieser oder jener Stelle der Entwicklung bzw. des Entwicklungskontinuums befindet (ätiologische Frage) und ob bzw. unter welchen Voraussetzungen es sich nach Ablauf bestimmter Zeiteinheiten an einer anderen Stelle des Kontinuums befinden könnte (prognostische Frage). Diese Fragen können an sich nur durch einen Vergleich des individuellen Ist-Verhaltens mit einem entsprechenden Soll-Verhalten beantwortet werden. In die Aussagen über das Soll-Verhalten gehen die Begleit- d. h. die Umfeldbedingungen ein. Je genauer der Entwicklungsprozess bekannt ist, desto günstiger sind auch die Voraussetzungen für die Diagnose bzw. Bestimmung des aktuellen Entwicklungsstandes und für entsprechende ätiologische und prognostische Aussagen.

Eine befriedigende Antwort auf die Frage, wie der Entwicklungsprozess allgemein vonstatten geht, ist insofern nicht möglich, als eine generell verbindliche Vorstellung von Entwicklung nicht existiert. Vielmehr sind alle Beschreibungen des Entwicklungsverlaufs vereinfachende Hilfsvorstellungen zum Verständnis eng miteinander verflochtener dynamischer Entwicklungsprozesse. Sie stellen eher Abstraktionen, (unvollkommene) Approximationen der Wirklichkeit dar. Die Entwicklung menschlichen Verhaltens kann allgemein als Funktion eines Interaktionsprozesses aus Anlage-, Umwelt- und Persönlichkeitsfaktoren (Selbstentfaltungskräfte) verstanden werden (*Bundschuh* 2008 a, 89 – 101), wobei sich individuelle Differenzen der Verhaltensentwicklung durch je verschiedene Kombinationen dieser Komponenten ergeben. Das besagt aber, dass die Entwicklung verschiedener Kinder unter unterschiedlichen Bedingungen vor sich geht. Einerseits gibt es interindividuelle und, in Bezug auf unterschiedliche Verhaltensbereiche, auch intraindividuelle Unterschiede der individuell angelegten Entwicklung. Andererseits sind verschiedene Kinder unterschiedlichen Umwelteinflüssen ausgesetzt, welche ihrerseits, je nach Ressourcen des Kindes, Verhaltensbereich und Entwicklungshöhe des Verhaltens, offensichtlich in verschiedener Art und Stärke auf den Veränderungsprozess des Verhaltens einwirken. Die Schwierigkeit, die Auswirkungen all dieser Bedingungen – sowohl isoliert als auch in ihren gegenseitigen Abhängigkeiten – für das Verhalten und damit für den Entwicklungsprozess zu erfassen, scheint ein wichtiger Grund für den Mangel an befriedigenden Modellvorstellungen der Entwicklung zu sein. Grundlegende Schwierigkeiten bereitet auch der Versuch zu bestimmen, was als selbstständige, einheitliche Verhaltensweise aufgefasst werden kann und welche Verhaltensweisen zu größeren, voneinander unabhängigen Einheiten (Verhaltensfunktionen, -bereichen, -kategorien, -dimensionen, -feldern, -faktoren) zusammengeschlossen werden können. Definitionen von Verhaltenseinheiten sind aber wesentliche Voraussetzungen zur Ermöglichung verlässlicher Aussagen über die Ablaufsart, über Auftretensbeginn, Verlaufstempo und Dauer eben dieser Verhaltenseinheiten sowie über deren Beziehungen zum Ablauf anderer Verhaltenseinheiten. Das offenbar vielschichtige und prozesshaft vernetzende Neben- und Miteinander, Auseinander, Ineinander, Nach-, Über- und Gegeneinander im Ablauf verschiedener Verhaltenseinheiten scheint ein weiterer Grund zu sein, der die Formulierung allgemein anerkannter Modelle der Entwicklung des Verhaltens erschwert. Gleichwohl sind aber Modellvorstellungen der Verhaltensentwicklung notwendige Voraussetzung für die Konzeption von Entwicklungstests. Im Grunde stellt jeder Entwicklungstest ein mehr oder weniger differenziertes und ein mehr oder minder akzeptables Teilmodell der Entwicklung des Verhaltens dar; ein Teilmodell insofern, als jeder Testautor bestimmte inhaltliche und zeitliche Segmente aus dem Gesamt der Verhaltensentwicklung in die Beobachtungsaufgaben und damit in die Entwicklungsdiagnostik einbezieht. Die Frage, inwieweit durch das Herausgreifen bestimmter Verhaltensweisen z. B. Intelligenz, Motorik, Sozialverhalten oder Unterteilungen solcher Kategorien bzw. durch die Betrachtung isolierter Abschnitte (zeitliche Segmente; z. B. Kindheit, Adoleszenz, Erwachsenenalter oder auch Aufteilungen in Jahre, Monate, Wochen) das reale Entwicklungsgeschehen künstlich eingeengt oder gegebenenfalls auch verfälschend ausgeweitet wird, muss in jedem Falle kritisch betrachtet werden. Hierbei muss auch beachtet werden, dass ein Entwicklungstest-

Autor seine Vorstellungen von Entwicklung zwar theoretisch ausführlich darstellen, im Test (Aufbau, Beobachtungen, Ergebnisbewertung, Standardisierung u. a.) aber vielleicht nur unvollkommen realisieren kann.

Bei der Festlegung und Beurteilung des individuellen Ist-Verhaltens, also der „Verhaltensleistungen" einer Person bei einer bestimmten Testuntersuchung, sind im Wesentlichen zwei, zum Teil miteinander zusammenhängende Problemkreise zu beachten: der Gesichtspunkt der Objektivität der Erfassung, Bewertung und Verrechnung der beobachteten Verhaltensdaten und der Gesichtspunkt der intraindividuellen Leistungsstreuung. Die arithmetische Festlegung der Interpretationsgrößen (z. B. EA, EQ, Profile) stellt häufig eine zu ungenaue Wiedergabe und stets eine Abstraktion des Ist-Verhaltens dar. Ganz besondere Beachtung bei der Bewertung des Ist-Verhaltens verdient der Aspekt der intraindividuellen Leistungsstreuung, gerade bei Kindern mit Entwicklungsverzögerungen. Die meisten Testautoren geben lediglich unspezifisch allgemeine Hinweise zur Abschätzung dieser speziellen Leistungsbedingungen. Der Bezugspunkt für die diagnostische Wertung des am Individuum beobachteten Ist-Verhaltens ist das Soll-Verhalten. Dieses stellt in den bisherigen Entwicklungstests eine an einer bestimmten Stichprobe gewonnene Entwicklungsnorm, genauer gesagt, vorwiegend eine Alters-Entwicklungsnorm dar. Die traditionellen Entwicklungstest-Autoren orientieren sich nämlich bei der Auswahl der für die Festlegung des Soll-Verhaltens maßgeblichen Stichproben in erster Linie am Kriterium Lebensalter. Die besondere Beachtung dieses Kriteriums bei der Konstruktion von Entwicklungstests liegt insofern nahe, als das Verhalten gleichaltriger Personen, besonders im Kindes-, Jugend- und teilweise wohl auch im höheren Alter in vielen Verhaltensbereichen relativ gleichförmig, d. h. „alterscharakteristisch" ist. Der Wahl des Kriteriums Lebensalter liegt die Annahme zugrunde, dass sich das Entwicklungspotenzial altersgleicher Personen jeweils vollständig in konkret reproduzierbares Verhalten umgesetzt habe. Diese theoretisch zu problematische Annahme setzt voraus, dass die bisherige Entwicklung altersgleicher Personen unter identischen Entwicklungsbedingungen erfolgt ist (Geschlecht, Kulturmilieu, sozio-ökonomischer Status, emotionales Milieu, Begabung, Bildung, Erziehung, Motivation und anderes mehr). Infolge der vorherrschenden Orientierung am Kriterium Lebensalter scheinen manche Verhaltensweisen primär altersabhängig zu sein, obwohl sie in Wirklichkeit primär auf andere Variablen oder Variablenbündel zurückgehen.

Unter wissenschaftlichem Aspekt betrachtet fehlt zahlreichen entwicklungsdiagnostischen Verfahren nicht nur eine solide theoretische Grundlage, sondern sie sind auch teststatistisch oft nur ungenügend abgesichert oder sie verfügen nur über eine unzureichende Normierung. Neuere Verfahren streben auch eine solide empirische Fundierung an, im Kontext schwerer Behinderung bzw. deutlicher Entwicklungsverzögerung ist jedoch eine individuelle Vorgehensweise notwendig.

Gerade auch im Hinblick auf die besonderen Herausforderungen bei Kindern und Jugendlichen mit Entwicklungsverzögerungen wurden inzwischen Screenings, und Berufseignungs- und -findungstests, spezielle Tests, Beobachtungs- und Fragebogen entwickelt. Im Zusammenhang mit dem Entwicklungsgeschehen von Kindern mit schweren Formen geistiger Behinderung bis hin zu Jugendlichen mit unterschiedlichen Verhaltensweisen und Kompetenzen bedarf es allerdings der Weiterentwicklung bzw. der Neukonzeption diagnostischer Verfahren mit einem wesentlich höheren Maß an Differenzierung sowie der Orientierung an den Bedürfnissen und speziellen Verhaltensmöglichkeiten der zu Untersuchenden mit Blick auf Verstehen, Beratung, Förderung, ggf. auch Therapie.

Förderung und Prävention sind erklärte Ziele, die mit nahezu allen entwicklungsdiagnostischen Verfahren zumindest indirekt verfolgt werden. Bislang existieren nur wenige standardisierte entwicklungsdiagnostische Verfahren, die das natürliche Verhalten im natürlichen Umfeld berücksichtigen, ferner mangelt es allen Verfahren zur Entwicklungsdiagnostik noch am systematischen Einbezug der für die Entwicklung so bedeutsamen Umfeldbedingungen sozial-emotionaler, kognitiver und auch materieller Art (Auswirkungen von Armut). Die Überarbeitung und Verbesserung vorhandener Entwicklungstests ist sinnvoll und im Hinblick auf die Herausforderungen im wissenschaftlichen Bereich und vor allem im praktischen Arbeitsfeld wünschenswert, um frühzeitig eine Entwicklungsverzögerung zu erkennen, eine zuverlässige Entwicklungsdiagnose zu erstellen und Prävention im Hinblick auf Beratung, Frühförderung und ggf. Therapie zu ermöglichen.

5.2.3   Verfahren zur Diagnose kognitiven Verhaltens: Intelligenztests/Intelligenzdiagnostik

Ein großer Teil der im Folgenden angeführten Verfahren liefert neben Prozentrangnormen und T-Werten zumeist einen Intelligenzquotienten. Nachdem aber „Intelligenz" ein Konstrukt darstellt, d. h., es liegen dem Intelligenzbegriff verschiedene Theorien und Annahmen zugrunde, die sich auch bei der Entwicklung eines Intelligenztests niederschlagen, können die Intelligenzquotienten und weitere Informationen einzelner Testverfahren nicht ohne weiteres verglichen werden. Die Berechnung eines Intelligenzquotienten stellt – also auch wenn man dabei eine bestimmte Zahl oder Größe erhält – ein gewisses unsicheres Moment dar.

Um über den Intelligenzquotienten hinausgehende Aussagen treffen zu können, bedarf es einer guten Kenntnis dessen, was der jeweilige Test beinhaltet, seiner Konstruktion, seiner Implikationen, vor allem der ihm zugrunde liegenden Theorie.

Es erscheint unmöglich, im Rahmen dieses Kapitels die wichtigen Informationen anzubieten, die im Zusammenhang mit allen im sonderpädagogischen Arbeitsfeld Verwendung findenden Tests zu nennen wären. Dafür stehen einmal die Testhandbücher zur Verfügung, zum anderen gibt es mehrere übersichtliche Werke, die – wenngleich nicht speziell für sonderpädagogische Zwecke – recht gut informieren (z. B. *Zimmermann* 1974, *Schmidtchen* 1975, *Hiltmann* 1977, *Brickenkamp* 2002). Es sei jedoch betont, dass die Verwendung von Tests, insbesondere von Verfahren zur Überprüfung der Intelligenz für den Sonderpädagogen auch bei gründlicher Theoriekenntnis immer noch zahlreiche Probleme mit sich bringt, die auch mit Hilfe von Testhandbüchern nicht gelöst werden können. Die hier teils im Überblick, teils ausführlicher vorgestellen Verfahren unterscheiden sich nicht nur in Bezug auf unterschiedliche Auffassungen von Intelligenz, sie differieren auch im Hinblick auf Möglichkeiten der Verhaltensbeobachtung und der Breite dessen, was sie erfassen.

5.2.3.1 Intelligenztests als Individualverfahren

Überblick

– Tests aus der *Binet*-Reihe:
 Binet-Simon-Bobertag-Norden-Test
 (*„Binetarium"*) von *Norden*
 Stanford-Intelligenz-Test (SIT) nach *Lückert*
 Kramer-Test (KT) von *Kramer*
– Hamburg-Wechsler-Intelligenztest für Kinder (HAWIK) von Wechsler und die Veränderungen in der Revision 1983 (HAWIK-R/HAWIK-IV)

- Das Adapitve Intelligenz Diagnostikum (AID 2)
- Die Kaufman-Assessment Battery for Children (K-ABC)
- Testbatterie für geistig behinderte Kinder (TBGB) von *Bondy* u. a.
- Snijders-Oomen nicht-verbale Intelligenztestreihe (S.O.N.) von *Snijders* und *Snijders-Oomen*
- Progressiver Matrizentest (PM) von *Raven* (deutsche Bearbeitung von *Schmidtke*, A. u. a.)
- Hannover-Wechsler-Intelligenztest für das Vorschulalter (HAWIVA) von *Eggert* (Hrsg.)
- Intelligenztest für 6- bis 14-jährige körperbehinderte und nichtbehinderte Kinder (ITK) von *Neumann*

Es handelt sich bei diesen Tests – wie bereits dargelegt – um *Individualverfahren,* d. h., der Testleiter kann jeweils nur *ein* Kind untersuchen. Dafür haben diese Tests den für die förderdiagnostische Praxis wichtigen Vorteil, dass sie zahlreiche Möglichkeiten der Verhaltensbeobachtung gestatten: Sozialverhalten bzw. Kontaktverhalten zum Testleiter, Motorik, sprachliches Verhalten, Arbeitsverhalten, Konzentration (multidimensionale Verfahren). Man erfasst – ganz abgesehen von den Möglichkeiten der Verhaltensbeobachtung – mit den Testaufgaben nicht einen eng beschriebenen Verhaltensbereich, sondern vielmehr ein ganzes Spektrum von Verhaltensweisen, was jedoch in der Regel auf Kosten der Exaktheit, Objektivität, Zuverlässigkeit und Gültigkeit geht, insbesondere bei den Tests aus der *Binet*-Reihe. Drei der genannten, gegenwärtig häufig verwendeten Verfahren und ein neuerer Test sollen unter Einbezug kritischer Aspekte kurz besprochen werden (KT, HAWIK, TBGB und HAWIVA).

▧ **Der Intelligenztest von J. Kramer und seine charakteristischen Merkmale (als historisches Beispiel für einen Test aus der Binet-Reihe):**
Im Rahmen der Ausführungen zur Geschichte der Intelligenzdiagnostik wurde bereits einiges zu den Stufen- oder Staffeltests dargelegt, und zwar insofern, als deren Entwicklung (historisch gesehen) angesprochen wurde (vgl. 2.3).

Zum *Intelligenzbegriff* bei Kramer – Folgerungen für die Testaufgaben: Den Ausgangspunkt für die Entwicklung eines Tests bildet die Frage der Definition, was der Test messen oder erfassen soll. Beim Intelligenztest muss man also erwarten, dass eine ganz bestimmte Definition, eine Vorstellung von Intelligenz, zugrunde liegt. *Kramer* nennt in ihrem Buch „Intelligenztest" drei Gruppen von Intelligenzdefinitionen: 1. Funktionelle, 2. statische, 3. strukturelle. Aufgrund von Untersuchungen E. *Valentinis* (1951) über diese drei Gruppen von Definitionen können drei Merkmale für den „Begriff Intelligenz" genannt werden:

– Formulieren von Begriffen;
– Urteilen durch die Schaffung von Beziehungen zwischen den Dingen;
– Schließen durch Deduktion und Induktion (*Kramer* 1972, 33ff).

Diese Wesensmerkmale der Intelligenz sind aber noch verknüpft mit *Vorbedingungen,* ohne die Intelligenz nicht zum Tragen, zur Realisierung kommen kann.*

Zu diesen Vorbedingungen gehören z. B. das Gedächtnis, einschließlich der Merk- (Kurz-) und Erinnerungsfähigkeit (Langzeitgedächtnis). *Kramer* erinnert an einen Satz des Psychiaters G. *Kloos,* es gäbe Gedächtnisleistungen ohne Intelligenz, aber keine Intelligenzleistungen ohne Gedächtnis. Als Voraussetzungen für Gedächtnisleistungen werden noch die Auffassungsfähigkeit und die Aufmerksamkeit genannt.

Als weitere Ausgangsbasis für ihren Intelligenzbegriff nennt *Kramer* die Definition von *F. Montalta* (Vorlesungen zur Kinder- und Jugendpsychologie. 1946; unveröffentl.), in der zum Ausdruck gebracht wird: „*Intelligenz ist die Fähigkeit, neue Situationen (auch Denksituationen) ihrem Wesen gemäß zu meistern*" (zit. n. *Kramer* 1972, 37). Die Autorin bezeichnet diese Definition als „zweckmäßig", weil sie sowohl den theoretischen als auch den praktischen Bereich berücksichtige. *Kramer* vertritt an gleicher Stelle die Meinung, jede Intelligenzprüfung müsse darauf zielen, die Fähigkeit eines Individuums festzustellen, neue Situationen, vor allem auch Denksituationen, ihrem Wesen gemäß zu meistern. Eine solche Überprüfung ist aber nur über den Umweg einer zu „messenden" Leistung möglich. Geprüft wird also immer nur eine beobachtbare Leistung oder Leistungsfähigkeit. Es handelt sich jedoch hierbei nicht um eine einfache, vielmehr um eine zusammengesetzte Größe. Als Ausgangsfaktoren solcher Leistungen müssen Anlage- und Umweltfaktoren (Erfahrung, durch Erfahrung Gelerntes, ausgewertete Erfahrung, realisierte Erfahrung) und Reifungsfaktoren (das durch Umwelteinflüsse und aus inneren Antrieben Gereifte; psycho-physische Fak-

---

* Faktorenanalytische Untersuchungen legen den Einbezug von „Vorbedingungen" in die Definitionen von Intelligenz nahe.

toren) gesehen werden. Die „reine" Intelligenz wird sich als solche nie direkt erfassen und festhalten lassen.

Kramer vertritt die Meinung, im schulischen Bereich werde weniger von Intelligenz und Begabung gesprochen als vielmehr von Lernfähigkeit oder intellektueller Leistungsfähigkeit (1972, 37f).

Es besteht kein Zweifel, dass die Lernfähigkeit eines Kindes in hohem Maße auch von seiner Umwelt abhängt, dass die Aussage, der Großteil von Kindern sei gleichen Umwelteinflüssen ausgesetzt, nicht ganz zu bejahen ist. Man darf sich auch nicht mit der „Abklärung eines Zustandes" zufriedengeben, vielmehr werden gerade die Vorgänge im Zusammenhang mit Lernen prozessual und dynamisch gesehen. Man kann im Anschluss an die vorangegangenen Ausführungen und aufgrund der Kenntnis der Testaufgaben und der dazu vorliegenden Beschreibungen sagen, dass der *Kramer*-Test als ein Verfahren aus der *Binet*-Reihe grob gesehen zwei Ebenen intelligenten Verhaltens prüft: *Voraussetzungen* der intellektuellen Leistungsfähigkeit und *Kernfunktionen* der Intelligenz. Dies dürfte weitgehend dem Intelligenzbegriff *Valentinis* entsprechen.

Als *Voraussetzungen* für die intellektuelle Leistungsfähigkeit können bezogen auf den *Kramer*-Test gelten:

- Speicherungsfähigkeit (ohne Gedächtnis und Merken wird intelligentes Verhalten kaum vorstellbar);
- Aufmerksamkeit/Konzentration (Konzentrationsstörungen führen zu Lernstörungen);
- Durchhaltevermögen (durchschnittlich intelligente Kinder scheitern manchmal im gegenwärtigen Schulsystem, weil sie nicht über genügend Spannkraft oder Durchhaltevermögen verfügen);
- sprachliche Fähigkeiten;
- motorische Fähigkeiten;
- Wissen und Kenntnisse.

An *Kernfunktionen* werden im *Kramer*-Test geprüft:

- Abstraktionsfähigkeit (Wesentliches erfassen, vom Unwesentlichen absehen);
- Kombinationsfähigkeit (aus Teilen eine Ganzheit herstellen, Synthetisieren);
- Urteils- und Kritikfähigkeit (erkennen, ob ein Sachverhalt, ein Urteil richtig ist, wobei manchmal auch sogenannte „moralische Urteile" angesprochen sind).

Die genannten Funktionen werden in den Bereichen des *abstrakten* und *anschaulichen* Denkens angesprochen.

Der Stufentest (*Kramer*-Test) schließt auch Aufgaben ein, die spezifische Fähigkeiten betreffen:

- *motorische* Aufgaben, z. B. Figuren oder Farben nachlegen, Perlen auffädeln, Nachzeichnen. Vor allem können sich erste Anzeichen einer Störung der Feinmotorik ergeben. Eine gestörte Feinmotorik kann Hinweise auf mögliche funktionelle oder auch hirnorganische Störungen liefern.
- Aufgaben, die *räumliche* und *zeitliche* Orientierung zum Inhalt haben; sie sind für den lebenspraktischen Aspekt von Bedeutung.
- Auch die *Formauffassung* wird überprüft (Erkennen von Figuren, Rhombus, geometr. Figuren). Formauffassung gilt auch als Grundlage für Lesen und Schreiben.
- Kurzzeit*gedächtnis* für Formen, Texte und Zahlen.
- Nach *Kramer* richten sich die Aufgaben der Altersstufen 5 – 7 zielbewusst auf die Voraussetzungen, die für die Schulreife von Bedeutung sind. Insofern könnte man sie auch als Schulreifetest verwenden (1972, 228 – 235).

Als durchgängig ungünstig erweist es sich beim *Kramer*-Test, dass jede Aufgabe innerhalb einer Jahresreihe nur als eine Art Verhaltensbeobachtung gelten kann, denn es gibt keine Vergleichsnormen für die einzelnen Aufgaben.

Als vorteilhaft erweist sich die häufigere Variation der Aufgabenstellung, weil doch zumindest die Motivation durch den Wechsel erhalten bleibt. Kinder sind meist gespannt, was jetzt wohl kommt. Insofern liegt es nahe, dass auch ein Großteil beeinträchtigter Kinder versucht, optimale Leistungen zu erbringen.

Aufbau des Stufentests bei Kramer: Im Stufen- oder Staffeltest wird von der Annahme ausgegangen, dass sich jedes Kind weiterentwickelt. Die Art und Auswahl der Aufgaben orientiert sich im Prinzip an der psychischen Entwicklung auf verschiedenen Altersstufen, an den Lebens- und Schulanforderungen, wobei auf die Vielseitigkeit der Dimensionen intelligenten Verhaltens hingewiesen wird (1972, 83f).

Gütekriterien des Kramer-Tests: Es existieren eine Reihe von Einzeluntersuchungen zum Kramer-Test, die jedoch erst durchgeführt wurden, als das Verfahren bereits publiziert worden war (1972, 104 – 112).

Kritische Anmerkungen: Man sah lange Zeit in den Stufentests eine Möglichkeit, relativ rasch Kenntnisse über die Intelligenz eines Probanden zu erlangen. Es wurde als Vorteil angesehen, dass sich schnell und leicht ein Intelligenzquotient berechnen ließe, sich Fachleute aufgrund der Befunderstellung zu einem Test gegenseitig rasch informieren könnten, Hinweise auf eine zu erwartende intellektuelle Leistungsfähigkeit gegeben würden und damit Anhaltspunkte etwa für die Aufnahme in eine Sonderschule. Tests aus der *Binet*-Reihe wurden und werden ferner herangezogen bei Problemen der Rechtsprechung und der Erstellung von psychiatrischen Gutachten.

Dabei darf nicht übersehen werden, dass die Tests aus der *Binet*- Reihe keinesfalls den Erwartungen entsprechen, die man wissenschaftlich abgesicherten Testverfahren entgegenbringt:

- Die theoretische Fundierung der Stufentests aus der *Binet*-Reihe kann nicht als ausreichend bezeichnet werden (Objektivität der Durchführung, Auswertung, Interpretation, Reliabilität, Validität, Normierung).
- Die Aufgaben orientieren sich doch sehr stark an einer gewissen Sozialschicht. Die Verballastigkeit der Aufgaben kann das Ergebnis beeinträchtigen. Vor allem Kinder aus sozio-kulturell benachteiligten Familien haben Probleme bei der Bewältigung dieser Aufgaben (hohe Korrelation mit dem Lehrerurteil).
- Nachdem keine Erstellung eines Leistungsprofils möglich ist, können die einzelnen Leistungsbereiche eines Kindes kaum bzw. ungenügend miteinander verglichen werden.
- Nicht selten zeigen sich – gerade bei beeinträchtigten Kindern – bei den unterschiedlichen Aufgabenstellungen Leistungsdiskrepanzen, die mit großer Wahrscheinlichkeit nicht auf die Intelligenz zurückgeführt werden können.
- Die Staffel- oder Stufentests beschränken sich doch primär auf einen Teil kognitiver Verhaltensweisen. Ähnlich wie bei anderen Intelligenztests wird das kreative (schöpferische, produktive, divergierende) Denken weitgehend ausgeklammert.

▪ Hamburg-Wechsler-Intelligenztest für Kinder: vom HAWIK-III (*Tewes* u. a. 2000) zum HAWIK-IV (*Petermann/Petermann* 2007)

1. Das Konzept des HAWIK: Ähnlich wie beim Hamburg-Wechsler-Intelligenztest für Erwachsene (HAWIE) handelt es sich beim HAWIK nahezu um eine Kopie der „Wechsler Intelligente Scale for Children"

(WISC). Für deutsche Verhältnisse wurde der von David *Wechsler* konzipierte Test von Francis *Hardesty* und Hans J. *Priester* bearbeitet. HAWIK und HAWIE beruhen auf derselben Theorie *Wechslers* über Intelligenz. Man kann damit sagen, dass der HAWIK eine Transponierung des HAWIE auf das Niveau des Kindesalters darstellt. Es muss im Zusammenhang mit der Konstruktion eines Tests als fraglich angesehen werden, ob die psychologische Bedeutsamkeit eines Intelligenzbegriffes für Erwachsene und Kinder in gleichem Maße gegeben sein soll.

Der dem HAWIK zugrunde liegende *Intelligenzbegriff:* Faktorenanalysen zeigten, dass der HAWIK insgesamt gesehen relevant ist zur „Überprüfung der Allgemeinbefähigung" im Sinne der Grundintelligenz* „g" nach *Spearman* (vgl. Wewetzer 1971, 209 ff). Entsprechend wird auch im HAWIK von einem ganz anderen Intelligenzbegriff ausgegangen als beim *Binet*-Test-System.

Wechsler definiert: „Intelligenz ist die zusammengesetzte oder globale Fähigkeit des Individuums, zweckvoll zu handeln, vernünftig zu denken und sich mit seiner Umgebung wirkungsvoll auseinanderzusetzen. Sie ist global, weil sie aus Elementen oder Fähigkeiten besteht, die, wenn auch nicht vollständig unabhängig, doch qualitativ unterscheidbar sind" (1964, 13).

Der Ausdruck „global" wird von *Wechsler* deshalb gebraucht, weil das Verhalten eines Individuums als Ganzes charakterisiert wird.

Verwendung: Der HAWIK-IV ist ein Intelligenztest zur Erfassung allgemeiner und spezifischer intellektueller Fähigkeiten bei Kindern von 6;0 bis 16;11 Jahren, der sich an der Wechsler-Tradition orientiert und gleichzeitig auf neueren Erkenntnissen kognitionspsychologischer wie auch klinischer Forschungen basiert.

Das Verfahren: Neben einer Aktualisierung des Testmaterials und einer Neunormierung steht eine Änderung der Gesamtstruktur im Vordergrund der Testneuentwicklung. Der HAWIK-IV enthält insgesamt 15 Untertests. Die Erfassung der fünf Intelligenzwerte

---

* Für *Wechsler* stellt sich der Generalfaktor „g" als ein Maß „der Energie dar, die allen intellektuellen Fähigkeiten zugrunde liegt" (Wechsler 1964). Denn intelligentes Verhalten wird auch durch motivationale Faktoren wie Trieb und Anreiz beeinflusst, durch die Kombinationen und die Art der Kombination von Fähigkeiten.

- Sprachverständnis,
- Wahrnehmungsgebundenes Logisches Denken,
- Arbeitsgedächtnis,
- Verarbeitungsgeschwindigkeit sowie des
- Gesamt-IQ-Wertes

ermöglichen es – nach Darstellung der Autoren – dem Anwender, ein differenziertes Bild des kognitiven Entwicklungsstandes zu erstellen. Zusätzlich können auf der Untertestebene weitere Analysen vorgenommen werden. So ermöglicht die Profilanalyse differenzierte Aussagen über Stärken und Probleme eines Kindes. Zusätzlich liefern Prozessanalysen wichtige Hinweise für eine gezielte Therapieplanung. Der HAWIK-IV bietet außerdem:

- repräsentative und umfassende Neunormierung,
- attraktive und kindgerechte Testmaterialien,
- anwenderfreundliches Manual sowie Protokollbogen,
- ökonomische Testdurchführung,
- wissenschaftliche Fundierung.

Gütekriterien: Die *Reliabilität* der Untertests variiert zwischen r = .76 und r = .91, für den Gesamttest beträgt sie r = .97. Es liegen Studien zur faktoriellen und zur kriteriumsbezogenen Validität vor.

Die *Bearbeitungszeit* beträgt zwischen 60 und 90 Minuten.

2. Veränderungen und Subtests des HAWIK-IV: Die deutlichste Veränderung gegenüber dem HAWIK-III ergibt sich durch den Verzicht auf die dichotome Aufteilung in Verbal- und Handlungsteil sowie durch die Einführung neuer Untertests. Es treten jetzt kognitive Funktionen, wie das Sprachverständnis, fluides logisches Denken, die Kapazität des Arbeitsgedächtnisses oder die Geschwindigkeit von Informationsverarbeitungsprozessen, stärker in den Vordergrund. Der HAWIK-IV besteht aus 15 Untertests (vgl. Tab. 4), deren Einzelergebnisse auch in einem Leistungsprofil abgebildet werden können.

Die zehn als Kerntests bezeichneten Untertests werden in Skalen (Indizes) zusammengefasst, die die Fähigkeiten in unterschiedlichen kognitiven Bereichen (Sprachverständnis, Wahrnehmungsgebundenes Logisches Denken, Arbeitsgedächtnis und Verarbeitungsgeschwindigkeit) sowie das allgemeine kognitive Niveau (Gesamt-IQ) eines Kindes repräsentieren (vgl. Abb. 9).

Durch die optionalen Untertests (z. B. Rechnerisches Denken) können zusätzliche Informationen gewonnen werden. Die Einführung neuer Untertests (Bildkonzepte, Buchstaben-Zahlen-Folgen, Matrizen-Test, Durchstreich-Test und Begriffe erkennen) und die Herausnahme von Untertests aus dem Test oder aus der IQ-Berechnung und damit verbunden auch eine Bedeutungsverschiebung in den vier Indizes basieren auf neueren Forschungsergebnissen (vgl. *Daseking* et al. 2007, 251).

Tab. 4: Beschreibung der Untertests des HAWIK-IV (*Daseking* et al. 2007, 252)

Abk.	Untertest	Beschreibung der erfassten Funktionen
Kerntests (zur Bestimmung der IQ-Werte)		
MT	Mosaik-Test	Analyse und Synthetisierung abstrakter visueller Stimuli, nonverbale Konzeptbildung, visuelle Wahrnehmung und Organisation, visuomotorische Koordination, Figur-Grund-Unterscheidung bei visuellen Stimuli
GF	Gemeinsamkeiten finden	Verbales Schlussfolgern und Konzeptbildung, auditives Verständnis, Gedächtnis, verbaler Ausdruck
ZN	Zahlen nachsprechen	Auditives Kurzzeitgedächtnis; Fertigkeit zur Reihenbildung, Aufmerksamkeit. Zahlen nachsprechen vorwärts: automatisiertes Lernen, Gedächtnis, Aufmerksamkeit. Zahlen nachsprechen rückwärts: Arbeitsgedächtnis, mentale Rotation, visuell-räumliches Vorstellungsvermögen. Wechsel: kognitive Flexibilität
BK	Bildkonzepte	Abstraktes kategoriales Denken
ZST	Zahlen-Symbol-Test	Kognitive Verarbeitungsgeschwindigkeit, Kurzzeitgedächtnis, Lernfähigkeit, visuelle Wahrnehmung, visuomotorische Koordination, Fähigkeit zum visuellen Scanning, kognitive Flexibilität, Aufmerksamkeit
WT	Wortschatz-Test	Wortwissen eines Kindes und Begriffsbildung, Lernfähigkeit, Langzeitgedächtnis, Sprachentwicklung
BZF	Buchstaben-Zahlen-Folgen	Reihenfolgenbildung, mentale Rotation, Aufmerksamkeit, auditives Kurzzeitgedächtnis, visuell-räumliches Vorstellungsvermögen, Verarbeitungsgeschwindigkeit

MZ	Matrizen-Test	Fluide Intelligenz
AV	Allgemeines Verständnis	Verbales Schlussfolgern und verbale Konzeptualisierung, sprachliches Verständnis, sprachlicher Ausdruck, Wissen um konventionelle Verhaltensstandards, soziales Urteil
SYS	Symbol-Suche	Kognitive Verarbeitungsgeschwindigkeit, visuelles Kurzzeitgedächtnis, visuomotorische Koordination, kognitive Flexibilität, visuelle Diskrimination, Konzentration
Optionale Untertests (zusätzliche Informationen)		
BE	Bilder ergänzen	Visuelle Wahrnehmung und visuelle Organisation
DT	Durchstreich-Test	Verarbeitungsgeschwindigkeit, visuelle selektive Aufmerksamkeit
AW	Allgemeines Wissen	Kristalline Intelligenz, allgemeines Faktenwissen, Langzeitgedächtnis
RD	Rechnerisches Denken	Mentale Rotation, Konzentration, Aufmerksamkeit, Kurz- und Langzeitgedächtnis, Rechenfähigkeit
BEN	Begriffe erkennen	Verbales Schlussfolgern, sprachliches Verständnis, verbale Abstraktion, Bereichswissen, Integration und Synthetisierung verschiedener Informationsarten, Generierung alternativer Konzepte

Kurzinformationen zu den einzelnen Subtests:
Profilanalysen: Die durch Diskrepanzanalysen identifizierten Stärken und Schwächen der Kinder können Anhaltspunkte für eine Förderung oder Therapieplanung liefern.

Die Darstellung der Prozesswerte für die drei Untertests *Mosaik-Test, Zahlen nachsprechen* und *Durchstreich-Test* kann zu einer größeren Sicherheit des klinischen Urteils beitragen.

Auswertungs- und Interpretationsmöglichkeiten: Neben der Berechnung von Untertests-Wertpunkten und IQ-Werten stellt der HAWIK-IV mehrere Auswertungsmodalitäten zur Verfügung, die zusätzliche Informationen über die Leistung eines Kindes liefern. Es wird für den HAWIK-IV eine Methode vorgeschlagen, die eine Interpretation auf mehreren Ebenen ermöglicht. Dieser Prozess beginnt mit einer Interpretation des

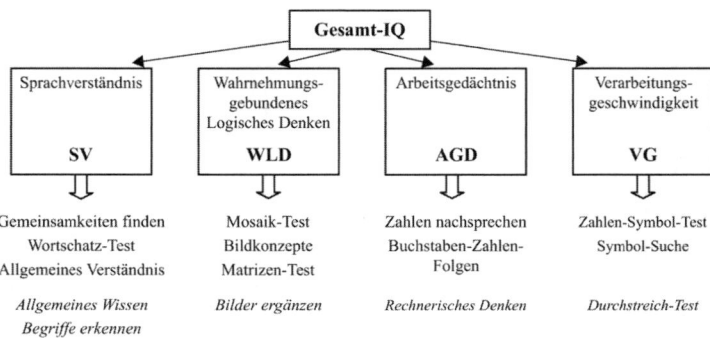

Abb. 9: Struktur des HAWIK-IV (*Daseking* et al. 2007, 253)

Gesamtwertes sowie der vier Indizes. Im nächsten Schritt können Stärken und Probleme („Schwächen") eines Kindes analysiert werden. Weitere Analyseschritte sind durch die Interpretation einzelner Untertests möglich.

Spezifische klinische Diagnosen, z. B. ADHS, Lese-Rechtschreibstörungen, sind mit dem HAWIK-IV nicht möglich.

Die durch die Diskrepanzanalysen identifizierten Stärken und Schwächen von Kindern können Impulse und Anhaltspunkt für eine Förderung liefern. Der HAWIK-IV dürfte damit auch bessere Möglichkeiten für eine qualitative Diagnostik gerade bei Kindern mit Lernproblemen implizieren als die früheren HAWIK-Formen.

Nach Aussagen der Testautoren erfüllt der HAWIK-IV wichtige Gütekriterien. Dazu gehören:

– die Aktualität der Normen,
– die Aktualität des zugrunde liegenden Modells,
– die Standardisierung (vgl. ebd. 258).

Es wird an gleicher Stelle angeführt, dass der HAWIK-IV die diagnostischen Möglichkeiten in den extremen Leistungsbereichen verbessert. Er bietet mit der Darstellung der Prozesswerte und mit den Differenzierungsanalysen ein erweitertes Interpretationsspektrum an, wobei die Analyse der allgemeinen kognitiven Leistungsfähigkeit eines Kindes auf der Interpretation des Gesamt-IQ und der vier angeführten Index-Werte beruht. Neues Material und neue Untertests sowie eine abwechslungsreiche Testdurchführung sollen die Motivation der Kinder fördern.

Es ergeben sich die folgenden kritischen Aspekte:

- Ob die neue Normierung die Gruppe der sozial benachteiligten Personen ausreichend erfasst, lässt sich aus Gründen des Datenschutzes nicht genau ermitteln.
- Besondere Aufmerksamkeit muss im sonderpädagogischen Bereich auf die Auswertung von Testergebnissen gelegt werden, die im unteren Bereich liegen. Berücksichtigt man Standardmessfehler und Sicherheitswahrscheinlichkeit, ist auch mit dem HAWIK IV eine sichere Trennung zwischen Regelschülern und Schülern mit dem Förderschwerpunkt Lernen nur etwa bis zu einem IQ 70/75 möglich. Die Wahrscheinlichkeit, dass wir aufgrund des IQ eine falsche Entscheidung treffen, ist gegeben.

Für den HAWIK-IV treffen darüber hinaus alle Einwände zu, die gegen die Anwendung normorientierter Tests in schulischen Beratungsprozessen, vor allem im Hinblick auf den individuellen Förderbedarf, gelten. Aus den quantitativen Ergebnissen des HAWIK-IV wird es nur begrenzt möglich sein, direkt veränderungswirksame pädagogische Aktivitäten einzuleiten. Inwieweit im Rahmen einer nichtstandardisierten Durchführung (Variation von Testbedingungen, qualitative Diagnostik) solche Erkenntnisse gewonnen werden können, muss erst noch untersucht werden.

Auch der neue HAWIK stellt große Ansprüche an die Probanden bzw. misst die Leistungen streng. Bei Kindern mit schwachen intellektuellen Fähigkeiten oder besonderen Funktionsstörungen könnten dadurch die Ergebnisse wesentlich schlechter ausfallen.

Folgerung: Die Umschulungsdiagnose kann unter differenzialdiagnostischem Gesichtspunkt durch die Anwendung des HAWIK-IV nicht sicherer werden, allerdings könnte man bei dieser Art der Anwendung mehr Kinder mit Förderschwerpunkt Lernen konstatieren. Man kann sagen, dass der HAWIK-IV derzeit eine Verbesserung gegenüber dem alten HAWIK, HAWIK-R und HAWIK-III im Hinblick auf förderdiagnostische Fragestellungen darstellt, aber bei unkritischem Umgang auch die Gefahr von Fehldeutungen impliziert:

- die zu untersuchenden Kinder werden bei den einzelnen Subtests an ihre Leistungsgrenzen herangeführt, damit besteht auch die Gefahr der Frustration;
- der Test gibt zu wenig Auskünfte über die Ursachenbereiche von Lern- und Leistungsstörungen;

- er enthält nur ansatzweise Ableitungen für gezielte Fördermaßnahmen, für direkte pädagogische und ggf. therapeutische Konsequenzen im Zusammenhang mit auftretenden Lern- und Leistungsproblemen gravierender Art;
- er stellt kein geeignetes Instrument dar zur förderdiagnostischen Untersuchung von Kindern mit geistiger Behinderung, denn die IQ-Untergrenze liegt bei 46 (permanente Überforderung von Kindern mit geistiger Behinderung; die Ergebnisse sagen nichts über zu fördernde Bereiche aus).

Unter sonderpädagogischem, speziell förderdiagnostischem Aspekt bringt der HAWIK-IV nur im Hinblick auf Lern- und Leistungsstörungen sowie Förderung einen Fortschritt. Er leistet keinen bedeutsamen Beitrag zur Analyse ungünstiger Lehr-Lern-Situationen, gibt einige Hinweise auf gezielte individuelle Förderung und ist im unteren Leistungsbereich zu undifferenziert. Ungeeignet ist er für die Anwendung im Bereich geistiger Behinderung, d. h. bei einem vorliegenden „Förderbedarf geistige Entwicklung".

Hinzuweisen ist auf das Fallbuch HAWIK-IV (Hrsg. F. *Petermann* und M. *Daseking*). Testanwender erhalten in diesem Band praxisorientierte Hilfen für die Auswertung und Interpretation von HAWIK-IV-Testergebnissen.

✕ ■ **Das Adaptive Intelligenz Diagnostikum (AID 2):** Das AID ist aus der Auffassung der Testautoren *Kubinger* und *Wurst* heraus entstanden, dass sowohl der HAWIK als auch dessen Revision HAWIK-R (s. o.) bezüglich Konstruktion und Material nicht den Anforderungen der Testtheorie und der Praxis entsprechen. Mit dem AID wollen die Testautoren ein Verfahren vorstellen, „das mit seiner innovatorischen Urfassung eigentlich nur noch das Grundkonzept Wechslers" gemeinsam hat: Es finden sich also im AID Untertests, die sich thematisch an diejenigen des HAWIK anlehnen, sie weisen aber nicht mehr die alten inhaltlichen wie die testtheoretischen Mängel dieses Verfahrens auf (*Kubinger/Wurst* 2000, 13). Der Test ist für die Altersgruppe 6;0 bis 15;11 Jahre ausgelegt und kann als Individualtest oder auch als „Screening"-Verfahren eingesetzt werden; die Durchführungsdauer wird beim AID mit 30 bis 70 Minuten angegeben. Das Besondere am AID ist das „Branched-testing"-System. Die Testvorgabe sieht altersgemäße Startgruppen vor. Nach Aufgabengruppen zu je fünf Aufgaben (mit einigen Ausnahmen) wird je nach erreichten Punktwerten leistungsentsprechend weiterverzweigt: Je nach erreichter Punktzahl verweist ein Schema auf leichtere, gleich schwere oder schwierigere Aufgabenblöcke. Standardmäßig ist vorgesehen, dass drei Aufgabengruppen durchgeführt werden. Man versteht unter „dem Begriff ‚adaptives' Testen eine Testvorgabe, bei der diejenige Aufgabe bzw. Aufgabengruppe gestellt wird, die den größten Zuwachs an Informationen über den mehr oder weniger oft genau geschätzten Fähigkeitsparameter der betreffenden Testperson liefert; dieser Fähigkeitsparameter drückt in quantitativer Weise die fragliche Fähigkeit in der jeweils gemessenen Dimension aus" (1991, 43). Durch dieses Verfahren kann die Testgenauigkeit erhöht und gleichzeitig die Durchführungszeit verringert werden, da überflüssige, zu leichte oder zu schwere Aufgaben entfallen. Als Einsatzmöglichkeiten nennen die Testautoren Allgemeine Leistungsdiagnostik, Schulpsychologie, Differenzialdiagnostik und die Bereiche Sonder- oder Heilpädagogik.

Intelligenzkonzept: Im Bewusstsein, dass Intelligenz eine theoretische Konstruktion ist, die sich nicht eindeutig definieren lässt, versuchen die Testautoren, ihren Schwerpunkt auf die pragmatische Funktion der Intelligenzdiagnostik zu legen. „Der gesellschaftspolitische Anspruch muß sich daran orientieren, daß der Intelligenzdiagnostik nicht länger das Flair von Klassifizieren, Selektieren und Urteilen anhaftet, sondern das Interesse am Testen ein subjektbezogenes ist: Es geht vor allem darum, ‚Hilfe für das Kind' zu leisten. So bedarf es keines Intelligenztests, der nur ein Konstrukt mißt, ohne auch erklärenden Charakter zu haben, d. h. ohne Ansätze für eine Förderung aufzuzeigen" (S. 26). Da nach Auffassung von *Kubinger* und *Wurst* nicht genau festgelegt werden kann, welche Fähigkeiten wichtiger für die Bestimmung der Intelligenz sind, ist es bedeutsam, möglichst viele verschiedene Fähigkeiten zu überprüfen, die zur Erfassung dieses Merkmals beitragen können.

Zusammenfassend ist für den auf einen pragmatischen Standpunkt basierenden AID zu schließen, „daß er ein breites Spektrum an Fähigkeiten erfaßt, die für ‚intelligentes' Verhalten verantwortlich scheinen. Insbesondere betrifft das Fähigkeiten, bei deren Mangel um die intellektuelle Behauptung im Leben eines Kindes gefürchtet werden muß; geeignete Fördermaßnahmen sind in diesem Fall angeraten. Intelligenztheoretisch erfaßt er sicher nicht eine ‚allgemeine Intelligenz'" (S. 29).

Testaufbau: Der AID ist in die Bereiche verbal-akustische und manuell-visuelle Aufgaben untergliedert, die in elf Untertests eingeteilt sind. Inhalte der Untertests:

1. Alltagswissen. Geprüft wird die Fähigkeit des Kindes, sich Sachkenntnisse über Inhalte anzueignen, die in der heutigen Gesellschaft alltäglich sind.
2. Realitätssicherheit. Anhand von Bildern, bei denen wichtige Details fehlen, soll das Kind zeigen, ob es Dinge des Alltags verstehen und kontrollieren kann.
3. Angewandtes Rechnen. Geprüft wird, weitgehend unabhängig von schulischen Rechenfertigkeiten, inwieweit das Kind in der Lage ist, durch geeignete Problemlösestrategien alltägliche mathematische Aufgabenstellungen zu bewältigen; numerisch einfach gestaltete Textaufgaben sind die Grundlage.
4. Soziale und sachliche Folgerichtigkeit. Durch das Ordnen einer Bildergeschichte zu einer logischen Abfolge soll das Kind demonstrieren, ob es in der Lage ist, Sachgegebenheiten zu verstehen und zu kontrollieren.
5. Unmittelbares Reproduzieren – numerisch. In diesem Untertest muss das Kind Zahlenreihen zunächst vorwärts und anschließend rückwärts wiederholen; der verbal-akustische Aspekt der Konzentrationsfähigkeit steht bei dieser Aufgabe im Vordergrund.
6. Synonyme finden. Geprüft wird hier der passive Wortschatz, indem das Kind zu vorgegebenen Begriffen Ausdrücke finden soll, die die gleiche Bedeutung haben.
7. Kodieren und assoziieren. Mit Hilfe einer Vorlage soll das Kind anschaulichen Objekten einfache mathematische Symbole zuordnen. Dieser Untertest misst zwei voneinander unabhängige Fähigkeiten: die Schnelligkeit der Informationsverarbeitung im manuell-visuellen Bereich und die sogenannte „latente Lernfähigkeit".
8. Antizipieren und kombinieren – figural. In diesem Untertest soll das Kind Puzzleteile richtig zusammensetzen. Schlussfolgerndes Denken und die Fähigkeit, ein „Ganzes" aus Teilen zu erkennen und herzustellen, werden hier überprüft.
9. Funktionen abstrahieren. Hier muss das Kind bei einem Wortpaar die wichtige gemeinsame Funktion erkennen.
10. Analysieren und synthetisieren. In dieser Aufgabe muss das Kind mit verschiedenfarbigen Würfeln ein abstraktes Muster nachlegen; hier wird vor allem die differenzierte visuelle Wahrnehmung gefordert.
11. Soziales erfassen und Sachliches reflektieren. Anhand von Fragen soll das Kind zeigen, inwieweit es in der Lage ist, Sachzusammenhänge der gesellschaftlichen Umwelt zu verstehen (S. 16 – 19).

Darüber hinaus liegen folgende Zusatztests vor:

5 a. Unmittelbares Reproduzieren (figural/abstrakt). Hiermit soll die Kapazität der seriellen Informationsverarbeitung (im visumotorischen Bereich) gemessen werden, indem der Testperson jeweils Bilder einer Bildertafel in bestimmter Reihenfolge vorgetippt werden, die sie komplett und in der richtigen Reihenfolge nachzumachen hat.

5 b. Merken und Einprägen. Dieser Zusatztest erfasst die Behaltenskapazität. Der Testperson werden sinnfreie Silben vorgesagt, die sie entsprechend reproduzieren muss.

10 a. Strukturieren (visumotorisch). Es wird die Fähigkeit erfasst, komplexe Gestalten in elementare Teilkomponenten zerlegen zu können, indem die Testperson ein vorgegebenes geometrisches Muster durch Linienzüge in ihre Bestandteile gemäß den verschiedenen Seiten eines Würfels auflösen muss.

Durchführung und Handhabung: Die neue Konstruktion des „adaptiven" Testens erfordert eine sehr intensive Auseinandersetzung des Testleiters mit dem Material und dem Protokollbogen. Die Autoren empfehlen, die Aufgabenpräsentation vor dem ersten Einsatz unbedingt mehrmals zu erproben und die Antworten der Fragen auswendig zu beherrschen, da in der Testsituation eine Entscheidung über richtig oder falsch sofort fallen muss. Zusätzliche Informationen über das Verhalten und die Arbeitshaltung der Testperson können nach dem Testen auf einem Zusatzblatt festgehalten werden; während der Durchführung ist dafür kein Spielraum vorhanden (Protokolland oder ein zweiter Beobachter wären sinnvoll).

Da die Testautoren den Intelligenzquotienten für ein nur geringfügig aussagekräftiges Konstrukt halten, haben sie für die Auswertung andere Kriterien herangezogen. Bei der quantitativen Auswertung werden neben dem IQ folgende Maße berücksichtigt: Die sogenannte Intelligenzquantität, sie drückt in Prozenträngen die Relation einer Testperson zur Norm in Bezug auf die geringste Testleistung in allen Untertests aus. Ihre Konzeption entspricht der Idee, dass Intelligenz, wie sie sich in verschiedenen Aspekten manifestiert, in Analogie zu einer Kette und derem schwächsten Glied interpretiert werden muss (S. 30ff). Es wird darauf hingewiesen, dass nach ersten Ergebnissen dieses Maß für die verbesserte Vorhersage von Schulnoten besser geeignet ist als der herkömmliche IQ. Der sogenannte Range als Differenz zwischen der besten und schlechtesten Testleistung in T-Werten charakterisiert, wie gleichmäßig oder differenziert das Intelligenzprofil einer Testperson ist, wobei ein Range ab 40 T-Werten als statistisch auffällig gilt. Ergänzend zu dieser quantitativen Auswertung wird eine qualitative Beurteilung des Arbeits- und Sozialverhaltens anhand eines Beobachtungsbogens mit 20 Merkmalen empfohlen.

Gütekriterien: Neben ausführlichen Informationen zum Prozess der Normierung und zur Erstellung der Normtabellen (Standardisierungsproben an 2.144 Kindern aus der BRD und Österreich) enthält das Handbuch des AIDs detaillierte Angaben zu den Hauptgütekriterien Reliabilität (Split- half-Reliabilität: .91 bis .95; Retest-Reliabilität: .60 bis .95), Objektivität und Validität (inhaltliche Gültigkeit), sowie zur Konstruktion des Testmaterials. Die Autoren versuchen den Lesern die wichtigsten Fakten darzulegen und zeigen in kritischen Diskussionen ihre Haltung gegenüber den bestehenden Intelligenzkonzepten. Neunormierung an 977 Kindern und Jugendlichen aus Österreich und Deutschland (im Zeitraum 1995 – 1997), adjustiert durch Repräsentativerhebung an 2.144 Kindern und Jugendlichen aus Österreich und der BRD (im Zeitraum 1982 – 1983).

Zusammenfassung und kritische Schlussbemerkung: Gegenüber dem HAWIK lassen sich beim AID einige Vorteile feststellen:

– inhaltliche und testtheoretische Mängel wurden behoben,
– Erhöhung der Testökonomie,
– Steigerung der Motivation durch Aufgabenwechsel und Vermeidung ständiger Über- und Unterforderung durch das „adaptive" Verfahren,
– Abrücken vom IQ-Konzept, bessere Differenzierung im unteren Leistungsbereich.

Wichtigste Voraussetzung für den Umgang mit dem AID ist die intensive Auseinandersetzung mit dem Handbuch, dem Material und dem Protokollbogen, da das Prinzip des „branched-testing" einer besonderen Einarbeitung bedarf. Trotz der Bemühungen der Testautoren, ein Verfahren zu entwickeln, das im „Dienste des Kindes" steht und möglichst viele Auskünfte über die Fördermöglichkeiten des Probanden gibt, kann der AID dem Diagnostiker und vor allem dem Pädagogen nicht die Verantwortung abnehmen, eigene Wege mit Hilfe des Tests zu gehen, um die Entwicklungsmöglichkeiten des Kindes zu entdecken. Um zu förderdiagnostisch bedeutsamen Aussagen zu kommen, die zum einen die Entwicklung des Kindes beschreiben und auf der anderen Seite den

Lerngegenstand analysieren, an dem sich diese Entwicklung vollzieht, ist es notwendig, die Untersuchungsbedingungen den individuellen Fähigkeiten und Bedürfnissen des Kindes anzupassen (Zusammenstellung der Testitems, Verzicht auf Zeitgrenzen, Interventionen des Testleiters).

■ **Die Kaufman-Assessment Battery for Children (K-ABC):** Die K-ABC ist ein Individualtest zur Erfassung von Intelligenz und Fertigkeiten, der in den Jahren 1978 bis 1983 von *Alan S. Kaufman* und *Nadeen L. Kaufman* in den USA entwickelt wurde. Der Test ist für den Altersbereich 2;6 bis 12;5 Jahren normiert, die Durchführungszeit wird mit 40 bis 90 Minuten angegeben. Im Interpretationshandbuch weisen die Autoren darauf hin, dass die K-ABC nur von Psychologen durchgeführt werden soll, die über eine „qualifizierte diagnostische Ausbildung und ausreichende Erfahrungen verfügen" (vgl. *Melchers/Preuß* 1991 a, 7). Unter einer qualifizierten Person verstehen sie „einen kompetenten, wohlgeübten Versuchsleiter, der die Methoden der psychologischen Intelligenzprüfung kennt und sich vor der Durchführung des Tests in der jeweiligen vorhandenen Literatur über das Verfahren kundig gemacht hat" (*Melchers/Preuß* 1991 b, 4f). Für dieses Verfahren wurde eine sprachfreie Form entwickelt, um hör-, sprach- und sprechgeschädigte Kinder überprüfen zu können. Bei der Entwicklung des Tests haben sich die Autoren folgende Ziele gesetzt (*Melchers/Preuß* 1991 a, 11):

1. Messung der Intelligenz auf einer verlässlichen, theoretischen und empirischen Basis.
2. Trennung angeeigneten faktischen Wissens von Problemlösungsfähigkeiten.
3. Möglichkeiten zur Einleitung und Durchführung spezieller Förderungsmaßnahmen aufgrund der Ergebnisse.
4. Aufnahme neuartiger Aufgabentypen.
5. Leichte Durchführbarkeit und hohe Objektivität der Bewertung.
6. Berücksichtigung der besonderen Bedürfnisse von Vorschulkindern, Kindern aus Minderheitsgruppen und behinderten Kindern.

Die Konstruktion der Aufgaben versucht das theoretische Konzept der dichotomen Spezialisierung des Gehirns für einzelheitliches und ganzheitliches Denken mit empirischen Belegen zu verbinden. Da die zugrunde liegende Theorie „das prozesshafte Verarbeiten gegenüber den Inhalten so stark hervorhebt, liefert sie die logische Begründung für die Trennung von Aufgaben zum Problemlösungsverhalten von solchen zum

Faktenwissen" (S. 11). Die Fähigkeit zum Problemlösen steht eindeutig im Vordergrund und wird damit vom Begriff des Lernens abgegrenzt. Mit diesem Verfahren erhält der Durchführende Aufschluss über die Informationsverarbeitung, die Problemlösestrategien und das Lernverhalten eines Kindes und kann damit die entsprechenden Fördermaßnahmen einleiten oder auch seine Lehrmethoden besser dem Kind anpassen. Untersuchungen haben gezeigt, dass Kinder mit Lernbehinderungen wesentlich effektiver arbeiten konnten, wenn die Lehrmethoden speziell ihren Anforderungen angepasst wurden.

Um Durchführungsfehler zu vermeiden, wurden die Aufgaben weitgehend gleich in der Präsentationsart gewählt und die verbalen Äußerungen des Versuchsleiters möglichst gering gehalten. Aus der Erfahrung, dass soziokulturell benachteiligte oder auch Kinder mit geistiger Behinderung oftmals die Anweisungen zu den Aufgaben nicht verstehen und dadurch schlechtere Ausgangsbedingungen haben, wurden angepasste Einführungsschritte für alle Problemlösungsaufgaben konstruiert. Diese Art der Einführung soll gewährleisten, dass die Kinder in jeder Problemlösungssituation verstehen, was von ihnen erwartet wird.

Das Intelligenzkonzept: Die K-ABC misst Intelligenz, die definiert wird als die Art und Weise, in der ein Individuum Probleme löst und Informationen verarbeitet. Der Schwerpunkt liegt dabei auf der Vorgehensweise, d. h. der Gewandtheit bei der Informationsverarbeitung. Diese Definition hat ihre Grundlagen in den Erkenntnissen der Neuropsychologie und der Kognitiven Psychologie. Die Skalen einzelheitlichen Denkens und ganzheitlichen Denkens stehen für zwei Arten mentaler Funktionen, die unabhängig voneinander in Studien zur zerebralen Spezialisierung identifiziert wurden (S. 7). Während einzelheitliches Denken einen Schwerpunkt auf die (einzelheitliche) Ordnung der Reize bei der Problemlösung legt, erfordert die ganzheitliche Vorgehensweise eine gestalthafte und häufig räumliche Integration der Reize zur effektiven Problemlösung. Beide Skalen, die zur Skala intellektueller Fähigkeiten zusammengefasst werden, wurden mit der Intention entworfen, die Bedeutung sprachlicher Fertigkeiten für die Bewältigung dieser Anforderungen weitgehend zu reduzieren.

Im Gegensatz zu den theoretisch fundierten Skalen zu intellektuellen Fähigkeiten wurde die Fertigkeitenskala nur aus logischen und rationalen Überlegungen entwickelt. Die Fertigkeitenskala umfasst neue und verbesserte Maße zur Messung von Fertigkeiten, die auch von älteren Tests zur allgemeinen oder sprachlichen Intelligenz (Wortschatz, sprachliches Auffassungsvermögen) oder Schulwissenstests (Lesen, Rechnen, allgemeines Wissen) verwendet wurden. Diese unterschiedlichen Aufgaben haben ihre gemeinsame Basis in der an Kinder gestellten Anforderung, Informationen aus ihrer kulturellen und schulischen Umgebung zu erlangen und diese adäquat anzuwenden.

Im Gegensatz zu früheren Ansätzen zur Definition und Messung von Intelligenz legen die Autoren der K-ABC besonderen Wert auf die Unterscheidung zwischen Problemlösung und Faktenwissen. Hierbei wird Problemlösen als Intelligenz interpretiert, Faktenwissen jedoch als Ausdruck erfolgten Lernens. Dies bedeutet einen entscheidenden Unterschied gegenüber anderen Intelligenztests, bei denen gelerntes Wissen und angewandte Fertigkeiten den erzielten IQ häufig in großem Umfang beeinflussen. Die Fertigkeitenskala repräsentiert die aus- und herausgebildeten Fähigkeiten, während die Skalen zu intellektuellen Fähigkeiten diejenigen Fähigkeiten repräsentieren, die zum flexiblen Umgang mit unbekannten Problemen dienen und somit das Niveau der eigentlichen intellektuellen Fähigkeiten zum gegenwärtigen Zeitpunkt darstellen. Die herausgebildeten Fertigkeiten werden hingegen als das Ergebnis früheren Lernens interpretiert. Entsprechend dieser Unterscheidung wurde aus den Ergebnissen der Skala intellektueller Fähigkeiten einerseits und der Fertigkeitenskala andererseits auch kein gemeinsames Maß berechnet. Diese innerhalb der K-ABC gemessenen Komponenten sind für die Beurteilung des aktuellen mentalen Funktionsniveaus des Kindes und zur Planung dementsprechender erzieherischer oder psychologischer Maßnahmen jedoch gleichermaßen bedeutend (S. 8f).

Einsatzbereiche der K-ABC: „Die K-ABC dient der psychologischen Untersuchung der Leistungsfähigkeit, der Diagnose und Beurteilung behinderter sowie lernbehinderter Kinder, der Aufstellung und Planung von Fördermaßnahmen, der neuropsychologischen Leistungsprüfung und der Verwendung in der Forschung" (S. 14). Um diese Aufgaben zu erfüllen, verfügt der Test über mehrere Skalen, die zum einen die Fähigkeiten (einzelheitliches und ganzheitliches Denken) und die Fertigkeiten (Faktenwissen als Ausdruck erfolgten Lernens) messen, die nur bei integrierter Betrachtungsweise Auskunft über die mentale Leistungsfähigkeit eines Kindes geben können. Die Ergebnisse der Skalen der intellektuellen Fähigkeiten „ermöglichen einen Einblick in das geistige Potential eines Kindes im weiten Bereich des Problemlöseverhaltens" (ebd.). Diese Daten bedürfen jedoch einer Ergänzung durch die Fertigkeitsskalen, beantworten sie doch die Frage, inwieweit ein Kind sein Potenzial im täglichen Leben und in schulischen Lernsituationen nutzen kann.

Die Skalen: Die beiden Skalen der K-ABC, die entworfen wurden, um das aktuelle Niveau der intellektuellen Funktionen eines Kindes zu messen, die Skala einzelheitlichen Denkens und die Skala ganzheitlichen Denkens, bilden gemeinsam die Skala intellektueller Fähigkeiten. Allen drei Skalen werden jeweils Standardwerte mit einem Mittelwert von 100 und einer Standardabweichung von 15 für jede Altersgruppe in der gesamten Altersspannweite des Verfahrens von 2;6 bis 12;5 Jahren zugeordnet (S. 33).

- *Skala einzelheitlichen Denkens.* Innerhalb dieses Aufgabenkomplexes muss das Kind mit Hilfe folgerichtigen oder seriellen Denkens Probleme lösen; die verschiedenen Aspekte der Aufgaben stehen in direkter zeitlicher oder sachlicher Beziehung zum jeweils vorhergehenden Aspekt.
- *Skala ganzheitlichen Denkens.* Die Aufgaben dieses Bereiches sind räumlich-gestalthaft und verlangen Analogieschlüsse oder Organisation der Reize. „Das Lösen ganzheitlicher oder räumlicher Probleme wird erreicht, indem mehrere Reize gleichzeitig bearbeitet werden und nicht durch die Bearbeitung eines Reizes nach dem anderen" (S. 41). Die Testautoren gehen davon aus, „dass ganzheitliches Denken in vielerlei Beziehungen zu intellektuellen Funktionen eines höheren Niveaus steht, weil es die Kapazität bedeutet, Informationen aus verschiedenen Quellen ganzheitlich zu integrieren, sowie die Fähigkeit, einen Überblick über augenscheinlich grundverschiedene Reize zu erlangen" (S. 41).
- *Skala intellektueller Fähigkeiten.* Diese Skala ist eine Zusammenfassung der beiden bereits beschriebenen Skalen (einzelheitliches und ganzheitliches Denken) und wird als zusammenfassendes Maß der Gesamtintelligenz in dieser Testbatterie verstanden. Diese Skalen sind nicht als hierarchisch angeordnet zu verstehen, sondern als vielschichtige Faktoren, die beim Zustandekommen intelligenten Verhaltens notwendig sind.
- *Fertigkeitenskala.* Die Aufgaben dieses Bereichs sollen Faktenwissen und Fertigkeiten überprüfen, die gewöhnlich in der Schule und unter der Voraussetzung der Aufgeschlossenheit gegenüber der Umwelt erworben werden. Das Aneignen von Wissen hängt in solchem Maße von Bildungschancen, Umweltbedingungen, Motivation und anderen nicht intelligenzbedingten Variablen ab, dass den Testautoren die Gleichsetzung von erworbenen Fertigkeiten und intellektuellen Funktionen unvernünftig scheint. Für die Fertigkeiten-

skala wird ebenfalls ein Gesamtergebnis mit einem Mittelwert von 100 und einer Standardabweichung von 15 errechnet. Sie spielt innerhalb der K-ABC eine wesentliche Rolle, weil sie dem Versuchsleiter die zur Diagnose und zur Aufstellung von Fördermaßnahmen erforderlichen Informationen liefert, die aus der Intelligenzmessung allein nicht gewonnen werden können, und weil sie den Messbereich des Verfahrens erweitern. Die Anteile zur Messung von Intelligenz und erworbenen Fähigkeiten innerhalb der K-ABC sollen zusammen einen guten Überblick über das gegenwärtige Funktionsniveau des Kindes liefern, sowohl im Umgang mit neuartigen wie auch im Umgang mit bereits gelernten Anforderungen (S. 45). Somit ist die Hauptaufgabe dieser Skala die Ermittlung des gegenwärtigen Bildungsstandes und der zukünftigen Erfolgsaussichten in der Schule.

Die Untertests: Die Skala einzelheitlichen Denkens umfasst die folgenden Untertests:

- *Handbewegungen* (2;6 bis 12;5 Jahren): Wiederholen von Handbewegungen in der gleichen Reihenfolge, wie sie vom Versuchsleiter vorgeführt wurden.
- *Zahlen nachsprechen* (2;6 bis 12;5 Jahre): Nachsprechen von Zahlen in der Reihenfolge, wie sie vom Versuchsleiter vorgegeben wurden.
- *Wortreihe* (4;0 bis 12;5 Jahre): Der Versuchsleiter nennt eine Reihe von Namen und das Kind soll die entsprechenden Objekte in derselben Reihenfolge auf einer nachfolgend dargebotenen Tafel zeigen. Die schwierigeren Aufgaben dieses Untertests umfassen zusätzlich eine zwischen Reiz und Reaktion eingeschobene Farbinterferenzaufgabe.
- *Zauberfenster* (2;6 bis 4;11 Jahre): Das Kind soll ein Bild erkennen, das hinter einem schmalen Fenster langsam bewegt wird, wobei stets nur ein Ausschnitt des Bildes zu erkennen ist.
- *Wiedererkennen von Gesichtern* (2;6 bis 4;11 Jahre): Auf einem Gruppenfoto soll das Kind ein bzw. zwei Gesichter wiedererkennen, die unmittelbar zuvor dargeboten wurden.

Die Skala ganzheitlichen Denkens umfasst die Untertests:

- *Gestaltschließen* (2;6 bis 12;5 Jahre): Das Kind soll ein Objekt erkennen und benennen, das in einer teilweise unvollständigen „Tintenkleckszeichnung" dargeboten wird.

– *Dreiecke* (4;0 bis 12;5 Jahre): Das Kind erhält mehrere gelb-blaue Gummidreiecke, die es gemäß einer gleichzeitig dargebotenen Vorlage auf dem Tisch anordnen soll.

– *Bildhaftes Ergänzen* (5;0 bis 12;5 Jahre): Das Kind soll das Bild bzw. die abstrakte Figur auswählen, wodurch eine visuell dargebotene Analogie am besten vervollständigt wird.

– *Räumliches Gedächtnis* (5;0 bis 12;5 Jahre): Das Kind soll sich an die Anordnung von Bildern erinnern und diese einem Raster zuordnen.

– *Fotoserie* (6;0 bis 12;5 Jahre): Die Fotografien eines Geschehens sollen in die chronologisch richtige Reihenfolge gebracht werden.

Die Fertigkeitenskala umfasst die folgenden Untertests:

– *Wortschatz* (2;6 Jahre bis 4;11 Jahre): Das Kind soll ein Objekt benennen, das auf einem Foto dargeboten wird.

– *Gesichter und Orte* (2;6 bis 12;5 Jahre): Eine fiktionale Gestalt, eine bedeutende Sehenswürdigkeit oder eine bekannte Persönlichkeit werden auf einem Foto oder einer Zeichnung dargeboten. Das Kind hat die Aufgabe, das Dargebotene zu erkennen und zu benennen.

– *Rechnen* (3;0 bis 12;5 Jahre): Durch die Anforderungen des Zählens und Rechnens wird das Wissen des Kindes über Zahlen und einfache mathematische Konzepte geprüft.

– *Rätsel* (3;0 bis 12;5 Jahre): Anhand der vom Versuchsleiter gegebenen Aufzählung bedeutender Eigenschaften soll das Kind ein konkretes oder abstraktes Objekt erkennen und benennen.

– *Lesen/Buchstaben* (7;0 bis 12;5 Jahre): Die Lesefertigkeit des Kindes soll durch das laute Vorlesen von Buchstaben und einzelnen Wörtern geprüft werden. Hierbei handelt es sich um den fakultativen Untertest, der nur bei gezieltem Informationswunsch des Versuchsleiters durchgeführt wird und nicht allgemein zur Fertigkeitenprüfung herangezogen wird.

– *Lesen/Verstehen* (7;0 bis 12;5 Jahre): Das Leseverständnis wird geprüft, indem dem Kind Handlungsanweisungen dargeboten werden, die es lesen und dann ausführen soll.

Normierung: Die erste Normierung wurde 1983 mit 2000 amerikanischen Kindern durchgeführt, 1986 bis 1989 folgte die Normierung für Deutschland, Österreich und die Schweiz mit 3098 Kindern. Eine äquivalente Übertragung war im Bereich der wenig sprachgebundenen Aufgaben leicht möglich, jedoch problematisch im Bereich der Fertigkeitsuntertests, da hier die sprach- und kulturabhängigen Fragen nicht ohne

Modifikationen übernommen werden konnten. Der Untertest Lesen/ Buchstabieren wurde deshalb aus der Fertigkeitenskala entfernt; er dient jedoch weiterhin als „Screening"-Verfahren. Aus Datenschutzgründen konnte im deutschsprachigen Raum keine „stratifizierte Stichprobe herangezogen werden, bei der nicht nur eine gleichmäßige Repräsentation aller Altersstufen, die von dem Verfahren berücksichtigt werden, gewährleistet war, sondern auch Variablen berücksichtigt wurden wie Geschlecht, sozioökonomischer Status der Eltern, rassische oder ethnische Zugehörigkeit, geographische Repräsentation sowie Bevölkerungsdichte und Zusammensetzung in der Gemeinde, in der das einzelne untersuchte Kind lebt" (S. 82).

Gütekriterien:

– *Reliabilität:* Für die Prüfung der Tauglichkeit und Genauigkeit wurde die Testhalbierungsmethode verwandt. Bei den Untertests der Skala intellektueller Fähigkeiten variiert die überwiegende Mehrzahl der dargestellten Koeffizienten zwischen .70 und .88, wodurch die Reliabilität dieser Tests belegt ist. Für beide Fassungen (amerikanische und deutschsprachige) dieses Verfahrens konnte eine hohe Testgenauigkeit nachgewiesen werden, alle Reliabilitätskoeffizienten liegen im Bereich um .90 (genaue Angaben über das Verfahren und die Auswertungen siehe *Melchers/Preuß* 1991 a, 91 – 105).

– *Validität:* Die Testautoren schließen sich der Meinung Messicks (1980) an, der Konstruktvalidität für das wichtigste Validitätskriterium hält. Demnach muss die K-ABC nachweisen, dass sie ein Messinstrument ist, welches das theoretische Konstrukt erfasst, das es sich als Ausgangsbasis gewählt hat. Die Definition der Intelligenz in der K-ABC beruht auf einer Unterscheidung zwischen zwei Arten geistigen Verarbeitens. Deshalb ist der Nachweis zu fordern, dass jeweils ein Faktor für einzelheitliches bzw. ganzheitliches Verarbeiten der Skala intellektueller Fähigkeiten der K-ABC zugrunde liegt und dass diese Dimensionen eng mit der Zuweisung der Untertests zur Skala einzelheitlichen Denkens oder zur Skala ganzheitlichen Denkens in Beziehung stehen. Zusätzlich erfordert die Messung erworbener Fertigkeiten in einer getrennten Skala den Nachweis, dass die Differenzierung in drei inhaltlich begründeten Skalen gerechtfertigt ist (*Melchers/Preuß* 1991 a, 107f). Untersuchungen, die im Handbuch dargestellt sind, zeigen, dass der Test den Anforderungen an die Validität entspricht.

Auswertung und Interpretation: Die Testautoren gliedern den Prozess der Auswertung und Interpretation in drei Stufen:

– *Erste Stufe: statistische Auswertung:* Die ermittelten Untersuchungsergebnisse werden zunächst in den Testbogen eingetragen. Im folgenden Schritt geht es darum, aus dem Zahlenmaterial zu ermitteln, ob die Werte signifikante oder zufallsbedingte Schwankungen aufzeigen. Für die Vorgehensweise werden fünf „empirische Schritte" vorgestellt, mit deren Hilfe das K-ABC-Profil systematisch beurteilt werden kann und die routinemäßig bei jeder Verwendung des Verfahrens benutzt werden sollten (S. 133 – 158).

Schritt 1: Zusammenfassung der hergeleiteten Ergebnisse und deren Beschreibung unter Berücksichtigung von Altersnormen, Konfidenzintervallen, beschreibenden Kategorien und Prozenträngen. Mit Hilfe des Testbogens und der Umrechnungstabellen können Profile aus Skalen- und Standardwerten sowie die Prozentränge ermittelt werden. Bei der Interpretation dieses abstrakten Zahlenmaterials müssen jedoch wichtige Hinweise aus dem Handbuch berücksichtigt werden, um Fehlaussagen zu vermeiden (S. 134 f).

Schritt 2: Vergleich der Standardwerte der Skalen einzelheitlichen Denkens und ganzheitlichen Denkens. Die Messung intellektueller Funktionen durch die K-ABC gründet auf einer Unterscheidung zwischen zwei Stilen des Problemlösens oder der Informationsverarbeitung. Somit ist zuerst die Fragestellung zu prüfen, ob ein signifikanter Unterschied zwischen den Standardwerten für die Skalen einzelheitlichen Denkens und ganzheitlichen Denkens besteht (S. 147). Um von einem besonders auffälligen Ergebnis sprechen zu können, müssen die Werte ein Signifikanzniveau von mindestens $p = 0.05$ erreichen. Wenn für die hier geprüfte Diskrepanz Signifikanz festgestellt wird, bedeutet das, dass die beobachteten Unterschiede zwischen den Standardwerten für die Skalen einzelheitlichen Denkens und ganzheitlichen Denkens zu groß sind, um zufälligen Schwankungen (also den der Messung innewohnenden Fehlern) zugeschrieben zu werden.

Schritt 3: Vergleich der Standardwerte der drei Gesamtskalen im Bereich intellektueller Fähigkeiten und der Fertigkeitenskala. Dies erlaubt Vergleiche der sogenannten „Fähigkeiten" mit den einzelnen Kenntnissen, dem erreichten Bildungsgrad. Erzielt ein Kind bei der Skala einzelheitlichen Denkens, der Skala ganzheitlichen Denkens oder der Skala intellektueller Fähigkeiten ein- oder mehrmals ein signifikant höheres Standardwertergebnis als bei der Fertigkeitenskala, weist dies auf eine wirkliche Überlegenheit seiner Fähigkeiten zu Informationsverarbeitung und Problemlösung gegenüber Faktenlernen und Erwerb von Fertigkeiten hin.

Schritt 4: Bestimmung von Stärken und Schwächen bei den Untertests der Skala intellektueller Fähigkeiten. Um die besonders bevorzugten Lernweisen und Problemfelder im Bereich des schulischen Feldes eines Kindes zu ermitteln, wird die Streuung um den Mittelwert der erbrachten Ergebnisse betrachtet (siehe Beispiel S. 155). Dabei ist stets zu berücksichtigen, dass es sich hier um individuelle Stärken und Schwächen handelt, die durch einen Vergleich innerhalb des individuellen Fähigkeitsprofils bestimmt werden, und nicht um absolute oder normbezogene Stärken oder Schwächen.

Schritt 5: Bestimmung von Stärken und Schwächen bei den Untertests der Fertigkeitenskala. Hier wird das in Schritt 4 bereits beschriebene Verfahren auf die Fertigkeitenskala übertragen. (Anwendungsbeispiel der fünf Schritte: S. 158ff)

– *Zweite Stufe: Die Profilinterpretation:* Die empirische Analyse, die in der ersten Stufe erläutert wurde, stellt die Basis für die nun folgende Interpretation dar; von dem „Was" kann nun zu dem „Warum" übergegangen werden, um am Ende schließlich zu den Fördermaßnahmen zu gelangen, die das eigentliche Ergebnis eines solchen Tests sein sollten. Im Gegensatz zum streng empirischen, standardisierten Umgang mit dem Zahlenmaterial wird hier größerer Wert gelegt auf die Anwendung psychologischer Theorie, die Verwendung von Informationen aus der Verhaltensbeobachtung und logischen Überlegungen, um Unklarheiten im Testprofil des Kindes aufzuklären. Die Testautoren halten es für zu wenig aussagekräftig, sich nur auf die Beschreibung der speziellen Stärken und Schwächen eines Kindes zu beschränken, wodurch lediglich ein „kaleidoskopartiges Bild des kindlichen Fähigkeitsspektrums" entsteht, weil sich daraus noch keine Fördermaßnahmen direkt ableiten lassen. Die Aufgabe des Testleiters sollte vielmehr darin bestehen, einheitliche Aspekte aufzudecken, die die Ursache einer ganzen Reihe signifikanter Auffälligkeiten sein könnten, die möglicherweise mit den Untertests über die verschiedenen Skalen der K-ABC verteilt sind. In mehreren Tabellen (S. 176ff) wird aufgelistet, welche verschiedenen Fähigkeiten innerhalb eines Untertests erforderlich sind. In mehreren Fallbeispielen wird die Vorgehensweise erläutert (S. 195ff).

– *Dritte Stufe: Ansätze zu Fördermaßnahmen auf der Basis der Verarbeitungsdichotomie:* In diesem abschließenden Kapitel werden Fördermaßnahmen für schulisches Lehren und Lernen dargestellt, die auf der Basis des einzelheitlichen und ganzheitlichen Verarbeitungsansatzes beruhen. „Die Förderung des Kindes muß selbstverständlich bei einer Vielzahl von Gelegenheiten ansetzen: zu Hause in der Familie, mit Altersgenossen und anderen, die die vom Kind erworbenen sozialen und emotionalen Bewältigungsmechanismen ansprechen, sowie im Unterricht. Es ist die Aufgabe des Psychologen, den Pädagogen anzuleiten, den Einfluß von Stärken und Schwächen im Lernstil eines Kindes auf dessen Informationsverarbeitungsfähigkeitenkompetenz zu interpretieren" (S. 205). Für die Bereiche Deutsch (Lesen, Buchstabenerkennung, Zugang zum Wortschatz, Textgliederung, Verständnis, Rechtschreibung) und Mathematik gibt es detaillierte Vorschläge, die von den Lehrkräften individuell modifiziert werden können. Untersuchungen über Fördermaßnahmen, die aus K-ABC-Profilen abgeleitet wurden, bestätigen die Effizienz von Lehrmethoden für Kinder mit Leseschwächen, die die Verarbeitungsstärken dieser Kinder berücksichtigen. Darüber hinaus gibt es Anhaltspunkte für die Trainierbarkeit von Strategien zum einzelheitlichen und ganzheitlichen Verarbeiten sowie für Verbesserungen der schulischen Leistungen in Lesen und Mathematik, die durch dieses Training bedingt sind.

Kritische Stellungnahme:

1. Die Testautoren teilen mit der K-ABC das theoretische Konstrukt der Intelligenz in zwei Faktoren auf (Fähigkeiten: einzelheitliches/ganzheitliches Denken und Fertigkeiten), die sie dann mit verschiedenen Untertests erfassen wollen. Folgende Fragen sind bei dieser theoretischen Erklärung zu berücksichtigen: Kann zwischen diesen beiden Faktoren auch wirklich eine Grenzlinie gezogen werden, so wie dies die Testautoren beschreiben; und können diese beiden Strategien dann mit Aufgaben isoliert genug gemessen werden? Wie weit wird berücksichtigt, ob bei der Heranbildung eines bestimmten Problemlöseverhaltens die Umwelt, Vorerfahrungen, Motivation oder auch Angst eine gewisse Rolle spielen? Gibt es einen signifikanten Unterschied zwischen den Geschlechtern, und wenn ja, warum, und welche Strategie wird höher bewertet?
2. Die Testautoren weisen darauf hin, dass die Untertests der Fertigkeitenskala nicht dazu benutzt werden sollen, um den IQ unter einem anderen Etikett anzugeben. Versuchen die Autoren wirklich sich vom IQ zu verabschieden?
3. Sehr positiv fällt auf, dass die Auswertung nicht mit der empirischen Analyse aufhört, sondern in eine aufschlussreiche Profilanalyse und schließlich in konkrete Vorschläge für Fördermaßnahmen mündet.

Leider legen die Testautoren die K-ABC verstärkt in das Aufgabengebiet von Psychologen, die dann ihre Ergebnisse an Pädagogen weiterleiten sollen. Sicher ist dies in Anbetracht der oft schwer verständlichen Sprache der Testdiagnostik und dem oft verwirrenden Zahlenmaterial verständlich. Auf der anderen Seite fehlen dem Psychologen, der mit einem Kind oftmals nur in einem sehr begrenzten Zeitraum arbeiten kann, wichtige Informationen über das Verhalten in „alltäglichen" Schulsituationen oder in der Gruppe. Hier wird deutlich, dass nur eine offene und kompetente Kooperation zum Ziel führen kann, nämlich „effektive" Hilfestellungen für das Kind zu gewährleisten.

✗ ■ Testbatterie für geistig behinderte Kinder (TBGB) von C. *Bondy* u. a. (1963 – 68 entwickelt) (^{3}1975)

Bei der Verwendung der TBGB muss praktisch die geistige Behinderung oder die untere Grenze der Lernbehinderung (IQ ≤ 70) festgestellt sein. Der Test kann eingesetzt werden bei Fragen der Schulfähigkeit in Grenzfällen, bei Problemen der Einordnung und Behandlung von Behinderten und im Zusammenhang mit anderen heilpädagogischen und kinderpsychologischen Fragestellungen.

Die Testbatterie besteht – zunächst grob beschrieben – aus zwei Tests zur Überprüfung der allgemeinen Intelligenz, einem Bilder-Wortschatz-Test, einem Merkfähigkeitstest, zwei Tests zur Beobachtung der Motorik und einem Fragebogen zur Abschätzung des sozialen Entwicklungsstandes. Teils gehen die Untertests auf englische und amerikanische Verfahren zurück, teils wurden die Aufgaben von den genannten Autoren umgearbeitet oder neu konstruiert. Die TBGB ist als Ergänzung zu gängigen Kindertests für das untere Leistungsniveau gedacht, weil diese meistens unter einem IQ von 80 konstruktionsbedingt keine zuverlässigen Abstufungen mehr erlauben. Der Test soll also differenziertere Aussagen über niedrige Intelligenzstufen ermöglichen. Die numeralen Ergebnisse werden nicht in Form von Intelligenzquotienten, sondern durch T-Werte zum Ausdruck gebracht. Nachdem dieser Test an einer ganz bestimmten Gruppe (Behinderte) standardisiert wurde, Anwendung und Aussagen auch nur bezüglich dieser Gruppe erfolgen können, spricht man von einem „niveauspezifischen" *Verfahren.**

---

* Ausführliche Informationen bezüglich der vorbereitenden Arbeiten zur Standardisierung und ergänzenden Arbeiten gibt das Handbuch zur TBGB: *Eggert,* D. (Hrsg.): „Zur Diagnose der Minderbegabung" (Weinheim 1972).

Die TBGB ist „eine Zusammenstellung von Intelligenz-, Leistungs- und Entwicklungstests, die objektive, zuverlässige und gültige Aussagen über die Ausprägung verschiedener Persönlichkeitsmerkmale bei geistig behinderten Kindern ermöglicht. Sie soll dem Diagnostiker ein Hilfsmittel sein, um über Stärken und Schwächen dieser Kinder Aufschluß zu erlangen" (*Ingenkamp, K.* 1971, 3). Aufgrund dieser Informationen werden Aussagen über Förderungs- u. Betreuungsvorschläge zumindest in Teilbereichen möglich.

Entwicklung und Inhalt: Die TBGB wurde von 1963 bis 1968 am Psychologischen Institut der Universität Hamburg unter Leitung von D. *Eggert* entwickelt. Aus ursprünglich 51 Testverfahren entstand im Verlauf der Voruntersuchungen die jetzige Testbatterie mit sechs Tests. Die endgültige Standardisierung wurde im Jahre 1967 nach der Untersuchung von 1.209 geistig behinderten Kindern im Alter von 7 – 12 Jahren an 42 Orten des gesamten Bundesgebietes abgeschlossen. In Hamburg wurden 1966/67 zusätzlich 454 lernbehinderte Schüler im Alter von 9 – 12 Jahren zum Zwecke der Erstellung von Vergleichsnormen mit der TBGB getestet. Die TBGB wurde also für geistig behinderte Kinder im Alter von 7 bis 12 Jahren standardisiert. Zu jedem Test wurden für die genannten Altersgruppen je nach Geschlecht getrennte Norm- und Standardwerte berechnet (T-Werte, Mittelwert und Streuungen). Für die Lernbehinderten liegen zwar Mittelwerte und Streuungen vor, auf die Berechnung von Standardwerten wurde jedoch wegen zu geringer Streuungen verzichtet.

Die Voruntersuchungen bezogen alle Kinder in Anstalten oder Sonderschulen ein, deren IQ nicht über 70 lag und die nicht an einer progressiven Hirnerkrankung litten. In die Population zur Standardisierung der TBGB wurden in der BRD geistig behinderte Kinder aufgenommen, die sich in „Anstalten, Kliniken und Heimen befanden und/oder mit der medizinischen oder psychologischen Diagnose ‚Schwachsinn' eine Sonderschule, einen Sonderhort oder eine Institution der ‚Lebenshilfe' für geistig Behinderte besuchten" (*Ingenkamp* 1971, 4).

Der gesamte Test besteht aus sechs Verfahren, die einzeln durchgeführt und bewertet werden können, und einem ergänzenden Fragebogen zur Erfassung der sozialen Reife:

1. Columbia Mental Maturity Scale (CMM)
   soll Denkfähigkeit, Abstraktionsfähigkeit und logisch-schlussfolgerndes Denken erfassen. Aus 100 Tafeln mit jeweils mehreren Objekten (geometrische Figuren, Menschen, Tiere, Pflanzen …) soll auf jeder

Tafel das Objekt herausgefunden werden, das sich nicht in einen logischen Zusammenhang mit den anderen bringen lässt.
(97 Punkte können erreicht werden, Zeitdauer: ca. 30 Minuten.)

2. Bunte und progressive Matrizen (BM und CM)
   gelten als ein brauchbares Instrument zur Prüfung der „allgemeinen
   Intelligenz" im Sinne des g-Faktors von *Spearman*.
   Aus verschiedenen Mustern muss der Proband ein an eine andere
   Stelle passendes Muster herausfinden. (Höchstpunktzahl: 46; Durch-
   führungszeit: ca. 20 Minuten.)

3. Peabody Picture Vocabulary Test (PPVT)
   prüft den Wortschatz, wobei keinerlei Verbalisierung von Seiten des
   Probanden gefordert wird (passiver Wortschatz). Das zu testende Kind
   muss auf einer Karte mit mehreren Bildern das vom Testleiter genannte Bild zeigen.
   (Höchstpunktzahl: 70; Durchführungszeit: 15 Minuten.)

4. Befolgen von Anweisungen (BA)
   soll Merkfähigkeit, aber auch Motivation und Mitarbeitsbereitschaft
   prüfen. Bei diesem Test erhält das Kind im Zusammenhang mit
   bestimmtem Material (Puppenkoffer mit Deckel, Puppe, Stoffbär,
   Plastikauto) Anweisungen, die es durchführen muss, wobei sich der
   Schwierigkeitsgrad der einzelnen Aufgaben unterscheidet.
   (Höchstpunktzahl: 20; Durchführungszeit: ca. 20 Minuten.)

5. Kreise punktieren (KP)
   soll in erster Linie der Erfassung von Feinmotorik und feinmotorischer
   Koordination dienen. Der Proband muss innerhalb von 60 Sekunden
   möglichst viele Kreise punktieren.
   (Höchstpunktzahl: 150; Zeitdauer: ca. 3 Minuten incl. Übungspha-
   se.)

6. Hamburger Version der Lincoln Oseretzky Motor Development Scale
   (LOS)
   soll den motorischen Entwicklungsstand erfassen. Dieser Test besteht
   aus 36 Aufgaben. Der Proband bekommt die Aufgaben erklärt oder
   vorgeführt und soll sie dann nach Möglichkeit bewältigen.
   (Höchstpunktzahl: 36; Durchführungszeit: ca. 45 Minuten.)

7. Vineland Social Maturity Scale (VSMS)
   dient der Feststellung der „sozialen Reife". Kurzform eines Fragebogens, der ursprünglich von E. A. *Doll* standardisierten Form der
   Vineland Social Maturity Scale. Der in der TBGB vorliegende Frage-

bogen mit 43 Fragen aus dem täglichen Leben und Fragen über Verhaltensweisen eines geistig behinderten Kindes (z. B. Nr. 8 „Kleidet sich allein an, allerdings ohne sich etwas zuzubinden") soll von mit dem Kind am besten vertrauten Personen wie Eltern oder Pfleger beantwortet werden.

Durchführung und Auswertung: Vor der Durchführung der TBGB, die den ganzen Test oder Teile betreffen kann, sollte sich der Testleiter versichern, dass das Kind optimal motiviert ist und ein guter Kontakt hergestellt wurde. Vertrauen und Zuwendung zum Testleiter sind wichtige Voraussetzungen für die Durchführung der Testbatterie. In dem von *Ingenkamp* herausgegebenen Handbuch wird bezüglich der Untersuchung Folgendes ausgesagt (1971, 4): Die Durchführungszeit kann je nach Motivation und Mitarbeit eines Kindes zwischen zwei und zweieinhalb Stunden schwanken. Es wird empfohlen, ein Kind nicht länger als eine Stunde ohne Unterbrechung zu testen. Für die Darbietung der Einzeltests wird eine Darbietung in drei Sitzungen in der folgenden Reihenfolge vorgeschlagen:

1. Sitzung: CMM (Information über „Allgemeine Intelligenz")
   PPVT (Information über den „Wortschatz")
   KP (Information über „Feinmotorik")
2. Sitzung: BM und CM (Information über Allgemeine Intelligenz)
   BA (Information über Merkfähigkeit)
3. Sitzung: LOS (Information über Motorische Entwicklung)

Falls nur begrenzte Testzeit zur Verfügung steht, werden von den Autoren drei Untersuchungsvorschläge angeboten, wobei die Zeiten um ca. $^1/_2$ Stunde schwanken können:

1. Vorschlag: $^1/_2$ Stunden CMM, PPVT; KP; LOS
2. Vorschlag: 1 $^1/_4$ Stunden BM + CM; PPVT; LOS
3. Vorschlag: ca. 1 Stunde CMM; LOS.

Aufgrund persönlicher Erfahrungen im Umgang mit der TBGB kann – falls die Zeit wirklich sehr begrenzt ist und unter Berücksichtigung des Durchhaltevermögens von geistig behinderten Kindern – der Vorschlag zwei am ehesten empfohlen werden, wobei anstelle der LOS mit 36 Aufgaben eine von *Eggert* herausgegebene Kurzform mit nur 18 Aufgaben Verwendung finden sollte (LOS KF 18).
   Bei der *Auswertung* wird aus jeder gelösten Aufgabe eines Untertests die Summe gebildet, die dann den Rohwert eines Untertests darstellt.

Zu diesem Rohwert kann in der Tabelle je nach Geschlecht ein Standard-T-Wert abgelesen werden, um so die Leistungen geistig behinderter Kinder der betreffenden Altersstufe vergleichen zu können. Das Testprofilblatt ermöglicht die grafische Darstellung der Ergebnisse. Die Autoren des Testhandbuches heben hervor, dass keine Aussagen über Bildungsunfähigkeit bzw. Bildungsfähigkeit getroffen werden können, wenn ein Kind kein einziges Item lösen kann (1971, 31).

Nicht allein im Zusammenhang mit der TBGB, vielmehr bei allen förderdiagnostischen Aussagen (Prognosen) kann es sich nur um „Vermutungen" handeln. Die Effektivität des Einsatzes von Fördermaßnahmen kann also nur eingeschätzt werden.

Die Feststellung, dass ein Kind zu einem bestimmten Zeitpunkt nicht testfähig ist, besagt förderdiagnostisch nichts, weil ein Kind in hohem Maße von inneren und äußeren Faktoren (Motivation, Unwohlsein, Kontaktprobleme, Umgebung) beeinflusst sein kann.

Bezüglich der Problematik der Interpretation der Testergebnisse der TBGB und der Befunderstellung sei verwiesen auf *Kleber* (1970, 494 – 501; 1972, 343 – 361) und *Lüer* (1972, 331 – 342).

Gütekriterien:

– *Objektivität:* Bei genauer Beachtung der im Testhandbuch zur TBGB angegebenen Anweisungen und Instruktionen und nach einer gründlichen Einarbeitung in das Verfahren können die ersten sechs Tests als weitgehend objektiv bezeichnet werden. Persönliche Erfahrungen und Aussagen von Sonderschullehrern sowie Studierenden der Sonderpädagogik haben doch gezeigt, dass die Instruktionen der Subtests „Befolgen von Anweisungen" (BA) und „Hamburger Version der Lincoln Oseretzky Motor Development Scale" (LOS) noch stärkerer Detaillierung und Konkretisierung bedürfen. Stellenweise mangelt es im Zusammenhang mit den genannten Tests noch an Eindeutigkeit; damit kann die Objektivität der Darbietung nicht als ganz ausreichend bezeichnet werden. Auch die von *Feuser* und *Jantzen* (1972, 169ff) angeführten Mängel in Bezug auf den praktischen Umgang mit der TBGB wurden noch nicht behoben.

– *Zuverlässigkeit:* Die nach den Methoden von *Spearman-Brown* und *Kuder-Richardson* durchgeführten Zuverlässigkeitsberechnungen der Einzeltests und der TBGB ergeben, dass die Zuverlässigkeitskoeffizienten für die einzelnen Tests als hoch bezeichnet werden können (vgl. *Ingenkamp,* 1971, 29; *Eggert* und *Schuck,* 1972, 102ff).

– *Gültigkeit:* Aufgrund von Korrelationsberechnungen zwischen Teilen der TBGB und dem HAWIK wurden nahezu durchweg Korrelationskoeffizienten von r_{tc} 0,40 – 0,60 erreicht; damit dürfte die Annahme eines bedeutsamen Zusammenhangs zwischen Tests aus der TBGB und dem HAWIK gerechtfertigt sein (Beiheft zur TBGB, S. 30). Faktorenanalytische Untersuchungen ergaben, dass vor allem die Tests „Columbia Mental Maturity Scale" und „Bunte und Progressive Matrizen" stark auf dem Generalfaktor, der als allgemeine Intelligenz interpretiert werden kann, lagen, und die Tests „Hamburger Version der Lincoln Oseretzky Scale" und „Kreise punktieren" einen deutlichen motorischen Faktor aufweisen (Beiheft zur TBGB, S. 29f, *Bondy,* u. a. 1972, 26ff). Interessant wäre in diesem Zusammenhang eine Erforschung der Meinungen von Sonderschullehrern, die Kinder unterrichten, die mit der TBGB untersucht wurden.

Zusammenfassung und kritische Anmerkungen: Zweifellos trifft die Testbatterie für geistig behinderte Kinder mit ihrer Zielsetzung der Untersuchung geistig behinderter Kinder im deutschsprachigen Raum auf eine Lücke, denn bisher war die diagnostische Arbeit im Zusammenhang mit der genannten Gruppe ausschließlich auf die Verwendung unspezifischer Verfahren angewiesen. Bezüglich der Aufgabenstellungen, der Durchführung und der diagnostischen Konsequenzen ergeben sich jedoch bei Lehrern an Schulen für geistig Behinderte, bei Studierenden der Sonderpädagogik und aufgrund eigener Erfahrungen einige kritische Aspekte:

– Hinsichtlich Kostenfrage, Handlichkeit, Untersuchungsdauer und Auswertung wird die Testbatterie als wenig ökonomisch bezeichnet. Auch die im Beiheft angeführten Varianten der Durchführung können diese Kritik nicht entkräften.
– Es fehlt ein Test zur Beobachtung und Überprüfung der sprachlichen Fähigkeiten im Hinblick auf Verbalisation (aktiver Wortschatz). Ein Großteil geistig behinderter Kinder kann sich sehr wohl sprachlich verständlich ausdrücken; gerade unter förderdiagnostischem Aspekt kommt neben der Erfassung des Sozial- und des Handlungsbereiches der Beobachtung der gesprochenen Sprache, der Sprache, mit der ein Mensch kommunizieren, Gedanken und Wünsche zum Ausdruck bringen kann, eine eminent wichtige Bedeutung zu. Dabei wäre es durchaus denkbar, dass dieser Test zur Beobachtung der Verbalisationsfähigkeit aufgrund enormer Standardisierungsprobleme und der Gefahr einer Benachteiligung mancher Kinder nicht in die Berech-

nung der T-Werte eingeht; es könnte sich durchaus um ein der VSMS ähnliches Verfahren handeln.

- Obgleich die Objektivität insgesamt gesehen als hoch bezeichnet werden kann, ergeben sich im Zusammenhang mit der Objektivität der Durchführung bei der LOS Probleme, denn die Instruktionen und Demonstrationen zu den einzelnen Aufgaben legen den Testleiter nicht eindeutig fest, es liegen hier zusätzliche Fehlerquellen vor.
- Bei den Tests BM und CM kann im Zusammenhang mit Korrekturen auf Seiten des Kindes Frustration auftreten, auch wenn der Testleiter nur „vorsichtig" Fehllösungen berichtigt. Andererseits erweisen sich die Korrekturen als notwendig, um dem Erraten von Lösungen vorzubeugen. Man fragt sich jedoch, warum dieses Korrekturprinzip dann nicht grundsätzlich beibehalten wurde, also z. B. bei der CMM.
- Die Instruktion zum Test BA müsste den Probanden eindeutig darüber informieren, dass die Aufgabenstellungen in der angegebenen Reihenfolge durchgeführt werden müssen und nicht mehrere Aufgaben zugleich bewältigt werden dürfen. Studierende der Sonderpädagogik behaupten bei diesem Subtest immer wieder, es sei intelligenter, wenn man bei dem genannten Test mehrere Aufgaben gleichzeitig durchführe. Bei dem Test BA erscheinen manche Aufgaben den Probanden – vor allem etwa ab dem 10. Lebensjahr – lächerlich und unverständlich. Sie fühlen sich nicht motiviert, glauben, der Testleiter „betreibe mit ihnen ein Spiel", wenn sie ein paarmal die Türe öffnen und schließen oder gar „Onkel" oder „Tante" rufen sollen. Insbesondere dieser Subtest bedarf einer völligen Neukonzeption.
- Die bereits an anderer Stelle der vorliegenden Schrift angeführten „kleinen Mängel" im Zusammenhang mit der Durchführung wurden noch nicht beseitigt.
- Aus den Tests PPVT, BA, LOS und aus den Fragen der VSMS können zwar einige förderdiagnostische Konsequenzen gezogen werden im Hinblick auf Sprachverständnis, Motivation und Bereitschaft zur Mitarbeit und motorisches Training. Für die eigentliche Förderung eines geistig behinderten Kindes etwa im Unterricht sagen die genannten Testverfahren noch zu wenig aus.

Insgesamt gesehen spricht die „Testreihe für geistig behinderte Kinder" (TBGB) Problembereiche an, die bisher mit keinem anderen diagnostischen Verfahren erfasst wurden. Teilweise lassen sich die ermittelten Ergebnisse durchaus förderdiagnostisch verwenden. Wünschenswert wäre eine Erweiterung der Testbatterie im Hinblick auf Fördermöglichkeiten im Unterricht oder in der Einzelarbeit sowie der Einbezug eines Tests zur

Überprüfung des aktiven Wortschatzes. Als besonders notwendig erweist sich bei geistig Behinderten die Beobachtung des Sozialverhaltens, der Kommunikationsfähigkeit und der lebenspraktischen Aktivitäten.

■ **Hannover-Wechsler-Intelligenztest für das Vorschulalter:** (HAWI-VA) von D. *Wechsler* (deutsche Bearbeitung dieser Wechsler Preschool and Primary Scale of Intelligence, Experimentalform durch K.-D. *Schuck* und D. *Eggert* (1975).

Ziele und Anwendungsbereiche: Dieser Vorschultest stellt eine Erweiterung der gebräuchlichen Verfahren (HAWIE u. HAWIK) nach unten dar, um auf diese Weise zu einem durchgehenden Instrument für alle Altersstufen beizutragen. Als Ziel wird von den Autoren „die Entwicklung eines Instrumentariums zur frühen psychologischen Diagnostik von Behinderungen" genannt (1975, 10). Die Schaffung einer „Baseline" normalen kognitiven Verhaltens für das Vorschulalter soll Behinderungen schon vor dem Schuleintritt diagnostisch objektiv ermitteln, also möglichst früh Ausfälle der kindlichen Begabung. (Gedacht für die Altersstufen 4 bis 6 $\frac{1}{2}$ Jahren, darüber hinaus für sieben- bis zehnjährige Minderbegabte.)

Weil eben Lernbehinderte nach *Eggert* im Allgemeinen ein bis zwei Jahre und geistig Behinderte im Durchschnitt vier Jahre bezüglich der normalen Entwicklung retardiert seien und nicht so gut mit anderen Tests erfasst werden können, müsse man auf diesen Vorschultest zurückgreifen.

Aufbau des HAWIVA: Grob gesehen stimmen HAWIVA u. HAWIK im Aufbau überein. Die Testbatterie gliedert sich ebenfalls in einen Verbal- und einen Handlungsteil. Die Anzahl der Untertests wurde jedoch von elf auf acht reduziert, um vor allem jüngere Kinder nicht übermäßig zu strapazieren.

Der Verbalteil umfasst Untertests wie Allgemeines Wissen, Allgemeines Verständnis und Wortschatztests (jedoch wenig Gemeinsamkeit mit den HAWIK-Tests).

Handlungsteil: Labyrinthe, Figurenzeichnen, Mosaiktest.

Zwei weitere Tests lassen sich nicht ganz einordnen: Rechnerisches Denken und Tierhäuser. Das Material hat starken Aufforderungscharakter.

Normen: Kein Gesamt-IQ kann angegeben werden, weil Verbal- und Handlungsteil nur niedrig korrelieren (r = .39). Stattdessen finden sich ein Verbalindex (C-Wert oder IQ) und ein Handlungsindex (C-Wert oder IQ).

Der Normierungsprozess ist noch nicht abgeschlossen, deshalb auch die Unterbezeichnung „Experimentalform".

■ **Snijders-Oomen nicht-verbale Intelligenzuntersuchung (S. O. N.)**

■ **Non-verbaler Intelligenztest (SON-R 2 ½ – 7) von P. J.** *Teilegen* **und J. A.** *Laros* **(Dt. Standardisierung von P. J.** *Teilegen,* **J. A.** *Laros* **u. a. 2007)**

Ziele und Einsatzbereich: Der SON-R 2 ½ – 7 ist ein sprachfreier Intelligenztest für Kinder von 2;6 bis 7;11 Jahren. Das Verfahren eignet sich neben der allgemeinen Intelligenzdiagnostik vor allem für die Testung von Kindern mit Sprachentwicklungsstörungen, Hörbeeinträchtigungen oder Intelligenzminderungen sowie von Kindern, die nicht Deutsch als Muttersprache beherrschen.

Zu dem SON-R 2 ½ – 7, der als das bekannteste Instrument zur Erfassung der allgemeinen Intelligenz in den Niederlanden gilt, liegt nun eine dt. Standardisierung und Validierung vor. Der SON-R 2 ½ – 7 erhebt folgende Bereiche: visumotorische und perzeptive Fähigkeiten, räumliches Verständnis, Erkennen von Ordnungsprinzipien sowie die Fähigkeit zum abstrakten und konkreten Denken. Der SON-R 2 ½ – 7 beinhaltet die sechs Untertests: Mosaike, Kategorien, Puzzles, Analogien, Situationen und Zeichenmuster. Als Ergebnisse resultieren: Gesamt-Intelligenzquotient (SON-IQ) sowie Intelligenzwerte für die beiden Skalen des Verfahrens – die Denkskala und die Handlungsskala –, denen sich die Untertests zuordnen lassen. Außerdem kann im Sinne eines Entwicklungsalters das Referenzalter eines Kindes bestimmt werden. Zusätzlich zu dem neuen Testmanual mit deutschen Normen liegt jetzt auch ein Instruktionsheft – als Hilfestellung bei der Testdurchführung für den Diagnostiker – vor. Die Testmaterialien sind unverändert geblieben.

Gütekriterien: Die interne Konsistenz (Zuverlässigkeit) der Subtests liegt im Mittel bei .70, für den SON-R 2 ½ – 7 bei .90 (sie steigt von .87 bei zweijährigen Kindern bis auf .91 bei siebenjährigen Kindern).

Gültigkeit: Der SON-R 2 ½ – 7 korreliert zu .46 mit dem Lehrerurteil. Die Korrelationen mit anderen Intelligenztests liegen im Mittel bei .65, mit Maßen der verbalen Entwicklung und der verbalen Intelligenz bei .48. Vergleiche zeigen, dass Kinder aus Einwandererfamilien bei der Bearbeitung des SON-R 2 ½ – 7 weniger benachteiligt sind als bei anderen Tests.

Normen: Im Gegensatz zu vielen anderen Intelligenztests basieren die Normwerte auf dem exakten Alter der Kinder. Neben dem Referenzalter für die sechs Untertests und dem Gesamtwert werden altersbezogene Unterteststandardwerte und Skalenwerte angegeben.

Zum Testkoffer gehört zusätzlich ein Computerprogramm, das zur Handauswertung des SON-R 2 ½ – 7 auch eine computergestützte Auswertung der Ergebnisse sowie die Berechnung der Normwerte und des Referenzalters ermöglicht. Die neue Programmversion enthält nun zusätzlich die deutschen Normen für den SON-R 2 ½ – 7 sowie Normen für die tschechische, slowakische und französische Ausgabe des SON-R 2 ½ – 7.

Bearbeitungsdauer: Zwischen 40 und 60 Minuten. Bei jüngeren Kindern ist die Bearbeitungsdauer kürzer.

■ **Non-verbaler Intelligenztest (SON-R 5 ½ – 17) von P. J. Teilegen und J. A. Laros (³2005)**

Ziele und Einsatzbereich: Der SON-R 5 ½ – 17 ist ein Intelligenztest für Kinder, bei dessen Durchführung die Verwendung gesprochener oder geschriebener Sprache nicht notwendig ist. Der Test ist besonders geeignet zur Untersuchung von Kindern, die in der verbalen Kommunikation behindert sind (z. B. gehörlose oder schwerhörige Kinder) oder für ausländische Kinder, in deren Herkunftsfamilie nicht Deutsch gesprochen wird. Der SON-R 5 ½ – 17 eignet sich für Kinder im Alter von 5 Jahren und 6 Monaten bis 17 Jahren.

Der SON-R 5 ½ – 17 besteht aus sieben Subtests: Kategorien, Analogien, Situationen, Bildgeschichten, Mosaike, Zeichenmuster und Suchbilder. Die ersten drei sind Mehrfachwahl-, die übrigen Handlungstests. Inhaltlich lassen sich die Subtests des SON-R 5 ½ – 17 in vier Gruppen einteilen: Tests für abstraktes Denken (Kategorien, Analogien), Tests für konkretes Denken (Situationen, Bildgeschichten), Tests für räumliches Vorstellungsvermögen (Mosaike, Zeichenmuster) und Perzeptionstests (Suchbilder). Die Items der einzelnen Subtests werden adaptiv vorgegeben, so dass nur etwa die Hälfte der verfügbaren Items bearbeitet werden muss.

Gütekriterien: Die *Zuverlässigkeit* des Gesamtwertes liegt bei r = .93. Die *Validität* ist gegeben. Das Gesamtresultat wird als IQ-Wert wiedergegeben, als Prozentrangwert und als Referenzalter. Auf der Grundlage einer Stichprobe von 768 gehörlosen Kindern können Prozentränge für den Gesamtwert Gehörloser angegeben werden. Mit dem Auswertungsprogramm können Gesamtresultate wie z. B. IQ-, Prozentrangwert und Referenzalter für jede Kombination der Subtests berechnet werden.

Bearbeitungsdauer: Ca. 90 Minuten, für die verkürzte Version (4 Subtests) ca. 45 Minuten.

■ **Intelligenztest für 6- bis 14-jährige körperbehinderte und nicht-behinderte Kinder (ITK) von *Neumann* (1981)**

5.2.3.2 Intelligenztests als Gruppenverfahren

Die in der folgenden Darstellung kurz beschriebenen Verfahren zur Überprüfung der Intelligenz können grob dadurch gekennzeichnet werden, dass sie primär als Gruppentests Verwendung finden, dies schließt jedoch einen Einsatz als Individualverfahren nicht aus. Bei verhaltensgestörten und lernbehinderten Kindern hat die Erfahrung gezeigt, dass bei Gruppentests eine maximale Gruppengröße von sieben Kindern nicht überschritten werden sollte.

Als Gruppentests werden diese Verfahren als „ökonomisch" bezeichnet, denn ein Testleiter kann mit mehreren Probanden zugleich arbeiten (Helfer sind empfehlenswert); diese Tests nehmen zugleich für Durchführung, Auswertung (Schablonen) und Interpretation relativ wenig Zeit in Anspruch, sie sind im Allgemeinen auch im Hinblick auf die Anschaffungskosten wesentlich preisgünstiger als die Individualverfahren.

Gruppenverfahren entsprechen zumeist den Testgütekriterien und den vorgestellten Beurteilungskriterien in befriedigendem Maße.

■ **Columbia Mental Maturity Scale CMM-LB von D. *Eggert*, K.-D. *Schuck* u. U. *Raatz* (1971)**

Allgemeines: Die vorliegende Fassung des CMM-LB ist eine weitergeführte Modifikation des amerikanischen CMM, die erstmals in den 50er Jahren zur Diagnostik von normal entwickelten und hirngeschädigten 3- bis 12-jährigen Kindern eingesetzt wurde. Im deutschen Sprachraum wurde die CMM-Skala zunächst als Einzeltest für 7- bis 12-jährige geistig Behinderte und später – ebenfalls als Einzeltest – für 9- bis 12-jährige Lernbehinderte normiert (1971: Gruppentest). Die CMM-LB ist ein sprachfreier Test. Es gibt auch die CMM in der Form 1 – 3 ([2]1994) für Grundschüler.

Aufgabenbereich und Zielgruppen: Die CMM-LB erlaubt eine Abschätzung der allgemeinen Intelligenz 9- bis 14-jähriger Sonderschüler.

Aufbau: Die Skala setzt sich aus 70 Aufgaben zusammen. Jedes der 70 Items besteht aus 5 Bildern, wobei immer ein Bild nicht in die Reihe der übrigen Bilder passt.

Durchführung:
- Gruppenverfahren (max. Gruppengröße = 12)
- Testdauer ca. 30 – 40 Minuten
- Jedes Kind benötigt ein Testheft und einen Schreibstift

Auswertung: Mit Schablonen; der Rohwert ergibt sich kumulativ aus Rohpunkten bis zum Abbruch; das Abbruchkriterium wird erreicht, wenn das Kind von 10 aufeinanderfolgenden Aufgaben 8 nicht richtig lösen konnte; Rohpunkte danach werden bei der IQ-Ermittlung nicht berücksichtigt.

Normen: Die Normierung wurde an 6.009 „lernbehinderten Sonderschülern" durchgeführt. Es liegen nach vollen Lebensjahren abgestufte Normentabellen für die Umwandlung der Rohwerte in T-Werte vor; die T-Werte können dann anhand einer Tabelle in Prozentränge überführt werden.

Gütekriterien: Objektivität, Zuverlässigkeit und Gültigkeit sind in zufrieden stellendem Maße gewährleistet. Angeführt wird ein Standardmessfehler von ca. 2,5 T-Werten und eine kritische Differenz von 6,78 – 7,33 (ca. 7,00) T-Werten mit einer Sicherheitswahrscheinlichkeit von 95 %.

Ausblick: Die Formen der CMM für geistig Behinderte und für Lernbehinderte können zur Einschätzung der allgemeinen Intelligenz verwendet werden. Die Möglichkeiten der Verhaltensbeobachtung sind jedoch sehr gering, vor allem, wenn man die CMM-LB als Gruppenverfahren benutzt.

■ **Bildertest BT 1 – 2 von H. *Horn*, E. *Schwarz* u. G. *Vieweger* (1967) – (überarbeitete Aufl. [2]1994)**

Allgemeines: Der BT 1 – 2 stellt die deutsche Bearbeitung des „Moray House Picture Intelligence Test 1" von *Melione* u. *Thompson* dar. Er gehört zu den sprachfreien Tests.

Aufgabenbereich: Der BT 1 – 2 ermöglicht zuverlässige Aussagen über die intellektuellen Begabung 6- bis 8-jähriger Kinder.

Zielgruppen: Kinder im 1. und – im oberen Intelligenzbereich nur bedingt – im 2. Schuljahr der Grundschule; ggf. 3. und 4. Klasse (bis 12 Lj.) der Sonderschule für Lernbehinderte (eine präzise Normierung steht noch aus) (1977, 25f)

Aufbau: Der Bildertest 1 – 2 besteht aus acht Untertests, die die Erfassung verschiedener Intelligenzbereiche anstreben:

(1) „Instruktionen" (Verständnis und Ausführung von Anweisungen);
(2) „Nichtpassendes" (Oberbegriff, der nicht formuliert werden muss, soll an fünf Bildern erkannt werden; das sechste, also nicht passende Bild soll angestrichen werden);
(3) „Ergänzungen" (fehlendes Teilstück muss wahrgenommen und aus sechs anderen Darstellungen herausgesucht werden);
(4) „Unsinniges" (in Bildern soll „Unpassendes" erkannt werden);
(5) „Spiegelbilder" (spiegelbildliche Darstellungen sollen von nichtspiegelbildlichen unterschieden werden);
(6) „Folgen" (zeitliche Vorgänge, Größen- und Mengenunterschiede sind zu differenzieren und richtig zu ordnen);
(7) „Wesentliches" (Prüfung des Umweltverständnisses: das Wesentliche von Gegenständen soll von unwesentlichen Einzelheiten unterschieden werden);
(8) „Reihen" (Gesetzmäßigkeiten sollen in Figurenreihen erkannt und nachvollzogen werden).

Durchführung:
– individuell oder in Gruppen (bis zu 20 Kinder)
– dauert im 1. Schuljahr insgesamt ca. 110, im 2. Schuljahr insgesamt ca. 85 Minuten
– jedes Kind braucht ein Testheft und zwei Bleistifte; der Prüfer eine Stoppuhr und ein Testheft zur Demonstration.

Auswertung: Nach vorgegebenen eindeutigen Kriterien; die Summe der Rohwerte aus den acht Subtests ergibt den Gesamtrohwert.

Normen: Die Normen wurden in Untersuchungen mit über 3.300 Kindern gewonnen. Es liegen Prozentangaben vor, die mit Hilfe einer Umwandlungstabelle in T- und IQ-Werte transformiert werden können.

Interpretation:
(1) mit einer Gruppe gleichaltriger Schüler (Altersnormen),
(2) mit einer Gruppe von Schülern, die derselben Klassenstufe angehören,
(3) mit einer Gruppe von Schülern, die in Orten gleicher Größenordnung dieselbe Klasse besuchen.

Gütekriterien: Objektivität, Zuverlässigkeit und Gültigkeit genügen testtheoretischen Ansprüchen. Der Standardmessfehler beträgt im 1. Schuljahr 3,7, etwa 4 Rohpunkte, im 2. Schuljahr 2,7 – 3,1, etwa 3 Rohpunkte. (Kritische Differenz: 1. Kl.: 9,4 – 9,9 RW; 2. Kl.: 8,3 RW; vgl. 1977, 14.)

Probleme: Die mündlich zu gebenden Instruktionen erfordern von den Probanden ein zumindest ausreichendes Sprachverständnis. Die relativ lange Durchführungszeit bringt gerade bei lern-, leistungs und konzentrationsgestörten Kindern Probleme mit sich (Durchhaltevermögen). Bei den zuletzt genannten Problemkindern sollte die Gruppe nicht mehr als 5 – 7 Probanden umfassen.

■ Grundintelligenztest CFT 1 von R. *Weiss* u. J. *Osterland* (1997)

Allgemeines: Der CFT 1 ist eine teilweise Adaptation des amerikanischen „Culture Fair Intelligence Test – Scale 1" von R. B. *Cattell*. Er ist ein nonverbaler Test für 5- bis 9-jährige.

Aufgabenbereich: Der CFT 1 ermöglicht die Bestimmung der Grundintelligenz, d. h. der Fähigkeit des Kindes, in neuartigen Situationen und anhand von sprachfreiem, figuralem Material Denkprobleme zu erfassen, Beziehungen herzustellen, Regeln zu erkennen, Merkmale zu identifizieren und rasch wahrzunehmen.

Nach Auskunft der Autoren gibt der Test darüber Aufschluss, bis zu welchem Komplexitätsgrad das Kind bereits in der Lage ist, insbesondere nonverbale Problemstellungen zu erfassen und zu lösen.
Zielgruppen: 5- bis 9-jährige Kinder in Kindergarten, Vor- und Grundschule (1. – 3. Klasse) sowie Kinder in Sonderschule für Lernbehinderte (1. – 4. Klasse).

Aufbau: Es liegen die Formen A und B vor, die allerdings nur pseudoparallel sind, da die (gleichen) Items sich lediglich in der Reihenfolge der Darbietung und der Position der richtigen Lösung voneinander unterscheiden. Jede Form hat 5 Subtests:

(1) Substitutionen (Erkennen der Zugehörigkeit von Figur und Symbol).
(2) Labyrinthe (Erkennen eines optisch wahrnehmbaren Weges, der durch Irrwege erschwert ist);
(3) Klassifikationen (Klassifizieren von Merkmalen, Herstellen von Beziehungen);
(4) Ähnlichkeiten (Wiedererkennen figuraler Vorgaben);
(5) Matrizen (eine Ergänzungsfigur muss aus 5 unterschiedlichen Figuren ausgewählt werden).

Gemeinsame Bezüge:
- Subtests 1 und 2: Wahrnehmungsumfang; Schnelligkeit der Wiedergabe von optischen Wahrnehmungen; Voraussicht im Denken
- Subtests 3, 4 u. 5: Beziehungsstiftendes Denken, Erkennen von Regelhaftigkeiten und Gesetzmäßigkeiten.

Durchführung:
- individuell oder in Gruppe; max. Gruppengröße bei Lernbehinderten = 6, in Kindergarten und Vorschule = 8, in Grundschule 15 (1. Klasse) und 20 (2. u. 3. Klasse);
- dauert zwischen 45 (Grundschule Kl. 2 u. 3) und 60 Minuten (Kindergarten und Vorschule);
- je Kind: 1 Testheft, 2 rote Buntstifte, 1 leeres DIN-A4-Blatt;
- 2 Durchführungsarten: (I) für Kindergarten, Vorschule, Grundschule Kl. 1 und Sonderschule für Lernbehinderte, Kl. 1–4, und (II) für Grundschulen Kl. 2 und 3.

Auswertung: Nach vorgegebenen eindeutigen Kriterien; durch Aufaddieren der Rohpunkte ergeben sich Summenwert 1 (Subtest 1–5), Summenwert 2 (1+2) und Summenwert 3 (3+4+5).

Normen: Bei der Eichung des Testverfahrens wurden insgesamt 6.078 Kinder untersucht. Die Normen wurden in Form von Prozenträngen, T-Werten und IQ-Werten festgelegt.

Interpretation bei besonderen Diagnoseanlässen: Die Autoren empfehlen eine Anwendung des CFT 1 auch bei der Legastheniediagnose, zur Definition von „Underachievers", bei der Überprüfung der Sonderschulbedürftigkeit und zur Intelligenzdiagnose bei Kindern von Ausländern.

Gütekriterien: Alle drei Arten der Objektivität sind gegeben. Wegen der ausgeprägten Speed-Komponenten der ersten Subtestgruppe (Summenwert 2) konnte die Zuverlässigkeit bisher nur für die zweite Subtestgruppe (Summenwert 3) ermittelt werden. Diese Zuverlässigkeit ist gleichzeitig auch eine Schätzung der minimalen Gesamttestzuverlässigkeiten. Für die Zuverlässigkeit der summierten Leistungen in den Subtest 2, 4, 5 wurde als Minimalwert 0,90 errechnet.

- Der Standardmessfehler wird mit 3,16 T-Werten, bzw. 4,74 IQ-Werten,
- das Vertrauensintervall mit +6,2 T-Werten und +9,3 IQ-Werten,
- die kritische Differenz mit 8,8 T-Werten bzw. 13,1 IQ-Werten angegeben.

Aktuelle Entwicklungen in der Intelligenzdiagnostik verfolgen verschiedene Wege. Zum einen verspricht man sich durch den verstärkten Einsatz von Computern bei der Durchführung und Auswertung von Intelligenztests, dass die Testungen objektiver und ökonomischer werden (z. B. in Form adaptiver Itemvorgaben). Zum anderen werden vermehrt Möglichkeiten gesucht, bereits bei der Itemkonstruktion regelgeleitet vorzugehen und so die Eigenschaften der Aufgaben gezielter als bisher gestalten zu können (*Preckel* 2003). Auch bestehen bereits Ansätze, die Itemkonstruktion auf der Basis bestimmter Regeln vollständig automatisiert durchzuführen, so dass in kurzer Zeit große Mengen von Items, die bestimmte Eigenschaften aufweisen, generiert werden können (*Embretson* 2005). Diese Vorgehensweise dürfte allerdings im Hinblick auf das sonder- und heilpädagogische Arbeitsfeld und die Beschreibung des individuellen Förderbedarfs kaum sinnvoll sein.

Bisherige Intelligenztests sind in der Regel nicht dazu in der Lage, einzelne kognitive Prozesse, die zum Teil in Sekundenbruchteilen ablaufen, die aber für höhere kognitive Prozesse relevant sind, genau abzubilden. Es wird daher versucht, Intelligenz zunehmend über die computergestützte Messung basaler kognitiver Prozesse zu erfassen. Zwei zentrale Konstrukte, die sich im Hinblick auf eine differenziertere Intelligenzdiagnostik als viel versprechend erweisen, sind die Geschwindigkeit mentaler Prozesse (*Roberts* et al. 2005) und das Arbeitsgedächtnis (*Vock* 2005), die eine zentrale Rolle spielen. Beide Aspekte dürften allerdings bei Kindern mit Förderbedarf nicht im Vordergrund stehen, denn hier kommt es zunächst nicht auf die Geschwindigkeit von Lösungsprozessen an.

Gegenüberstellung wichtiger Testverfahren

Tab. 5 zeigt die Einteilung der Testverfahren unter verschiedenen Gesichtspunkten: Zunächst einmal können die Tests hinsichtlich ihrer Dimensionalität sowie ihrer Durchführungsform differenziert werden.

■ Sprach- und Kulturgebundenheit

So sind der HAWIK-IV, der AID 2 und die K-ABC sprachgebunden, für die Bearbeitung ist die Verwendung von Sprache notwendig. Konzeptionell sprachfrei ausgerichtet sind der SON-R 5 ½ – 17, der CFT 1 sowie der CFT 20-R. Die Culture-Fair-Tests, welche den Anspruch haben, kultur- und bildungsunabhängig zu messen, sowie der SON-R 5 ½ – 17,

Tab. 5: Gegenüberstellung wichtiger Testverfahren

Test-bezeichnung	Autor und Erscheinungsjahr	Alters-gruppe	Dauer min	Unter-tests	Gestaltweise	Messgegenstand/-dimension
Verbale und mehrdimensionale Intelligenztests						
Adaptives Intelligenz Diagnostikum 2 AID 2	Kubinger/ Wurst 2000	6;0 – 15; 11 Jahre	ca. 30 – 70; +15	11; +3 fakultativ	Adaptives Vorgehen Heterogenes Aufgabenmaterial Speed- und Niveautest	pragmatische intelligenztheoretische Position, Erfassung vieler Fähigkeiten für Profilanalyse; Verbal-akustische und manuell-visuelle Fähigkeiten
Hamburg-Wechsler-Intelligenztest HAWIK-IV	Petermann/ Petermann 2008	6; 0 – 16; 11 Jahre	ca. 6 – 90	15, +5	Heterogenes Aufgabenmaterial Speed- und Niveaukomponente	Allgemeine Intelligenz, Einteilung in 5 Intelligenz-Indizes; Wahrnehmungsgebundenes Logisches Denken, Arbeitsgedächtnis, Verarbeitungsgeschwindigkeit, Gesamt-IQ-Wert
Kaufmann-Assesment Battery for Children K-ABC	Melchers/ Preuss 2006	2;6 – 12; 5 Jahre	ca. 35 – 90	16; 7 – 12 pro Typ altersabh.; +1	Heterogenes Aufgabenmaterial Speed-und Niveaukomponente	fluide Intelligenz: Fähigkeitenskala: Einzelheitliches Denken, Ganzheitliches Denken Kristalline Intelligenz: Fertigkeitenskala (Auswertung einer sprachfreien Skala)

Test-bezeichnung	Autor und Erscheinungsjahr	Alters-gruppe	Dauer min	Unter-tests	Gestaltweise	Messgegenstand/-dimension
Nonverbale und eindimensionale Intelligenztests						
Snijders-Omen Nonverbaler Intelligenztests SON-R 5 ½ – 17	Snijders u. a. 1997	5;5 – 17 Jahre	ca. 90	7	Adaptives Vorgehen Heterogenes Aufgabenmaterial Speed-und Niveaukomponente	Fluide Intelligenz: (Handlungsorientierte Mehrfachwahl-Tests), Unterteilung des Tests in Abstraktes Denken, Konkretes Denken, Räumliches Denken, Perzeption
Grundintelligenztest CFT 1	Cattell u. a. 1997	5 – 9 Jahre	ca. 30 – 60	5	Gruppentest Paper-pencil Speedtest	Fluide Intelligenz: „reasoning"
Grundintelligenztest CFT 20-R	Weiß 2006	8;5 – 19 und 20 – 60 Jahre	ca. 60	4; + 2 Zusatz-tests	Gruppentest Paper-pencil, Multiple-Choice-Aufgaben Speedtest	g-Faktor Fluide Intelligenz: „reasoning"; figurale Beziehungen und formal-logische Denkprobleme Kristalline Intelligenz: Zusatzmodul: Wortschatz und Zahlenfolge; Verarbeitungskapazität

welcher zunächst für gehörlose Kinder und Jugendliche konzipiert wurde, versuchen den Sprachanteil so zu minimieren, dass er nicht weiter bei der Beurteilung ins Gewicht fällt. Hier muss allerdings eine Einschränkung vorgenommen werden: Im Rahmen des SON-R 5 ½ – 17 ist auch eine sprachgebundene Durchführung möglich, da die Testautoren angeben, dass eine rein sprachfreie Durchführung für Kinder und Jugendliche, welche hören können, eine befremdliche Situation darstellen würde (vgl. *Snijders* et al. 1997, 13). Dies ist auch im Rahmen der Culture-Fair-Tests möglich. Im Rahmen des AID 2 sowie der K-ABC ist die Durchführung bestimmter Subtests allerdings auch ohne Sprache möglich. Es liegen sowohl verbale als auch nonverbale Instruktionsanweisungen für den Testleiter bei diesen Subtests vor. In erster Linie sind diese Tests jedoch nicht für eine sprachfreie Durchführung konzipiert. Betrachtet man die Sprach- und Kulturgebundenheit, so fällt auf, dass diese nicht absolut eliminiert werden kann: Die Culture-Fair-Testreihen, welche aufgrund ihrer kulturunabhängigen Zielsetzung den Sprachanteil stark minimieren wollen, können nicht vollkommen sprachfrei oder kulturunabhängig gesehen werden. Da schon allein die Verwendung von Papier und Bleistift auf gewisse Kenntnisse des kulturellen Schrift-/Sprachgebrauchs zurückgreift, ist die vollkommene Loslösung von Kultur immer nur unter Vorbehalt möglich. Ähnliches lässt sich auch auf die Verwendung von Sprache übertragen: Wenn es möglich ist, einen Test sowohl sprachgebunden als auch sprachfrei durchzuführen, stellt sich hier die Frage nach der Vergleichbarkeit der beiden Versionen: Welchen wirklichen Anteil die Sprache am Denken oder Schlussfolgern hat, kann nicht definitiv im Rahmen des Tests ausdifferenziert werden. Ein Vergleich der Ergebnisse bei sprachfreier Durchführung ist nicht unbedingt mit den Ergebnissen einer sprachgebundenen Durchführung vergleichbar. Auch stellt sich hier die Frage, in wie weit nonverbale Kommunikation eine Form von kulturabhängiger Sprache ist.

■ Dimensionalität der Intelligenz

Hinsichtlich ihrer Konstruktion sowie der Zielsetzung der jeweiligen Testautoren kann man die Tests nach der Intelligenzdimension, welche sie zu messen beanspruchen, differenzieren. Hier muss allerdings vorausgeschickt werden, dass die Intelligenzmodelle und Konzepte, welche hinter der jeweiligen Konstruktion stehen, sehr individuell geprägt sind und auch nur so interpretiert werden können. Keiner der hier vorgestellten Intelligenztests bezieht sich auf ein einzelnes Intelligenzmodell, meist werden Mischformen verschiedener Modelle zu einer dem Test eigenen Komposition zusammengeführt. So verwenden viele Intelligenztests ein Intelligenzkonzept, welches als Konglomerat verschiedenster Intelligenzmodelle betrachtet werden kann. Andere wiederum definieren den Begriff Intelligenz gar nicht oder schränken ihre Aussagekraft selbst ein: Der SON-R 5 ½ – 17 trifft aufgrund seines nonverbalen Charakters die Aussage, dass man durch das Fehlen verbaler Aufgaben eine Einschränkung des Intelligenzbegriffes im Rahmen des Tests akzeptieren müsse, ohne jedoch weiter auf den Intelligenzbegriff, welchen die Autoren nur sehr global definieren, einzugehen. Die Autoren des AID 2 berufen sich auf kein etabliertes Intelligenzkonzept, welches den Tests zugrunde liegt, sondern formulieren operationale Definitionen für die zu erfassenden Fähigkeiten für jeden Subtest. Hier muss beachtet werden, dass die Autoren des AID 2 eine eigene faktorenanalytische Theorie konzipieren, welche jedem Subtest eine operationale Fähigkeit zuordnet. Die Culture-Fair-Tests berufen sich grundlegend auf das Intelligenzmodell *Cattells,* allerdings wird speziell beim CFT 20-R auch auf das Struktur-Modell der Intelligenz von *Jäger* hingewiesen.

Die Culture-Fair-Tests werden überwiegend in den Bereich der figuralen Verarbeitungskapazität eingeordnet, die optionalen Zusatztests des CFT 20-R können in die Bereiche der numerischen und verbalen Verarbeitungskapazität eingeordnet werden. Hier wird deutlich, dass die Culture-Fair-Testreihen nur einen geringen Ausschnitt im Strukturmodell der Intelligenz abbilden, sie können als eindimensionale Testverfahren betrachtet werden. Der SON-R 5 ½ – 17 definiert dafür den Begriff der Intelligenz nur sehr allgemein: „Global kann Intelligenz umschrieben werden als das Maß, in welchem eine Person imstande ist, Aufgaben zu lösen, die an kognitive Fähigkeiten appellieren. Der Besitz dieser Kapazität wird hierbei als eine individuelle Eigenschaft betrachtet, über die man aufgrund der Testdurchführung Aussagen machen will." (*Snijders* et al. 1997, 54). Die Aussagekraft dieses Statements ist nicht an ein bestimmtes Intelligenzkonzept angelehnt und bietet hier sozusagen eine „Arbeitsdefinition" des Intelligenzbegriffs für die Durchführung des Tests. *Petermann* und *Macha* weisen dem SON allerdings die Messung sprachfreier Intelligenzanteile zu (vgl. *Petermann/Macha* 2005, 128). Diese Einschränkung ist aufgrund der oben detailliert ausgeführten Nonverbalität des SON zu verstehen. Daher kann der SON-R 5 ½ – 17 auch als eher eindimensionaler Test, welcher auf die fluide Intelligenz ausgerichtet ist, eingeordnet werden (vgl. *Holling* et al. 2004, 88). Die K-ABC basiert auf einem kognitions- und neuropsychologischen Intelligenzkonzept, bei welchem die Gewandtheit der Informationsverarbeitung im Fokus ist. Bei der Differenzierung zwischen der Skala der intellektuellen Fähigkeiten und der Fertigkeitenskala verweisen die Testautoren unter anderem auf *Cattell*, indem sie hier die Bereiche nach fluider und kristalliner Intelligenz trennen. Allerdings ist hier zu beachten, dass nicht die Definition der Intelligenz von Cattell übernommen wird, sondern nur die Aufteilung nach fluiden und kristallinen Intelligenzdimensionen.

Im Rahmen des HAWIK-IV berufen sich die Autoren des Testmanuals hauptsächlich auf die Intelligenzvorstellung Wechslers. Dabei wird im Rahmen des Tests davon ausgegangen, dass Intelligenz „… einerseits ein globales Konstrukt darstellt, weil sie das Verhalten eines Individuums als Ganzes bestimmt, andererseits als spezifisch dargestellt werden kann, weil Intelligenz aus Faktoren zusammengesetzt ist, in denen sich Individuen unterscheiden" (*Petermann/Petermann* 2007, 21).

5.2.4   Schulleistung – Fehleranalyse – didaktischer Zugang

Die Überprüfung der schulischen Leistung eines Probanden während des Untersuchungsvorganges stellt im Zusammenhang mit der sonderpädagogisch-psychologischen Diagnostik ein sehr wichtiges Moment, aber nach wie vor auch ein großes Problem dar. Die Hauptschwierigkeiten, im Rahmen förderdiagnostischer Arbeit geeignete Tests zu konzipieren, liegen in den unterschiedlichen Lehrplänen der Bundesländer, in den Unterschieden zwischen Regionen mit mehr städtischem und mehr ländlichem Charakter, aber auch in den Unterschieden zwischen den Leistungsanforderungen in Schulen gleicher Regionen begründet. Die Erarbeitung genormter und für alle regionalen Bereiche der Bundesrepublik gültiger Verfahren wird zwar versucht und auch publiziert, jedoch noch nicht in befriedigender Weise.

Die Notwendigkeit zur Überprüfung der Schulleistung ergibt sich aus mehreren Gründen:

1. muss überprüft werden, ob der Vorstellungsgrund wirklich gerechtfertigt ist, denn es könnte ja der falsche Eindruck eines allgemeinen Versagens entstanden sein. Z. B. könnte ein Schüler nur in einem Fach (etwa Deutsch) Schwächen aufweisen, er wird jedoch vom Lehrer generell als leistungsschwach eingestuft („Halo"- und „Rosenthal"-Effekt). Die Klasse, aus der ein Schüler hervorgeht, weist einen überdurch-

schnittlichen Stand auf (viele Übertritte an weiterführende Schulen); die spezifische schulische Situation eines Schülers ruft aufgrund von Leistungs-, Versagensängsten, … Störungen in der Schülerpersönlichkeit hervor; es wäre auch denkbar, dass ein Schüler bei Benotungen entscheidend benachteiligt ist (vgl. R. *Kornmann,* 1977, 31ff).

2. soll der Untersucher unabhängig vom bisherigen Lehrer differenzierte Aussagen über Lernprobleme und Lernhemmungen sowie deren Ätiologie treffen, aber vor allem auch bessere und neue Lernmöglichkeiten aufzeigen.

3. werden gezielte Angaben zu Fördermaßnahmen eines Schülers erwartet und notwendig, gegebenenfalls auch die Entscheidung bezüglich einer Aufnahme in eine *bestimmte* Förderschule oder Klasse einer Förderschule. Wichtig ist die Erstellung eines Förderplanes (vgl. *Bundschuh* 2007, 238 – 256), der die weiteren Lernbereiche und Förderschritte aufzeigt.

4. In der mit der Bewertung von Schulleistungen befassten Literatur wird immer wieder auf die Möglichkeit von *Fehlern* und *Fehlerquellen* hingewiesen, so seien Schulleistungsbeurteilungen in der herkömmlichen Form subjektiv (unterschiedliche Gewichtung von Leistungen je nach Einstellung der beurteilenden Lehrer, verschiedene Gewichtung von Teilleistungen einer Schülerarbeit durch mehrere Lehrer, unterschiedliche Benutzung der Notenskalen, unterschiedliche Strenge bei der Leistungsbeurteilung in verschiedenen Fächern und auf verschiedenen Klassenstufen, Beeinflussung der Beurteilung durch Vorwissen, Voreinstellungen, Vorurteilen, Sympathie und Antipathie), es werde den Beurteilungen ein klasseninterner Leistungsstand als Vergleichsmaßstab zugrunde gelegt (unterschiedliche Beurteilung von objektiv gleich guten Leistungen, je nachdem, ob die Schüler einer leistungsmäßig guten oder schlechten Klasse angehören), die von Schülern in der Schule gezeigten Leistungen müssten hinsichtlich ihres Aussagewertes über den tatsächlichen Schulleistungsstand kritisch betrachtet werden (besonders prägnante Situationen, in denen benotete Schulleistungen zustandekommen, Gruppensituation, Stress, Angst).

Es geht also bei der schulischen Leistungsprüfung neben der *Beobachtung* eines Kindes bei der Lösung von Aufgaben auch um die Aufdeckung möglicher Fehlerquellen, die im Zusammenhang mit der Beurteilung durch den bisherigen Lehrer entstehen können. Insofern dürfte an der Notwendigkeit und Nützlichkeit der Durchführung einer

Schulleistungsprüfung im Rahmen der förderdiagnostischen Untersuchung eines Kindes wohl kaum ein Zweifel bestehen. Es stellt sich nur die Frage, wie man diese Überprüfung in relativ kurzer Zeit gründlich und zuverlässig durchführen kann im Hinblick auf den Nutzen für die betroffenen Schüler.

Eine ganze Reihe von Testverfahren steht zur Überprüfung der Schulleistungen zur Verfügung. Jedoch nur zwei von ihnen haben eine *unmittelbare* Bedeutung für die Frage nach dem individuellen (sonderpädagogischen) Förderbedarf.

5.2.4.1 Für die sonderpädagogische Diagnostik spezifische Verfahren

Es handelt sich hierbei um den „Schulleistungstest lernbehinderter Schüler (S-L-S)" von A. *Reinartz* (⁴1974) und die „Schulleistungsbatterie für Lernbehinderte" mit den Leistungsstufen I und II (SBL 1 und 2) von *Kautter* und *Storz* (2000, 2002).

Der S-L-S stellt ein Individualverfahren dar, bei dem sich während der Durchführung zahlreiche Möglichkeiten zur Beobachtung der schulischen Leistungen bieten, die überhaupt erbracht werden können. Auch die Lernstufe spielt dabei eine Rolle. Man kann den S-L-S etwa bei Schülern anwenden, die aus den ersten drei, evtl. noch vier Grundschulklassen zur Überprüfung der Sonderschulbedürftigkeit gemeldet werden.

Der genannte Test erfasst einen relativ großen Bereich schulischer Leistungen der Grundschule (Zählen von 1 – 20, Addition und Subtraktion zweistelliger Zahlen, optische und akustische Differenzierung von Buchstaben bis zum sinnerfassenden Lesen, Abzeichnen einzelner Buchstaben bis zum Diktat).

Leider ergibt sich aus den Testergebnissen nicht genau, in welche Klasse der Schule für Lernbehinderte ein Schüler aufgenommen werden sollte. Die in dem Test angeführten Einstufungen bezüglich der Jahrgänge 1 bis 6 stimmen nicht mit den üblichen Klasseneinteilungen überein. Die eigenen Erfahrungen mit dem S-L-S führten zu dem Ergebnis, dass ein Schüler, der alle Aufgaben löst, etwa in die 3. oder 4. Klasse der Schule für Lernbehinderte aufgenommen werden kann.

Eine Anwendung dieses Tests bei geistig Behinderten ist nur angezeigt, wenn ein Schüler bereits über einige Kulturtechniken im Lesen, Schreiben und Rechnen verfügt, also bei gut durchschnittlichen geistig Behinderten bis zu den Grenzfällen zur Lernbehinderung.

Der S-L-S wurde jedoch bisher noch nicht an einer zufriedenstellend großen repräsentativen Population normiert, die Objektivität der Durchführung, Auswertung und Interpretation kann nicht als ausreichend betrachtet werden. Das Berechnungs- und Auswertungssystem erweist sich als nicht sehr vorteilhaft. Die Durchführung des Tests verlangt vom Testleiter ein intensives Trainung und Materialstudium.

Mit den Schulleistungsbatterien für Lernbehinderte (SBL 1; SBL 2) von *Kautter, Storz* und *Munz* (2000; 2002) liegen Schulleistungsverfahren für die Fächer Mathematik, Lesen und Schreiben vor, welche den Schwerpunkt der Testauswertung auf die qualitative Analyse der Lösungsversuche sowie auf intraindividuelle Vergleiche legen und deshalb gute Ansatzpunkte für eine individuelle Förderung bieten. Sowohl die SBL 1 als auch die SBL 2 decken inhaltlich einen Großteil aktueller Bildungsplan- und Schulbuchinhalte der ersten bzw. zweiten Klasse ab. Auch wenn es sich dadurch um sehr heterogene Screeningtestbatterien handelt, erlauben diese insbesondere im unteren Leistungsdrittel der Grundschülerpopulation differenzierte Informationen über den Lernstand. Damit besitzen die beiden genannten Verfahren im Zusammenhang mit der Überprüfung von Schulleistungen im Rahmen der förderdiagnostischen Untersuchung eine Relevanz. Die beiden Tests können als Gruppen- oder als Individualverfahren durchgeführt werden, wobei Parallelformen vorliegen. Als ungünstig erweist sich die relativ lange Durchführungszeit von ca. 2 Stunden.

5.2.4.2 Schulleistungstests mit förderdiagnostischer Bedeutung – Fehleranalyse

Die nun folgenden Verfahren wurden nicht speziell für die Frage nach dem individuellen Förderbedarf entwickelt, vielmehr handelt es sich um Tests zur Überprüfung schulischer Leistungen in der Regelschule, deren Konstruktion zumeist von den Lehrplänen der Allgemeinen Schule abhängt und deren Aufgabenstellungen im Grunde genommen potenziell behinderte oder behinderte Kinder überforderten, würden diese Tests alters- und klassenadäquat eingesetzt. Trotz der aufgezeigten Einschränkungen lässt sich ein Teil dieser Verfahren in Ermangelung sonderschulspezifischer Schulleistungstests auch in der Untersuchungssituation bei der Überprüfung der Sonderschulbedürftigkeit oder im Rahmen förderdiagnostischer Untersuchungen überhaupt verwenden, denn diese

Verfahren geben doch meist rasch und zuverlässig Auskunft über die Leistungsfähigkeit eines Kindes in dem im Test intendierten Unterrichtsfach. Die Ergebnisse ermöglichen dann dem Pädagogen eine unmittelbare Ableitung von Fördermaßnahmen, auch wenn dies im Test selbst nicht explizit angeführt ist.

In erster Linie werden die für die Grundschule konzipierten Schulleistungstests im Rahmen sonderpädagogischer Fragestellungen Verwendung finden, weil gegenwärtig die Kinder wohl zumeist aus diesem Bereich hervorgehen.

Einen wichtigen Grund für die Verwendung von Schulleistungstests kann man auch darin sehen, dass sie – zumindest teilweise – herangezogen werden können zur Diagnostik und Einleitung von Fördermaßnahmen bei Teilleistungsstörungen, wie z. B. Lese-, Rechtschreib- und Rechenstörungen, bei Leistungsstörungen überhaupt, also bei Underachievern (d. h. bei Kindern mit erwartungswidrig niedrigen Schulleistungen). Indem es sich bei den meisten Schulleistungstests um Gruppenverfahren handelt, kann der Klasslehrer einmal rasch und zuverlässig einen Überblick über den Leistungsstand seiner Klasse gewinnen, zum anderen aber auch anhand vorliegender Normen die Leistungen mit den Ergebnissen einer größeren Population vergleichen.

Aus der Fülle der von verschiedenen Verlagen angebotenen Schulleistungstests sollen im Folgenden die angeführt werden, die noch am ehesten förderdiagnostische Relevanz besitzen. Einige ganz wenige dieser Verfahren sollen im Hinblick auf ihre Anwendbarkeit im förderdiagnostischen Arbeitsfeld in kurzer Form beschrieben werden.

a) Mehrfächrige Schulleistungstests

■ **„Allgemeiner Schulleistungstest für 2. Klassen (AST 2)" von O. Rieder (1991):** Diesem Test kommt im Zusammenhang mit der Diagnostik der wichtigsten Schulleistungen eine Bedeutung zu, weil er Leistungen fordert, die in der Grundschule üblich sind. Allerdings muss bei diesem Test – wie bei den meisten Schulleistungstests – mit der Gefahr der Überforderung und daraus resultierender Frustration eines Kindes gerechnet werden. Laut Testautor erhält der Lehrer durch den AST 2 die Möglichkeit der Erfolgskontrolle, einen Vergleichsmaßstab für sein eigenes Urteil und ein wertvolles Hilfsmittel zur Festlegung von Stärken und Schwächen seiner Schüler, das Ausgangspunkt für individuelle Beratung und Hilfe sein kann (1991). Die sechs Untertests erfassen spezifische Leistungen, wie sie in Deutsch und Rechnen gefordert werden. Geprüft wird Wortschatz, Leseverständnis, Zahlenrechnen, Textaufgaben und Rechtschreiben. Es liegen Prozentrangnormen und T-Werte für Knaben und Mädchen getrennt, aber auch für beide Geschlechter gemeinsam vor.

Vom gleichen Verlag gibt es noch den „Allgemeinen Schulleistungstest für 3. Klassen (AST 3)" (1991) und den „Allgemeinen Schulleistungstest für 4. Klassen (AST 4)" (1992).

■ Im Zusammenhang mit den Mehrfächertests soll noch der „Kombinierte Schultest (KS 3, 4, 5)" für die Klassen 3 – 5 von *Mietzel* (1979) genannt werden.

b) Fächerspezifische Tests

Mit diesen Tests ist zumeist eine größere Anzahl von Aufgaben verbunden zur Überprüfung der Leistungen in einem Fach. Man kann deshalb davon ausgehen, dass sie in der Regel differenzierter messen und daher auch gezieltere Aussagen über eine sich anschließende Förderung ermöglichen als die mehrfächrigen Schulleistungstests.

Lesetests: Mit Rudolf *Müller* (1974, 303) kann man zwei Gruppen von Lesetests unterscheiden: Einmal Tests, die der Überprüfung der *formalen* Lesefertigkeit dienen (= die Richtigkeit der Reproduktion eines Lesestoffes beim lauten Lesen), zum anderen Lesetests zur Untersuchung des *Leseverständnisses,* d. h., die sinnvolle Erfassung eines Lesestoffes beim stillen Lesen wird ohne wörtliche Reproduktion des Lesestoffes intendiert. Als Vertreter der ersten Gruppe sind zu nennen:

■ **die „Lesetestserie" von *Biglmaier* für die Klassen 1 bis 5:** Drei Teile können bei diesem Test abgehoben werden:

1. die Leseabschnitte (LAB), geordnet nach dem Schwierigkeitsgrad,
2. der Worttest (WT) umfasst drei Spalten mit je 25 Wörtern bei ansteigender Schwierigkeit,
3. der Wortunterscheidungstest (WUT), der auch als Gruppentest geeignet ist.

Es ist primär ein Individualtest, der sowohl eine quantitative als auch eine qualitative Auswertung nach Fehlerarten ermöglicht. Der Test kann Hinweise für eine gezielte Förderung und für ein Lesetraining geben.

■ **„Zürcher Lesetest" von Maria *Linder* und H. *Grissemann* für 2. – 6. Klassen (1996)**
Zu den Tests, die vor allem das Leseverständnis prüfen, gehören:

■ **Der „Lesetest für 2. Klassen (LT)" von Elke *Samtleben* et al. (1971):** Nach Auskunft der Autoren können mit diesem Test „Lesefertigkeit" und „Verständnis" beim stillen Lesen untersucht werden (1971,3). Er dient auch als „Hilfsmittel" zur Vorauswahl von Legasthenikern. Der LT ist ein Gruppentest, der vor allem das Leseverständnis in der letzten Hälfte der 2. Klasse überprüfen soll. Das Kind liest bestimmte Geschichten und soll anschließend Fragen dazu beantworten. Die Antworten erfolgen in der Mehrfach-Wahl-Form (Multiple-choice-Verfahren). Bei diesem Test ist eine Fehleranalyse nicht vorgesehen.

■ **„Sinnverstehendes Lesen (SVL 3)" von H. *Müller* (1969), anzuwenden im ersten Halbjahr der 3. Klasse.**

■ **Hamburger Lesetest für 3. und 4. Klassen (HAMLET 3 – 4) von R. H. *Lehmann, R. Peek* und J. *Poerschke* (1997):** Mit diesem Test wird das am Ende der 3. und 4. Klasse erreichte Leseverständnis gemessen. Mit dem Wort-Test, bestehend aus 40 Wortzuordnungen zu je vier Bildern, werden grundlegende Informationen zur Lesefertigkeit und -geschwindigkeit erhoben. Der Leseverständnis-Test, zusammengesetzt aus zehn Texten, mit Sach-, Gebrauchs- und Erzähltexten, zu denen jeweils vier Fragen mit Hilfe des Multiple-choice-Verfahrens zu beantworten sind, ermöglicht die Zuordnung der Schüler zu einer bereits erreichten Stufe des sinnverstehenden, stillen Lesens.

■ **Würzburger Leise Leseprobe (WLLP) von P. *Küspert* und W. *Schneider* (in Anwendung seit 1998)**

Ziele und Einsatzbereich: Erfassung der Leseleistung in den Grundschulklassen 1 bis 4.

Die Würzburger Leise Leseprobe (WLLP) ermöglicht die ökonomische Erfassung der Leseleistung im gesamten Grundschulbereich im Rahmen einer Gruppensitzung. Dieser Speed-Test misst die Dekodier-(= Lese-)Geschwindigkeit, indem geschriebenen Wörtern jeweils vier Bildalternativen gegenübergestellt sind und das korrespondierende Bild anzustreichen ist. Mit den Testheften der Form A und B liegen Pseudo-Parallelformen mit jeweils 140 Items vor.

Gütekriterien: Die über die Paralleltestmethode errechneten Korrelationskoeffizienten liegen bei r = .87 (1. Klasse), r = .92 (2. Klasse), r = .93 (3. Klasse) und r = .82 (4. Klasse). Die über die Retestmethode (Intervall von 14 Wochen) errechneten Korrelationskoeffizienten betragen: r_{tt} = .75 (1. Klasse), r_{tt} = .81 (2. Klasse), r_{tt} = .88 (3. Klasse) und r_{tt} = .78 (4. Klasse). Korrelationen mit Einzelverfahren zur Erfassung der Leseleistung (DLF 1 – 2: r = .68 (1. Klasse), r = .92 (2. Klasse); Bremer Lesetest: r = .79 (3. Klasse), r = .72 (4. Klasse). Korrelation mit dem Lehrerurteil: r = .75 (1. Klasse), r = .58 (2. Klasse), r = .39 (3. Klasse), r = .56 (4. Klasse). Korrelation mit der Zensur im Fach Deutsch: r = .45 (3. Klasse), r = .43 (4. Klasse).

Normen für die Klassenstufen 1 bis 4, jeweils für die letzten 2 Monate des Schuljahres (N = 2.820).

Reine Bearbeitungszeit: 5 Minuten. Inklusive Instruktion: 15 Minuten.

Differenzierungstest: In der *Differenzierungsprobe* nach *Breuer* und *Weuffen* (1977) sehen die Verfasser einen Ansatz zur Früherfassung und Förderung sensomotorischer Grundlagen für den Erwerb der Schriftsprache. Sie gehen davon aus, dass Lesen- und Schreibenlernen ein komplizierter Vorgang ist, der bereits im Vorschulalter vorbereitet wird. So baue der Übergang von der Laut- zur Schriftsprache darauf auf, dass ein Kind selbst sprechen kann und versteht, was andere Menschen sagen. Ebenso werden bestimmte sensomotorische Automatismen vorausgesetzt: D. h., ohne besondere Kontrolle des Bewusstseins muss ein Kind in der Lage sein, phonematische, optische, rhythmische, kinästhetische und melodische Strukturelemente der Sprache richtig zu differenzieren und motorisch zu bewältigen, wobei das Niveau dieser automatisierten sensomotorischen Fertigkeiten von entscheidender Bedeutung ist.

Entwicklung und Anwendungsbereich: Die Autoren legen dar, dass ein signifikanter Zusammenhang zwischen Schulerfolg und Differenzierungsniveau bestehe; man sollte deshalb möglichst frühzeitig versuchen, die Differenzierungsfähigkeit zu steigern, wobei man natürlich zuvor erkunden muss, ob das Differenzierungsniveau bezüglich der Schriftsprache ausreicht. Die günstigste Möglichkeit zur gezielten Förderung des Differenzierungsniveaus besteht nach *Breuer* und *Weuffen* zwischen dem fünften und siebten Lebensjahr (1977, 21). Das Verfahren sollte:

„a) auf diejenigen Kinder aufmerksam ... machen, die in der Ausformung ihrer Differenzierungsfähigkeit unter der Norm liegen;

b) aus dieser Gruppe der auffälligen Kinder jene herausfinden, bei denen der Prozess der Qualifizierung der Diffenzierungsfähigkeit unter den normalen pädagogischen Bedingungen zu langsam erfolgt oder ohne erwartete Forschritte bleibt" (1977, 22).

Der *Einsatz* der Differenzierungsprobe wird von den Autoren empfohlen:

– bei älteren Vorschulkindern und bei der ältesten Kindergartengruppe,
– bei Kindern, die vor Schuleintritt weder einen Kindergarten noch eine Vorschule besucht haben,
– bei sprachgestörten Kindern in entsprechenden Heimen, Vorschulen, Beratungsstellen,
– im Zusammenhang mit dem Aufnahmeverfahren in Sprachheilschulen, Hilfsschulen (Schulen für Lernbehinderte) und andere Sonderschulen.
– Die Differenzierungsprobe wird als Einzelverfahren eingesetzt.

Bei der sog. *Erkundungsuntersuchung* (EU) sollen im Oktober/November des letzten Vorschuljahres – also knapp ein Jahr vor Schuleintritt – möglichst alle Vorschulkinder untersucht werden, und zwar als „Grobsiebverfahren", um jene Kinder herauszufinden, deren Differenzierungsfähigkeit im Hinblick auf das Lesen- und Schreibenlernen ein unzureichendes Niveau aufweist und die deshalb besonders gefördert werden müssen. Ein halbes Jahr später wird normalerweise bei den Kindern, die in der Erkundungsuntersuchung Fehler hatten, die *Kontrolluntersuchung* (KU) mit denselben Aufgaben durchgeführt, die in der Erkundungsuntersuchung gegeben wurden.

Kritische Würdigung: Als positiv anzusehen sind der prophylaktische und damit förderdiagnostische Ansatz, ferner der starke Praxisbezug und die einfache Durchführbarkeit des Verfahrens.

Allerdings erfolgt kaum eine wissenschaftstheoretische Abhandlung etwa über die Bedeutung der Diffenzierungsfähigkeit im Vergleich zu anderen wichtigen Faktoren für den Erwerb der Schriftsprache. Es wird auch nicht klar, welchen Begriff von „Lese-Rechtschreib-Schwäche" die Autoren haben.

Aufgabenserien zu den fünf Wahrnehmungsbereichen

1. Überprüfung der optischen Differenzierung (Nachmalen von Zeichen);

⊨	.ı˙	ʞ	Z	S

⊨	.ı˙	ʞ	Z	S

Probe: Keller – Teller

1. Kopf – Topf	
2. Tanz – Gans	
3. Sack – statt	
4. krank – trank	
5. backen – baden	
6. Kanne – Tanne	
7. Nagel – Nadel	
8. Kamm – Kahn	
9. Tasse – Tasche	
10. Wache – wasche	

Post kutsche	
Alu minium	
Schell fisch flosse	

2. *(links)* Überprüfung der phonematischen Differenzierung (phonematische Lautqualität muss herausgehört werden);

3. *(rechts)* Überprüfung der kinästhetischen Differenzierung (möglichst genaues Nachsprechen schwieriger Wörter – feinkoordinierte Bewegung der Sprachwerkzeuge);

Lied:

Ergebnis: [   ]

Probe: ♪ ♪ ♩ ♪	
Aufg. 1: ♩. ♪ ♩	
Aufg. 2: ♩ ♩. ♪ ♩	

4. *(links)* Überprüfung der melodischen Differenzierung (Vorsingen eines Kinderliedes);

5. *(rechts)* Überprüfung der rhythmischen Differenzierung (richtige Erkennung und Wiedergabe eines Rhythmus).

Dennoch kann die Durchführung dieses Verfahrens (Dauer ca. 25 – 30 Minuten) bei förderdiagnostischen Fragestellungen in den entsprechenden Alters- und Entwickungsbereichen empfohlen werden.

Rechtschreibtests: Bei den Rechtschreibtests handelt es sich im Allgemeinen um Gruppentests. In erster Linie werden bei diesen Verfahren als Antwortmöglichkeit Lückentexte verwendet, d. h., im Text fehlende Wörter sollen vom Kind nach Diktat ergänzt werden, wobei gewöhnlich das in Frage kommende Wort dreimal vorgelesen wird. Z. B. „spielt", „Das Kind spielt im Hof", „spielt".

■ **Diagnostischer Rechtschreibtest für 1. Klassen (DRT 1) von R. *Müller* (1990):** Der Test soll nach Aussagen des Autors am Ende der ersten Klasse oder zu Beginn der zweiten Klasse der Grundschule verwendet werden. Auch für die dritten Klassen der Schule zur individuellen Lernförderung ist dieser Test geeignet. Er bietet die Möglichkeit der Früherfassung und -behandlung von Lese-Rechtschreibstörungen. Die 30 Testwörter wurden in zwei Geschichten integriert, die vom Lehrer zu Beginn vorgelesen werden. Eine zuverlässige Bestimmung der Fehlerschwerpunkte beim Kind ist aufgrund des Tests möglich.

Dieser Test prüft objektiv und zuverlässig den erreichten Leistungsstand eines Kindes in der Rechtschreibung. Er soll nach Aussage der Autoren am Ende der ersten Klasse oder zu Beginn der zweiten Klasse der Grundschule verwendet werden. Er stellt eine Möglichkeit zur Früherfassung von Legasthenikern dar. Während der Durchführung sollen 30 Wörter in die Textlücken eingefügt werden. Dieser Test ist kein diagnostischer Rechtschreibtest, d. h., eine Fehleranalyse als Ausgangspunkt für eine Förderung oder ein Training sieht der Testautor nicht vor.

Gute und gezielte Hinweise für eine Förderung und Erfolgskontrolle leistungsschwacher und -gestörter Schüler geben die „diagnostischen Rechtschreibtests für 2. Klassen (DRT 2)" und der „Diagnostische Rechtschreibtest für 3. Klassen (DRT 3)" von R. *Müller* (2003). Beispielhaft wird in kurzer Form der DRT 2 beschrieben: Mit diesem Test, der für die letzten vier Monate des 2. Schuljahres gedacht ist, können bestimmte Fehlerschwerpunkte eines Kindes erfasst werden. Insofern trägt dieses Verfahren zu Recht die Bezeichnung „Diagnostischer Rechtschreibtest".

Der Autor führt aus, dass mit diesem Gruppentest der Lehrer einen Vergleich der Leistungsfähigkeit einzelner Schüler im Verhältnis zur gesamten Klasse durchführen kann. Als Individualist dient der DRT 2 bei Legasthenie- und Schulleistungsdiagnose, bei der Überprüfung der Sonderschulbedürftigkeit und zur Erfolgskontrolle außerschulischer Fördermaßnahmen (2003).

Zusammenfassend kann man sagen: Der DRT 2 bietet eine Hilfe bei der Überprüfung des Leistungsstandes einer Klasse, bei der Diagnose der Legasthenie und bei der Überprüfung der Schulleistungen im Rechtschreiben im Zusammenhang mit der Frage nach Sonderschulbedürftigkeit. Vor allem gibt die qualitative Fehleranalyse Hinweise für ein gezieltes Rechtschreibtraining. Wenn der DRT 2 auch nicht speziell für potenzielle Sonderschüler oder für Lernbehinderte geeicht ist, kann er doch eine wertvolle Hilfe für die Beurteilung der Rechtschreibleistungen bieten.

Im Wesentlichen treffen die oben angeführten Aussagen auch für den DRT 3 und für den „Diagnostischen Rechtschreibtest für 4. und 5. Klassen (DRT 4 und DRT 5 von *Grund, Haug* und *Naumann* (^{2}2003) zu.

Ferner seien noch die folgenden Rechtschreibtests genannt:

■ **„Rechtschreibung 3" von *Portmann* und *Stark* (1974)**

■ **„Rechtschreibung 4" von *Möhling* et al. (1975)**

■ **„Rechtschreibtest (RST 4+)" von *Hylla* et al. (1970)** zur Verwendung in der zweiten Hälfte des 4. oder Anfang des 5. Schuljahrs.

Mathematiktests:

■ **Test für 2. Klassen (MT 2) von *Feller* und *Hugow* (1992);**

■ **„Diagnostischer Rechentest für 3. Klassen (DRE)" von *Samstag* et al. (1992);**

Mit der Verwendung von Schulleitungstests verbinden sich mehrere Probleme. Die meisten dieser Tests liegen bezüglich ihrer letzten *Normierung* (Standardisierung) zeitlich gesehen lange zurück (z. B. DRT 2:1966; SLS: 1971; SBL: 1971). D. h., was damals in den Schulen gefordert wurde, stimmt nicht mehr mit den heutigen Leistungen überein. Die Lehrpläne (Curricula) haben sich entscheidend geändert (Mengenlehre, Methoden des Lesens, Sachunterricht in der Grundschule ...). Es hat sicherlich eine *Normenverschiebung* in der Richtung stattgefunden, dass die Verwendung dieser älteren Schulleistungsstests für die betreffenden Schüler zu negativ ausfällt. Im Hinblick auf diese Tests ist zu fordern:

- die inhaltliche Gültigkeit normorientierter Schulleistungstests müsste ständig kontrolliert werden;
- die Kontrolle der Gültigkeit müsste sich je nach Anwendung auf die gesamte Bundesrepublik oder auf einzelne Bundesländer, Schulaufsichtsbezirke … beziehen. Die Normen müssten dann repräsentativ für diese Bereiche sein;
- am besten wäre es, wenn in größerem Umfang lernzielorientierte Tests geschaffen würden, die zugleich mit der Testung auch die Richtung der Förderung angeben würden, also Leistungsprüfung und -förderung verbinden würden.

Hinzuweisen ist noch auf die Möglichkeit der Anwendung *informeller* Tests (d. h. vom Diagnostiker selbst entworfen), bei deren Verwendung die Gütekriterien kaum beachtet werden. Solche Verfahren sind aber sehr wohl zur Diagnostik von Kindern mit ganz speziellen oder auch extremen Leistungsausfällen zu konstruieren und heranzuziehen, da für solche Erscheinungen entsprechende normierte Verfahren ganz einfach nicht vorhanden sind (so z. B. bei geistig Behinderten, die über einige Kulturtechniken verfügen, oder bei manchen Körperbehinderten, die aufgrund von Beeinträchtigungen gewisse Techniken nicht erwerben konnten).

Die Überprüfung der Schulleistungen im Rahmen förderdiagnostischer Fragestellungen, speziell im Rahmen des Umschulungsverfahrens (Überprüfung auf Sonderschulbedürftigkeit) wird wohl eine Problematik bleiben, die gegenwärtig nicht in befriedigender Weise gelöst werden kann. Schulleistungstests sind nicht als ideal anzusehen, sie geben lediglich Hinweise über die Leistungsdisposition des Probanden im Vergleich zur Eichstichprobe, sie sind nicht „lehrziel-" bzw. „kriteriumsorientiert", einigen der genannten Verfahren haften eindeutige Konstruktionsfehler an, schließlich haben sich inzwischen die schulischen Anforderungen so verändert (z. B. Mathematik, Mengenlehre), dass eine Modifikation der Tests erforderlich wird.

Für die Verwendung von Schulleistungstests und zur Durchführung der Überprüfung der Schulleistung gegenwärtig allgemeingültige Rezepte geben zu wollen, wäre sicherlich nicht opportun, denn abgesehen von deutlichen Mängeln vorliegender herkömmlicher Verfahren wird eine gewisse Plastizität, Flexibilität und damit Anpassung an den Probanden und seine Probleme nötig sein; die Auswahl von Tests und sonstigen Aufgabenstellungen orientiert sich eben am jeweiligen Schüler.

Beispielhaft, vielleicht auch etwas extrem dargestellt, bedeutet dies, dass ein Kind, das kaum ein Wort richtig schreiben kann, unmöglich mit einem Rechtschreibtest überprüft werden sollte, vielmehr wäre zunächst zu eruieren, ob dieses Kind alle Buchstaben beherrscht, ob evtl. optische oder akustische Auffassungsstörungen vorliegen. Es genügt auch nicht, in einem Gutachten lediglich auf eine Legasthenie hinzuweisen – wie es doch häufig getan wird –, denn die Sonderschule dürfte für die Beseitigung dieses mehrfach interpretierten Phänomens auch keine Lösungen haben; vielmehr muss deutlich werden, was der Schüler bereits zu leisten vermag und welche Förderung zunächst lernzielorientiert eingeschlagen werden sollte.

c) Fehleranalyse

Indem Förderdiagnostik auf die bisherigen Lernprozesse eines Kindes zurückblickt und eine systematische Fehleranalyse vollzieht, wird auch der Blick für die Zukunft geöffnet. Aus der Analyse und Kenntnis der Fehler ergibt sich – so paradox dies klingen mag – der entscheidende Prozess zukünftigen individuellen Lernens. Die bisherige Lernbarriere oder -grenze wird zur Möglichkeit im doppelten Sinne: Sowohl der Lehrer erfährt, wie es mit dem Kind weitergehen kann, als auch das Kind spürt einen Fortschritt, eine Erweiterung seiner Möglichkeiten. Es ergibt sich eine neue Wahrnehmung und Bewertung einer ursprünglichen „Grenze" oder Notsituation. Im Hinblick auf das Kind, seinen bisherigen *Lernweg*, sein *Lernverhalten*, seine *Lernausgangslage,* den *Lösungsweg* und das *Lösungsprodukt* ist zu fragen:

Inwieweit kann das Kind die gestellte Aufgabe erfüllen?

– Welche Teilschritte/-lösungen/-leistungen werden bereits erbracht? (Teilleistungen werden hier nicht als etwas Isoliertes, vielmehr als kleinste sinnvolle Handlungen im Zusammenhang mit einem Aufgabenlösungsprozess verstanden.)
– Wie lässt sich das individuelle Lernverhalten beschreiben?
– Welche Besonderheiten zeigen sich in der Lösungsstrategie?
– Welche einzelnen Handlungen lassen sich beobachten, die für den Lernprozess eine Rolle spielen (Vergleichen, Einordnen)?
– Auf welche erworbenen logischen Begriffe (bzw. Denkstrukturen) lassen Handeln und Sprache des Kindes schließen?
– Bilden die angewandten Handlungen eine sinnvolle und effektive Lösungsstrategie? Sagen sie etwas über die Denk- und Handlungsprozesse des Kindes aus?

- Fehlen Handlungen bzw. Verhaltensmöglichkeiten für eine komplette bzw. gute Lösungsstrategie?
- Sind Handlungen im Sinne des Lerngegenstandes falsch bzw. unpassend? Werden sie ungünstig oder in ungünstiger Reihenfolge vollzogen?

Wenn man all diese Fragen einbezogen hat, löst sich mit großer Wahrscheinlichkeit das Motivationsproblem von selbst. – Im Hinblick auf die *Sachstruktur*, die Analyse der Anforderung, ist zu fragen:

- Welche Handlungsvollzüge bzw. welche Tätigkeiten und Denkvorgänge setzen Lerngegenstand und Lerninhalt voraus?
- Welche sachstrukturellen Kenntnisse (Faktenwissen) sind für den aktuellen Lerninhalt Voraussetzung?

Hierzu ist z.B. für den Bereich Mathematik eine Analyse hinsichtlich der vorhandenen – logischen – Begriffe bzw. Denkstrukturen (z.B. Klassifikation, Seriation) bezüglich Lösungsstrategien bzw. Handlungen (z.B. Vergleichen, Unterscheiden, Ordnen) und im Hinblick auf die Fachbegriffe (z.B. Reihenfolge) erforderlich.

Anhand einer solchen Analyse, die hinsichtlich Kind und Lerngegenstand je nach Situation detaillierter Modifizierung und Differenzierung bedarf, lassen sich aus dem Lernverhalten Rückschlüsse bezüglich der aktuellen Entwicklungszone des Kindes ziehen. Aus den Diskrepanzen zwischen der aktuellen Entwicklungszone eines Kindes und den gestellten Anforderungen lassen sich die Fehlerquellen identifizieren. Es ist also zu fragen, ob die vom Kind angewandten Handlungen eine sinnvolle und effektive Lösungsstrategie darstellen, ob bestimmte Handlungen für eine komplette Lösung bzw. zur Strukturierung einer Lösungsstrategie fehlen, ob Handlungen und Zwischenschritte evtl. falsch bzw. unpassend sind, d. h. ob sie unsystematisch und in ungünstiger Reihenfolge vollzogen werden (*Bundschuh* 2007, 114 – 118).

5.2.5 Soziales und affektiv-emotionales Verhalten

Es soll im Folgenden zunächst der Frage nachgegangen werden, inwiefern vor und während der Untersuchungssituation die Verhaltensbeobachtung Informationen liefert über die Bereiche „affektiv-emotionales" und soziales Verhalten. Erste Anhaltspunkte für Aussagen über das Sozialverhalten ergeben sich aus der Einstellung des Kindes zum Untersucher. Es besteht eine gewisse Wahrscheinlichkeit, dass jüngere Kinder in etwa im Verlauf der Untersuchung ihr tatsächliches Verhalten zeigen, während bei älteren Kindern auch die Möglichkeit einer Verstellung (Fassadeneffekt) einbezogen werden muss. Auch der leistungsschwache Schüler wird sich die Frage stellen: Warum werde ich untersucht, welche Konsequenzen wird das Ergebnis für mich haben? Diese besondere Situation wird für den Probanden eine ganz persönliche Bedeutung mit sich bringen: Er wird aus seiner Klasse herausgenommen, er betritt den Testraum und kommt möglicherweise mit einer völlig fremden Person zusammen.

Für die Beobachtung des affektiv-emotionalen und sozialen Verhaltens ist es sicher von Bedeutung, ob sich ein Proband permanent scheu, schüchtern, gehemmt, kontaktlos, reserviert und unsicher oder vertrauensselig, hemmungslos, distanzlos, aggressiv zeigt.

Sind Kontakt-, Test- und Lernbereitschaft durch Angst eingeengt, bedarf es der Ermutigung, der positiven Verstärkung durch den diagnostizierenden Pädagogen. Dieser muss auf jeden Fall versuchen – evtl. unter Einbezug von Spielen und Spielmaterialien –, beeinträchtigende Hemmungen des Probanden abzubauen, weil sonst das „eigentliche Sozial- und Leistungsverhalten" nicht transparent wird, nicht zum Durchbruch und Ausdruck kommen kann, sofern dies überhaupt in einer „künstlichen" Untersuchungssituation gezeigt wird. Bei sehr schüchternen, vielleicht sogar weinenden Kindern wird man die Anwesenheit eines vertrauten Begleiters wohl zulassen müssen, allerdings wird dadurch die Möglichkeit einer Beeinflussung des Ergebnisses, also die Fehlerwahrscheinlichkeit, mehr oder weniger stark erhöht sein.

Auf einige Besonderheiten im Zusammenhang mit der Untersuchungssituation und dem Sozialverhalten soll noch kurz verwiesen werden. Der Untersucher sollte wissen, dass z. B. Kinder mit Down-Syndrom sich meist als anhänglich bis sehr anhänglich zeigen, während bei anderen Kindern Distanzlosigkeit ein erster Hinweis auf ungünstige Umwelteinflüsse wie Hospitalismus und Deprivation oder auf mögliche organische Bedingungen sein kann. Natürlich wird man in jeder Untersuchungssituation eine gewisse anfängliche Ängstlichkeit als völlig normal ansehen, doch mit zunehmender Vertrautheit und Gewöhnung an die Person des Pädagogen sollte diese Scheu zurückgehen. Grundsätzlich jedoch muss man die Problematik einer Blockierung oder Störung der Leistungsfähigkeit durch bisher häufig erlebtes „Versagen" oder durch affektiv oder emotional bedingte Angst, etwa ein neurotisches Leistungsversagen in der Untersuchung, als wahrscheinlich ansehen.

Zur Überprüfung des sozialen und affektiv-emotionalen Verhaltens stehen auch dem Nicht-Psychologen, dem pädagogisch engagierten

Sonderschullehrer, in begrenztem Maße Testverfahren zur Verfügung. Obgleich ein Teil dieser Verfahren testtheoretischen Ansprüchen (Testgütekriterien) nicht entspricht, sollten sie im Rahmen förderdiagonostischer Arbeit nicht übersehen werden. Solche Tests beanspruchen – sehr global ausgedrückt – Einblicke in das Selbstverständnis, die Selbsteinschätzung, in psychische Bereiche wie Angst, Aggression, Motivation und in die soziale Umwelt eines Probanden zu geben (vgl. vertiefend *Bundschuh* 2003 a, 173ff).

5.2.5.1 Quantitativ orientierte Verfahren

Die hier genannten Verfahren konzeptualisieren in mehr oder weniger deutlichem Maße die psychische Welt und das soziale Feld mit Hilfe von teilweise empirisch ermittelten und daher quantitativ erfassbaren Kategorien wie Sozialverhalten, Motivation, aber auch lebenspraktische Erziehung, Leibeserziehung, Sinneserziehung, Spracherziehung …

Sozialer Bereich

■ **Soziogramm (soziometrischer Test):** Die Mitglieder der zu untersuchenden Gruppe (Schulklasse, Jugendgruppe, sonstige Gruppen) sollen sich über Personen in der Gruppe in Bezug auf eine bestimmte Situation mittels Wahl äußern. Z. B. „Mit wem möchtest du am liebsten spielen?", „Mit wem möchtest du zusammenarbeiten?", „Neben wem möchtest du sitzen?". Die positiven und negativen Stimmen werden dann ausgezählt, rechnerisch verarbeitet und grafisch veranschaulicht (vgl. auch *Moreno* 1967; *Elbing* 1975).

■ **„Vineland Social Maturity Scale (VSMS)" von *Doll*:** Die Skala ermöglicht quantitative Aussagen über die soziale Entwicklung eines Probanden (Selbstständigkeit, Umgang, Kontaktfähigkeit …). Weniger empfehlenswert wegen ihrer unbefriedigenden Normierung ist die ursprüngliche Skala; praxisrelevanter dürfte die in der „Testbatterie für geistig behinderte Kinder" (1971) angeführte Kurzform mit 43 Fragen sein, die zumeist den Eltern vorgelegt wird.

■ **„Beobachtungsbogen für Kinder im Vorschulalter" (BBK) von Erna *Duhm* (1980):** Möglichkeit zur Einschätzung des sozialen und emotionalen Verhaltens sowie des Spiel-, Sprach- und Arbeitsverhaltens anhand von 78 Fragen, die mittels einer Skala bewertet werden.

■ **„Pädagogische Analyse und Curriculum der sozialen und persönlichen Entwicklung des geistig behinderten Menschen" (P-A-C) von *Günzburg* (1991):** Die P-A-C gibt es zusammen mit den Pädagogischen Einschätzungs-Index-Mappen (P-E-I) in sieben verschiedenen Varianten, je nach Alter und Schweregrad der geistigen Behinderung. Im Zusammenhang mit dem *„Sozialbild"* werden erfasst die Bereiche Selbsthilfe (Tischmanieren, Bewegungsfähigkeit, Toilette und Waschen, Anziehen), Verständigungsvermögen (Sprache, Unterschiede, Zahlenbegriffe, Tätigkeiten), Beschäftigung (Fingerfertigkeit − Feinmotorik, Wendigkeit − Grobmotorik). Das *„Persönlichkeitsbild"* beinhaltet die Bereiche „Geschlechtsverhalten", „Mitteilungsbedürfnis", „Wahrheitsliebe", „Ehrlichkeit", „Zugänglichkeit", „Verhalten der Gruppenzugehörigen", „Soziale Beziehungen", „Zusammenarbeit", „Geltungsbedürfnis", „Einstellung zur Arbeit". Mit P-A-C und P-E-I sollte nur nach Kenntnisnahme der entsprechenden Handbücher gearbeitet werden. Folgende sieben Formulartypen werden unterschieden:

P + P-A-C:	für das Kleinkind
S/P + P-A-C:	eine Modifikation der P = P-A-C für die Untersuchung von schwerst geistig Behinderten, ob Kind oder Erwachsener
P-A-C 1:	für geistig behinderte Kinder im Schulalter (6 – 16 Jahren)
M/P-A-C 1:	eine Modifikation der P-A-C 1 für Kinder mit Down's Syndrome
P-A-C 1 A:	für das ältere Schulkind und junge Erwachsene
P-A-C 2:	für geistig behinderte Erwachsene
S/P-A-C 2:	für schwer geistig behinderte Erwachsene

Trotz gewisser Mängel wird dieses Verfahren – im Vergleich zu anderen für geistig Behinderte – als förderungsdiagnostisch orientiert und ökonomisch eingeschätzt.

■ **„Leistungs- und Beobachtungsheft für die fundamentale Erziehung bei geistig Behinderten, anderweitig Behinderten und bei nicht behinderten Kleinkindern" (*Kling* und *Bach*, 1975):** Dieses Heft enthält einen geordneten Katalog von Aufgaben für „die basale Erziehung". Über 900 verschiedene Fertigkeiten, Kenntnisse, Verhaltensweisen … werden aufgeführt. Zehn Erziehungsbereiche schließen ein: (1) Sozialerziehung (Umgänglichkeit), (2) lebenspraktische Erziehung (Selbstständigkeit), (3) Arbeitserziehung (Anstelligkeit), (4) Leibeserziehung (Körperbeherrschung), (5) Sinneserziehung (Wahrnehmungstüchtigkeit), (6) musische Erziehung (Darstellungstüchtigkeit einschließlich Handfertigkeit), (7) Spracherziehung (Sprachtüchtigkeit), (8) Verstandeserziehung (Anbahnung von Denkvollzügen), (9) Gemütserziehung (gemüthafte Teilhabe), (10) religiöse Erziehung. Der Katalog erscheint als etwas umfangreich.

■ **„Sozialer Motivationstest (S-M-T)" von R.** *Müller* **(1973):** Der S-M-T-9 wurde zwecks Erfassung von Sozialeinstellungen bei Schülern der 4. bis 9. Klasse, also für die Altersstufe 9 – 14 Jahre, entwickelt. 24 Items, die soziale Problemsituationen darstellen, fordern zur Meinungsbildung und Stellungnahme auf, es geht allgemein um soziale Motivierungen von Kindern und Jugendlichen. Der S-M-T 4-9 sollte nur in Verbindung mit weiteren diagnostischen Hilfsmitteln wie Soziogramm und Informationsgesprächen mit dem Probanden oder mit Eltern durchgeführt werden.

Problem: Nicht speziell für beeinträchtigte Kinder entworfen; Lesefertigkeit und Verständnis der einzelnen Fragestellungen werden vorausgesetzt.

Angstdiagnose

■ **Der „Kinder-Angst-Test (KAT II)" von** *Thurner* **und** *Tewes* **(2000):** Der in Form von Selbstbeurteilungs- bzw. Selbstbeobachtungsfragebögen aufgebaute KAT II erfasst über eine Skala Ängstlichkeit und ermöglicht über zwei weitere Skalen Aussagen über eine akute Erwartungsangst vor furchtbesetzten Ereignissen (prospektiv) bzw. die Charakterisierung einer tatsächlich erlebten Angstreaktion (retrospektiv).

Wie bei allen Fragebogen stellt sich das Problem, ob Kinder, speziell behinderte oder von Behinderung bedrohte Kinder, die Fragestellungen adäquat verstehen können. Falls die Fragen noch nicht gelesen werden können, sollte man sie im förderdiagnostischen Bereich vorlesen.

Durchführbar als Gruppen- oder Individualverfahren.

Testdauer: 5 bis 15 Minuten für Form A. Für die Formen P und R etwa die Hälfte der Bearbeitungszeit.

Zu empfehlen im sonderpädagogischen Bereich am ehesten zur Untersuchung verhaltensgestörter, körperbehinderter oder lernbehinderter Kinder (etwa ab dem 10. Lebensjahr, Grenzbereich zur durchschnittlichen Intelligenz) im Zusammenhang mit der Problematik Angst oder Ängstlichkeit.

■ **„Angstfragebogen für Schüler (AFS)" von *Wieczerkowski* et al.**
(1998): Mit Hilfe des AFS (mehrfaktorieller Fragebogen) sollen primär
vier Aspekte ängstlicher und unlustvoller Erfahrungen von Schülern der
Altersstufen 9 – 16 / 17 erfasst werden: Prüfungsangst (PA), allgemeine
(manifeste) Angst (MA) und Schulunlust (SU). Eine weitere Skala
„Soziale Erwünschtheit" (SE) kann als Ängstlichkeit, von der erwünsch-
ten sozialen Norm abzuweichen, interpretiert werden.

Auch bei diesen Fragebogen ergibt sich im Zusammenhang mit beeinträchtigten Kindern das Problem, ob die Fragen sinngemäß erfasst
werden können.

Anwendung als Gruppen- oder Individualverfahren: Der Fragebogen besteht aus 50 Fragen (Aussagen), die mit „stimmt" bzw. „stimmt
nicht" beantwortet werden sollen (Testdauer ca. 20 – 35 Minuten). Pro-
zentrang- und T-Werte können auf entsprechenden Tabellen abgelesen
werden.

Im sonderpädagogischen Bereich anwendbar bei verhaltensgestörten,
körperbehinderten und lernbehinderten Kindern im Grenzbereich zur
durchschnittlichen Intelligenz (vgl. auch *Bundschuh* 2003, 167 – 178).

■ **Child Behavior Checklist (CBCL), Teacher's Report Form (TRF) und
Youth Self Report (YSR) (*Achenbach* 1991):** Ein im deutschsprachigen
Raum häufig eingesetztes Verfahren stellt die Child Behavior Checklist
(CBCL) von *Achenbach* (1991) dar, die mittlerweile in verschiedenen
Ausführungen vorliegt. Die deutsche Fassung der CBCL für zwei bis
drei Jahre alte Kleinkinder umfasst im Elternfragebogen 99 Problem-
Items, von denen 59 Entsprechungen der CBCL für ältere Kinder dar-
stellen. Aus den Items werden sechs Problemskalen (Sozialer Rückzug;
Körperliche Beschwerden; Ängstlich/Depressiv, Destruktives Verhalten;
Aggressives Verhalten und Schlafprobleme) sowie drei übergeordnete
Skalen gebildet, die externalisierende und internalisierende Auffällig-
keiten sowie die Gesamtauffälligkeit abbilden.

Der Elternfragebogen der deutschen Fassung der Child Behavior
Checklist für Kinder und Jugendliche im Alter zwischen vier und 16 Jah-
ren erfasst im ersten Teil das „Urteil" von Eltern über psychosoziale
Kompetenzen und im zweiten Teil das „Urteil" über Verhaltensauffäl-
ligkeiten, emotionale Auffälligkeiten und somatische Beschwerden. Die
Items des ersten Teils werden zu drei Kompetenzskalen („Aktivitäten",
„Soziale Kompetenz" und „Schule") zusammengefasst. Aus den Items
des zweiten Teils des Fragebogens werden acht Problemskalen gebildet.

Die Skalen „Sozialer Rückzug", „Körperliche Beschwerden", „Ängstlich/Depressiv" werden zur übergeordneten Skala „Internalisierende Auffälligkeiten" zusammengefasst. Die Skalen „Dissoziales Verhalten" und „Aggressives Verhalten" bilden die übergeordnete Skala „Externalisierende Auffälligkeiten". Die übrigen drei Skalen mit den Bezeichnungen „Soziale Probleme", „Schizoid/Zwanghaft" und „Aufmerksamkeitsprobleme" sind keiner übergeordneten Skala zugeordnet. Der Gesamtauffälligkeitswert umfasst 118 Items.

Die Ergebnisse können mit dem gleichartig aufgebauten Lehrerfragebogen über das Verhalten von Kindern und Jugendlichen (Teacher's Report Form: TRF) und dem Fragebogen für Jugendliche (Youth Self Report: YSR) verglichen werden, wodurch eine Erfassung von Verhaltensauffälligkeiten und Verhaltenskompetenzen aus mehreren Perspektiven ermöglicht wird.

Der Fragebogen für Jugendliche (YSR) stellt die deutsche Fassung des Youth Self Report der Child Behavior Checklist dar. Der Fragebogen kann von Kindern und Jugendlichen im Alter von 11 bis 18 Jahren beantwortet werden und ist analog zum Elternfragebogen aufgebaut. Der erste Teil ist mit dem Elternfragebogen über das Verhalten von Kindern und Jugendlichen (CBCL 4 – 18) weitgehend identisch. Im zweiten Teil wurden – bis auf 16 – alle Items des Elternfragebogens übernommen. Wie beim Elternfragebogen werden die Items des ersten Teils zu drei Kompetenzskalen zusammengefasst, und aus den Items des zweiten Teils des Fragebogens werden acht mit dem Elternfragebogen weitgehend identische Problemskalen gebildet. Auch hier können die Ergebnisse mit dem gleichartig aufgebauten Elternfragebogen über das Verhalten von Kindern und Jugendlichen (CBCL 4 – 18) sowie dem Lehrerfragebogen über das Verhalten von Kindern und Jugendlichen (TRF) verglichen werden (vgl. Arbeitsgruppe Deutsche Child Behavior Checklist 1993 a, 1993 b, 1998 a, 1998 b).

■ **„Persönlichkeitsfragebogen für Kinder zwischen 9 und 14 Jahren (PFK 9 – 14)" von W. *Seitz* und A. *Rausche* (⁴2004):**
Einsatzbereich: Der PFK 9 – 14 findet in der Erziehungs- und schulpsychologischen Beratung, zur Früherkennung von potenziell verhaltensauffälligen Kindern, bei der forensisch-psychologischen Begutachtung und zur Therapieverlaufskontrolle sowie in der Grundlagenforschung auf den Gebieten Entwicklungs-, Sozial- und Persönlichkeitspsychologie Verwendung.

Die vorliegende Überarbeitung besteht vor allem in einer Neu-normierung und in der Berücksichtigung von zahlreichen neuen Unter-suchungsbefunden zur Validität des PFK 9 – 14 auf breiter empirischer Basis. Es werden drei Äußerungsbereiche der Persönlichkeit unter-schieden: Verhaltensstile (VS), Motive (MO) und Selbstbild-Aspekte (SB), die über insgesamt 15 Skalen erfragt werden. Der PFK 9 – 14 ist dementsprechend in 3 Teile gegliedert (Verhaltensstile, Motive und Selbstbild), die jeweils mittels eines separaten Testheftes bearbeitet werden.

Gütekriterien:
– Zuverlässigkeit: Die interne Konsistenz der Skalen für die einzelnen Primärdimensionen liegt zwischen .63 und .79, für die Sekundär-faktoren zwischen .80 und .92.
– Gültigkeit: Es liegen empirische Ergebnisse zur Übereinstimmungs-validität gegenüber Außenkriterien (z. B. Subskalen anderer Persön-lichkeitsfragebogen, Schul- und Intelligenztest-Leistungen, Verhal-tensbeurteilungen durch den Lehrer etc.) vor.

Die Durchführung setzt Lesefertigkeit und sinnentnehmendes Lesen voraus.

5.2.5.2 Projektive Verfahren

Für diese Verfahren besitzt generell die im Zusammenhang mit dem Projektionsbegriff erläuterte Problematik Relevanz (vgl. vorl. Schrift 4.5.2 u. 4.5.3).

■ **Thomas-Erzähltest" von M. *Thomas* (1938):** Dieses Verfahren besteht aus 14 unvollständigen Geschichten, die jeweils mit einer Frage enden. Der Proband soll dann die Geschichten weitererzählen.

In den Geschichten steht u. a. die Problematik von Menschen im Mittelpunkt, mit denen es Kinder im täglichen Leben zu tun haben. Angesprochen werden vor allem die Beziehung zu den Eltern, Bezie-hungen der Eltern zueinander, die Beziehung zu anderen Kindern, ins-besondere zu Spielkameraden. Der Test kann im Altersbereich von 4 – 12 Jahren angewendet werden, wobei damit gerechnet werden muss, dass der Sinn dieses Verfahrens etwa mit dem 10. Lebensjahr durchschaut werden kann.

Über die Testgütekriterien liegen keine Angaben vor. So bleibt bei diesem Verfahren grundsätzlich die Frage der Übereinstimmung der gegebenen Antworten mit der tatsächlichen Problematik des Probanden bestehen.

Die eigene Erfahrung führte zu der Erkenntnis, dass die Beobachtung folgender Aspekte diagnostisch besonders interessant und ergiebig sein kann:

1. Beobachtung der spontanen sprachlichen Äußerungen zur Analyse der Sprachstruktur und der sprachlichen Gestaltungsfähigkeit;
2. Einfallsreichtum bzw. Produktivität eines Kindes (evtl. wichtig für eine Differenzialdiagnose Lernbehinderung – Lernstörung. Die meisten lerngestörten Kinder gestalten sprachlich richtiger und umfassender);
3. Verständnis des Textes, evtl. Rückfragen, Sprachverständnis;
4. Reaktionszeiten;
5. Anpassung an die vorgegebene Geschichte (weit ausholend, konkret auf die Thematik eingehend, klare Antworten, Kreativität);
6. Charakterisierung der in den Geschichten auftretenden Personen (Vater, Mutter? Freunde: lieb, freundlich, ablehnend, aggressiv …), Gestaltung und Beschreibung der Hauptfigur;
7. Ausgang der Geschichten, d. h., auf welche Weise wird die Problematik in der Geschichte (Phantasie) gelöst (sich behaupten, nachgeben, davonschleichen, drauflosgehen, zuschlagen, Ersatzbefriedigung suchen)? Zeigt sich eine generell ähnliche Tendenz bei der Problemlösung in allen Geschichten?
8. Auftreten einer Zensur (Bestrafung, Tadel, Vorwürfe …)

■ **„Fabelmethode" bzw. „Fabeltest" von L. *Düss* (1964):** Zehn unvollständige Geschichten (Open-end-Fabeln) sollten typische Konflikte, Komplexe und Ängste von Kindern erfassen. Es wird dabei von der Annahme ausgegangen, dass sich der Proband mit der Zentralfigur (Tier bzw. Mensch) identifiziert. Der vorzulesende Text findet sich auf einem vom Verlag herausgegebenen Bogen (Testdauer: ca. 15 Minuten).

Probleme: Übliche Problematik projektiver Verfahren. Testprinzip etwa ab 10 Jahren durchschaubar; evtl. Schwierigkeiten beim Verständnis der Geschichten.

■ **„Kinder-Apperzeptions-Test (Children's Apperception Test)" von L. und Sonya *Bellak* (1955)**

Material: 10 Bildtafeln, Auswertungshefte, Handanweisung

Allgemeines: Speziell für Kinder gedachter thematischer Bildertest, der von der Annahme ausgeht, dass zu Tierbildern leichter assoziiert wird und eher Geschichten erzählt werden als zu thematischen Bildern von Menschen. Es liegt die Annahme zugrunde, dass sich in den Bildgeschichten Antriebe, Gefühle, Einstellungen, Konflikte und individuelle Erlebnisthemen des entsprechenden Kindes zeigen.

Durchführung: Test wird als „Spiel" gegeben: Das Kind soll sich zu jedem Bild eine Geschichte ausdenken und dann erzählen (Dauer: ca. 15 – 30 Minuten).

Probleme: Sicherlich spielt auch die Verbalisationsfähigkeit eine Rolle. Unklar, ob die Bildergeschichten wirkliche Einstellungen und Motive ausdrücken oder ob es sich nur um Phantasieprodukte handelt; Interpretation nur im Zusammenhang mit der Kenntnis der Lebens- und Familiengeschichte empfehlenswert.

■ **„Picture Frustration Test (PF-Test)" von S. *Rosenzweig* (deutsch 1957) für Kinder Form 1**

Material: Testhefte für Kinder und Handanweisung

Allgemeines: 24 Zeichnungen mit spezifischen Frustrationssituationen werden vorgestellt, auf denen zwei oder mehrere Personen in eine frustrierende Situation verwickelt sind. Es soll die Reaktion eines Kindes auf eine Frustration und somit die emotionale Belastbarkeit erfasst werden. Als Interpretationsebenen ergeben sich vor allem drei Möglichkeiten:

- Der Proband identifiziert sich mit der benachteiligten Person und schreibt ihr die Äußerungen zu, die für ihn selbst charakteristisch sind.
- Der Pb reagiert selbstkritisch und offenbart sein Verhalten in realen Situationen nur teilweise.
- Der Pb teilt seine an sich latenten Gefühle, die er in realen Frustrationssituationen hat, mit.

Aggressionsrichtungen:
- Extrapunitivität (E): Aggression richtet sich gegen die Umgebung
- Intropunitivität (I): Aggression richtet sich gegen das eigene Ich
- Impunitivität (M): Aggression wird durch den Versuch umgangen, die Frustration zu glossieren.

Reaktionstypen:
- Obstacle Dominance (O-D): Das Hindernis dominiert in der Antwort.
- Ego Defence (E-D): Das Ich oder der Bezug auf das Ich dominiert.
- Need Persistence (N-P): Die Lösung der problematischen Situation wird betont.

Durchführung: Als Gruppen- oder Einzeltest. Der Proband soll zu der frustrierenden Situation eine spontan einfallende Erwiderung in ein leeres Feld eintragen (Dauer: ca. 20 Min.).

Probleme: Gütekriterien sind nicht in befriedigendem Maße gewährleistet. Die Auswertung erweist sich als komplex und zeitraubend. Bei Kindern, die Probleme beim Schreiben haben, kann die verbale Antwort vom Testleiter eingetragen werden. Der Test ist wohl primär bei verhaltensgestörten Kindern anzuwenden.

■ Der Schulangst-Test (SAT) von *Husslein* (1978)

Material: Handanweisung, Bildersatz aus 10 Bildtafeln, deren Reizqualität und Thematik einheitlich, eindeutig und abgestuft Angsterleben im Umfeld der Schule provozieren will, Auswertungsbogen.

Ziele und Anwendungsbereiche: Der SAT kann als Individualtest bei Kindern im schulpflichtigen Alter aller Schulgattungen Anwendung finden (Klassenlehrer, psychologische und klinische Beratung bei psychosozialen Störungen, Schulpsychologen, Sonderschullehrer bei der Aufnahme in pädagogisch-therapeutische Einrichtungen für Verhaltensgestörte sowie in der Schule für Lern- und Sprachbehinderte).

Allgemeine Informationen: Über die Methode der Inhaltsanalyse thematischen Geschichtenmaterials (schulisch bedeutsame Bildtafeln) erscheint Angst als emotionales Grunderleben in den fünf Bereichen: Emotionale Befindlichkeit (EB), Körperliche Zeichen (KZ), Ich-Abwertung (IA), Soziale Angst (SA) und Zukunftsorientierte Bedrohung (ZB).

In Verbindung mit Anamnese und Exploration kann auch der Sonderschullehrer dieses psychodiagnostische Verfahren zur Erfassung schulischer Ängste anwenden und interpretieren.

■ **SCENO-Test von Gerhild von *Staabs* (1992):** Dieses Verfahren besteht aus einem Testkasten mit verschiedenen biegsamen menschlichen Figuren (Vater, Mutter, Baby, Großeltern, Arzt …), Tieren, Bausteinen, Bäumen … Die vom Probanden gestalteten Szenen sollen einen Bezug zu bestimmten Persönlichkeitsbereichen des Probanden haben. Wie der Begriff Projektion besagt, soll sich die Umwelt und die Problematik des Probanden in der Szenen-Gestaltung spiegeln. Als ungünstig erweist es sich bei Kindern immer wieder, dass die Figuren zu leicht umfallen.

5.2.6 Arbeitsverhalten

Bei der Beobachtung des Arbeitsverhaltens kann man das Augenmerk vor allem auf das Verhalten des Probanden gegenüber den gestellten Aufgaben (Tests) richten, also auf die willkürliche oder bewusste Aufmerksamkeit, Konzentration, Sorgfalt, Arbeitstempo, aber auch auf die kritische Stellungnahme des Probanden zu den Anforderungen, seinen Leistungen und Ergebnissen.

Im Zusammenhang mit der Verhaltensbeobachtung muss man in Betracht ziehen, dass ein Proband, der sein Leistungsversagen im Vergleich zu anderen Schülern und zu den Erwartungen von Lehrern und Eltern immer erkennen und miterleben musste, durch die permanenten Misserfolge geprägt, einfach entmutigt oder gleichgültig wurde. Während von Psychologen und von den meisten Testautoren auf die Einhaltung der exakt standardisierten Untersuchungssituation geachtet wird, d. h. dass keinesfalls von der vorgegebenen Instruktion abgewichen werden darf, ist bei lerngestörten und ganz speziell bei den meisten behinderten Kindern ein gewisses Maß an Ermutigung nötig, um sie zur Mitarbeit zu bewegen, sie an ihre Leistungsmöglichkeiten heranzuführen. So sollten die ersten Aufgabensituationen in einer Untersuchungsphase nach Möglichkeit so strukturiert sein, dass sie dem Kind Erfolgserlebnisse vermitteln. Bei der Durchführung von Gruppenverfahren ist deshalb – handelt es sich um beeinträchtigte Kinder – eine Reduzierung der Teilnehmerzahl auf maximal sechs Probanden empfehlenswert. Bei sehr problematischen Kindern sollte man auf Gruppendurchführung gänzlich verzichten und die Verfahren ausschließlich individuell einsetzen. Allerdings müssen dann die von der Standard-Instruktion abweichenden Maßnahmen im Testprotokoll und in der Skizzierung des Untersuchungsverlaufs vermerkt werden, um die besondere Art und

Weise des Zustandekommens eines Ergebnisses transparent zu machen. Die Verfasser der beiden Individualverfahren HAWIK und *Kramer*-Test verweisen in ihren Handbüchern darauf, dass es nicht nur erlaubt, sondern häufig notwendig sei, entsprechend der individuellen Lage eines Probanden zu ermuntern und zu bestätigen (*Hardesty* und *Priester* [3]1966; *Kramer* [4]1972, 114).

Als notwendig erweist sich der Verweis auf die unterschiedliche Situation beim Zustandekommen einer Leistung in der Schulklasse und während der Untersuchung. Bei lern-, verhaltensgestörten und potenziell lernbehinderten Kindern kann ich aufgrund eigener Erfahrung sagen, dass sie in der förderdiagnostischen Untersuchung normalerweise bessere Ergebnisse erzielen als im Unterricht, weil eben der Untersuchungsvorgang sehr individuell auf das Kind ausgerichtet ist und der Untersucher sich ganz speziell auf das Kind und seine Probleme einstellt. So besagen Konzentration und Durchhaltevermögen in der Untersuchungssituation generell noch nicht, dass der Proband auch in der Schulklasse konzentriert, sorgfältig und selbstständig arbeitet. Mit hoher Wahrscheinlichkeit hingegen wird ein in der Untersuchungssituation flüchtig und unkonzentriert mitarbeitender, unruhiger Schüler bezüglich seiner Mitarbeit in der Klasse erhebliche Probleme haben.

Es kommt auch relativ häufig vor, dass von der Regelschule Schüler zur Überprüfung auf Förderschulbedürftigkeit (Förderzentrum, Schule zur individuellen Lernförderung …) vorgeschlagen werden, die primär Verhaltensstörungen aufweisen, jedoch durchaus über eine durchschnittliche Intelligenz verfügen. Solche Schüler stellen ein großes Problem dar. Einerseits muss man der Grundschule Verständnis entgegenbringen, wenn sie diese Schüler nicht adäquat fördern kann, andererseits gehören sie nicht per se in eine Förderschule. Für diese Schüler müssten institutionell möglichst unbürokratisch Fördermaßnahmen temporärer Art in Kleinklassen mit Therapiemöglichkeiten eingeleitet werden, denn die Schulen für Erziehungsschwierige nehmen erfahrungsgemäß diese Problemkinder nicht auf.

In bezug auf das *Arbeitstempo* ist zu registrieren, ob das Kind sich als hastig, hektisch oder sehr langsam oder evtl. auch als sprunghaft, unstetig erweist. Ein extremes Arbeitstempo in Richtung Hyperaktivität oder Hypoaktivität muss weiter untersucht und beobachtet werden.

Jeder Intelligenztest fordert eine bestimmte Anpassung an die neue Situation, die durch die Aufgabenstellung bedingt ist. Insofern wird auch nach sachgerechtem Verhalten gefragt. D. h., man kann beobachten, wie sich der Proband zu dem Material, zu den Fragen, zu den Zeichnungen ... verhält.

Ein verlangsamtes Arbeitstempo ist bei schriftlichen Arbeiten oder Zeichnungen evtl. auch auf eine mehr oder weniger deutliche motorische Störung zurückzuführen, die ihrerseits bedingt sein kann durch eine leichtgradige hirnorganische Störung oder auch durch umdressierte Linkshändigkeit (breaking).

Als grundsätzlich positiv darf man wohl registrieren, wenn ein Kind kritisch zu seinen Leistungsergebnissen Stellung nimmt, wenn es Fehler erkennt und sie möglicherweise spontan korrigiert. Sollte sich während der Verhaltensbeobachtung eine Störung des Arbeitsverhaltens zeigen, so ergibt sich als eigentliche förderdiagnostische Aufgabe die Notwendigkeit einer Modifikation. Dies bedeutet, dass als übergreifendes Lernziel eine Verbesserung der Lern- und Arbeitshaltung angestrebt werden muss, ganz gleich, an welcher Schule das betreffende Kind unterrichtet wird.

5.2.7 Sprachliches Verhalten – Sprache

Die Ausbildung einer differenzierten Sprache gilt als eine wesentliche Voraussetzung für das Lernen. Sprache entsteht aus der Zusammenwirkung von Lern- und Reifungsprozessen. Durch den Gebrauch von Sprache wird Kommunikation, das Hineinwachsen in einen Kulturkreis realisiert. Im Alltagsleben wird häufig der uns begegnende Mensch in hohem Maße aufgrund seiner Verbalisation eingeschätzt. Über das Medium der Sprache werden primär soziale Beziehungen aufgebaut und erweitert. Insofern überrascht es nicht, dass blinde Kinder eine bessere Chance haben, ihre Möglichkeiten, speziell ihre Intelligenz, zu entfalten, als Gehörlose. Blindsein scheint aufgrund der Möglichkeit, verbal zu kommunizieren, die Entfaltung eines Menschen weniger zu beeinträchtigen als Taubsein.

Die Sprache hilft und befähigt den Menschen, seine soziale und materiale Umwelt wahrzunehmen. Sie führt damit zur Erkenntnis von Zusammenhängen, sie ist ein wichtiger soziokultureller Faktor. Welche Probleme die Unmöglichkeit einer sprachlichen Verständigung mit sich bringt, sieht man sehr deutlich an der Situation von Gastarbeitern, die häufig in „erzwungener Isolation" leben.

Die Sprache hilft dem Menschen auch, seiner selbst inne zu werden. So kann man in Konfliktsituationen Probleme „quasi im Selbstgespräch" abklären, sich selbst Mut zur Konfliktlösung zusprechen.

Für den Untersucher ergibt sich aus diesen wenigen angeführten Aspekten die Aufgabe der Beobachtung des sprachlichen Verhaltens seines Probanden und, falls Defizite vorliegen, die Notwendigkeit der Ausarbeitung von Förderungsvorschlägen.

Die Fehleinschätzung eines Schülers sowohl in der Schule als auch in der Untersuchungssituation aufgrund von Sprachschwierigkeiten stellt ein verbreitetes Problem dar. So geht bei manchen Intelligenztests ein niedriger Intelligenzquotient aus einem sprachlichen Rückstand hervor (Verballastigkeit einiger Intelligenztests). Tritt der Verdacht einer Beeinträchtigung der Intelligenztestleistung aufgrund sprachlicher Defizite auf, sollte unbedingt ein Verfahren nonverbaler Art durchgeführt werden (z. B. Grundintelligenztest CFT 1 von *Weiss* und *Osterland* 1997, Grundintelligenztest CFT 20 von *Cattell* und *Weiss* 1997, *Snijders-Oomen* nicht-verbale Intelligenztestreihe (S.O.N.) 1997, Columbia Mental Maturity Scale (CMM-LB) von *Eggert* et al. 1971, falls „Lernbehinderung" bereits festgestellt ist, Coloured Progressive Matrices von *Raven* – deutsche Bearbeitung 1980, Heidelberger Intelligenztest HIT von *Kratzmeier* 1994.

Ganz allgemein kann man feststellen, dass beim Zustandekommen einer Intelligenzleistung sehr häufig auch der sprachliche Faktor – unter Berücksichtigung aller Lernvorgänge – eine Rolle spielt, denn der Bildungserwerb geschieht über das Medium der Sprache.

Großes Gewicht wird der Sprache in der Schule beigemessen. Nach eigener Schätzung scheitern weit über 50 % aller in der Grundschule versagenden Schüler am Fach Deutsch, und zwar speziell an sprachlichen Problemen. Die sprachliche Unzulänglichkeit dürfte mitunter eine Erklärung dafür sein, dass sich die Intelligenzquotienten bei Regel- und Sonderschülern überschneiden. Sprache dient als Selektionsmittel auch bei Kindern mit dem gleichen IQ: Die sprachgewandten werden in der Schule zumeist bevorzugt. Sie gelten als die Tüchtigeren, die den Unterrichtsverlauf vorantreiben, und sie werden im Unterricht deshalb häufiger aufgerufen, was wiederum die Verbalisationsfähigkeit stärker fördert und die Schüler gleichzeitig entsprechend motiviert. Die Lernmotivation wird dann normalerweise auch auf andere Fächer übertragen.

Die dringende Forderung nach der Früherkennung sprachlicher Defizite und nach der Frühförderung gerade in diesem Bereich ist unabdingbar!

5.2.7.1 Relevanz einer gezielten Beobachtung des Sprachverhaltens

Die Sprache selbst stellt ein äußerst dynamisches und damit komplexes Phänomen dar. Bis in die Gegenwart hinein existiert kein allgemein anerkanntes, geprüftes Sprachentwicklungsmodell, auch die Erforschung der Kindersprache ist noch nicht in befriedigendem Maße vorangeschritten.

Sprache muss im Zusammenhang mit diagnostischen Fragestellungen stets als *Kommunikationsmittel* begriffen werden. Leider liefern die Sprachtests zu dieser Aufgabenstellung bisher noch keinen zufrieden stellenden Beitrag, vielmehr bieten die meisten vorliegenden Verfahren nur selten vom Kinde her gesehen sprachanregende Aufgaben an (z. B. Wortschatztests). Insofern liegt es auf der Hand, dass derart vorkonstruierte, künstliche Sprechsituationen auf der Basis wenig motivierender Einzelbilder und -figuren das sprachliche Verhalten lenken, eher „Sprach- und Sprechbarrieren" erzeugen als natürliche Impulse zum Sprechen geben. Daher muss davor gewarnt werden, Ergebnisse von Sprachtestsituationen, die stets „Stichprobencharakter" haben, in Richtung generelles kindliches Sprachverhalten zu verallgemeinern.

Informativer und sinnvoller erscheint die „Diagnose" sprachlichen Verhaltens bei der Beobachtung von Kindern in verschiedenen natürlichen, sprachanregenden Situationen im Sinne von Kommunikation über einen längeren Zeitraum hinweg, die keinerlei Ähnlichkeit mit dem Charakter einer Prüfung haben, wie z. B. Spielsituationen, gemeinsames Anschauen von Gegenständen und Bilderbüchern und gemeinsame Tätigkeiten im Tagesablauf.

In der Frühförderung und bei Kindern mit geistiger Behinderung erfolgt die Beobachtung am besten im Elternhaus mit den gewohnten Kommunikationspartnern in den gewohnten Sprechhandlungssituationen. Durch Bereitstellen ausgewählter Materialien und Handlungsmöglichkeiten können aber auch ggf. erwünschte Reaktionen und Äußerungen provoziert werden.

Die Anlehnung an Kommunikationsmodelle (*Grimm* 1977, *Biere* 1980 u. a.), die eine Einordnung in größere Kategorien ermöglichen, wie verbales und nonverbales, kognitives und soziales Verhalten, Intention und raumzeitliche Sprechsituation, kann bei kritischer Verwendung die Analyse solcher Sprechsituationen erleichtern.

Als Problem erweist sich im Zusammenhang mit der Forderung nach förderungsbegleitender Diagnose die unter psychologischem Aspekt geforderte „Messung des Leistungsfortschrittes", die „kriteriumsorientierte" Tests verlangt. Wenn aber beruflich unvorbelastete Eltern in schöner Weise Sprachfortschritte ihrer Kleinkinder beobachten können, so muss der pädagogisch und psychologisch versierte Fachmann erst recht in der Lage sein – unabhängig von der metrischen Erfassung –, sprachliche Möglichkeiten und Fortschritte zu beobachten.

In diesem Abschnitt geht es um Aspekte wie Ansprechbarkeit eines Kindes, die Frage nach der Kommunikation, nach der aktiven Sprache, nach Sprechbereitschaft, Sprachverweigerung, Sprachverständnis und Feststellung des aktiven und passiven Wortschatzes.

Bei der Begegnung zwischen Untersucher und Kind oder bei der Beobachtung einer Mutter-Kind-Interaktion wird sich zunächst zeigen, inwieweit ein beeinträchtigtes Kind überhaupt ansprechbar ist. Es könnte sein, dass Kommunikation in höchstem Maße erschwert ist, wenn es sich um ein autistisches Kind oder um ein Kind mit autistischen Zügen handelt und dass ein Kind zwar auf Fragen, Anregungen, Hinweise reagiert, aber nicht verbal antwortet, etwa bei einem mutistischen Kind, dass es nur mit bestimmten Personen oder in bestimmten Situationen etwas redet (parziell mutistisches Kind). Ferner könnte es sein, dass ein Schüler aufgrund starker Schüchternheit, Gehemmtheit, Verängstigung überhaupt nicht oder nur sehr leise spricht oder weint. Es können auch so starke Sprachstörungen auftreten, dass die Äußerungen eines Probanden kaum verstanden werden. Schließlich kommt es vor, dass Schüler sehr viel verbalisieren, bei Fragen weit ausholen und selbst bei eng gestellten Testfragen noch zu viel Irrelevantes sagen.

Bei manchen Kindern mit einer geistigen Behinderung steht oft ein starkes andauerndes Redebedürfnis, teilweise gekoppelt mit einem „Fragetick", im krassen Gegensatz zu ihrem völligen Verstummen, wenn sie ihrerseits etwas gefragt werden oder sich zum Unterricht äußern sollen.

Für den diagnostizierenden Pädagogen ist es in Bezug auf seine Einstellung wichtig, Kenntnis darüber zu haben, welche Streubreite an Möglichkeiten sprachlicher Äußerungen auf ihn zukommen könnte. Sprachentwicklungsverzögerte Kinder oder Kinder aus von der Sprachnorm abweichendem Primärsprachmilieu (Dialekt, Soziolekt) werden oft vorschnell leistungsmäßig abqualifiziert, weil sie mit ungeeignetem Testmaterial oder aber in unangenehmen Testsituationen geprüft wurden. Rein funktionelles „Abchecken" sollte nicht mehr vorkommen. Der Untersucher soll wissen, wie er einen Kontakt zum Kind herstellen kann, etwa über ein Spiel, Spielmaterial, Bilder und Bildergeschichten oder mittels kleiner Aufträge. Man kann davon ausgehen, dass ein Kind die Sprache versteht, ehe es selbst spricht. Sprachverständnis zeigt sich, wenn die genannten Objekte erkannt werden, wenn etwa bei Vorlage von vermutlich bekannten Gegenständen oder deren Abbildungen das Kind den vom Untersucher genannten Gegenstand zeigen kann.

Im Zusammenhang mit der Beobachtung des Sprachverhaltens sollte registriert werden, ob sich ein Kind sprechfreudig, redselig, sprachscheu zeigt oder gar jede sprachliche Kommunikation verweigert, ob Sprachstörungen vorliegen im Bereich der Lautbildung und Artikulation (Stammeln als falsche Lautbildungen wie z. B. Sigmatismus, Rhothazismus oder Lautverwechslungen), ob Redefluss und -rhythmus gestört sind (Stottern, Poltern), Stimmklang- oder Stimmstörungen vorliegen (Flüsterstimme, Näseln), ob die Sprache und der Sprachaufbau gestört sind (sprachliche Entwicklungsverzögerung, Spracharmut, Dysgrammatismus als Unfähigkeit, grammatikalisch richtig zu sprechen, mangelhafte Syntax), wie ein Kind spricht – normal, sehr leise, laut, sehr laut … –, über welchen Wortschatz es verfügt, wie weit die Satzbildung gelingt, ob ein Kind dialektgefärbt oder hochdeutsch spricht.

Für die Angabe förderdiagnostischer Maßnahmen bei vorliegenden Sprachstörungen ist es auch wichtig, die Verursachungsmomente solcher Defizite zu kennen. Eine Anamnese gibt Aufschluss über wichtige Daten: Schwangerschaft und Geburt, die dabei aufgetretenen Komplikationen, Krankheiten und Klinikaufenthalte oder andere belastende Ereignisse. Milieu und Sozialstatus der Familie sind aussagekräftig wie der Stand in der Geschwisterfolge oder hinsichtlich der Frage, wer noch an der Erziehung beteiligt ist. Weiter ist immer zu fragen, ob die Symptome in der Familie bereits aufgetreten sind und wie die Umgebung dazu steht. Ganz maßgebend für den letzten Einsatz therapeutischer Mittel ist die Tatsache, ob das Kind bereits ein erhebliches Störungsbewusstsein entwickelt und ob der psychische Druck bereits eine Sekundärsymptomatik zur Folge hat (vgl. Kap. 5.1.5.3).

5.2.7.2 Methodische Anregungen zur Diagnose von Sprachstörungen

Eine in die Förderdiagnostik einführende Schrift kann unmöglich die Bereiche der Sprachheilkunde vollwertig behandeln. Andererseits muss der Sonderpädagoge über Informationen und Kenntnisse verfügen, die beide Bereiche tangieren. Im Zusammenhang mit Förderdiagnose werden auch Aussagen über die sprachlichen Fähigkeiten nötig sein; insofern gehört es zur Aufgabe des vorliegenden Buches, Hinweise zur Beobachtung und Untersuchung der Sprachentwicklung zu geben, z. B. zu Sprachverständnis, Artikulation (Lautbildung und phonologische Regelbildung), Bedeutungserwerb (Symbolfähigkeit, Benennen, Dekontextualisierung, Wortschatz), kommunikativen Fähigkeiten (Fragen, Bitten, Aussagen), Sprechflüssigkeit und grammatischer Entwicklung (Syntax und Morphologie). Diese kurzen Erläuterungen sollten natürlich durch das aus den Gebieten der Sprachheilkunde hervorgenende Wissen ergänzt werden.

Speziell angesprochen werden zunächst Probleme der Früherkennung, Früherfassung und Förderung sprachlicher Störungen sowie die Frage nach der Kindgemäßheit diagnostischen Vorgehens. Die frühe Erkennung sprachlicher Auffälligkeiten dient der Verhütung von Verfestigung und Ausweitung sprachlicher Auffälligkeiten. Nachdem auch Zusammenhänge mit motorischen, koordinatorischen, sensorischen, gnostischen, emotionalen und sozialen Störungen nicht auszuschließen sind, die sich im Verlauf der Zeit vergrößern können, sollte durch pädagogische Frühförderung helfend gehandelt werden. Fachleute empfehlen die Untersuchung der Sprache etwa im vierten Lebensjahr, der Zeitpunkt der Einschulung dürfte zu spät gewählt sein. Allerdings soll vor vorschnellen Diagnosen in Richtung Sprachbehinderung gewarnt werden, Sprache „entwickelt" sich auch, und zu eilige Diagnosen und Behandlungen können geradezu schädlich sein.

Auffälligkeiten und Abweichungen im Spracherwerb sollten stets ernst genommen werden, sind sie doch auch immer Hinweise auf etwaige „Ausfälle" oder Beeinträchtigungen im Bereich der Motorik, besonders Feinmotorik, der Wahrnehmung oder der Intelligenz im Sinne von Teilleistungsstörungen.

Bei der Verwendung von Tests ist im Hinblick auf die kindlichen Bedürfnisse vor allem auf Materialien aus dem Lebens- und Erfahrungsbereich (Handlungsraum) von Kindern zu achten. Wichtig sind Materialien mit deutlich motivierendem und aktivitätsanregendem Charakter. Um zum einen die Motivation zu erhalten und zum anderen der bereits angesprochenen Vorstrukturierung des Sprachverhaltens im Rahmen der Durchführung von Tests entgegenzuwirken, ergibt sich die Notwendigkeit der Beobachtung der Sprache in natürlichen Situationen (z. B. Spielzimmer, Sandkasten, Baumaterialien, Spiele, insbesondere Puppen- und Rollenspiele mit den Möglichkeiten der teilnehmenden

Beobachtung über einen längeren Zeitraum). Hierbei kann der Diagnostiker individuell und situationsbezogen auf ein Kind eingehen und die für die Beobachtung der Sprache so wichtige emotionale Beziehung aufbauen. In einer partnerschaftlich-kommunikativen Situation wird die Verbalisation lebhafter, vielfältiger, schlechthin dynamischer als bei relativ sterilen Fragestellungen. Insbesondere die folgenden Merkmalskombinationen erweisen sich für das Sprachverhalten von Kindern als förderlich: emotional-warme und zugewandte Haltung bei gleichzeitiger Ermutigung; kognitive Stimulierung und Anregung zu eigener Aktivität; Reduzierung lenkender, kontrollierender, das Kind einengender Maßnahmen auf ein notwendiges Minimum (*Nickel* u. Mitarbeiter 1980). Im Zusammenhang mit der Sprachbeobachtung sollte man auch in der Lage sein, den Schwierigkeitsgrad so zu variieren, dass die Motivation erhalten bleibt und die tatsächlichen, erfahrungsbezogenen Möglichkeiten eines Kindes angesprochen werden.

Spontansprachproben werden auf Tonband mitgeschnitten und evtl. später transkribiert oder auch nur genau abgehört, um die Ergebnisse in Prüflisten oder Entwicklungsschemata eintragen zu können. Der Eintrag während einer Testsituation sollte von einer Drittperson erfolgen, wenn der Prüfer der Gesprächspartner ist.

Auffälligkeiten im Bereich der Aussprache

Wenn wir auch zu bedenken haben, dass „Sprache" (als Sprachfähigkeit) nicht unbedingt gebunden ist an die verbale Äußerungsform eines bestimmten Sprachsystems, z. B. Deutsch, sondern sich auch in Symbolen (z. B. BLISS) oder Gebärden manifestieren kann, so setzen wir doch in der Beobachtung oft zunächst beim Sprechen an.

Beim Erwerb der Lautsprache muss das Kind Lernleistungen in vier verschiedenen Bereichen erbringen: Diskrimination von Phonemen, Ausbildung phonetischer Regeln, Ausbildung phonologischer Regeln und die Ausbildung von Betonungs- und Intonationsregeln.

Fehlerhaftes Sprechen fällt auf, einzelne gestammelte Laute sind leicht zu erkennen: Sigmatismen (falsche S-Laut-Bildung), fehlende oder durch andere Laute und Geräusche ersetzte Konsonanten wie auch die Vereinfachung von Komponentenklustern stören in einer sonst einwandfreien Sprechweise. Hier mag eine „Ohrenphonetik" als Diagnose ausreichen, um vor Schuleintritt (d. h. vor dem Schriftspracherwerb) korrigierend einzugreifen. Aber bereits hier muss man sich fragen, ob diese kleinen Fehler nicht nur die „Spitze eines Eisberges" sind, d. h. ihre

Ursachen in Wahrnehmungs- und Motorikstörungen haben, die später einmal zu gravierenden Schulleistungsproblemen führen können.

Geht das Stammeln über einzelne Laute hinaus, wirkt die Sprache entstellt, und ist beim ersten Hinhören keine Gesetzmäßigkeit ersichtlich, können wir mit den herkömmlichen Verfahren zur Lautbildung die fehlenden oder falsch gebildeten Laute erkennen, positionsabhängige Probleme isolieren und leicht zu bildende Schlüsselwörter für die Therapie herausfinden.

Weiterhin muss die Frage nach der Ätiologie dieser Sprachstörung gestellt werden. Als Hauptursachen sind zu nennen Fehlhaltungen in der Erziehung, schlechte Sprachvorbilder als soziokulturelle Determinanten oder organische Bedingungen wie Fehlbildungen an Zunge, Kiefer, Lippen, Gaumen und auch an den Zähnen, zerebral bedingte Funktionsstörungen, verzögerte Sprachentwicklung. Hierbei gilt es zu beachten, dass jedes normal entwickelte Kind über einen längeren Zeitraum hinweg, etwa bis zum 4., manchmal auch bis zum 5. Lebensjahr entwicklungsbedingt „dysgrammatisch" spricht, eine mehr oder weniger ausgeprägte Stammelphase durchlaufen kann. Halten die Schwierigkeiten bei der Lautbildung im späten vorschulischen und schulischen Bereich noch an, wird eine Vorstellung bei einem Logopäden oder einer Schule für Sprachbehinderte empfohlen. Evtl. muss ein allgemeines sensorisches Training einsetzen, müssen spezifische Lautunterscheidungsübungen, ähnlich wie bei Legasthenikern, unter Hinzunahme von Lautgebärden erfolgen.

Sieht man von den entsprechenden Untertests der relativ breit angelegten Sprachentwicklungsverfahren ab, so gibt es gegenwärtig nur ein bekanntes, normiertes Verfahren zur Erfassung der Lautbildung. Es handelt sich hierbei um den

■ **„Lautbildungstest LBT" von *Fried* (1981):** Man kann mit der diagnostischen Testform überprüfen, welche Laute bzw. Lautverbindungen nicht problemlos gebildet werden. Hieraus ergibt sich auch, welche Laute und Lautverbindungen in die Förderung einbezogen werden müssen. Man kann dieses Verfahren auch als förderungsbegleitende Diagnose verwenden. Mit Hilfe eines entsprechenden Förderungsprogrammes können die Testergebnisse auf direktem Wege in pädagogische Maßnahmen umgesetzt werden (*Fried* 1981 a). Der Test ist auch als „Siebtest" (Kurzform) durchführbar. Weder die Kurz- noch die Langform bereiten Schwierigkeiten bei der Durchführung. Leider findet bei der Auswertung Dialekt keine Berücksichtigung, wird vielmehr als Fehler gewertet. Alter; 4;0 – 7;0 Jahre.

Weiteres Verfahren:

■ **„Bilder-Sprachtest I" von *Sulser* und *Wechsler* (1975):** enthält 80 Bilder zur Prüfung der Lautbildung bei Stammlern; Spontantest und Nachsprechtest; Anwendung ca. ein Jahr vor Schuleintritt.

Sprechflüssigkeit – Entwicklungsstottern oder Stottern/Poltern?

Sprechunflüssigkeiten (Pausen, Wiederholungen, Einschübe und Korrekturen) kommen bei jedem Sprecher vor und stellen bei jungen Kindern im Alter von 2 – 5 Jahren einen „notwendigen Schritt in Richtung sprachlicher Vervollkommnung dar" (*Baumgartner* 1994, 206).

Das *stotternde* Kind aber kann aufgrund nicht altersgemäß ausgereifter sprachspezifischer Organsysteme die für die Sprechflüssigkeit benötigte linguistische und kommunikative Kapazität nicht in ausreichendem Maße bereitstellen und versucht diese Störung mit *Kraft* zu überwinden (S. 235). Beobachtbare Vermeidungsstrategien und Überwindungsanstrengung sind diagnostischer Hinweis auf den Beginn von Stottern. Alarmzeichen für diagnostischen Handlungsbedarf:

– deutliche verbale oder nonverbale Unmutsäußerungen beim Sprechen,
– Verstummungsreaktion bei sprachlichen Anforderungen,
– erhöhter Phonationsausdruck beim Sprechen,
– Langziehen der Laute,
– Wiederholen von Lauten (nicht Worten!).

Folgende Sprachcharakteristika gelten als Kennzeichen für Stottern:

– Wiederholen von Lauten und Silben,
– Lautverlängerungen (Vokale und Konsonanten),
– Blockierungen (Tonus auf Konsonant, Vokal oder Glottisverschluss),
– verzögerter Vokaleinsatz nach Konsonant,
– Atemauffälligkeiten,
– Vermeiden von Wörtern und Lauten (bei jungen Kindern selten),
– Körpermitbewegungen,
– „Starter", stereotype Einschubwörter, um Sprechanfang zu erleichtern.

(*Baumgartner* 1994, 221)

Beim *Poltern* zeigen sich eher zentral bedingte Formulierungsschwierigkeiten, gekennzeichnet durch hohes Sprechtempo und Artikulationsschwierigkeiten (schlampige Sprache), Silben und Wörter, auch ganze Satzteile werden wiederholt, jedoch ohne Überwindungsanstrengung oder Angstgefühle.

Differentialdiagnostische Aspekte bzw. Kennzeichen für den Unterschied zum Stottern: Bei Ruhigstellung und Konzentration, auch bei vermehrter Zuwendung und Aufmerksamkeit, verringert sich die Polter-Symptomatik deutlich, Stottersymptome werden verstärkt.

Artikulation

Die Artikulation kann klar und deutlich, verwaschen oder undeutlich sein. Möglicherweise treten Artikulationsstörungen auch nur in ganz bestimmten Situationen auf, etwa bei Müdigkeit, in Erregung, unter Leistungsdruck, vor einem Anfall. Die Sprache als eine höchst differenzierte, feinmotorische Leistung wird eben sehr leicht durch die Psyche mit beeinflusst. Analysiert werden können Lautbildungs- und Artikulationsstörungen durch die Beobachtung der gesprochenen Sprache, durch Lautprüfbogen, durch Nachsprechen von Sätzen, durch Vorlesen. Als Ursachenbereiche bei diesen Sprachstörungen kommen in Frage: Störungen der Sprechmotorik, Beeinträchtigung des Gehörs, schlechte Sprechvorbilder.

Verfahren zur Prüfung der Artikulation:

■ **„Bremer Artikulationstest BAT" von *Niemeyer* (Anwendung/Normen: 2. Klasse).**

Zur Feststellung der Phonemkapazität im Rahmen der Beurteilung des Schweregrades von Artikulationsstörungen:

■ **„Stammler-Prüfbogen" von *Metzker***

■ **„Werscherberger Sprachfibel"**

■ **„Lautprüfscheibe" von *Aschenbrenner***

Bei Verdacht auf zentrale Wahrnehmungsstörungen (akustische Agnosie, parzielle Lautagnosie, Fehlhören) muss ebenso wie bei phonematischer Differenzierungsschwäche ein Lautdiskriminationstest gemacht werden:

■ **„Bremer Lautdiskriminationstest BLDT"** von *Niemeyer;* (Anwendung: 2. Klasse)

■ **„Lautunterscheidungstest LUT"**, von *Fried* **(1981 b)** zur möglichst differenzierten Erfassung der Lautunterscheidungsleistung; geeignet auch zur förderungsbegleitenden Diagnose; Kurzform („Siebtest") liegt vor; Alter/Normen: 4;0 – 7;0 Jahre.

Bei Kindern mit einer geistigen Behinderung entspricht das Prüfmaterial der gängigen Tests oft nicht dem Entwicklungsstand und dem Erfahrungsfeld. Bilder können bereits eine Überforderung darstellen. Eine vorbereitete Kiste mit Figuren und Gegenständen aus dem Lebensraum der Kinder, zusammengestellt nach ihrem Lautbestand, kann Wortlisten und Bildbögen ersetzen. Isolierte Laute werden im Spiel mit Tierlauten und Nachahmung von Geräuschen provoziert.

Zu beachten ist, dass metasprachliche Fähigkeiten (d. h. Sprachbewusstheit) wenig ausgeprägt sein können, also auch bewusste Sprachproduktion und Lautkorrektur nicht gelingen, was die Diagnosestellung erschwert.

Sensorisch bedingte Artikulationsstörungen: Bei Hörstörungen ist der Hörverlust zunächst audiometrisch abzuklären und eine Hörgeräteversorgung sicherzustellen. Maßnahmen der korrektiven Phonetik orientieren sich an den Konzepten der Hörgeschädigtenpädagogik.

Die Entwicklung der Lautsprache läuft aber nicht nur über die Aneignung phonetischer Regeln als Analyse und Klassifikation von Lauten beim Artikulieren und beim Hören und ihrer (fein-)motorischen Realisierung, sondern sie hat weitere kognitive Anteile, nämlich beim Erwerb des phonologischen Systems der (Mutter-)Sprache.

„Artikulationsstörungen" bei der Aneignung des phonologischen Systems: Die Abklärung der phonologischen Entwicklung zeigt, wie weit das Kind das phonologische System seiner Muttersprache erworben hat – dies erfolgt Schritt für Schritt etwa ab 18 Monaten, wobei die artikulatorischen Abläufe bereits früher vorhanden sein können. Wortähnliche Gebilde (Protoworte) und Wörter mit Annäherung an die Erwachsenensprache haben schon hohen Kommunikationswert. Die früher als „physiologisches Stammeln" bezeichneten „Kinderfehler" werden heute als ganz normale phonologische Prozesse beim Erwerb der phonologischen Regelhaftigkeit der Muttersprache gesehen, z. B. Banane = nane, Blume = lumi, Kaffee = tafe.

So werden u. a. Silbenstrukturprozesse, Harmonisierungsprozesse und Substitutionsprozesse beobachtet. Die Überwindung dieser (ca. 50) Prozesse kann verschieden lang andauern (2 – 3 Jahre), wobei oft die isolierten Laute jederzeit gebildet werden können bzw. „falsch" gesprochene Wörter bei anderen Sprechern als solche erkannt werden. Wird dieses „Entwicklungsstammeln" nicht überwunden und fossilieren quasi solche Prozesse, ist es Aufgabe der Therapie, helfend einzugreifen.

Um nun abzuklären, ob ein Kind unverhältnismäßig lang solchen natürlichen phonologischen Prozessen verhaftet bleibt oder gar ungewöhnliche Prozesse zeigt, ist es nötig, freie Sprachstichproben zu analysieren oder das Benennen vorstrukturierter Prüfwörter (100 – 150) auszuwerten (vgl. *Hacker* 1994). Die Ergebnisse zeigen zugleich, welche therapeutischen Maßnahmen zu treffen sind. Aus der Rekonstruktion des phonologischen Systems des Kindes lassen sich therapeutische Interventionsmöglichen ableiten (*Hacker* 1994, 28ff, 51ff, 74ff).

1. Silbenstrukturprozesse
– Auslassung von Anfangskonsonanten (Hemd = emt)
– Auslassung von Endkonsonanten (Hund = hu)
– Auslassung unbetonter Silben (Kutscher = kut)
– Vereinfachung von Mehrfachkonsonanz (Stuhl = tul)
– Umstellung (Papier = biba, Blume = bule, Topf = pot)
– Reduplikation (Tante = tata)

2. Assimilationsprozesse
– Vorwärtsassimilation (Peitsche = peipe, tanzen = tante)
– Rückwärtsassimilation (Suppe = puppe, Sofa = fofa)
– Labialassimilation (Unfall = umfall)

3. Substitutionsprozesse
– Substitution von Verschlusslauten (Plosive), vor allem für Reibelaute (Frikative), engl. „Slopping" (Schuh = tu)
– Substitution von „vorderen" Lauten für Palatal- und Velarlaute, engl. „Fronting" (Milch = mils, schneiden = sneiden, Kind = tint, Glas = dlas)
– Substitution ungerundeter für gerundete Vokale (Schlüssel = slissi, Mühle = mile)

Grammatik-Erwerb (Syntax und Morphologie und ihre Bedeutung)

„Unter normalen Umständen gelingt es kleinen Kindern in der relativ kurzen Zeit etwa ab der Mitte des zweiten Lebensjahres bis zum Alter von vier bis fünf Jahren, einen grundlegenden Bestand syntaktischer und morphologischer Prinzipien und Formen ihrer Muttersprache zu erwerben, die es ihnen ermöglichen, ihre Intentionen in einer Weise mitzuteilen, die von Mitgliedern ihrer Sprachgemeinschaft meist nicht mehr als fehlerhaft empfunden wird" (*Dannenbauer* 1994, 123).

Es ist schwer auszumachen, wann Dysgrammatismus beginnt, zumal jedes Kind Phasen durchläuft, in denen es noch nicht normgerecht sprechen kann. Umso wichtiger ist es, hellhörig zu sein für Abweichungen, die nicht sprachentwicklungsgemäß sind und die den Toleranzspielraum im „Zeitplan" überschreiten, um therapeutisch einzugreifen. Dies setzt eine gute Kenntnis normaler Sprachentwicklung voraus.

Erste diagnostische Anhaltspunkte über Ursachen ergeben sich in der Anamnese aus Aussagen zu Milieu, psychischer Situation (evtl. Regression), Geburtsschwierigkeiten (Minimale Cerebrale Dysfunktion), Hörschädigung, Entwicklungsverzögerung und falschen Sprachvorbildern (Baby-Talk).

Meist zeigen sich jedoch keine offensichtlichen Ursachen für die grammatischen Schwierigkeiten, sodass Probleme wohl sprachspezifischer Art sein müssen (*Dannenbauer* 1994, 141). Hier wird von einer Teilsymptomatik einer Entwicklungsdysphasie ausgegangen, die sich in der Sprachproduktion, aber auch beim Sprachverstehen manifestiert.

Herkömmliche Grobverfahren älteren Datums sind:

■ **Prüfung der Hör-Merk-Spanne**

■ **Untersuchung nach *Staps* (o. J.):** Untersuchen der Spontansprache auf Satzlänge in Wörtern, Nachsprechen von Sätzen mit steigender Wortzahl.

■ **Untersuchung nach *Rutte/Ballinger* (1979):** Anfertigung eines Sprachprotokolls beim freien Sprechen, Nacherzählen und Nachsprechen, Eintrag z. B. in Hamburger Protokollbögen für Dysgrammatiker.

■ **„Bilder-Sprachtest II" von *Sulser* (1975)** enthält 20 Bildtafeln zur Erfassung von Satzbaumängeln, Spontansprachtest und Nachsprechtest, Anwendung: ca. 1 Jahr vor Schuleintritt.

Sprachgebrauchsstufen und Sprachverständnisstufen bei Kindern mit geistiger Behinderung können abgeprüft werden mit:

■ **Teilaufgaben des *Bühler-Hetzer*-Tests (2/II; 3/II; 4/III; 4/IV),**

■ **PAC-Bögen (*Günzburg* 1991),**

■ **Profilanalyse nach *Clahsen* (1986):** Dies stellt ein sehr aufwändiges und spezifisches Verfahren dar. Ein Corpus transkribierter Spontansprache wird linguistisch genau analysiert und führt zu „differenzierten Erkenntnissen über besondere grammatische Merkmale bei einzelnen Kindern" (*Dannenbauer* 1994, 176), die aber mit informellen Überprüfungen zu ergänzen sind.

Aktiver Wortschatz

Gemeint sind die Worte, die ein Kind tatsächlich verbalisiert, täglich gebraucht, über die es verfügt. Der Wortschatz kann reichhaltig und differenziert, aber auch dürftig und von geringem Umfang sein. Auch die Beobachtung der Wortwahl wird manchmal interessant und von Bedeutung sein, also ob Substantiva, Adjektiva, gute Verben oder primär Hilfsverben bevorzugt werden.

Für die Früherfassung und Frühdiagnose kommt zur Groborientierung den folgenden sprachlichen Fortschritten des Kleinkindes eine Relevanz zu:

Ende des 1.	Lebensjahres: Imitation von Sprachlauten; erste sinnvolle Worte wie Mama, Papa; beginnendes Sprachverständnis und Beginn des aktiven bedeutungsbezogenen Sprechens; Einsetzen der Begriffsbildung.
15. Monat:	Entstehung des Symbolbewusstseins, Einwortsätze, Wunschäußerungen.
24. Monat:	Zweiwortsätze, Wortaggregate (Umwelteinwirkung wird deutlich erkennbar).
30. Monat:	Erste Sätze, Beginn des ersten Fragealters („Was ist das?").
36. Monat:	Geformte Mehrwortsätze; sprunghafter Anstieg des Wortschatzes; Laute: r, s, sch (bei 90 % gekonnt lt. *Kiphard*, 1976 b).
42. Monat:	Beginn des 2. Fragealters („Warum?"); Verwendung der Vergangenheit; berichtet Erlebnisse, Bedürfnis, sich mitzuteilen.
48. Monat:	Satzentwicklung und Vollzug des Spracherwerbs; Laute ch, ng, nt, schp, fr; zwischen dem 2. und 4. / 5. Lebensjahr stimmen Mitteilungsentwurf und Sprachfähigkeit nicht überein, Störungen im Sprachfluss treten auf. Stammeln, Poltern, Stottern sind in dieser Phase der Sprachentwicklung normal („physiologisches Stottern").
54. Monat:	Versteht wichtige Begriffe wie „kalt", „müde", „hungrig".
60. Monat:	Farben werden erkannt und benannt.

Sprache entwickelt sich im Wesentlichen zunächst aus Reifungs- und Entwicklungsvorgängen, jedoch in hohem Maße beeinflusst durch Sprachvorbilder, durch den Umgang mit Personen und Dingen, durch anregende Kontakte, durch emotional bedeutsame Erlebnisse und durch die handelnde Auseinandersetzung mit der Umwelt mittels gutem Spielmaterial und durch Spielgruppen.

In die förderdiagnostische Aufgabe geht auch die Frage nach der Satzbildung ein. Man sollte wissen, welche sprachlichen Leistungen in Bezug auf die *Satzbildung* für eine bestimmte Altersstufe adäquat sind.

- Etwa 1;0 – 2;0 Jahre: Einwort- und erste Mehrwortsätze. Das Kind greift aus dem Gemeinten einen erlebnismäßig, emotional bedeutsamen Höhepunkt heraus. Etwa mit eineinhalb Jahren werden Mehrwortsätze gebildet, mehrere Momente werden herausgegriffen und zu einem Gesamtsinn geformt, z. B. „Haus – da – schau", „Mama – Auto".
- 1,5 – 3,2 Jahre: Verschiedene Stadien von Fragestellungen. Etwa bis 2,3 J. „Wo" – und „Was ist das?"-Fragen.
- Etwa ab 3;2 J. „Warum-Fragen". Kind fragt jetzt spontan nach Zusammenhängen, es kann Gliedsätze, also Haupt- und Nebensätze bilden. Unbegabte Kinder fragen im Allgemeinen weniger, denn der Fragesatz stellt bereits einen komplizierten Satzbau dar.

(Sprachliche Entwicklungsdaten in Anlehnung an *Führing* und *Lettmayer* 1985; *Hurlock* 1972; *Flehmig* 1973; *Kleber* 1974; *Kiphard* 1976 b).

Im Zusammenhang mit der Diagnose von sprachgestörten, speziell auch geistig und lernbehinderten Kindern muss man die verschiedenen Phasen der Sprachentwicklung kennen und dementsprechend auch Sprachstörungen und Fehlentwicklungen erkennen. Die richtige Bestimmung und im Anschluss daran die gezielte Hilfe und Förderung werden nur auf der Basis einer soliden Grundkenntnis jeweils vorhandener sprachlicher Gegebenheiten möglich sein. Mit dieser Darstellung können nur Impulse gesetzt werden, die eigentlichen Informationen müssen der entsprechenden Fachliteratur entnommen werden.

Überblick/Schwerpunktinformation

- Die Anamnese gibt Auskunft über den Zeitpunkt des Sprachbeginns. Die Klärung dieser Frage ist auch verknüpft mit der Erkundung der Ursachen für einen möglicherweise späten Sprachbeginn. Bei geistig behinderten Kindern muss teilweise mit dem eigentlichen Sprechen (nicht das Vorstadium) etwa im dritten bis vierten Lebensjahr gerechnet werden. In diesem Alter formen normal entwickelte Kinder bereits korrekte Sätze.

– Informationsquellen über sprachliche Fähigkeiten bzw. Probleme sind: Beobachtung der Sprache, z. B. beim Spiel, im Unterricht, während einer Untersuchungssituation, Lautprüfbogen, Entwicklungsskalen („Denver-Entwicklungsskala" von *Flehmig* [1973], „Sensomotorisches Entwicklungsgitter" von *Kiphard* [1976], Beobachtung der Sprache bei Aufgaben aus den *Binet*-Tests, bei Aufgaben der Verbalteile des „Hannover-Wechsler-Intelligenztests für Kinder im Vorschulalter – HAWIVA" von *Eggert* et al. [1975], alle Aufgabenstellungen, die eine sprachliche Äußerung provozieren (Bilder, Bildergeschichten, Satzbildung aus Reizwörtern, Gegenstände aufzählen, Geschichten fortsetzen …).

5.2.7.3 Semantik – Wortschatz und situative Verfügbarkeit

Lange Zeit wurden kindliche Sprachstörungen nur unter dem Aspekt von Grammatik und Aussprache betrachtet. Nun rücken aber zunehmend Probleme der Semantik ins Blickfeld (Begriffsbildung, Dekontextualisierung, Bedeutung von grammatischen Formen). Meist wird der Bedeutungserwerb mittels einer Wortschatzüberprüfung untersucht, da diese testmethodisch abgesichert und statistisch gut beherrschbar ist.

■ **„Wortschatz für Schulanfänger WSS 1" von *Kamratawski* u. a. (1970)**

■ **„Frankfurter Test für Fünfjährige – Wortschatz-FTF" von *Raatz* u. a. (1971)**

■ **„Aktiver Wortschatztest für drei- bis fünfjährige Kinder" von *Kiese* u. a. (³2005)**

Der Überprüfung des Sprachverständnisses (passiver Wortschatz) dienen:

■ **Peabody Picture Vocabulary Test (PPVT) von *Dunn* (1959) in der Testbatterie für geistig behinderte Kinder von *Bondy* u. a. (1971) und in der Testbatterie für entwicklungsrückständige Schulanfänger von *Kornmann* (1983).**

■ **Psycholinguistischer Entwicklungstest (PET) von *Angermaier* (1977) und die Beobachtung des Sprachverständnisses bei gestellten Test- Aufgaben (z. B. verbale Intelligenztests).**

In der neueren Literatur werden diese Tests jedoch kritisch gesehen, zumal sie nur isolierte Wörter abprüfen, nicht aber ihr Bezug zu Informationszusammenhängen deutlich wird. In neuerer Zeit geht man davon aus, die semantischen Fähigkeiten und Schwierigkeiten eher erfassen zu können, indem man sich auf die Welt des Kindes einlässt und beobachtet, inwiefern es in der Lage ist, seine Handlungen sprachlich zu begleiten. Es gibt ein *Orientierungsraster,* mit dessen Hilfe das Problemlösungsverhalten von sprachentwicklungsverzögerten Kindern in Situationen erfasst wird, in denen diese semantische Lücken haben (vgl. *Füssenich* 1994, 105f).

1. Kein Bewusstsein von fehlendem lexikalischem Wissen
   – Keine Mitteilung, dass Wissen fehlt
   – Keine Fragen nach Bedeutungen

2. Rückgriff auf Verständigungsmöglichkeiten aus der vorsprachlichen Kommunikation

3. Vermeidungsstrategien
   – Schweigen
   – Ausweichendes Verhalten
   – Ausweichende Antworten
   – Antworten mit Ganzheiten

4. Ersetzen von Wörtern durch
   – allgemeine spezifische Oberbegriffe
   – andere Wörter aus dem gleichen semantischen Feld
   – lautlich ähnliche Wörter
   – andere Wörter

Der Bedeutungserwerb ist eng gekoppelt an die kognitive Entwicklung. Besonders die Symbolfähigkeit ist eine wichtige Basis für Begriffsbildung, Benennung und Sprechen von Nichtanwesendem. In der Frühförderung und bei Kindern mit geistiger Behinderung kommt daher dem (Symbol-)Spiel eine wichtige Rolle als Diagnostikum für die Fähigkeit zu, überhaupt schon Symbole bilden zu können und damit für die Frage, was in der Sprachförderung getan werden kann.

■ *Užgiris-* und *Hunt-*Skalen der sensomotorischen Entwicklung: bringen wichtige Items zur Lautimitation, Gestenimitation neben so bedeutsamen Basisfähigkeiten wie Objektpermanenz und Symbolfähigkeit (Užgiris/Hunt 1987). Der Vergleich mit Entwicklungsnormen zeigt den Stand der sprachlichen Fähigkeiten und zugleich die Ansatzbasis der therapeutischen Intervention.

5.2.7.4 Pragmatik – Sprache und Kommunikation

Gerade im Frühförderbereich und bei Kindern mit geistiger Behinderung ist es wichtig festzustellen, welche kommunikativen Voraussetzungen und Fähigkeiten gegeben sind, um überhaupt mit der Sprachförderung zu beginnen. Eine mögliche Beobachtungsliste für Eltern und Erzieher lenkt das Augenmerk auf:

- Augenkontakt, Blickrichtung, Mitschauen
- Körper- und Kopfwenden, Zeigen und Gestikulieren
- Lautieren, Lachen, Schnalzen
- Gebärden und Mimik
- Modifizieren der eingesetzten Mittel

als „Protosprache" bei gemeinsamem Gegenstandsbezug

- Konventionalisierung und Stabilisierung der Zeichen
- Reaktion auf aktuelle Ereignisse und Sprache

Bates et al. (1979) entwickelten Beobachtungs- und Fragebögen für das Elternhaus, um die frühe Sprachentwicklung zu diagnostizieren (Kommunikation über Gesten, Laute; Lautproduktion und Sprachverständnis; Spiel und Nachahmung; andere Verhaltensweisen).

Snyder (1975) stellte Skalen auf, mit denen das pragmatische Verhalten von Kindern genau protokolliert und in die Entwicklungsnorm eingepasst werden kann. Dabei werden genaue Anweisungen gegeben, wie der Prüfer vorzugehen hat.

Chapman und *Miller* (1983) erstellten Skalen mit kommunikativen Verhaltensweisen, die bis zu einem bestimmten Lebensalter vom Kind erworben werden sollten. Sie geben gleichzeitig Hinweise auf mögliche Störungen und Probleme bei einer Verzögerung.

Besonders bei schwer Mehrfachbehinderten erhält man hier Aufschluss darüber, ob nonverbale Kommuniktionshilfen wie Bildsysteme, Gebärden oder Symbole überhaupt angeboten werden können.

Speziell für Menschen mit geistiger Behinderung liegt folgendes Prüfmaterial vor:

■ **Heidelberger Kompetenz-Inventar (HKI) für geistig Behinderte** (*Holtz* 1998) enthält auch Items zu Sprachverstehen und Sprachproduktion, bleibt aber sehr pauschal.

■ **PAC-Bögen (*Günzburg* 1991):** Hier bringt besonders der Bogen „Primäre pädagogische Analyse und Curriculum der Sozialentwicklung" für Schwerstbehinderte detaillierte Items zu Wahrnehmung und Verarbeitung, aktiver Verständigung und Sprachverständnis.
Kommunikatives Verhalten wird auch in der Rubrik „Sozialanpassung" abgeprüft.

5.2.7.5 Primärsprachmilieu – Dialekt/Soziolekt/Umwelt

Bei allen Sprachtests hat der Prüfer in seine Überlegungen einzubeziehen, wie sich das Primärsprachmilieu des Kindes auf die Testergebnisse auswirken könnte.

Grammatikalisch-syntaktische Besonderheiten (z. B. Präteritumschwund im Oberdeutschen, Wandlung des Dativ „m" zu „n" wie „min Radl, bein Hertie", Artikelbesonderheiten) und Ausspracheabweichungen des Dialekts und damit der dem Kinde ausschließlich begegnenden Sprechsprache im Elternhaus dürfen nicht als Fehler gewertet werden. Diese Problematik wird noch nicht in allen Tests berücksichtigt.

Bei hospitalisierten und in ihrem Aktionsradius eingeschränkten Kindern sind gängige Wortschatztests nicht anzuwenden. Hier müssen jeweils der Situation und dem Kinde angepasste Materialien erstellt werden (die dann allerdings nicht genormt sind).

Das Sprachangebot wohlmeinender Eltern, die ihre Sätze „vereinfachen", damit das Kind besser versteht, bringt dem Sprachlehrer keine Unterstützung. So werden von manchen Sätzen nur der Anfang und das Ende gehört und gespeichert, so dass eine „Infinitivsprache" schnell diagnostiziert ist („Mausi soll [j]etz schön essen" = „Mausi essen").

■ **„Landauer Sprachentwicklungstests für Vorschulkinder LSV"** von *Götte* (1976) an sich gedacht für Kinder im Alter von 4 Jahren bis zum Schuleintritt. Nach Auffassung des Verfassers dieser Schrift kann der Test bei lern- und geistig behinderten und bei sprachgestörten Kindern auch später eingesetzt werden.

Er misst Wortschatz, Artikulation (Lispeln, Näseln, Stammeln, Poltern, Stottern), Formen- und Satzbildungsfähigkeit und auch Kommunikationsfähigkeit. Damit erfasst der Test einen Bereich, der bisher diagnostisch zu wenig Berücksichtigung fand. Die *Gütekriterien* sind in befriedigendem Maße gegeben.

Normen in Form von T-Werten und Prozentwerten liegen für Kinder ab vier Jahren vor.

Testdauer ca. 17 Minuten pro Kind (Individualtest).

■ **„Heidelberger Sprachentwicklungstest (H-S-E-T)" von *Grimm* und *Schöler* (1991)** ermittelt als Testbatterie den Entwicklungsstand sprachlicher Fähigkeiten bei Kindern im Alter von 3 – 9 Jahren, wobei sich die Altersgrenze je nach Schweregrad von Behinderung, spez. sprachlicher Behinderung, nach oben verschiebt.

Zum *Anwendungsbereich* gehören alle Beratungsanlässe, bei denen die Sprachentwicklung überprüft werden soll. Er kann in Kindergärten, Vorschulen, sonderpädagogischen Einrichtungen, Erziehungsberatungsstellen, Sonderschulen und in den ersten Grundschulklassen eingesetzt werden.

Die *Gütekriterien,* soweit sie ermittelt wurden, scheinen testtheoretischen Ansprüchen zu genügen. Vorläufige Altersnormen liegen für Kinder von 4 bis 9 Jahren in Form von T-Werten und Prozenträngen vor (Individualtest). Der Test erweist sich aber als nicht ganz kindgemäß.

Die *13 Untertests* beinhalten folgende Bereiche:

1. VS Verstehen grammatischer Strukturformen
2. PS Plural-Singularbildung
3. IS Imitation grammatischer Strukturformen
4. KS Korrektur semantisch inkonsistenter Sätze
5. AM Bildung von Ableitungsmorphemen
6. BF Benennungsflexibilität
7. BK Begriffsklassifikation
   TG Vorlesen der Nacherzählung (s. 13.)
8. AD Adjektivableitung
9. VN In-Beziehung-Setzung von verbaler und nonverbaler Information
10. ER Enkodierung und Rekodierung gesetzter Intentionen
11. SB Satzbildung
12. WF Wortfindung
13. TG Textgedächtnis

5.2.8 Motorik

Bewegung ist der basale und vermittelnde Prozess schlechthin. In allen menschlichen Handlungs- und Verhaltensweisen ist Bewegung aufgehoben. Bewegung, immer in Verbindung mit dem ganzen Körper, vermittelt Wahrnehmung, den Bezug zur Welt, ist der Schlüssel zum Kognitiven, zu inneren Prozessen verschiedener Art. Motive für Bewegung kommen von außen und innen gleichermaßen. In der Begegnung mit Menschen sowie mit der Umwelt und in der Auseinandersetzung mit ihren Gegenständen findet die Bewegung, im weiten Sinne die Tätigkeit, ihr Motiv. In der bedürfnisrelevanten Dimension des Gegenstandes und in seiner Möglichkeit, Bedürfnisse des Menschen anzusprechen, liegt die Motivation, sich mit ihm auseinanderzusetzen.

Die enge Verbindung, ja Verzahnung von mentalen, emotionalaffektiven, sozialen und motorischen Bereichen bringt die Notwendigkeit einer Behandlung der Motorik im Rahmen des Themenbereiches psychologisch-pädagogische Diagnose und Förderansätze mit sich.

Motorik wirkt sich auf die übrigen Prozessbereiche aus und integriert sich in Handlungen in der engen Verknüpfung mit Wahrnehmung, kognitiver Entwicklung, also Denkentwicklung, Sprache/Begriffsbildung/Artikulation, Emotionalität (Ausdruck von Gefühlen über Bewegung und Beeinflussung des Bewegungsverhaltens durch Gefühle), Sozialverhalten und Kommunikation und erweist sich damit als grundlegend für die Entfaltung der Persönlichkeit.

Je größer die motorischen Möglichkeiten eines Kindes sind, desto gezielter und umfassender werden die Zugangsmöglichkeiten zur Welt der Mitmenschen und der Dinge und die Handlungsfähigkeit im Zusammenhang mit diesen.

Bewegung macht die Teilhabe am Leben aus, lässt Erleben zu, durch Bewegung erlebt sich der Mensch intensiver. Bewegung hilft dem Menschen, sich in seiner Umwelt zu orientieren und sich handelnd in ihr zu erfahren. Insofern ist Bewegung immer mehr als beanspruchte Motorik, sie ist integraler Bestandteil menschlichen Lebens und Verhaltens (*Bundschuh* 2007, 264 – 268).

Ähnlich den Problembereichen Intelligenz und Sprache geht man bei diagnostischen Fragen zur Motorik und zur motorischen Entwicklung vom nichtbeeinträchtigten Kind aus. Wie bei der Sprachentwicklung wirken bei der Entwicklung und Entfaltung der Motorik Reifungs- und Lernprozesse zusammen. Umgekehrt beeinflusst die Motorik selbst den ontogenetischen Gesamtzustand des Individuums. Nicht umsonst spricht man von der „Psycho-Motorik" und von der „psycho-motorischen Entwicklung und Erziehung". So beschreibt *Decker* in einem Beitrag über „Praxis und Theorie der psycho-motorischen Erziehung bei behinderten und normalen Kindern …" (1976, 68 – 97) die unmittelbare Verknüpfung von Psyche und Motorik (Psycho-Motorik) wie folgt: „Jede Bewegung ist unlösbar vom Psychismus, der sie hervorbringt und dadurch die Gesamtpersönlichkeit mit einbezieht; – umgekehrt: der Psychismus ist in seinen verschiedenen Aspekten (mental, affektiv, reaktionell usw.) unlösbar von den Bewegungen, die ihn bedingt haben und noch seine Entwicklung ermöglichen" (1976, 85). Damit wird eine Wechselwirkung zwischen Psyche und Motorik unmittelbar zum Ausdruck gebracht.

Diese Verbindung wird auch sehr deutlich in den Prozessen, die man als „Sensu- oder Sensomotorik" bezeichnet. Man versteht unter Sensomotorik die Gesamtheit der aufnehmenden (durch die Sinne) und bewirkenden (durch die Skelettmuskeln) Vorgänge, gebunden an das sensomotorische Nervensystem. Dieses wird repräsentiert durch die sensorischen (afferenten) und motorischen (efferenten) Nervenbahnen einschl. der Pyramidenbahn und der zentralen Felder der Großhirnrinde. Die Sensomotorik stellt also so etwas wie einen Regelkreis dar. Geht man zurück zur frühen Kindheit, so kann man sagen, dass die menschliche Intelligenz erst durch vielfältige sensomotorische Lernerfahrung in frühester Kindheit und in der Folgezeit aktualisiert und entwickelt wird. Dies „geschieht in einem ständig rückgekoppelten Regelkreis von sensorischer Informationsaufnahme (intake), decodierender Informationsverarbeitung (cognition) und motorischer Informationsabgabe (output)" (*Kiphard,* 1976, 13). An gleicher Stelle vertritt der Autor die Meinung, man fände in den ersten vier Lebensjahren die gleiche Zuwachsrate an intellektuellem Neuerwerb per Sensomotorik wie in den nächsten dreizehn Jahren zusammen. Unter Sensomotorik kann man also verstehen das Aufeinanderbezogen- und Abgestimmt-Sein (die Beziehung, das Verknüpftsein) von Wahrnehmung (im weiten Sinne also nicht nur optisch, auch taktil, olmotorisch oder gustatorisch) und Bewegung. An praktischen Beispielen aufgezeigt, geht es etwa um das Zusammenspiel von Auge und Hand beim Zeichnen oder beim Erfassen von Bauklötzchen, um die Koordination von Auge und Körper beim Fangen eines Balles, um die Reaktion bei Berührungen des Körpers etc.

Es soll nun in kurzer Form die motorische Entwicklung aufgezeigt werden. Denn: (a) erste Anzeichen für eine Entwicklungsstörung ergeben sich zumeist aus der Beobachtung der Motorik des Neugeborenen; (b) auch in späterer Zeit – noch etwa bis in die Grundschulzeit – gelten

Korrelationen (Zusammenhänge) zwischen motorischer Entwicklung und Entwicklung der Intelligenz als sehr wahrscheinlich; (c) feinmotorische Störungen können Anzeichen für hirnorganische Schäden sein; und (d) vor allem lassen sich aus der Beobachtung der Motorik Ansätze zur Förderung und Therapie eines gestörten Kindes ableiten (Greifen – Begriff über Tasten, Fühlen, sensorisches und motorisches Training verbunden mit musikalischen und rhythmischen Elementen, gleichzeitig Training geistiger Bereiche bei geistig Behinderten ...).

5.2.8.1 Allgemeine Kriterien für die gesunde Entwicklung eines Kindes

Bis zum 3. Monat: kann kurzfristig Kopf heben;

– 4. Monat: kann in Schwebelage Kopf frei halten;

6. – 8. Monat: zieht sich zum Sitz, Beine übernehmen kurzfristig das Körpergewicht, Handstütz in Bauchlage, sitzt vornübergeneigt, gestützt durch die Hände, ergreift Spielsachen, z. B. einen Klotz;

8. – 10. Monat: sitzt ohne Stütze, krabbelt, erhebt sich zum Stehen, lässt Griff kaum los;

10. – 12. Monat: geht mit Hilfe, zieht sich an Möbelstücken zum Stand hoch? sitzt gut im Stuhl, ergreift kleinen Gegenstand (z. B. Kugel) mit Präsizion;

12. – 18. Monat: geht ohne zu fallen, setzt sich selbst auf, steht ohne Hilfe auf, baut Turm aus drei Klötzchen;

mit ca. 2 Jahren: Fußballstoß ohne Umfallen, geht rückwärts, rennt ohne Hinfallen, baut Turm auf 6 – 8 Klötzchen, geht Treppe hinauf;

mit ca. 2 ½ Jahren: Beidbeinsprung am Boden, geht frei treppauf – nachgesetzt, fährt Dreirad;

mit ca. 3 Jahren: steht auf einem Bein, geht 3 m auf Zehenballen, baut Turm aus 10 Klötzchen;

mit ca. 3 ½ Jahren: geht frei treppauf mit Fußwechsel, springt 20 cm weit;

mit ca. 4 Jahren: hüpft auf einem Bein, geht frei treppab mit Fußwechsel, steht 10 Sek. auf einem Bein;

mit ca. 5 Jahren: hüpft wechselweise auf einem Fuß im Schwung, Zehen-Hackengang vorwärts? rückwärts (etwas später).

(Motorische Entwicklung orientiert an *Hurlock* 1972, *Flehmig* 1973, *Kleber* 1974, *Kiphard* 1976 b. *Hellbrügge* und von *Wimpfen* 1996)

Wegen des geringen Entwicklungsstandes des Nervensystems sind in den ersten Wochen nach der Geburt die meisten Bewegungen des Kindes nicht gesteuert, also unkoordiniert. Die störungsfreie Entwicklung der Motorik vollzieht sich jedoch sehr rasch, und in kurzer Zeit gewinnt das Kind aufgrund der Reifung des Zentralnervensystems die Kontrolle über den Mechanismus seiner Muskeln. Das Kind wird fähig, differenzierte Teilbewegungen durchzuführen. Anschaulich wird dieser Differenzierungsprozess dargestellt im Zusammenhang mit der Entwicklung des Zeichnens bei R. *Oerter:* Beim Zeichnen eines Striches ist anfangs der ganze Körper beteiligt, später nur noch der Arm, schließlich sind es Hand und Finger allein (1987, 22).

Geht man vom Kleinkind aus, so kann man sagen, dass bei gesunden Kindern Bewegungsfreude, ja Bewegungsluxus vorherrscht. *Auffallend* überstarke Reaktionen oder Reflexe können allerdings bereits der Vermutung Raum geben, dass möglicherweise eine Schädigung vorliegt. Andererseits weist auch Bewegungsarmut auf eine mögliche Fehlentwicklung hin.

Das Kind gewinnt während der ersten vier bis fünf Jahre die Kontrolle über die *Grobmotorik.* Grobmotorische Bewegungen nehmen große Teile des Körpers in Anspruch, wie dies etwa beim Gehen, Laufen, Schwimmen, Radfahren, Springen, Heben, Klettern der Fall ist. Nach dem fünften Lebensjahr liegt der Schwerpunkt der motorischen Entwicklung auf der Kontrolle der *Feinmotorik,* d. h., die willkürliche Beherrschung kleinerer Muskelgruppen, wie sie beim Greifen, Schreiben, Gebrauch von Werkzeugen und Musikinstrumenten, auch beim Werfen und Fangen eines Balles beteiligt sind, wird möglich. Ein Kind ohne Schädigung, ohne körperliche und geistige Mängel müsste dann im Alter von etwa sechs Jahren in der Lage sein, sich den Anforderungen der Schule anzupassen und mit seinen Alterskameraden zu spielen.

5.2.8.2 Formen der Bewegungsstörung

In diesem Abschnitt soll auf die hauptsächlichen Arten von Bewegungsstörungen verwiesen werden, die im Hinblick auf die Beobachtung der Motorik festgestellt werden können. Dabei ist zu denken an sensomotorische, grobmotorische, feinmotorische Störungen, an die Erscheinungsformen Hyper- und Hypokinese sowie an Stereotypien.

Bei Auftreten von sensomotorischen Störungen gelingt die Koordination von Wahrnehmung und Bewegung (z. B. Auge und Hand) oder Handlung nicht adäquat.

Sensomotorisch gestörte Kinder vermögen oft nicht einer Situation entsprechend zu handeln, sie werfen z.B. Objekte leicht um, greifen daneben, es gelingt die zielgerechte Handlung nicht. Vor allem die Qualität von Handlungen leidet darunter. Dies bringt auch Konsequenzen im Sozialbereich mit sich, denn sensomotorisch gestörte Kinder werden beim Spiel nicht so geschätzt, ja diskriminiert, wenn sie etwas nicht so gut können. Sie fallen durch mangelnde Anpassungsfähigkeit und inadäquate Reaktionen auf. Meist sind Schüler mit sensomotorischen Ausfällen auch grob- oder feinmotorisch gestört. Fördermaßnahmen müssten zunächst in einem dieser Bereiche einsetzen.

Beim *grobmotorisch* gestörten Kind werden Fertigkeiten wie Laufen Hüpfen, Klettern ... ungeschickt, langsam, plump, schwerfällig, „tolpatschig" durchgeführt, großräumige Bewegungen sind gestört. Es könnte auch sein, dass sich diese Störung nur in einem Teilbereich des Körpers zeigt, etwa nur in den oberen Extremitäten. Man kann sagen, dass bei Bewegungen, die die Grobmotorik beanspruchen, das dynamische Zusammenspiel schlechthin gestört ist. Als Ursache grobmotorischer Leistungsinsuffizienzen werden meist konstitutionell oder hirnorganisch bedingte Verzögerungen oder Ausfälle genannt, auch sozioökonomische Bedingungen könnten als Ursache in Frage kommen.

Störungen der *Feinmotorik* werden manchmal erst bei Schuleintritt deutlich, weil Schwierigkeiten beim Schreiben und Zeichnen, ganz allgemein bei der Handhabung der Schreibgeräte, auftreten. Solche Kinder können grobmotorisch völlig unauffällig sein. Während bei der normalentwickelten Feinmotorik Fertigkeiten wie Schreiben, Umgang mit Werkzeugen, mit Gegenständen aus dem täglichen Leben in einem bestimmten Alter zur Gewohnheit werden, sich diese Bewegungen automatisch vollziehen, keine besondere Aufmerksamkeit oder Anstrengung verlangen, haben in diesem Bereich gestörte Kinder Probleme. Feinmotorisch gestörte Kinder können bereits beim Essen auffallen durch besonders langsames Kauen, indem sie leicht Gegenstände fallen lassen, relativ häufig etwas zerbrechen. Beim Nachzeichnen einer Figur zeigen sich große, ausfahrende Bewegungen, die Einhaltung einer Richtung fällt schwer. Bei diesen Kindern versagt auch oft die statische und dynamische Koordination beim Balancieren oder Laufen auf dem Schwebebalken, bei Zielaufgaben. Die Förderung feinmotorisch gestörter Kinder geschieht in der Regel anfänglich über grobmotorische, großräumige Übungen.

Unter *Hyperkinese* (Hyperkinesien = Extrabewegungen) versteht man eine abnorm gesteigerte Motorik aufgrund überstarker Muskeltätigkeit.

Sie zeigt sich im „Bewegungssturm" als Affektreaktion oder auch auf der Basis nervöser Störungen. Es handelt sich also um unwillkürliche Bewegungen, um eine ungewollte allgemeine Bewegungsunruhe, die durch organische Enthemmung im Stammhirn entsteht. Während beim Kleinkind auch Bewegungsluxus vorherrscht und diese Bewegungen lustvoll geschehen, treten sie beim hyperaktiven Kind lustlos auf. Solche Kinder zappeln viel und planlos, sie belästigen ihre Umwelt, ohne zu wissen, weshalb sie sich so verhalten; es handelt sich um eine unersättliche, ziellose motorische Umtriebigkeit. Die Unruhe steigert sich bei Witterungsumschlägen, auch vor Beginn von Krankheiten oder in besonderen Wachstumsphasen. Diese Kinder sind zugleich auch psychisch gestört, sie können enthemmt sein und sprunghaft; man kann ihre Stimmung als „vegetativ labil" bezeichnen. Ein solches Verhalten wirkt meist „negativ" auf die soziale Umwelt. Lehrer und Eltern fühlen sich überfordert, Spielkameraden zeigen sich abweisend. Mit zunehmender Reifung der Hirnrinde, etwa im 10. Lebensjahr, klingt diese Unruhe gewöhnlich ab.

Zusammenfassend kann man bezüglich hyperaktiver Kinder sagen: Sie agieren und reagieren häufig abnorm rasch (gelegentlich auch zu langsam). Es besteht eine gewisse Maßlosigkeit im Zuviel (und Zuwenig) aufgrund mangelnder Willenssteuerung der Motorik. Die ständige innere und äußere Unruhe führt zum Verschleiß der Kräfte und rascher Über- und Ermüdbarkeit (Phänomen bei Lern- und geistig Behinderten). Dadurch dürfte wiederum ein Leistungsabfall im intellektuellen Bereich bedingt sein. Sekundär wird die Leistungsfähigkeit häufig wegen der stark nach außen wirkenden Störung zu negativ beurteilt. Je unruhiger Schüler werden, desto wahrscheinlicher wird ein Leistungsabfall.

Abbau der Hyperkinesien und damit Förderung wird vor allem durch zunächst freies Spiel (Laufen, Springen, Hüpfen, Wettkampfspiele), das dann eine bestimmte Richtung nimmt (Abbruch nach Gongschlag, Sammeln an einer Stelle …), möglich. Auch Konzentrationsspiele (-übungen) sind nützlich.

Hypokinese kann man als verminderte Beweglichkeit, als Bewegungsarmut (Bewegungs- und Ausdrucksmangel) bezeichnen. Bei hypokinetischen Kindern dauert es sehr lange, bis sie reagieren. Die Bewegungen vollziehen sich zumeist auf kleinem Raum. Zum einen geschieht die Entwicklung aller Funktionen sehr langsam, zum anderen sind diese Kinder meist zu wenig aktiv und reaktionsbereit. Bewegungsarmut kann auf organische Schilddrüsenunterfunktion, auf hirnorganische Erkrankung, aber auch psychische Probleme, die möglicherweise in engem Zusammenhang mit der Erziehung oder mit der häuslichen Umwelt (enge

Wohnung) stehen, hinweisen. Förderung geschieht durch eine offene fröhliche Atmosphäre (Musik, Tanz, Spiel), durch Ermutigung und Vermittlung von Erfolgserlebnissen.

Als weiteres auffälliges Phänomen im Bereich der Motorik sollen die *Stereotypien* als Wiederholung gleichartiger Bewegungen angeführt werden. Gemeint sind vor allem Kinder, die krankhaft wiederkehrende, gleichbleibende Bewegungen ohne von außen her erkennbaren Sinn zeigen. Solche Bewegungen werden manchmal auch als Ausdruck des „Aufsichselbstbezogenseins" gesehen. Dieses meist bei hospitalisierten Kindern, die kaum Kontakt zur Umwelt aufnehmen, auftretende Schaukeln wird teilweise auch als ein nach innen gerichteter Bewegungsdrang gedeutet, der als Befriedigung exogener Bedürfnisse dient. Solche abnormen Bewegungen treten bei Hospitalismus und bei stark neurotischen Kindern auf. Es gibt mehrere Erklärungsversuche für dieses Phänomen. Man geht davon aus, dass die betroffenen Kinder durch die Bewegung sich Außenreize verschaffen und durch den gleichbleibenden Rhythmus ihre sensorischen Erlebnisbedürfnisse befriedigen.

5.2.8.3 Beobachtung und Messung motorischer Fähigkeiten durch motometrische Verfahren

Aus dem vorangegangenen Abschnitt geht hervor, dass mit Behinderungen sehr häufig Störungen im Bereich der Motorik einhergehen. Es wurden auch die Auswirkungen motorischer Defizite auf den sozialen, emotionalen und geistigen Bereich angesprochen.

Immer wieder wird von Autoren zum Ausdruck gebracht, dass sich Folgen frühkindlicher Hirnschädigung im Kindesalter häufig in einer gestörten oder retardierten motorischen Entwicklung bzw. in Störungen bestimmter Bewegungsvollzüge zeigen (vgl. u. a. *Göllnitz* 1954; *Geisler* und *Förster* 1960: *Kiphard* 1969; *Kornmann* 1976, 152). Es wurden ferner gewisse Übereinstimmungen zwischen der allgemeinen Entwicklung eines Kindes und der motorischen Entwicklung festgestellt (D. *Eggert* 1971, 33). Auch der Umwelt wird eine Bedeutung bei der motorischen Entwicklung beigemessen.

Aus diesen Aspekten ergibt sich im Rahmen der Förderdiagnostik die Notwendigkeit, möglichst frühzeitig und gründlich etwaige motorische Beeinträchtigungen zu diagnostizieren und auf dieser Basis Förder- und Therapiepläne aufzustellen, denn nahezu alle Lebensvollzüge beruhen auf Motorik.

Eine Möglichkeit zur Erfassung motorischer Entwicklung und motorischer Fähigkeiten geben einmal motometrische Verfahren, also motorische Tests (hierzu kann man auch Einzeltests etwa aus Testbatterien zur Überprüfung der Intelligenz zählen), zum anderen aber auch die Beobachtung während einer Spiel-, Unterrichts- oder der gesamten Untersuchungssituation.

Nach *Eggert* (1980, 166) sollte ein „moto-diagnostisches" Instrument folgende Eigenschaften besitzen, um die Fragen der Bewegungsdiagnostik angemessen erfüllen zu können:

„1. Es sollte Angaben über den *allgemeinen* motorischen Entwicklungsstand machen, um auf dem Wege des Vergleichs mit einer Normgruppe Aussagen über normale oder retardierte Entwicklungsverläufe abgeben zu können.

2. Es sollte qualitative, *differentielle* Angaben einzelner Entwicklungs- oder Funktionsstörungen ermöglichen – also *Komponenten* der Motorik erfassen.

3. Es sollte den Anforderungen der Testkonstruktion entsprechen, wie sie heute in Psychologie und Pädagogik gelten: Das Verfahren sollte also objektiv, zuverlässig, gültig, ausreichend normiert und genügend ökonomisch sein."

Es ist sicherlich nicht opportun, Verfahren zur Überprüfung der Motorik vorzustellen, ohne in kurzer Form auf die geschichtliche Entwicklung dieser Verfahren einzugehen. Dies soll erfolgen in Anlehnung an Ausführungen von *Eggert* (1980, 166–209).

Die Grundlagen für die Entwicklung motorischer Tests schuf N. I. *Oseretzky* mit seiner motorischen Stufenleiter. Der russische Mediziner und Neurologe entwickelte sein weltbekanntes motorisches Untersuchungsverfahren zwischen den Jahren 1925 und 1955.

Er wollte analog zum Gedanken *Binets* (vgl. vorl. Schrift, 2.3) eine metrische Stufenleiter zur Untersuchung der motorischen Begabung schaffen, indem der motorische Entwicklungsstand bezogen auf das chronologische Lebensalter durch einen Quotienten ausgedrückt werden sollte. In befriedigender Weise erreichte er allerdings dieses Ziel nicht. Für Kinder und Jugendliche im Alter von 4 bis 16 Jahren sollte die „motometrische Skala", die 86 Aufgaben umfasste, folgenden Zwecken dienen:

1. einer ersten Orientierung über den globalen motorischen Entwicklungsstand;

2. einer Bestimmung von motorischen Störungen und Unzulänglichkeiten;

3. der Diagnose frühkindlicher Hirnschädigungen durch die Untersuchung einzelner Bewegungskomponenten;
4. einer Abgrenzung verschiedener Schwachsinnsformen;
5. der Untersuchung von Verhaltensgestörten, wie z. B. Stotterern und Enuretikern, bei denen gewisse Veränderungen der Motorik erwartet wurden (*Oseretzky* 1955, vgl. *Eggert* 1980, 167).

Oseretzkys Testübungen wurden mit steigender Schwierigkeit angeboten. Sie sollten sechs Komponenten des motorischen Entwicklungsstandes erfassen, die man heute noch in den Nachfolgeverfahren erkennen kann:

– die statische Koordination,
– die dynamische Koordination der oberen Extremitäten,
– die dynamische Koordination des ganzen Körpers,
– die Bewegungsgeschwindigkeit,
– die gleichzeitigen Bewegungen,
– die Präzision der Ausführung isolierter Bewegungen.

Bei seinen Bewegungsaufgaben ging *Oseretzky* davon aus, dass sie dem alltäglichen motorischen Verhalten von Kindern entsprechen und ungefähr von 75 – 80 % aller Kinder der jeweiligen Altersgruppppe gelöst werden könnten (vgl. *Binet*-Verfahren).

Obwohl an der motometrischen Stufenleiter *Oseretzkys* Kritik geübt wurde – es fehle die psychometrische Basis; die Bewertung der einzelnen Aufgaben sei instruktionsabhängig und in das Ermessen des Untersuchers gestellt; die Aufgaben mit hohen Schwierigkeitsindizes hingen von Lernleistungen und Übungsmöglichkeiten ab und gäben kaum Auskunft über den motorischen Entwicklungsstand; damit sei also ein Teil der Aufgaben zu sehr übungsabhängig; manche Aufgaben seien zu komplex, etwa wenn für 8-Jährige gleichzeitig Geschwindigkeit, Metrik und Dynamik der unteren und oberen Extremitäten bei Klein- und Großraumbewegungen geprüft werden, die Lösungen mancher Aufgaben hingen vom Instruktionsverständnis, also auch von der Intelligenz ab (vgl. *Schilling* 1974, 7) – fand sein Test in Europa weite Anwendung, vor allem im klinischen Bereich.

Eine deutsche Bearbeitung des *Oseretzky*-Tests erfolgte mit geringfügigen Veränderungen 1952 durch G. *Göllnitz*.

Gegenwärtig werden folgende Formen des *Lincoln-Oseretzky*-Tests verwendet: die „Hamburger Version der Lincoln Oseretzky Motor Development Scale (LOS)", eine deutsche Übersetzung der *Lincoln-*

Oseretzky-Skala, die 1960 von *Wegener* benutzt wurde und in überarbeiteter Form in der Testbatterie für geistig behinderte Kinder (TBGB) von *Bondy* et al. erschien (1969), und die Kurzform „LOS KF 18 der Hamburger Version der *Lincoln-Oseretzky*-Skala" von *Eggert* (1974). Bei der zuerst genannten Version von *Bondy* et al. wurden der Test und seine Anweisungen präzisiert, die Skala vereinfacht, eine neue Bewertung geschaffen und aufgrund von Aufgabenanalysen die Aufgaben von den leichteren zu den schwierigen neu geordnet. *Eggert* bringt zum Ausdruck, dass die differenzialdiagnostische Brauchbarkeit vor allem zur Abgrenzung verschiedener Gruppen geistig Behinderter voneinander als erwiesen gilt (1970). Aufgrund eigener Erfahrungen mit der TBGB (spez. LOS) und Äußerungen von Studierenden der Sonderpädagogik ist der Verfasser jedoch der Meinung, dass die Ungenauigkeit mancher Instruktionen und Auswertungshinweise den Test bezüglich seiner Objektivität als nicht befriedigend erscheinen lassen. Ferner zeigt es sich, dass bereits Kinder mit durchschnittlichem Schweregrad geistiger Behinderung sich durch die Aufgaben überfordert und frustriert fühlen; dies gilt dann in noch höherem Maße für schwer geistig behinderte Kinder.

Zur Überprüfung der Motorik bei geistig behinderten, lernbehinderten und nicht behinderten Kindern von 5 bis 13 Jahren kann eher die bereits genannte Kurzform *LOS KF 18* von *Eggert* empfohlen werden. Nach Aussagen des Autors wurde diese Version vor allem zur Verkürzung der Testdauer geschaffen, um den Ermüdungsfaktor zu reduzieren (die Aufgabenzahl wurde vom 36 auf 18 verkürzt).

Die Instruktion wurde ausführlicher und präziser gestaltet und noch durch Bildmaterial verdeutlicht. *Eggert* meint, man sei mit der von ihm herausgegebenen Kurzform wohl an den Endpunkt der Entwicklungsmöglichkeit der *Oseretzky*-Skala gelangt. Es handle sich um ein ökonomisches Verfahren, das brauchbar und praktikabel, dazu objektiv, zuverlässig und gültig den globalen motorischen Entwicklungsstand vorhersage. Man müsse jedoch – abweichend von den Verfahren nach *Oseretzky* – für eine noch differenziertere Diagnose völlig neue Verfahren entwickeln (1976, 206). Dieser Aussage des Autors kann aufgrund eigener Erfahrung mit der Kurzform LOS KF 18 zugestimmt werden.

Es gibt noch einige Verfahren, die motorische Fähigkeiten erfassen, jedoch nicht in so breiter Form wie die genannten Versionen der *Oseretzky*-Skala. So soll beispielsweise mit Hilfe des „*Körperkoordinationstests für Kinder (KTK)*" von Friedhelm *Schilling* (1974) der Faktor „Gesamtkörperkoordination und Körperbeherrschung" erfasst werden. Darüber hinaus kann der Test verwendet werden zur Hirnschadendiagnostik. Neben der durch Hirnschädigung bedingten erheblichen Verminderung der Leistungen bei den Körperkoordinationsaufgaben sollen noch Informationen über die allgemeine Entwicklung der Körperkontrolle geliefert werden, um Retardationen in dieser Funktion auch für die Diagnostik der Folgezustände nach anderen Behinderungen (Verwahrlosung, Neurose, reaktive Verhaltensstörungen, Leistungsstörungen) nutzbar zu machen (1974, 8f). Der KTK umfasst vier Aufgabenstellungen:

– Balancieren rückwärts,
– monopedales Überhüpfen,
– seitliches Hin- und Herhüpfen,
– seitliches Umsetzen.

Zur Anwendung kann der Test bei 5- bis 14-jährigen Kindern gelangen, bei den Altersgruppen 11 – 14 kann er jedoch nicht mehr streng differenzieren.

Probleme: Das umfangreiche Testmaterial lässt sich nur schwer transportieren. Vom Preis her gesehen muss man im Vergleich zu Relevanz der Ergebnisse das Verfahren als wenig ökonomisch bezeichnen.

Eine Reihe von mehrdimensionalen Verfahren erlauben in mehr oder weniger standardisierter Form noch Möglichkeiten zur Beobachtung und Prüfung der Motorik:

▪ Der „DENVER Suchtest" von *Flehmig* (1973) und

▪ das „Sensomotorische Entwicklungsgitter" von *Kiphard* (1976). Beide Entwicklungsskalen geben gezielte Hinweise für die motorischen Aktivitäten, über die ein Kind einer entsprechenden Altersstufe verfügen sollte.

▪ „Leistungs- und Beobachtungsheft für die fundamentale Erziehung bei geistig Behinderten, anderweitig Behinderten und bei nichtbehinderten Kleinkindern" von *Kling* und *Bach* (1975). Anhand der Skala „Leibeserziehung (Körperbeherrschung)" (1. Gesamtkörperl. Bewegung ohne bes. Gerät, 2. Gleichgewichts- und Geschicklichkeitsübungen, 3. Übungen auf der Matte, 4. Übungen an Sprossenwand und am Reck oder dergleichen, 5. Übungen an der Bank, 6. Übungen am Kasten, 7. Übungen mit dem Ball, 8. Übungen mit Gymnastikreifen und Stäben, 9. Übungen mit dem Seil, 10. Ordnungs- und Reaktionsübungen, 11. Übungen im Schwimmbecken) können motorische Fähigkeiten beobachtet und lernzielorientiert weiterentwickelt werden.

■ **Bei der Durchführung des „Hannover-Wechsler-Intelligenztests für das Vorschulalter (HAWIVA)" von** *Eggert* **(1975)** bestehen bei den Subtests „Labyrinthe", „Figurenzeichnen", „Mosaiktest" und auch „Tierhäuser" einige Möglichkeiten zur Beobachtung der Feinmotorik.

■ **Die „Testbatterie für Entwicklungsrückständige Schulanfänger (TES)" von** *Kornmann* **(1983)** befasst sich speziell mit den Kindern, die sich etwa im Einschulungsalter befinden. Möglich ist eine Überprüfung der feinmotorischen Koordination in dem Subtest „Perlen Aufreihen rechtshändig" und „Perlen Aufreihen linkshändig", Beobachtung und Prüfung grobmotorischer Koordination in den Subtests: „Weitsprung aus dem Stand *(weit)*" und „Hüpfen seitwärts *(hüpf)*".

Zur Beobachtung der Motorik, vor allem der Feinmotorik, bei Kindern im vorschulischen und schulischen Alter bieten die Tests aus der *Binet*-Reihe und der HAWIK einige Möglichkeiten:

■ **„***Kramer***-Test" von J.** *Kramer* **([10]1972)** als Beispiel für ein Verfahren aus der *Binet*-Reihe: Manuelle bzw. feinmotorische Geschicklichkeit und Händigkeit können beobachtet werden bei den Aufgaben „Farben zuordnen", „Figuren nachlegen I, II", „Begriff zwei", „drei", „vier", „fünf", „Perlen aufreihen", „Quadrat abzeichnen", „Drei Aufträge ausführen" (Grob- und Feinmotorik), „Dreieck, Kreuz, Kreis zeichnen", „Mengengestalt nachzeichnen", „Rhombus abzeichnen", „Rechteck zusammensetzen", „Perlen aufreihen".

■ **„Hamburg-Wechsler-Intelligenztest für Kinder (HAWIK-III)" von** *Tewes* **([3]2000):** „Zahlen-Symbol-Test", „Mosaik-Test", „Figurenlegen", evtl. auch „Bilderordnen".

Mit den oben genannten Verfahren zur Beobachtung der Feinmotorik wird es auch möglich sein herauszufinden, welche Hand ein Proband bevorzugt oder grundsätzlich benutzt. Speziell zur Überprüfung der Händigkeit können zwei standardisierte Tests angeführt werden:

■ **„Hand-Dominanz-Test (H-D-T)" von** *Steingrüber* **u.** *Lienert* **([2]1976)**

■ **„Perlen aufreihen rechtshändig" und „linkshändig" aus der „Testbatterie für entwicklungsrückständige Schulanfänger" von** *Kornmann.*

■ *Frostigs* **Test der motorischen Entwicklung (FTM) – (***Bratfisch/Ivath* **1985):** Der FTM soll den Grad der sensomotorischen Entwicklung von Kindern im Vor- und Grundschulalter messen. Sensomotorische Fähigkeiten sind Grundlage der intellektuellen und perzeptorischen Entwicklung der Kinder (z. B.: Bewegungsabläufe sollen bei Schuleintritt so weit automatisiert sein, dass neue Inhalte aufgenommen werden können, ohne dauernd daran denken zu müssen, wie man sitzt, sich bewegt usw.).

Einsatz: 6. – 10. Lebensjahr; Dauer: ca. 25 Minuten.

■ **Graphomotorische Testbatterie (***Rudolf* **1986):** Das diagnostische Verfahren stützt sich auf Ergebnisse Piagets und überprüft in verschiedenen Einzeltests Wahrnehmungsfähigkeit (Wahrnehmungsaktivität), visuo-motorische Koordination, visuelle Form- und Gestaltauffassung, Bewegungskontrolle, Hand- und Fingergeschicklichkeit und die Fähigkeit zum Umgang mit Schreibgerät auf einer Schreibunterlage. Ziel ist eine frühzeitige Diagnose und Therapie auffälliger Kinder, um Schulversagen vorzubeugen.

Einsatz: 4. – 7. Lebensjahr.

Die Testbatterie besteht aus sieben Untertests und enthält z. B. einen

– „Labyrinth-Test" (mit rechter und linker Hand ist mit einem Filzstift ein Labyrinth mit 50 Toren zu durchfahren; bei Kindern bis fünf Jahre sind es nur 25 Tore – ohne Berührung der Begrenzungslinien);
– „Task-Test" (TT): mit Bleistift ist eine gerade Linie zwischen zwei Markierungen zu ziehen, ohne Begrenzung zu berühren oder Bleistift abzusetzen;
– „Symmetrie-Zeichen-Test" (SZT): zwei unvollständige, symmetrische Teilfiguren sind zu ergänzen.

■ **Motoriktest für 4- bis 6-jährige Kinder (MOT 4 – 6) (***Zimmer/Valkamer* **1987):** Der MOT 4 – 6 dient der objektiven und frühzeitigen Erfassung der motorischen Entwicklung und soll den Kindern, die einer besonderen pädagogischen Förderung und Betreuung bedürfen, eine frühzeitige Chance zur Behebung motorischer Beeinträchtigung bzw. Entwicklungsverzögerung („motorische Defizite") geben. Die Testaufgaben knüpfen an alltägliche Bewegungserfahrungen der Kinder an. Neben der Messung der motorischen Leistung bieten die Aufgaben auch die Möglichkeit der Beobachtung des Bewegungsverhaltens. Die Testergebnisse sollen Hinweise auf konkrete Fördermaßnahmen geben.

Einsatz: 4. – 6. Lebensjahr; bei Kindern mit Behinderungen bis zum 7. – 8. Lebensjahr, je nach Schwere der Behinderung auch später; Einzeltest bzw. nur bedingt als Gruppentest einsetzbar; Dauer: 20 – 30 Minuten.

Die Items des MOT 4 – 6 erfassen die folgenden Bereiche der Motorik: gesamtkörperliche Gewandtheit und Koordinationsfähigkeit, feinmotorische Geschicklichkeit, Gleichgewichtsvermögen, Reaktionsfähigkeit, Sprungkraft, Bewegungsgeschwindigkeit, Bewegungssteuerung. Unterschiede zwischen „normal entwickelten" und behinderten Kindern werden erfasst, die Diagnose von Verzögerungen („Retardierungen") im Verlauf der motorischen Entwicklung ist bereits ab dem 4. Lebensjahr möglich. Bezüglich der Praktikabilität und Anwendungsfreundlichkeit gerade bei Kindern mit Behinderungen, die häufig an mangelnder Motivation, fehlender Ausdauer und Konzentrationsschwäche leiden, übertrifft der Test die bisherigen Verfahren. Der MOT 4 – 6 hat bei Motopäden, Sonderpädagogen, Kinderärzten u.a. viel Resonanz gefunden. Er wird von ihnen als Entscheidungskriterium zur Einleitung psychomotorischer Fördermaßnahmen und im Rahmen der Bewegungstherapie als förderorientiertes (diagnostisches) Verfahren eingesetzt.

■ **Trampolin-Körperkoordinationstest (TKT) – (*Kiphard* 1973):** Es handelt sich um einen Motoriktest zur Erfassung auffälligen Bewegungsverhaltens. Der TKT erfasst als motoskopisches Verfahren unter verschiedenen Aspekten 33 Bewegungsmerkmale und ermöglicht eine Grobauslese von Kindern mit Bewegungsstörungen. Der Körperkoordination beim Trampolinspringen liegen grobmotorische und feinmotorische Steuerungselemente zugrunde.

Einsatz: ca. 6.–14. Lebensjahr; Förder-, Grund- und Hauptschule; Individualverfahren; Dauer: ca. vier Minuten; erforderliches Material: Beurteilungsbögen, Trampolin, Stoppuhr, Helfer und Beobachter.

Das Kind soll in der Mitte des Trampolins auf der Stelle springen. Der Beurteilungsbogen enthält die Bewegungskategorien: Gesamtablauf, Haltung, Spannungsgrad, Kraftmaß, Tempo, Gleichgewicht, Seitendifferenz, Haltungsfixation und Extrabewegungen. In diesen Kategorien sind 33 Bewegungsmerkmale aufgelistet, welche nur ausgewertet werden, wenn es eine Übereinstimmung zwischen den Beobachtern gibt.

Gütekriterien: Objektivität der Durchführung, Auswertung und Interpretation ist gesichert, wenn eine intensive Beobachterschulung durchgeführt worden ist.

Kritik: Aufgrund der Verletzungsgefahr wird der TKT nur noch selten in Schulen eingesetzt.

Abschließend erwähnt werden soll noch die

■ **„Checkliste motorischer Verhaltensweisen (CMV)" von** *Schilling* **(1976),** die nach Fragebogenart aufgebaut ist und eine Groborientierung bei Kindern zwischen dem 6. bis 11. Lebensjahr über psychomotorische Komponenten des Bewegungsverhaltens ermöglichen soll (Antrieb, Motivation, Übereifer, Ängstlichkeit ...).

Problem: Die genannten Faktoren werden mit Hilfe von Eigenschaftswortlisten erkundet. Subjektive Momente können nicht ausgeschlossen werden.

5.2.9 Wahrnehmung

Die Bedeutung der Wahrnehmungsentwicklung vom Beginn des Lebens an und die Gefahren der Störungen rücken immer stärker in den Vordergrund pädagogisch-psychologischer Auseinandersetzungen. Probleme und Erkenntnisse in diesem Zusammenhang werden verstärkt diskutiert und sind als zentrale Fragestellungen der Sonder- oder Heilpädagogik (speziell Sprachbehinderten-, Lernbehinderten/Lerngestörten-, geistig Behinderten-, Körperbehinderten-, Schwerhörigen-, Sehbehinderten- und Verhaltensgestörtenpädagogik) insbesondere unter den Aspekten Diagnose und Förderung zu betrachten. Probleme der Wahrnehmung tangieren generell den Bereich Früherkennung und Frühförderung im Zusammenhang mit Entwicklungsverzögerungen. Auf der Basis wissenschaftlicher Forschung wird in immer stärkerem Maße erkannt, dass von der Art der Wahrnehmung Entwicklungsprozesse in ganz entscheidendem Maße beeinflusst werden und damit auch die Förderung der Wahrnehmung zugleich Förderung von Entwicklung, speziell „Förderung geistiger Entwicklung" bedeuten kann. Als wichtig erweist sich die differenzierte Wahrnehmung für den Schriftspracherwerb.

Zweifellos ist von allen physischen und psychischen Fähigkeiten des Menschen die Wahrnehmung in enger Verbindung mit der Motorik die wichtigste. Im Wahrnehmungsvorgang wird der objektiv gegebene Reizgegenstand über die Filterwirkung der Sinnesrezeptoren, der Empfindungen (z. B. Bedürfnisse, Motive, augenblickliche emotionale Gestimmtheit) und der auswählenden bewussten Zuwendung des Wahrnehmenden zum subjektiv erlebten Wahrnehmungsgegenstand oder Wahrnehmungsprozess.

Zur Wahrnehmung gehört der sensorische Prozess, d. h. die Aufnahme, Umsetzung und Weiterleitung von Reizen, häufig als „Perzeption" bezeichnet, und der stärker kognitiv-verarbeitende Aspekt, d. h. das Erkennen, Benennen und Einordnen von Objekten in ein Bezugssystem, auch „Apperzeption" genannt. Es geschieht hier die Sinngebung, das Subjekt generiert und verleiht eine Bedeutung. Erkennen heißt, physikalischen Reizen eine Bedeutung, einen – immer tieferen – Sinn geben.

Wahrnehmung ist ein Prozess, durch den sich ein Mensch in Form von Informationsübertragung über die Sinnesorgane an das Gehirn Welt aneignet. Das den Menschen umgebende Informationsmaterial wird so verarbeitet, dass für das Individuum Bedeutung entsteht (*Bundschuh* 2007, 269).

Wahrnehmung ist ein Vorgang, bei dem nicht nur physikalisch-chemische Reaktionen („Kamera-Modell") stattfinden, sondern auch gleichzeitig die Vielzahl der Umweltreize, die auf den Organismus einwirken, selektiert werden. Diesen gefilterten Informationen werden dann, mit Hilfe von Gedächtnisleistungen, Bedeutungsinhalte entnommen. Damit wird deutlich, dass der Prozess der Wahrnehmung auf das richtige Funktionieren der Sinnesorgane, des Gedächtnisses und der intellektuellen Fähigkeiten (Kognition) angewiesen ist, um Informationen aus der Umwelt aufnehmen und sinngebend verarbeiten zu können.

Je nach Blickwinkel gibt es verschiedene Einteilungskriterien und Ordnungsversuche der Sinnesorgane. Meist wird unterteilt in fünf Sinnessysteme:

1. das visuelle System (Sehen),
2. das akustische System (Hören),
3. das chemische System
   – das olfaktorische System (Riechen),
   – das gustatorische System (Schmecken),
4. das vestibuläre System (Gleichgewicht),
5. das Sinnessystem der Haut (Tastsinn, Druck, Schmerz).

Im Hinblick auf Wahrnehmung stehen diese Systeme in prozesshafter und integrierender Verbindung. Im Zusammenhang mit der Lage und der Wirkungsrichtung der Rezeptoren ergibt sich folgende Einteilung:

1. Interozeptoren: Organempfindung
2. Propriozeptoren: Stellungssinn, Spannungssinn, Lage- und Bewegungssinn sowie Drehbewegungssinn

3. Exterozeptoren: Empfindungsmelder auf der Hautoberfläche, die sich unterteilen in

– *Kontaktrezeptoren:* Tastsinn, Geschmackssinn, Druck- und Berührungssinn, Temperatursinn und Schmerzsinn

– *Distanzrezeptoren:* Gesichtssinn, Gehör- und Geruchssinn sowie Drehbewegungssinn.

Man kann die Sinnesorgane entweder nach den jeweiligen Sinnessystemen oder nach Art der Reizaufnahme unterscheiden. Bei beiden Arten ist man sich über das Wesen der Exterozeptoren einig, während das Wissen über die Interozeptoren und Propriozeptoren, also über die wirklichen Wahrnehmungsvorgänge im und am Körper, im Hinblick auf die Verarbeitung von Reizen noch recht lückenhaft ist. Der Zweig der Wahrnehmungspsychologie ist noch verhältnismäßig jung. Um das Phänomen der Aufnahme und der Verarbeitung von Reizen erklären zu können, werden verschiedene wissenschaftliche Richtungen bemüht. Psychologie, Philosophie, Physik und Physiologie versuchen jeweils einen besonderen Aspekt zu erforschen und zu erklären. Bei der Beschreibung und Analyse der Umwelt (Objekte, dingliche Gegebenheiten) ist man hauptsächlich an die Physik gebunden, so wie man bei der Beschreibung des Nervensystems auf die Physiologie angewiesen ist. Eine Darstellung der subjektiven Prozesse ist dann primär Sache der Wahrnehmungspsychologie. Die Suche nach Interaktionen dieser Wissensgebiete bietet sich als zentrale Zielsetzung der modernen Wahrnehmungspsychologie an.

Die Multidimensionalität der Wahrnehmungspsychologie bringt es mit sich, dass es kein einheitliches Modell gibt, sondern vielmehr verschiedene Ansätze und Erklärungsversuche. Aus den theoretischen Vorstellungen konnte man bestimmte Annahmen über den Prozess der Wahrnehmung ableiten. Sie boten außerdem die Möglichkeit, innerhalb eines kleineren Themenbereichs Voraussagen zu machen, die experimentell überprüft werden konnten. Hier sind vor allem die Gestaltpsychologie *(Köhler),* die Feldtheorie *(Werner/Wapner),* das Konzept des Adaptationsniveaus *(Helson),* der Transaktionismus *(Ames)* und die neurophysiologische Theorie von *Hebb* als Ansätze zu nennen. Die verschiedenen Konzeptionen lassen sich nach ihren Annahmen in mehr nativistisch oder mehr empirisch orientierte Ansätze aufteilen. Unter die mehr nativistischen Theorien sind die Gestalttheorie und die Feldtheorie einzuordnen, während die übrigen weitgehend von empirischen Grundannahmen ausgehen *(Murch/Woodworth* 1977, 21f).

Menschliche Wahrnehmung als aktiver Prozess wird als gesteuerter, dymanischer Vorgang der Reizverarbeitung betrachtet, bei der die Aktivität der wahrnehmenden Person eine große Rolle spielt. „Es ist nicht so, daß Informationen aus der Umwelt dem Wahrnehmenden aufgezwungen werden; wir stellen vielmehr eine aktive Suche nach Informationen fest. Zweifellos gibt es Reize, die bestimmte Eigenschaften (wie besonders hohe Intensität) aufweisen und sich deshalb dem Beobachter ‚aufdrängen', aber in der Regel bestimmen die spezifischen Erfahrungen einer Person, welche Reize aufgenommen werden. Da unser Kontakt zur Umwelt durch die Wahrnehmung hergestellt wird, müssen wir die für uns wichtigen Aspekte der Umwelt aktiv heraussuchen" (S. 21). Die Motivation und die Bedürfnislage der Person spielen eine wichtige Rolle bei der Interpretation nicht eindeutig identifizierbarer Reize. Diese Erkenntnisse sind die Grundlage verschiedener Testverfahren („Projektive Verfahren", vgl. auch Kap. 4.5.2).

5.2.9.1 Unterschiedliche Wahrnehmungsarten

Wie bereits beschrieben, ist die Wahrnehmung ein vielschichtiger Komplex, der unterschiedliche wissenschaftliche Disziplinen benötigt, um ausreichend erfasst werden zu können. Betrachtet man die *Wahrnehmung einfacher Reize,* wie Lichtblitze oder reine Töne, so steht die Feststellung der Reizschwelle, die gerade noch eine Reaktion hervorruft, im Vordergrund. Ziel der Psychophysik ist es, „zu allgemeingültigen Aussagen über die gesetzmäßigen Beziehungen zwischen objektiven Reizmerkmalen und den subjektiven Eindrücken davon zu gelangen" (*Flade* 1994, 835f).

Bei der Untersuchung der *Figur-Grundwahrnehmung* und der *Gestaltwahrnehmung* geht es um die Erforschung sensorischer Muster und deren Organisation im Gehirn, die es ermöglichen, besondere Reizanordnungen zu erkennen. Man stellt sich die Frage, wie das Gehirn die Vielzahl von Signalen in eine Konstellation überträgt, die eine Identifizierung möglich macht. Untersuchungen sind zu dem Schluss gelangt, dass die Muster vom Gehirn in einer ganz spezifischen Weise organisiert werden, „indem nämlich eine Figur-Grund-Unterscheidung hergestellt wird. Voraussetzung dafür ist eine Inhomogenität des Wahrnehmungsfeldes. Welcher Teil davon zur Figur und welcher zum Hintergrund wird, hängt dabei von solchen Merkmalen wie Größe, Form und Position der Teile ab; z. B. wird meist derjenige Teil als Figur wahrgenommen, der regelmäßiger und geschlossener ist. Die Konturen werden als zur Figur gehörig, der Grund als dahinter weiterlaufend wahrgenommen. Fehlende Konturen erschweren die Gliederung des Reizfeldes in Figur und Grund" (S. 835).

Ein weiterer Aspekt im Bereich der Wahrnehmung ist das *Konstanzphänomen*. Obgleich sich die Größe des Netzhautbildes eines Objektes bei wechselnden Entfernungen verändert, erscheint uns der Gegenstand selbst mehr oder weniger gleich groß. Diese Stabilität der wahrgenommenen Welt trotz unterschiedlicher proximaler Reize ein und derselben Dinge stellt eine Wahrnehmungsleistung dar, die als Konstanzphänomen bezeichnet wird. Normalerweise, d. h. in unserer alltäglichen Umwelt, bekommt das Gehirn zusätzliche Informationen dadurch, dass wir die Dinge in unserer Umwelt nicht einzeln, sondern in Kombination mit anderen Dingen und einem Hintergrund wahrnehmen.

Um unseren Alltag bewältigen zu können, bei dem es darauf ankommt, aus Bildern, Texten und Buchstaben Informationen „lesen" zu können, verfügen wir über die *Musterwahrnehmung*. Das Problem der Mustererkennung (= Musterwahrnehmung) ist wohl ein Kategorisierungsproblem, bei dem es darum geht zu erklären, wie die Zuordnung verschiedener Reize zu einer Kategorie zustande kommt (zu den Wahrnehmungsarten vgl. auch diagnostische Verfahren, Kap. 5.2.9.4).

Neben den mehr physikalisch-physiologischen Aspekten der Wahrnehmung spielt die Sozialpsychologie eine wichtige Rolle. Unter der *sozialen Wahrnehmung* versteht man zum einen die Wahrnehmung von Personen im Unterschied zu Gegenständen, zum anderen die soziale Bedingtheit der Wahrnehmung. „Mit der Bezeichnung social perception war die Annahme verbunden, daß die Wahrnehmung sozialen Einflüssen unterworfen ist, die zum einen in Einstellungen, Wertvorstellungen, Bedürfnissen usw. und zum anderen durch den direkten Einfluss anderer Personen zustande kommt" (*Flade* 1994, 835). Diesen Einflüssen sind wir von Geburt an ausgesetzt; im Laufe unserer Sozialisation erhalten wir Informationen über die Beschaffenheit und die Regeln unserer Kultur. So lernen wir neben dem Urteilen von richtig oder falsch auch die Merkmale der Geschlechtszugehörigkeit mit den dementsprechenden Verhaltensweisen und den äußeren Erscheinungsbildern.

Im Interesse der *Umweltwahrnehmung* liegt es, das Phänomen der Aufnahme und sinngebenden Verarbeitung von Reizen nicht auf einzelne Aspekte zu beschränken, sondern von einer „ökologischen Perspektive" aus zu betrachten. Im Vergleich zu einfachen Stimuli, wie Formen, Farben, Tönen usw., ist die Umwelt noch ein relativ neuer Gegenstand der Wahrnehmungspsychologie. Erste Ansätze zu einer Konzeption der Umweltwahrnehmung liefert die Theorie der Informationsentnahme („pick up") von *Gibson* (1982). Die Informationsaufnahme wird als eine kontinuierliche, nie endende Aktivität aufgefasst, wobei die Information im umgebenden Licht, Schall, Geruch und in den Berührungen unerschöpflich ist. Umwelten sind zeitlich und räumlich unbegrenzt; sie liefern über alle Sinne Informationen; sie enthalten periphere und zentrale Informationen; sie liefern weitaus mehr Informationen, als der Mensch verarbeiten kann; sie werden durch Handlungen definiert und durch Handlungen erfahren; sie besitzen Bedeutung für den Betrachter (*Flade* 1994, 837f). Hieraus geht auch die Dringlichkeit der *Kind-Umfeld-Analyse* im sonder- oder heilpädagogischen Arbeitsfeld im Rahmen diagnostischer Fragestellungen hervor (*Bundschuh* 2007, 106ff).

5.2.9.2 Die frühe Entwicklung der Wahrnehmung

Zu einem besseren Verständnis gestörter Wahrnehmung führt die Kenntnis der Wahrnehmungsentwicklung. Deshalb werden im folgenden Teil wichtige Phasen der prä- und postnatalen Entwicklung vorgestellt:

a) Die pränatale Zeit

Der Embryo folgt in seiner Entwicklung und in seinem Wachstum einem genetischen Plan, steht aber doch in einem ständigen Austausch mit seiner ihn umgebenden Umwelt, d. h. mit der Mutter. Wissenschaftliche Forschungen konnten belegen, dass bereits der Fötus ab dem 5. Monat mit Sicherheit wahrnehmen kann. Wobei Wahrnehmung hier nicht nur an die Aufnahme und Verarbeitung von Informationen geknüpft ist (auf diesem Niveau arbeiten auch schon primitive Zellen), sondern gleich mit „Empfindung" verbunden ist. Damit der Fötus in der Lage ist, zeitig Eigenerfahrungen zu machen, „muß er zumindest keimhaft – 1. Wahrnehmung, 2. Bewußtsein und 3. Gedächtnis haben" (*Gross* 1994, 45).

Die Entwicklung der verschiedenen Sinnessysteme vollzieht sich in einer bestimmten zeitlichen Abfolge. „Basis ist das *taktile System,* das heißt, Hautsinne, die auf Druck, Bewegung, Schmerz und auch Kälte/ Wärme reagieren. Sensibel ist zuerst die Mundregion. Erst später breitet sich die Wahrnehmung durch die Haut auf den ganzen Körper aus (ab ca. 5. Monat). Danach beginnt das *vestibuläre System* (Gleichgewichtsorgane) zu funktionieren – die Feststellung der Lage im Raum ist hier das Ziel –, und das Ohr beginnt wahrzunehmen *(auditives System),* ebenfalls der *Geschmack* (ab dem siebten Monat)" (S. 45). Wichtig ist die Tatsache, dass die verschiedenen Systeme bereits beginnen, ihre Funktion aufzunehmen, bevor sie vollständig ausgereift sind. Das hat deshalb eine so große Bedeutung, weil durch die Aufnahme von Reizen durch die Sinnesorgane eventuell deren Reifungsprozess beeinflusst wird. Damit könnte positiv oder negativ Einwirkung auf die Organentwicklung ausgeübt werden.

Möglicherweise werden die für das zentrale Nervensystem wichtigen Schaltungen bereits im Mutterleib grundgelegt – „ebenso alles, was notwendig ist zur Integration der Wahrnehmung der äußeren Welt und die Basis jeder willentlichen Aktivität" (S. 46). Da die Ausbildung der afferenten Nervenbahnen der Wahrnehmung früher funktionsreif ist als die der efferenten Nervenbahnen des motorischen Systems, ist der Embryo früher in der Lage, komplexe Reize aufzunehmen, als darauf angemessen zu reagieren. Kann das Ungeborene dann Reaktionen zeigen, so sind diese zunächst global und werden erst mit der Zeit spezifischer. Lange bevor die Mutter die Bewegungen des Kindes spürt (4. oder 5. Monat), ist das Kind schon zu einer Reihe von Eigenbewegungen fähig; z. B. Daumenlutschen (es sollen schon Kinder mit Saugstellen an den Fingern geboren worden sein), d. h., dass bereits der Fötus in der Lage ist, seinen Daumen zum Mund zu bringen.

Bereits gegen Ende der ersten Hälfte der Schwangerschaft sind gut ausgebildete Fähigkeiten beim ungeborenen Kind zu beobachten. Wie könnte die Wahrnehmungswelt des Kindes aussehen, die in gewisser Weise vom ungeborenen Kind schon mitgestaltet wird?

Das Kind „*hört*" die Stimme der Mutter und andere Stimmen. Dieses „Hören" entspricht schon von den physikalischen Gegebenheiten her nicht ganz den Bedingungen, unter denen wir nachgeburtlich hören. Bauchdecke, Uterus und Fruchtwasser bilden einen Filter, der bestimmte Frequenzen reduziert, andere betont. Die Schwingung selbst wird nicht durch Luftbewegungen direkt an das Trommelfell geführt, sondern als Berührungsschwingung trifft sie den ganzen Körper; die „Hohlräume" des Kopfes, des Brustkorbes und Bauches sind besonders empfänglich für solche Schwingungen. Das Ohr als Hörorgan ist im 6. Schwangerschaftsmonat anatomisch bereits völlig ausgereift und voll funktionsfähig. Aber spätestens ab dem 4. Monat nimmt das Ohr schon ununterbrochen die Geräusche im Uterus – zusammen mit der Bewegungsrhythmik – wahr; vor allem also den Herzschlag der

Mutter und dessen rhythmische Akustik (S. 54). Zur auditiv-vibrato-rischen Umwelt des Ungeborenen gehören neben dem permanenten Herzschlag der Mutter ihre Atem- und auch Magen-Darm-Geräusche. Das Kind lebt und entwickelt sich also in einem Kontinuum fühlbarer Schwingungen.

Manche Autoren (z. B. *Janov* 1978) gehen davon aus, dass das Kind bereits zu diesem Zeitpunkt ein Gedächtnis für solche Geräusche, speziell für Musik, hat. Eindeutig ist die „Erinnerung" an das „Herzschlag-geräusch", das auch nachgeburtlich von hoher Bedeutung für das Kind bleibt (*Tomatis* 1994). Dem gesunden Kind gelingt es innerhalb weniger Stunden nach seiner Geburt, das „neue Hören" für sich zu erlernen, d. h. sich auf die Luftschwingung einzustellen. Dennoch bleibt das Spüren körperlicher Schwingung eine wichtige, vor allem emotional bedeutsame Wahrnehmung. „Der Verlust dieser intensiven Wahrnehmung macht sich beim gehörlosen Kind auf Dauer bemerkbar. Ihm gelingt es nicht, einen „Ersatz" für diese früheste Kommunikationsform zu finden, da ihm die durch Luftschall vermittelte Sprache nicht zugänglich ist.

Ein weiteres Sinnessystem, das bereits im Mutterleib heranreift, ist der *Geschmackssinn*. Anhand der Schluckfrequenzen bei verschiedenen Zusätzen im Fruchtwasser konnte man nachweisen, dass der Fötus die unterschiedlichen Geschmacksrichtungen erkennen kann.

Das *visuelle* System entwickelt sich im zeitlichen Verlauf der Entwicklung als letztes. Die meisten Mediziner und Psychologen nehmen an, dass erst das Neugeborene zu sehen anfängt. Es scheint aber inzwischen Hinweise zu geben, dass der Prozess der Bildaufnahme bereits pränatal beginnt (*Gross* 1994, 63). Im physiologischen Sinne funktioniert das optische System, eine Bedeutungszuordnung im Sinne der Wahrnehmung („sinngebende Verarbeitung") ist jedoch noch nicht möglich.

Zusammenfassend kann man sagen: „Die Wahrnehmungen des ungeborenen Kindes in den Sinnesbereichen Tasten, Hören, Schmecken und Sehen sind nachgewiesen, im Bereich des Riechens sind wir noch auf Hypothesen angewiesen. Da Wahrnehmungen psychische Vorgänge sind, ist es erlaubt, mindestens von Vorläufern von Ich-Funktionen zu sprechen" (S. 64). Auf die Sonder- oder Heilpädagogik kommt im Zusammenhang mit dem pränatalen Stadium möglicherweise auch die Aufgabe der Mitwirkung bei der Aufklärung über Gefahren und Störfaktoren in der vorgeburtlichen Zeit zu, speziell im Bereich der Mutter-(Kind-)Umfeldbelastung.

b) Das Neugeborene und seine weitere Entwicklung

Mit der Geburt wechselt das Kind in eine Welt, in der es völlig neuen Reizen und Anforderungen ausgesetzt ist; nicht umsonst spricht man vom Geburtsschock. Neuere, „sanfte" Geburtsmethoden versuchen, diesen „Schock" möglichst gering zu halten.

Nach eigenen Beobachtungen dauert es nur wenige Stunden, bis das Neugeborene gelernt hat, dass Stimmen „hörbar" sind. Zwar sind es zunächst nur minimale Reaktionen, die zeigen, dass das Kind eine auditive, d. h. gehörbezogene Wahrnehmung gemacht hat, ein kurzes Zucken, Innehalten oder Blinzeln, doch beweist der intensive Austausch von betreuendem Erwachsenen und Kind recht schnell einen eindeutigen Lernprozess. Man darf vermuten, dass das Kind die Stimme – besonders der Mutter – wiedererkennt, nun eben unter neuen akustischen Bedingungen.

Damit ist der Beginn einer wichtigen Entwicklung eingeleitet: Fernsinne können wesentlich differenzierter und schneller Informationen vermitteln, sie warnen und überbrücken Distanzen. Speziell für die beim Menschen hochbedeutsame sprachliche Kommunikation wird hier Vorarbeit geleistet.

Die vestibuläre Entwicklung fällt im Vergleich dazu weniger dramatisch und dynamisch auf. Sie entwickelt sich kontinuierlich über lange Zeit, d. h. über die gesamte Kindheit, vergleichbar mit der allgemeinen Bewegungskoordination des Kindes. Offenbar – so dürfen wir vorerst annehmen – reicht das Niveau der vestibulären Wahrnehmung auch für die Adaptionsphase des Neugeborenen aus. „Trotzdem existieren natürlich beim Kind schon zu einem recht frühen Zeitpunkt Wahrnehmungsleistungen, die zu einer ähnlichen Objekterkenntnis führen wie beim Erwachsenen. Das Kind erkennt Gesichter, Tiere, Spielsachen, kurzum alles, was in seiner Lebenswelt existiert, so daß sich für den Beobachter hinsichtlich der Wahrnehmungsleistung ein vollentwickelter Status zeigt. Wenn Wahrnehmung wirklich ein aktiver Prozeß des Konstruierens und Strukturierens ist, dann müßte man erwarten, daß Kinder zu dieser ‚Arbeit' des Wahrnehmens länger brauchen als Erwachsene, die darin ‚geübter' sind" (*Oerter* 1987, 331).

Taktile Wahrnehmung erfährt eine wichtige Ergänzung durch die besondere Sensibilität des Mundes. Zwar werden auch beim Ungeborenen Schluckbewegungen (Fruchtwasser) beobachtet, auch Daumenlutschen ist festzustellen, jetzt ist aber die regelmäßige Nahrungsaufnahme eine zentrale Aktivität des Kindes. Das Suchen nach der Nahrungsquelle – als Suchreflex bezeichnet (und mit dieser Bezeichnung oft als „primitives Reflexverhalten" disqualifiziert) –, die Sensation von Brust oder Sauger im Mund, die unterschiedliche Beschaffenheit von Nahrung, dies alles sind neue Reizangebote, die die Wahrnehmung entscheidend stimulieren. So lernen Kinder nach wenigen Tagen, die Milch ihrer Mutter am Geschmack zu erkennen. Der Mund mit seinen taktilen und geschmacklichen Fähigkeiten nimmt auch im weiteren Verlauf der Entwicklung eine zentrale Stellung ein. In den ersten Lebensmonaten „befühlt" das Kind seine gegenständliche Umwelt, indem es alles in den Mund steckt; erst allmählich wird diese Art der aktiven Umweltaneignung von den Händen und Augen ergänzt und schließlich abgelöst.

Die tägliche Körperpflege – unterschiedlich in unterschiedlichen Zeiten und Kulturen – bereitet ein neues Körpererleben, lässt das Kind Erfahrungen machen. Kälte ist mit Sicherheit eine neue Wahrnehmung, meist als unangenehm bewertet, warmes Wasser scheint wiederum „an Erinnerungen anzuknüpfen". Das Kind wird bewegt, es kommt mit Materialien in Berührung, die völlig neu sind. Gewöhnung einerseits, Differenzierung der Antworten auf angenehme und unangenehme Reize andererseits bestimmen eine erste Anpassungsphase im Leben des Neugeborenen.

Die Wahrnehmung von Gerüchen hat generell zuwenig Beachtung gefunden. Phänomene einer geruchlichen Kommunikation zwischen Mutter und Kind werden diskutiert, jedoch ist die Geruchswahrnehmung für den wissenschaftlichen Zugriff recht schwierig.

Am Anfang der Grundvorgänge der Entwicklung steht ein „globales unstrukturiertes Ganzes", wobei das Neugeborene primär auf die Steuerung durch Reflexe angewiesen ist; Reflexe können als die einfachste Form der Betätigung des Zentralnervensystems bezeichnet werden. Es handelt sich beim Reflex um eine motorische oder sekretorische Antwort auf einen sensiblen Reiz.

Ein ungestörter Ablauf eines Reflexes (und später aller Aktivitäten, also des Verhaltens) setzt voraus, dass alle Anteile des Reflexbogens (Empfänger, [Rezeptor], zuführende Leitung [afferente Nervenbahnen], das Zentrum mit Schaltung [Synapse], die wegführende Leitung [efferente Nervenbahnen] und das ausführende Organ [Effektor]) funktionsfähig sind. Liegt eine Störung im Zentrum vor, so können alle übrigen Teile unbeeinträchtigt sein, der Reflex läuft dennoch nicht ab (*Bundschuh* 2008 a, 104ff).

Der Sinnesapparat des Neugeborenen ist weitgehend funktionsfähig, die Grundvoraussetzungen sind angelegt, aber die Spezialisierung der einzelnen Systeme kann erst durch eine Vielzahl von Lernprozessen vollzogen werden. Untersuchungen haben gezeigt, dass Kinder den Prozess des Kodierens von Reizen erst lernen müssen, um aus Umweltreizen sinnvolle Informationen entnehmen zu können. Jean *Ayres* beschreibt ausführlich die einzelnen Entwicklungsschritte, die ein Kind bis zum 7. Lebensjahr vollzieht. Sie geht davon aus, dass die einzelnen Sinnessysteme nach einem bestimmten Rhythmus miteinander verbunden werden. Diesen Vorgang der „Sensorischen Integration" definiert sie als die „sinnvolle Ordnung und Aufgliederung von Sinneserregungen, um diese nutzen zu können. Diese Nutzung kann in einer Wahrnehmung oder Erfassung des Körpers oder der Umwelt bestehen, aber auch in einer Anpassungsreaktion oder einem Lernprozess oder auch in der Entwicklung bestimmter neuraler Tätigkeiten. Durch die sensorische Integration wird erreicht, dass alle Abschnitte des Zentralnervensystems, die erforderlich sind, damit ein Mensch sich sinnvoll mit seiner Umwelt auseinandersetzen kann und eine angemessene Befriedigung dabei erfährt, miteinander zusammenarbeiten" (1984, 260).

Neben der Entwicklung der Sinnesapparate, die die Grundlage für alle Wahrnehmungsprozesse darstellen, spielt auch die *soziale Wahrnehmung* eine wichtige Rolle. Wir müssen uns bewusst sein, dass sich unsere persönliche Wahrnehmung in allen Bereichen nach unseren individuellen Erlebnissen, Erfahrungen und Bedürfnissen ausrichtet und deshalb gleiche Reize auf verschiedene Personen – via individueller Bewertung – unterschiedliche Wirkungen haben können. Zum Beispiel entsteht möglicherweise Angst vor Hunden, vielleicht vor Tieren generell, nachdem jemand schon mehrere negative Erfahrungen mit großen Hunden gemacht hat. Hinsichtlich Auslöser ihrer Aggressivität berichten Jugendliche: „Die hat mich so komisch angesehen, deshalb habe ich sie geschlagen." Individuelle Erfahrungen führen zu unterschiedlichen Handlungsweisen.

Damit soll verdeutlicht werden, dass wir alle über die mehr oder weniger gleichen Anlagen verfügen, aber aufgrund unserer individuellen Entwicklung und Sozialisation, einer mit Erfahrungen angereicherten Biografie, verschiedene Ausrichtungen unserer Wahrnehmungsempfindungen entfalten. Ist diese Abweichung zu weit von einer „Norm" entfernt, können und müssen wir in den verschiedensten Lebenssituationen mit Problemen rechnen.

5.2.9.3 Störungen und Förderung der Wahrnehmung

Wahrnehmungsstörungen können verschiedene Bereiche betreffen, ganz unterschiedliche Erscheinungsweisen haben und auf unterschiedliche Ursachen zurückzuführen sein. Lern- und Wahrnehmungsbeeinträchtigungen stehen oft in engem Zusammenhang und können bedingt sein durch:

- organische Schäden,
- Entwicklungsstörungen (Hospitalismusschäden oder auch der Mangel am Gebrauch der Sinnesorgane),
- emotionale Störungen,
- Integrationsstörungen.

Eine genaue Abgrenzung der einzelnen Ursachen und Störungsbilder ist aufgrund der engen Verzahnung der Prozesse kaum möglich (vgl. auch *Bundschuh* 2008 a, 192ff). Aus den Erkenntnissen über die Entwicklung und die Störungen der Wahrnehmungen ergeben sich die Forderungen nach gezielter Diagnostik und Förderung.

Der Mensch als wahrnehmendes Individuum sammelt im Laufe seiner Entwicklung eine Vielzahl von Erfahrungen. Es stellt sich nun die Frage, ob und in welcher Weise diese auf die Wahrnehmung Einfluss nehmen können und ob es möglich ist, die Ursache der einzelnen Fortschritte nachzuvollziehen. Welche Entwicklungsabschnitte folgen lediglich dem Ablauf eines genetisch angelegten Planes, sind also angeboren, und welche sind auf die individuelle Erfahrung zurückzuführen? Die Klärung dieser Frage wird vor allem dann wichtig, wenn eine bestimmte Leistung nicht erbracht wird und man nach Wegen sucht, diesen Mangel oder auch eine Störung zu beseitigen (Suche nach dem Entwicklungsstand des Kindes und der Zone der nächsten Entwicklung). Untersuchungen über die Trainierbarkeit der Wahrnehmungsleistungen in visuellen oder auch akustischen Bereichen haben gezeigt, dass eine Leistungssteigerung möglich ist. Diese wird auf ein Strategielernen zurückgeführt, d. h., man lernt, optimal mit der Leistungsfähigkeit eines Systems umzugehen.

Frostig hat ein Förderprogramm entwickelt, welches vor allem die visuelle Wahrnehmungsfähigkeit in den Vordergrund stellt. Sie begründet ihren Ansatz mit der Erfahrung, dass die Intaktheit dieser Funktionen eine Kernbedingung des Lernens ist und bei Lernstörungen häufig eine Verbindung zu Schwierigkeiten in verschiedenen Bereichen der visuellen Wahrnehmung zu finden ist.

Als Aufbauhilfen für Wahrnehmung und Intelligenz haben *Heidingsfelder* und *Fröhlich* insbesondere für schwer körperbehinderte und schwer geistig behinderte Kinder ein Wahrnehmungstraining entwickelt, das sie auch als „basale Stimulation" bezeichnen (1995). Dieser Förderungsansatz spricht den somatischen, haptischen, akustisch-vibratorischen, den visuellen und den olfaktorischen Bereich an sowie die (akustische) Figur-Grund-Differenzierung.

Ein Konzept der Wahrnehmungsförderung und -kompetenz bei Kindern und Jugendlichen mit geistiger Behinderung im Hinblick auf Erfassung von Bedeutung sinnlich gegebener Sachverhalte unter dem Aspekt eines Erkenntnisvorganges hat *Fischer* (1983) vorgelegt.

Jean *Ayres* (2002) geht in ihrem Ansatz davon aus, dass Wahrnehmung durch die Aktivierung der verschiedenen Sinnessysteme gefördert werden kann, wobei es darauf ankommt, die bereits erreichte Entwicklungsebene anzusprechen, von der aus sich die sensorischen Verbindungen knüpfen können.

5.2.9.4 Diagnose von Wahrnehmungsleistungen

Hierbei geht es vor allem auch um die Auswahl der adäquaten diagnostischen Verfahren. Je nach Wahrnehmungsbereich (taktil- kinästhetisch, visuell, auditiv) können informelle und formelle diagnostische Verfahren verwendet werden, wobei zwecks Wahrnehmungsdiagnose und -beobachtung auch Untertests herangezogen werden, die an sich z. B. im Bereich der Intelligenzdiagnostik eine Rolle spielen wie z. B. HAWIVA, HAWIK-IV, AID 2 und K-ABC.

Bei der informellen Diagnostik, aber auch bei der qualitativen Diagnostik stehen folgende Fragen nach dem Entwicklungsstand, der Lernausgangslage (Lernstand, Basisfähigkeiten im Hinblick auf den Lerngegenstand), nach den (bisherigen) Lernstrategien des Kindes sowie nach den optimalen Förderungsmöglichkeiten im Mittelpunkt:

1. Welche Lernausgangslage hinsichtlich des Lerngegenstandes hat ein Kind erreicht?
2. Welche Lernstrategien verwendet ein Kind?
3. Wie kann ein Kind am besten gefördert werden?

In die Überlegungen zur *informellen Diagnose bzw. Erfassung* sollten die folgenden Wahrnehmungsbereiche einbezogen werden:

1. Taktil-kinästhetischer Bereich
– Lokalisation taktiler Stimuli: Das Kind wird z. B. bei geschlossenen Augen sanft an verschiedenen Körperstellen berührt, auf die es anschließend deuten soll.
– Verbindung zwischen taktil-kinästhetischer Wahrnehmung und Motorik: Gegenstände im Grabbelsack erkennen. Materialien gleicher Beschaffenheit erkennen, z. B. Stücke eines grob strukturierten Stoffes, Teppichbodenstücke oder auch verschiedene Papier-/Kartonarten.

2. Visueller Bereich
- Überprüfung der Sehtüchtigkeit durch einen Sehtest.
- Okulare Muskelkontrolle: Das Kind soll versuchen, in einem abgedunkelten Raum dem Lichtstrahl einer Taschenlampe zu folgen.
- Differenzierung: Das Kind soll zwei fast identische Bilder vergleichen und die unterschiedlichen Details erkennen (Suchbilder).
- Gliederung: Mehrere halbierte Bilder sollen logisch richtig zusammengesetzt werden.
- Erfassung von Raumlage: Das Kind soll mit kleinen Hölzchen Figuren nachlegen.

3. Auditiver Bereich
- Überprüfung der Sinnestüchtigkeit durch die Flüsterprobe.
- Diskrimination: Mit Hilfe von Bildern soll das Kind vorgesprochene ähnlich klingende Wörter unterscheiden können.
- Figur-Grund-Wahrnehmung: Während im Hintergrund eine Musikkassette abgespielt wird, spricht der Versuchsleiter kurze Sätze, die das Kind wiederholen soll.

Formelle Verfahren zur Überprüfung der Wahrnehmung

■ *Frostigs* **Entwicklungstest der visuellen Wahrnehmung (FEW) deutsche Bearbeitung von O.** *Lockowandt* **(^{9}2000)**

Das Konzept: Marianne *Frostig* geht davon aus, dass die visuelle Wahrnehmungsfunktion eine Kernbedingung des Lernens ist. Ist diese Voraussetzung nicht erfüllt, kann es in verschiedenen Bereichen zu Störungen kommen. Sie teilt die am häufigsten auftretenden Lernstörungen in folgende Bereiche ein (aus denen sie auch die Untertests und Förderansätze ableitet):

1. die visuo-motorische Koordination,
2. die Fähigkeit zur Figur-Grundunterscheidung,
3. die Formkonstanz,
4. das Erkennen der Raumlage,
5. das Erfassen von räumlichen Beziehungen.

Der Test bietet zu Beginn des Grundschulalters diagnostische Hinweise für gezielte Fördermaßnahmen bei Lernstörungen, die auf gestörte visuelle Wahrnehmungsfunktionen zurückzuführen sind.

Einsatz und Durchführung: Der Test ist für Kinder im Alter von 4 – 9 Jahren vorgesehen und kann als Individual- oder Gruppentest durchgeführt werden. Als Durchführungsdauer werden im Handbuch zwischen 30 – 45 Minuten angegeben. Das notwendige Material beschränkt sich auf gut gespitzte Farbstifte, das Arbeitsheft und das Anweisungsbuch.

Beschreibung der Subtests (Grundfunktionen der Wahrnehmung):
1. Visuo-motorische Koordination (VM). Zwischen zwei Abbildungen soll eine gerade Linie gezogen werden. Neben der Augen-Hand-Koordination ist die Kontrolle der Augenbewegungen erforderlich.
2. Figur-Grund-Unterscheidung (FG). Der Umriss einer Figur, die mit anderen Figuren kombiniert ist, soll nachgezeichnet werden. Hier muss das Kind die Fähigkeit der Stimulifixierung und der mehrstufigen Hierarchiegliederung besitzen, die vor allem auch beim Lesen eine wichtige Rolle spielt.
3. Formkonstanzbeachtung (FK). Kreise und Quadrate sind von Ovalen und Rechtecken zu unterscheiden und nachzuzeichnen. Bei dieser Aufgabe spielt die relative Unabhängigkeit der Wahrnehmungserlebnisse von den retinalen Veränderungen eine Rolle.
4. Erkennen der Lage im Raum (LR). Innerhalb einer Figurenfolge ist eine bestimmte Figur zu markieren.
5. Erfassen der räumlichen Beziehungen (RB). Verschiedene Figuren sind in einem Punkteraster nachzuzeichnen.

Kritische Würdigung: Die Gütekriterien werden vom FEW erfüllt; Objektivität ist für die Durchführung, die Auswertung und die Interpretation gesichert. Im Bereich der Reliabilität ergeben sich bei Wiederholung Werte zwischen r = .69, bei Testhalbierung r = .78 bis .89. Weiterhin liegt eine Inhalts- und Konstruktgültigkeit vor. Die Testanweisungen sind einfach und gut verständlich verfasst, für sehbehinderte und verhaltensauffällige Kinder wurden besondere Anweisungen erstellt. Der Test ist leicht zu handhaben, kostengünstig und bedarf relativ wenig Zeit (ca. 45 Min.).

Dennoch bleibt zu fragen, ob die Einteilung der visuellen Wahrnehmung gerade in diese fünf Bereiche gerechtfertigt ist und ob diese ausreichen. Auch der FEW kann nur einen Teil des Wahrnehmungsverhaltens erfassen, da er lediglich die Ruhewahrnehmung überprüfen kann.

■ **Southern California Sensory Integration Tests (SCSIT) – (***Ayres* **1985):** Diese Testbatterie, die von Jean *Ayres* entwickelt wurde, soll helfen, den sensorischen Entwicklungsstand des Kindes sowie eventuelle Störungen der Wahrnehmungsverarbeitung zu ermitteln.

Das Konzept: *Ayres* geht von folgenden Grundannahmen aus:

1. „Wahrnehmungsstörungen verursachen Lernstörungen durch sensorische Integrationsprobleme im neuralen System. (Die Koordination visueller und motorischer Funktionen ist nicht vorhanden.)
2. Dysfunktionen verursachen Wahrnehmungsstörungen, die diagnostiziert werden sollen. Ziel: sensorische Integrationstherapie."

Unter einer Störung der sensorischen Integration versteht *Ayres* eine „Unregelmäßigkeit oder auch Störung der Hirnfunktion, die die Verarbeitung und Integration sinnlicher Reizeinwirkungen erschwert" (*Ayres* 1984, 261). Syndrome der sensorischen-integrativen Dysfunktion können sein:

– Störungen des Gleichgewichts,
– entwicklungsbedingte Dyspraxie,
– taktile Abwehr,
– Störungen der visuellen und auditiven Wahrnehmung sowie des Sprechens.

Ayres beschreibt die einzelnen Entwicklungsschritte des Kindes und vergleicht sie mit Bausteinen, die aufeinander aufbauen. Zu diesen basalen Grundlagen (auch „basale Bausteine") gehören die Berührung (taktil), die Schwerkraft und Bewegung (vestibulär) und die Muskel- und Gelenkempfindung (propriozeptiv). Auf diesen Funktionen bauen die Sinnessysteme der Wahrnehmung wie Sehen, Hören, Schmecken und Riechen auf. Besonders hebt Ayres das vestibuläre System hervor: „Der Gleichgewichtssinn ist dabei das alles vereinende Bezugssystem. Er formt die Grundbeziehungen, die ein Mensch zur Schwerkraft und seiner physikalischen Umwelt hat. Alle anderen Arten von Empfindungen werden unter Bezug auf diese vestibuläre Information verarbeitet" (S. 52). Der SCSIT, der auf diesem Konzept aufbaut, umfasst 17 Subtests und kann in vier Bereiche eingeteilt werden:

– visuelle Wahrnehmung,
– Wahrnehmung von Körperempfindungen,
– motorische Leistungsfähigkeit
– weitere Tests.

Einsatz und Durchführung: Der SCSIT wurde für Kinder im Alter von 4 – 10 Jahren konstruiert. Er kann nur als Einzeltest durchgeführt werden, eine Parallelform wurde nicht entwickelt. Für die Durchführung wird eine Zeitdauer von $1\frac{1}{4} - 1\frac{1}{2}$ Stunden angegeben, die sich aber auch bis zu vier Stunden ausdehnen kann, je nach Problemlage.

Beschreibung der Subtests:

1. Space Visualisation (Räumliche Wahrnehmung). Das Kind soll aus zwei vorgelegten Formen (Ei oder Raute) die passende Figur für ein Formbrett wählen. Räumliches Vorstellungsvermögen, die Raumorientierung und die Schnelligkeit der visuellen Wahrnehmung werden erfasst.

2. Figure Ground Perception (Figur-Grund-Wahrnehmung). Ein Bild mit übereinandergezeichneten Figuren wird vorgelegt. Aus einer Auswahl von sechs weiteren Bildern sollen die drei im ersten Bild enthaltenen Bilder gezeigt werden. Figuren aus einem Hintergrund zu identifizieren, Wahrnehmungsgeschwindigkeit und -genauigkeit im visuellen Bereich werden hier bewertet.

3. Position in Space (Raumlage). Eine vorgegebene grafische Figur muss unter ähnlichen Bildern wiedererkannt werden. Visuelles Gedächtnis, die Wahrnehmungsgeschwindigkeit und die Wahrnehmung der Lage im Raum werden hier erfasst.

4. Design Copying (Muster nachzeichnen). Ein geometrisches Muster soll nachgezeichnet werden. Hier werden das Erkennen räumlicher Beziehungen, das visuelle Gedächtnis, die motorische Planung und die Augen-Hand-Koordination überprüft.

5. Motor Accuracy (Motorische Genauigkeit). Eine vorgedruckte Linie soll nachgefahren werden. Bei dieser Aufgabe werden die Feinmotorik und die Augen-Hand-Koordination beansprucht.

6. Kinesthesia (Kinästhetische Wahrnehmung). Der Zeigefinger des Kindes wird von einem Ausgangspunkt zu einem Zielpunkt geführt, anschließend soll das Kind diese Übung ohne Hilfe wiederholen. Die Wahrnehmung der Gelenkstellungen und -bewegungen sowie das Bewegungsgefühl spielen hier die Hauptrolle.

7. Manual Form Perception (Formwahrnehmung durch die Hände). Verschiedene Formen werden dem Kind in die rechte und dann in die linke Hand gelegt. Diese Formen soll es dann auf einer Vorlage wiedererkennen. Taktile Perzeption und die Fähigkeit, diese mit visueller Perzeption zu verbinden, werden mit dieser Aufgabe erfasst.

8. Finger-Identifikation (Fingerunterscheidung). Das Kind soll zeigen, an welchem Finger es berührt wurde. Diese Aufgabe testet taktile Perzeption und Körperschema.

9. Graphestesia (Hautzeichnung). Auf den Handrücken des Kindes werden verschiedene Zeichen durch Berührung aufgemalt, die es mit der anderen Hand nachzeichnen soll. Taktile Wahrnehmung von Form und Raumlage sollen geprüft werden.

10. Localisation of Tactile Stimuli (Tastlokalisierung). Das Kind soll mit seinen Fingerspitzen Punkte auf seinem Unterarm oder der Hand berühren, die der Testleiter vorher mit einer Stiftspitze leicht angetastet hat. Die Abweichungen werden gemessen und sollen Aufschluss über die Genauigkeit der taktilen Wahrnehmung taktiler Reize geben.

11. Double Tactile Stimuli Perception (gleichzeitige Tasterkennung). Das Kind steht mit dem Rücken zum Testleiter; es wird an zwei Körperstellen gleichzeitig berührt und soll diese angeben.

12. Imitation of Postures (Nachahmung von Körperstellungen). Ungewöhnliche Körperstellungen werden dem Kind vorgestellt, die es so schnell wie möglich nachgestalten soll. Überprüft wird die Fähigkeit, ungewohnte oder schwierige Bewegungen zu planen und auszuführen.

13. Crossing Midline of Body (Überqueren der Körpermittellinie). Dem Kind wird gezeigt, wie man z. B. mit der rechten Hand das linke Ohr usw. berühren kann; diese Übungen soll es dann nachmachen. Hier wird die Koordinationsfähigkeit der rechten bzw. linken Körperteile beim Überqueren der Mittellinie beobachtet.

14. Bilateral Motor Koordination (bilaterale motorische Koordination). Vorgeklatschte Rhythmen sollen nachgeklatscht werden. Das Zusammenspiel der beiden Körperhälften sowie das von Augen und Ohr ist hier erforderlich.

15. Right Left Discrimination (Rechts-Links-Unterscheidung). Das Kind soll seine rechte bzw. linke Körperhälfte zeigen oder beschreiben, auf welcher Seite ein Gegenstand liegt. Das Bewusstsein des Körperschemas soll hier erfasst werden; bei dieser Aufgabe werden auch sprachliche Leistungen verlangt.

16. Standing Balance: Eyes Open (Einbeinstand mit geöffneten Augen). Auf einem Bein stehend soll das Kind möglichst lange das Gleichgewicht halten. Die Wahrnehmung vestibulärer Reize und entsprechende motorische Reaktionen mittels der Halte- und Stellreflexe sind dafür notwendig.

17. Standing Balance: Eyes Closed (Einbeinstand mit geschlossenen Augen). Bei dieser Aufgabe (siehe vorhergehende) wird die visuelle Kontrolle verhindert, was die Aufgabe erschwert; genauere Aussagen über die propriozeptive Perzeption werden dadurch ermöglicht.

Kritische Würdigung: Bezüglich der Gütekriterien fehlen die Angaben über die Objektivität und die Validität. Genaue Informationen über die Durchführung des Test-Retest-Verfahrens fehlen ebenfalls (statistische Mängel). „Ein statistisch signifikanter Zusammenhang zeigt sich zwischen den SCSIT-Ergebnissen von Kindern im Alter von 9 – 19;5 Jahren und ihren entsprechenden Schulnoten" (*Borchert* u. a. 1991, 255). Abgesehen von den statistischen Mängeln kann der Test eine Hilfe bei der Suche nach Ursachen von Lernschwierigkeiten sein und wird deshalb auch zur Diagnostik für sonderpädagogische Diagnose- und Förderklassen empfohlen, um den Bereich der Wahrnehmung und der Motorik eines Kindes zu erfassen.

■ **Prüfung optischer Differenzierungsleistungen (POD) (*Sauter* 1979):** Wahrnehmungsdifferenzierung ist als Voraussetzung für einen erfolgreichen Schulbesuch, insbesondere im Hinblick auf das Erlernen des Lesens, Schreibens und Rechnens, von großer Bedeutung. Der POD liefert diagnostische Hilfe bei der Feststellung der optischen Differenzierungsfähigkeit und bietet Ansätze für eine gezielte pädagogische Förderung.

Durchführung: Alter 5 – 7;7 Jahre, als Einzel- und Gruppentest einsetzbar (ab elf Kinder Helfer erforderlich); keine Parallelformen, Dauer: ca. 15 Minuten.

Testaufbau: Ein vorgegebenes Bild, Objekt, Symbol oder Wort soll aus einer Reihe von 6 Alternativen wiedergefunden werden (35 Items).

Gütekriterien sind gesichert.

■ **Diagnostisches Inventar Auditiver Alltagssituationen (DIAS) (*Thomas/Eggert* 1990):** Mit dem DIAS sollen Kinder mit auditiven Situationen verschiedener Komplexität konfrontiert werden, um damit aus ihren Handlungen mögliche Rückschlüsse auf ihre auditive Wahrnehmungsfähigkeit im Rahmen ihrer gesamten Handlungskompetenz ziehen zu können.

Einsatz: bei Kindern im Grundschulalter; Gruppentest.

■ **Heidelberger Hörprüf-Bild-Test für Schulanfänger (HHBT) (*Löwe/Heller* 1972):** Der Test ist ein zeitökonomisches Screening-Verfahren zur Erfassung von schwerhörigen Schulanfängern (Hörschäden).

Einsatz: 5. – 6. Lebensjahr, als Einzeltest, Dauer ca. 5 Minuten. Kurzform mit 15 Aufgaben, es gibt eine Langform mit 30 Aufgaben.

Durchführung: Der Prüfer steht 1,5 m (mit verdecktem Mund) vor dem Kind, das eine Karte mit mehreren Abbildungen vor sich hat. Er spricht zunächst leise, im zweiten Durchgang mit Flüsterstimme einzelne Begriffe, die vom Kind auf der Karte erkannt werden müssen. Zur Beurteilung von Schwerhörigkeit sollte der HHBT einer einfachen Flüsterprobe vorgezogen werden.

■ **Hörverstehtest (HVT) – (*Urban* 1986):** Der HVT misst die Fähigkeit, gesprochene Sprache wahrzunehmen, zu verarbeiten und zu verstehen. Hierbei werden der phonologische, lexikalische, syntaktische, semantische und textsemantische Bereich unter Berücksichtigung der Betonung der Satzmelodie und des Aufmerksamkeits-/Gedächtnisaspektes überprüft. Da ein großer Anteil schulischen Lernens über den auditiven Kanal erfolgt, ist das Hörverstehen ein wesentlicher Faktor für den Lernerfolg. Ziel des HVT ist es, die Hörverstehfähigkeit systematisch und vergleichbar zu erfassen.

Einsatz: 4. – 7. Klasse, Haupt-, Gesamt-, Realschule, Gymnasium; für 4. Klasse Sprachbehindertenschule und 7. – 9. Klasse Schule zur individuellen Lernförderung, Dauer: 2 – 3 Schulstunden.

Normen: Norm- und Vergleichstabellen in Prozenträngen und T-Werten liegen für zwei Altersgruppen und für die verschiedenen Schularten vor.

Gütekriterien sind weitgehend gesichert.

■ **Kontrollprogramm zum auditiven Differenzierungsvermögen im sprachlichen Bereich für Vorschulkinder (KAUD-S) – (*Schenk* 1990):** Das KAUD-S soll die sprachanalytischen Fähigkeiten 5- bis 6-jähriger Kinder differenziert erfassen. Hierbei wird in die Bereiche „Grob-" und „Feindifferenzierung" mit jeweils vier Teilbereichen untergliedert. Die Aufgaben zur Grobdifferenzierung beinhalten die Aspekte: Wortganze ausgliedern, Wortlängen erkennen, Wortsilben ausgliedern und Wortklang erkennen. Zur Feindifferenzierung zählen die Aufgaben, Anlaute, Endlaute und Inlaute heraushören.

Einsatz: 4. – 5. Lebensjahr; Vorschule, als Gruppentest (4 – 6 Kinder); Dauer: Einführungsprogramm 15 – 20 Minuten, Kontrollverfahren 35 – 40 Minuten.

Prüfbereiche:

Teil 1   Grobdifferenzierung: Wörter
           Wortganze ausgliedern (WG)
           Wortlängen erkennen (WL)
           Wortsilben ausgliedern (WS)
           Wortklang erkennen (WK)

Teil 2 Feindifferenzierung: Laute Anlaute heraushören: Vorgabe als Naturlaut, Geräusche (LN)
Anlaute heraushören: Vorgabe als Individuallaut und als Normallaut (LA)
Inlaute heraushören: Vorgabe als Normallaut (LI)

Die Aufgaben bestehen aus einer Reihe von Bildern. Das Kind soll in den Bereichen Wortsilben und Wortganze Bilder anstreichen. Bei den Aufgaben ist das Bild richtig auszuwählen, das den Laut enthält.

■ **Testsystem für hörgeschädigte Kinder (THK) (*Reimann/Eichhorn* 1984):** Es handelt sich um ein leistungsdiagnostisches Verfahren, das eine Kombination von Entwicklungsstand- und Lernfähigkeitsdiagnostik darstellt. Es dient als Entscheidungshilfe bei der Diagnose der Schulfähigkeit und der Förderschulbedürftigkeit schwerhöriger und gehörloser Kinder.

Durchführung: Alter 5;0 – 9;11 Jahre; schwerhörige und gehörlose Kinder, Einzeluntersuchung; Dauer: ca. 45 Minuten, keine Zeitbegrenzung.

Normen: Es liegen C-Werte für Untertests und Gesamtwert getrennt nach gehörlosen und schwerhörigen Kindern vor, weiterhin sind C-Endwerte für die Skalen, „optisch-figurale Denk und Gedächtnisoperationen" und „Sprachleistungen" aufgeführt.

Gütekriterien sind gesichert.

Das THK kann mit Erfolg bei der Beantwortung diagnostischer Fragestellungen bei hörgeschädigten Kindern eingesetzt werden. Die Handhabung des Tests ist einfach, hinsichtlich der wissenschaftlichen Absicherung (Validität) ist er jedoch noch verbesserungsbedürftig.

5.3 Exploration – Informationsgespräch – Anamnestisches Gespräch

Im Verlauf der förderdiagnostischen Untersuchung kann man nicht alle Informationen durch Anamnese, Tests und Verhaltensbeobachtung ermitteln, und es tauchen während der Untersuchungssituation häufig Probleme (Unklarheiten, Widersprüche …), aber auch Erkenntnisse auf, die einer näheren Beleuchtung bedürfen. Von Bedeutung ist ebenfalls, dass der Proband oder die Bezugsperson unmittelbar bei allen Entscheidungen in den förderdiagnostischen Prozess einbezogen wird. Besonders die aus der Praxis und Literatur bekannten unleugbaren Zusammenhänge zwischen sozialem/sozioökonomischem Hintergrund (Milieu) und einer Lernstörung bis hin zu Lernbehinderung lassen vermuten, dass ungünstige Umweltfaktoren – Dauer und Schweregrad der Beeinflussung – sich in etwa proportional zur Schwere der Beeinträchtigung eines Kindes in diesem Bereich verhalten, wobei natürlich auch Persönlichkeitsvariablen wie emotionale Stabilität und Sensibilität eine Rolle spielen. Vor allem also gilt es, diese Zusammenhänge zwischen ungünstigen Umweltfaktoren und negativer Beeinflussung eines gestörten Kindes näher zu erkunden.

Was versteht man nun unter *Exploration?* Nach W. *Schraml* bedeutet Explorieren im klassisch-psychiatrischen Sinne das „Eruieren psychopathologischer Phänomene – z. B. Sinnestäuschungen, Wahnideen – durch Befragung des Patienten" (1971, 868). Im Rahmen der Förderdiagnostik kommt Exploration in diesem engen Sinne nicht vor. W. *Arnold* meint, während es bei der Anamnese um die Erhebung entwicklungsrelevanter Daten gehe, sei es Aufgabe der Exploration, als Schlussuntersuchungssituation die bereits vorliegenden Ergebnisse der psychologischen Diagnostik zu überprüfen und eine gewisse Vertiefung und Übereinstimmung der erhobenen Daten zu erreichen. Es wird sich dabei weniger um ein Abfragen als vielmehr um ein gelenktes, erkundendes Gespräch handeln, wobei gewisse Kenntnisse aus der Geschichte und aus dem gegenwärtigen Leben sowie aus der Umwelt und Erlebniswelt des Probanden erworben werden sollten (1972, 84).

Man kann Exploration umschreiben mit „förderdiagnostisches Untersuchungsgespräch", „Erkundungsgespräch", „diagnostisches Gespräch", „information-getting-interview". Es handelt sich – allgemein ausgedrückt – um ein Gespräch, bei dem der Gesprächsleiter bestimmte Zielvorstellungen verfolgt. Die Exploration kann als Gespräch, Interview, als Form der Stellungnahme der betroffenen Personen (Proband, Eltern, sonstige Bezugspersonen) zu den bereits vorliegenden Daten (Informationen) oder auch zur Überprüfung von Ergebnissen angesehen werden. Eine Exploration kann durchaus in ein Beratungsgespräch münden, wenn sich etwa für eine eigens angesetzte Beratung auf Seiten der zu beratenden Person(en) aus zeitlichen Gründen keine Möglichkeit finden lässt oder wenn unmittelbar anstehende Probleme geklärt werden können, die im Hinblick auf eine Förderung relevant sind.

Kleber meint, „ausgehend von der Testsituation oder einer akuten Versagenssituation wird die Exploration auf parallele Situationen, auf frühere ähnliche Situationen hinzielen und die Art der Verarbeitung der Erlebnisse sowie der Ursache des Auftretens des Versagens erkunden wollen" (1973, 143). Eine solche Situation könnte nach Auffassung des Verfassers dieser Schrift etwa die Schulleistungsprüfung darstellen, bei der ein Proband – im Vergleich zur übrigen Untersuchungssituation – deutliche Probleme zeigt (motorische Unruhe, Verbalisationen wie „das kann ich nicht!", „Ich habe jetzt keine Lust!", Frustrationssignale …). Es könnte jedoch auch sein, dass die genannte Leistungsprüfung unerwartet positiv ausfällt im Vergleich zur Situation in der Schulklasse; auch dies müsste dann in der Exploration thematisiert werden. Ein weiterer Hinweis für ein Problem, das näher erkundet werden sollte, könnte sich aufgrund eines Verfahrens projektiver Art ergeben, wie z. B. Verbalisationen im Erzähltest von *Thomas,* bei denen angedeutet wird, dass die Eltern das Kind sehr hart bestrafen oder dass ein Kind in irgendeinem Verfahren deutliche Ängste zeigt („Kinder-Apperzeptions-Test" von *Bellak* und *Bellak,* Spiel und Gesprächssituation im „Sceno-Test" von G. v. *Staabs).* In diesem Informationsgespräch bieten sich vor allem weitere Ansatzpunkte zur persönlichen Kontaktnahme zwischen dem Untersucher und dem Schüler oder den Eltern (Bezugspersonen), insbesondere wenn es gelingt, die Exploration zwanglos zu halten und sie trotz klarer Zielvorstellung situationsadäquat einzusetzen, d. h., dass der Gesprächsleiter sich dem geistigen Niveau des Partners sowie seiner Problematik anpasst und in einer aufgelockerten Atmosphäre die Gesprächsthemen sinnvoll handhabt.

Exploration (vgl. Tab. 3, S. 135f)

Im Folgenden seien stichpunktartig einige praktische Hinweise zu Themenbereichen der Exploration gegeben:

Kind und Problem (Förderbedarf, Störung, Behinderung)
Wie empfindet es selbst seine Problematik? Äußert es sich dazu, fühlt es sich isoliert? Denkt es über seine Zukunft nach? Sieht es selbst Lösungsmöglichkeiten? …

Eltern und Problem des Kindes
Welche Schwierigkeiten, Stärken, Schwächen, Gewohnheiten fallen auf? Wie verhalten sich die Eltern gegenüber Auffälligkeiten, wie reagieren sie darauf? Wann empfanden die Eltern ihr Kind anders, gestört? Wurden

die Probleme vom Lehrer, Arzt oder sonstigen Personen festgestellt? Wie reagierten die Eltern auf diesen Hinweis? Auf welche Weise wurde dem Kind bisher geholfen? ...

Frühkindliche Entwicklung
Fragen bezüglich bestimmter Krankheiten, Aufenthalte im Krankenhaus und Auswirkungen, Hospitalismusschäden, Familiensituation (wirtschaftlich, sozial, kulturell), Geschwisterprobleme, Verhalten der Personen aus der Umgebung zum Kind (Geschwister, Verwandtschaft, Nachbarn) während der Spielzeit und im Urlaub, evtl. Heimaufenthalte (Dauer, Bezugspersonen, Reaktion des Kindes ...), Kindergartenbesuch ...

Erziehungssituation
Hauptsächliche Erziehungs- und Bezugspersonen (Mutter, Vater, Großeltern), Situation außerhalb der Schulzeit, Erziehungsmaßnahmen (welche werden eingesetzt und wie?) – Wirkung? ...

Schulsituation
Einstellung von Kind und / oder Eltern zur Schule (bejahend, ablehnend), Angst vor der Schule, Hausaufgabenprobleme, Lieblingsfächer, abgelehnte Fächer, negative Erfahrungen und Erlebnisse, Erwartungen, Wünsche, Anregungen für den Bereich der Schule ...

Spielsituation und Freizeit
Möglichkeiten zum Spielen, Kontakte zu anderen Kindern (Freunde, Spielkameraden, Jugendgruppen, Vereine ...), Ausdauer und Ablenkbarkeit, Spielmaterial ...

Anamnese – Impulskatalog für Informationsgespräche (vgl. Tab. 3, S. 135f)

(Hinweise zur Gesprächsführung: Den Eltern sollte gesagt werden, dass nicht jede Frage beantwortet werden muss, dass jedoch die Antworteninhalte den Tatsachen entsprechen sollten, dass es um die bestmögliche Förderung ihres Kindes gehe.

Auch wenn die Impulse als Fragen formuliert sind, hat es sich gezeigt, dass man nur selten direkte Fragen stellen muss, vielmehr sollte nach Möglichkeit ein strukturiertes, partnerschaftliches Gespräch stattfinden, wobei vom Gesprächsleiter die Regeln eines guten Gespräches beachtet werden sollten, z. B. wohlwollendes Zuhören, echtes Interesse, teils reflektierend, Freundlichkeit … Der Pädagoge sollte auch in der Lage sein zu beraten, falls die Eltern dies wünschen. Entspricht dies den Tatsachen, sollte man den Eltern sagen, dass man sich zu absolutem Schweigen über die Informationen verpflichtet.)

Als günstig erwiesen sich Einstiegsimpulse wie: Möchten Sie etwas über Ihr Kind erzählen? Erzählen Sie etwas über Ihr Kind!

Ätiologie und Erscheinung
1   Worin besteht die Problematik/Auffälligkeit/Behinderung Ihres Kindes?
1.1 Ätiologie (prä-, peri-, postnatal …)
1.2 Erscheinung (Phänomen: Besonders betroffene Bereiche, z. B. Sozialverhalten, Sprache, Motorik, autistische Verhaltensweisen …)

Einstellung
2   Wann (evtl. wie) wurde Ihnen die Auffälligkeit/Behinderung zum ersten Mal bewusst? (evtl. Wer hat darüber informiert, wie geschah dies?)
2.1 Erste Reaktion auf diese Nachricht
2.2 Gegenwärtige Einstellung zum Kind (zur Behinderung des Kindes)

Maßnahmen
3   Was haben Sie bisher mit Ihrem Kind im Hinblick auf seine Problematik unternommen, welche Maßnahmen haben Sie ergriffen?
3.1 Ärztliche Maßnahmen (medikamentös, Eingriffe, operative Behandlung, Zelltherapie …). Wo wurden sie vorgenommen?
3.2 Vorschulische, schulische Maßnahmen (Spiel- und Therapiegruppen)
3.3 Persönliche Verhaltensmaßnahmen
3.4 Wirkung dieser Maßnahmen

Entwicklung
4   Erzählen Sie bitte etwas über die Entwicklung Ihres Kindes (vorgeburtlich, Geburtsverlauf, Unfälle, exogene Einflüsse …)
4.1 Welche Krankheiten hatte Ihr Kind: Unfälle, Operationen, Kinderkrankheiten (Masern, Diphtherie, Scharlach, Röteln, Keuchhusten, Mumps, u. a.)?
4.2 Hat Ihr Kind Anfälle?
4.3 Befand es sich in einer Klinik (Dauer, Auswirkungen …)?

4.4 Sonstige Entwickungsstörungen, z. B. Medikamente, Impfungen

4.5 Wann lernte Ihr Kind das Laufen?

4.6 Wann begann es zu sprechen (Einzelworte, Stottern, Sätze, Mutismus)?

4.7 Besonderheiten der motorischen Entwicklung

4.8 Sauberkeitsentwicklung (Bettnässen, Toilette ...)

4.9 Nahrungsaufnahme (mit Hilfe, selbstständig, besondere Ernährung ...)

4.10 Schläft Ihr Kind gut (ruhig, unruhig, tief, leicht, Angstzustände ...)?

4.11 Eigenaktivitäten (anziehen, waschen ... alleine – mit Unterstützung)

4.12 Gegenwärtiger Gesundheitszustand (leicht anfällig, labil, darf sich nicht anstrengen, z. B. beim Sport oder Spiel, gut, stabil ...)

4.13 Auffälligkeiten der psychischen Entwicklung: Trotzphase, Sozialentwickung (Anpassung, Verhalten zu anderen Kindern, Einordnung, streitet gerne, zurückhaltend, ängstlich, muss stets im Mittelpunkt stehen, braucht permanent Zuwendung. Gegenüber Erwachsenen: gewinnt rasch Vertrauen, verhält sich ängstlich aufgeschlossen, interessiert ...)

Familie und Auffälligkeit/Behinderung?

5   Wie verhielt sich früher und wie verhält sich heute die Familie zu der Problematik/Behinderung?

5.1 Der Ehemann

5.2 Geschwister (Anzahl – Gibt es Unterschiede im Verhalten ...?)

5.3 Gibt es besondere Erziehungsprobleme/Erziehungsschwierigkeiten – Erziehungsstil?

Soziale Situation – Kontakte

6   Wie verhalten sich die Mitmenschen zu Ihrem Kind?

6.1 Wie verhält sich die Umwelt zu Ihrem Kind (Nachbarn, Freunde, Begegnungen im Urlaub ... besondere Erlebnisse und Beobachtungen)?

6.2 Wie verhält sich Ihr Kind der Umwelt gegenüber (aufgeschlossen, freundlich, eigenwillig, zurückgezogen, aufdringlich ...)?

Spielsituation

7   Spielt Ihr Kind (überhaupt, spontan, alleine, nur in Gemeinschaft – wenn ja: wie lange)?

7.1 Was tut Ihr Kind am liebsten (Lieblingsbeschäftigung, hört es gerne Geschichten, singt es, malt es gerne ...)?

7.2   Welche Spielsachen hat es?
7.3   Was konnten Sie auf Spielplätzen beobachten (Umwelt – Kind – Umwelt)?

Tagesablauf zu Hause
8   Was tut Ihr Kind während des Tages, wenn es zu Hause ist (evtl. Tagesablauf berichten lassen)?
8.1   Welche Tätigkeiten kann es selbst verrichten?
8.2   Was tut es gerne, womit verbringt es die meiste Zeit?

Schulsituation
9   Ging Ihr Kind bereits in eine schulische Einrichtung?
9.1   Wie lange besuchte es eine Vorschule, eine schulvorbereitende Einrichtung?
9.2   Wie ging es dann weiter (welche Schule, Umschulung, Rückstellung, Schulwechsel ...)?
9.3   Wie würden Sie sich als Eltern die Schule für Ihr Kind wünschen?

10   Wie stellen Sie sich die *Zukunft* Ihres Kindes vor?
11   Wurden Sie jemals über eine finanzielle Unterstützung im Zusammenhang mit Ihrem Kind informiert (evtl. in welcher Form)?
12   Sonstige Fragen und Probleme, die ein erweitertes Gespräch verlangen
13   Evtl. noch Fragen nach besonderen *Problemen* in der Familie (Erziehung durch Stiefvater, -mutter, Fehlen eines Elternteils, Fürsorgeerziehung, Beeinträchtigung der Eltern ...)
14   *Wohnverhältnisse* (Größe, eigenes Zimmer, Spielplatz, Garten ...)

Zur Gesprächssituation Kind – Untersucher oder Eltern – Untersucher ist zu betonen, dass es sich keinesfalls um ein Frage-Antwort-Spiel handeln darf. Der Gesprächsleiter sollte eine freundliche, wohlwollende, mitfühlende und -reflektierende, schlechthin partnerschaftliche Haltung einnehmen und alle Aspekte einer guten Gesprächsführung beachten wie Achtung, Akzeptanz und Empathie (vgl. *Bundschuh* 2008 a, 282f).

Der Gesprächsleiter sollte auch ein Gespür dafür haben, wo die Grenzen eines Informationsgespräches liegen und seine Gesprächsart und -inhalte ändern, wenn sich unerwartet Probleme ergeben.

Man kann nur fragen, welcher Sinn und Nutzen kommt eigentlich einem solchen Gespräch zu? Bereits am Anfang dieses Abschnittes wurde eine kurze Begründung der Notwendigkeit der Durchführung einer Exploration gegeben. Einige weitere wichtige Aspekte sollen noch aus der praktischen Erfahrung hinzugefügt werden. Von größter Bedeutung scheint mir ein Informationsgespräch im Zusammenhang mit geistig Behinderten zu sein, weil gerade bei diesen Kindern der Informationsgehalt von Tests und Fragebogen oft nicht befriedigen kann. Manchmal sind eben geistig Behinderte – besonders wenn es sich um mittlere und schwere Formen der Behinderung handelt – nicht in der Lage, aufgabenadäquat zu reagieren. Ferner liefern leider die gegenwärtig vorhandenen Verfahren für geistig Behinderte immer noch zu wenig Informationen, um gezielte Aussagen über eine Förderung in den wichtigsten Bereichen machen zu können. Aufgrund der persönlichen Erfahrung im Umgang mit Eltern geistig behinderter Kinder kann gesagt werden, dass gerade diese Eltern das Angebot eines Gespräches sehr gerne wahrnehmen, denn sie fühlen sich häufig erleichtert, wenn sie Probleme, die sie mit ihrem Kind haben, mit jemandem in Ruhe besprechen können. Im Zusammenhang mit geistig Behinderten dürfte dann der Nutzen für beide Gesprächspartner sehr groß sein, vor allem auch, weil die Eltern vom Gesprächsleiter erste Ratschläge erwarten und erhalten können.

Etwas anders verhält es sich bei Informationsgesprächen mit Eltern potenziell lernbehinderter oder sich bereits in der Schule mit Förderschwerpunkt Lernen befindlicher Kinder. Während ein Teil dieser Eltern an einem Informationsgespräch mit Interesse teilnimmt, lehnen andere ein solches Gespräch ab, weil sie die Notwendigkeit einer Konfrontation ihres Kindes mit dem Sonderschullehrer nicht sehen oder erkennen können bzw. wollen oder weil sie „keine Zeit" und manchmal einfach kein Interesse an der Förderung ihres Kindes haben. Kommt es bei den zuletzt genannten Eltern doch noch zu einer Unterredung, zeigt sich gelegentlich offene Ablehnung gegen die Schule; teilweise erkennen die Eltern die Notwendigkeit einer besonderen Fördermaßnahme, ja sie sind froh darüber zu erfahren, dass ihr Kind vielleicht doch noch das Lesen, Schreiben, Rechnen usw. lernen wird. Die gesellschaftspolitischen Aspekte, die oft für „Lernbehinderung" als ursächlich angesehen werden müssen, sollen hier bewusst ausgeklammert werden.

Bei Eltern verhaltensgestörter Kinder findet sich meines Erachtens großes Interesse an einem Informationsgespräch mit dem förderdiagnostisch tätigen Pädagogen. Dies mag mit daran liegen, dass diese Eltern ständig – sei es über die Schule, über irgendwelche Institutionen oder durch die Probleme in der Familie – mit der Erziehungsschwierigkeit konfrontiert werden und so offensichtlich unter einem gewissen „Leidensdruck" stehen. Insgesamt gesehen wird die Exploration bei gründlicher Vorbereitung und partnerzentrierter Durchführung für beide Seiten effektiv sein; eine Ablehnung durch den Probanden oder durch die Bezugspersonen in jeder nur denkbaren Manifestation kann aber trotzdem nicht ausgeschlossen werden.

5.4 Diagnose – Förderung – Erziehung als pädagogische Einheit bei Menschen mit geistiger Behinderung

Es liegt auf der Hand, dass hier nur ein sehr kleiner Ausschnitt an Informationen aus dem Problembereich Diagnose und Förderung Schwerstbehinderter angeboten werden kann. Gerade bei der Interaktion mit Schwerstbehinderten wird deutlich, dass sich prinzipiell Fragen der Diagnose, Förderung und Erziehung nicht trennen lassen, vielmehr eine Einheit bilden, wobei die Kommunikation als übergreifendes Moment, ja als durchgängiges Prinzip gesehen wird. In Anlehnung an *Fröhlich* (1998, 104) verstehen wir unter Kommunikation jegliche wechselseitige Äußerung von Personen bezüglich innerer oder äußerer Zustände oder Prozesse mit Hilfe des eigenen Körpers in Form sprachlicher, mimischer, gestischer oder anderer motorischer Vorgänge oder auch physiologischer Veränderungsprozesse, wobei die Inhalte oder die Art der verwendeten Zeichen der Mitteilung zunächst ebensowenig eine Rolle spielen wie das Verstandenwerden durch den Kommunikationspartner. Für jedes Kind mit geistiger Behinderung, erst recht aber für jedes Kind mit schwerster Behinderung sollten detaillierte und differenzierte Förderungs- und Erziehungsziele erarbeitet werden, die je nach Bedürfnissen, situativen und sozialen Bedingungen für zukünftige Entwicklungen offen sein müssen.

Bei der Frage der Förderung und Erziehung Schwerstbehinderter müssen neue Wege beschritten werden. Die bisher im Bereich der Sonderpädagogik angewandten Verfahren testdiagnostischer Art dienen weder der hinreichenden Einschätzung des Leistungs- und Entwicklungsstandes noch der Beobachtung einzelner Verhaltensbereiche, am wenigsten der ganzheitlichen Förderung Schwerstbehinderter. Tests und Entwicklungsskalen können in der Regel in den vorliegenden Formen nicht zur Anwendung herangezogen werden, sie liefern bestenfalls Anregungen zur Umformung, zur Problematisierung bezüglich der Beobachtung und Förderung einzelner Kinder. Hieraus ist auch die Tatsache zu erklären, dass viele Einrichtungen für Schwerstbehinderte aus der Notwendigkeit der Orientierung an Einzelproblemen sich ihre eigenen Diagnose- und Förderungsansätze geschaffen haben. Im Zusammenhang mit Schwerstbehinderten wird vom Erzieher „elementares Können" gefordert, die Fähigkeit, auf der Basis pädagogischer, entwicklungspsychologischer, didaktischer, ja therapeutischer Kenntnisse Verhalten, Signale, Gefühle, „Bedürfnisse" wahrzunehmen, in gewisser Weise zu entschlüsseln, zu „dekorieren", zu deuten und für die erzieherische Aufgabe nutzbar zu machen. Der Schwerstbehinderte erziehende Pädagoge muss in der Lage sein, Details zu beobachten, in das Gesamtverhalten einzuordnen, für neue Aktivitäten, für neues Handeln zu sensibilisieren; dabei muss er jederzeit bereit sein, sich selbst, seine bisherigen Annahmen und Intentionen in Frage zu stellen, d. h. für „Entwicklungen" offen zu sein.

Mit dem Hinweis auf Ganzheit, Komplexität und soziale Bedingungen soll angezeigt werden, dass es gut wäre, wenn alle geistig behinderten Kinder unter Einbezug von Stützlehrern möglichst oft mit nichtbehinderten Kindern zusammen wären, gemeinsam unterrichtet würden, um z. B. – im Zusammenhang mit Wahrnehmung, Motorik, Sprache, Sozialverhalten – Anregungen zu erhalten und gleichzeitig im unmittelbaren Zusammenleben Nichtbehinderten die Möglichkeit zu geben, adäquates Verhalten gegenüber Behinderten zu lernen.

Dieter *Fischer* gibt wertvolle Hinweise über Verfahren und Ansätze zur Förderung geistig schwerstbehinderter Menschen, wobei von der „basalen Stimulation" ausgegangen wird, die sich dann integrierend weiterführen lässt zu Eigenaktivitäten in Handlungsfeldern (1978, 16ff).

Förderungsschema nach Fischer

Stufen der Förderung	Primäre Methoden der Förderung	Primäre Inhalte/Ziele der Förderung
Stufe I	Basale Stimulation (Nach A. D. *Fröhlich*)	Körpernahes Anbieten von gezielten Reizen im Bereich der Sensorik als Bereicherung der Lebenssphäre eines Kindes. Erreichen von zunehmender Wachheit bzw. von Erwartungshaltung und Reaktionsbereitschaft

Stufe II	Passives Lernangebot (Nach D. *Fischer*, auch L. L. *Eichler* etc.)	Meist körpernahes Anbieten von Reizen, jedoch mit dem Ziel, mit der Zeit ganz bestimmte Reaktionen zu gewinnen. Auch Ordnen von unbedingten und bedingten Reflexen
Stufe III	Basale Aktivierung, Aktives Lernangebot (L. L. *Eichler*, D. *Fischer*, E. *Bauer* etc.)	Lernen im 1. Signal-System. Vorhandene Reaktionen werden stabilisiert, aktiviert, gefestigt, an bestimmtes Material gebunden, Ausweitung des Aktionsraumes. Anbahnung erster Erfahrungen
Stufe IV	Elementarer Verhaltensaufbau (J. *Piaget* etc.)	Vorhandenes Reaktions- und Aktionspotenzial wird an Objekte Objekte gebunden, zu einfachen Tätigkeiten geformt und kanalisiert. Aufbau von sensomotorischen Schemata einschl. der Gewinnung von Basisfähigkeiten
Stufe V	Gezielter Auf- und Ausbau, Grundfertigkeiten und lebenspraktische Leistungen	Aufbau von Handlungsschemata z. B. Spielen (Bauen), einfache, lebenspraktische Tätigkeiten, wie selbst essen können. Erweiterung des Erfahrungs- und Aktionsraumes
Stufe VI	Situationsbezogenes bzw. situationsangewandtes Lernen	Die Schüler sind in der Lage, anhand oder innerhalb bestimmter Umwelt-Situationen (in d. Schule als didaktisch gestaltete Lernsituationen) Erfahrung zu gewinnen, lebenspraktische Tüchtigkeit zu erwerben bzw. vorhandene zu verbessern → Situationsbewältigung.

Im Rahmen förderungsorientierten diagnostischen Vorgehens spielen schwerpunktmäßig zur Erkundung der Förderungs-Ausgangslage der Lebenslauf (anamnestische Informationen) und das zu beobachtende Verhalten eine Rolle. *Franger* und *Pfeffer* stellen eine praktikable Möglichkeit einer pädagogischen Diagnose vor, die neben lebensgeschicht-

lichen Daten zur Genese der Behinderung, neben pädagogisch bedeutsamen Persönlichkeitsmerkmalen und neben der im Alltagshandeln
ermittelten sensomotorischen und psychomotorischen Funktionstüchtigkeit insbesondere die Interaktionen im Erziehungs- und Bildungspro-
zess betrifft und als Prozess-Diagnose unmittelbare Folgerungen für die
weitere Erziehungsarbeit ermöglichen soll. Als „Diagnostiker" werden
primär die am Erziehungsprozess beteiligten Erzieher, Lehrer, Kinder-
pflegerInnen und Therapeuten bezeichnet, die als Interaktionspartner der
Kinder auch gleichzeitig „Gegenstand" der Diagnose sind.

Die Darstellung der Gliederung soll einen Überblick über diesen
förderdiagnostischen Ansatz ermöglichen (1994, 90 – 101).

Block I: Biografie
I.1. Eltern-Fragebogen
I.2. Erzieher-Fragebogen
I.3. Therapeuten-Fragebogen
      Speziell: Medizinische Therapie

Block II: Diagnose überdauernder körperlicher und relativ überdauern-
der psychischer Merkmale
II.1. Diagnose körperlicher Merkmale
II.2. Diagnose relativ überdauernder psychischer Merkmale (Die Be-
      schreibung dieser Verhaltensweisen sollte einhergehen mit einer
      relativ exakten Beschreibung der Situation, in der sie auftreten, wie
      Raum, Personen, Wetterlage, Häufigkeit usw.)
II.3. Beschreibung psychischen Grundverhaltens (Es sind Verhaltens-
      weisen gemeint, die das Kind sowohl in Alltags- als auch Extrem-
      situationen zeigt.)

Block III: Sensomotorische und psychomotorische Funktionstüchtigkeit
Grobmotorik
Feinmotorik/Handmotorik
Mundmotorik/Essen
Geruchswahrnehmung
Geschmackswahrnehmung
Taktile Wahrnehmung (soweit nicht schon bei Handmotorik angeführt)
Optische Wahrnehmung
Akustische Wahrnehmung
Aktive Verständigung/Sprache/Kommunikation
Passive Verständigung/Sprachverständnis
Psychosoziale Entwicklung
Selbsthilfe (Toilette, Waschen, An- und Ausziehen)

Die Autoren empfehlen, die entsprechenden Aufgaben mit
(–)   nicht können
(+)   können in Ansätzen (Teilschritte)
(++)   schon fast können
(+++)   können
(++++)   können und einsetzen
          zu kennzeichnen.

Leider wird nichts über die Methode des Zustandekommens dieser Beobachtungsgesichtspunkte ausgesagt. Es wird auch nicht zu der Frage Stellung genommen, ob es sich um einen Erprobungsvorschlag handelt oder ob sich dieser Ansatz bereits bewährt hat.

Diagnoseskalen nach von Nordheim

Unter Einbezug der Entwicklungsskalen von *Fröhlich* u. a. (Schulversuch in Landstuhl), der Ansätze von *Kiphard* („Sensumotorisches Entwicklungsgitter"), *Flehmig* („Denver-Entwicklungsskalen"), *Stirnimann* und eigener Beobachtungen bei Schwerstbehinderten, Säuglingen und Kleinkindern wurde im Rahmen eines Schulversuches zur Förderung Schwerstbehinderter in der Schule für Körperbehinderte von *von Nordheim* ein umfassendes Diagnoseheft entwickelt (1982, 47 – 63). Absicht dieses Heftes ist es, die Betreuer schwerstbehinderter Kinder zu präziser Beobachtung anzuleiten und sie so weit zu sensibilisieren, dass ihre Haltung im Rahmen der durchgeführten Entwicklungsförderung letztlich durchgehend eine förderungsdiagnostische ist. Es wird mit Hilfe dieses Ansatzes möglich, im Hinblick auf die jeweilige Problemlage sinnvolle Lernziele zu erkennen und zu formulieren. Wesentlich hierbei erscheint, dass ein erreichter Entwicklungsstand jeweils positiv beschrieben wird, dass sich immer darstellen lässt, was ein Kind kann. Die Skalen umfassen die folgenden Funktionsbereiche: Hand-/Greifmotorik, optische Wahrnehmung, akustische Wahrnehmung, Sprache einschließlich passives Sprachverstehen, psychosoziale Entwicklung, Körpermotorik und Mundmotorik. Hinzu kommen der Bereich Physiotherapie (1. Muskeltonus, 2. Reflexaktivität, 3. Kopfkontrolle, 4. statische Funktion, 5. Gleichgewichtsreaktionen), Möglichkeiten der Beschreibung wesentlicher Aspekte aus dem Bereich Nahrung und Hygiene für die Diagnose und Therapie sowie der besonderen Interessen und weitere Ergänzungen. Einige dieser Bereiche sollen hier vollständig wiedergegeben werden:

Funktionsbereich: Hand-/Greifmotorik-Entwicklungsskala:

- Geschlossene Hand mit eingeschlagenem Daumen
- Greifreflex (mind. 5 Sek.)
- Unwillkürliches Öffnen und Schließen der Hände
- Kurzzeitiges Festhalten von in die Innenhand gegebenen Objekten (3 Sek.)
- Beruhigen, wenn es einen fremden Finger in der Hand spürt
- Fasst und lässt zufällig berührten Gegenstand los
- Armbeuge- und Streckbewegung
- Saugt an eigenem Finger (Hand)
- Schaut eigene Finger an
- Blick versucht der eigenen Hand zu folgen
- Blick fixiert Hand und festgehaltenen Gegenstand einige Sekunden
- Hand versucht bei kurzer Fremdberührung zu greifen
- Hände in die Mittellinie des Körpers zusammenführen
- Zupfen an eigener Kleidung
- Spielen mit den Händen
- Hand bringt Gegenstände zum Mund
- Ergreift Gegenstände nur, wenn es sie zuvor schon berührt hat
- Sucht vor ihm hängenden Gegenstand zu greifen
- Ergreift Gegenstände, wenn es Hand und Gegenstände gleichzeitig erblickt
- Ergreift gesehene Gegenstände bzw. vor ihm hin und her bewegte Gegenstände (Klapper)
- Greift spontan in Richtung von Gegenständen, die vor ihm liegen (Spielzeug)
- Hält einen ergriffenen Gegenstand fest bzw. widersetzt sich der Wegnahme
- Verwendet einen ergriffenen Gegenstand sinnvoll
- Nimmt zwei Gegenstände vom Tisch
- Gibt einen Gegenstand von Hand zur Hand
- Daumen-Finger-Griff
- Schüttelt Gegenstände bzw. schlägt zwei Klötzchen zusammen
- Pinzetten-Griff
- Ergreift einen Gegenstand auf verbale Aufforderung hin und verwendet ihn sinnvoll

Funktionsbereich: Hand-/Greifmotorik-Entwicklungsskala:

- Zuckt bei grellem Licht zusammen (z. B. Blitzlicht) (ein gesunder Säugling am ersten Tag)
- Verfolgt ruckweise über mind. 30 Grad mit den Augen eine kontrastreiche (schwarzweiße) Streifenkarte
- Verfolgt (fixiert) Streifenkarte
- Verfolgt (fixiert) Punktmusterkarte
- Folgt mit den Augen bis zur Mittellinie
- Folgt mit den Augen über die Mittellinie
- Verfolgt langsam bewegtes Licht

- Folgt mit den Augen 180 Grad
- Blickt in menschl. Gesicht
- Blickt Wegbewegtem nach
- Richtet Augen in Richtung einer auftauchenden Lichtquelle
- Folgt mit den Augen Personen, die sich im Raum bewegen
- Sucht mit den Augen den Partner, der ihn beim Namen ruft
- Folgt mit den Augen einem größeren Gegenstand (Auto, Zug), der sich vor ihm bewegt
- Folgt mit den Augen einem kleinen Gegenstand, der sich bewegt (Ball, Kugel …)
- Betrachtet einen Gegenstand in der eigenen Hand
- Sieht Hingefallenem nach
- Sucht und fixiert einen vom Partner unter mehreren Gegenständen gezeigten und benannten Gegenstand
- Findet zunächst gezeigten und dann verdeckten Gegenstand
- Bevorzugt einen bestimmten Gegenstand
- Kennt Eltern und Geschwister bzw. Bezugspersonen
- Betrachtet sich im Spiegel
- Sieht Bilderbuch an
- Erkennt Personen von weitem
- Ordnet Dinge nach Farbe und Form
- Schüttelt Kopf als Nein
- Zeigt Körperteile an Puppe

Funktionsbereich: Sprache – Entwicklungsskala:

- Saugt, schluckt, weint
- Gibt Laute von sich, die kein Weinen oder Schreien sind
- Reagiert auf Glocke
- Lacht
- Quietscht
- Gibt Laute von sich, die an den Partner gerichtet sind
- Wendet sich nach einer Stimme
- Schließt den Mund, schluckt Speichel
- Sucht nach dem Partner, der ihn beim Namen ruft
- Antwortet durch Laute
- Reagiert auf freundliche, unfreundliche Worte des Partners
- Äußert Stimmungslaute
- Imitiert Sprachlaute
- Lallt verschiedene Silben bzw. Papa, Mama ungezielt
- Laute als Wunschäußerungen
- Sagt zwei sinnvolle Worte
- Laute a, o, u, m, b, p
- „Papa" oder „Mama" gerichtet
- Drei Wörter (außer Papa und Mama)
- Einwortsatz als Wunsch

Passives Sprachverstehen – für Kinder mit Mehrfachbehinderung, in Sonderheit Behinderung durch Sprachmotorik. (Diese Skala zweigt etwa beim 9. Item der obigen Skala ab.)

- Hört zu, wenn zu ihm gesprochen wird
- Hört auf alltägliche Geräusche
- Unterscheidet freundliche und unfreundliche Ansprache
- Hört auf Musik

- Versteht Signalwörter
- Versteht Begrüßungsformeln, häufig wiederkehrende, einfache Satzmuster
- Versteht einfache Aufforderungen (reagiert soweit möglich)

- Versteht einfache Fragen
- Hört zu, wenn bestimmte Dinge gezeigt bzw. erklärt werden
- Hört bei Geschichten zu

Der **Förderplan** für den Schüler Michael zeigt sehr deutlich die Möglichkeit der positiven und damit förderungsorientierten Darstellung des Entwicklungsstandes (von *Nordheim* 1982, 65ff).

Med. Diagnose: CP, Tetraspastik mit Athetose, Microcephalus

Differenzialdiagnosen:
- *Handmotorik:* Michael kann Hände und Arme bewegen. Er kann Gegenstände fassen und vorübergehend festhalten. Er greift auch nach Gegenständen in seiner Reichweite. Gern blättert er in Illustrierten und Zeitschriften und zupft an Gitarresaiten. Er kann auch Kugeln vom Stab nehmen. Dabei wird vorwiegend die rechte Hand eingesetzt. Das Verfolgen der Handbewegungen mit den Augen ist noch ungefestigt.
- *Optische Wahrnehmung:* Michael kann Blickkontakt aufnehmen. Er kann mit den Augen fixieren sowie Gegenstände und Personen mit den Augen verfolgen, auch mit Hilfe von Kopfmitbewegungen. Er erkennt offensichtlich Bezugspersonen. Durch Hinschauen (Radio, Essen) gibt er Wünsche zu erkennen.
- *Akustische Wahrnehmung:* Sie ist relativ weit entwickelt. Michael reagiert auf verschiedene Alltagsgeräusche, wendet sich nach einer Stimme und sieht den Sprechenden an. Musik scheint ihn besonders anzusprechen. Michael zeigt deutliche Reaktionen auf seinen Namen.
- *Sprachentwicklung:* Michael gibt undifferenzierte Laute von sich sowie Lautverbindungen in Kettenform (eine Art Lallen und Gackern). Er sucht den Partner, der ihn beim Namen ruft, und antwortet durch Laute. Er äußert Stimmungslaute und Wünsche, wobei er Lachen und Weinen gezielt einsetzt.
- *Psychosoziale Entwicklung:* Michael ist gerne in Gesellschaft. Er scheint Bezugspersonen zu kennen. Er reagiert auf Ansprache, auch über größere Entfernungen hinweg (d. h. einige Meter). Einer dargebotenen Hand hebt Michael auch seine Hand entgegen. Er scheint Unterschiede zwischen bekannten und unbekannten Personen zu machen. Er beobachtet Erwachsene bei ihrer Tätigkeit.

    Ergebnisse in der Sauberkeitserziehung unterliegen trotz erzielter Erfolge noch Schwankungen, ein endgültiger Durchbruch ist noch nicht erzielt.

– *Körpermotorik:* Kopfkontrolle im Sitzen ist möglich, in Bauch- und Rückenlage kurzes Anheben des Kopfes. Gewichtsübernahme durch Arme und Beine erfolgt nicht.
– *Mundmotorik:* Michael kann Flüssigkeit sowie Brei und passierte Nahrung schlucken. Er kann seinen Kiefer auf und ab bewegen (Scharnier) sowie beim Füttern Nahrung vom Löffel nehmen.

Förderziele

Wahrnehmung:
1. Weitere Förderung der *Wahrnehmung und Differenzierung von Personen* durch Ansprache und Zuwendung in Partner- und Gemeinschaftssituationen.

2. *Augen-Hand-Koordination* weiter aufbauen.
   Durchführung: – Hand und Gegenstände ins Blickfeld bringen
   – Bauklötze und Bällchen aus Kasten oder Wanne nehmen
   – Kugeln vom Steckstab nehmen

3. Einen unter mehreren Gegenständen gezeigten und benannten Gegenstand anschauen und erkennen.

Motorik:
1. *Einsatz von Händen* **und** *Armen* weiterhin üben.
   Durchführung: – Greifenlassen von Bausteinen, Spieltieren, Stäben und Personen
   – In-die-Hand-Geben und Festhalten von Bällen
   – Festhalten am Stab und sich ziehen bzw. schieben lassen
   – Blättern in Zeitungen und Illustrierten
   – „Gitarre spielen"
   – Dauer des Festhaltens von Gegenständen steigern (bewusstes Festhalten und Loslassen)
   – Löffel beim Essen in der Hand halten und zum Mund führen mit Hilfestellung

2. *Einsatz der Füße* zur selbstständigen Fortbewegung durch Abstoßen.

3. Gewichtsübernahme durch die Arme, durch Stützen.

Sprache:
aktiv: 1. Lautbildung anbahnen, d. h. verstärken, wenn Michael isoliert Laute produziert.
2. Wünsche durch Laute ausdrücken (anstatt bloßen Lachens)
passiv: 1. Signalwörter, feststehende Begrüßungsformen, einfache Satzmuster kennenlernen.
Durchführung: Ständige Wiederholung im gleichen Wortlaut.

2. Das Verstehen von einfachen Fragen und Aufforderungen weiterhin üben.

Durchführung: U. a. im Rahmen des Essens.

Basale Stimulation:
- Somatisch: Baden, Duschen, Bürsten, Hautkontakt
- Haptisch-taktil: Verschiedenes Greifmaterial im Hinblick auf Oberflächenstruktur, Größe und Temperatur anbieten (s. auch Motorik!)
- Akustisch: Verschiedene Musik, menschliche Stimme, Gitarre

Kognitive Schulung:
Begriffsanbahnung durch Zeigen und Greifenlassen von Gegenständen
- beim Essen z. B. Löffel, Teller
- Einführen des Balles (s. auch Motorik)
- Unterscheidung von Essbarem und Nichtessbarem durch entsprechendes Signallösen.

Weitere Verfahren zur Beurteilung der Entwicklung

■ **Förderdiagnostik bei Schwerstbehinderten (*Haupt/Fröhlich* [6]1993):**
Der Entwicklungsbogen ist für Kinder erarbeitet, die sowohl in psychomotorischer als auch emotionaler, sozialer, kommunikativer und kognitiver Entwicklung extrem behindert sind. Ziel dieses Verfahrens ist es, die Basisfertigkeiten, von denen eine pädagogisch-psychologische Förderung ausgehen kann, möglichst genau zu beschreiben. – Zu den *Gütekriterien* liegen keine Angaben vor. – Hilfreich (im Vergleich zu anderen Testverfahren) ist, dass konkrete Fördervorschläge für die einzelnen Entwicklungsniveaus angegeben werden.

■ **Griffith' Entwicklungsskalen zur Beurteilung der Entwicklung in den ersten beiden Lebensjahren (GES) – (*Griffith* 1983, Brandt/Sticker 2001):**
Es handelt sich um einen differenzierten Test für das Säuglings- und Kleinkindalter zur Diagnose und Analyse des Entwicklungsprofils und des Gesamtentwicklungsstandes. Ziel der GES ist die Feststellung des Entwicklungsstandes zur Frühdiagnose von Entwicklungsverzögerungen und Entwicklungsabweichungen. So wird die Frühbehandlung und die Kontrolle des Behandlungserfolges durch den Test ermöglicht. Fünf Unterskalen liegen vor:

1. „Motorik",
2. „Persönlich-Sozial",
3. „Hören und Sprechen",
4. „Auge und Hand",
5. „Leistungen".

Die Wichtigkeit der Punkte vier und fünf ist hervorzuheben, da die Handmotorik im Zusammenhang mit der Entwicklung des Großhirns steht und somit der Gebrauch der Hände eng mit allen anderen Entwicklungsbereichen verknüpft ist.

Einsatz/Durchführung: 1. Lebensmonat bis 2. Lebensjahr bzw. auch bis 8. Lebensjahr, geeignet auch für entwicklungsrückständige Kinder. Die Durchführung beginnt 2 – 3 Monate unter dem tatsächlichen Alter oder dem geschätzten Entwicklungsalter des Kindes (4 – 6 Aufgaben in jeder Unterskala). Dauer ca. 20 – 45 Minuten, jedoch abhängig vom jeweiligen Entwicklungsstand bzw. Grad der Störung des Kindes.

■ **TARC-Methode – The TARC Assessment System (*Sailor* et al. 1975. Deutsche Übersetzung: *Niedermann* et al.** 1987): Es handelt sich um einen Beurteilungsbogen für „praktisch bildungs- und gewöhnungsfähige geistig Behinderte".

Testaufbau: Mit Hilfe des TARC-Beurteilungsbogens lässt sich der allgemeine Entwicklungsstand bei Schwerbehinderten für die lebenspraktischen, motorischen, kommunikativen und sozialen Fähigkeiten ermitteln. Der Test ist unterteilt nach den folgenden lebenspraktischen Bereichen: „Sauberkeit", „sich waschen", „essen", „Beurteilung der Motorik", „vorschulische Fertigkeiten", „Beurteilung der Kommunikationsfähigkeit", „Beurteilung des Sozialverhaltens".

Gefordert wird eine mindestens dreiwöchige Beobachtungszeit des zu beobachtenden, beurteilenden und zu fördernden Kindes oder Jugendlichen.

Auswertung und Profildarstellung erweisen sich als übersichtlich.

Wie in keinem anderen sonderpädagogischen Bereich ist der förderdiagnostisch tätige Pädagoge im Zusammenhang mit Schwerstbehinderten herausgefordert, sich auf ganz elementare, immer aber auf die Ganzheit bezogene Beobachtungsaufgaben zu konzentrieren. Indem er so handelt, wird er in der Lage sein, bisher vielleicht nicht wahrgenommene Signale zu erkennen und so das schwerstbehinderte Kind besser zu verstehen und zu fördern. Die jüngere Vergangenheit hat gezeigt, dass eine Unterrichtung Schwerstbehinderter im Rahmen der Institution Schule möglich und sinnvoll im Sinne von Förderung, Erziehung und damit Integration ist. Hier kann Förderdiagnostik nicht nur Hilfe anbieten, sondern selbst praxisorientiert weiterentwickelt werden und damit wertvolle Bereicherung für andere Aufgabenfelder im pädagogisch-sonderpädagogischen Bereich erfahren.

Weiterführende Literatur

Breitinger/Fischer 1981; Dittmann u. a. 1979; Feuser 1981; Fischer 1978; Fröhlich/Tuckermann 1978; Haupt 1982; Speck/Thalhammer 1977; Speck 2005; Thalhammer 1979.

5.5 Grundlageninformationen zur Problematik „Autismus"

Während im medizinisch-psychiatrischen Bestand kaum ein Zweifel an der Existenz eines ziemlich klar umrissenen Syndroms Autismus besteht, wird im sonderpädagogischen Sprachgebrauch eher von Kindern mit autistischen Zügen gesprochen, von der Problematik der adäquaten Kommunikation mit diesen Kindern, schlechthin von der Isolation als Bedingungshintergrund für das Lernen allgemein.

Kehrer berichtet im Zusammenhang mit frühkindlichem Autismus vom „Krankheitsbild" und definiert ihn als „ein ziemlich klar umrissenes Syndrom, d. h. eine durch beobachtbare Symptome definierte Verhaltensstörung". Er sollte unabhängig von der Ursache des Einzelfalles – etwa frühkindlicher Hirnschaden – diagnostiziert werden und ist unter den Psychosen einzuordnen. Als Kernsymptome gelten:

1. Störung des Kontakts, der zu den Mitmenschen quantitativ herabgesetzt ist und zur unbelebten Umwelt qualitativ abnorme Formen zeigt,
2. charakteristische Störungen der Sprache, die von Mutismus (völligem Fehlen der aktiven Sprache und des Sprachverständnisses) bis zu gut entwickelter, aber in mancher Hinsicht abnormer Sprache reichen;
3. mannigfaltige Bewegungsstereotypien;
4. Perseverationstendenz, d. h. Haften an bestimmten Handlungen oder an einmal eingeschlagenen Vorstellungen, ständige Wiederholungen und Zwangsmechanismen; damit im Zusammenhang
5. Äußerung von Unwillen oder Angst bei örtlichen und zeitlichen Veränderungen von Gewohntem.

Frühkindlicher Autismus ist zwar bei der Mehrzahl der Fälle mit geistiger Retardierung verbunden; er ist im Grunde aber von der Intelligenz unabhängig. Gerade bei der Kerngruppe kommen durchschnittliche oder überdurchschnittliche intellektuelle Leistungen vor (1982, 5f).

Trotz der relativen Seltenheit dieser Auffälligkeit erregte das ungewöhnliche Muster von Symptomen die Aufmerksamkeit vieler Fachleute. So unterschied *Kanner* (1943) zwei Kardinalsymptome:

- extreme Abkapselung von der sozialen Umwelt, keine affektive Reaktion auf die soziale Umwelt, Isolierung von der Umwelt;
- ängstlich-zwanghaftes Bedürfnis nach Beibehaltung und Gleichhaltung der Umwelt.

Hieraus wurden die folgenden Sekundärsymptome abgeleitet:

- schwere Störungen der Sprachentwicklung;
- falls Sprachentwicklung stattfindet, wird die Sprache nicht als Kommunikationsmittel benutzt, sondern das Kind spielt mit ihr (echoartiges Nachsprechen);
- Kontaktstörungen im Sinne der Einschränkung der Erziehungs- und Lernfähigkeit;
- ruhiges, desinteressiertes Verhalten;
- häufig unterdurchschnittliche Intelligenz als Folge des eingeschränkten Umweltkontaktes;
- Bewegungsstereotypien.

Unabhängig von *Kanner* beschrieb *Asperger* (1944) das Erscheinungsbild der „autistischen Psychopathie" im Kindesalter. Die von ihm untersuchten Kinder waren „höchst intelligente Kinder" mit einer „grammatisch hochstehenden Sprache". *Asperger* fasst den Begriff „Autismus" weiter als *Kanner.* „Autistisches Verhalten" kann seiner Meinung nach bei jedem Menschen auftreten, z. B. bei Trauer. Folgende Symptome werden bei ihm genannt:

- starke Abkapselung,
- hohe Intelligenz,
- früheres Sprechen- als Laufenlernen,
- hohe Spezialisierung und Originalität, jedoch Unfähigkeit, einfachste Verrichtungen des Lebens auszuführen.

In Anlehnung an einen Film von *Rendle-Short* (Australien) und an eine Skala von *Creak* (England) ergeben sich *14 Aspekte zur Diagnose* des *frühkindlichen Autismus:*

1. Kontaktschwierigkeiten zu anderen Menschen (Erwachsenen und Kindern einschließlich der Mutter) und Ablehnung von Zärtlichkeiten, auf den Arm genommen werden etc.
2. Mangelhaft ausgeprägte Sinnestätigkeit (optische und akustische Unansprechbarkeit) sowie häufiger Verdacht auf Taubheit in den ersten Lebensjahren.

3. Widerstand gegen Veränderungen und Abweichungen vom Gewohnten (Ablehnung, Neues zu erlernen oder Vertrautes in abgewandelter Form anzunehmen, z. B. das Essen – und Ablehnung räumlicher und/oder dinglicher Veränderungen).

4. Kein Erkennen von realen Gefahren (Auto, elektrische Geräte etc.).

5. Schwere Sprachauffälligkeiten (fehlende, späte oder sonst auffällige Sprachentwicklung wie Echolalie, Vertauschen von Du und Ich, Sprachstereotypien ohne Bezug zur Situation, Monotonie, Äußern von Wünschen durch Hinführen oder Gebärde anstelle einer lautlichen Verständigung).

6. Stimmungslabilität (Ausbrüche von Lachen, Weinen oder Wut bei geringem oder für andere nicht sichtbarem Anlass).

7. Auffällige körperliche Überaktivität (z. B. Hin- und Herlaufen).

8. Kein Blickkontakt (Wegschauen oder Hindurchschauen).

9. Übermäßige Bindung an Einzelobjekte (aber nicht vergleichbar mit normaler Beziehung zu einem Lieblingsspielzeug).

10. Hantieren mit Gegenständen oder Eigenschaften ohne Berücksichtigung der eigentlichen Funktion (der Aufforderungscharakter des Materials wird nicht beachtet).

11. Stereotype Spielgewohnheiten.

12. Selbstuntersuchung (Teile des eigenen Körpers werden in kleinkindhafter Art immer wieder betrachtet wie ein nicht zum Kind gehörender Gegenstand, z. B. Hände).

13. Herausragende Einzelfähigkeit, die nicht dem übrigen Gesamtentwicklungsrückstand entspricht.

14. Abkapselung (Zurückziehen in sich selbst und Benutzen der Eltern wie einen Gegenstand, um die Wünsche durchzusetzen. Bei Nachgeben der Eltern Verstärkung der Verhaltensstörungen bis zur Kettenreaktion eines ständigen Fehlverhaltens sowohl bei den Eltern als auch beim Kind), fehlende oder mangelhafte Nachahmungsfähigkeit.

Wenn in der Rückschau sieben oder mehr dieser Auffälligkeiten bei einem Kind vorliegen, besteht der Verdacht eines frühkindlichen Autismus. Eine genaue Diagnose in Verbindung mit einer ausführlichen Anamnese und neurologischen Untersuchung sowie eines EEG etc. sind zur Abklärung erforderlich, damit entsprechende Therapiemaßnahmen umgehend eingeleitet werden können.

Einen ausführlichen „Merkmal- und Symptomkatalog zur Erkennung des frühkindlichen Autismus" hat *Kehrer* zusammengestellt. In diesem

Fragebogen, der gleichzeitig als Merkmalliste gilt, sind die typischen Symptome des frühkindlichen Autismus aufgeführt. Einzelne Symptome kommen auch bei anderen Krankheiten und Verhaltensstörungen vor, so z. B. bei Blinden, Gehörlosen und geistig Behinderten. Erst die Summierung vieler sogen. charakteristischer Erscheinungen führt zur Diagnose „frühkindlicher Autismus". Dabei unterscheidet *Kehrer* nach der Anzahl der vorhandenen Symptome „eine Kerngruppe von einigermaßen typischen und weniger typischen Fällen".

Kehrer hat einen Merkmal- und Symptomkatalog zur Erkennung des „frühkindlichen Autismus" zusammengestellt. Für die praktische Diagnose wird diese Merkmalliste bzw. der Symptomfragebogen herangezogen (1995, 171 – 174):

Zwei Bereiche scheinen im Hinblick auf das hier angesprochene Phänomen eine besondere Rolle zu spielen: die Störung der Wahrnehmung und der Sprache. Aufgrund von Untersuchungen insbesondere im medizinischen Bereich wird vermutet, dass die primäre Störung auf dem Gebiet der Wahrnehmung und ihrer Verarbeitung zu suchen sei. Das bedeutet, dass mit intakten peripheren Sinnesorganen die zahlreichen Reize aus der Umwelt wahrgenommen werden, ihre Synthese aber nicht oder nur unvollkommen gelingt.

Die unterschiedlichen Auffassungen und Interpretationen lassen sich durch eine Gegenüberstellung der Positionen des Mediziners *Kehrer* und des Pädagogen *Feuser* verdeutlichen:

„1. Das autistische Kind ist nicht autistisch. Es baut vielmehr eine veränderte Beziehung zur Realität, zu den Dingen wie zu den Personen und seinem eigenen Körper auf.

2. Entsprechend entwickelt das autistische Kind eine Struktur und Dynamik seiner psychischen Prozesse, die einfache, konstante und immer wiederkehrende Eindrücke gerade noch widerzuspiegeln vermögen, nicht aber die Vielgestaltigkeit und Komplexität der Personen, deren Beziehungen untereinander und zu dem autistischen Kind. Dies begründet seine sozialen Schwierigkeiten, seinen scheinbaren Rückzug aus der Umwelt, was uns veranlaßt, diese Kinder als autistisch zu bezeichnen" (*Feuser* 1982, 46).

Im Zusammenhang mit dem Aufbau elementarer Lernprozesse fordert *Feuser* für die Förderung im schulischen Bereich:

„1. Die Schaffung klar strukturierter Unterrichtssituationen,

2. die Vorgabe einfacher, eindeutiger und klarer Interaktions- und Kommunikationsangebote,

3. die Erstellung exakter Strukturanalysen des zu vermittelnden Stoffes (im Sinne ihrer didaktisch-methodisch/therapeutischen Aufbereitung und im Rahmen der Unterrichtsplanung) und

4. die Durchführung der Förderung unter Anwendung lernpsychologischer Prinzipien (im verhaltenstherapeutischen Modell) und Techniken in entsprechenden Formen des Unterrichts (unter denen man in der Behindertenpädagogik auch Einzel-, Kleingruppen- oder Kursunterricht neben dem üblichen Klassenunterricht versteht)" (1982, 50).

Die förderdiagnostische Aufgabe besteht hier keinesfalls in einer möglichst definitiven Diagnose „Autismus" sondern in der Ausarbeitung und Bereitstellung von Hilfen zur Partizipation am täglichen Leben in der Familie, in der Schule, im Zusammensein mit Kindern. Förderdiagnostik heißt hier nicht, die „Symptomatik" zu fixieren, sich an ihr zu orientieren, vielmehr Lernbedingungen und -möglichkeiten zu schaffen, die Interaktion und Kommunikation mit der sozialen Umwelt anbahnen, zu ihr herausfordern. Hierzu können je nach Problemlage Methoden der Lernpsychologie, wenn es um den Aufbau von Lernprozessen geht, dienlich sein oder Methoden der psychoanalytisch orientierten Therapie, wenn emotionale Blockierungen, psychische Hemmnisse gelockert, aufgearbeitet werden sollen.

5.5.1 Erscheinungsbilder des Autismus-Syndroms und Störungsphänomene

„Der Begriff Syndrom umschreibt das Zusammentreffen mehrerer Symptome (Kennzeichen, normabweichende Merkmale), das entweder nach dem entdeckenden Wissenschaftler oder mit einem deskriptiven (beschreibenden) Namen bezeichnet wird (Beispiel: Asperger Syndrom, kombiniertes Syndrom)" (*Janetzke* 1993, 26).

Es gibt verschiedene Wege, sich dem Autismus-Syndrom zu nähern. Die psychoanalytische Sichtweise unterscheidet sich z. B. erheblich von verhaltenstherapeutischen und neurologischen Positionen. Diese konträre Ausgangsbasis führt auch zu divergierenden Formen der Diagnose und Therapie.

Man kann Menschen mit autistischen Verhaltensweisen im Allgemeinen an der Häufung und Bündelung typischer Merkmale erkennen. Es wird in diesem Zusammenhang auch von einer *„Summationsdiagnose"* gesprochen. Auffällige Erscheinungsbilder zeigen sich manchmal bis zum dritten, spätestens bis zum vierten Lebensjahr. Es können bereits im Säuglingsalter Probleme beim Essen und Schlafen auftreten. Es entwickeln sich teilweise auch selbststimulierende Verhaltensweisen, die bis zur Selbstverletzung führen können. Im Bereich der sensorischen Wahrnehmung können signifikante Unregelmäßigkeiten hinzutreten, denn die Verarbeitung von Sinnesreizen ist meist unzureichend ausgeprägt.

Es können auch Störungen im Sprachvermögen, in der Kommunikationsfähigkeit und in der Sozialkompetenz deutlich werden. Sie verhindern es, dass das Kind mit Autismus zu anderen Personen, ja sogar zu den eigenen Eltern eine tragfähige emotionale Beziehung aufzubauen vermag. Angst vor Veränderungen und Rückzug aus sozialen Bezügen gelten als weitere Kennzeichen. Das Repertoire an Aktivitäten und Interessen kann deutlich verringert sein. Es bilden sich häufig sprachliche und motorische Stereotypien aus. Rituale und sich wiederholend-verfestigende Verhaltensweisen treten mitunter zu Tage.

5.5.2 Kennzeichen und einzelne Symptome

Man kann sagen, dass erst dann die Diagnose von Autismus vorliegt, wenn mehrere unterschiedliche Symptome gemeinsam auftreten. Dabei gilt, dass Intensität und Ausprägung des Autismus in jenem Ausmaß wachsen, wie sich die einzelnen Störungsbilder addieren. Es ist deshalb wichtig, typische Merkmale einzelner Störungsbereiche zu benennen (vgl. Schor/Schweigert 1999, 21ff):

Symptome in der sensorischen Wahrnehmung (Verarbeitung von Sinnesreizen): Im Bereich des *Hörens* zeigen Menschen mit autistischen Verhaltensweisen im Allgemeinen Empfindlichkeit gegenüber Lärm und alltäglichen Geräuschen. Sie hören ungewöhnlich hohe und tiefe Töne.

Im Bereich des *Sehens* weisen sie häufig starke Lichtempfindlichkeit auf. Sie verfügen teilweise über keine ausreichende Hand-Auge-Koordination. Sie besitzen ein auffallend gutes oder schlechtes Orientierungsvermögen. Sie haben Schwierigkeiten beim Wiedererkennen von Gesichtern. Sie ignorieren oft Personen und Gegenstände in ihrem unmittelbaren Umfeld.

Im Bereich des *Geruchs- und Geschmacksempfindens* zeigen sie in der Regel hohe Sensibilität gegenüber Geruchs- und Geschmacksspuren. Kaum wahrnehmbare Gerüche nehmen Einfluss auf ihr Handeln und Verhalten.

Im Bereich des *Tastens und Berührens* offenbaren sie häufig Unempfindlichkeit für Schmerz und Temperaturen. Meist zeigen sie Abneigung selbst bei leichtesten Berührungen, die sie oft als schmerzhaft empfinden. Sie weisen vielfach Empfindungslosigkeit in Gliedmaßen auf.

Symptome im personalen Handeln: Sie verweigern sich häufig – auch bei leichten Veränderungen – oder können verfestigte Handlungsabläufe nur in eingeschränktem Maß variieren. Es mangelt ihnen immer wieder an hinreichendem Gefahrenbewusstsein. Sie neigen zu Phobien, zu Schlaf- und Ess-Störungen, zu Wutausbrüchen, zu Aggressionen und Selbstverletzungen. Sie fixieren sich auf spezifische Themen. Sie offenbaren Bewegungs-Stereotypien, indem sie etwa schaukeln oder hin- und herlaufen. Sie haben oft Zwänge, sind auf Alltagsrituale fixiert, etwa auf bestimmte Ordnungen, Regeln, Handlungen und Gewohnheiten.

Auffälligkeiten im sozialen Handeln: Menschen mit autistischen Verhaltensweisen nehmen im Allgemeinen soziale und emotionale Signale in nicht-adäquater Weise wahr. Sie meiden auch Blick- und Körperkontakt. Es mangelt ihnen an sozial-emotionaler Beziehungsfähigkeit. Kritischen Äußerungen begegnen sie hypersensibel. Sie zeigen unzureichende und unangemessene Reaktionen auf Emotionen anderer Menschen. Sie unterstützen ihre Wünsche durch Hinführen des Partners. Sie kapseln sich beim Spiel mit anderen Kindern ab (Anzeichen von Distanzlosigkeit, Ich-Zentriertheit und Intoleranz).

Motorik: Sie drehen Gegenstände auffallend häufig und führen bizarre Bewegungen aus. Sie zeigen oft eine ungelenke Grobmotorik und gestörte Feinmotorik.

Sprache: Es mangelt ihnen im Allgemeinen an Flexibilität im Sprachvermögen. Ihre Stimmführung ist teilweise zu laut oder zu leise. Sie besitzen auffällige sprachliche Eigenheiten, die etwa in weitschweifigem Erzählen, in Freude an etwas komplizierten Formulierungen, in Echolalie und repetitivem Sprachgebrauch oder gar in teilweiser Verweigerung sprachlicher Äußerungen zu Tage treten.

Die aufgezeigten Wesensmerkmale und Symptome erweisen sich als deutliche Hinweise darauf, dass autistische Störungen vorliegen können. Eine genaue Differenzialdiagnose durch die Kinder- und Jugendpsychiatrie, die auch längere Zeit in Anspruch nehmen kann, trägt entscheidend zur Klärung des Störungsbildes bei.

5.5.3　Medizinisch-fachärztliche Diagnose und Sichtweise

Der frühkindliche Autismus ist eine selten auftretende Störung. Die Diagnose beruht auf der Beschreibung spezifischen kindlichen Verhaltens. Wesentliche Merkmale, die zur Diagnose von Autismus führen, sind in der Internationalen Klassifikation der Krankheiten der WHO *ICD-10* (*10*. Überarbeitung der *International Classification of Diseases*) sowie in der amerikanischen Klassifikation *Diagnostisches und Statistisches Manual Psychischer Störungen (DSM-IV)* zusammengefasst. Nach *ICD-10* und *DSM-IV* müssen qualitative Beeinträchtigungen im Bereich der sozialen Interaktion und der Kommunikation vorliegen. Die Störung ist außerdem durch eingeschränkte, sich wiederholende und stereotype Verhaltensmuster, Aktivitäten und Interessen charakterisiert. Diese Auffälligkeiten müssen vor dem 30. Lebensmonat vorhanden sein. Zu den einzelnen Verhaltensweisen, die unter diesen drei Hauptkriterien zusammengefasst werden, gehören (vgl. *Noterdaeme* 1999, 33ff):

Qualitative Beeinträchtigung in der sozialen Interaktion: Unangemessene Einschätzung sozialer und emotionaler Signale, häufig inadäquate Verhaltensanpassung im sozialen Kontext, geringer Gebrauch sozialer und emotionaler Signale. Mangelnde Interaktion sozialer, emotionaler und kommunikativer Verhaltensweisen.

Die Diagnose des frühkindlichen Autismus wird aufgrund der früheren und der aktuell bestehenden Verhaltensauffälligkeiten der Betroffenen gestellt. Sie beruht auf der Verhaltensbeschreibung der Bezugspersonen. Insbesondere sind die signifikanten Verhaltensprobleme im Kindergartenalter von Bedeutung, weil offenkundig vom vierten bis fünften Lebensjahr die für das Phänomen Autismus typischen Verhaltensweisen am ausgeprägtesten sind.

Qualitative Beeinträchtigung der Kommunikation: Modifizierte Gestik, Mimik oder Sprache in sozialen Interaktionen, beeinträchtigte Synchronie im Gespräch, Nicht-Verstehen mimischer und stimmlicher Information, Auffälligkeiten in der Intonation, unangemessene Sprachanwendung.

Eingeschränkte, sich wiederholende und stereotype Verhaltensmuster, Interessen und Aktivitäten: Stereotype Bewegungen, kaum kreatives Spiel, eingeschränkte, repetitive Interessen, stereotype Beschäftigung, etwa mit Daten, Fahrplänen, Fahrtrouten, zwanghaftes Verhalten und Rituale im Alltag, bestehen auf immer gleich bleibenden Abläufen.

Neben der Verhaltensbeschreibung durch die Bezugspersonen gilt die direkte Beobachtung des Verhaltens als wichtiger Teil der Diagnostik. Es wurden Testverfahren entwickelt, die eine relativ zuverlässige Diagnose ermöglichen. Hier ein Überblick:

Instrument	Altersspanne	Autoren
Screening		
CHAT	1,5 bis 3 Jahre	*Baron-Cohen* et al. 1992
ABC	ab 3 Jahren	*Krug* et al. 1980
Diagnose		
CARS	alle Altersgruppen	*Schopler* et al. 1988
ADI-R	ab 18 Monaten	*Le Couteur* et al. 1989 *Lord* et al. 1994
ADOS	ab 6 Jahren	*Lord* et al. 1989
PL-ADOS	3 bis 6 Jahre	*Dilavore* et al. 1995

Screening-Verfahren

■ **CHAT (Checklist for Autism in Toddlers):** Dieses Verfahren wurde in der medizinischen Praxis für die Hand des Kinderarztes entwickelt. Es ist ein kurzes, aus zwei Teilen bestehendes Diagnostikum. Neben neun Fragen an die Eltern werden fünf Verhaltensmerkmale in der Untersuchungssituation beobachtet. Die Durchführung des CHAT dauert etwa 15 Minuten und wurde in England im Rahmen der Vorsorgeuntersuchung bei 16.000 Kindern im Alter von 18 Monaten erprobt. Es zeigte sich, dass fast alle Probanden, die mit 18 Monaten im CHAT als auffällig eingestuft wurden, mit 30 Monaten die Diagnose eines frühkindlichen Autismus erhielten. Die Anzahl der Kinder, die anhand des CHAT als falsch positiv identifiziert wurden, war nur sehr gering. Insgesamt erwies sich der CHAT als nützliches und praktikables Screening-Instrument (*Gillberg* et al. 1996).

■ **ABC (Autism Behavior Checklist):** Die ABC ist ein aus 57 Items bestehender Fragebogen, der als Screening-Instrument zum Erfassen autistischer Verhaltensweisen bei Personen mit einer intellektuellen Behinderung entwickelt wurde. Der Fragebogen erweist sich vor allem als wirkungsvoll bei der Einschätzung des Schweregrades von autistischen Symptomen und bei der Verlaufsdokumentation dieser Merkmale über einen längeren Zeitraum. Als diagnostisches Instrument im Sinne eines spezifischen Screenings für den frühkindlichen Autismus ist der Fragebogen nicht hinreichend geeignet. Es werden schwerpunktmäßig eher generelle, nicht-adaptive Verhaltensweisen erfasst und weniger die für den Autismus spezifischen qualitativen Beeinträchtigungen im Bereich der sozialen Interaktion und Kommunikation.

■ **CARS (Childhood Autism Rating Scale):** Bei diesem Instrument (deutsche Fassung: *Steinhausen* 1988) handelt es sich um eine Beurteilungsskala, die insgesamt 14 Funktionsbereiche prüft. Die Wertung der einzelnen Items erfolgt auf einer vierstufigen Skala (von 1 = unauffällig bis 4 = hochgradig abnorm). Die diagnostische Einschätzung wird auf der Grundlage des Gesamtwerts und der Anzahl von Funktionsbereichen bestimmt, in denen das Kind eine Beurteilung von (3) oder höher erhält. Kinder mit einem Gesamtwert von 37 oder höher und einer Bewertung von (3) in insgesamt fünf Funktionsbereichen werden als hochgradig autistisch bezeichnet. Kinder mit einem Gesamtwert zwischen 30 und 36, die aber eines der beiden eben aufgeführten Kriterien nicht erfüllen, gelten als leicht bis mittelgradig autistisch. Werte unter 30 werden als nicht autistisch interpretiert. Es reicht keineswegs, diese Beurteilungsskala als einziges diagnostisches Instrument zu verwenden.

■ **ADI-R (Autism Diagnostic Interview-Revised):** Das ADI-R (deutsche Fassung: *Schmötzer* et al. 1991) ist ein standardisiertes, halbstrukturiertes, untersuchergeleitetes Interview. Es basiert auf Angaben der Eltern und der engsten Bezugsperson des Kindes. Dabei werden für den Autismus typische Verhaltensweisen im Verlauf der Entwicklung erfragt. Der Untersucher verschafft sich durch Fragen über konkrete Aktionen und Reaktionen ein Bild vom Kind und seinem Verhalten. Anhand der verschiedenen Fragen wird am Schluss des Interviews mit Hilfe eines Algorithmus eine Summe für die drei Verhaltensbereiche „Soziale Interaktion", „Kommunikation" und „Repetitives Verhalten" gebildet. Bei Überschreiten eines Grenzwertes in allen drei Bereichen erfolgt die Zuordnung zu der Diagnose „frühkindlicher Autismus". Für den Untersucher sind Beherrschung des Interview-Verfahrens und ein hohes Maß an Erfahrung im Hinblick auf das Verhalten von Kindern mit autistischen Zügen unabdingbar.

■ **ADOS und PL-ADOS (Autism Diagnostic Observation Schedule):**
Das Interview mit der betroffenen Person (deutsche Fassung: *Rühl* 1996) ist ein halb-standardisiertes Interview, in dem eine Reihe von Situationen geschaffen werden, die soziale Interaktion hervorrufen. Das Interview dauert etwa 30 bis 45 Minuten und kann bei Kindern ab dem sechsten Lebensjahr mit einem Entwicklungsalter von mindestens drei Jahren eingesetzt werden. Das PL-ADOS (Prelinguistic ADOS) ist für jüngere Kinder oder für Kinder ohne Sprachentwicklung bestimmt. Es ist rascher durchzuführen und orientiert sich am Verhalten von schwer behinderten Kindern. Der Untersucher beurteilt das Verhalten nach vorgegebenen Kategorien. Die Beurteilungen werden – wie beim ADI-R – für jeden Verhaltensbereich zusammengefasst. Ein Algorithmus erlaubt die Zuordnung nach den Kriterien „autistisch" – „nicht autistisch".

Das ADOS und das ADI-R gehören zu den relativ häufig verwendeten Instrumenten in der Diagnostik autistischer Störungen. In der Verknüpfung erlauben sie in der Hand des geschulten und erfahrenen Untersuchers eine sichere Diagnose. Es darf davon ausgegangen werden, dass eine Diagnose meist im Alter von drei Jahren relativ sicher gestellt werden kann.

Diagnostische Klassifikation: Tief greifende Entwicklungsstörungen sind charakterisiert durch qualitative Beeinträchtigungen in der wechselseitigen sozialen Interaktion und Kommunikation sowie durch eingeschränktes, sich wiederholendes Verhaltensrepertoire. Diese qualitativen Beeinträchtigungen sind in allen Situationen ein bestimmendes Merkmal der betroffenen Person, variieren jedoch in ihrem Ausprägungsgrad. In den meisten Fällen besteht von frühester Kindheit an eine auffällige Entwicklung. Die Störungen sind aufgrund des Verhaltens definiert, unabhängig von der Intelligenzhöhe.

Bei der Klassifikation autistischer Störungen ist es wichtig, sowohl die Intelligenz als auch zusätzliche körperliche Symptome zu erfassen. Bei etwa 75 % der Personen mit frühkindlichem Autismus liegt eine Intelligenzminderung vor, die sich zu einer Lernbehinderung oder zu einer geistigen Behinderung ausformen kann.

Der frühkindliche Autismus wird in der ICD-10 der WHO (World Health Organization) als „tief greifende Entwicklungsstörung", bezeichnet, die durch eine abnorme oder beeinträchtigte Entwicklung definiert ist und sich vor dem 3. Lebensjahr manifestiert. Außerdem ist sie durch eine gestörte Funktionsfähigkeit in den drei folgenden Bereichen charakterisiert: In der sozialen Interaktion, der Kommunikation und in eingeschränktem repetitiven Verhalten. Die Störung tritt bei Jungen drei- bis viermal häufiger auf als bei Mädchen. Autismus wird unter (F 84 – 84.5) wie folgt klassifiziert: Frühkindlicher Autismus (F 84.0), Atypischer Autismus (F 84.1), Rett-Syndrom (F 84.2), Andere desintegrative Störung des Kindesalters (F 84.3), Hyperkinetische Störung mit Intelligenzminderung/Bewegungsstereotypien (F 84.4), Asperger-Syndrom (F 84.5).

Diagnostische Leitlinien: In der Regel gibt es keine vorangehende Periode einer eindeutig unauffälligen Entwicklung. Spätestens ab dem 3. Lebensjahr zeigt sich eine auffällige Entwicklung. So finden sich qualitative Beeinträchtigungen in den sozialen Interaktionen. Sie zeigen sich in Form einer unangemessenen Einschätzung sozialer und emotionaler Signale wie z. B. im Fehlen von Reaktionen auf Emotionen anderer Menschen oder einer fehlenden Verhaltensmodulation im sozialen Kontext. Es bestehen ein geringer Gebrauch sozialer Signale und eine nicht hinreichende Integration sozialer, emotionaler und kommunikativer Verhaltensweisen; es fehlen die soziale und emotionale Gegenseitigkeit. Ebenso sind qualitative Beeinträchtigungen der Kommunikation allgemein anzutreffen. Diese zeigen sich im Fehlen eines sozialen Gebrauchs vorhandener sprachlicher Fertigkeiten, wie immer diese entwickelt sein mögen. Es bestehen geringe Flexibilität im Sprachausdruck und ein relativer Mangel an Kreativität und Phantasie im Denkprozess; ein Mangel emotionaler Resonanz auf verbale und nonverbale Annäherungen anderer Menschen und ein Mangel an Begleitgestik, welche die sprachliche Kommunikation betont oder ihren Sinn unterstreicht.

Die Störung ist außerdem charakterisiert durch eingeschränkte, sich wiederholende und stereotype Verhaltensmuster, Interessen und Aktivitäten. Sie zeigen sich in einer Tendenz, große Teile alltäglicher Aufgaben relativ starr und routiniert auszuführen. Dies gilt meist für neue Beschäftigungen ebenso wie für vertraute Gewohnheiten und Spielmuster. Die Kinder können darauf bestehen, bestimmte Handlungsroutinen in bedeutungslosen Ritualen auszuführen. Motorische Stereotypien sind häufig, ebenso ein spezifisches Interesse an unwichtigen Teilaspekten von Objekten (beispielsweise wie sie riechen oder sich anfühlen). Auch kann Widerstand gegenüber Veränderungen, von Handlungsroutinen oder gegenüber

Details der persönlichen Umgebung (etwa Veränderungen der Möbel in der Wohnung) vorhanden sein (vgl. *Bundschuh* 1994, 154 – 164).

Neben diesen spezifischen diagnostischen Merkmalen zeigen Kinder mit Autismus oft auch eine Reihe anderer, unspezifischer Probleme wie Befürchtungen, Phobien, Schlaf- und Ess-Störungen, Wutausbrüche und Aggressionen. Selbstverletzung (wie das Beißen in den Handrücken) ist häufig, besonders wenn zusätzlich eine niedrige Intelligenz vorliegt. Die meisten Menschen mit Autismus lassen Spontaneität, Initiative und Kreativität in der Organisation ihrer Freizeit vermissen und haben Schwierigkeiten, bei der Arbeit Konzepte zur Entscheidungsfindung anzuwenden (auch wenn die Aufgaben an sich von ihnen zu bewältigen sind). Die spezifische Manifestation der für den Autismus charakteristischen Merkmale ändert sich mit zunehmendem Alter, jedoch bleiben im Erwachsenenalter weitgehend ähnliche Probleme in der Sozialisation, der Kommunikation und den Interessen bestehen. Um die Diagnose stellen zu können, müssen Entwicklungsauffälligkeiten in den ersten 3 Jahren vorhanden gewesen sein, das Syndrom kann aber auch in allen Altersgruppen diagnostiziert werden.

Bei vorliegendem Autismus kann jedes Intelligenzniveau vorkommen, jedoch besteht in etwa drei Viertel der Fälle eine deutliche unterdurchschnittliche Intelligenz.

Im psychiatrischen Bereich werden auch folgende Begriffe verwendet: autistische Störung, frühkindliche Psychose, infantiler Autismus, Kanner-Syndrom.

5.5.4 Grundlageninformationen zu Facilitated Communication (FC)

Anfang der 80er Jahre entwickelte Rosemary Crossley in Australien mit spastischen Kindern in einem Heim für schwer mehrfachbehinderte Kinder die Methode, die sie „Facilitated Communication" nannte.

Unter den Kindern, Jugendlichen und auch Erwachsenen, die bisher als geistig behindert eingeschätzt wurden, gibt es eine zahlenmäßig noch schwer abzuschätzende Gruppe von Personen, die viel bessere kognitive Fähigkeiten hat, als ihre fehlende bzw. eingeschränkte Sprache und ihr oft schwieriges und unangepasstes Verhalten es vermuten lassen. Ihre Äußerungen mit Hilfe von „Facilitated Communication" lassen darauf schließen, dass weniger Denken und Fühlen gestört sind, als vielmehr die Umsetzung in Sprache und Handeln fehlerhaft ist.

Erst durch die Stützung von Hand und Unterarm erreichen diese Menschen das Mindestmaß an willentlicher motorischer Kontrolle, das sie brauchen, um auf einen Buchstaben zu zeigen oder ihn auf einer Tastatur antippen zu können. Die Stützung durch einen vertrauten Menschen ermutigt und trägt zur Konzentration bei, hilft bei der Isolierung des Zeigefingers, provoziert durch Gegendruck einen Impuls, bremst bzw. kontrolliert überstürzte Bewegungen und verhindert das Verbleiben des Fingers auf der Tastatur nach der Wahl eines Buchstabens.

Bei autistischen Menschen gab es schon seit langem Beobachtungen, dass ihnen eine Berührung, z. B. an der Schulter, helfen konnte, eine motorische Aufgabe besser durchzuführen. Es hatte auch immer wieder Einzelfälle von autistischen Menschen gegeben, die sich nur schriftlich ausdrücken konnten, und manche von ihnen brauchten dazu Stützung.

Viele Menschen mit Autismus haben sich immer gerne mit Büchern oder Zeitschriften beschäftigt, wobei sie sie oft so hastig durchblätterten, dass sie nichts aufzunehmen schienen. Inzwischen weiß man durch Aussagen von Autisten, die mit FC schreiben, dass ihre visuelle Wahrnehmung anders zu funktionieren scheint als die Wahrnehmung ohne Störung oder Behinderung. Möglicherweise haben sie ein fotografisches Gedächtnis, das sie eine Buchseite vielleicht sogar in Sekunden aufnehmen lässt. Beobachtungen sprechen dafür, dass dies zumindest bei manchen Personen mit Autismus so sein könnte.

Personenkreis, für den FC anwendbar ist: Es hat sich inzwischen gezeigt, dass sowohl Menschen mit autistischen Zügen als auch Kinder und Jugendliche mit geistiger Behinderung mit Hilfe von FC förderbar sind (*Bundschuh* 1999). Als notwendig erwiesen sich dabei Geduld und eine mehrmonatige Erprobungs-/Beobachtungsphase.

Wirkung der Stütze: Eine wissenschaftlich fundierte Antwort auf diese Frage kann nicht gegeben werden. Es wäre sicher interessant und für die Betroffenen hilfreich, diese Problematik weiter zu erforschen. Beobachtungen und Erfahrungen beim Stützen sowie Aussagen von FC-Benutzern geben jedoch eine Vorstellung davon, wie möglicherweise die Wirkung der Stütze erklärt werden kann.

1. Durch die physische Stütze werden Schwierigkeiten und Probleme kompensiert, die vermutlich neurologisch bedingt sind. Kinästhetische Rückmeldung bedeutet hier, dass die Berührung durch den „Facilitator" (den Stützenden) eine oberflächen- und tiefensensible Wahrnehmung (taktile und kinästhetische Wahrnehmung) vermittelt, die die Voraussetzung für eine gezielte Bewegung der Hand ist.

2. Neben der physischen Unterstützung wird gleichzeitig auch eine psychische Unterstützung geleistet, und zwar durch starke und anhaltende Ermutigung.

Menschen, die sich früher nicht äußern konnten und nun durch gestützte Kommunikation ihre „Sprache" finden, scheinen eine ganz neue Persönlichkeit zu entwickeln.

5.6 Verstehens- und handlungsorientierte Diagnose

Verstehen eines Menschen setzt Achtung und Akzeptanz des Verhaltens voraus. Diese Intersubjektivität bedeutet, dass ein Lehrer die Welt des Kindes in einer Notsituation versteht, zumindest bemüht ist, in einen Prozess des Verstehenwollens und -lernens einzutreten. Vom betroffenen Kinde her erscheint jede Handlung, jede Art von Verhalten als sinnvoll. Die Orientierung am Kind, an der subjektiven Bedeutsamkeit seines Verhaltens könnte der Schlüssel zum besseren Verstehen eines – als „auffällig", „gestört" oder „behindert" bezeichneten – Verhaltens sein. Man sollte im Kontext sonder- und heilpädagogischer Problemstellungen einer subjekt- und beziehungsorientierten gegenüber einer symptomzentrierten Vorgehensweise und Behandlungsform traditioneller medizinischer und psychologischer Vorstellungen bzw. Modellen den Vorzug geben. Anstelle einer eher statischen Etikettierungsdiagnostik tritt damit eine verstehens- und handlungsorientierte Diagnose mit einem Höchstmaß an Offenheit für zukünftige Entwicklungen (*Jantzen* 1997; *Theunissen* 2005, 75f), in die folgende Aspekte eingehen sollten:

- Lebensgeschichte mit Hilfe der Anamnese;
- Erfassung und Analyse „kritischer" Lebensereignisse, die auf ihre Bedeutung für den Menschen mit einer Beeinträchtigung (Störung, Behinderung) im Hinblick auf die subjektive Ereigniswahrnehmung und Bewertung validiert werden müssen;
- Beschreibung der *individuellen Bewältigungsformen,* sog. Coping-Fähigkeiten oder protektiver Faktoren;
- Erfassung individueller *Interessen,* Bedürfnisse, Wünsche für die Zukunft, Lebensperspektiven;
- Erfassung des *individuellen Lebensstils* (Alltags- und Freizeitverhalten; Pflege von Hobbys);
- Erfassung *sozialer Beziehungen* (Freundschaft; Partnerschaft; Gruppe);

- Erfassung *sozialer Kompetenzen* (Hilfsbereitschaft; Selbsthilfeverhalten; Orientierung/Verhalten in der Öffentlichkeit/Gesellschaft);
- Beschreibung der *Identität* (Selbst- und Fremdbild; Selbstwahrnehmung);
- Erfassung *individueller Kompetenzen,* Stärken, Entwicklungspotenziale;
- Erfassung des *Entwicklungsniveaus,* der aktuellen Handlungskompetenz auf kognitiver, sensorischer, motorischer, emotionaler, kommunikativ-sozialer, lebenspraktischer und aktional-umweltbezogener Ebene;
- *Medizinische Untersuchung* (Erfassung der klinisch-körperlichen, klinisch-funktionellen, physiologischen, biochemischen, endokrinologischen und immunologischen Symptome; Gesundheitszustand);
- Beobachtung und Registrierung *„wünschenswerter"* Verhaltensweisen, „positiver" Signale, Botschaften in Häufigkeit und Intensität;
- Beschreibung der *Funktion* und Bedeutung der *„positiven" Verhaltensweisen;*
- Registrierung und Hierarchisierung der von außen *„beklagten" Verhaltens- und Erlebensweisen* in Häufigkeit und Intensität;
- Beschreibung der Funktion des herausfordernden Verhaltens, d. h. seiner negativen Zuschreibungen wie seiner positiven Konnotationen, um den subjektiven Sinn zu verstehen;
- Darstellung der *Situationen,* in der herausfordernde Verhaltensweisen auftreten; Beachtung der *auslösenden Momente* und der Konsequenzen auf das Problemverhalten;
- Beschreibung des Verhaltens der am Problem beteiligten *Bezugspersonen* in zirkulären Mustern;
- Beschreibung des Alltagslebens, des Tagesablaufes sowie der *konfliktfreien Zeiten;*
- Beschreibung der *sozialen Ressourcen* und protektiven sozialen Faktoren;
- Beschreibung der *bisherigen Maßnahmen* zur Bewältigung der Verhaltensproblematik;
- Beschreibung und Analyse des *erweiterten sozialen Umfelds* hinsichtlich seiner Bedeutung für das Problemverhalten.

Die wichtigsten diagnostischen Mittel der verstehens- und handlungsorientierten Diagnose sind:

- *indirekte Informationsgewinnung* (z. B. Interviews und Explorationsgespräche mit Betroffenen, Angehörigen und anderen relevanten Bezugspersonen, Auswertung von Akten, Krankengeschichten u. Ä.);

– *direkte Verhaltensbeobachtungen (z. B.* mit Hilfe von Videoaufzeichnungen; eines Bogens zur Erfassung der auslösenden Situation, des Verhaltens, Konsequenzen; eines Häufigkeits- und Intensitätsbogens; eines Verhaltens- und Funktionserfassungsbogens; vgl. *Westling/Fox* 1995, 306ff);

– *Entwicklungstests und qualitative Verfahren (z. B.* P-A-C von *Günzburg; Heidelberger* Kompetenzinventar von *Holtz;* Entwicklungsgitter; ggf. Persönlichkeitstests; Verfahren zur Erfassung alltagspraktischer und umweltbezogener Kompetenzen; gemeinsames Spiel und Handeln als qualitative Methode);

– *herkömmliche Tests* unter dem Aspekt Diagnose der Lernausgangsbasis und bisher nicht wahrgenommener Kompetenzen.

Bei der Anamnese und Exploration kann man sich an dem in diesem Buch vorgestellten Leitfaden (vgl. 5.3, S. 315 – 319) orientieren.

5.6.1 Pädagogische Ziele unter spezieller Berücksichtigung sonder- und heilpädagogischer Problemstellung

Pädagogisches, speziell sonder- oder heilpädagogisches Alltagshandeln ist zielorientiertes Handeln, das die Entwicklung eines Menschen durch Gestaltung geeigneter Lern- und Erfahrungsfelder anzuregen versucht. Diagnose und Förderung bilden eine Einheit. Stärken und Kompetenzen auszuloten, heißt, die im Rahmen traditioneller Sonderpädagogik fokussiert betrachteten Defizite und Schwächen nicht im Sinne der Abweichung von Normalität wahrzunehmen, sondern die Lern- und Verhaltensbasis zu erkennen und zu diagnostizieren, d. h. am Kind und seinen individuellen, subjektiven Bedürfnissen, seinen wirklichen Möglichkeiten und Fähigkeiten anknüpfen und Hilfen sowie Anregungen zur weiteren Entwicklung, allgemein Entfaltung seiner Persönlichkeit zu geben.

Konkret bezogen auf ein Kind mit schwerer geistiger Behinderung bedeuten erste Ansätze zur selbstständigen Nahrungsaufnahme mit einem Löffel kein Defizit, keine Schwäche, sondern bereits ein Handeln, bei einem Kind in einer Diagnose- und Förderklasse im Alter von etwa acht Jahren bedeuten Buchstabenkenntnis, selbstständiges Erlesen einfacher Sätze und Schreiben von Wörtern ebenfalls kein Mangel und keine Negativabweichung von der Altersnorm, sondern ein wichtiger Prozess im Hinblick auf kognitive Entwicklung und Erwerb von Kulturtechniken.

Prozentrechnen, Berechnung der Fläche eines Dreiecks und eines Kreises in der Hauptschule, der Schule zur individuellen Lernförderung, stellen eine wichtige Leistung im Hinblick auf zukünftige Anforderungen sowohl im Berufsleben als auch für die Bewältigung der Alltagswirklichkeit dar. „Verhaltensauffällige" Schüler verfügen ab dem Schulalter und früher über unzählige Verhaltens- und Handlungsmöglichkeiten. Vor allem diese Möglichkeiten und Kompetenzen muss man wahrnehmen und aufgreifen.

Möglichkeiten immer wieder als „Defizite", „Negativabweichungen" und „Schwächen" zu beschreiben, zu diagnostizieren und auszuloten führt – unter pädagogischem, speziell sonder- oder heilpädagogischem Aspekt betrachtet – nicht weiter. Erziehung und Förderung ereignen sich nur auf der Basis vorhandener Möglichkeiten und Fähigkeiten, die auch als Lern- und Verhaltensbasis, Entwicklungsstand und Lernausgangslage, als individuell vorhandene Kompetenzen, als Konstruktion eigener Wirklichkeit bezeichnet werden und der Erweiterung in Richtung Zone der nächsten Entwicklung bedürfen, dass hierbei bisherige Lern- und Erfahrungsfelder eine wichtige Rolle spielen, versteht sich von selbst. Deshalb bezieht Diagnostik stets die Kind-Umfeld-Erfahrungen und möglicherweise Behinderungen bedingende Erfahrungen oder auch behindernde Bedingungen in die Problemanalyse ein. Im Hinblick auf eine kompetenzorientierte Diagnose und Förderung erweisen sich bei allen Kindern mit individuellem sonderpädagogischen Lernbedarf folgende Voraussetzungen und Aspekte als bedeutsam:

– Aufbau einer tragfähigen Beziehung;
– Anknüpfung an Fähigkeiten, Interessen und Bedürfnissen;
– Wahrnehmung, Diagnose und Unterstützung von Kompetenzen;
– blockierte Entwicklungspotenziale öffnen und stärken;
– Lernhemmungen abbauen;
– Aufbau und Stärkung von Selbstvertrauen und Selbstwertgefühl;
– Gestaltung des schulischen und außerschulischen Alltags in der Weise, dass täglich genügend Angebote, Aufgaben oder Herausforderungen bestehen;
– soziale Integration, d. h. genügend soziale Kontakte anbieten oder zulassen;
– positive Signale erkennen und unterstützen;
– eine offen-neutrale Grundhaltung einnehmen und Schuldzuschreibungen vermeiden;
– konfliktfreie Zeiten pädagogisch nutzen;
– sozial wertvolle Aufgaben und Rollen nutzen (vgl. *Theunissen* 2005, 124f).

5.6.2 Qualitative Lernförderungsdiagnostik

Der pädagogische Sinn der Lernprozessanalyse und der damit verbundenen Lernförderungsdiagnostik liegt primär in der Unterstützung bei der Persönlichkeitsentfaltung mit der Zielrichtung Lebensbewältigung. Förderung im Kontext Erziehung wird daran gemessen werden, ob sie Kindern hilft, sich im Leben zu behaupten und sich als handelnde Personen in sich verändernden Lebenswelten wahrzunehmen und Verantwortung zu übernehmen.

In den Ansatz der qualitativen Diagnostik gehen Theorien der Entwicklungspsychologie, der Lernpsychologie sowie fachdidaktische und fachwissenschaftliche Überlegungen ein. Konkret sollen der jeweilige Entwicklungsstand, die entsprechenden bisherigen Einsichten und damit die Voraussetzungen zum Erwerb neuen Wissens und Handelns diagnostiziert werden. Dieser psychischen Repräsentationsstufe auf der Seite des Kindes entspricht eine ganz bestimmte Sachstruktur des Lerngegenstandes, die bezüglich ihrer Lernelemente nach kleinsten Schritten bzw. Einheiten analysiert werden muss. Für die Lernförderungsdiagnostik ergeben sich primär drei Untersuchungsschwerpunkte:

– Die Frage nach der Beherrschung des Lerngegenstandes und damit nach den aktuellen Möglichkeiten eines Kindes;
– die Analyse der Bedürfnisstruktur, die Frage nach dem Bezug des Schülers zum Lerngegenstand und
– die Ingangsetzung von Lern- bzw. Aneignungsprozessen ausgehend von den Lernvoraussetzungen.

Bezogen auf den Lerngegenstand und die damit verbundenen Lernprozesse ergibt sich die Aufgabenstellung pädagogischer Diagnostik aus den Zielvorstellungen im Kontext Personalisation und Sozialisation:

– Wenn wir wollen, dass Kinder lesen lernen, brauchen wir eine Diagnostik des Lese-Lern-Prozesses.
– Wenn wir wollen, dass Kinder sich sozial angemessen verhalten, brauchen wir eine Diagnostik des Erwerbs sozialer Kompetenz.
– Wenn wir wünschen, dass Kinder emotional ausgeglichen sind, brauchen wir eine Diagnostik der Emotionen.

Es ergibt sich die Notwendigkeit für die Diagnostik zu vermittelnde Inhalte und Handlungen unter den Aspekten basaler Fertigkeiten bzw. impliziter Teilhandlungen zu prüfen, die als Voraussetzung für den Erwerb einer bestimmten Fertigkeit bzw. Kompetenz dienen (vgl. *Bundschuh* 1998 c, 94ff).

- Qualitative Lerndiagnostik betont die qualitativen Methoden in der Diagnostik wie Verhaltensbeobachtung und Verhaltensbeschreibung, Situationsanalyse und Gespräche.
- Qualitative Lernförderungsdiagnostik ist ein an den Lernvoraussetzungen und Bedürfnissen eines Individuums orientierter Prozess.
- Es geht dabei nicht um Klassifikation und Auswahl für Institutionen, speziell Schulen oder Heime.
- Es handelt sich um einen ständigen Prozess von Beobachtung, Hypothesenbildung, Förderung, Neubewertung und Veränderung von Förderung.
- Beurteilung und Beeinflussung von Lern- und Entwicklungsprozessen stehen im Vordergrund und nicht Produkte im Sinne einer Leistung.
- Qualitative Lernförderungsdiagnostik ist auf Differenzierung, offenen Unterricht, Kooperation von Sonder- und Allgemeinpädagogen und Integration ausgerichtet.
- Fundiertes pädagogisch-didaktisches Handlungswissen wird vorausgesetzt.
- Diese Art von Diagnostik ist auf die Zusammenarbeit im Team, z. B. in einer Integrationsklasse oder in einem Förderausschuss angewiesen, in dem gemeinsam diagnostiziert, gefördert, geplant, organisiert und unter Einbezug der Eltern und des betroffenen Kindes entschieden wird (vgl. *Eggert* 1998, 115f, 2007).

Grenzen ergeben sich daraus, dass Denkprozesse und Handlungen sich in ihren inneren Beweggründen nicht sichtbar machen lassen. Beobachtbar sind Verhaltensweisen, Handlungen sowie Äußerungen im Kommunikationsprozess. Pädagogisch und didaktisch gesehen wird aus der Lernhemmung, aus der „Grenze" und „Barriere des Lernens" durch den Förderprozess eine erweiterte, neue Lern- und Handlungsmöglichkeit.

5.7 Kind-Umfeld-Analyse

Die Kind-Umfeld-Analyse wurde von *Sander, Hildeschmidt* u. a. im Zuge der integrativen Schulversuche und der nachfolgenden Etablierung schulischer Integration von Kindern und Jugendlichen mit besonderem Förderbedarf im Saarland entwickelt (vgl. u. a. *Hildeschmidt* 1988, 1998; *Hildeschmidt/Sander* 1993). Sie grenzt sich ab von einer einseitig kindzentrierten Diagnostik, die auf der Grundlage von Testverfahren, ergänzt durch mehr oder weniger beiläufige Beobachtungen, in einem abschließenden Gutachten die Fähigkeiten und Unfähigkeiten festhält, die ein Kind in Bezug auf die Anforderungen der Schule mitbringt. Die Kind-Umfeld-Analyse (Kind-Umfeld-Diagnose) versteht sich demgegenüber als wesentlich breiterer Ansatz (vgl. *Sander* 1998, 6).

Theoretisch fußt die Kind-Umfeld-Diagnose auf ökologischen und systemischen Ansätzen. Sie geht dabei von folgenden Prämissen aus:

- „Der ökologische Ansatz in der Diagnostik bedeutet, daß alle relevanten Umwelteinflüsse mit in den Blick genommen werden müssen. Die Kind-Umfeld-Analyse erfaßt also möglichst alle relevanten personellen und materiellen Gegebenheiten im Umfeld eines Kindes. Sie analysiert hemmende und förderliche Bedingungen in der Schule und in den schulrelevanten Umfeldern und weist erforderlichenfalls auf notwendige Umfeldveränderungen hin" (*Sander* 1998, 7).
- Der systemische Ansatz stellt nicht das Kind mit seinen Verhaltensmerkmalen isoliert in den Mittelpunkt, erweitert vielmehr den Blick auf das Zusammenspiel von Personen und materialen Bedingungen in dem „System", zu dem das Kind gehört. Jedes Kind lebt in einem individuellen Kind-Umfeld-System. Es wird von seinem sozialen und materialen Umfeld beeinflusst, und es beeinflusst gleichzeitig sein Umfeld; Kind und Umfeld bilden ein zusammenhängendes, veränderliches, sich entwickelndes System. Die pädagogischen Bedürfnisse eines Kindes kann man umso besser erkennen, je differenzierter man das Kind-Umfeld-System kennt.

Die Prämissen dieser ökosystemischen Diagnostik werden auf die schulische Förderung und Schullaufbahnentscheidung angewandt, weil die Möglichkeit der gemeinsamen, integrativen Unterrichtung wesentlich von den personellen und sächlichen Bedingungen im Umfeld Schule abhängt. Die Kind-Umfeld-Analyse wird aber auch für Förder- oder Sonderschulen empfohlen, weil es an diesem Lernort ebenfalls um die Analyse der dort gegebenen Bedingungen für die bestmögliche Entwicklungsförderung geht.

Sander nennt folgende Charakteristika der Kind-Umfeld-Analyse, die sich vor allem von einer einseitig kindzentrierten Diagnostik abheben:

1. „Nicht das Kind allein wird diagnostiziert, sondern das konkrete Kind-Umfeld-System.
2. Da es um den Schulbesuch geht, müssen neben den schulrelevanten Fähigkeiten des Kindes auch die kindrelevanten Gegebenheiten der in Frage kommenden Schule untersucht werden.
3. Die Diagnose des Umfeldes Schule darf nicht bei der Erfassung der Gegebenheiten stehenbleiben, sondern muß die im Einzelfall etwa notwendigen schulischen Veränderungen herausarbeiten.

4. Die Kind-Umfeld-Analyse muß von einem Team durchgeführt werden.
5. Die Kind-Umfeld-Analyse muß in bestimmten Zeitabständen sowie bei Veränderungen des Kind-Umfeld-Systems wiederholt werden.
6. Die Kind-Umfeld-Analyse muß im Schulleistungsbereich verschiedene Maßstäbe berücksichtigen: neben dem klassenbezogenen und dem lehrplanbezogenen auch den individuellen Bewertungsmaßstab" (1997, 14).

Um die Durchführbarkeit dieses mehrperspektivischen Analysemodells (vgl. *Hildeschmidt* 1998) in der Praxis zu erleichtern und zu vereinheitlichen, wurde ein Leitfaden entwickelt, der in verschiedenen Fassungen erprobt, überarbeitet und veröffentlicht worden ist (vgl. z.B. *Sander* 1989; *Hildeschmidt* und *Sander* 1993; *Hildeschmidt und Sander* 1998). Im Unterschied zu den ersten Fassungen, die speziell auf Integrationsanträge hin konzipiert wurden, sind die neueren Fassungen so bearbeitet, dass sie sowohl für Integration in die Allgemeine Schule als auch bei Aufnahme in eine Förderschule verwendet werden können. Die aktuellste Fassung dieses Leitfadens stammt von *Sander* (1997):

Leitfaden zur Kind-Umfeld-Diagnose von sonderpädagogischem Förderbedarf im Schulalter

Der Ausschuss, der über die schulische Entwicklungsförderung eines behinderten Kindes in einer bestimmten Schule berät (Förderausschuss), führt eine kindbezogene und umfeldbezogene Diagnose durch, die als Grundlage für Empfehlungen zur Förderung des Kindes in der zu besuchenden Schule dient. Für diese Kind-Umfeld-Diagnose (Kind-Umfeld-Analyse) reichen die herkömmlichen behinderungsspezifischen Klassifikationen nicht aus. Vielmehr umfasst die Kind-Umfeld-Diagnose eine mehrperspektivische Erkundung der Bedürfnisse des behinderten Kindes in seinen konkreten sozialen und institutionellen Bezugssystemen. Insbesondere muss das schulische Lernumfeld in die Diagnose mit einbezogen werden, um erforderlichenfalls bestimmte Veränderungen einleiten zu können.

Mit der Erfassung sowohl der kind- als auch der umfeldbezogenen Daten soll eine auf das individuelle Kind-Umfeld-System abgestimmte Empfehlung zur bestmöglichen Entwicklungsförderung des Kindes ermöglicht werden.

Die nachfolgende Fragensammlung stellt eine Orientierungshilfe zur Kind-Umfeld-Diagnose dar. Sie soll nicht als Fragebogen verstanden werden; die Fragen müssen weder in der vorgegebenen Reihenfolge noch vollzählig bearbeitet werden. Die Fragensammlung kann als Leitfaden zur Bearbeitung unterschiedlicher Diagnosebereiche dienen und soll dem Förderausschuss die Übersicht über seine Beratungen erleichtern.

Leitfrage: Welche Unterstützung benötigen das Kind, die Schule, die Lehrpersonen, die Familie zur bestmöglichen Entwicklungsförderung des Kindes, und wie ist diese Unterstützung sicherzustellen?

I. Welche Wünsche, Vorstellungen und Ziele äußern die Eltern/Erziehungsberechtigten im Hinblick auf die (beginnende oder weitere) Schullaufbahn ihres Kindes?

II. Wie ist die derzeitige Lebens- und Lernsituation des Kindes?

1. Wie sehen die Bezugspersonen (Eltern, Erzieherin, Lehrer/in usw.) die derzeitige Lebenssituation des Kindes?

1.1 In welche täglichen Handlungszusammenhänge bzw. Handlungsbereiche ist das Kind eingebunden? (evtl. Schilderung eines Tagesablaufes)
   a) Welche Tätigkeiten führt das Kind gerne mit Erfolg/nur unter Anleitung Erwachsener selbstständig/gar nicht/nur unvollständig (etc.) aus?
   b) Welche Erfahrungen hat das Kind in außerfamiliären Handlungsbereichen? (z. B. Kindergarten, Orientierungen im Wohnbezirk, Freizeitaktivitäten etc.)

1.2 Wie sind die sozial-emotionalen Beziehungen des Kindes zu gleichaltrigen und zu erwachsenen Bezugspersonen in den o. a. Handlungsbereichen?
   a) Wie sind die Erfahrungen mit Gleichaltrigen, und auf welche Handlungsbereiche beziehen sie sich besonders?
   b) In welchen Handlungsbereichen bestehen besondere Beziehungen zu erwachsenen Bezugspersonen, und welche Funktion haben diese Beziehungen?

2. Welche Informationen über die Schädigung/Behinderung und über die Entwicklung des Kindes liegen (aus welchen Situationen und Umfeldern) vor?

2.1 Welche Angaben sind den vorliegenden kindbezogenen Diagnosen und Berichten über die Behinderung und die bisherige Entwicklung zu entnehmen? Auf welche Umfelder bzw. Situationen beziehen sie sich?

2.2 Über welche Fähigkeiten/Fertigkeiten verfügt das Kind (in welchen Lebens- und Lernsituationen)? Welche nächsten Entwicklungsaufgaben stehen an? (Bereiche Motorik, Wahrnehmungsdifferenzierung, Umweltorientierung, Sprache, Sozialverhalten, Lernverhalten und ggf. schulischer Leistungsstand)

354 Förderdiagnostische Praxis

III. Wie ist die pädagogische Situation an der in Frage kommenden Schule? Sind Veränderungen im schulischen Bereich notwendig, um dieses Kind aufzunehmen?

0. (Bei Kindern, die bereits in der Schule sind oder im Elementarbereich gezielt gefördert wurden: Welche besonderen Hilfen und Fördermaßnahmen wurden bisher durchgeführt? Mit welchen Ergebnissen?)

1. Brauchen die Lehrpersonen und das Kind künftig direkte Unterstützung (im Unterricht)?

1.1 Pädagogisch-schulorganisatorische Bedingungen:
   a) Klassengröße; ggf. Besonderheiten der Klassenzusammensetzung,
   b) Lehrer (Welche Lehrperson soll die Klasse übernehmen? Wer wird außerdem in der Klasse unterrichten?)
   c) schulinterne Ressourcen (z. B. Förderstunden, Fördermaterial).

1.2 (Bei Integration in die Regelschule:) Sonderpädagogische Unterstützung:
   a) notwendige Tätigkeiten (z. B. Förderplan-Erarbeitung, Beratung, Ko-Unterricht, welche Unterrichtsfächer, behinderungsspezifische Therapie);
   b) benötigte Wochenstundenzahl des Sonderschullehrers, der Sonderschullehrerin bzw. sonstiger Stützlehrer/-lehrerinnen;
   c) sonderpädagogische Fachrichtung bzw. spezielle Zusatzqualifikation.

1.3 Pflegerisch-soziale Unterstützung:
   a) beim Transport von und zu der Schule;
   b) zur Betreuung in bestimmten Unterrichtsphasen/-fächern;
   c) bei bestimmten Tätigkeiten (z. B. beim Toilettengang, An- und Auskleiden, beim Wechsel in andere Funktionsräume, beim Schreiben).

Wie kann erforderlichenfalls diese Unterstützung beschafft werden? (z. B. über mobile Hilfsdienste, Sozialstationen, Zivildienstleistende, andere Honorarkräfte, Eltern, Mitschüler/innen usw.)

1.4 Psychologische und/oder therapeutische Unterstützung: Wer kann diese durchführen? (Schulpsychologischer Dienst, Lehrperson mit Zusatzausbildung, Krankengymnast/in usw.)

1.5 Besondere apparative und/oder technische Hilfsmittel:
   a) orthopädische Hilfsmittel, spezielles Mobiliar;
   b) technische Unterrichtshilfen (z. B. Seh-Lese-Hilfen, Großkopien, Material in Braille-Schrift, Mikroport-Anlagen etc.).

Wie können diese erforderlichenfalls beschaffen werden? (z. B. Sonderschule, Krankenkasse, Spendenaktion usw.)

2. Brauchen die Lehrpersonen, das Kind oder die Klasse weitere Unterstützung über die o. a. Bereiche hinaus? (Zusätzliche Beratung, Lernmaterial, Sonstiges)

3. Sind baulich-technische Veränderungen notwendig, um dem Kind ein angemessenes Maß an Bewegungsfreiheit/Mobilität zu gewähren? (z. B. Rollstuhlrampen, behindertengerechte Toilette, Pflegeräume etc.)

4. Welche der o. a. Hilfen und Unterstützungen kann die Schule selbst regeln/bereitstellen?

5. Wie stehen die direkt Beteiligten (Klassenlehrer/in, Schulleiter/in, Eltern, das Kind selbst, Mitschüler/innen) zur Aufnahme des Kindes in diese Klasse?

IV. Wie lassen sich die Bedürfnisse des Kindes und die Möglichkeiten der Schule aus den besprochenen kind- und umfeldbezogenen Daten verknüpfen, und wie können die erforderlichen Umfeldveränderungen realisiert werden? (Abschließende Empfehlung).

Da die Kind-Umfeld-Analyse inzwischen nicht nur von mehreren Bundesländern in die schulrechtlichen Vorschriften zur sonderpädagogischen Förderung aufgenommen worden ist, sondern auch von den vielzitierten „Empfehlungen zur sonderpädagogischen Förderung in den Schulen in der Bundesrepublik Deutschland" (1994) der Kultusministerkonferenz als diagnostisches Verfahren der Wahl genannt wird, darf sie als das bislang anerkannteste Verfahren einer integrativen Diagnostik bezeichnet werden. Diese Bedeutung resultiert aber eher aus ihrem Beitrag zur Organisationsentwicklung der Institution Schule als aus ihrer Beteiligung an der Entwicklung innovativer psychodiagnostischer Verfahren für die sonderpädagogische Diagnostik. Die Verfahren, die bei der Kind-Umfeld-Analyse zur sonderpädagogischen, kind- und förderungsorientierten Beurteilung des Lern- und Leistungsvermögens herangezogen werden, sind in der Regel die herkömmlichen Verfahren sonderpädagogischer Diagnostik, wie sie in diesem Buch beschrieben werden. Diese Verfahren werden ergänzt durch die qualitative, kompetenzorientierte Diagnostik (*Bundschuh* 2007, 58ff, 257 – 277) sowie durch Verstehensdiagnostik.

5.8 Kompetenzorientierung als konzeptionelle Grundlage sonderpädagogischer Diagnostik

Begriff „Kompetenz": „Wenn die Erfordernisse der Situation mit dem individuellen Konglomerat von Fähigkeiten und Fertigkeiten eines Menschen ‚zusammentreffen', so besitzt dieser ‚Kompetenz' zur Bewältigung der Situation" (*Wollersheim* 1993, 89).

Wollersheim (1993) stellt die Frage, wie das Kompetenz-Konstrukt beschaffen sein muss, damit ein eigenständig pädagogischer Kompetenzbegriff formuliert werden kann. Er geht dabei von der aus der psychologischen Bewältigungsforschung stammenden Grundperspektive aus, dass Kompetenz Grundlage und Ziel von Bewältigungsprozessen ist. Hierzu wertet er zunächst die aktuellen psychologischen Ansätze aus, um dann Kompetenz als Bildungsziel in seinen Grunddimensionen zu referieren. Aus der Begriffsdiskussion in der Psychologie ergeben sich hierfür folgende Konsequenzen:

1. Bloßes Wissen ist zwar eine notwendige, aber keine hinreichende Bedingung erfolgreicher Problembewältigung;
2. Kompetenz im Sinne von „Kompetenz-Selbsteinschätzung" hat eine zentrale Bedeutung für die Verhaltenssteuerung;
3. Kompetenzen sind das Resultat von Performanzen als der Aktualisierung theoretischen Vermögens und zugleich notwendige Voraussetzung und Grundlage von Performanzen.

Daraus lässt sich die Individualisierung der Maßstäbe ableiten, wie sie neuerdings im Kontext sonderpädagogischer Förderung eingefordert wird. Als Grunddimensionen eines pädagogischen Kompetenzbegriffs stellt *Wollersheim* heraus:

1. Kognitive Dimension: Eine kognitive Dimension, die sich auf ausreichendes Faktenwissen bezieht, wodurch sachbezogene Einsichten in Problemzusammenhänge gewonnen und wertneutrale objektive Urteile gefällt werden können.
2. Wertdimension: Eine normative Dimension oder Wertdimension, die sich einerseits auf die Verfügbarkeit von Werten in ihrer Absolutheit als Richtschnur des Handelns bezieht, andererseits die Fähigkeit zur situationsangemessenen Bewertung einschließt.
3. Handlungsdimenison: Eine Handlungsdimension als die Fähigkeit, komplexe Problemlösungen zu planen, Mittel zu ihrer Ausführung bereitzustellen, den gewählten Lösungsweg schließlich durchzuführen und zuletzt die Qualität der Handlung zu prüfen.

5.8.1 Handlungskompetenz als Basis pädagogischer Förderung

Handlungskompetenz unter dem Aspekt pädagogischer Förderung umfasst

- *kommunikative Kompetenz* als die Fähigkeit zur sachbezogenen und vernünftigen Verständigung,
- *kognitive Kompetenz* als die Fähigkeit zu kritischem Denken und Urteilen,
- *soziale Kompetenz,* als die Fähigkeit, Sozialbeziehungen einzugehen und in Bezug auf seine Mitmenschen sozial zu handeln,
- *moralische Kompetenz,* als die Fähigkeit zu „sinn- und wertvollem", verantwortlichem Handeln,
- *emotionale Kompetenz* als Terminologie für die Fähigkeit, in emotionalen Konfliktsituationen angemessen und problembewältigend zu agieren, welches sich in der Begrifflichkeit mit obengenannten Kompetenzbereichen überschneidet und ergänzt.

Diese Fähigkeiten lassen sich nicht trennen, sind nicht isoliert zu vermitteln, sondern führen erst in der Gesamtheit zu Handlungskompetenz, d. h. zu der Fähigkeit, gekonnt und kritisch-kontrolliert zu handeln.

5.8.2 Förderung kommunikativer, kognitiver, sozialer, moralischer und emotionaler Kompetenz

Förderung kommunikativer Kompetenz

Kommunikative Kompetenz verlangt nach einem kommunikationstheoretischen Ansatz (vgl. *Musolff* 1990) eine „intersubjektive Handlungskoordination", die sowohl die neuen Wahrnehmungsinhalte einer Person durch Sprache/Zeichen mitteilt (der Neuheit der jeweiligen Wahrnehmung angemessen) als auch für den Handlungspartner steht. Ein Handeln, das auf Verständigung ausgerichtet ist, wird als kommunikatives Handeln bezeichnet. *Habermas* betrachtet dabei den Begriff des kommunikativen Handelns als „eine symbolisch vermittelte Interaktion" (1973), welche sich nach obligatorisch geltenden Normen richtet, die reziproke Verhaltenserwartungen definieren und von mindestens zwei handelnden Subjekten verstanden und anerkannt werden müssen. Ein handelndes oder sprechendes Subjekt muss innerhalb der Kommunikation:

- den pragmatischen Sinn der interpersonalen Beziehung verständlich machen,
- die Wahrheit der mit dem Sprechakt gemachten Aussage anerkennen,
- die Richtigkeit der Norm, als deren Erfüllung der ausgeführte Sprechakt jeweils gelten darf, anerkennen,
- die Wahrhaftigkeit der beteiligten Subjekte nicht in Zweifel ziehen. (S. 110).

Die Förderung kommunikativer Kompetenz muss weiter berücksichtigen, dass verbale Mitteilungen nie isoliert aus sich heraus, sondern aus ihrem Kontext nonverbaler Signale oder Handlungsweisen sowie aus dem Kontext der jeweiligen sozialen Beziehungen zu verstehen sind.

	Kommunikationsebenen nach *Watzlawick* (1974)	Kompetenzbegriff der Förderkonzeption
Inhaltlicher Aspekt	Der inhaltliche Aspekt betrifft den informativen Gehalt einer Mitteilung auf einer sachlichen Ebene.	*Inhaltskompetenz* umfasst die Fähigkeit, die angesprochenen Inhalte sachlich richtig und sprachlich-kommunikativ angemessen darzustellen.
Beziehungs- aspekt	Der Beziehungsaspekt betrifft eine persönliche, emotionale Komponente zwischen Sender und Empfänger.	*Beziehungskompetenz* umfasst die Fähigkeit, sich in der Beziehung zum jeweiligen Adressaten einzuschätzen.

Förderung kognitiver Kompetenz

Kognitive Kompetenz, die sich in der Fähigkeit zum produktiven, problemlösenden und kritischen Denken und Urteilen niederschlägt, besteht aus den Komponenten der Sach- und der Methodenkompetenz. Lernprozesse, die zur Förderung kognitiver Kompetenz beitragen, beinhalten keine konditionierenden, manipulierenden, fremdkontrollierten Beeinflussungen des Lernenden (vgl. *Roth* 1971), sondern wirken als „befreiende" Lernhilfen unterstützend bei der Entwicklung von Selbstständigkeit und Selbstbestimmung.

Förderung von Sachkompetenz. Die Fähigkeit des Individuums, sich mit Sachen, Ereignissen und Anforderungen angemessen auseinanderzusetzen, d. h. sie zu meistern, ist an die Entwicklung von Sachkompetenz (Sachverstand) gebunden. *Roth* (1971) weist darauf hin, dass menschliches Handeln als sachliches Handeln seinen Ursprung in den angeborenen Antrieben und Bedürfnissen des Menschen findet und bereits frühzeitig beim Kind zu beobachten ist. Derartige Entwicklungsprozesse – das schrittweise Aneignen von Welt durch die Steigerung von Sacheinsicht – ist ohne eine entsprechende Förderung im Rahmen von Erziehung und Bildung nicht denkbar.

Förderung von Methodenkompetenz. Methodenkompetenz umfasst den selbstständigen sachgerechten Umgang des Schülers mit didaktischen Materialien ebenso wie die Beherrschung fachgemäßer Arbeitsweisen, die Fähigkeit zur Einzel-, Partner- und Gruppenarbeit, zum Gespräch oder zur Lösung sozialer Konflikte im Unterricht (vgl. *Goleman* 1996, 328ff) und die Fähigkeit zu selbstständiger Lernplanung, Lernsteuerung und Lernkontrolle.

In diesem Prozess des „Lernenlernens" wird der Schüler als ein selbstständig lernendes Subjekt anerkannt. Lernvorgänge zur Förderung seiner methodischen Kompetenz bestehen darin, durch neuartige, problemlösende, Kritikfähigkeit und Kreativität fördernde Aufgaben seinen methodischen Handlungsspielraum zu erweitern. Diese Entwicklungsschritte zur methodischen Selbstständigkeit bestehen nach *Klafki* (1985, 115f) darin, dass die Schüler frühzeitig und ihrer Entwicklung entsprechend lernen:

1. Fragen zu stellen, so dass sie sich schließlich methodisch untersuchen bzw. diskutieren lassen,
2. sich Verfahren auszudenken und auszuprobieren, um die eigenen Fragen zu beantworten,
3. etwas, was man herausgefunden hat, sprachlich, szenisch als Skizze, Modell usw. so darzustellen, dass es andere verstehen können,
4. nach einem Lösungsprozess zu überlegen, über welche Stationen man zur Lösung kommt,
5. zu fragen und auszuprobieren, was man mit dem Erkannten bzw. Erlernten anfangen kann,
6. zu fragen, was man nun weiß oder kann und was man noch nicht weiß oder kann.

Förderung sozialer Kompetenz

Neben der Familie als wichtigster Instanz für die Vermittlung sozialer Lernprozesse erhalten Erziehungsinstitutionen, auch im Zuge des Wandels der Familienstruktur, eine wachsende Bedeutung im Rahmen des sozialen Lernens. Folgende Aspekte des sozialen Lernens sind dabei zu berücksichtigen:

1. Das Individuum muss sich des eigenen Selbst bewusst werden, d. h. es muss sich in seiner einzigartigen persönlichen Existenz erkennen.
2. Das Individuum muss sich seiner individuellen sozialen, aber auch seiner strukturell bedingten Abhängigkeit in einer komplexen Gesellschaft bewusst werden (vgl. a. a. O., 518).
3. Eine weitere Voraussetzung für soziale Kompetenz ist die Fähigkeit des Individuums, sich vorgegebenen sozialen Normen und den sich damit verbindenden Rollenerwartungen gegenüber kritisch reflektierend und möglicherweise distanzierend zu verhalten.
4. Zur sozialen Kompetenz gehört auch die Fähigkeit, sich in die Rollen und Erwartungen von Interaktionspartnern hineinzuversetzen, sich in diese einzufühlen (Empathie) und sich damit in konkreten Interaktionen sozial sensibel zu verhalten. Unterschieden wird in diesem Zusammenhang zwischen einer affektiven und kognitiven Komponente der Empathie. Die *affektive Komponente* besteht demnach aus der – bereits in den frühen Lebensjahren zu beobachtenden – emotionalen (mitfühlenden) Reaktion auf die Gefühlsäußerungen eines anderen, die *kognitive Komponente* umfasst die Fähigkeit, die emotionale Empfindlichkeit eines Interaktionspartners richtig zu erfassen und diese in seinem eigenen Handeln zu berücksichtigen.
5. Um kompetent an Interaktionsprozessen teilzunehmen, muss das interagierende Individuum grundsätzlich in der Lage sein, auch mit Vieldeutigkeiten (Ambiguitäten) innerhalb von Interaktionen in angemessener Weise umzugehen.

Förderung moralischer Kompetenz

Die *Entwicklung der Moralität* stellt das Ergebnis von Prozessen dar, die von verschiedenen Faktoren beeinflusst werden. Der Schweizer Psychologe Jean *Piaget* hat in seinen Forschungen zur Entstehung und zum Entwicklungsverlauf des „moralischen Bewußtseins beim Kind" diese Prozesse untersucht und entsprechend dargelegt (1983). Dabei unterscheidet *Piaget* drei ineinandergehende Stadien, in denen sich die Entwicklung „moralischen Urteils" vollzieht.

Auf der Grundlage der Arbeiten *Piagets* baut *Kohlberg* (1997) seinen entwicklungspsychologischen Ansatz auf, der heute zu den am meisten beachteten und diskutierten Theorien moralischer Erziehung gehört. Im Rahmen eines kognitiv-entwicklungspsychologischen Ansatzes unterscheidet *Kohlberg* verschiedene Stufen der Moralentwicklung, die aufeinander aufbauend zur Fähigkeit des moralischen Urteils führen. Die Aufgabe der Moralerziehung besteht nach *Kohlberg* zunächst darin, durch die Stimulierung des jeweils nächsten Entwicklungsschritts die Entwicklung zur moralischen Urteilsfähigkeit zu fördern.

Moralische Urteilsfähigkeit läßt sich dabei nicht als Lern- und Unterrichtsstoff vermitteln, sondern erfordert die Selbsterarbeitung durch das Individuum im Rahmen einer aktiven Auseinandersetzung mit der sozialen Umwelt. In dieser Auseinandersetzung sind dem Individuum Erfahrungen zu ermöglichen, die maßgeblich zur Entwicklung seiner moralischen Urteilsfähigkeit beitragen können. Dazu gehören stabile emotionale Zuwendung und soziale Anerkennung genauso wie offene Konfrontation mit sozialen Problemen und Konflikten, Chancen zur Teilnahme an Kommunikationsprozessen, Möglichkeiten der Mitwirkung an kooperativen Entscheidungen und Verantwortung für die Gestaltungen des eigenen Lebens sowie für andere Personen.

Förderung emotionaler Kompetenz

Emotionale Kompetenz bezeichnet die Fähigkeit einer Person, in Bezug auf die eigene Person und andere adäquat mit Emotionen umzugehen. Nach *Steiner* sind „drei Fähigkeiten (…) gemeint, wenn wir von emotionaler Kompetenz sprechen: die Fähigkeit, eigene Gefühle zu verstehen, die Fähigkeit, anderen zuzuhören und sich in deren Gefühle hineinzuversetzen, und die Fähigkeit, Gefühle sinnvoll zum Ausdruck zu bringen" (1997, 21). Emotion wird als ein komplexes Interaktionsgefüge subjektiver und objektiver Faktoren aufgefasst, deren zentrale Komponenten (a) die affektiven Erfahrungen, (b) die kognitiven Prozesse, (c) die physiologischen Anpassungen sowie (d) das jeweilige Verhalten sind (*Schürer-Necker* 1994, 9).

Zur Frage der Emotionen und individuellen Persönlichkeitsentwicklung gibt *Izard* zwei bedeutende Faktoren an: [1] Die genetische Veranlagung bzw. Ausstattung des Menschen im Gefühlsbereich; [2] die Lernerfahrung des Individuums (vgl. 1996, 27). Der zweitgenannte Faktor der Lernerfahrung bezieht sich insbesondere auf die Art und Weise, wie Emotionsäußerungen und emotionsbezogenes Verhalten sozialisiert worden sind.

Ein weiterer Begriff, den es zu klären gilt, ist der der „Emotionalen Intelligenz". Der Begriff, der v. a. durch *Golemans* (1996) gleichnamige Veröffentlichung bekannt wurde, stammt ursprünglich von den Psychologen *Salovey* und *Mayer* (vgl. *Steiner* 1997, 36). Sie verwendeten eher einen affektiv definierten Emotionsbegriff, der Gefühle der Erregung und/oder Lust/Unlust betont. *Golemans* Emotionsbegriff erweiterte diesen Zugang durch Berücksichtigung des Wahrnehmungs- und Denkaspektes (Bereich kognitiv-orientierter Definition) sowie durch den situativen Aspekt der äußeren Auslöser von Emotionen.

Den Intelligenzbegriff bzgl. der Emotionen verwendet *Goleman* als nicht operationalisierbares Maß an [1] emotionaler Selbstwahrnehmung, [2] den allgemeinen Umgang mit Gefühlen, [3] den produktiven Einsatz von Gefühlen, [4] empathischen Fähigkeiten und zuletzt als induktives Element [5] den Umgang gegenüber sozialen Beziehungen. Insofern könnte man auch von emotional-sozialer Intelligenz sprechen (vgl. *Steiner* 1997, 335f). Komponenten des Begriffs der emotionalen Intelligenz und deren Merkmale sind (vgl. *Bundschuh* 2003 a, 33 – 45; 85 – 110):

1. Affektive Komponente: Erkennen und Benennen von Gefühlen/Ausdruck von Gefühlen/Einschätzung der Intensität von Gefühlen/Umgang mit Gefühlen/Verschieben der Gratifikation/Zügelung der Impulse/Verringerung von Stress/Erkennen des Unterschieds zwischen Gefühlen und Taten

2. Kognitive Komponente: Selbstgespräch (Führen eines inneren Dialogs, um mit dem Thema oder einer Aufgabe fertig zu werden oder um das eigene Verhalten zu verstärken)/Soziale Hinweise erkennen und deuten – zum Beispiel soziale Einflüsse auf das Verhalten erkennen und sich selbst aus der Sicht der größeren Gemeinschaft sehen/Beim Lösen von Problemen und beim Fällen von Entscheidungen schrittweise vorgehen, Impulse kontrollieren, Ziele setzen, alternative Handlungsmöglichkeiten erkunden, Folgen vorhersehen/Sichtweisen anderer verstehen/Verhaltensnormen verstehen (was akzeptiert und was nicht akzeptiert werden kann)/Positive Einstellung zum Leben/Selbstwahrnehmung als realistische Erwartung an sich selbst

3. Verhaltenskomponente: Nonverbal: Kommunizieren durch Blickkontakt, Gesichtsausdruck, Tonfall, Körperhaltung usw./Verbal: Klare Bitten äußern, auf Kritik eingehen, negativen Einflüssen widerstehen, anderen zuhören, prosoziales Verhalten zeigen, Beteiligung an positiven Peer-groups

Bei der Betrachtung verschiedener Kompetenzbereiche ist deutlich geworden, dass die angegebenen Bereiche der kommunikativen, kognitiven, sozialen, moralischen und emotionalen Kompetenz im Grunde nicht zu trennen sind. Sie alle sind Faktoren, die zusammen die Entwicklung der Persönlichkeit beeinflussen. Vorschläge für die konkrete Umsetzung der intendierten Kompetenzen im Handeln s. Kap. 6.6.1.

5.9 Kompetenzen des im sonder- und heilpädagogischen Arbeitsfeld tätigen Diagnostikers

Der im (sonder-) pädagogischen Arbeitsfeld tätige Diagnostiker benötigt grundlegende Kompetenzen zur Erfüllung seines förderdiagnostischen Auftrages:

- fachliche Kompetenzen, Wissen über Entwicklung, Lernen, Förderung (vgl. *Bundschuh* 2008 a, Kap. 3 u. 4),
- diagnostische Kompetenzen für diagnostisches Handeln unter besonderer Berücksichtigung erforderlicher Entscheidungen,
- beratende Kompetenzen im Hinblick auf Eltern, Lehrer und Förderkommission,
- didaktische Kompetenzen zum Verstehen und zur individuellen Vermittlung von Lernprozessen, zur Fehleranalyse und Erarbeitung des Fördervorschlages, etwa gemeinsam mit dem bisherigen Grund- oder Hauptschullehrer (vgl. *Bundschuh* 2007, Kap. 5), und
- therapeutische Kompetenzen zur Beseitigung psychisch bedingter Lernhemmnisse, für die konstitutiv-aufbauende, innovatorische und emanzipatorisch-ganzheitliche Förderung (vgl. *Bundschuh* 2008 a, Kap. 6).

Es geht dabei vor allem um die Analyse, Förderung und Stärkung von Kompetenzen der zu untersuchenden Person.

Um dem Anspruch von Förderdiagnostik im theoretischen wie im praktischen Arbeitsfeld der Sonder- und Heilpädagogik gerecht zu werden, sind diagnostische Basiskompetenzen notwendig:

- **Psychodiagnostische Kompetenz:** Sie entspricht einer globalen Kompetenzfertigkeit, welche sich auf die verschiedenen diagnostischen Perspektiven, sowie die konzeptionellen und methodologischen Herausforderungen bezieht.
- **Kompetenzwissen:** Der Diagnostiker verfügt über das Wissen, eine Fragestellung beantworten zu können. Im Zweifelsfall wird der Diagnostiker seine Wissensvoraussetzungen verbessern oder an eine kompetente Person verweisen.
- **Bedingungswissen:** Es bezieht sich auf die Kenntnisse derjenigen Einflüsse, welche Erleben und Verhalten verursachen.
- **Änderungswissen:** Hierbei geht es um Kenntnisse über die Entwicklung und den Einsatz von Strategien zur Veränderung des Erlebens und Verhaltens.

- **Methodisches Wissen:** Es bezeichnet das Wissen über die Auswahl der geeigneten Erhebungs- und Auswertungsmethoden.
- **Vergleichswissen:** Es bezieht sich auf die Einordnung des individuellen Verhaltens unter dem Blickwinkel einer Vergleichsgruppe (vgl. *Jäger* 2006, 90).

Nur auf der Basis der genannten Kompetenzen wird eine wissenschaftlich fundierte Förderung im Sinne einer engen Vernetzung von Diagnose und Förderung möglich.

6 Das förderungsorientierte sonderpädagogische Gutachten

Lernziele

1. Für die vielfältige Problematik der Gutachtenerstellung sensibilisieren und informieren.

2. Befund und Gutachten unterscheiden.

3. Förderungsorientierte Gutachten schreiben können und damit einen Beitrag zur Umsetzung in die Praxis leisten.

4. Kompetenzorientierte Förderpläne erstellen.

6.1 Einführung

Ganz bewusst wird hier vom förderungsorientierten Gutachten gesprochen, d. h., dass es sich von psychologischen Gutachten, die für verschiedene Zwecke erstellt werden, unterscheidet. So hebt bereits *Bleidick* die sonderpädagogische oder heilpädagogische Begutachtung von der medizinischen, psychiatrischen und psychologischen Diagnose (Begutachtung) ab. Er weist vor allem auf den pädagogischen Aspekt hin und prägt den folgenden Satz: „Die heilpädagogische Diagnose ist erst dann vollständig, wenn sie mit der Haltung des grenzenlosen Wohlwollens (Adler) den Weg des Noch-Könnens (Rössel) angesichts der eingeschränkten Lebensmöglichkeiten des Zöglings (Moor) in den Griff bekommt. Damit ist ein methodisches Ideal der sonderpädagogischen Begutachtung aufgewiesen, das zwar im Einzelfall nicht immer erreicht werden mag, jedoch grundsätzlich das Ziel der Erhebungen ausmachen sollte" (1972, 7f).

Im Hinblick auf die Untersuchung von Schülern mit Förderbedarf formuliert *Kornmann* die Zielsetzung des Gutachtens folgendermaßen: „Das Gutachten soll dazu dienen, die Entscheidungen über Maßnahmen, welche die diagnostizierten Schüler betreffen, in möglichst transparenter Form darzustellen und zu begründen" (1977, 55).

Ganz allgemein ist zunächst hervorzuheben, dass jedes Gutachten in Form und Inhalt abhängt von dem Zweck, zu dem es erstellt wird. Unter diesem Gesichtspunkt unterscheidet *Heiss* drei Formen des Gutachtens:

„1. Das Gutachten als Darstellung und ‚Bild' der Persönlichkeit,
  2. das stellungnehmende und urteilende Gutachten,
  3. das beratende Gutachten" (1971, 975ff).

Jeder Pädagoge (Erzieher, Regel- und Sonderschullehrer) kann sich unmittelbar mit der Aufgabe konfrontiert sehen, eine gutachtliche *Stellungnahme* zu einem Kind abgeben zu müssen. Er äußert seine Meinung, beurteilt und trifft damit entweder selbst bereits eine Entscheidung oder trägt mit der Darstellung seiner Auffassung zu einer Entscheidung (abschließenden Beurteilung) bei. Die wohl für ein Kind bedeutungsvollsten Entscheidungen werden getroffen, wenn es um die Aufnahme in ein Heim (Herausnahme aus der Familie) oder in eine besondere Schule (Förderschulbedürftigkeit) geht. Der prüfende und beurteilende Aspekt im Gutachten beinhaltet die eigentliche Entscheidung. Eine gewisse Orientierung und Hilfe bilden Maßstäbe, die Konfrontation eines Probanden in der Untersuchung mit Normwerten. Diese Normen stellen jedoch, wie mehrfach zum Ausdruck gebracht, keine absoluten Größen dar, sie sind mit statistischen „Fehlern" behaftet. Der in erster Linie von dieser Entscheidung Betroffene, nämlich der Schüler, das Kind, kann sich kaum zu dieser Entscheidung äußern. Die eigentliche Entscheidungsinstanz stellt damit der begutachtende Pädagoge dar, denn die „Maßstäbe" pädagogischer und – institutionell – juristischer Art haben keinen Absolutheitscharakter.

Als pädagogisch adäquat kann man sicherlich den Aspekt „*beratende Funktion*" des Gutachtens bezeichnen. Mittels Beratung (vgl. *Bundschuh* 2007, 161ff) werden Erziehungsberechtigten (Eltern, Lehrern …) erste Hilfestellungen geboten. Als Orientierung für die Beratung können nicht von außen kommende Normen dienen, vielmehr die Situation, Art, Entwicklung und Möglichkeiten des Probanden. Wenn man den beratenden Aspekt etwas erweitert, kann man darunter auch die Förderungsvorschläge (Empfehlungen, Folgerungen, Therapievorschläge) verstehen. Die besondere Schwierigkeit hierbei stellt die Einbeziehung der Entwicklungschancen des jeweiligen Kindes in den beratenden Teil des Gutachtens dar. Diesen Unsicherheitsfaktor kann man mit *Heiss* wie folgt ausdrücken: „… wir können aber in vielen Fällen nicht voraussagen, wie sich die Umweltverhältnisse gestalten. Immer bleibt unser Urteil an die Erwägung von Möglichkeiten im positiven und Gefahren im negativen Sinne gebunden. Nur unter dieser Einschränkung lassen sich Voraussagen machen" (1971, 979).

Die Zielsetzung jeder Beratung und förderdiagnostischer Maßnahmen muss in engstem Zusammenhang mit der Gütekontrolle stehen, d. h., es müssen Gewinn und Nutzen deutlich werden, die unsere diagnostischen Informationen und die daraus abgeleiteten Fördermaßnahmen mit sich bringen, und zwar für die Auswahl geeigneter Fördermaßnahmen und für die Beurteilung der Effektivität der Förderung; wobei jede Handlung gemeint ist, die der im pädagogischen und insbesondere sonderpädagogischen Bereich Tätige mit einer positiven *Wirkung* für den Schüler vollzieht.

Als problematisch muss man das Gutachten in der Form als „Darstellung und Bild der *Persönlichkeit*" bezeichnen. Es erscheint unmöglich zu sein, eine vollständige Persönlichkeitsbeschreibung zu geben und die Dynamik, d. h. die Möglichkeit der Veränderung einer Persönlichkeit, zu implizieren. So muss man auch *Holzkamp* verstehen, wenn er zum Ausdruck bringt: „Der Anspruch, globale Persönlichkeitsdiagnosen zu stellen, hat sich inzwischen nicht nur als unrealistisch erwiesen, er ist auch logisch nicht haltbar. Jede noch so ausführliche Persönlichkeitsschilderung ist notwendigerweise eine sehr kleine Auswahl aus allen möglichen Fragestellungen über den Probanden" (1966, 21; vgl. *Kornmann* 1977, 58). Trotz solcher Bedenken kann es vorkommen, dass der begutachtende Pädagoge von Institutionen (Jugendamt, Gericht, Heim ...) aufgefordert wird, mittels Vordruck Aussagen zu Persönlichkeitsmerkmalen eines Probanden zu machen. Einer solchen Aufgabe kann man sich dann schwerlich entziehen. Man sollte in einem solchen Fall zumindest auf die Probleme einer solchen Darstellung verweisen und die Bedingungen aufzeigen, unter denen ein Proband das entsprechende „Persönlichkeitsmerkmal" zeigt.

Man kann zusammenfassend sagen, dass jedes im sonder- oder heilpädagogischen Arbeitsfeld abgefasste Gutachten stellungnehmende bzw. urteilende und beratende Aspekte aufweist, die aus den Informationen der Untersuchung hervorgehen. In der diagnostischen Praxis ergeben sich Fragen bezüglich der Darstellung der Ergebnisse über die Befunde im Gutachten. Das Gutachten selbst ist das Endresultat komplexer Such- und Entscheidungsprozesse. Als solches basiert es auf einzelnen Zwischenergebnissen, die in der Regel durch Erstellung von Befunden zustande kommen.

6.2 Die Befunderstellung

Über die Rolle des Befundes im Rahmen der Gutachtenerstellung finden sich in der pädagogisch-psychologischen Literatur zumeist keine näheren Angaben. Zweifelsohne bezieht sich die Befunderstellung jeweils nur auf ein Verfahren der Untersuchungssituation. *Bleidick* betrachtet den Befund als einen Teil des Gutachtens (1972, 11 ff). Für ihn steht am Ende der einzelnen Untersuchungsabschnitte das „kurzgefaßte Ergebnis der einzelnen Tests, der Exploration, der Ausdrucksbeobachtung (IQ, Testprofil, Versager usw.). Der Untersuchungsbericht nimmt damit die Form von nebeneinanderstehenden – oft mehr oder weniger stimmigen – Untergutachten an" (1972, 14).

Die Verbindung zwischen Befund und Gutachten zeigt *Heiss* in der Weise auf, dass jedes Gutachten „eine Interpretation der Befunde darstellt. Anders gesagt: Das Gutachten muß jeweils die erhobenen Befunde ausdeuten" (1971, 976). Dieser deutende Vorgang werde jedoch ganz entscheidend von dem Zweck des Gutachtens her bestimmt. Dabei ist es selbstverständlich, dass Deuten nichts mit subjektiv gefärbter Unterstellung zu tun haben kann, vielmehr meint der Autor hierzu, deuten heißt, „einen Sachverhalt in einen übergeordneten strukturellen Zusammenhang eingliedern. Jede Deutung geht also davon aus, daß der zu deutende Sachverhalt als Teilglied oder Teilstruktur eines größeren Ganzen erscheint" (1971, 976).

Kornmann empfiehlt, dass bei der „Darstellung der Ergebnisse (Befunde)

– „alle Resultate (gleich, ob sie für die Entscheidung relevant sind oder nicht)
– übersichtlich und
– ohne jegliche Interpretation dargestellt werden".

Das heißt: „Jeder Leser des Gutachtens muß die Chance haben, ohne Kenntnis des nachfolgenden Kapitels ,Interpretation' zu dem gleichen oder anderen Schlußfolgerungen zu kommen wie der Gutachter."

Es fällt schwer, die Meinungen der drei zuletzt angeführten Autoren zur Befunderstellung im Gutachten aufgrund terminologischer Probleme miteinander zu vergleichen.

In dem vorliegenden Buch wird unter Befund die Darstellung der Ergebnisse *eines* psychologisch-pädagogischen Verfahrens (wobei auch das Explorationsgespräch einbezogen ist) in objektiver Form (ohne Deutung) verstanden. Bei der Befunderstellung wird nicht der Versuch unternommen, Widersprüche im Test – etwa bei multidimensionalen Verfahren – oder zwischen verschiedenen Befunden zu interpretieren.

Beim Aufzeigen der Ergebnisse sollte man zur Ermöglichung eines intraindividuellen Vergleichs die Rohwerte verschiedener Testverfahren auf die gleiche Normskala transformieren und die Vertrauensgrenzen der Messwerte angeben.

Die Befunderstellung zu den in der Untersuchung angewandten Verfahren ist somit die wesentliche Vorstufe für die eigentliche Interpretation und zusammenfassende Darstellung im Gutachten.

6.3 Probleme des Gutachtenaufbaus

Jeder in ein Gutachten eingehende Befund basiert auf einem Probeverhalten, auf einer Stichprobe des Probanden. Es wird versucht, über dieses Stichprobenverhalten hinausgehende Aussagen zu treffen, der Befund soll „unter Berücksichtigung der konkreten und individuellen Situation" gedeutet werden. So ist es

„eine der wenigen wirklich gesicherten psychologischen Erkenntnisse, daß zwischen beobachteten Daten und den ihnen zugrundeliegenden Bedingungen keine eindeutig vorhersagbare Beziehung besteht: Ein und derselbe Bedingungskomplex (B) kann bei verschiedenen Individuen zu sehr verschiedenen Verhaltensweisen (V) führen ...; umgekehrt können gleiche Verhaltensweisen bei verschiedenen Individuen auf verschiedene Bedingungen zurückgehen" (*Kornmann*, 1977, 69).

Angesichts dieser Tatsache „können die Interpretationen nur den Charakter von Hypothesen (oder Wahrscheinlichkeitsaussagen) tragen. Dies ist auch bei den Formulierungen und beim Aufbau des Gutachtens zu berücksichtigen. Wenn also ein Befund mehrere Schlüsse zuläßt, dann sollten auch alle denkbaren Schlußfolgerungen aufgeführt und als Hypothesen bezeichnet werden. Dabei ist nach Möglichkeit zum Ausdruck zu bringen,

– welche Daten für und gegen die jeweiligen Hypothesen sprechen,
– wie sicher (oder wahrscheinlich) jede Hypothese ist,
– welche zusätzlich zu erhebenden Daten die Hypothese ggf. stützen oder falsifizieren könnten.

Weiterhin sollten die Aussagen nicht isoliert voneinander, sondern in ihren möglichen Wechselwirkungen dargestellt werden".

Es fällt auf, dass *Heiss* wiederholt im Rahmen der Gutachtenerstellung von der Aufgabe spricht, den Befund oder Befunde zu „*deuten*" und von den Schwierigkeiten, die verschiedenen Befunde miteinander zu verknüpfen und zu einer Gesamtaussage zusammenzufassen: „So hat jedes Gutachten das Ziel, eine mehr oder minder deutlich umrissene Gestaltfiguration zu schaffen, die wir aus Einzelbefunden konstruktiv erstellen müssen. Beschränken wir uns nicht darauf, die Befunde *ohne* Verbindung einfach nebeneinander zu stellen, so stehen wir unter einem konstruktiven Zwang, demzufolge wir aus Teilen ein Ganzes machen müssen" (1971, 985). Solche Probleme muss nicht nur der begutachtende Psychologe reflektieren, vielmehr auch der im Bereich vorschul- und schulischer Fragestellungen begutachtende Pädagoge.

Man kann die Aussagen von *Heiss* und *Kornmann* über die Zusammenhänge zwischen Befund und Gutachten (Deutung bzw. Interpretation) vergleichend so sehen: Der zuerst genannte Autor räumt dem Gutachter sehr viel Kompetenz ein, wenn man bedenkt, dass der „konstruktive Akt des Gutachtens in jedem Falle ein deutender ist" und „daß der konstruktive Wille des Gutachters nicht nur entscheidend bei der gültigen Aussage mitwirkt, sondern weitgehend willkürliche Aussagen möglich sind. Ob dies geschehen ist, läßt sich nicht ohne weiteres erkennen" (1971, 986). Bei *Kornmann* wird der Ausdruck „deuten" nicht verwendet, er spricht vielmehr von der „Interpretation" bzw. „Diskussion der Befunde". Für ihn ist „ein erhobener Befund fast immer mehrdeutig". Interpretationen können angesichts solcher Probleme „nur den Charakter von Hypothesen (oder Wahrscheinlichkeitsaussagen) tragen. Dies ist auch bei den Formulierungen und beim Aufbau des Gutachtens zu berücksichtigen" (1977, 69f).

Heiss weist lediglich auf die besonderen Schwierigkeiten bei der Gutachtenerstellung hin, indem er zum Ausdruck bringt, dass „wir grundsätzlich die Umstände und die von ihnen ausgehenden Bedingungen mit in Betracht ziehen" müssen (1971, 993). *Kornmann* dagegen formuliert die Unsicherheit der Zusammenhänge zwischen Bedingungen und Verhalten deutlicher und konkreter: „Die gleiche Bedingung führt bei verschiedenen Individuen zu unterschiedlichen Verhaltensweisen … ; der gleichen Verhaltensweise bei verschiedenen Individuen liegen jeweils verschiedene Bedingungen zugrunde …" (1977, 70).

Wenngleich *Heiss* von der „Grenze" von Aussagen spricht, die „doch vom Laien wie auch vom Gutachter oft nicht genügend respektiert" wird (1971, 993), fordert er nicht explizit auf, dass diese Grenze im Gutachten selbst verdeutlicht wird! Leider konkretisiert er auch seine Meinung nicht an einem Gutachtenbeispiel, so dass evtl. Missverständnisse ausgeräumt werden könnten.

Bei *Heiss* wird zusätzlich die Frage der „Bestimmung der Befunde nach ihrem Gewicht" aufgeworfen (1971, 987ff). Gemeint ist, dass *„geschätzt"* werden muss, welches Gewicht, welcher Stellenwert dem Einzelbefund zukommt. Im Zusammenhang mit dem Hervortreten eines Befundes hält es der Autor für möglich, dass eine „einfache Gewichtsskala" aufgestellt wird, d. h., es gibt Befunde, die 1. als „überdurchschnittlich", 2. als „unterdurchschnittlich" und 3. als „unauffällig und durchschnittlich erscheinen" (1971, 987f). Hierbei ergibt sich einmal das Problem, ob der „Durchschnittsbereich" tatsächlich objektiv festgelegt ist, denn es gibt ja Verfahren (Exploration, Verfahren projektiver Art ...), bei denen die Gewichtung nach über-, unterdurchschnittlich oder durchschnittlich in hohem Maße in das Ermessen des Gutachters gestellt wird. Falls keine Normen vorliegen, kann die Einordnung eines Testergebnisses schwierig, in manchen Fällen unmöglich werden. Zum anderen nennt *Heiss* „einerseits die Fälle, in denen wir gehäuft auffällige Befunde haben, andererseits wiederum die ganz blassen Erscheinungen, bei denen im Grunde alles innerhalb des Durchschnittlichen und Üblichen bleibt, es gibt weiterhin die Fälle, in denen nur *ein* Befund mit besonderem Gewicht hervortritt" (1971, 988).

Man sollte nun annehmen, dass man es bei Untersuchungen im sonderpädagogischen Bereich nur mit Befunden zu tun hat, die zumeist nach unten vom Durchschnitt abweichen. Es kommt jedoch vor, dass Schüler dem Sonderschullehrer als totale Schulversager gemeldet werden, deren Untersuchungsergebnisse durchwegs im Durchschnittsbereich liegen, einschließlich den Schulleistungsprüfungen. Das spricht meines Erachtens für die eminente Wichtigkeit der Kontext-Berücksichtigung: Dadurch kann auch eine durchschnittliche Leistung oder ein durchschnittlicher Befund in einem oder in mehreren Verfahren eine ganz besondere Bedeutung erlangen, Bedeutung im Hinblick auf die Suche nach den Bedingungen des Schulversagens, die stets diskutiert werden müssen (vgl. auch *Kornmann,* 1977, 69), und zur Angabe von Fördermaßnahmen.

Grob gesehen können im Zusammenhang mit diagnostischen Untersuchungen im sonderpädagogischen Bereich folgende Konstellationen auftreten:

a) Alle Befunde bewegen sich deutlich im unterdurchschnittlichen Bereich.

b) Die Befundergebnisse liegen teilweise im unterdurchschnittlichen, teils im Durchschnittsbereich.

c) Es ergeben sich nur durchschnittliche Befunde.

d) Bei Verhaltensgestörten und bei Körperbehinderten finden sich manchmal durchschnittliche bis überdurchschnittliche Befunde oder überhaupt nur überdurchschnittliche Untersuchungsergebnisse.

Die Ergebnisse können – intraindividuell betrachtet – (sehr) unterschiedlich sein; interindividuell betrachtet, erweisen sich die Phänomene geistige Behinderung, Lernprobleme, Körperbehinderung ... als heterogen.

Dazwischen können immer noch Grenzfälle auftreten, die zusätzliche Probleme mit sich bringen. Man kann sich fragen, welche förderdiagnostische Relevanz deutlich voneinander abweichende Befunde mit sich bringen. Grob gesehen bieten die am höchsten ausfallenden Ergebnisse gewisse Anhaltspunkte über die Leistungsmöglichkeiten eines Probanden.

Es fällt auf, dass *Kornmann* nicht von Syndromen oder einer Ordnung nach Syndromen spricht, vielmehr betont er: „Wenn also ein Befund mehrere Schlüsse zuläßt, dann sollten auch alle denkbaren Schlußfolgerungen aufgeführt und als Hypothesen bezeichnet werden. Dabei ist nach Möglichkeit zum Ausdruck zu bringen,

– welche Daten für und gegen die jeweiligen Hypothesen sprechen,
– wie sicher (oder wahrscheinlich) jede Hypothese ist,
– welche zusätzlich zu erhebende Daten die Hypothese ggf. stützen oder falsifizieren könnten" (1977, 70).

Der Forderung nach einer Zusammenschau von Verhaltensweisen schließt sich letztlich nicht einmal *Kornmann* aus: „Weiterhin sollten die Aussagen nicht isoliert voneinander, sondern in ihren möglichen Wechselwirkungen dargestellt werden" (1977, 70). Konkret sieht der Ansatz *Kornmanns* in der Falldarstellung so aus: „Eine erste Erklärung für diesen Leistungsrückstand ist in der verlangsamten und ineffektiven Arbeitsweise bei schriftlichen Aufgaben zu suchen ...

Verlangsamtes schriftliches Arbeiten und fehlende sprachliche Spontanität sind zunächst als direkte, individuelle Ursachen des Schulversagens mit großer Wahrscheinlichkeit anzunehmen. Das verlangsamte schriftliche Arbeiten kann bei *Christian* auf zwei Komponenten zurückgeführt werden:

- mangelndes graphomotorisches Geschick (Tempo, Druck),
- laufendes Korrigieren.

Die erste Komponente kann verschiedene Ursachen haben, für die es aber aus den Daten keine eindeutigen Belege gibt. Zwei Erklärungen liegen nahe:

- erhöhte Muskelspannung infolge Angst vor Mißerfolg (eventuell situationsbedingt),
- organische Ursachen (eventuell als Symptom einer Hirnschädigung)" (1977, 71).

Es wird hier praktisch nichts anderes getan, als ein Verhaltenssyndrom dargestellt. So wird zunächst festgestellt, dass der Proband die Zeitgrenzen nicht einhalten konnte, d. h. schriftliche Arbeiten zu langsam anfertigte, und dass er häufig korrigierte. Anschließend werden die Probleme, Bedingungen und Ursachen auf der Basis von Wahrscheinlichkeitsaussagen angesprochen.

Man kann also sagen, dass man bei aller Orientierung an den Befunden, also an den Ergebnissen, hinsichtlich der Interpretation nicht ohne ein gewisses Ordnungsgefüge, ohne eine Zusammenschau auskommen kann. Erst dadurch werden gerade im sonderpädagogischen Bereich die Untersuchungsergebnisse auch für den Laien verständlicher.

Auch sogenannte *„Kontrastsyndrome"* können sich ergeben, wenn verschiedene „Befunde voneinander abweichen oder gar sich kontrastieren". *Heiss* versteht darunter „jene Kombinationen, die sich dort ergeben, wo zwei oder mehrere Befunde einander widersprechen" (1971, 989). Als Kontrastsyndrome gelten beispielsweise größere Diskrepanzen zwischen Leistungen in Intelligenztests und Schulleistungen, obgleich Intelligenz- und Schulleistungen nicht durchweg hoch korrelieren. In jedem Fall muss der Grund für Missverhältnisse bei mehreren Befunden erforscht werden, denn in diesen Kontrastsyndromen kann auch sehr wohl der Ursachenbereich für Leistungsversagen angezeigt sein.

Auch *Storz* warnt nachdrücklich vor der Ausklammerung von Widersprüchen im Gutachten: „Die Tendenz zu schlüssigen, in sich ‚stimmigen' Gutachten entsteht aus dem Bedürfnis nach einer ‚guten Gestalt', birgt jedoch die Gefahr in sich, die mit einer bestimmten Hypothese nichtvereinbarten Beobachtungen auszuklammern oder stimmig zu machen. Beobachtete Widersprüchlichkeiten im Verhalten des Kindes müssen immer berücksichtigt werden; sie können u. U. eine Ursache der Leistungsproblematik sein" (1971, 152).

6.4   Formen und Möglichkeiten
der Gutachtengestaltung

Im vorangegangenen Abschnitt wurde deutlich, dass angesichts zahlreicher Implikationen Aufbau und inhaltliche Ausführung eines Gutachtens unterschiedlich sein können, dass es daher schwierig ist, ganz verbindliche Schemata und bis in die Details gehende Orientierungshilfen zur Gestaltung von Gutachten im sonderpädagogischen Bereich aufzuzeigen. Einige dieser Problemgründe sind:

- Auch im sonder- und heilpädagogischen Bereich liegen vielfältige Anlässe zur Erstellung von Gutachten vor (vgl. vorl. Schrift, 3.3.);
- die anzuwendenden Verfahren, die gleichzeitig die Ausformung und Inhalte eines Gutachtens mitbestimmen, variieren entsprechend den Frage- und Problemstellungen;
- nachdem es sich nicht um homogene „Fälle" handelt, sind Differenzen bei der Durchführung der Untersuchung und bei der Auswertung der Ergebnisse von Proband zu Proband nicht zu vermeiden, so dass eine völlige vorherige Durchstrukturierung der Gutachtensituation unmöglich ist;
- die verschiedenen Testverfahren sind an sich inkompatibel – zu stark weichen sie in der Operationalisierung ihrer Zielsetzung voneinander ab (z. B. umstrittene Tests aus der *Binet*-Reihe, Standardisierung des HAWIK, wissenschaftlich nicht ganz zu rechtfertigende Profilauswertungen und -darstellungen, völlig andere Konzeption der Gruppenverfahren wie Grundintelligenztests CFT 1 von *Cattell, Weiss* und *Osterland* oder CFT 20 von *Cattell* und *Weiss,* „Columbia Mental Maturity Scale-LB" von *Eggert* et al., „Bildertest 1 – 2" von *Horn* et al., „Schulleistungsbatterie für lernbehinderte und schulleistungsschwache Grundschüler SBL 1/2" von *Kautter* und *Storz,* „Schulleistungstest lernbehinderter Schüler S-L-S" von *Reinartz ...*).

In der Fachliteratur lassen sich mehrere Ansätze und Modelle zur Gutachtengestaltung finden (*Bleidick* 1963, [4]1972; *Kemmler* 1965, [3]1974, 122 – 126; *Hartmann* 1970, 70 – 102; *Storz* 1971, 136 – 155; *Munz* und *Schoor* 1975, 173 – 195; *Kornmann* 1977, 55 – 73). Ehe eigene praktikable Vorschläge des Verfassers gegeben werden, sollen die wichtigsten Merkmale der obengenannten Hinweise für Gutachtenerstellung erörtert werden.

Der Ansatz von *Bleidick* (1972) ist von *Kornmann* scharfer Kritik unterworfen worden: Man könne „die Aussagen *Bleidicks* über Form und Funktion des sonderpädagogischen Gutachtens getrost als überholt und wertlos bezeichnen" (1977, 58f). Es darf aber nicht übersehen werden, dass *Bleidick* wohl als einer der ersten Autoren konkret eine Möglichkeit zur Erstellung des „sonderpädagogischen Gutachtens" publizierte, wobei der Autor betont, dass seine Darstellung „gewiß nicht den Anspruch eines Musterbeispieles erheben" soll. Vielmehr versucht er mit diesem Gutachten „den Rahmen aufzuzeigen, der bei maßstabsgerechter Umformung auch für ähnliche und kürzere Beschreibungen gelten könnte" (1972, 33).

Die Hauptkritik muss man bei *Bleidick* an der nahezu ausschließlichen persönlichkeits- und charakterorientierten Darstellung und Beschreibung von Individuen ansetzen, wobei auch noch eine „stimmige Verallgemeinerung der ermittelten Resultate" intendiert werden soll (1972, 14). Es dürfte einem noch so gründlich arbeitenden Fachmann (Psychologen) kaum gelingen, eine umfassende Persönlichkeitsdiagnose zu erstellen, die zugleich für die gegenwärtige Situation und zukünftige „Entwicklung" einer Person volle Relevanz besitzt. Die große Gefahr, die in dem Versuch besteht, von einer Person ein Charakter- und Persönlichkeitsbild zu entwerfen, muss gesehen werden in der weitgehenden Fixierung (Festlegung) einer Person, d. h., dass die innerpsychische Dynamik, die „Entwicklungen" unter Einbezug der Umwelteinflüsse, die möglicherweise Veränderungen mit sich bringen, weitgehend negiert werden.

In dem Gutachtenvorschlag *Bleidicks* kommt eben die persönlichkeitsdiagnostische Orientierung bzw. Dimension zum Ausdruck, die in der psychologischen Begutachtungspraxis lange Zeit dominierte und auch heute noch teilweise vertreten wird; darauf weisen die von *Bleidick* angeführten namhaften Wissenschaftler hin. Der Autor möchte jedoch – wie bereits angedeutet – seinen Vorschlag nicht als „Musterbeispiel" gesehen wissen, „schon wegen seiner Ausführlichkeit und tiefenpsychologisch gefärbten Interpretation" ([4]1972, 33).

In ihrem Aufsatz über Fragen der pädagogisch-psychologischen Gutachtenerstellung zeigt *Storz* sehr konkret auf, welche Arbeiten bis zur Gutachtenformulierung notwendig sind (1971, 151f). Auch vom geübtesten Gutachter sollte „normalerweise ein *Vorgutachten* angefertigt" werden, das „sozusagen das Skelett des Gutachtens" darstellt. Stichwortartig werden im Vorgutachten die für die „*Fragestellung* bedeutsamen Untersuchungsdaten in psychologischen Kategorien (Verhaltenssyndromen) zusammengefaßt, die Diagnose – durch Ordnung dieser Verhaltenssyndrome in der Rangfolge ihrer Bedeutung für Lernbehinderung – skizziert und aus der Diagnose die Prognose sowie die Entscheidung über die Sonderschulbedürftigkeit und die übrigen pädagogischen Vorschläge abgeleitet" (1971, 151).

Leider stellt auch *Storz* kein konkretes Gutachten zur Diskussion. Der Gutachtenaufbau konzentriert sich in allen Teilen „auf die individuelle Leistungsproblematik". Aufgrund der im Gutachtenschema verwendeten Termini und der folgenden Aussage: „*Nicht interpretierte Informationen* gehören nicht ins Gutachten ... Auch *reine Verhaltensbeschreibungen* sollen im Gutachten nicht mehr enthalten sein. Sie können ausnahmsweise zur Verdeutlichung einzelner Deutungen oder grundlegender Persönlichkeitsmerkmale aufgenommen werden" (1971, 154f). Man muss davon ausgehen, dass bei *Storz* im Zentrum der Begutachtung ebenfalls die Beschreibung der Persönlichkeit (unter besonderer Berücksichtigung der Leistungsproblematik) steht.

Wenngleich die meisten bei *Storz* verwendeten Begriffe zur Beschreibung der Probanden konkreter sind als bei *Bleidick* (1972) oder bei *Kemmler* ([3]1974, 122), gehen immer noch Fachtermini in die Gutachten ein, die wegen ihrer wissenschaftlichen Problematik („hypothetische Konstrukte") oder wegen zu geringer Allgemeinverständlichkeit umstritten sind, wie z.B. „Antrieb", „Vitalität", „Steuerung der Antriebe", „Emotionales Verhalten".

Einen praxisnahen und objektiv gehaltenen Gutachtenaufbau schlägt *Kornmann* vor (1977, 63 – 73). „Aufbau und Form eines Gutachtens" tragen seiner Meinung nach „entscheidend zu dessen Informationsgehalt bei". Er empfiehlt eine Gliederung nach dem Vorbild von Berichten über experimentelle Untersuchungen:

„1. Untersuchungsanlaß und Fragestellung
 2. Auswahl der diagnostischen Verfahren
 3. Durchführung der Untersuchung
 4. Darstellung der Ergebnisse
 5. Interpretation (Diskussion der Befunde)
 6. Abschließende Stellungnahme ..." (1977, 63f).

Zu seinem Gutachtenvorschlag zeigt *Kornmann* an der genannten Stelle ein konkretes Beispiel auf. Aspekte dieses Gutachtenvorschlags sollen nun kurz referiert werden.

Im Zusammenhang mit Punkt 1: „Untersuchungsanlaß und Fragestellung" wird neben den üblichen Angaben zu klären sein, welche „*Entscheidungsalternativen* bestehen": Angemessene Förderung in der Schule für Lernbehinderte, in einer anderen Sonderschule, Bedingungen für einen erfolgreichen Besuch der Grundschule?

Bezüglich der „Auswahl der diagnostischen Verfahren" betont der Autor die Orientierung der Auswahl der Verfahren an der „Art der Fragestellung".

Es soll der Punkt „Darstellung der Ergebnisse" herausgegriffen werden. *Kornmann* vertritt hierzu die Meinung: In diesem Abschnitt sollen

- *alle* Resultate (gleich, ob sie für die Entscheidung relevant sind oder nicht)
- *übersichtlich* und
- *ohne* jegliche Interpretation dargestellt werden (1977, 67).

Ich stimme *Kornmann* zu, wenn er postuliert, dass die Resultate „übersichtlich" und „ohne jegliche Interpretation" im Gutachten dargestellt werden sollten. Es erscheint jedoch problematisch, ob man tatsächlich „*alle* Resultate" (ganz gleich, ob entscheidungsrelevant oder nicht) ins Gutachten aufnehmen sollte. Im Beispiel *Kornmanns* kann man dieser Forderung relativ leicht nachkommen, weil die Exploration bereits nach einem Satz abgebrochen werden musste, eine Exploration der Eltern nicht stattfand, ebenso weder „Fremd-" noch „Eigenanamnese" durchgeführt wurde, weil auch die Auswahl der übrigen diagnostischen Verfahren (BT 1–2; SBL 1) eine sehr kurze Darstellung der Ergebnisse ermöglicht.

Es dürfte gerade diese Forderung nach Aufnahme aller Resultate ins Gutachten sein, die dazu führte, dass (a) 17 von 39 durch *Kornmann* befragte Sonderschullehrer mehr oder weniger starke Zweifel an der Praktikabilität seines Modells äußern (Frage 3) und dass (b) 32 der 39 Kollegen meinen, „unter den augenblicklichen Bedingungen der Praxis" … lasse sich die Strategie „kaum" oder „gar nicht realisieren" (Frage 6) (*Kornmann,* 1977, 76ff).

Drei Probleme ergeben sich für den Verfasser, wenn tatsächlich „alle Resultate" in das Gutachten aufgenommen werden sollten:

- *Welche* Informationen kann man als „Resultat" bezeichnen?
  Man denke dabei z. B. an die teilweise sehr umfangreichen Informationen von Eltern geistig behinderter oder verhaltensgestörter Kinder.
- Das Gutachten wird aus der Sicht des Untersuchers und des Lesers zu *umfangreich,* zu wenig übersichtlich (Zeitaufwand für nicht relevante Aussagen).
- Nicht alle Ergebnisse lassen sich – ungeordnet – *übersichtlich* darstellen.

Ich bin der Meinung, dass

- nur die Informationen, die für die *Förderung* und die unter diesem Aspekt zu treffenden *Entscheidungen* wichtig sind,
- in – wenn möglich – *geordneter* Form

übersichtlich und ohne jegliche Interpretation in das Gutachten aufgenommen werden sollten, denn die ursprünglichen Ergebnisse müssen ohnehin den Untersuchungsakten beigefügt werden (Verfälschungen nicht möglich), und der Zeitaufwand kann etwas geringer gehalten werden. Darüber hinaus könnte die Darstellung sämtlicher Informationen den bzw. die Adressaten – das könnten auch Eltern sein – verwirren.

In Punkt 5 „Interpretation (Diskussion der Befunde)" vertritt *Kornmann* die Auffassung: „In diesem Teil des Gutachtens sollen mögliche Bedingungen des Schulversagens genannt und diskutiert werden ... unter Rückgriff auf die zuvor dargestellten Ergebnisse ggf. auch auf die Untersuchungsbedingungen" (1977, 69). Obwohl man die Absicht einer Aufdeckung der Bedingungen begrüßen muss, stellt sich die Frage, ob man bei jedem Probanden die Bedingungen für das Schulversagen aufdecken kann. Besonders für den in der Praxis stehenden Gutachter stellt dieses Postulat teilweise eine Überforderung dar. Es ist sehr wahrscheinlich, ja man kann wohl sagen in der Regel so, dass Schulversagen einfach mehrfachbedingt ist (soziokulturelle Bedingungen, leichte bis schwere hirnorganische Schädigung, sprachliche Defizite ..., Legasthenie, emotional-affektive Probleme ...).

Wenn es möglich wird, in bestimmten Fällen zwischen Schulversagen und Ätiologie eine eindeutige lineare Beziehung herzustellen, wird eine solche Darstellung im Gutachten im Hinblick auf Förderansätze dringend notwendig. Man muss sich aber fragen, was die Aufzählung jedmöglicher Bedingungen für den Probanden für einen Nutzen hat, wenn damit konkret nichts ausgesagt werden kann?

Ebenso bedeutsam wie das Aufzeigen von Bedingungen für das Schulversagen dürfte die Darstellung der in allen Informationsquellen eruierten Verhaltensweisen – betreffend vor allem den sozialen, emotional-affektiven, geistigen und schulischen Bereich – für die eigentliche Förderung eines Schülers sein, denn darum geht es ja in erster Linie. Es ist richtig, dass Zusammenhänge wie „Untersuchungsdaten" – „Bedingungen ... , die zugleich Bedingungen für das Schulversagen (SV) sein sollen ... " – diskutiert und interpretiert werden (1977, 69); aber ebenso wichtig ist eine präzise Darstellung der in der Untersuchung gezeigten und aus anderen Informationsquellen hervorgehenden akuten Ergebnisse, auf deren Basis Fördermaßnahmen aufbauen können – eben dies wird bei *Kornmann* zu wenig getan.

Die Interpretationen *Kornmanns* tragen in hohem Maße den Charakter vorläufiger Aussagen. Nicht etwa, weil *Kornmann* „Wahrscheinlichkeitsaussagen" bevorzugt – diesbezüglich kann keine Kritik geübt werden –, vielmehr weil einfach wesentliche Informationen zur Interpretation und den daraus abzuleitenden Fördermaßnahmen noch ausstehen:

– Es fand kein Gespräch mit den Eltern statt, d. h., familiäre Einflüsse (erhöhte Leistungsanforderung, Bestrafung bei Nichterfüllen der Anforderungen, Umerziehung bei ursprünglicher Linkshändigkeit, gleichrangige Behandlung beider Kinder, Verhältnis der Geschwister untereinander …) wurden nicht eruiert;
– die Frage der hirnorganischen Störung sollte von fachärztlicher Seite abgeklärt werden und damit die Frage nach einer zentralen Sprachstörung, Zusammenhänge mit dem verlangsamten Schreibtempo und fehlendem spontanen Sprechen …

Aufgrund solcher Informationslücken muss die abschließende Interpretation sehr „offen" ausfallen:

„Das Schulversagen ist sicher nur dann zu beheben, wenn Christian schneller schreiben lernt und bei Leistungsanforderungen spontan spricht.

Die Voraussetzungen hierfür lassen sich wohl kaum kurzfristig schaffen. Sollte die Frage der Aphasie verneint werden, ist Christian in eine Sonderschule für Lernbehinderte zu überweisen. Hierzu sollten weitere Untersuchungen durchgeführt werden mit dem Ziel, solche Interventionen zu arrangieren, die Christians Leistungsversagen beheben" (1977, 72).

Kornmanns Ausführungen zu Punkt 6 „Abschließende Stellungnahme" erscheinen als plausibel und akzeptabel. Jedoch wird ein konkreter Vorschlag für realisierbare Fördermaßnahmen vermisst. Die hier wiedergegebenen Anmerkungen des Autors können nicht im Sinne von Fördermaßnahmen angesehen werden: „Unabdingbar sind Interventionen, die zu einer größeren Effizienz bei schriftlichen Anforderungen und zu spontaner mündlicher Beteiligung im Unterricht führen. Die für diese Maßnahmen notwendigen Bedingungsanalysen sollten die familiäre Situation einbeziehen. Verlaufen diese Interventionen erfolgreich, ist eine Rückschulung Christians anzustreben" (1977, 73).

Wenn man sich fragt, welche Hilfen, Effizienz, welcher Nutzen unmittelbar aus dem hier beleuchteten Gutachten für den betroffenen Probanden hervorgehen, so lässt sich eine Antwort nicht (leicht) finden. *Kornmann* bleibt doch bei sehr allgemeinen Aussagen stehen bzw. verweist Kompetenzen an andere Institutionen und schlägt damit auch einen bürokratischen Weg ein. Meiner Meinung nach sollten aber alle Informationen zu einem Problemkind bei dem begutachtenden Sonderpädagogen zusammentreffen, der dann unter Einbeziehung dieser Informationen und aufgrund seiner Erfahrung und seiner besonderen Ausbildung – sei es alleine oder in Teamarbeit – eine Entscheidung trifft, die in gewissen Zeitabständen überprüft und gegebenenfalls wieder revidiert werden muss.

Wenn der Gutachter z. B. eine, „verlangsamte und ineffektive Arbeitsweise", „Versagen bei mündlichen Anforderungen", „mangelndes graphomotorisches Geschick", „laufendes Korrigieren" im Verlauf der Untersuchung beobachtet, dann müsste er auch in seinem Gutachten anführen, was zu tun ist, dass diese Defizite verringert, kompensiert oder beseitigt werden können. Er hat also im Hinblick auf den Probanden konkrete Förderungsziele zu nennen und didaktische und methodische Wege aufzuzeigen, mit deren Hilfe diese Ziele erreicht werden können.

6.5 Zusammenfassung zur Problematik Gutachtenerstellung

Geht man von der Wortbedeutung von „Gutachten" aus, besteht die Absicht einer Gutachtenerstellung darin, gütig, gutmütig und hilfreich zu sein, etwas für gut und wertvoll zu halten, schlichtweg das Gute zu achten. Häufig wird diese Bedeutung von Gutachten in den unterschiedlichen Praxisfeldern geradezu pervertiert. Allgemein handelt es sich beim Gutachten um die ausführlich begründete Aussage oder Stellungnahme eines Sachverständigen, zumeist in schriftlicher Form.

Traditionelle Sonderschulaufnahmeverfahren enthielten häufig Gutachten mit Beurteilungen des Verhaltens und/oder Lernens auffälliger Schüler auf der Basis diagnostischer Verfahren unter Einbezug von Anamnese und Verhaltensbeobachtung. Teilweise implizierten diese Gutachten aus den diagnostischen Befunden resultierende sonderpädagogische Förderungshinweise meist in Verbindung mit individuellen Überweisungsvorschlägen für die entsprechende Sonderschule. In pädagogischen Arbeitsfeldern sollte das Hauptziel eines Gutachtens darin bestehen, diagnostische Befunde möglichst so zu analysieren, dass aus ihnen konkrete, direkt umsetzbare pädagogische Hilfen resultieren.

Gutachten erheben auch den Anspruch, Verhalten vorherzusagen. Eine Prognose schließt verschiedene Probleme und Gefahren für die Betroffenen ein wie Irrtum, Festlegung und Manipulation durch Ignorieren der Bedürfnisse, aber auch Möglichkeiten wie Aufzeigen neuer Lernwege, offener, flexibler Verhaltensweisen – kurz Förderung im Kontext von Erziehung, Bildung und gegebenenfalls Therapie.

Das förderungsorientierte Gutachten im heilpädagogischen Arbeitsfeld unterscheidet sich in der Regel vom psychologischen Gutachten aufgrund der Intention, ein Kind in einer Problemsituation zu stützen, zu unterstützen, allgemein neue Lernwege, -prozesse und Verhaltensmöglichkeiten je nach individueller Bedürfnislage aufzuzeigen.

Die Notwendigkeit traditioneller sonderpädagogischer Gutachtenerstellung ergab sich häufig aus der Mitwirkung bei Entscheidungen und Maßnahmen im Rahmen der Überprüfung eines Kindes oder Jugendlichen bezüglich der Aufnahme in Sonderschulen. Es ging dabei akzentuiert dargestellt 1. um die Diagnose des Erscheinungsbildes, 2. um die Ätiologie von Störungen und Behinderungen, 3. die Entscheidung bzgl. der Aufnahme eines Kindes in eine Sonderschule, 4. in Verbindung mit einer „Prognose" um die Frage, in welcher Art von Sonderschule ein Kind unterrichtet werden sollte. Weitere Anlässe für Gutachtenerstellung: Rückführung (Rücküberweisung) an die Allgemeine Schule, Verlängerung der Schulzeit, Berufsfindung, Früherkennung und Frühförderung bei vorliegender Entwicklungsverzögerung, Heimeinweisung und Begutachtung Jugendlicher bei Gericht im Rahmen von Strafverfahren. Eine dominante Rolle traditioneller Vorgehens- und Begutachtungsweisen spielten im Kontext Diagnose psychologische Tests, vor allem Intelligenz-, Schulleistungs-, Sprach-, Motorik- und Wahrnehmungstests sowie Tests zur Begutachtung des affektiv-emotionalen und sozialen Verhaltens. Entscheidung und Maßnahmen sollten in möglichst transparenter Form dargestellt und begründet werden. Vor allem drei Formen der Gutachtenerstellung wurden unterschieden:

1. Gutachten als Darstellung und Bild der Persönlichkeit,
2. das stellungnehmende und urteilende Gutachten,
3. das beratende Gutachten.

Auf Probleme und Gefahren der beiden zuerst genannten Formen, vor allem im Hinblick auf den Aspekt „Persönlichkeit", wurde verwiesen.

Auf dem Hintergrund heftiger Kritik insbesondere an der traditionellen Konzeption des Sonderschulwesens im Allgemeinen und an der bisherigen Art der Begutachtung häufig in Orientierung am herkömmlichen medizinischen und psychologischen Modell mit einer weitgehend statischen Persönlichkeitsvorstellung waren Veränderungen notwendig geworden. Wissenschaftliche Entwicklungen und Erkenntnisse, schulpolitische Entwicklungen und Elternwille führten in den 70er und 80er Jahren zu einer veränderten Sichtweise, die sich auch auf die Gutachtenerstellung im Rahmen sonder- oder heilpädagogischer Fragen auswirkte. Mit Beginn der 90er Jahre veränderten sich Aufgabenstellung und damit auch Inhalte und Formen der Begutachtung.

Unter dem Aspekt des Paradigmawechsels wird jetzt vom individuellen Förderbedarf, von der Dynamik, von der Entwicklungs- und Veränderungsmöglichkeit von Kindern und Jugendlichen, von der lebenslangen Entwicklung des Individuums in seiner spezifischen, aber auch in Veränderung begriffenen Umwelt, von der Autonomie, vom Involviertsein in Systeme und ökosystemischen Bedingungen ausgegangen (*Bundschuh, Heimlich, Krawitz* 2007).

Der Weg führt weg von der doch traditionell überwiegend statischen Sichtweise der Person, des Vergleichs, der Klassifikation, der Beurteilung und interindividuellen (Norm-) Orientierung hin zur individuellen, intraindividuellen subjektorientierten Betrachtung, schlichtweg zu einer neuen Einstellung gegenüber Kindern und Jugendlichen mit Auffälligkeiten und Schwierigkeiten. Dies kommt in dem Begriff „Individualisierung" und in Bezeichnungen wie individueller Förderbedarf, Förderplan, Förderungsprozess zum Ausdruck. Die Zielrichtung lautet: von der Selektion und Separierung hin zur Integration (*Bundschuh* 2007, 150 – 169; 2008 a, 233 – 236). Hieraus ergeben sich völlig neue Aufgaben hinsichtlich der Gutachtenerstellung im sonder- und heilpädagogischen Arbeitsfeld.

Die Begutachtung (im Hinblick auf Entscheidungsfindung) erhält auch mit der KMK-Empfehlung vom Mai 1994 einen neuen Sinn. Zum einen geht es um die Diagnose, das Erkennen und Auffinden des individuellen Förderbedarfs, zum anderen – und dies ist der neue Aspekt – um den für das Kind adäquaten Förderort, d. h. der Förderort und damit die Schule oder Einrichtung sind in die Frage der Begutachtung einzubeziehen, indem im Rahmen der Gutachtenerstellung dieser Förderort im Hinblick auf den individuellen (sonderpädagogischen) Förderbedarf eines Kindes bzw. eines Jugendlichen hinterfragt und analysiert werden muss. Die pädagogisch bedeutsame Aufgabe der Begutachtung und

Entscheidungsfindung mit Blick auf die weitere Entwicklung eines Kindes sollte eine Förderkommission bzw. ein Team von Pädagogen, Sonder- oder Heilpädagogen, Psychologen, evtl. auch Medizinern übernehmen unter Einbezug der Eltern. Die Aufgabe einer Förderkommission bzw. eines Förderteams besteht in Empfehlungen zu folgenden Fragen und Aspekten:

- ob sonderpädagogischer Förderbedarf vorliegt,
- welcher Art dieser Förderbedarf sein soll,
- in welchen Bereichen (sonderpädagogische) Förderung geleistet werden muss,
- wie diese Förderung durchgeführt werden soll,
- welcher Förder-Lernort bzw. welche Förderorte für den weiteren Schulbesuch der Schülerin oder des Schülers empfohlen werden (*Eggert* 1998, 178).

Diese Empfehlungen gehen aus einem Beratungsgutachten, das auf dem Bericht der bisherigen Schule (meist Grundschule) aufbaut, hervor.

Teilweise wird in der Fachliteratur zwischen Expertengutachten und individuellem Entwicklungsplan bzw. individueller Entwicklungsförderung unterschieden. Das Expertengutachten ist für die Auswahl unter Sonderinstitutionen oder Therapiegruppen zu erstellen. Hierbei führt der Gutachter in der Regel standardisierte Tests und auch eine Bewertung auf der Basis vorliegender Normen und Normenskalen durch. Ein solches Expertengutachten entspricht dem herkömmlichen sonderpädagogischen Gutachten, wie es bisher im Rahmen eines Sonderschulaufnahmeverfahrens erstellt wurde (ebd., 173), mit dem Vergleich ermittelter Werte mit Normdaten psychologischer Tests und Entwicklungsskalen.

Vor allem zwei Formen der Gutachtenerstellung im Hinblick auf individuelle Förderung werden unterschieden: *Beratungs- und Förderungsgutachten.*

- Beim *Beratungsgutachten* geht es um die Erfassung der Problemstellung und um die Feststellung des individuellen Förderbedarfs, gegebenenfalls um die Feststellung des sonderpädagogischen Förderbedarfs. Während der individuelle Förderbedarf nur vorübergehend in einem Lernbereich oder mehreren Lernbereichen (z. B. Sprache, Motorik, Wahrnehmung, Kulturtechniken) besteht in Form von Unterstützung und Hilfe, auch durch innere oder äußere Differenzierung in der Grundschule, geht man im Kontext „sonderpädagogischer Förderbedarf" von Abstufungen aus. Der sonderpädagogische Förderbedarf kann niedrig/gering, mittelgradig und hoch sein. Schwerpunkte bilden die Analyse der bisherigen und zukünftigen Entwicklungsumstände, -bedingungen- und Lernmöglichkeiten, Beschreibung der Lebensumstände und Familiensituation, der Beziehungen zwischen Familie und Schule, Analyse der bisherigen und aktuellen schulischen Bedingungen, Beschreibung des individuellen Förderbedarfs unter Einbezug und Analyse der in der näheren Umgebung gegebenen Fördermöglichkeiten (Schulen, Ambulanzen u. a.). Hypothesen werden formuliert über denkbare und wünschenswerte Erfolge in einem bestimmten Zeitraum, über Entwicklungs- und Lernprozesse des Kindes unter Berücksichtigung bestehender und zu verändernder Bedingungen, auch über mögliche Veränderungen bzw. Variationen zukünftiger Fördermaßnahmen. Zusammenfassend geht es beim Beratungsgutachten um eine (hypothetische) Beschreibung der bisherigen und zukünftigen Lern- und Sozialentwicklung des Kindes unter Berücksichtigung seines familiären, schulischen und außerschulischen Umfeldes. Bisherige und zukünftige Dimensionen der kognitiven, sozialen, emotionalen (vgl. *Bundschuh* 2003) und motorischen Entwicklung werden einbezogen (*Bundschuh* 2007, 161 – 163, 263 – 277).

– Das *Förderungsgutachten* ist mehr als ein Gutachten zur Lernförderung, es geht um die ganze Person des Kindes, d. h. auch soziale, emotionale, motorische Bereiche und Prozesse sind zu berücksichtigen unter Einbezug des sozialen Umfeldes und damit möglicherweise verbundenen behindernden Bedingungen. Bei *speziellem Förderbedarf* kann die fokussierte Betrachtung des Lernens bzw. eines einzelnen Lernvorganges z. B. in den Bereichen Lesen, Rechtschreibung, Mathematik, affektiv-emotionaler Prozesse (Ängste, psychische Schwierigkeiten), Wahrnehmung, Motorik (Senso-, Psycho-, Grob- und Feinmotorik), der Sprache oder anderer Bereiche notwendig sein. Beim individuellen Entwicklungsplan geht es nicht um Klassifikation oder Zuordnung zu bestimmten Bezugsgruppen, sondern um die optimale individuelle Förderung eines bestimmten Kindes. Diagnose und Förderung bilden hier einen einheitlichen Prozess.

Zu erkennen, welche Art der Begutachtung gefordert ist, hängt von der Frage- oder Problemstellung bzw. (Not-)Situation des betroffenen Kindes und der unmittelbaren Bezugspersonen ab. Auch die ersten Überlegungen zur Hypothesenbildung bestimmen Inhalte und Form des Gutachtens mit. *Entscheidungsgutachten* mit der Fragestellung, ob sonderpädagogischer Förderbedarf vorliegt oder nicht und an welchem

Förderort der Förderbedarf einzubringen wäre, sollten auf der Basis der Beratung einer Förderkommission unter Einbezug der Gespräche mit den Eltern oder nahen Bezugspersonen erstellt werden.

Gutachten und gutachtliche Stellungnahmen gehören nach wie vor zum Aufgabenbereich der Lehrerinnen und Lehrer an Regel- und Förderschulen, wobei sich die fachlichen Kompetenzen je nach Ausbildung unterscheiden. Lehrer äußern ihre Meinung, beurteilen und treffen damit entweder selbst bereits eine Entscheidung oder tragen mit der begründeten Darstellung ihrer Auffassung über die Situation eines Kindes zu einer Beurteilung und Entscheidung bei. Die für das Leben eines Kindes bedeutungsvollsten Entscheidungen werden getroffen, wenn es um die Aufnahme in ein Heim oder in eine besondere Schule (Förder- oder Sonderschulbedürftigkeit) geht. Der prüfende und beurteilende Aspekt im Gutachten beinhaltet die eigentliche Entscheidung.

Soweit wie möglich sollte auch die Meinung der Eltern und auch des betroffenen Kindes in die Entscheidungsfindung einbezogen werden. Wichtig ist im Rahmen dieser komplexen Problemstellungen der (heil-) pädagogische Aspekt und damit die Frage nach dem Menschenbild.

Als pädagogisch adäquat kann man sicherlich die „beratende Funktion" des Gutachtens bezeichnen. Mittels Beratung werden Erziehungsberechtigten (Eltern, Lehrern) Hilfestellungen und Unterstützung geboten. Als Orientierung für die Beratung sollten nicht in erster Linie von außen kommende Normen (altersadäquate Leistungen, Erwartungen der Grundschule) dienen, vielmehr die Gesamtsituation des Kindes unter Einbezug der sozio-ökonomischen Bedingungen, des Entwicklungsstandes und Möglichkeiten der Weiterentwicklung. Eine Beratungssituation ist vor allem gekennzeichnet durch die vorliegende Problemstellung meist komplexer Art und die damit verbundene Krisensituation, mit denen sich Eltern und ihr Kind konfrontiert sehen.

Aus der Beratung können Empfehlungen für Förderung, gegebenenfalls auch therapeutische Maßnahmen hervorgehen. Die besondere Schwierigkeit hierbei stellt der Einbezug von Entwicklungsmöglichkeiten und -chancen des jeweiligen Kindes in den beratenden Teil des Gutachtens dar. Es handelt sich um einen Unsicherheitsfaktor, denn man kann nicht in verallgemeinernder Weise – wohl eher in hypothetischer Form – prognostizieren, wie sich Umfeldverhältnisse gestalten und wie sich das Kind bei entsprechender Unterstützung und Förderung unter Berücksichtigung seiner Autonomie und seiner Selbstentfaltungskräfte entwickelt. Nur unter der Prämisse dieser „Grenzen" lassen sich Hypothesen im Hinblick auf die zukünftige Entwicklung des Kindes formulieren.

Die Zielsetzung von Beratung und förderdiagnostischen Maßnahmen sollte in engstem Zusammenhang mit der Gütekontrolle stehen, d. h. es müssen Gewinn und Nutzen für das Kind deutlich werden, die die diagnostischen Informationen und die daraus abgeleiteten Fördermaßnahmen mit sich bringen. Dies gilt für pädagogisches Handeln und für die Beurteilung der Wirksamkeit eingesetzter Fördermaßnahmen. Für dieses weite und verantwortungsvolle Aufgabenfeld der Begutachtung sind Kompetenzen erforderlich (*Bundschuh* 2007, 147f, 159f; 2008 a, 232f):

– fachliche Kompetenzen (Entwicklung, Lernen, Förderung),
– diagnostische Kompetenzen (für diagnostisches Handeln),
– beratende Kompetenzen (für Eltern, Lehrer und Förderkommission),
– didaktische Kompetenzen (zum Verstehen und zur individuellen Vermittlung von Lernprozessen, zur Fehleranalyse und Erarbeitung des Fördervorschlages etwa gemeinsam mit dem bisherigen Grund- oder Hauptschullehrer) und
– therapeutische Kompetenzen (zur Beseitigung psychisch bedingter Lernhemmnisse, für die konstitutiv-aufbauende, innovatorische und emanzipatorisch-ganzheitliche Förderung).

Das Gutachten selbst ist das Endresultat komplexer Such-, Prüf-, Analyse- und gegebenenfalls Entscheidungsprozesse. Als solches basiert es auf Teilergebnissen, die in der Regel aus der Befunderstellung hervorgehen. Befunderstellung bezieht sich jeweils nur auf ein diagnostisches Verfahren des diagnostischen Prozesses bzw. von Untersuchungssituationen. Die Verbindung zwischen Befund und Gutachten liegt darin, dass das Gutachten eine Interpretation der Befunde darstellt.

Unter Befund wird die Darstellung der Ergebnisse eines psychologisch-pädagogischen Verfahrens in objektiver Form verstanden. Bei der Befunderstellung wird an sich nicht der Versuch unternommen, widersprüchliche Ergebnisse aus Anamnese, Exploration, Verhaltensbeobachtung und Tests zu interpretieren.

Interpretation und Diskussion der Befunde stellen einen weiteren Schritt im Rahmen der Gutachtenerstellung dar. Ein erhobener Befund kann mehrdeutig sein. Interpretationen sollen angesichts solcher Unsicherheiten den Charakter von Hypothesen oder Wahrscheinlichkeitsaussagen tragen. Dies ist auch im Zusammenhang mit den Formulierungen und beim Aufbau des Gutachtens zu berücksichtigen.

Es gibt mehrere Formen und Möglichkeiten der Gutachtengestaltung. Aufbau und Inhalte eines Gutachtens erweisen sich aufgrund zahlreicher Implikationen als unterschiedlich. Dennoch gibt es Orientierungshilfen zur Gestaltung des diagnostischen Prozesses und zur Gutachtenerstellung im Rahmen sonder- und heilpädagogischer Fragestellungen unter besonderer Berücksichtigung der Beratung und Förderung.

Zunächst einige Prämissen unter dem Aspekt Strukturwandel/Paradigmawechsel im Bereich Sonder- und Heilpädagogik:

– Nach wie vor gibt es vielfältige Anlässe zur Erstellung von Gutachten, möglicherweise sogar im Kontext erhöhter Komplexität in zunehmendem Maße (Förderzentren, Förderschulen, drängende Fragen der Förderung, Integration und Inklusion).
– Gutachten variieren entsprechend den Frage- und Problemstellungen; diagnostische Verfahren und Analysen bestimmen Ausformung und Inhalte eines Gutachtens mit.
– nachdem es sich um unterschiedliche Frage- und Problemstellungen vor allem unter den Aspekten Beratung, individueller Förderbedarf und Förderort handelt, ist eine verbindliche Darstellung und Strukturierung sowohl des diagnostischen Prozesses als auch der Gutachtenform nicht möglich.
– verwiesen sei auch auf die Inkompatibilität verschiedener diagnostischer Verfahren, denn sie weichen deutlich in der Operationalisierung ihrer Zielsetzung sowie ihrer Normenvorstellungen/-skalen voneinander ab (z. B. verschiedene Intelligenz-, Wahrnehmungs-, Motorik-, Sprachtests).

Es ist nur bedingt möglich, eine allgemeingültige, stets verwendbare Gutachtenform anzuführen. Der folgende Vorschlag für eine Gutachtengestaltung dient als Orientierungshilfe zur Gutachtenerstellung im sonder- und heilpädagogischen Arbeitsfeld. Er sollte jeweils der Problemsituation/-lage und Gutachtenform angepasst werden:

1. Ausgangslage, Situation, Untersuchungsanlass, Fragestellung, Untersuchungsbedingungen;
2. Darstellung und Beschreibung der bisherigen Entwicklungsumstände (Lebenslauf und Umfelddaten, sozio-ökonomische Bedingungen, Kurzangabe früherer Untersuchungsergebnisse mit jeweiliger Quellenangabe);
3. Auswahl diagnostischer Verfahren (Anamnese, Verhaltensbeobachtung nach Möglichkeit in natürlichen Situationen, in begründeten Fällen Durchführung von Tests, weitere diagnostische Gespräche mit Lehrern und Bezugspersonen, Explorationsgespräch mit dem Schüler oder mit den Eltern);

4. Darstellung der Ergebnisse; Diskussion und Interpretation der Ergebnisse mit der Zielrichtung Beratung, Förderung (Förderbedarf, -ort), allgemein pädagogische Hilfe und Unterstützung;
5. Zusammenfassung wesentlicher Untersuchungsergebnisse und Beantwortung der Fragestellung.

Bezüglich der Problematik Gutachtenerstellung werden unterschiedliche Meinungen vertreten.

Nach dem Prinzip des Mehr oder Weniger kristallieren sich einige Unterscheidungsmerkmale heraus. Grob gesehen können zwei Richtungen unterschieden werden:

– die *persönlichkeits-* und
– die *verhaltensorientierte* Konzeption.

Unter sonder- oder heilpädagogischem Aspekt sollte es eine an den individuellen Bedürfnissen, an Humanität und Verstehen orientierte Vorgehensweise sein.

Die Persönlichkeitsdiagnose intendiert primär ein fest umrissenes Charakterbild eines Probanden, während die verhaltensorientierte Begutachtung nach dem Muster experimenteller Untersuchungen auf der Basis von Hypothesen bzw. Wahrscheinlichkeitsaussagen über den Ist-Zustand, Bedingungshintergründe, Beziehungen und Zusammenhänge, zu modifizierende auffällige, gestörte Verhaltensbereiche vorgeht.

– Während manche Wissenschaftler die Befunderstellung bereits mit *„Deuten"* und *„Interpretieren"* verbinden, fordern andere die Darstellung aller Resultate im Gutachten ohne jegliche Interpretation;
– teils wird die Aufnahme der Befunde *in* das Gutachten, teils wird nur ein Beiheften in den Untersuchungsakt empfohlen.

Weitgehender *Konsens* besteht unter den Fachleuten im Hinblick auf folgende Aspekte:

– Es dürfen keine kontrastierenden Ergebnisse negiert werden, um Stimmigkeit oder eine „gute Gestalt" des Gutachtens zu erreichen.
– Es wird der arbeitsintensive Aufwand bei der *Vorarbeit* zur Gutachtenerstellung deutlich. Gutachtenaufbau und -inhalte zeigen gewisse Gemeinsamkeiten; so gehen folgende Aspekte in ein Gutachten ein: Gutachtenkopf – (Untersuchungsanlass und Fragestellung bzw. Situation und Fragestellung) – Auswahl der diagnostischen Verfahren einschließlich Exploration und Verhaltensbeobachtung – äußeres Erscheinungsbild – Aussagen über die Entwicklung unter Einbezug

anamnestischer Daten und bisheriger Untersuchungsergebnisse – Untersuchungsbefunde bzw. Ergebnisse – Deutung, Diagnose, Interpretation, Diskussion der Ergebnisse (schwerpunktmäßig, je nach Autor) – Aspekte der Ursachen (Bedingungen) – Zusammenfassung der Ergebnisse – pädagogische Vorschläge, Stellungnahme zur eingangs gestellten Frage, Prognose.

Eigenschaftsbegriffe taugen zur Persönlichkeitsbeschreibung nur, wenn sich Personen in den Verhaltensweisen, die zu einer Eigenschaft zusammengefasst werden, konsistent über Situationen und dauerhaft unterscheiden. Diese Voraussetzung wurde in den 70er Jahren des letzten Jahrhunderts angezweifelt. Im Mittelpunkt der Kritik stand die Hypothese, das Verhalten einer Person in einer spezifischen Situation sei weniger durch Persönlichkeitsmerkmale bedingt als durch Situationsmerkmale.

Von einer gewissen Konsistenz des Verhaltens hängt auch die Wahl diagnostischer Verfahren und die Interpretation diagnostischer Daten ab:

1. Wie viele Einzelbeobachtungen (Verhalten in unterschiedlichen Situationen und zu unterschiedlichen Zeitpunkten) müssen gemacht und zusammengefasst werden, um ein Merkmal zuverlässig einschätzen zu können?
2. Wie gut bzw. mit welcher Genauigkeit lässt sich künftiges Verhalten allgemein, speziell Lern- und Leistungsverhalten, nach der Durchführung von Fördermaßnahmen vorhersagen?

6.6 Eigener Gutachtenentwurf

Wie bereits diskutiert, erscheint der rein persönlichkeitsorientierte Gutachtenansatz sehr komplex, ja mit großen Gefahren verbunden, geradezu verhängnisvoll zu sein, weil ein Gutachter einfach überfordert ist, wenn er im Hinblick auf eine bestimmte Fragestellung ein umfassendes Persönlichkeitsbild darstellen soll unter Verwendung von Begriffen zur Persönlichkeitsbeschreibung, die in der wissenschaftlichen Diskussion als problematisch, umstritten, teilweise unklar und deshalb missverständlich sind.

Vieles spricht für eine hypothetisch-verhaltensorientierte Gutachtenerstellung. Allerdings scheint auch im Gutachtenvorschlag *Kornmanns* der weitgehend hypothetische Aufbau und die Diskussion möglicher

Bedingungen des Schulversagens eine Überforderung des Gutachters und des Adressaten darzustellen. Während man bei der Diskussion und Interpretation der Ergebnisse auch die Bedingungen interpretiert, werden die Ursachenbereiche deutlich in den Vordergrund gerückt und die Verhaltensweisen, die möglicherweise einer „Modifikation" bedürfen, weniger explizit beschrieben. Das Problem des Aufweises von Bedingungen, d. h., woher weiß man, dass tatsächlich alle Bedingungen herausgefunden wurden, wird dann wieder etwas neutralisiert durch die Formulierung von Hypothesen (Wahrscheinlichkeitsaussagen).

Der eigene Gutachtenentwurf versucht eine Synthese herzustellen zwischen einer akzeptablen persönlichkeitsorientierten Beschreibung und einer verhaltensorientierten Darstellung unter Einbezug von Wahrscheinlichkeitsaussagen mit dem Ziel konkreter Aussagen über Fördermaßnahmen. Im Zentrum sonder- und heilpädagogischer Begutachtung stehen die Orientierung an den Bedürfnissen des betroffenen Kindes oder Jugendlichen unter Berücksichtigung des Umfeldes, also das Verstehen, die pädagogische Maßnahme und damit die Hilfe und Stütze sowie die kompetenzorientierte, d. h. an den Möglichkeiten und Fähigkeiten anknüpfende Förderung.

Dabei werden unter Einbezug wissenschaftlicher Erkenntnisse die Probleme und Fragen sowohl des in der Praxis stehenden Gutachters als auch die der Studierenden des Faches Sonderpädagogik berücksichtigt.

Mehrjährige Ausbildung von Studierenden der Sonderpädagogik an verschiedenen Universitäten, Gespräche mit Sonder- und Förderschullehrern, Seminare mit Schulamtsdirektoren sowie Rektoren an Förder- und Sonderschulen indizieren folgende Problembereiche:

1. Die *Auswahl* der diagnostischen Verfahren (z. B. liegt kein zufriedenstellendes Intelligenzkonzept vor, schon gar nicht ein für sonderpädagogische Belange akzeptabler Intelligenztest; ähnlich zeigt sich die Problematik bei diagnostischen Verfahren zur Überprüfung der Schulleistungen, des sozialen und emotionalen Bereiches).

2. Die enorme *Verantwortung* für den Untersucher und Gutachter, wobei sich gerade bei Kindern, deren Leistungsverhalten sich in Grenzbereichen bewegt, dieses Problem verdichtet).

3. Konflikte im Zusammenhang mit der *Aufnahme* von Kindern in die Schule zur individuellen Lernförderung, in Förderzentren, Förderschulen überhaupt (Separierung, Gefahr der Diskriminierung, berufliche Aussichten, einerseits Zweifel an der „Effektivität" von Sonder- und Förderschulen, andererseits Rechtfertigung einer Aufnahme

durch ein hohes Maß an individueller Förderung und Hilfe sowie Unterstützung zur Entfaltung der Persönlichkeit von Kindern und Jugendlichen.

4. Das *zeitliche* Problem: Die Erwartung des Schulamtes oder des Schulleiters, häufig auch der zuständigen Stellen an den Regierungen, dass der Untersuchungsleiter, ggf. ein Team von Fachleuten in relativ kurzer Zeit die wichtigen und häufig komplexen Informationen sammeln und auf dieser Basis eine für das ganze Leben bedeutsame Entscheidung treffen sollen.

5. Welche *Informationen* (Inhalte) gehören in einen Befund?

6. Wie setzt man Befunde in die *Interpretation* um?

7. Auf welcher Basis können *förderdiagnostische Aussagen* formuliert werden?

8. Was *nützen* förderdiagnostische Aussagen, wenn sie in der Schulpraxis – sei es Regel- oder Förderschule – vielleicht im Hinblick auf hohe Schülerzahlen, Zunahme des individuellen Förderbedarfs (Differenzierung, Notwendigkeit von Einzelförderung bei zu geringer Lehrerzahl) – möglicherweise nicht adäquat beachtet und genutzt werden?

Man muss sich darüber im Klaren sein, dass die vorliegenden Ausführungen zur Gutachtenerstellung keinesfalls alle, meist komplexen und multidimensionalen Probleme ansprechen und klären können, vielmehr kann es sich nur um einen Versuch handeln, näher an die Lösung sowohl theoretischer als auch praxisrelevanter Probleme heranzukommen. Das Gutachtenschema und die Gutachten selbst beziehen folgende Aspekte ein:

– die eigene praktische Erfahrung sowie die Diskussion der Problematik Gutachtenerstellung und Begutachtung im vorliegenden Buch (vgl. Kap. 6);

– Berücksichtigung förderdiagnostischer Fragen und Probleme im sonderpädagogischen Arbeitsfeld tätiger Pädagogen sowie die Probleme der Studierenden der Sonder- und Heilpädagogik;

– Verwendbarkeit der Gutachteninhalte für die Beratung, für die Umsetzung in (zukünftige) Förderprozesse, ggf. für Entscheidungsfragen;

– Vermeidung jeder „Festlegung" von Kindern und Jugendlichen in Problemsituationen;

– die Begutachtung dient der Hilfe und der Unterstützung, vor allem der Einleitung von Fördermaßnahmen mit dem Ziel der Rehabilitation und damit Integration.

6.6.1 Strukturierungshilfe zur förderdiagnostischen Gutachtenerstellung unter besonderer Berücksichtigung der Kompetenzorientierung

Es gibt mehrere Möglichkeiten der Gutachtenerstellung. Im Zusammenhang mit der jeweiligen Frage- und Problemstellung, die wiederum eine bestimmte Auswahl von Verfahren zur Folge hat, wird sich das Gutachten inhaltlich, möglicherweise auch formal ändern. Hinzu kommt die Heterogenität der betroffenen Personen. Es ist daher nicht möglich, eine allgemeingültige, stets verwendbare Gutachtenform anzuführen. Der folgende Vorschlag dient der Orientierung im Rahmen der förderdiagnostischen Gutachtenerstellung, wobei Gutachtenaufbau und -struktur für das Beratungsgutachten, für das Förderungsgutachten und auch für das Entscheidungsgutachten je nach Gewichtung hilfreich sein können. Die theoretische Basis für diesen Strukturierungsvorschlag findet sich in den Abschnitten 5.6 bis 5.8 dieses Buches.

1. Situation, Untersuchungsanlass, Fragestellung, Untersuchungsbedingungen

– Welches Kind soll untersucht werden?
– In welcher Situation befindet sich das Kind gegenwärtig?
– Welche Gründe bzw. Umstände führten zur Untersuchung (bestehende Schwierigkeiten/Probleme)?
– Welche Fragestellung/en ist/sind zu klären? (exakte Nennung der Fragestellung: z. B.: „Es soll überprüft werden …", „Die Fragestellung lautet …").
– Untersuchungsdurchführung/-bedingungen (Zeit, Ort, Zimmer, störende Einflüsse, z. B. Lärm, Hitze, warum keine Exploration …)

2. Kennzeichnung der bisherigen Entwicklungsumstände (Lebenslauf und Umweltdaten; Kurzangabe früherer Untersuchungsergebnisse; jeweils Quellenangabe)

– Besondere *Daten der Entwicklung,* die mit der Fragestellung in möglicher Korrespondenz stehen (anamnestische Aussagen des Probanden, der Eltern und Bezugspersonen, des Lehrers, Daten aus verfügbaren Akten wie Schülerbogen, Urkunden, Zeugnisse)

- *soziales* Verhalten, soziale Bindungen (Familiensituation, Verhältnis zu Eltern, Geschwistern, Lehrern, hat Freunde, keine Freunde, gehört einer Jugendgruppe bzw. einem Verein an, allgemein soziales Umfeld)
- *schulisches* Verhalten (Schulleistung, Leistungsschwankungen bzw. -störungen, Lieblingsfächer bzw. ungeliebte Fächer, Motivation, Arbeitsverhalten ...).

Wichtig: Objektive Darstellung zuverlässiger Aussagen!

3. Auswahl der diagnostischen Verfahren

Die Auswahl der diagnostischen Verfahren muss sich an der besonderen Frage- und Problemstellung orientieren, wobei man begründen sollte, warum man aus mehreren zur Verfügung stehenden Verfahren einem bestimmten Verfahren den Vorzug gibt. Es kann vorkommen, dass ein Kind zu einem bestimmten Zeitpunkt oder in einer bestimmten Situation nicht testfähig ist oder dass ein Testverfahren nicht zur Anwendung kommen kann, wenn der Proband durch Störungen oder Beeinträchtigungen (Sprache, Motorik ...) zusätzlich benachteiligt würde. Es sollten angeführt werden,

- welche Verfahren (Anamnese, Exploration, Verhaltensbeobachtung, qualitative und quantitative Tests, informelle Verfahren)
- aus welchen Gründen verwendet werden.

Die Verhaltensbeobachtung erstreckt sich auf die gesamte Untersuchungssituation, wobei folgende Aspekte beachtet werden sollten:

- äußeres Erscheinungsbild (Kleidung, Pflege, Sauberkeit ...)
- körperliches Erscheinungsbild (Entwicklungsstand – altersadäquat; Akzeleration, Retardation, schwächlich, sichtbare motorische Auffälligkeiten, organische Schäden ...)
- weitere Verhaltensbereiche wie Sozialverhalten/Kontaktverhalten, Sprache, Motorik, Arbeitsverhalten, Mimik, Gestik ... (vgl. 5.2).

4. Darstellung der Ergebnisse

Die Befunde zu den einzelnen Verfahren sollten

- in sich „geordnet" und „übersichtlich",
- mit den für die Förderdiagnose wesentlichen Resultaten,
- in objektiver Form, also ohne Interpretation

aufgezeigt werden.

5. Diskussion und Interpretation der Ergebnisse

In vorsichtiger (hypothetischer) Form sollen aus der Darstellung der Ergebnisse die wichtigen Syndrome zunächst zusammenschauend, d. h. befundübergreifend, dargestellt werden, wobei der Aspekt der Bedingungen (Ätiologie) in einem zweiten Abschnitt oder unmittelbar einbezogen und diskutiert werden kann. Aussagen über die folgenden Bereiche stehen zumeist im Zentrum der Interpretation:

- Lernen/Intelligenz (quantitative Darstellung des IQ, der PR ...) unter Einbezug des Denkens (log. Denken, Kombinationsfähigkeit, Kritikfähigkeit, Problemlöseverhalten, Urteilsfähigkeit);
- Gedächtnis (Kurz- oder Langzeitgedächtnis im Zusammenhang mit der Art der Wahrnehmung, z. B. visuell, akustisch ...).
- Schulleistungen (Lesen, Rechtschreiben, Rechnen, Sachunterricht ...) evtl. auch Diskussion und Diskrepanzen zwischen Untersuchungsbefund und Lehrereinschätzung/-beurteilung;
- Störungen und Auffälligkeiten des Sprach-, Sprech- und Redeverhaltens (aktiver und passiver Wortschatz, Syntax, Grammatik, Sprachverständnis, Sprachauffälligkeiten ...), vor allem auch positive Ansatzmöglichkeiten;
- Wahrnehmung (optisch, akustisch, taktil), Wahrnehmungsdifferenzierung;
- Sozialverhalten (Kommunikationsbereitschaft, Kontaktbereitschaft und Kontaktfähigkeit z. B. im Bereich von Familie, Schule, im Zusammenhang mit anderen Kindern ...);
- Arbeitsverhalten (z. B. arbeitet stärker quantitativ oder qualitativ betont, oberflächlich, sorgfältig, Ausdauer, Durchhaltevermögen, Aufmerksamkeit, Konzentration, Anstrengungsbereitschaft, Schwankungen ...);
- emotionaler Bereich (Ängste, Ängstlichkeit, Konflikte, Hemmungen, Spannungen, Unsicherheit, Aggressivität, Passivität ...);
- motivationaler Bereich (Interesse, Leistungsbereitschaft, Unlust ...);
- Motorik (Fein- und Grobmotorik, Koordination, Bewegungsbeherrschung, Seitendominanz ...)
- praktische Fähigkeiten;
- weitere Bereiche (Kreativität, z. B. Einfallsreichtum, Originalität, Produktivität; Interessen, besondere Fähigkeiten oder Fertigkeiten, ggf. Ausfälle ...).

6. Zusammenfassung wesentlicher Untersuchungsergebnisse (könnte auch unter symptomatologischem und ätiologischem Aspekt bei Punkt 5 eingebracht werden)

7. Beantwortung der Fragestellung

Es muss eine möglichst konkrete Antwort auf die eingangs gestellte Frage gegeben werden. Vor dieser Stellungnahme sollten dem Gutachter alle entscheidungsrelevanten Unterlagen und Informationen vorliegen, sodass nicht wieder die Entscheidungskompetenz irgendwelchen Behörden eingeräumt werden muss. Allerdings gibt es relativ viele Problemkinder, bei denen eine sehr vorsichtige Argumentation zu empfehlen ist, d. h., man kann zunächst Fördermaßnahmen für die Bereiche Regelschule, Grund-, Hauptschule oder auch Förderschule unter Einbezug der Familie (Umwelt) vorschlagen und dann konkret zu einem späteren Zeitpunkt eine erneute Untersuchung ansetzen.

8. Förderungsvorschläge

Unmittelbar aus den Untersuchungsergebnissen sind möglichst konkrete Fördervorschläge abzuleiten. Im Zusammenhang mit den Förderansätzen ergibt sich für den Gutachter / für das Team die Notwendigkeit guter pädagogischer, methodisch-didaktischer Kenntnisse. In die Fördermaßnahmen, die immer auf die spezielle Situation und Problematik des Probanden bezogen sind, können zur Realisierung einbezogen werden:

– *organisatorische* Maßnahmen: Förderunterricht an der bisherigen Schule, Zuteilung zu bestimmten Leistungs- bzw. Neigungsgruppen; Wiederholung einer Klasse, Aufnahme in eine geeignete Sonder- oder Förderschule, Einschaltung von Behörden wie z. B. Sozial- und Jugendamt mit evtl. Heimeinweisung;
– unmittelbar *pädagogische* Maßnahmen: konkrete Angaben besonderer Trainings oder Übungen, therapeutische Maßnahmen unter Einbezug von Eltern: Modifikation von Einstellungen zur Schule, zu schulischen Leistungen, zum Kind überhaupt in Form von Beratung und Training; Lehrern: Modifikation des Lehrerverhaltens (Verständnis Lehrer-Schüler, Gespräche Lehrer-Schüler, vorübergehendes Absehen von Notengebung, Differenzierung, spez. Hilfestellung …);

Umwelt: Klassenkameraden, Freunde, ggf. Bezugspersonen in einem Heim ...

9. Beratung, Intervention, Therapie

- *Rahmen und Regeln:* Es geht dabei um den äußeren Rahmen der Förderung: Einzelbetreuung, kleine überschaubare Lerngruppen, Arbeiten in kleinen Gruppen, ein strukturierter Erziehungsrahmen. Über zu setzende und einzuhaltende Regeln sprechen und auch konkret benennen: Regeln akzeptieren und einhalten können, Vermittlung klarer Strukturen, Regeln und Grenzen, Setzen von Regeln wie „aussprechen lassen", „nicht in die Klasse rufen".
- *Unspezifische Fördermaßnahmen:* Allgemeine Fördermaßnahmen (z. B. Förderung in allen Basisfähigkeiten, sonderpädagogische Förderung, individualisierter Lehrplan, Maßnahmen zur Vermeidung sich verstärkender Verhaltensauffälligkeiten, konkrete Hilfe in Leistungsfächern).
- *Spezifische Fördermaßnahmen:* Berücksichtigung oder Einbeziehung spezifischer Behinderungen möglich: Blindheit und Taubheit, Schaffung eines Fortbewegungsinstruments, Hilfen zur „Behinderungs"-Verarbeitung, kompensatorische und rehabilitative Maßnahmen, individuelle Fördermaßnahmen und Programme.
- *Beratung und Therapie:* Gegebenenfalls therapeutische Unterstützung der betroffenen Kinder (Therapie, Weiterführung der Beratungsstunden) bis hin zu individuellen, zu ergreifenden Maßnahmen (Angebote, um frühkindliche, sensomotorische Bedürfnisse aufzuarbeiten, Ergotherapie; Schulpsychologen, Therapeuten). Abbau unerwünschter Verhaltensweisen (aggressiv-destruktiver Verhaltensweisen, Abbau von Vermeidungsverhalten), auch durch den Einsatz von Möglichkeiten der *Verhaltensmodifikation* wie beispielsweise Verstärkung speziell adäquaten Verhaltens durch Vergünstigungen, Lob, Anerkennung und persönliche Zuwendung (vgl. *Bundschuh* 2008 a, 242 – 302).

10. Konkretisierung der Unterstützung sowie der Förderungsvorschläge (Voraussetzungen hierfür sind die Informationen der Abschnitte 5.6 – 5.8)

Kompetenzorientierte Förderungsvorschläge für die Bereiche:

1. Alltagsbewältigung, lebenspraktische Bereiche.
Grundlegende, basale Handlungen und Fertigkeiten:
Aufstehen, Anziehen, Selbstbesorgung, Vermittlung von
Wegen und Orten der Lebensumwelt ...

- *Motorik:* (Grob- und feinmotorische sowie sensomotorische Prozesse, graphomotorische Fertigkeiten, Koordination, Psychomotorik erreichbar durch pädagogisch-didaktische Förderung, förderungsorientiertes Turnen, Krankengymnastik, Handlungen im Alltag, Spiele ...).

- *Wahrnehmung:* Förderung verschiedener Wahrnehmungsbereiche (sensorisch, sensomotorisch, vestibulär, taktil, kinästhetisch, visuell, akustisch, Raum – Lage, Figur – Grundwahrnehmung, Größen und Flächenbeschaffenheit) unter Einbezug von Wahrnehmungsprogrammen, -trainings und -übungen, Handlungen im Alltag und Spiele. Beginnend mit den Stärken, anknüpfend an der Motivation des Schülers mit der Zielrichtung Differenzierung und Integration von Wahrnehmungsinhalten.

- *Sprache:* Zielrichtung: Erweiterung und Verbesserung der Kommunikationsmöglichkeit über die Sprache (Sprachverständnis, aktiver Wortschatz, Artikulationsfähigkeit) erreichbar durch spezielle Förderung, sprachbegleitendes Handeln/Spielen, Aufbau und Erweiterung des Wortschatzes unter Einbezug von Alltagssituationen und Fördermaterialien. Gegebenenfalls sprachtherapeutische Arbeit, Sprachheiltherapie oder logopädische Behandlung.

- *Arbeitsverhalten und Konzentration:* Zielrichtung: Handlungen zu Ende führen und Probleme selbstständig lösen durch langsame Steigerung von Ausdauer, Aufmerksamkeit, Durchhaltevermögen, Anstrengungsbereitschaft, Selbstsicherheit, Selbstständigkeit und Konzentrationsvermögen; falls notwendig Handlungen aufbauen und von außen modellhaft begleiten (Chaining) und stützen sowie langsames Ausblenden (Fading). Hinzu kommt die Förderung des inneren Sprechens und der Selbstinstruktion. Bedeutsam ist der Einbezug von Interesse, Neugierde, Neigungen und Stärken durch die Bereitstellung motivierenden Arbeits- und Übungsmaterials.

- *Freizeit und Sport:* Es handelt sich dabei primär um außerschulische Freizeitaktivitäten (Ferienfreizeit, Freizeitangebot, Freizeitaktivitäten) und außerschulische sportliche Aktivitäten (Fußballverein, Schwimmkurs ...).

2. Förderung kognitiver Kompetenzen

Zunächst Vermittlung schulischer Kompetenzen durch Unterstützung bei Leistungs- und Teilleistungsprozessen, Betreuung und Hilfen bei Hausaufgaben speziell in den Bereichen Mathematik (Zahlbegriff, Anwendung von Rechenoperationen Addition, Subtraktion, Multiplikation, Division, Umgang mit Textaufgaben) unter Einbezug von Handlungen und Alltagssituationen.

Weiterhin Stärkung des Problemlöseverhaltens, der Urteils- und Kritikfähigkeit, Förderung von Denk- und Lernprozessen, Förderung selbstständigen Denkens, Aktivierung primärer Gedächtnisleistungen und damit Erweiterung der Merkfähigkeit bis hin zum Einüben systematischen Vorgehens auch im Sinne metakognitiver Erkenntnisse (mit der Fragestellung: wie lernst du, wie kannst du dir etwas merken, welche Hilfen benötigst du?), d. h.

–   Strategien zur Verbesserung der Informationsaufnahme und -verarbeitung

–   Maßnahmen zur Verbesserung der Lernorganisation, z. B. Zeitplanung, Planen von Handlungsschritten, prozesshafte Begleitung von Handlungskontrolle,

–   verbale Handlungsanleitung etwa durch Selbstinstruktion und inneres Sprechen mit der Zielrichtung Verbesserung selbstständigen Denkens und Arbeitens und der Fähigkeit, konkrete bzw. abstrakte Schlussfolgerungen zu ziehen.

–   Schulische Kompetenz: Es ist einerseits an formale Rahmenbedingungen wie Hausaufgabenhilfe und -betreuung ebenso zu denken wie an gezielte, individualisierte Aufarbeitung fachlicher Lücken und Lerndefizite, aber auch weiterführende Maßnahmen wie Teilnahme am Zusatzunterricht, an speziellen Fördermaßnahmen zur Verbesserung der schulischen Situation gegebenenfalls zur Vorbereitung der Rückführung.

–   Schriftspracherwerb: Verbesserung sensomotorischer und psychomotorischer Voraussetzungen, Einsicht in den Gebrauchswert der Schrift, Schreiblehrgang bis hin zu Kennenlernen und Anwenden von Rechtschreibregeln, gezielte, individualisierte Aufarbeitung fachlicher Lücken, Fehleranalyse. Werden Teilhandlungen beherrscht, z. B. Lautfolge eines Wortes (vom ganzen Wort zu den Lauten im Wort; von Lauten zur Lautfolge; von den Lautprozessen zum Wort)?

–   Lesen: Schwerpunkte der Förderung liegen auf Symbolverständnis, Schriftaufbau, Buchstabenkenntnis, auf dem Leselehrgang, dem Lesenfördern und dem sinnentnehmenden Lesen.

– Mathematik: Rechenfördermaßnahmen ganz allgemein, zum anderen Förderungen in spezifischen Bereichen wie Umgang mit Mengen, Zahlbegriff, Dezimalzahlen und Textaufgaben.

3. Emotionale Unterstützung (Emotionalität, Erleben und Verhalten)

Misserfolge wirken sich negativ auf das Selbstbild und auf das Anspruchsniveau aus. Eine gute heilpädagogische Beziehung trägt zur emotionalen Nähe und damit zur emotionalen Stützung bei. Als wichtig erweisen sich die Förderung von Eigeninitiative und Selbststeuerung. Bei vorliegenden Konflikten und Problemen sollte man ergründen, welche Bedeutung ein Problem für ein Kind hat, welche Zielvorstellungen vorliegen, was es selbst möchte, was das Kind für wichtig hält.

– Selbstwertgefühl: Schwerpunkte liegen auf dem Aufbau und der Stärkung eines positiven Selbstwertgefühls und Selbstkonzeptes, auf Festigung und Stabilisierung des Selbstvertrauens durch die Schaffung von Erfolgserlebnissen. Emotionale Wärme und Wertschätzung bilden die Basis für den Aufbau positiven Selbstwertgefühls, des Weiteren Lob und Ermutigung auch für kleine Erfolge. Hier hat Förderdiagnostik die Aufgabe, sich auf die Suche nach Stärken, Möglichkeiten und Fähigkeiten (Sport, Musik, Malen, praktische/handwerkliche Fähigkeiten) ggf. auf dem Wege der Abwärtsdiagnose zu begeben.

– Angstabbau: Reduzierung von Ängsten allgemein, Versagensängsten, sozialen Ängsten oder angstauslösenden Situationen durch Neutralisierung der angstinduzierenden Situationen. Erreichbar evtl. durch Reduktion der Leistungsanforderungen, Ermutigung, Entspannungstraining, Stärkung des Selbstwertgefühls. Es sollte auch ein Schulpsychologe einbezogen werden, ggf. ist Einzeltherapie notwendig.

– Förderung von Motivation: Maßnahmen zur Aufrechterhaltung der bestehenden Lernmotivation, Förderung und Aufbau von Motivation durch Ausbau der Schullust und Schulmotivation, Weckung von intrinsischer Lernmotivation und Arbeitsbereitschaft. Ein weiterer Bereich beinhaltet etwa den Abbau von Unlust und Motivationsproblemen durch Vermittlung von Erfolgserlebnissen ausgehend von den Stärken, Fähigkeiten und Möglichkeiten.

– Förderung von Selbstwahrnehmung: Durch körperliche – zum Teil auch geistige – Entspannung (Entspannungsübungen, zu Stille und Entspannung, autogenes Training, Entspannung durch Spiel).

4. Förderung sozialer Kompetenz

Lernen von Lösung und Bewältigung von Konflikten sowie konfliktreichen Situationen durch persönliche Gespräche, Rollenspiel, konkrete Unterstützung auch durch handlungsorientierten Unterricht und kooperative Arbeitsstrukturen. Notwendig sind Gespräche mit Eltern, dem betroffenen Schüler und Lehrern bezügl. der anzustrebenden Ziele. Wichtig ist auch die Schaffung eines positiven Schulklimas (angenehme Atmosphäre, Grenzsetzungen, Gerechtigkeit).

– Einüben sozialen Verhaltens oder Übernahme prosozialen Verhaltens: Hier liegt das Gewicht auf den inneren, d. h. vom Kind selbst ausgehenden Möglichkeiten zu sozialen Kontakten. Z. B.: angemessener Umgang mit Sozialpartnern, Gruppenfähigkeit oder Toleranz gegenüber Mitschülern, aber auch Stärkung von Selbstsicherheit und Selbstständigkeit, Kontaktfähigkeit, Durchsetzungsvermögen und Kooperationsfähigkeit.
– Vermittlung und Aneignung sozialer Werte: Durch Übernahme von Verantwortung durch den Schüler und durch Aufbau von Kompromissbereitschaft, Förderung der Entscheidungsfähigkeit und Vermittlung einer angemessenen Wertehierarchie durch Diskussion aktueller Fragen und Probleme (Alltagssituationen), aber auch durch Vorbildwirkung von Lehrern.

Die hier genannten kompetenzorientierten Fördervorschläge für die Bereiche Alltagsbewältigung, Kognition, Emotionalität und sozialer Bereich können in die individuelle Förderplanung integriert werden.

11. Förderplanung

Auf der Basis konstruktivistischer Erkenntnisse hat der Lehrer an sich keinen direkten und schon im Voraus planbaren Einfluss auf den Schüler. Sein unterrichtliches Tun, seine geplanten und sorgfältig strukturierten Interventionen und Aktionen können den Schüler nicht direkt in eine vorherbestimmte Richtung führen oder verändern (vgl. *Wagner* 2004, 230). Der Lehrer kann den Schüler lediglich perturbieren, d. h. wie, ob und in welcher Form ein vorgegebenes Ziel und der Weg dahin mit Hilfe eines klassischen Planes jedoch erreicht werden kann, bleibt weitgehend offen.

Ebenso scheint der Begriff der Förderung an sich in diesem Zusammenhang nicht immer zutreffend. Im Rahmen von Förderung wird von außen versucht, Lernbarrieren und -hemmnisse zu beseitigen oder auch eine Änderung bisheriger (Fehl)-Entwicklungen in Gang zu bringen. Vor allem die Betonung des „Außen" im schulischen Zusammenhang vergisst oft die wichtigste Komponente im Kontext von Entwicklung, nämlich die Aktivität der Person selbst.

Man könnte den Terminus Förderplan als die schriftlich oder auch kognitiv festgehaltene und begründbare Zielfestsetzung – basierend auf einem diagnostischen Verlaufsprozess – definieren, wobei er vor allem der Formulierung einer Zielperspektive in kognitiven, sozial-emotionalen oder physischen Dimensionen dient, deren Erreichen von allen am Prozess beteiligten Personen angestrebt wird. Um diese Zielperspektive zu verwirklichen oder sich ihr anzunähern, kommen verschiedene methodische Mittel zum Einsatz.

Unter Förderplan kann man empirisch begründete Überlegungen zur Verbesserung der pädagogischen Situation eines Menschen verstehen (vgl. *Kornmann* 2003, 47). Allerdings müssen bestimmte pädagogische und ethische Prinzipien wie z. B. evtl. Autonomie, Würde und Sensibilität des Menschen den Vorrang haben.

1. Notwendigkeit von Förderplänen

Zunächst ist hier das persönliche Recht des Kindes auf Erziehung und Unterricht zu nennen. Ein Schüler hat Anspruch darauf, dass Fachpersonal im Rahmen von Schule, d. h. Erziehung und Unterricht, über seine aktuelle Entwicklung auf der Basis erworbener Fachkompetenzen reflektiert und diese Gedanken auch in Form von Zielen und möglichen Methoden in Förderplänen festlegt. Diese Planung geschieht zwar ohnehin im Rahmen des täglichen Unterrichts, allerdings erlaubt der Förderplan eine längerfristige Orientierung im Hinblick auf subjektiv aktuelle, im Sinne der individuellen Stärken wichtige und für die Kompetenzentfaltung zentrale Bereiche.

Um diese Vorgaben zu erfüllen, sollte ein Förderplan auf der Basis diagnostischer Prozesse individuelle Fördermaßnahmen generieren, strukturieren, deren Qualität hinsichtlich einer Zielperspektive überprüfen und sich gegebenenfalls dynamisch an eine neue Ausgangssituation anpassen. LehrerInnen sind also in ihrer alltäglichen Arbeit verpflichtet, für jedes Kind einen Förderplan zu erstellen. (vgl. *Bundschuh* 2007, 238–256)

2. Verständnis von Förderung

Förderung soll ein wechselseitiger Prozess sein, denn nur in Kooperation zwischen Lehrer und Schüler kann es zu fruchtbaren Lernprozessen und Erkenntnissen kommen.

Dem Lehrer kann es aufgrund seiner Erfahrung und seiner biographischen Kenntnis des Schülers lediglich gelingen, Hypothesen über zukünftiges Lernen und Verhalten aufzustellen. Dem Förderplan kommt dabei zwar eine wichtige Orientierungsfunktion in Richtung Zielsetzung zu, diese kann sich allerdings auch als falsch oder mit den angedachten Methoden als nicht erreichbar zeigen. Aus diesem Verständnis von Förderung heraus ist es notwendig, den Schüler nach Möglichkeit aktiv am Entwurf der Ziele für den Förderplan zu beteiligen, denn nur er kann diese selbsttätig verwirklichen.

3. Grundsätze der Förderplanung

- Einbeziehen „aller" Personen in die Förderplanerstellung
- Überschaubare Anzahl von Zielen
- Dynamische Fortentwicklung
- Verbindlichkeit

4. Aufgabe des Förderplanes

Die positive Entwicklung des Schülers steht im Zentrum jeglicher pädagogischer Bemühungen, so auch bei der Förderplanung. In der folgenden Darstellung wird versucht, Prozesshaftigkeit und Dynamik im Kontext Skizzierung eines Förderplanes zu verdeutlichen (vgl. Abb. 10).

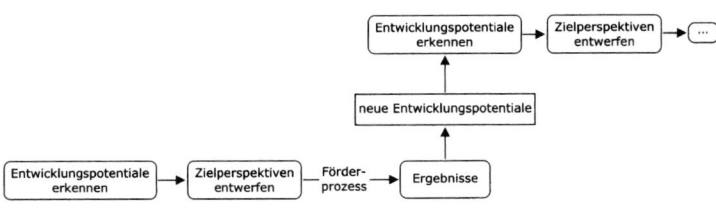

Abb. 10: Prozesshaftigkeit des Förderplanes (*Bundschuh* 2007, 244)

5. Prozessorientiertes Arbeiten mit dem Förderplan

Durch die gemeinsame Erarbeitung und die kooperative Umsetzung des Förderplanes wird eine gemeinsame Zielperspektive hinsichtlich des Entwicklungsverlaufes des Schülers verfolgt.

Der Erarbeitungsprozess lässt sich in drei Teile untergliedern:

(1) Planungsphase (auf der Basis diagnostischer Grundlageninformationen wie Anamnese, Problem-Fragestellung, Lernausgangsbasis),
(2) Durchführungsphase (Einsatz verschiedener Lernangebote und am Schüler orientierter Methoden),
(3) Evaluationsphase (Überprüfung der Effizienz).

In der Praxis lassen sich die einzelnen Phasen sicherlich nicht exakt voneinander trennen, dennoch kann man diese Phasen und Schritte in akzentuierter Form benennen, aufzeigen und beschreiben. Großer Wert sollte dabei immer auf die Einbeziehung aller Beteiligten gelegt werden. Ein ständiger Dialog zwischen Eltern, MitarbeiterInnen sowie schließlich dem Schüler selbst ist demnach notwendig.

6. Aufbau und Inhalt

Aufbau des Förderplanes

1. Beschreibung der pädagogischen Ausgangssituation
2. Intrapersonelle Ressourcen
3. Unterstützungsressourcen
4. „Ist"-Stand
5. Förder- bzw. Entwicklungsziele
6. Methodische Überlegungen

Inhalt

Der Inhalt des Förderplanes ist flexibel und kann sich aus Praktikabilitätsgründen an den im jeweiligen Lehrplan vorgegebenen Bereichen orientieren, also sich sowohl auf fachliche als auch auf sozial-emotionale oder motorische Entwicklungsbereiche stützen (vgl. *Bundschuh* 2003; 2007, 263–268). Um den Umfang auf ein realistisches Maß zu beschränken, wird auf zwei bis drei Entwicklungsziele verwiesen.

Prozessevaluation und Verlaufsdiagnostik

Der Tatsache, dass im Erziehungsprozess eine ständige Veränderung aller beteiligten Personen stattfindet, muss Beachtung geschenkt werden. Es erweist sich deshalb als notwendig, ständig oder zumindest in kurzen Abständen pädagogisches Handeln selbst zu überprüfen (vgl. *Wagner* 2004, 230f). Um diese Reflexion zu ermöglichen ist es wichtig, dass alle am Förderprozess beteiligten Personen in regelmäßigen Abständen eine Art Protokoll über den methodischen Verlauf, den Inhalt und die (subjektive) Bewertung der Ergebnisse führen. Ähnlich wie beim Entwicklungsprotokoll im Rahmen des individuellen Entwicklungsplanes (vgl. Eggert 2000, 169) wird so ein ständiges Feedback über den laufenden Förderprozess ermöglicht. Dabei ist es – im Sinne der Erziehung zur Selbstbestimmung und Selbstständigkeit – auch notwendig, den Schüler aktiv im Rahmen einer Metaanalyse in diesen Feedbackprozess mit einzubeziehen. Der Schüler erhält so die Möglichkeit, sich selbst zu den eigenen Fortschritten zu äußern oder Probleme, die er mit den erarbeiteten Zielen hatte, anzusprechen. Er trägt somit maßgeblich und eigenverantwortlich zur qualitativen Verbesserung des Gesamtprozesses bei.

Vorlagen

Nachfolgend werden konkrete Vorlagen auf Basis der theoretischen Ausführungen dargestellt und kurz erläutert. Diese stellen einen Entwurf zur praktischen Anwendung in der Schule dar.

Förderplan

Für den Zeitraum von   bis

Name: Datum:

Pädagogische Ausgangssituation:

Fähigkeiten / Kompetenzen / intrapersonelle Ressourcen:

Unterstützungsressourcen:

Lern-/ Entwicklungsbereich	„Ist"-Stand	Förder-/ Entwicklungsziele	Methodische Überlegungen

Unterschrift Eltern	Unterschrift Lehrer und Teammitglieder	Unterschrift Schüler

Abb. 11: Muster für einen Förderplan (*Bundschuh* 2007, 251)

Evaluationsbogen

Für den Zeitraum von _____ bis _____

Name: _____ Datum: _____

Förder- und Entwicklungsziel	Erreichter Stand	Anmerkung / Begründung / Bewertung
		Lehrer:
		Schüler:
		Eltern:
		Lehrer:
		Schüler:
		Eltern:
		Lehrer:
		Schüler:
		Eltern:

Unterschrift Eltern	Unterschrift Lehrer und Teammitglieder	Unterschrift Schüler

Abb. 12: Muster für einen Evaluationsbogen (*Bundschuh* 2007, 254)

7. Kritische Betrachtung

Förderplanung geht von individuellen Voraussetzungen des Schülers aus und fordert seine Eigenaktivität und Mithilfe. Essentiell ist der Einbezug des Schülers als aktiver Gestalter seiner Lernprozesse und seiner Umwelt. Gegenseitiges Verständnis und wirksame Kommunikation bilden die Basis jedes pädagogisch und didaktisch begründeten Handlungsprozesses und somit auch jeder gemeinsamen Aktivität im Rahmen des Förderprozesses. Zweifellos stellt die Verwendung von Förderplänen in oben genannter Weise eine Möglichkeit dar, Förderprozesse zu überdenken und didaktisch wichtige Überlegungen, die aus der gemeinsamen kooperativen Arbeit hervorgehen, in das tägliche Unterrichtsgeschehen zu integrieren. Wollen wir den Ansprüchen individueller Förderung und Orientierung an den Möglichkeiten der Schüler gerecht werden, sollte der aufgezeigte Weg beschritten werden.

6.6.2 Beispiele förderdiagnostisch orientierter Gutachtenerstellung

6.6.2.1 Fallbeispiel: Schülerin mit geistiger Behinderung[*]

1. Situation, Untersuchungsanlass, Fragestellung, Untersuchungsbedingungen

Die am 3. 10. 1968 geborene Schülerin Monika besucht zur Zeit eine Mittelstufe der Schule für geistig Behinderte in O. Die Eltern stellten die Frage, ob und ggf. wie ihr Kind noch besser gefördert werden könnte als bisher. Es soll überprüft werden, welche Förderungsansätze und -wege im Hinblick auf möglichst selbstständige Lebensbewältigung angezeigt erscheinen.

Die eigentliche Untersuchung wurde im „Testraum" der angeführten Schule an drei Nachmittagen (Dienstag … , Mittwoch …, Donnerstag …) durchgeführt. Der Raum erwies sich vor allem im Zusammenhang mit der Durchführung der „Testbatterie für geistig Behinderte (TBGB)" als nicht immer günstig (etwas zu klein; Schränke und Geräte, die ablenkten; Lichtverhältnisse, Teppichboden bei LOS-KF 18 unvorteilhaft). Auch die Untersuchungszeit (ca. 14.00 – 15.15 Uhr) dürfte die Ergebnisse negativ beeinflusst haben. Sie wurde deshalb auf den Nachmittag verlegt, um Monika nicht von der eigentlichen Lerngruppe trennen zu müssen.

---

[*] Einige Daten wie z. B. Name, Geburtsdatum … wurden geändert.

2. Kennzeichnung der bisherigen Entwicklungsumstände

Die Angaben beruhen auf den Aussagen der Mutter; eine Einsicht in die Schülerakten war nicht möglich. Nur die für die Entwicklung des Kindes wesentlichen Informationen und mit der Fragestellung in Korrespondenz stehenden Informationen werden hier wiedergegeben.

Die Schülerin wohnt zusammen mit ihren Geschwistern bei ihren Eltern. Die wirtschaftlichen und häuslichen Verhältnisse können als gut bezeichnet werden.

Als während der Schwangerschaft eine Nierenvergiftung auftrat, musste geröntgt werden. Es kamen Zwillinge zur Welt, wobei Monika nahezu $1\,^3/_4$ Stunden später geboren wurde als ihre Schwester. Es handelte sich um Zangengeburten. Während der Geburt bestand akuter Sauerstoffmangel.

Nach der Geburt zeigte sich bei Monika eine äußerste Unruhe, sie verweigerte die Nahrungsaufnahme und musste 3 Wochen lang in der Klinik künstlich beatmet werden (Nasalernährung). Der konsultierte Kinderarzt bezeichnete Monika als gesund und meinte, diese Erscheinungen (Unruhe, Probleme der Nahrungsaufnahme) würden „sich geben". Die Mutter vermutet, dass eine aus der Nahrungsverweigerung hervorgegangene Hirnhautentzündung zu weiteren Schädigungen führte. Die Probandin konnte erst am Ende des ersten Lebensjahres den Kopf heben, mit drei Jahren lief sie frei. Die Unruhe des Kindes wurde von demselben Kinderarzt durch die Verschreibung von Beruhigungsmedikamenten „behandelt" und gedämpft. Eine hinzugezogene Säuglingsschwester begann nach dem ersten Lebensjahr mit spezieller Gymnastik.

Während die Mutter bereits von Anfang an vermutete, mit ihrem Kind stimme möglicherweise etwas nicht, es könnte behindert sein, erhielt sie erst Gewissheit aufgrund eines Wechsels des Kinderarztes im dritten Lebensjahr. Der „neue" Kinderarzt stellte sofort eine Unterfunktion der Schilddrüse fest und setzte das bis dahin verabreichte Beruhigungsmittel ab. Als Folge dieser Maßnahme wurde die bisherige Teilnahmslosigkeit abgebaut, das Kind wurde aktiver, Entwicklungsfortschritte ließen sich beobachten. Für die Mutter „setzte die Entwicklung jetzt ein".

Mit fünf Jahren bekamen die Zwillinge einen Platz im Kindergarten, hier konnte Monika jedoch auch nicht in die schwächste Gruppe integriert werden.

Seit dem sechsten Lebensjahr wurden die Kinder in der Vorschule (Lebenshilfe) gefördert. Ein damals durchgeführter Intelligenztest ergab einen IQ von etwa 40. Seit der Aufnahme in die Vorschule vergrößerte sich der Wortschatz, die Worte wurden besser artikuliert, die Satzbildung blieb jedoch mangelhaft, Schreiben war nicht möglich.

Die Mutter meinte, in der Schule zeigten sich im Schreiben und Lesen keine Fortschritte, ebenso wenig in Handarbeit und beim Basteln; Sport lehne Monika ab. Die Schülerin ordne sich schwer in die Klasse ein, sie arbeite nicht ohne Aufsicht.

Hinsichtlich der psychischen Entwicklung dominierte ein gewisses passives Verhalten, eine Trotzphase zeigte sich nicht. Monika war stets sehr liebebedürftig. Erst in letzter Zeit wird bei Monika ein eigener Wille deutlich, sie versucht auch, ihre eigene Meinung durchzusetzen.

Im Zusammenhang mit Monika musste die Familie öfter Diskriminierungen hinnehmen, so z. B. in der Nachbarschaft, beim Einkaufen und am Spielplatz. Monika hatte dadurch keine Möglichkeit, Freundinnen zu finden. Die Probandin spielt gerne allein, sie liebt Musik und versorgt häufiger selbstständig ihre Haustiere.

Die Eltern versuchen, ihre Tochter zu größtmöglicher Selbstständigkeit zu erziehen. Nach Möglichkeit soll die Probandin später in eine „Beschützende Werkstatt" kommen, keinesfalls in einem Heim untergebracht werden.

3. Auswahl der Verfahren zur weiteren Informationsgewinnung

Sieht man von Möglichkeiten der Langzeitbeobachtung ab, stehen für die Untersuchung geistig behinderter Kinder, spez. im Zusammenhang mit Fördermaßnahmen, kaum Verfahren zur Verfügung.

Zur Untersuchung der Bereiche Grundintelligenz, passiver Wortschatz und Motorik wurde die bereits erwähnte „Testbatterie für geistig behinderte Kinder" angewandt, wobei der Untertest LOS durch die Kurzform LOS KF-18 ersetzt wurde (Objektivität der Durchführung und Auswertung eher gewährleistet, kürzere Durchführungszeit).

Der eigentlichen förderdiagnostischen Informationsgewinnung dienten das anamnestische Informationsgespräch mit der Mutter, die Verhaltensbeobachtung während der ganzen Untersuchung und die P-A-C (Pädagogische Analyse und Curriculum der sozialen und persönlichen Entwicklung des geistig behinderten Menschen) von *Günzburg* (1991).

Folgende Verfahren wurden in die Untersuchung einbezogen:

- Informationsgespräch mit der Mutter (vgl. Pkt. 2)
- Testbatterie für geistig behinderte Kinder (TBGB) an jeweils drei aufeinander folgenden Nachmittagen (ca. 14.00 – 15.15) in der Reihenfolge:
  Columbia Mental Maturity Scale (CMM)
  Peabody Picture Vocabulary Test (PPVT) Kreise punktieren (KP)
  Bunte und Progressive Matrizen (BM und CM)
  Befolgen von Anweisungen (BA)
  Kurzform der Hamburger Version der Lincoln-Oseretzky-Skala (LOS KF 18) von *Eggert*
- Verhaltensbeobachtung während der gesamten Untersuchung
- Pädagogische Analyse und Curriculum der sozialen und persönlichen Entwicklung für geistig behinderte Kinder im Schulalter (P-A-C 1) von *Günzburg*

(Die Informationen zu diesem Verfahren wurden mit Hilfe der Mutter, der Lehrer und durch eigene Beobachtung eingebracht.)

4. Darstellung der Ergebnisse

Verhaltensbeobachtung: Die für ihr Alter übergewichtig aussehende, motorisch ungeschickt wirkende Schülerin zeigte sich in den für sie ungewohnten drei Untersuchungssituationen freundlich, hinsichtlich ihrer Kommunikationsbereitschaft, ihrer Anpassung an die Testinstruktionen und ihrer Mitarbeit unterschiedlich. Besonders die erste Testsituation (CMM, PPVT, KP) erwies sich als problematisch, denn die Probandin versuchte immer wieder, das Testmaterial an sich zu bringen, in der PPVT-Vorlage herumzublättern, abzulenken oder die Mitarbeit ganz einzustellen. Die angebotenen verbalen und sozialen Verstärker sprachen nur unzureichend an, die materialen Verstärker in Form von Bonbons überhaupt nicht. Während Monika anfänglich bei den genannten Testverfahren noch Interesse zeigte, ließen jeweils nach einigen Aufgaben Konzentration und Motivation stark nach.

In der zweiten (BM und GM, BA) und dritten (LOS KF 18) Untersuchungssituation erwies sich der Kontakt zu dem Testleiter als besser. Monikas Mitarbeit konnte durch Hinweise auf Belohnungen in Form von Bildchen, verschiedenen Süßigkeiten (Schokolade, Plätzchen …), gezieltem Lob und durch das gemeinsame Singen von Kinderliedern mit dem TL gesichert werden.

Wechsel der Blickrichtung, oberflächliche Mitarbeit, allgemeine Konzentrationsstörungen und Ermüdungserscheinungen konnten jedoch gegen Ende eines jeden Tests beobachtet werden. Mangelndes Verstehen der Testinstruktion wurde besonders bei den Tests BA und LOS KF 18 deutlich. Gewisse sprachliche Fähigkeiten konnte man während der gesamten Untersuchungssituation feststellen. Unaufgefordert verbalisierte die Probandin immer wieder Testinhalte („Würfel", „Kreis", „Gabel", „Messer", „Häsle hüpf", „Teekanne", „Fahne" …).

Der Motoriktest (LOS KF 18) insgesamt stellte sowohl im feinmotorischen als auch im grobmotorischen Bereich für die Pb eine Überforderung dar. Vor allem wurden deutlich eine mangelnde Kontrolle der Extremitäten, Schwierigkeiten bei der Koordination von Bewegungen, insbesondere von Auge und Bewegung.

Tests

TBGB (insgesamt): Durchschnittlicher	T-Wert: 38 (PR: 11,5)
CMM	T-Wert: 40 (PR: 15,9)
PPVT	T-Wert: 47 (PR: 38,2)
KP	T-Wert: 36 (PR: 8,1)
BM und CM	T-Wert: 43 (PR: 24,2)
BA	T-Wert: 32 (PR: 3,6)
LOS KF 18	T-Wert: 31 (PR: 2,93)

P-A-C: *Sozialbild*

– Bereich *Selbsthilfe*

Tischmanieren: keine Probleme

Bewegungsfähigkeit: Feststellungen im Zusammenhang mit Treppensteigen keine Probleme; außerhalb der Wohnung noch völlig unselbstständig (jmd. besuchen, Spiel, Nachbarschaft, Überqueren der Straße)

Toilette und Waschen: keine Probleme

Anziehen: Probleme beim selbstständigen Anziehen, Binden von Schuhbändern oder Schleifen

– Bereich *Verständigungsvermögen*

Sprache: Probleme bei Mehrzahlbildung, Vergangenheitsformen, Verhältniswörtern, beim sinnvollen Antworten auf Fragen, beim Gebrauch von Haupt- und Nebensätzen, beim Wiederholen einer Geschichte, Unsicherheit bei Richtungsangaben

Unterschiede: Unsicherheit bei Rechts- und Linkszeigen, versteht nicht den Unterschied Stunde – Minute, Probleme beim Ablesen der Uhr.

Zahlenbegriffe: Unterscheidung von einem bzw. zwei und vielen Gegenständen gelingt, ebenso mechanisches Abzählen bis zehn, jedoch bereits Probleme beim Umgang mit Zahlenbegriffen bis vier.

Tätigkeiten mit Papier und Bleistift: Zeichnet kaum erkennbare „Menschen" und „Häuser", Schreiben und Lesen gelingen überhaupt nicht.

– Bereich *Sozialanpassung*

Spielen: Spielt im Beisein anderer, jedoch kaum Gemeinschaftsspiele, singt und tanzt nach Musik, beteiligt sich selten an Gruppenspielen.

Häusliche Tätigkeiten: Hilft gerne zu Hause, jedoch nur unter Aufsicht, kann nicht in Geschäfte geschickt werden und kann nicht mit Geld umgehen, kaum selbstständiges Arbeiten und Handeln.

– Bereich *Beschäftigung*

Fingerfertigkeit (Feinmotorik): Vor allem qualitative Probleme etwa beim Ausschneiden, beim konstruktiven Umgang mit Klötzchen, Plastilin, Spielmaterialien; schlechthin wenig exakt und sorgfältig.

Wendigkeit (Grobmotorik): Probleme beim beidbeinigen Hüpfen, beim Stehen auf Zehenspitzen, Unsicherheiten beim Umgang mit Bällen, Geräten und Werkzeugen.

5. Diskussion und Interpretation der Ergebnisse

Mit einem durchschnittlichen T-Wert von 38 und einem entsprechenden Prozentrang von 11,5 liegen die Testleistungen der Probandin unter den Durchschnittsleistungen von geistig Behinderten (von 100 Gb. zeigen ca. 12 gleich gute oder schlechtere, ca. 88 bessere Leistungen). Unter Einbezug des Standardmessfehlers könnten die Testleistungen auch im Durchschnittsbereich liegen. Nur in drei Einzeltests wird der Durchschnittsbereich der Leistungen geistig Behinderter in der TBGB tangiert (CMM, PPVT, BM und CM). In erheblichem Maße weichen die Leistungen im Bereich der Motorik (Feinmotorik – feinmotorische Koordination, Grobmotorik wie statische Koordination, Körperkontrolle, Koordination der oberen und unteren Extremitäten) negativ von den individuellen Durchschnittsleistungen der Pb ab. Im Zusammenhang mit BA kann nicht festgestellt werden, ob geringe Merkfähigkeit oder schlechte Motivation bzw. Mitarbeitsbereitschaft niedrige Ergebnisse bedingen.

Die – gemessen an Monikas Gesamtleistungen – positiven Leistungen bei Aufgaben, die logisches, schlussfolgerndes und kritisches Denken fordern („allgemeine Intelligenz"), lassen den Schluss zu, dass die Leistungsfähigkeit der Pb höher ist als die in der Untersuchung erzielten Ergebnisse.

Der Wortschatztest und die während der Testsituation gezeigten Verbalisationen weisen darauf hin, dass die sprachlichen Fähigkeiten durchaus im Mittelbereich der sprachlichen Leistungen geistig behinderter Kinder dieser Altersstufe liegen.

Insgesamt erweist sich Monikas Testprofil als unausgeglichen. Die Beobachtungen in der Untersuchung stimmen mit den von der Lehrerin beobachteten Verhaltensweisen und Leistungen in der Klasse (soweit eruierbar) weitgehend überein.

6. Zusammenfassung wesentlicher Untersuchungsergebnisse

Monikas derzeit durchschnittliche bis schwere Form der geistigen Behinderung lässt sich erklären aus den möglicherweise vor, während und nach der Geburt entstandenen Schädigungen und Folgeschäden, die vom Kinderarzt nicht frühzeitig genug erkannt und somit nicht prophylaktisch – kompensatorisch behandelt werden konnten. Die adäquate Förderung in den sensiblen Phasen der frühen Kindheit unterblieb deshalb mit hoher Wahrscheinlichkeit.

Vor allem auch das mangelnde Durchhaltevermögen, die Konzentrationsstörungen und die schlechte Arbeitshaltung hängen sicherlich eng mit den genannten Schädigungen zusammen.

7. Beantwortung der Fragestellung

In erster Linie sollte die Schülerin im Hinblick auf möglichst selbstständige Lebensbewältigung gefördert werden.

Gerade weil Monika in den Tests, die der Überprüfung der allgemeinen Intelligenz und der Sprache dienen – gemessen an ihren übrigen Leistungen –, tendenziös bessere Leistungen erreicht, besteht die dringende Notwendigkeit weiterer und zusätzlicher gezielter Förderung. In die Maßnahmen sollte neben der Schule die für die Probleme Monikas sehr aufgeschlossene Familie einbezogen werden.

(Welche Bereiche gefördert werden sollen und wie dies geschehen könnte, ergibt sich aus dem folgenden Punkt.)

8. Förderungsvorschläge

Die Vorschläge für Förderungsmaßnahmen ergeben sich aus den wenigen Tests und aus der im Vergleich zur vorliegenden Problematik kurzen Beobachtungszeit. Es könnte durchaus sein, dass manche Vorschläge im Hinblick auf die Voraussetzungen noch zu hoch angesetzt sind und im Verlauf des Förderungsprozesses, unter dem ein enges Zusammenspiel von Beobachtung und Förderung verstanden wird, modifiziert werden müssen. Die Bereitschaft zur Änderung des pädagogischen Verhaltens sollte bei Förderungsprozessen ohnehin immer vorhanden sein. Förderbereiche:

Sozialverhalten – Sozialanpassung: Ziele: Rolle spielen, Eigenaktivitäten, Zuhören – Reagieren.

Erreichbar durch Rollenspiele (Familienspiele, Situationen ausnützen, in denen zwei oder mehr Kinder etwas tun), Imitationslernen, Rhythmikübungen, Ausführen von Ämtern, Mithilfe im Haushalt, bewusste Zuteilung einer Rolle …

Arbeitsverhalten: Ziele: Aufgabe zu Ende bringen, selbstständiges Arbeiten.

Erreichbar durch kleine Aufträge, soweit sie geleistet werden können, mit Aussicht auf Belohnung (kurze Durchführungsdauer) – anschließende bewusste persönliche Würdigung, allmähliche Leistungssteigerung, geplante Gestaltung des Arbeitsplatzes, Tätigkeitswechsel, Verwendung von anschaulichem Arbeitsmaterial, knappe Arbeitsanweisungen und Überprüfung des Verständnisses …

(Das Mädchen sollte alles selbst durchführen, was es irgendwie kann; vor allem zu Hause.)

Sprache: Ziele: Begriffe lernen, Gegenstände benennen, Oberbegriffe bilden, einfache Sätze sprechen lernen, einfache Handlungsabläufe versprachlichen.

Erreichbar durch Aufbau auf vorhandenen Möglichkeiten (aktionsbegleitendes Sprechen; Gegenstand – Begriff und umgekehrt), gute Sprachmuster und deutliches Vorsprechen …
Möglichkeiten – sprachliches Material: Bilder zeigen – Geschichten erzählen (Nacherzählung), Kurzberichte über die Schule, kleine Verse auswendig lernen, Kinderreime, Spiele mit Puppen u. Ä. aufführen, Bilderbücher, Lottos, Bildkarten, „Hör genau", „Schau genau", Sprachtrainingsmappen …

Aufmerksamkeit – Konzentration: Ziele: Längere, intensive Beschäftigung mit einem Objekt oder einer Person. Erreichbar durch Sinnestraining (opt., akustisch, taktil), Nachlegen von Figuren, Differenzieren von Geräuschen – Reaktion, Ertasten von Gegenständen? Wahrnehmungsprogramm von *Frostig* ...
Praktische Möglichkeiten: Bestimmte Formen oder Zeichen heraussuchen, Spiele (Abwandlungen von Memory), Formen ausmalen, Geschichten sollen erzählt werden – Nacherzählung (Bilder und Gestik können unterstützen) ...

Motorik: Ziele: Bewegungsabläufe trainieren und sicher beherrschen.
Grobmotorik konkret: Hantieren mit Gegenständen, Greifen von Gegenständen, indem sie sich vorwärts lehnt, ohne umzufallen, Arme waagerecht halten, Kreise mit den Armen beschreiben, Gleichgewichtsübungen, Hüpfen und Stehen auf einem Bein, beidbeiniges Hüpfen, entlang einer Linie gehen, Werfen und Fangen von Bällen (verschiedene Wurf- und Fangtechniken), Klettern auf einen Stuhl, Gegenstände rollen, schieben, stoßen, mit einem Roller fahren, mit Klötzchen bauen, Schwimmen, evtl. Reiten, Laufen nach einem Rhythmus, Tanzspiele, Improvisation, Körperbewegung im Rhythmus, einfache Übungen an Turngeräten (Hängen und Hochziehen an der Reckstange).
Feinmotorik: Fingerfertigkeit, Fingerspiele, Fingerbewegung (ohne Arm und Unterarm), Reißarbeiten, Faltarbeiten, Greifen, Einfädeln, Aufreihen, Zusammenstecken, Auf- und Zuknöpfen, Wasser eingießen und umgießen, mit Knet, Ton oder Plastilin formen, Fingerfarben, Malen (Nachspuren mit und ohne Hilfsmittel, Ausmalen vorgegebener Formen).
Schneiden (Messer, Schere – auf einer Linie schneiden, Formen ausschneiden), Schraubverschlüsse öffnen, Übung am Montessori-Rahmen (besser an der eigenen Kleidung!).

Merkfähigkeit: Aufträge – in gesteigertem Maße – ausführen („hol mir ..."), Memory, Kim-Spiele, über Situationen berichten, Einkauf – Supermarkt, Lernen kleiner Reime und Verse, Bild anschauen und nachzeichnen (vgl. auch oben!).

Musischer Bereich: Takte klatschen, patschen ... Orff-Instrumente, Gesang, Rhythmik, selbst Musik gestalten oder nachgestalten, Rhythmik mit Ball ... Kulturtechniken wurden nicht erfasst; evtl. spielerisch Lesen von Signalwörtern aneignen).

6.6.2.2 Fallbeispiel: „Lernbehinderung" – Rückführung an die Regelschule*

1. Situation, Untersuchungsanlass, Fragestellung, Untersuchungsbedingungen

Der am 23. 6. 1968 geborene Schüler Peter besucht z. Z. im 4. Schulbesuchsjahr die 4. Klasse der Schule für Lernbehinderte in M. Der Klassenlehrer fasst am Ende des Schuljahres 78 / 79 bei Peter, der zu den besten Schülern der Klasse gehört, eine Rückführung in die Volksschule ins Auge und erwartet von einer pädagogisch-psychologischen Untersuchung eine Entscheidungshilfe.

Die Fragestellung lautet, *ob* die Untersuchungsergebnisse für eine Rückführung an die Volksschule sprechen oder nicht.

Die Untersuchung fand am … 1978 von 9.00 bis 11.20 Uhr (Gespräch mit dem Schüler, HAWIK, PFK von *Seitz* und *Rausche,* weiteres Informationsgespräch mit dem Schüler) und zwei Tage später von 8.45 bis 10.30 Uhr (d2 von *Brickenkamp,* CPM von *Raven* in der deutschen Fassung, DRT 3 von *Müller*) statt.

Abgesehen von kurzfristigem Lärm auf dem Gang und zweimaligem Türeöffnen wurde die Untersuchung nicht gestört.

2. Kennzeichnung der bisherigen Entwicklungsumstände

(Die folgenden Angaben gehen aus den Schülerakten hervor.)

Peter wohnt zusammen mit seinen zwei älteren Schwestern (Regelschule, Lehre) bei seinen Eltern. Der Vater hat eine abgeschlossene Berufsausbildung (Metallverarbeitung), ist jedoch manchmal arbeitslos, die Mutter arbeitet ganztags in einer Fabrik (Aussage des Klassenlehrers).

Der Schüler besuchte seit dem vollendeten dritten Lebensjahr den Kindergarten bis zur Einschulung. Im November 1975 wurde – offensichtlich im Zusammenhang mit schlechten Leistungen – von einem Schuljugendberater eine Untersuchung durchgeführt (Rheinhauser Gruppentest) mit dem Ergebnis, Peter sei nicht schulreif. Peter verblieb in der 1. Klasse der Grundschule, erhielt jedoch am Ende des Schuljahres nicht die Erlaubnis zum Vorrücken (Deutsch: 6; Rechnen 6; Sachunterricht: 6).

---

* Einige Daten geändert.

Bemerkungen aus seiner Beurteilung: schmächtig, körperlich klein, sehr verspielt, nicht ausreichend belastbar; begrenzte Auffassungs- und Beobachtungsgabe, äußerst lückenhaftes Gedächtnis, leichte Ablenkbarkeit, rasche Ermüdbarkeit, wenig Arbeitsbereitschaft, ohne Interesse am Unterricht, ohne Ausdauer, planlos, jedoch kontaktbereit gegenüber Mitschülern, gegenüber Lehrern aber verschlossen.

Im September 1976 wurde Peter auf Sonderschulbedürftigkeit überprüft mit dem Ergebnis: völliges Versagen in den Grundtechniken der Volksschule – Retardation in der sozialen Entwicklung – Förderung nur in Sondervolksschule möglich – Eltern mit Einweisung einverstanden; Intelligenztest nach Kramer: Intelligenzvorsprung: 2 Monate; IQ 102.

Zusammenfassende Beurteilung des Sonderschulleiters in Auszügen: In den Bereichen der Intelligenz im engeren Sinne verhältnismäßig gut entwickelt, jedoch stark beeinträchtigte Konzentrationsfähigkeit und soziale Entwicklung; völlig ungenügende Schulleistungen werden als Ursache für fehlende Motivation angesehen, offensichtlich auch keine Motivation für die Schule durch das Elternhaus.

Ärztliches Gutachten im Zusammenhang mit der Aufnahme in die Sonderschule: Soziale Anamnese: Vater arbeite seit einem Jahr nicht mehr, Mutter sei ganztägig berufstätig. Die Mutter sei der Meinung, es sei das Beste, wenn Peter in die Sonderschule komme, da sie sowieso keine Zeit für ihn habe. Der Vater übe zwar mit ihm, habe aber keine Geduld und sage ständig: „Du bist eben dumm" u. Ä.

Ärztlicher Befund: Normaler körperlicher Zustand, leichtes Lispeln, wirkt unsicher, konzentrationsschwach, könne Verstandesfragen gut lösen. „Bestünde nicht im Elternhaus die völlige Desorientiertheit gegenüber seinen Leistungen, wäre Peter sicherlich auch in der Volksschule zu fördern."

Am Beginn des Schuljahres 1976/77 wurde Peter in die Schule für Lernbehinderte in M. aufgenommen. Während des Schuljahres konnte er wegen guter Leistungen (Ausnahme Rechtschreiben) in die 2. Klasse überwechseln. In einem Kurzgutachten, das nach der 2. Klasse erstellt wurde, heißt es, Peter habe sich sehr angestrengt, er sei ein guter und fleißiger Schüler geworden, der aufgrund seines IQ bei gleichbleibendem Fleiß sicher wieder in die Volksschule zurückkehren könne. Die Mutter kümmere sich trotz ganztägiger Arbeit in letzter Zeit erfreulich viel um

ihr Kind und sei jetzt auch daran interessiert, dass der Junge zurückgeschult werde.

Ähnlich positiv fiel die Beurteilung nach der 3. Klasse aus: Peter
stehe mit seinen Leistungen an der Spitze der Klasse, arbeite verständ-
nisvoll und mit Lerneifer; gutes Gedächtnis zeige sich beim Nacherzählen und im Sachunterricht.

In der z. Z. besuchten 4. Klasse (1978 / 79) zeigt er ähnliches positives
Verhalten im Leistungs- und Sozialbereich.

3. Auswahl der diagnostischen Verfahren

Mit Hilfe des HAWIK und der Coloured Progression Matrices (CPM)
sollte zum einen die von Kultur und Lernen beeinflusste Intelligenz
(HAWIK) und zum anderen die weitgehend von Lernerfahrungen unbe-
einflusste Intelligenz (CPM; nonverbal) geprüft werden.

Zur Prüfung der schulischen Leistungen wurden der „Fragebogen für
Grundschullehrer" (*Kornmann*, 1977, 91 – 101) und der DRT 3 *(Müller)*
herangezogen, weil offenbar nur das Fach Rechtschreiben Probleme
bereitete.

Ergänzt wurden diese Informationen durch Gespräche mit der Mutter,
mit dem Lehrer und dem Schüler selbst und vor allem durch die Verhaltensbeobachtung während der gesamten Untersuchung. Damit sollten
Informationen über den sozialen Bereich und das Arbeitsverhalten erhalten werden. Zur Überprüfung der Aufmerksamkeits- bzw. Konzentrationsfähigkeit, aber auch der raschen Wahrnehmungsfähigkeit wurde der
Test d2 *(Brickenkamp)* eingesetzt.

Mit Hilfe des Persönlichkeitsfragebogens für Kinder (PFK, *Seitz,
Rausche*) wurde der Verhaltensstil eruiert.

Zwar erschien der Einbezug eines Motoriktests nicht zwingend notwendig, jedoch spielt sicherlich auch im Zusammenhang mit der Frage
der Rückführung (z. B. Integration beim Spiel) das motorische Verhalten
eine gewisse Rolle, insofern wurde noch die Motorik mit Hilfe des LOS
KF 18 beobachtet.

Die Überprüfung der Sinnestüchtigkeit erfolgte mit Hilfe der Flüsterprobe und der *Snellen*-Sehtafel.

4. Darstellung der Ergebnisse

Verhaltensbeobachtung: Der im Vergleich zu seinem Alter körperlich
etwas kleine, jedoch altersgemäß entwickelte und motorisch gewandt

erscheinende Schüler arbeitete in der gesamten Untersuchungssituation interessiert, motiviert, selbstständig, ruhig und gewissenhaft mit. Auf Fragestellungen gab er kurze und präzise Antworten, wobei er jedoch selten in ganzen Sätzen sprach. Spontan sagte er kaum etwas. Beim Lesen von Fragestellungen verstand er zwar die Inhalte, erfasste auch doppelte Verneinungen, es zeigten sich jedoch Unsicherheiten im flüssigen Lesen.

Er wusste alle persönlichen Daten sowie die wichtigsten Daten seiner Familie.

Der Kontakt zum Untersucher blieb stets gut.

Informationsgespräche:

– mit der Mutter: Es ergaben sich kaum neue Informationen, vor allem auch, weil die Mutter die Zeit auf 15 Minuten beschränkte und „weg musste".

  Die Mutter verhielt sich reserviert und beantwortete konkrete Fragen mit „ich weiß nicht". Eine Kommunikation mit Gesprächscharakter war bei dieser Begegnung nicht möglich. Die Mutter sprach dialekt-gefärbt und ganz selten in vollständigen Sätzen. Aus den Antworten konnte man Interesse an dem schulischen Verhalten des Sohnes heraushören, wobei vor allem „ordentliches Betragen" und „saubere Arbeit" bei den Hausaufgaben betont wurden. Auch die Wohnung zeugte von der Betonung des Ordnungsgedankens. Das Verhältnis der Mutter zu ihren Kindern, spez. auch zu Peter, schien gut zu sein.

– mit dem *Lehrer* („Fragebogen für Grundschullehrer"; *Kornmann*): Der Schüler arbeitet sehr ordentlich und sauber, fertigt alle Hausaufgaben vollständig an und arbeitet stets mit. Mit seinen Leistungen liegt er über dem Klassendurchschnitt, jedoch in ungeübten Diktaten und in Aufsätzen entstehen viele Fehler. Im Sachunterricht passt er nach der Aussage des Lehrers zwar gut auf, scheint aber „nicht gut denken zu können", „da fehlt ihm einiges".

– mit dem *Schüler:* Es ergaben sich keine Auffälligkeiten. Der Proband liebt seine Eltern sehr und vertraut ihnen; er meint, er habe wenig Angst; beklagt sich lediglich darüber, dass er kein Taschengeld erhalte.

  Er glaubt, genügend Freunde zu haben und gerät selten in Streit mit seinen Mitschülern.

Hör- und Sehprobe: Kein positiver Befund

Tests:

HAWIK:

			Wertpunkte:	
Verbal-IQ:	106		1. AW:	11
Handlungs-IQ:	110		2. AV:	11
Gesamt-IQ:	109		3. R13:	11
			4. GF:	11
			5. WT:	11
			6. ZS:	12
			7. BE:	11
			8. BO:	9
			9. MT:	12
			10. FL:	13

CPM: IQ: 101; PR: 54

Prozentränge:

DRT 3: PR: 5   Merkfehler: 11 / 15

Regelfehler:

G:	1
D:	26 / 35
A:	3
St:	11 / 15
Z:	6 / 10
B:	> 50
Q:	6 / 10
V:	36 / 50

Wahrnehmungsfehler:

WU:	> 50
WD:	11 / 15
WT:	5
WR:	> 50
WG:	> 50

Sonstige:

L:	36 / 50
S:	> 50

d_2-Test (PR):
Prozentränge (PR): GZ = 50; F = ca. 40; GZ – F = 54; SB = 50 – 75
Fehlerverteilung: 5 – 6 – 6
PFK 9 – 14

Dimension	PR	T-Wert	
	VS1	35	46
	VS2	0	23
	VS3	94	65
	VS4	30	45
	(Die übrigen Dimensionen wurden nicht gefragt.)		

LOS-KF 18

	Tab. Lernbehinderte	Tab. Normalentwickelte
T-Werte:	57	53

5. Diskussion und Interpretation der Ergebnisse

Zunächst drängen nahezu alle Testleistungen die Frage auf, warum sich Peter überhaupt in einer Schule für Lernbehinderte befindet und nicht an der Regelschule bleiben konnte.

Der Schüler schneidet bezüglich seiner intellektuellen Fähigkeiten mit Intelligenzquotienten von 109 (HAWIK) bzw. 101 (CPM) ebenso gut wie ca. 87 % (HAWIK) seiner Alterskameraden ab. (Bei Berücksichtigung der Standardmessfehler und Konfidenzintervalle bewegt sich sein IQ im durchschnittlichen bis hohen Intelligenzbereich.)

Orientiert man sich an der Faktorenauswertung nach *Schmalohr,* ergeben sich sehr signifikante Werte der „sprachlichen Intelligenz" und der „Lernfähigkeit" und eine signifikante Abweichung des „Handlungsfaktors" vom Durchschnitt zugunsten des Schülers. Lediglich bei Aufgaben, die Kombinationsvermögen und Erkennen von Sinnzusammenhängen fordern, fallen die Leistungen leicht ab, bleiben jedoch immer noch im Durchschnittsbereich im Vergleich zu seiner Altersgruppe.

Als auffallend erweist sich der Leistungsrückstand im Rechtschreiben, der wohl auch im Wesentlichen verantwortlich für ein Versagen in der Grundschule und für die Aufnahme in die Sonderschule gewesen sein dürfte. Weder vom intellektuellen Bereich her noch von sonstigen Testleistungen lassen sich diese niedrigen Leistungen erklären.

Die wohl einzige Erklärung für seinen Leistungsrückstand ist im Bereich der Grundschule zu suchen, die es nicht verstand, den Schüler auch in den Fächern Lesen und Rechtschreiben adäquat zu fördern, diese Fähigkeiten so zu vermitteln, dass sie auch Peter erwerben konnte. Ein Vorwurf kann auch der Schule für Lernbehinderte nicht erspart bleiben, die Peter aufnahm, ehe an der Grundschule nach einem eingeleiteten Förderungsprozess der Versuch unternommen worden war, den Schüler so zu fördern, dass er klassengemäße Leistungen erreichen konnte. Der eigentliche Förderungsprozess setzte nicht ein, als sich Leistungsstörungen zeigten, sondern erst als der Schüler in die Schule für Lernbehinderte aufgenommen worden war, also nach einjährigem totalen Schulversagen (besser: „Versagen einer Schule oder eines Schulsystems!").

Alle Informationen sprechen dagegen, dass für Peter die ohnehin umstrittene Bezeichnung „lernbehindert" zutrifft. Sieht man von der Rechtschreibung ab, so sprechen alle übrigen Ergebnisse dafür, dass Peter an sich auch an der Regelschule eher ein guter als ein durchschnittlicher Schüler sein müsste.

Mit großer Wahrscheinlichkeit müssen Peters ursprüngliche Probleme bei der Erbringung schulischer Leistungen auf die 1. Klasse der Grundschule zurückgeführt werden, die eher Leistungsstörungen hervorrief als abbaute, zunächst im Rechtschreiben, aber auch im Lesen; diese Leistungsstörungen generalisierten sich auf die übrigen Fächer.

Das Elternhaus könnte insofern eine ursächliche Rolle spielen, als der sprachliche Bereich etwas vernachlässigt wurde, die Eltern selbst keine guten Sprachvorbilder darstellen und somit im Bereich der Syntax noch gewisse Probleme bestehen bleiben. Möglicherweise wird auch im Elternhaus auf den Erwerb schulischen Wissens und Könnens nicht sehr viel Wert gelegt.

Diese beiden möglichen Ursachenbereiche reichen jedoch nicht aus zur ursächlichen Erklärung einer „Lernbehinderung".

Sämtliche Untersuchungsergebnisse sprechen auch gegen das Vorliegen von Störungen im sozial-emotionalen und physisch-organischen Bereich oder im Arbeitsverhalten.

Es könnte noch der Gedanke an eine „Lese-Rechtschreib-Störung" (LRS) auftauchen. Offensichtlich wurde in der Grundschule nicht der Versuch unternommen, Peter als lese-rechtschreib-gestört „anzuerkennen".

Er lernte immerhin in der Sonderschule relativ rasch das Lesen und Schreiben, was gegen eine sogen. „isolierte Lese-Rechtschreib-Schwäche" spricht.

6. Zusammenfassung wesentlicher Untersuchungsergebnisse

Alle Untersuchungsdaten sprechen dafür, dass Peter in der Grundschule, eher ein durchschnittlicher als ein schlechter Schüler sein müsste. Die gravierenden Leistungsrückstände im Rechtschreiben müssen auf Leistungsstörungen zurückgeführt werden, die in der 1. Klasse der Grundschule induziert wurden, dann auf die übrigen Fächer übergriffen. Im Verlauf der Unterrichtung an der Sonderschule konnten zwar die Leistungsstörungen in den übrigen Fächern wieder beseitigt werden, im Rechtschreiben jedoch noch nicht ganz.

Auch die Familie vermochte aufgrund der damaligen Sichtweise mit hoher Wahrscheinlichkeit diese von der Grundschule induzierten Störungen nicht zu kompensieren oder zu beseitigen.

Die Sonderschule hätte den Schüler ohne den Versuch der Einleitung von Fördermaßnahmen im Bereich der Grundschule an sich nicht aufnehmen dürfen.

Gegenwärtig erweisen sich Peters Leistungen auch nach Überspringen einer Klasse an der Schule für Lernbehinderte – sieht man vom Rechtschreiben ab – als weit überdurchschnittlich.

Die gute Lernfähigkeit, die durchschnittliche (bis überdurchschnittliche) Intelligenz des Schülers und die positiv eingestellten Eltern sprechen für eine weiterhin günstige schulische Entwicklung.

7. Beantwortung der Fragestellung

Mit Ausnahme der niedrigen Schulleistungen im Rechtschreiben, den damit verbundenen Problemen beim Aufsatzschreiben und weniger gravierenden Störungen im Lesen sprechen alle Informationen für eine Rückführung an die Volksschule. Die im Zusammenhang mit dem Rechtschreibtest völlig aus dem Rahmen der Gesamtleistungen fallenden Rechtschreibleistungen (die im Unterricht allerdings nicht so gravierend zum Ausdruck kommen) geben zwar noch zu Bedenken Anlass, können jedoch voraussichtlich mit Hilfe der im nächsten Punkt (Pkt. 8) zu behandelnden Fördermaßnahmen etwas neutralisiert werden.

Empfohlen wird, falls die Fördermaßnahmen für den Rest des Schuljahres erfolgreich verlaufen, eine Rückführung in die fünfte Klasse der Hauptschule unter weiterer nachgehender Fürsorge und Betreuung der Sonderschule und unter ständigem Kontakt mit dem Lehrer der aufnehmenden Klasse.

Für die Rückschulung in die fünfte Klasse sprechen die guten Schulleistungen von Peter, seine persönliche Motivation für eine Rückschulung, das Interesse der Eltern am schulischen Fortkommen ihres Sohnes und die Aufnahme in die fünfte Klasse, in der der Leistungsdruck an Regelschulen erfahrungsgemäß – nach der Aufnahme der leistungsstärksten Schüler in weiterführende Schulen – etwas nachzulassen scheint.

8. Förderungsvorschläge

Die aus pädagogischen und psychologischen Methoden hervorgehenden Untersuchungsergebnisse legen die folgenden Förderungsvorschläge nahe:

Organisatorische Maßnahmen: Zunächst sollte etwa bis zum Zwischenzeugnis des Schuljahres 1978/79 (Ende Februar) offen bleiben, ob Peter nach diesem Schuljahr oder erst am Ende des Schuljahres 1980/81 in die fünfte Klasse der Hauptschule zurückgeschult werden sollte. Notwendig wird bereits jetzt eine Kontaktaufnahme mit der Regelschule, speziell mit dem Lehrer der aufnehmenden Klasse. Der Sonderschullehrer sollte sich Probearbeiten und Arbeitsmappen der vierten Klasse, also der voraussichtlich aufnehmenden Klasse, geben lassen, um Peter langsam an die ihn erwartenden Leistungen zu gewöhnen.

Es sollten Kontakte zu einigen sozial eingestellten Schülern der aufnehmenden Klasse hergestellt werden, damit Peter bei Rückschulung bereits in einer Gruppe integriert ist. Falls die aufnehmende Klasse einen längeren Ausflug plant, könnte Peter daran teilnehmen, um sich zunächst ohne Leistungsdruck an die neue Klasse gewöhnen zu können. Nach dem Zwischenzeugnis, also ein halbes Jahr vor der endgültigen Rückschulung, sollte Peter probeweise am Unterricht der aufnehmenden Klasse unter weiterer Betreuung des Sonderschullehrers teilnehmen, wobei zunächst von einer Benotung der Rechtschreibung abgesehen werden sollte.

Pädagogische Maßnahmen: Zur Verbesserung der *schulischen* Leistungen, speziell Rechtschreiben, Aufsatz, Lesen: Bei einer Analyse des DRT 3 fällt auf, dass der Schüler ohne G- und A-Fehler (G – F = Groß/Kleinschreibung; A – F = Ableitungsfehler) einen Prozentrang zwischen 36 und 50, also einen Durchschnittswert, erreicht hätte. Der Schüler sollte demnach lernen,

- dass nur Hauptwörter groß geschrieben werden,
- wie man Wörter vom Wortstamm ableitet,
- dass phonematisch ähnlich klingende Wörter auch manchmal unterschiedlich geschrieben werden,
- wie man relativ seltene Buchstaben, z. B. das „Q" schreibt.

Erreicht werden können solche Lernfortschritte durch:

- Vermittlung wichtiger Rechtschreibregeln (und deren Ausnahmen),
- systematisches Ableiten einiger Wörter vom Wortstamm an treffenden Beispielen
- Lautdifferenzierungsübungen und Einprägen besonderer Wortgestalten (Vergleich ähnlicher Wörter durch deutlich artikuliertes Sprechen),
- systematisches Üben von Wörtern, die gehäuft falsch geschrieben wurden.

Verbesserungen im mündlichen und schriftlichen Ausdruck (Aufsatzschreiben) könnten erreicht werden durch:

- Erzählen zu Bildern,
- Anregen zum Sprechen im Sachunterricht,
- Nacherzählen,
- Berichte über Erlebnisse aus dem Tagesablauf,
- Aufschreiben solcher Inhalte ohne Wertung der Rechtschreibfehler,
- Besprechen von Tonbändern.

Die Leseleistung könnte gesteigert werden durch:

- Lesen von Geschichten mit Bild und Text,
- die Auswahl geeigneter, spannender Jugendbücher.

Peter sollte in den Fächern Rechnen und Deutsch an den seinen Möglichkeiten entsprechenden Leistungs-(Differenzierungs-)kursen teilnehmen.

Diese hier aufgeführten Förderungsvorschläge sollten nicht schematisch realisiert werden, vielmehr durch den bisherigen Lehrer vielleicht noch weiter ergänzt und ggf. im Verlauf des Förderungsprozesses modifiziert werden.

Mit den Eltern sollten regelmäßig Kontakte stattfinden, wobei konkrete Möglichkeiten der häuslichen Mithilfe im Zusammenhang mit der Rückschulung besprochen werden sollten.

7 Ausblick

Die Geschichte der Sonder- und Heilpädagogik hat gezeigt, dass Krisen, Wandel und Dynamik dieses Teilgebiet der Pädagogik begleiten und zum Selbstverständnis dieses speziellen Bereiches der Pädagogik gehören. Durch die Öffnung des wissenschaftlichen und praktischen Erfahrungsraumes können wir die Bedeutung der sonderpädagogischen Diagnostik als Förderdiagnostik neu verstehen, Wege gehen und Perspektiven entdecken, die auch zu einer neuen Wahrnehmung der Diagnostik in Richtung Verstehen, Kompetenzen und Förderung führen.

Diagnostik im sonder- und heilpädagogischen Arbeitsfeld bleibt eine herausfordernde Aufgabe der Zukunft. Im wissenschaftlichen Bereich geht die Diskussion weit über den Aspekt traditioneller Diagnostik hinaus. Es wird nicht mehr angezweifelt, dass der Intelligenztest bestenfalls einen intellektuellen Status registriert, dass „psychometrische Daten" mit Fehlern behaftet sind und nur mit einer gewissen Wahrscheinlichkeit Gegebenheiten entsprechen, die man letztendlich nicht einmal exakt definieren kann (z. B. Intelligenz), dass über Faktoren, insbesondere über sozioökonomische Aspekte, die Beeinträchtigungen bedingen, im Rahmen psychometrischer Verfahren nichts ausgesagt wird. Ein Intelligenzquotient ergibt kaum Informationen über die zukünftige Lernfähigkeit eines Menschen.

Ein Wandel hat stattgefunden. Der Aspekt „Förderung" und damit das Bemühen um unmittelbare, möglichst nahtlose Verknüpfung von Beobachtung und Umsetzung der Informationen und Erkenntnisse in die pädagogisch-didaktische Praxis (Förderung) haben in die wissenschaftliche Diskussion und in die Schulpraxis Eingang gefunden.

Man kann aber auch feststellen, dass zahlreiche psychometrische, also normorientierte diagnostische Verfahren entwickelt wurden, die durchaus in modifizierter Form im Sinne qualitativer Diagnostik, d. h. förderdiagnostisch orientiert, eingesetzt werden können. Man versucht gegenwärtig, Verfahren zu entwickeln, die Verhalten beobachten und gleichzeitig neue Lernschritte und -wege aufzeigen. Ich sehe, dass die Entwicklung wegführt von der viel zu statischen traditionellen, hin zu einer flexiblen, an der Notsituation des Kindes orientierten Diagnostik, die vor allem den Aspekt der Diagnose und Analyse behindernder Bedingungen im Bereich der Umwelt intendiert. Es setzt im heilpädagogischen Bereich die differenzierte Suche nach neuen Möglichkeiten für Erziehung und Förderung und damit nach erweiterter Handlungsfähigkeit des betroffenen Kindes, der Eltern, der Lehrer und Lehrerinnen ein. Zukünftige Aufgaben sind:

– Präventive Pädagogik
– Integration, d. h., Kinder mit und ohne Behinderungen lernen und spielen gemeinsam, verbringen zusammen Zeit, erfahren miteinander unmittelbar Möglichkeiten und Schwierigkeiten der Lebensgestaltung,
– Erstellung individueller Förderpläne für jeden einzelnen Schüler bei Auftreten vorschulischer und schulischer Schwierigkeiten unter Einbezug flexibler Förderungsformen,
– Analyse und Aufklärung problematischer Kind-Umfeld-Situationen sowie Feststellung des Förderbedarfs.

Vor allem die Prozessdiagnostik hat Eingang in Überlegungen und Handlungen im sonder- und heilpädagogischen Arbeitsfeld gefunden. Es geht um ein möglichst dichtes Heranrücken oder Annähern an die Probleme des Kindes, um die adäquate Wahrnehmung und Begleitung des kindlichen Lernprozesses.

Unter Prozessdiagnostik verstehe ich die flexible, variable, individuumorientierte Anwendung diagnostischer Verfahren und Methoden über einen längeren Zeitraum hinweg mit dem Ziel der Analyse und Beseitigung der die geistige, emotionale und soziale Entwicklung der Persönlichkeit behindernden Bedingungen, die sowohl in der sozialen und materialen Umwelt als auch in der Person des Kindes (Lernhemmungen, psychische Schwierigkeiten) zu suchen sind (*Bundschuh*, 2008, 227f).

Jedes Kind mit einer Behinderung wird die Welt, in der es lebt, in einer ganz bestimmten subjektiven Weise erfahren, wahrnehmen und auch erkennen; schließlich wird es sein Leben in der ihm eigenen Weise bewältigen. Z. B. können Menschen mit geistiger Behinderung ihre Mitmenschen mit sehr tiefsinnigen Fragen, Aussagen und Antworten in höchstes Erstaunen versetzen, ja in „Verlegenheit" bringen. Pädagogisches Ziel ist es, jedem Menschen solche Kompetenzen zu vermitteln, die er benötigt, um zunehmend Einfluss auf seine Lebensgestaltung und seine soziale und dingliche Umwelt zu nehmen. Wissenschaftler und Praktiker, die an diesen Zielen orientiert fördern und Wissen vermitteln, tragen zur Verringerung von Machtunterschieden und damit zu mehr Chancengleichheit bei. Wir sollten Menschen mit Behinderungen zur eigenen Sprache führen und ermutigen, Fragen und Antworten selbst zu generieren, d. h. weniger von außen her bestimmen im Sinne von „ich weiß, was für dich gut ist".

Im Rahmen der bisherigen Ausführungen hat sich gezeigt, dass Diagnostik im sonderpädagogischen Aufgabenfeld sehr vielfältig ist. Auch wenn versucht wurde, einen Rahmen für die Bewältigung diagnostischer Probleme vor allem im pädagogischen Bereich zu finden, bin ich mir darüber im Klaren, dass keinesfalls alle Schwierigkeiten überwunden sind. Immer noch bleiben Fragen der Umsetzung und Anwendung von Förderdiagnostik angesichts vorliegender Komplexität und Multidimensionalität des sonder- und heilpädagogischen Arbeitsfeldes bestehen, aber auch Fragen der Vermittlung z. B. von Wissen und Handeln im Hinblick auf Praxis. Dies liegt in der Natur der Vielfalt der Erscheinungsbilder von Entwicklungsverzögerungen, Lern- und Verhaltensstörungen sowie Behinderungen verschiedener Art begründet. Insofern ist Förderdiagnostik nicht programmierbar. Die vorliegenden Ausführungen konkretisieren sich erst im Zusammenhang mit dem jeweiligen Kind und herausfordernden speziellen Erziehungs- und Lernbedürfnissen.

Wichtig ist ein Nachdenken über anthropologische, pädagogische, soziale, didaktische und therapeutische Prinzipien und Dimensionen der Förderdiagnostik (*Bundschuh* 2007, 84–144) mit dem Ziel weiterer Fundierung, Vernetzung und Anwendung, wobei auch der Aspekt der Institutionen nicht ausgeklammert werden darf. Weil man nicht von isolierten „Funktionen" des Menschen sprechen kann, müssen sich Forschung, Reflexion und Diskussion über förderdiagnostische Prinzipien ergänzen.

Es ist wichtig, den interdisziplinären Charakter dieses Buches hervorzuheben, denn unterschiedliche Wissenschaftsbereiche wurden einbezogen. Interdisziplinarität ist dringend notwendig, um verstärkt die Situation und die Bedingungen von Kindern und Jugendlichen mit Behinderungen und speziellen Erziehungs- und Lernbedürfnissen (mit dem Ziel der Förderung ihrer Persönlichkeitsentfaltung sowie der Verbesserung der Gestaltung ihrer Alltagswirklichkeit) zu erforschen.

Die Sonder- und Heilpädagogik im 21. Jahrhundert findet sich in einer völlig anderen Situation vor, als dies in der Mitte des 20. Jahrhunderts vorauszusehen war. Die 1960er und 1970er Jahre waren primär gekennzeichnet durch den Versuch einer Strukturierung der Sonderpädagogik in Theorie und Praxis. Diese Strukturen wurden in den vergangenen

Jahren immer wieder in der Fachwelt kritisiert. Natürlich haben diese Entwicklungen seit den fünfziger Jahren des 20. Jahrhunderts auch zur Verbesserung des Schicksals von Menschen beigetragen, die es schwer haben aufgrund von Beeinträchtigungen, aber vor allem auch im Zusammenhang mit behindernden Bedingungen sozialer und ökonomischer Art in einer hoch komplexen Alltagswirklichkeit zurechtzukommen. Die Erkenntnisse zur Hilfe und Unterstützung sind enorm gewachsen. Zweifellos erweist sich jeder Mensch – ganz gleich ob mit oder ohne Behinderung – während der gesamten Lebensspanne als ein prinzipiell offenes und lernfähiges Wesen.

Ziel der sonderpädagogischen Diagnostik, die sich als Förderdiagnostik versteht, ist es, jedem Menschen Kompetenzen zu vermitteln, um zunehmend Einfluss auf seine Lebensgestaltung, auf seine soziale und dingliche Umwelt zu nehmen. Forschen, Wissen und förderdiagnostisches Handeln bilden hierbei unter dem Aspekt eines wertorientierten Menschenbildes die Grundlage für eine positive Entwicklung und damit für eine bestmögliche Lebensqualität.

Literatur

Ahrbeck, B., Lommatzsch, E. M., Schuck, K. D.: Der „neue" HAWIK – Ein neues Verfahren der Sonderpädagogischen Diagnostik? Zeitschrift für Heilpädagogik 10 (1984), 49 – 58

Amelang, M., Zimmermann, K. V.: Die Faktorenstruktur des HAWIK bei schwachbegabten Kindern. Forschung 1 (1968), 381 – 389

Anastasi, A.: Psychological testing. New York 1961

Arnold, W.: Personale Begegnung. In: Arnold W. (Hrsg.): Psychodiagnostisches Praktikum, Bd. 2. Kempten 1972, 82 – 107

Asanger, R., Wenninger, G. (Hrsg.): Handwörterbuch der Psychologie. Weinheim ⁵1994

Asperger, H.: Heilpädagogik. Wien/New York ⁵1968

Ayres, J.: Bausteine der kindlichen Entwicklung. Berlin 1984, ⁴2002

Bach, H.: Aufgaben, Probleme und Prinzipien der Zusammenarbeit zwischen Ärzten und Pädagogen. Z. Heilpäd. 27 (1976), 136 – 145

Bach, H. u. Mitarbeiter: Sonderpädagogik im Grundriß. Berlin ¹⁵1995

Baier, H.: Neuorientierung im Bereich der Lernbehindertenpädagogik. Bildung und Politik 10 (1974), 8/9

Baier, H.: Einführung in die Lernbehindertenpädagogik. Stuttgart/Berlin 1980

Barkey, P.: Direkte versus indirekte Modelle sonderpädagogischer Diagnostik. In: Kornmann, R. (Hrsg.): Diagnostik bei Lernbehinderten. Rheinstetten 1975, 20 – 35

Bates, E., Benigin, L., Bretherton, I., Volterra, V.: The Emergence of Symbols. New York/San Francisco/London 1979

Baumgartner, S.: Sprechflüssigkeit: In: Baumgartner/Füssenich 1994, 204 – 289

Baumgartner, S.: Füssenich, I. (Hrsg.): Sprachtherapie mit Kindern. München/Basel ²1994, ⁵2002

Bayerisches Staatsministerium für Unterricht und Kultus: Lehrplan für den Förderschwerpunkt geistige Entwicklung. München 2003

Begemann, E.: Die Erziehung der soziokulturell benachteiligten Schüler. Hannover 1970

Begemann, E.: Die Bildungsfähigkeit der Hilfsschüler. Berlin 1971

Besser, H. u. a.: Der Schülerbeobachtungsbogen. Ein Instrument zur Verbesserung der Lerndiagnose. Braunschweig 1977

Biere, B. U.: Kindersprache, kindliche Kommunikation und Spracherwerb. Zeitschrift für Germanistische Linguistik. 8 (1980), 236 – 251

Binet, A.: Attention et adaplation. AnPs 1900, 6, 284 – 404

Binet, A., Simon, Th.: Le developpement de l'intelligence chez les enfants. AnPs 14 (1908), 1 – 94

Bleidick, U.: Zur sonderpädagogischen Begutachtung. Z. Heilpäd. 14 (1963), 613 – 620, 665 – 678

Bleidick, U.: Das sonderpädagogische Gutachten. Berlin 1972

Bleidick, U.: Pädagogik der Behinderten. Berlin 1978

Bleidick, U. u. a.: Einführung in die Behindertenpädagogik Bd. 1, 2, 3. Stuttgart/Berlin [6]1998

Bondy, C., Cohen, R., Eggert, D., Lüer, G.: Testbatterie für geistig behinderte Kinder TBGB (Handbuch). Weinheim 1971

Bondy, C., Cohen, R. u. a.: Berichte an die Deutsche Forschungsgemeinschaft. In: Eggert, E. (Hrsg.): Zur Diagnose der Minderbegabung. Weinheim 1972, 7 – 37

Borchert, J., Knopf-Jerchow, H., Dahbashi, A.: Testdiagnostische Verfahren in Vor-, Sonder- und Regelschulen. Heidelberg 1991

Breitinger, M., Fischer, D.: Neues Lernen mit geistig Behinderten. Intensivbehinderte lernen leben. Würzburg 1981

Breuer, H., Weuffen, M.: Gut vorbereitet auf das Lesen- und Schreibenlernen? Berlin 1977, [7]1990

Brickenkamp, R.: Handbuch psychologischer und pädagogischer Tests. Göttingen [2]1977, [3]2002

Büscher, P.: Einige testtheoretische Aspekte kriterienbezogener Leistungsmessung. In: Heller, K. (Hrsg.): Leistungsbeurteilung in der Schule. Heidelberg 1974, 137 – 157

Bundesarbeitsgemeinschaft „Hilfe für Behinderte" e.V.: Kommunikation zwischen Partnern. Heft 30: Frühkindlicher Autismus. Düsseldorf [3]1982

Bundesverband „Hilfe für das autistische Kind", Vereinigung zur Förderung autistischer Menschen e.V.: Zur Situation autistischer Menschen in der Bundesrepublik Deutschland. Hamburg 1993 (Denkschrift)

Bundschuh, K.: Praxiskonzepte der Förderdiagnostik. Bad Heilbrunn [2]1994

Bundschuh, K.: Das Diagnose-Förder-Modell als Element einer Heilpädagogik der neunziger Jahre. In: Die neue Sonderschule 42 (1997 a), 179 – 192

Bundschuh, K.: Assessment – a critical view. In: de Jong, C., Neugebauer, H. (Hrsg.): Timely intervention. Special help for special needs. Würzburg 1997 b, 85 – 100

Bundschuh, K.: Von der Defizit- zur Kompetenzorientierung in der Sonderpädagogik. – Bedeutung für das Phänomen Autismus. In: Bundesverband „Hilfe für das autistische Kind" e.V. (Hrsg.): Mit Autismus leben – Kommunikation und Kooperation.Tagungsbericht. Hamburg 1998 a

Bundschuh, K.: Facilitated Communication bei Menschen mit schweren Kommunikationsstörungen als Herausforderung und Aufgabe für die Sonder- und Heilpädagogik. In: Zeitschrift für Heilpädagogik 49 (1998 b), 358 – 364

Bundschuh, K.: Zum Begriff und Problem der Lernprozeßanalyse. In: Eberwein, H., Knauer, S. (Hrsg.): Handbuch Lernprozesse verstehen. Wege einer neuen sonderpädagogischen Diagnostik. Weinheim 1998 c, 94 – 109

Bundschuh, K.: Analyse behindernder Bedingungen. In: Eberwein, H.; Knauer S. (Hrsg.): Handbuch Lernprozesse verstehen. Wege einer neuen sonderpädagogischen Diagnostik. Weinheim 1998 d, 165 – 181

Bundschuh, K., Basler-Eggen, A: Abschlußbericht zum Forschungsprojekt „Gestützte Kommunikation (FC) bei Menschen mit schweren Kommunikationsbeeinträchtigungen". München 1999

Bundschuh, K. (Hrsg.): Wahrnehmen, Verstehen, Handeln. Perspektiven für die Sonder- und Heilpädagogik im 21. Jahrhundert. Bad Heilbrunn 2000

Bundschuh, K. (Hrsg.): Sonder- und Heilpädagogik in der modernen Leistungsgesellschaft – Krise oder Chance? Bad Heilbrunn 2002 b

Bundschuh, K.: Sonderpädagogische Diagnostik und geeigneter Förderort – Eine Herausforderung zukünftiger Entwicklungen. In: Mutzeck, W. (Hrsg.): Förderdiagnostik – Konzepte und Methoden. Weinheim/Basel 2002 c, 25 – 38

Bundschuh, K.: Emotionalität, Lernen und Verhalten. Bad Heilbrunn 2003 a

Bundschuh, K.: Psychologische Grundlagen und Herausforderungen. In: Fischer, E. (Hrsg.): Pädagogik für Menschen mit geistiger Behinderung. Oberhausen 2003 b, 143 – 166

Bundschuh, K.: Förderdiagnostik im 21. Jahrhundert – Zwischen Problem- und Kompetenzorientierung. In: Mutzeck, W., Jogschies, F. (Hrsg.): Neue Entwicklungen in der Förderdiagnostik. Weinheim 2004 a, 39 – 54

Bundschuh, K.: Möglichkeiten und Grenzen von Integration aus sonder- und heilpädagogischer Sicht. In: Becker, U., Graser, A. (Hrsg.): Perspektiven der schulischen Integration von Kindern mit Behinderung. Baden-Baden 2004 b, 15 – 40

Bundschuh, K.: Soziologische und sozialpsychologische Herausforderungen im Kontext heilpädagogischer Psychologie. In: Forster, R. (Hrsg.): Soziologie im Kontext von Behinderung. Bad Heilbrunn 2004 c, 218 – 243

Bundschuh, K.: Sprache und Verhaltensstörungen. In: Grohnfeldt, M. (Hrsg.): Lehrbuch der Sprachheilpädagogik und Logopädie. Band 5. Stuttgart 2004 d, 356 – 365

Bundschuh, K.: Förderdiagnostik konkret. Theoretische und praktische Implikationen für die Förderschwerpunkte Lernen, geistige, emotionale und soziale Entwicklung. Bad Heilbrunn/Obb. [3]2007

Bundschuh, K.: Heilpädagogische Psychologie. München/Basel [4]2008 a

Bundschuh, K.: Zur Bedeutung diagnostischer Verfahren im Kontext sozialer und emotionaler Störungen. In: Gasteiger-Klicpera, B. (Hrsg.): Handbuch „Förderschwerpunkt soziale und emotionale Entwicklung". Göttingen 2008 b, 159 – 173

Bundschuh, K.: Grundlagen behindertenpädagogischer Diagnostik. In: Stahl, B., Irblich, D. (Hrsg.): Diagnostik bei Menschen mit geistiger Behinderung. Ein interdisziplinäres Handbuch. Göttingen 2008 c

Bundschuh, K.: Prävention und Intervention über die Lebensspanne. In: Bundschuh, K., Bach, J. (Hrsg.): Prävention und Intervention über die Lebensspanne. Schulische und außerschulische Handlungsfelder. Bad Heilbrunn/Obb. 2009, 13 – 33

Bundschuh, K.: Allgemeine Heilpädagogik. Eine Einführung. Stuttgart 2010

Bundschuh, K., Heimlich, U., Krawitz, R. (Hrsg.): Wörterbuch Heilpädagogik. Bad Heilbrunn ³2007

Cardinaux, H.: Zur Diagnostik der Mehrfachbehinderung. Villingen-Schwenningen 1975

Cattell, J. Mck.: Mental tests and their measurements. Mind London 15 (1890), 373 – 380

Chapman, R. S., Miller, J. F.: Early Stages of Discourse Comprehension and Production: Implication of Assessment and Intervention. In: Golinkoff, R. M. (Ed.): The Transition from Prelinguistic to Linguistic Communication. Hillsdale/New Jersey 1983

v. Cranach, M., Franz, H.: Systematische Beobachtung. In Graumann, C. F. (Hrsg.): Handbuch der Psychologie. 7. Band: Sozialpsychologie, 1. Halbbd. Göttingen 1969, 269 – 331

Dannenbauer, F. M.: Grammatik. In: Baumgartner/Füssenich 1994, ⁵2002, 105 – 161

Daseking, M., Janke, N., Petermann, F.: Intelligenzdiagnostik. Monatsschrift Kinderheilkunde, 154, 2006, 314 – 319

Daseking, M., Petermann, U., Petermann, F.: Intelligenzdiagnostik mit dem Hawik IV. In: Kindheit und Entwicklung 16 (4), Göttingen 2007, 250 – 259

Decker, R.: Praxis und Theorie der psychomotorischen Erziehung bei behinderten und normalen Kindern in Frankreich. In: Eggert, D., Kiphard, E. J. (Hrsg.): Die Bedeutung der Motorik für die Entwicklung normaler und behinderter Kinder. Schorndorf 1976, 68 – 97

Dehmelt, P., Kuhnert, W., Zinn, A.: Diagnostischer Elternfragebogen DEF (Anleitung). Weinheim ³1993

Delacato, C. H.: Der unheimliche Fremdling. Freiburg i. Br. 1975

Deutscher Bildungsrat (Hrsg.): Zur pädagogischen Förderung behinderter und von Behinderung bedrohter Kinder und Jugendlicher. Bonn-Bad Godesberg 1973

Dieterich, R.: Psychodiagnostik. München/Basel 1973

Dilling, H., Mombour, W., Schmidt, M. H. (Hrsg.): Internationale Klassifikation psychischer Störungen, ICD-10, Kapitel V (F). Klinisch-diagnostische Leitlinien. Bern/Göttingen/Toronto/Seattle ²1993

Dittmann, W., Klöpfer, S., Ruoff, E. (Hrsg.): Zum Problem der pädagogischen Förderung schwerstbehinderter Kinder und Jugendlicher. Rheinstetten 1979

Dorsch, F.: Geschichte und Probleme der angewandten Psychologie. Bern/Stuttgart 1963

Dzikowski, S.: Ursachen des Autismus. Weinheim ²1996

Eggert, D.: Tests für geistig Behinderte. Weinheim/Berlin 1970

Eggert, D. (Hrsg.): Zur Diagnose der Minderbegabung. Weinheim 1972

Eggert, D.: LOS KF 18 – Kurzform zur Messung des motorischen Entwicklungsstandes von normalen und behinderten Kindern im Alter von 5 – 13 Jahren.
Weinheim 1971, [4]1974

Eggert, D.: Mehrdimensionale psychologische Diagnostik als Entscheidungshilfe? – Zur Problematik des psychodiagnostischen Prozesses bei der Diagnose
der Lernbehinderung. In: Kornmann, R. (Hrsg.): Diagnostik bei Lernbehinderten. Rheinstetten 1975, 146 – 172

Eggert, D.: Motorische Verfahren nach Oseretzky. In: Eggert, D., Kiphard, E. J.
(Hrsg.): Die Bedeutung der Motorik für die Entwicklung normaler und behinderter Kinder. Schorndorf 1980, 166 – 209

Eggert, D., Schuck, K.-D.: Untersuchung zur Retestreliabilität der TBGB. In:
Eggert 1972, 93 – 110

Eggert, D.: Von den Stärken ausgehen …: Individuelle Entwicklungspläne in der
Förderdiagnostik. Dortmund [3]1998

Eggert, D: Von den Stärken ausgehen … Individuelle Entwicklungspläne in der
Lernförderdiagnostik. Dortmund [5]2007

Eid, M., Petermann, F.: Aufgaben, Zielsetzungen und Strategien der Psychologischen Diagnostik. In: Petermann, F., Eid, M. (Hrsg): Handbuch der psychologischen Diagnostik. Göttingen 2006, 15 – 25

Elbing, E.: Das Soziogramm der Schulklasse. München 1975

Embretson, S.: The second century of ability testing: Some predictions and
speculations. Measurement: Interdisciplinary Research and Perspectives 2.
2005, 1 – 32

Feuser, G.: Grundlagen zur Pädagogik autistischer Kinder. Weinheim 1979

Feuser, G.: Beiträge zur Geistigbehindertenpädagogik. Oberbiel 1981

Feuser, G.: Lernen und Förderung autistischer Kinder. In: Bundesarbeitsgemeinschaft „Hilfe für Behinderte" e. V. (Hrsg.): Kommunikation zwischen Partnern.
Düsseldorf [3]1982, 40 – 57

Feuser, G., Jantzen, W.: Erste Erfahrungen mit der Testbatterie für geistig behinderte Kinder. In: Eggert 1972, 165 – 175

Fischer D.: Zur Förderung intensiv geistig Behinderter im Rahmen der Schule
für geistig Behinderte. Erlangen 1978

Fischer, E.: Wahrnehmungsförderung. Zum Aufbau von Wahrnehmungskompetenz
als Aneignung sinnlicher Prozesse bei geistig Behinderten. Bad Honnef
1983

Fisseni, H.-J. (2004): Lehrbuch der psychologischen Diagnostik. Göttingen
[3]2004

Fisseni, H.-J., Preusser I.: Historische, gesellschaftliche und rechtliche Rahmenbedingungen. In: Petermann, F., Eid, M. (Hrsg.): Handbuch der psychologischen Diagnostik. Göttingen 2006, 26 – 34

Flade, A.: Wahrnehmung. In: Asanger/Wenninger 1994, 833 – 838

Flehmig, I., Schloon, M., Uhde, J., von Bernuth, H.: Denver-Entwicklungsskalen (Testanweisung). Hamburg 1973

Franger, W., Pfeffer, W.: Probleme und Möglichkeiten der Diagnostik bei schwerster geistiger Behinderung. In: Kornmann u. a. 1983, [3]1994

Frank, L. K.: Projective methods. Springfield 1948

Freud, S.: Totem und Tabu. In: Gesammelte Schriften, Bd. X. Leipzig/Wien/ Zürich 1924

Friesicke, J.: Praktisches Beispiel für förderungsdiagnostisches Vorgehen im Rahmen einer materialistisch orientierten Pädagogik. In: Kornmann u. a. 1983, [3]1994

Fröhlich, A.: Die Förderung schwerst-(körper-)behinderter Kinder. Aspekte einer Kommunikationsförderung. In: Dittmann, W., Klöpfer, S., Ruoff, E. (Hrsg.): Zum Problem der pädagogischen Förderung schwerstbehinderter Kinder und Jugendlicher. Rheinstetten [3]1998, 99 – 119

Fröhlich, A. (Hrsg.): Wahrnehmungsstörungen und Wahrnehmungstraining bei Körperbehinderten. Rheinstetten [4]1981, [10]1999

Fröhlich, A., Tuckermann, U.: Schwerstbehinderte. Rheinstetten [2]1978

Frostig, M., Maslow, P.: Lernprobleme in der Schule. Stuttgart 1978

Führing, M., Lettmayer, O.: Die Sprachfehler des Kindes und ihre Beseitigung. Wien [9]1985

Füssenich, I.: Semantik. In: Baumgartner/Füssenich [5]2002, 63 – 104

Galliani, L.: Situation und Probleme der Sonderpädagogik in Italien. In: Klein, G., Möckel, A., Thalhammer M. (Hrsg.): Heilpädagogische Perspektiven in Erziehungsfeldern. Heidelberg 1982, 339 – 352

Galton, F.: Hereditary genius, an inquiry into its laws and consequences. London 1869

Galton, F.: Inquiries into human faculty and its development. London 1883

Gardner, H., Spengler, U.: Intelligenzen. Die Vielfalt des menschlichen Geistes. Stuttgart [2]2002

Gehrecke, S.: Familien von Hilfsschulkindern in der Bundesrepublik. Meisenheim a. Glan 1958

Geisler, E., Förster, C.: Über Entwicklungsstörungen der Motorik bei zerebralgeschädigten Kindern und deren Bedeutung für die Diagnostik und Praxis. Münch. Med. Wochenschr.102 (1960), 2391, 2462, 2508

Gibson, J. J.: Wahrnehmung und Umwelt. München 1982

Göllnitz, G.: Ergebnisse einer Überprüfung der motometrischen Skala von Oseretzky. Psychiat. Neurol. Med. Psychol. (Leipzig) 4 (1952), 119 – 127

Göllnitz, G.: Die Bedeutung der frühkindlichen Hirnschädigung für die Kinderpsychiatrie. Leipzig 1954

Goldfried, M. R., Kent, R. N.: Herkömmliche gegenüber verhaltenstheoretischer Persönlichkeitsdiagnostik: ein Vergleich methodischer und theoretischer Voraussetzungen. In: Schulte, D. (Hrsg.): Diagnostik in der Verhaltenstherapie. München/Berlin/Wien 1976, 3 – 23

Goleman, D.: Emotionale Intelligenz. München 1996

Grimm, H.: Psychologie der Sprachentwicklung. Band 1 u. 2. Stuttgart 1977

Groffmann, K. J.: Die Entwicklung der Intelligenzmessung. In Heiss 1971, 147–199

Gross, W.: Was erlebt ein Kind im Mutterleib? Freiburg i. Br. 1991

Habermas, J.: Erkenntnis und Interesse. Frankfurt a. M. ²1973

Hacker, D.: Phonologie. In Baumgartner/Füssenich 1994, 15–79

Hansen, G. (Hrsg.): Sonderpädagogische Diagnostik. Pfaffenweiler 1992

Hardesty, F. P., Priester, H. J.: Handbuch für den Hamburg-Wechsler-Intelligenztest, hrsg. von Bondy. Bern/Stuttgart ³1966

Hartmann, H.: Psychologische Diagnostik. Stuttgart/Berlin/Köln/Mainz 1970, ²1973

Hasemann, K.: Verhaltensbeobachtung. In: Heiss 1971, 807–836

Haupt, U.: Grundstruktur einer Entwicklungsförderung schwerstbehinderter Kinder in der Schule. In: Klein, G., Möckel, A., Thalhammer, M. (Hrsg.): Heilpädagogische Perspektiven in Erziehungsfeldern. Heidelberg 1982, 135–144

Haupt, U., Fröhlich, A.: Förderdiagnose bei Schwerstbehinderten. Dortmund ⁶1993

Heidingsfelder, M., Fröhlich, A.: Materialien zur Förderung wahrnehmungsgestörter körperbehinderter Kinder. In: Fröhlich 1977, 134–144

Heiss, R. (Hrsg.): Handbuch der Psychologie. Band 6: Psychologische Diagnostik. Göttingen ³1971

Heiss, R.: Psychologische Diagnostik: Einführung und Überblick. In: Heiss 1971, 3–16

Heiss, R.: Technik, Methodik und Problematik des Gutachtens. In: Heiss 1971, 975–995

Hellbrügge, Th., von Wimpffen, J. H.: Die ersten 365 Tage im Leben eines Kindes. München/Zürich ⁴⁵1996

Hildeschmidt, A.: Kind-Umfeld-Diagnose. Weiterentwicklung des Konzepts und Anwendung in der Praxis. In: Sander, A. u. a.: Behinderte Kinder und Jugendliche in Regelschulen. St. Ingbert 1988, 25–68

Hildeschmidt, A.: Ökosystemische Diagnostik: Bewältigung des Alltags in Familie und Schule. In: Eberwein, H., Knauer, S. (Hrsg.): Handbuch Lernprozesse verstehen. Wege einer neuen (sonder-)pädagogischen Diagnostik. Weinheim/Basel 1998, 182–193

Hildeschmidt, A., Sander, A.: Kind-Umfeld-Diagnose – ein ökosystemischer Ansatz. Mit Anregungen für die diagnostische Praxis. St. Ingbert 1993

Hiltmann, H.: Kompendium der psychodiagnostischen Tests. Bern/Stuttgart/Wien ³1977

Höhn, E.: Die Verwendbarkeit des Binetariums, des Stanford-Intelligenz-Tests und des HAWIK bei der Hilfsschulauslese. Schule und Psychol. 9 (1962), 315–321

Höhn, E.: Der schlechte Schüler. München 1974

Hörmann, H.: Theoretische Grundlagen der projektiven Tests. In: Heiss 1971, 71 – 122

Holling, H., Preckel, F., Vock, M.: Kompendien der Psychologischen Diagnostik, Band 6. Göttingen 2004

Holtz, K.-L.: Ein Interventions-Entscheidungs-Modell als mögliche Variante sonderpädagogisch-diagnostischer Vorgehensweise. In: Kornmann, R. (Hrsg.): Diagnostik bei Lernbehinderten. Rheinstetten 1975, 36 – 57

Holzapfel, W. u. a.: Der frühkindliche Autismus. Stuttgart 1981

Holzkamp, K.: Begutachtung als Kommunikation. In: Holzkamp, K. u. a. (Hrsg.): Prognose und Bewährung in der psychologischen Diagnostik. Göttingen 1966

Hurlock, Elisabeth B.: Die Entwicklung des Kindes. Weinheim ²1972

Iben, G.: Kinder am Rande der Gesellschaft. München ²1970

Ingenkamp, K. (Hrsg.): Testbatterie für geistig behinderte Kinder TBGB (Beiheft). Weinheim 1971

Ingenkamp, K. (Hrsg.): Tests in der Schulpraxis. Weinheim/Basel ⁴1974

Ingenkamp, K., Lissmann, U.: Lehrbuch der pädagogischen Diagnostik. Weinheim ⁵2005, ⁶2008

Innerhofer, P.: Das Münchner Trainingsmodell. Beobachtung. Interaktionsanalyse. Verhaltensänderung. Berlin/Heidelberg/New York 1977

Izard, C. E.: Die Emotionen des Menschen. Eine Einführung in die Grundlagen der Emotionspsychologie. Weinheim ³1994

Jäger, R.: Diagnostischer Prozess. In: Petermann, F., Eid, M. (Hrsg.): Handbuch der psychologischen Diagnostik. Göttingen 2006, 89 – 96

Janetzke, H. R. P.: Stichwort: Autismus. München 1993

Janov, A.: Das befreite Kind. Frankfurt/M. ²1978

Jantzen, W. (Hrsg.): Geschlechterverhältnisse in der Behindertenpädagogik. Subjekt/Objekt-Verhältnisse in Wissenschaft und Praxis. Luzern 1997

Kanner, L.: Autistic disturbances of affective contact. Nervous Child Nr. 3, Vol. 2/1942 – 1943. Nachdruck Acta paedopsychiat. 35 (1968), 100 – 136

Kanter, G. O.: Lernbehinderungen und die Personengruppe der Lernbehinderten. In: Kanter, G. O., Speck, O. (Hrsg.): Handbuch der Sonderpädagogik, Band 4. Pädagogik der Lernbehinderten. Berlin 1980, 34 – 63

Kautter, H.: Einige sozialpsychologische Aspekte förderungsdiagnostischer Arbeit. In: Kornmann u. a. 1983, ³1994, 2 – 8

Kautter, H., Storz, L.: Schulleistungstestbatterie für Lernbehinderte und für schulleistungsschwache Grundschüler SBL I/II (Beihefte). Weinheim/Berlin 1972

Kautter, H., Munz, W.: Verfahren der Aufnahme und Überweisung in die Sonderschule. Schwerpunktmäßig dargestellt an der Schule für Lernbehinderte. In: Deutscher Bildungsrat: Sonderpädagogik 3. Stuttgart 1974, 235 – 385

Kehrer, H.: Autismus. Diagnostische, therapeutische und soziale Aspekte. Heidelberg ⁵1995

Kemmler, L.: Die Anamnese in der Erziehungsberatung. Bern/Stuttgart ⁴1980

Kern, H. J.: Verhaltensmodifikation in der Schule. Stuttgart, Berlin, Köln, Mainz ²1976

Kiphard, E. J.: Untersuchungen über den bewegungsdiagnostischen Wert der Oseretzky-Tests als Hilfsmittel zur Erkennung frühkindlicher Hirnschäden. Heilpäd. Forschung 2 (1969) 44 – 83

Kiphard, E. J.: Sensomotorische Frühdiagnostik und Frühtherapie. In: Eggert, D., Kiphard, E. J. (Hrsg.): Die Bedeutung der Motorik für die Entwicklung normaler und behinderter Kinder. Schorndorf ³1976 a, 12 – 40

Kiphard, E. J.: Eine Anleitung zur Entwicklungsüberprüfung: Wie weit ist ein Kind entwickelt? Göttingen 1976 b, ¹¹2002

Klafki, W.: Neue Studien zur Bildungstheorie und Didaktik. Weinheim 1985

Klauer, K. J.: Lernbehindertenpädagogik. Berlin ⁴1975

Klausmeier, H. J., Ripple, R. E.: Moderne Unterrichtspsychologie. München/Basel 1975

Kleber, Ed. W.: Interpretationsvorschlag für die Testbatterie für geistig behinderte Kinder. Z. Heilpäd. 21 (1970), 494 – 501

Kleber, Ed. W.: Die TBGB in der Einzelfalldiagnose. In: Eggert 1972, 343 – 361

Kleber, Ed. W.: Abriß der Entwicklungspsychologie. Weinheim/Basel 1974

Kleber, Ed. W.: Grundlagen sonderpädagogischer Diagnostik. Berlin 1973, ²1976

Kleber, Ed. W.: Lehrbuch der sonderpädagogischen Diagnostik. Berlin ³1978

Kleber, Ed. W.: Der HAWIK-R und die Umschulungsdiagnostik. Zeitschrift für Heilpädagogik 10 (1984), 713 – 731

Klein, F.: Erziehung geistig Behinderter mit autistischen Verhaltensweisen. In: Bach, H. (Hrsg.): Handbuch der Sonderpädagogik. Bd. 5: Pädagogik der geistig Behinderten. Berlin 1979, 213 – 221

Klein, F.: Autismus. In: Bundschuh, K., Heimlich, U., Krawitz, R. (Hrsg.): Wörterbuch Heilpädagogik. Bad Heilbrunn ²2002, 24 – 26

Kobi, E. E.: Einweisungsdiagnostik – Förderdiagnostik: eine schematische Gegenüberstellung. Vierteljahresschr. Heilpäd. 46 (1977), 115 – 123

Kobi, E. E.: Diagnostik in der heilpädagogischen Arbeit. Luzern ⁵2003

Köhne, H.: Verhaltensbeobachtung und Verhaltensbeurteilung. In Köhne, H., Klippstein, E. (Hrsg.): Pädagogische Verhaltensdiagnostik in der Praxis. Freiburg i. Br. 1979, 19 – 44

Kohlberg, L.: Die Psychologie der Moralentwicklung. Frankfurt a. M. ²1997

Kornmann, R.: Planung und Durchführung des Heidelberger Symposions und Vorwort zu den Beiträgen. In: Kornmann, R. (Hrsg.): Diagnostik bei Lernbehinderten. Rheinstetten ⁴1975, 9 – 11

Kornmann, R.: Die Bedeutung motorischer Prüfverfahren für die Differentialdiagnose schulunreifer Kinder. In: Eggert, D., Kiphard, E. J. (Hrsg.): Die Bedeutung der Motorik für die Entwicklung normaler und behinderter Kinder. Schorndorf 1976, 150 – 165

Kornmann, R.: Strategien der Defizitdiagnostik. In: Klauer, K. J. (Hrsg.): Handbuch der sonderpädagogischen Diagnostik. Band 4. Düsseldorf 1978, 1045 – 1957

Kornmann, R.: Diagnose von Lernbehinderungen. Weinheim/Basel 1977, [2]1979, [3]1983

Kornmann, R.: Gutachten als Grundlage von Förderplänen. In: Mutzeck, W. (Hrsg.): Förderplanung – Grundlagen, Methoden, Alternativen. Weinheim [2]2003, 45 – 54

Kornmann, R. u. a.: Die diagnostische Praxis beim Aufnahmeverfahren zur Sonderschule für Lernbehinderte. Z. Heilpäd. 25 (1974), 227 – 239

Kornmann, R., Müller-Edenborn, E.: Normverschiebung oder diagnostisch relevante Testprofile beim HAWIK? Praxis der Kinderpsychologie und Kinderpsychiatrie 24 / 1975, 48 – 51

Kornmann, R., Meister, H., Schlee, J. (Hrsg.): Förderungsdiagnostik. Konzept und Realisierungsmöglichkeiten. Heidelberg 1983, [3]1994

Kramer, J.: Intelligenztest. Solothurn [4]1972

Krech, D.: Grundlagen der Psychologie 2, Wahrnehmungspsychologie. Weinheim 1985

Krenz, A.: Kompendium zur Beobachtung und Beurteilung von Kindern und Jugendlichen. Rheinstetten [6]1994

Kretschmann, R.: Psychologische Diagnostik bei integrierter Förderung von Schülern mit Lern- bzw. Verhaltensstörungen. Sonderpädagogik 5 (1975), 63 – 68

Kretschmann, R., Arnold, K.-H.: Leitfaden für Förder- und Entwicklungspläne. In: Zeitschrift für Heilpädagogik, 1999, 410 – 420

Kultusministerkonferenz: Empfehlungen zum Förderschwerpunkt Lernen – Beschluss der Kultusministerkonferenz vom 1. 10. 1999. Bonn 1999. In: http://www.kmk.org/fileadmin/pdf/PresseUndAktuelles/2000/sopale.pdf, 7. 1. 2010

Langfeldt, H.-P.: Sonderpädagogische Diagnostik unter testtheoretischem Aspekt. In: Barkey, P., Langfeldt, H.-P., Neumann, G.: Pädagogisch-psychologische Diagnostik am Beispiel von Lernschwierigkeiten. Bern/Stuttgart/Wien 1976, 59 – 101

Langfeldt, H.-P. (Hrsg.): Diagnostik bei Lernbehinderten: Standpunkte und Ergebnisse einer zwanzigjährigen Diskussion. Neuwied u. a. 1993

Langfeldt, H.-P.: Behindertendiagnostik In: Petermann, F., Eid, M. (Hrsg.): Handbuch der psychologischen Diagnostik. Göttingen 2006, 626 – 632

Lienert, G. A.: Testaufbau und Testanalyse. Weinheim/Berlin [3]1969, München [6]1998

Lösche, G.: Entwicklung autistischer Kinder. Weinheim 1992

Lückert, H. R.: Die kleine und große Anamnese. Schule und Psychologie 1 (1974), 233 – 237

Lüer, G.: Die Berechnung von T-Normen und ihre Bedeutung in der „Testbatterie für geistig behinderte Kinder (TBGB)". In Eggert 1972, 331 – 342

Mees, U., Selg, H.: Verhaltensbeobachtung und Verhaltensmodifikation im pädagogischen Bereich. Stuttgart 1977

Michel, L.: Allgemeine Grundlagen psychometrischer Tests. In: Heiss 1971, 19 – 70

Mittenecker, E.: Planung und statistische Auswertung von Experimenten. Wien [8]1970, [10]1983

Möckel, A.: Geschichte der besonderen Grund- und Hauptschule. Heidelberg [4]2001

Möckel, A.: Zum Problem von Didaktik und Förderdiagnostik in der Eingangsklasse der Schule für Lernbehinderte. In: Holtz, K.-L. (Hrsg.): Sonderpädagogik und Therapie. Rheinstetten 1980, 125 – 133

Möckel, A.: Thesen zum Problem der Förderdiagnostik. In: Kornmann u. a.1983, [3]1994, 26 – 29

Möckel, A., Klein, G., Laupheimer, W.: Intensivtraining in der Lesetechnik. Ravensburg 1977

Montalta, F.: Vorlesungen zur Kinder- und Jugendpsychologie. 1976, unveröffentl.

Moreno, J. L.: Die Grundlagen der Soziometrie. Köln 1967

Müller, R.: Leseschwäche, Leseversagen, Legasthenie, Band 1. Weinheim/Basel 1974

Munz, W., Schoor, U.: Die funktionale Einheit von diagnostischer und praktischer Tätigkeit bei der unterrichtlichen Förderung schulleistungsschwacher Grundschüler. In: Kornmann, R. (Hrsg.): Diagnostik bei Lernbehinderten, Rheinstetten 1975, 173 – 195

Murch, M., Woodworth, L.: Wahrnehmung. Stuttgart 1977

Murstein, B. I., Pryer, R. S.: The concept of projektion: a review. Psychol. Bull. 56 (1959), 353 – 374

Musolff, A.: Kommunikative Kreativität. Aachen 1990

Neuer-Miebach, T.: Aktuelle gesellschaftliche Herausforderungen durch die humangenetische Forschung. In: Bundschuh, K. (Hrsg.): Sonder- und Heilpädagogik in der modernen Leistungsgesellschaft – Krise oder Chance? Bad Heilbrunn 2002 b, 73 – 90

Neuland, E.: Sprachbarrieren oder Klassensprache? Frankfurt/M. 1975

Neumann, G.: Die Problematik der Verwendung von Intelligenztestverfahren bei der sonderpädagogischen Diagnostik am Beispiel des HAWIK. Z. Heilpäd. 25 (1974), 240 – 254

Nickel, H., Ungelenk, B. (Hrsg.): Untersuchungen zum Erzieher- und Elternverhalten und zum Sozialverhalten von Kindern aus Eltern-Initiativ-Gruppen und Kindergärten. Düsseldorf 1980

Nordheim, G. v. u. a.: Schwerstbehinderte Kinder und ihre Förderung in der Schule. Erlangen 1982

Noterdaeme, M.: Diagnose. In: Schor, B. J., Schweiggert, A.: Autismus – ein häufig verkanntes Problem. Kinder und Jugendliche mit autistischen Verhaltensweisen in allen Schularten. Donauwörth 1999, 33 – 39

O'Gorman, G.: Autismus in früher Kindheit. München 1976

Oerter, R.: Moderne Entwicklungspsychologie. Donauwörth [21]1987, 330ff

Ohlmeyer, G.: Frühförderungsprogramme für behinderte Kinder (0 – 6). Dortmund 1979

Pawlik, K.: Modell- und Praxisdimensionen psychologischer Diagnostik. In: Pawlik, K. (Hrsg.): Diagnose der Diagnostik. Stuttgart [2]1982, 13 – 43

Petermann, F., Macha, T.: Psychologische Tests für Kinderärzte. Göttingen 2005

Petermann, F., Petermann, U. (Hrsg.): Hamburg Wechsler Intelligenztest für Kinder – IV. Übersetzung und Adaption der WISC-IV® von David Wechsler. Bern 2007

Piaget, J.: Das moralische Urteil beim Kind. Stuttgart [2]1983

Priester, H. J.: Untersuchungen zum Vergleich zwischen Stanford-Intelligenztest (SIT) und Hamburg-Wechsler-Intelligenztest für Kinder (HAWIK). Diagnostica 5 (1959), 49 – 54

Preckel, F.: Diagnostik intellektueller Hochbegabung. Testentwicklung zur Erfassung der fluiden Intelligenz. Göttingen 2003

Preckel, F., Brüll, M.: Intelligenztests. München/Basel 2008

Probst, H. H.: Die scheinbare und die wirkliche Funktion des Intelligenztests im Schulüberweisungsverfahren. In: Abe, I. u. a. (Hrsg.): Kritik der Sonderpädagogik. Gießen [2]1974, 107 – 183

Rapaport, D.: Principles underlying projective techniques. Charakter and Personality 10 (1942), 213 – 219

Reinert, G.: Entwicklungstests. In: Heiss, R. (Hrsg.): Handbuch der Psychologie. Band 6. Psychologische Diagnostik. Göttingen [2]1964, 280 – 351

Richter, H.-E.: Patient Familie. Reinbek 1976

Riedel, A.: Praktikable Methode der Verhaltensbeobachtung. Theoretische Überlegungen und praktische Vorschläge mit Beispielen aus Geistigbehinderten-, Lernbehinderten- und Verhaltensgestörtenschulen. In: Baier, H. (Hrsg.): Beiträge zur Behindertenpädagogik in Forschung und Lehre. Rheinstetten 1976, 159 – 188

Roberts, R. D., Markham, P., Matthews, G., Zeidner, M.: Assessing intelligence: Past, present, and future. In Wilhelm, O., Engle, R. (Eds.), Understanding and measuring intelligence. London 2005, 333 – 360

Rost, D.: Multiple Intelligenzen, multiple Irritationen. In: Zeitschrift für Pädagogische Psychologie 22 (2) 2008, 97 – 112

Rost, D.: Intelligenz. Fakten und Mythen. Weinheim 2009

Roth, E., Oswald, W. D., Daumenlang, K.: Intelligenz. Stuttgart [2]1973, [4]1980

Roth, H.: Pädagogische Anthropologie. Band 2. Hannover 1971

Sader, M.: Instruktionsverständnis und Testleistung. Psychol. Arbeiten Nr. 4. Frankfurt/M. 1957

Samtleben, E., Biglmaier, F., Ingenkamp, K.: Lesetest für 2. Klassen (LT 2). Weinheim/Berlin 1971

Sander, A.: Kind-Umfeld-Diagnose als neuer Ansatz in der Sonderpädagogik. In: Senator für Schulwesen, Berufsausbildung und Sport (Hrsg.): Sonderpädagogik heute – Bewährtes und Neues. Referate des Sonderpädagogischen Forums Berlin, Fachtagung vom 23.–25. November 1987. Berlin 1989, 130–145

Sander, A.: Kind-Umfeld-Diagnose als Voraussetzung integrativen Unterrichts. In: Gehrmann, P., Hüwe, B. (Hrsg.): Forschungsprofile der Integration von Behinderten. Bochumer Symposium 1992. Essen 1993, 63–71

Sander, A.: Kind-Umfeld-Analyse: Diagnostik bei Schülern und Schülerinnen mit besonderem Förderbedarf. In: Mutzeck, W. (Hrsg.): Förderdiagnostik bei Lern- und Verhaltensstörungen. Konzepte und Methoden. Weinheim 1998, 6–24

Sandercock, M. G., Butler, A. J.: An analysis of the performance of mental defectives on the Wechsler Intelligence Scale for Children. Amer. J. ment. Defic. 57 (1952), 100–105

Saß, H. (Hrsg.): Diagnostisches und statistisches Manual psychischer Störungen. Textrevision – DSM-IV-TR; übersetzt nach der Textrevision der vierten Auflage des Diagnostic and statistical manual of mental disorders der American Psychiatric Association. Göttingen 2003

Schenk-Danzinger, L.: Entwicklungspsychologie, Wien 2002

Schilling, F.: Körperkoordinationstest für Kinder KTK (Manual). Weinheim 1974

Schmalohr, E.: Gruppennormen „des HAWIK" im Hilfsschul-Überweisungsverfahren. Z. Heilpäd. 13 (1962), 165–176

Schmalohr, E.: HAWIK-Zusatzauswertung. Neuss [4]1975

Schmid, R.: Intelligenz- und Leistungsmessung. Geschichte und Funktion psychologischer Tests. Frankfurt/M. 1977

Schmid, R. (Hrsg.): Intelligenzforschung und pädagogische Praxis. München 1978

Schmidt, L. R., Keßler, B. H.: Anamnese. Weinheim/Basel 1976

Schmidtchen, S.: Psychologische Tests für Kinder und Jugendliche. Göttingen/Toronto/Zürich 1975

Schmitt, M., Hofmann W.: Situationsbezogene Diagnostik. In: Petermann, F., Eid, M. (Hrsg.): Handbuch der psychologischen Diagnostik. Göttingen 2006, 476–484

Schneider, K.-H.: Methoden der Psychologie. In: Novak u. a.: Psychologie 1. Grundwissen. München 1976, 65–174

Schopler, E., Reichler, R. J.: Entwicklungs- und Verhaltensprofil. Förderung autistischer und entwicklungsbehinderter Kinder (PEP-R). Dortmund [2]2004

Schor, B. J., Schweiggert, A.: Autismus – ein häufig verkanntes Problem. Kinder und Jugendliche mit autistischen Verhaltensweisen in allen Schularten. Donauwörth 1999

Schraml, W.: Das psychodiagnostische Gespräch (Exploration und Anamnese). In: Heiss 1971, 868–897

Schuck, K.-D.: Überlegungen und Erfahrungen zur Entwicklung förderdiagnostischer Konzepte in der Schule. In: Kornmann u. a. 1983, ³1994, 208 – 214

Schürer-Necker, E.: Gedächtnis und Emotion. Zum Einfluß von Emotionen auf das Behalten von Texten. Weinheim 1994

Seiß, R.: Beratung und Therapie im Raum der Schule. Bad Heilbrunn 1976

Sekretariat der Ständigen Konferenz der Kultusminister der Länder in der Bundesrepublik Deutschland (Hrsg.): Sonderpädagogische Förderung in Schulen 1993 – 2002. Bonn 2003

Sloan, W.: The Lincoln Oseretzky Motor Development Scale. Genet. Psychol. Monographs 1955, 183 – 252

Snyder, L. S.: Pragmatics in language disabled children: their prelinguistic and early verbal pervormatives and presuppositions. University of Colorado 1975

Speck, O.: Menschen mit geistiger Behinderung und ihre Erziehung. München/Basel ¹⁰2005

Speck, O., Thalhammer, M.: Die Rehabilitation der geistig Behinderten. München/Basel ²1977

Spitznagel, A.: Die diagnostische Situation. Ein Beitrag zur Theorie und Psychologie der Datengewinnung. Unveröffentlichte Habilitationsschrift. Freiburg i. Br. 1964

Steinack, J.: Die Anwendung von Intelligenztests in Schulen. München/Basel 1973

Steiner, C.: Emotionale Kompetenz. München 1997

Sternberg, R.: Erfolgsintelligenz. München 1998

Storz, L.: Das pädagogisch-psychologische Gutachten als Grundlage für die Feststellung der Sonderschulpflicht in der Sonderschule für lernbehinderte Kinder und Jugendliche. In: Möckel, A. (Hrsg.): Sonderschule im Wandel. Neuburgweier 1971, 136 – 155

Straßmeier, W.: Frühförderung konkret. 260 lebenspraktische Übungen für entwicklungsverzögerte und behinderte Kinder. München/Basel ⁵2002

Sührig, H. u. S.: Die Bildergeschichten im Subtest Bilderordnen des HAWIK-R. Zeitschrift für Heilpädagogik 10 (1984), 725 – 731

Süss-Burghart, H.: Die Kaufman Assessment Battery for Children (K-ABC): Testergebnisse, Validität und Retestreliabilität bei mental retardierten Kindern. Frühförderung interdisziplinär 2 (1995), 72 – 77

Suhrweier, H., Hetzer, R.: Förderdiagnostik für Kinder mit Behinderungen. Neuwied u. a. 1993

Tewes, U. (Hrsg.): HAWIK-R. Hamburg-Wechsler-Intelligenztest für Kinder. Bern ³1993

Thalhammer, M.: Zur Erziehung schwerstgeistig und körperlich behinderter Menschen. München 1979

Theunissen, G.: Pädagogik bei geistiger Behinderung und Verhaltensauffälligkeiten. Bad Heilbrunn ⁴2005

Thomas, M.: Methode des Histoires a Completer pour le Depistage des Complexes et de Conflicts Affectifs Enfants. Archives de Psychologie (Genf) 26 (1937), 209 – 284

Throne, F. M. u. a.: Reliability and stability of the Wechsler Intelligence Scale for Children for a group of mentally retarded boys. Amer. ment. Defic. 67 (1962), 455 – 457

Tomatis, A.: Klangwelt Mutterleib. München 1994

Valentini, E.: Der psychologische Wert des Ausdrucks „Intelligenz" in der Sprache, Arch. di psic., neurol. e psichiatr. XI/III. Wiener Arch. f. Psychol., Psychiatrie u. Neurol. Bd. 1, H. 2., 1951, 123

Vock, M.: Arbeitsgedächtniskapazität bei Kindern mit durchschnittlicher und hoher Intelligenz. Dissertation. Universität Münster 2005. In: http://nbn-resol ving.de/urn:nbn:de:hbz:6-54699385752], 16. 4. 2010

Vock, M., Holling, H.: Intelligenzdiagnostik. In: Petermann, F., Eid, M. (Hrsg.): Handbuch der psychologischen Diagnostik. Göttingen 2006, 494 – 502

Wagner, M.: Die Rolle des Lehrers aus konstruktivistischer Perspektive. In: Fischer, E. (Hrsg.): Welt verstehen – Wirklichkeit konstruieren. Dortmund 2004, 221 – 248

Watzlawick, P.; Beavin, J.; Jackson, D. D.: Menschliche Kommunikation. Bern [4]1974, [10]2000

Wechsler, D.: The measurement of adult intelligence (3rd ed.). Baltimore 1944

Wechsler, D.: Die Messung der Intelligenz Erwachsener. Bern/Stuttgart [3]1964

Wechsler, D.: Hamburg-Wechsler-Intelligenztest für Kinder (HAWIK), Bern/Stuttgart/Wien, 1956, [3]1966

Wegener, H.: Die Rehabilitation der Schwachbegabten. München/Basel [2]1963

Wegener, H.: Sonderpädagogische Diagnostik. In: Heese, G., Wegener, H. (Hrsg.): Enzyklopädisches Handbuch der Sonderpädagogik und ihrer Grenzgebiete, Bd. 1, Berlin 1969, 560 – 568

Westling, D., Fox, L.: Teaching Students with severe disabilities. New Jersey 1995

Wewetzer, K. H.: Intelligenztests für Kinder. In: Heiss 1971

Wing, J. K. (Hrsg.): Frühkindlicher Autismus. Weinheim 1973

Wollersheim, H.-W.: Kompetenzerziehung: Befähigung zur Bewältigung. Frankfurt a. M. u. a. 1993

Zimmermann, K. W., Kornmann, R.: Psychodiagnostik. In: Kanter, G. O., Speck, O. (Hrsg.): Handbuch der Sonderpädagogik, Bd. 4. Pädagogik der Lernbehinderten. Berlin 1977, 457 – 486

Verzeichnis diagnostischer Tests und Förderverfahren

Achenbach, T. M.: Manual for the Child Behavior Checklist. Burlington 1991

Amthauer, R.: Intelligenz-Struktur-Test (IST). Göttingen 1955

Angermaier, M.: Psycholinguistischer Entwicklungstest (PET). Weinheim 1974, ²1977

Arbeitsgruppe Deutsche Child Behavior Checklist: Elternfragebogen über das Verhalten von Kleinkindern (CBCL/2 – 3). Arbeitsgruppe Kinder-, Jugend- und Familiendiagnostik (KJFD), Köln 1993 a

Arbeitsgruppe Deutsche Child Behavior Checklist: Lehrerfragebogen über das Verhalten von Kindern und Jugendlichen; deutsche Bearbeitung der Teacher's Report Form der Child Behavior Checklist (TRF). Einführung und Anleitung zur Handauswertung, bearbeitet von M. Döpfner, P. Melchers. Arbeitsgruppe Kinder-, Jugend- und Familiendiagnostik (KJFD), Köln 1993 b

Arbeitsgruppe Deutsche Child Behavior Checklist: Elternfragebogen über das Verhalten von Kindern und Jugendlichen; deutsche Bearbeitung der Child Behavior Checklist (CBCL/4 – 18). Einführung und Anleitung zur Handauswertung. 2. Auflage mit deutschen Normen, bearbeitet von M. Döpfner, J. Plück, S. Bölte, P. Melchers, K. Heim. Arbeitsgruppe Kinder-, Jugend- und Familiendiagnostik (KJFD), Köln 1998 a

Arbeitsgruppe Deutsche Child Behavior Checklist: Fragebogen für Jugendliche; deutsche Bearbeitung der Youth Self-Report Form der Child Behavior Checklist (YSR). Einführung und Anleitung zur Handauswertung. 2. Auflage mit deutschen Normen, bearbeitet von M. Döpfner, J. Plück, S. Bölte, P. Melchers, K. Heim. Arbeitsgruppe Kinder-, Jugend- und Familiendiagnostik (KJFD), Köln 1998 b

Aschenbrenner, H.: Lautprüfscheibe. Wien/München 1976

Ayres, J.: Southern California Sensory Integration Tests (SCSIT). Los Angeles ⁴1985

Baar, E.: Psychologische Untersuchung von tauben, schwerhörigen und sprachlich speziell gestörten Kleinkindern. I. Sprachfreie Teste in verschiedenen Ländern. II. Sprachfreie Durchführung der regulären Entwicklungsteste von Bühler und Hetzer, sowie Schenk-Danzinger für das Alter von 1 – 7 Jahren. Basel/New York 1957

Bach, H.: Heilpädagogische Aufnahmeuntersuchung. In: Bach, H.: Geistigbehindertenpädagogik. Berlin ⁷1975, ¹⁶2000, 109 – 126

Baron-Cohen, S., Allen, J., Gillberg, C.: Can autism be detected at 18 months? The needle, the haystack and the CHAT. In: British Journal of Psychiatry 161 (1992), 839–843

Barth, K.: Die Diagnostischen Einschätzskalen zur Beurteilung des Entwicklungsstandes und der Schulfähigkeit (DES). Göttingen 2008

Bellak, L. u. S.: Kinder Apperzeptions-Test (The Children's Apperception Test C.A.T.). Göttingen 1955

Biglmaier, F.: Lesetest-Serie. München/Basel 1963, ²1969, ³1971

Binet, A., Simon, Th.: Binet-Simon-Stufenleiter zur Messung der Intelligenz. Paris 1905

Bondy, C. (Hrsg.): Hamburg-Wechsler-Intelligenztest für Kinder (HAWIK). Bern/Stuttgart 1956

Bondy, C., Cohen, R., Eggert, D., Lüer, G.: Testbatterie für geistig behinderte Kinder (TBGB). Weinheim 1969, ³1975

Brandt, I., Sticker, E. J.: Griffiths-Entwicklungsskalen zur Beurteilung der Entwicklung in den ersten beiden Lebensjahren (GES). Göttingen ²2001

Brunet, O., Lézine, I.: Le développement psychologique de la première enfance. Présentation d'une échelle française pour examen des tout petits. Paris 1951

Bühler, C., Hetzer, H.: Kleinkindertests (BHKT). Leipzig 1932, München ²1953, ³1961, ⁴1977

Bratfisch, O., Ivath, A.: Frostigs Test der motorischen Entwicklung (FTM). Stockholm 1985

Brickenkamp, R.: Test d2 Aufmerksamkeits-Belastungs-Test. Göttingen ⁸1994, ⁹2002

Bühler, Ch.: Welt-Test. Göttingen 1955

Buggle, F., Baumgärtel, F.: Hamburger Neurotizismus- und Extraversionsskala für Kinder und Jugendliche (HANES, KJ). Göttingen ²1975

Cattell, P.: The measurement of intelligence of infants and young children. New York 1940

Cattell, R. B., Cattell, A. K. S.: Handbook for the individual or group culture-free intelligence test (a measure of „g"). Scale 2. Champaign/Ill. 1949

Cattell, R. B., Cattell, A. K. S.: Handbook for the individual or group culture-free intelligence test (a measure of „g"). Scale 3. Champaign/Ill. 1950

Cattell, R. B., Weiss, R. H.: Grundintelligenztest (CFT 2) Skala 2. Braunschweig 1972, ³1974, ⁶1977

Cattell, R. B., Weiss, R. H.: Grundintelligenz CFT 20. Braunschweig ²1980, ⁴1997

Conrad, W., Eberle, G., Hornke, L., Kierdorf, B., Nagel, B.: Mannheimer Intelligenztest für Kinder und Jugendliche (MIT-KJ). Weinheim 1976

Damm, H., Hyalla, E., Schäfer, K., Stork, C.: Rechtschreibung (Frankfurter Tests). Frankfurt a. M. 1957

Daseking, M., Petermann, F.: Kognitiver Entwicklungstest für das Kindergartenalter (KET-KID). Göttingen 2009

Deegener, G.: Anamnese und Biographie im Kindes- und Jugendalter. Weinheim 1984, ²1995

Dilavore, P. C., Lord, C., Rutter, M.: The pre-linguistic autism diagnostic observation schedule. In: Journal of Autism and Developmental Disorders 25 (1995), 355 – 379

Doll, E. A.: The measurement of social competence. A manual for the Vineland social maturity scale. Minneapolis 1953

Döpfner, M., Berner, W., Fleischmann, T., Schmidt, M.: Verhaltensbeurteilungsbogen für Vorschulkinder (VBV 3 – 6). Weinheim 1993

Döpfner, M., Melchers, P.: Lehrerfragebogen über das Verhalten von Kindern und Jugendlichen. Deutsche Bearbeitung Teacher's Report Form (TRF) der Child Behavior Checklist. Arbeitsgruppe Kinder-, Jugend- und Familiendiagnostik. Köln 1993

Düss, L.: Fabelmethode. Biel 1964

Duhm, Erna (Hrsg.): Beobachtungsbogen für Kinder im Vorschulalter 4 – 6 (BBK). Braunschweig ²1980

Eggert, D.: LOS-KF 18 – Kurzform zur Messung des motorischen Entwicklungsstandes von normalen und behinderten Kindern im Alter von 5 – 13 Jahren. Weinheim 1971, ²1974

Eggert, D. (Hrsg.): HAWIVA. Hannover-Wechsler-Intelligenztest für das Vorschulalter. Dt. Bearbeitung der Wechsler Preschool and Primary Scale of Intelligence-Experimentalform. Bern/Stuttgart/Wien 1975

Eggert, D., Schuck, K.-D., Raatz, U.: Columbia Mental Maturity Scale (CMM-LB). Weinheim 1971

Eggert, D., Schuck, K.-D., Raatz, U.: Columbia Mental Maturity Scale (CMM 1 – 3). Weinheim ²1994

Einfeld, S. L., Tonge B. J., Steinhausen, H.-C.: Verhaltensfragebogen bei Entwicklungsstörungen (VFE). Göttingen 2007

Esser, G.: Basisdiagnostik für umschriebene Entwicklungsstörungen im Vorschulalter (BUEVA). Göttingen 2002

Esser, G., et al.: Mannheimer Elterninterview (MEI). Weinheim 1989

Esser G., Wyschkon A., Ballaschk, K.: Basisdiagnostik Umschriebener Entwicklungsstörungen im Grundschulalter (BUEGA). Göttingen 2008

Feller, G., Hugow, K.: Mathematiktest für 2. Klassen (MT 2). Weinheim ²1992

Fippinger, F.: Allgemeiner Schulleistungstest für 4. Klassen (AST 4). Weinheim 1967, ³1992

Fippinger, F.: Allgemeiner Schulleistungstest für 3. Klassen (AST 3). Weinheim 1971, ²1991

Flehmig, I., Schloon, M., Uhde, J., v. Bernuth, H.: Denver Entwicklungsskalen (Denver Suchtest). Hamburg 1973

Frey, A., Duhm, E., Althaus, D.: Beobachtungsbogen für 3- bis 6-jährige Kinder (BBK 3 – 6). Göttingen 2008

Fried, L.: Lautbildungstest (LBT). Weinheim 1981 a
Fried, L.: Lautunterscheidungstest (LUT). Weinheim 1981 b
Frostig, M.: Frostigs Entwicklungstest der visuellen Wahrnehmung (FEW). Göttingen 2000
Frostig, M., Lefever, D. W., Whittlesey, R. B.: A developmental test of visual perception for evaluating normal and neurologically handicapped children. In: Percept. Mot. Skills 12, 383 – 394, 1961

Gärtner-Harnach, V.: Fragebogen für 5. – 10. Klassen (FS 5 – 10). Weinheim 1973
Gärtner-Harnach, V.: Fragebogen für Schüler für 11. – 13. Klassen (FS 11 – 13). Weinheim 1973
Geuß, H., Schlevoigt, G.: Diagnostischer Lesetest für 2. und 3. Klassen (DLT 2 u. 3). Weinheim 1978
Gillberg, C., Nordin, V., Ehlers, S.: Early detection of autism. Diagnostic instruments for clinicians. European Journal of Child and Adolescent Psychiatry 5 (1996), 67 – 74
Götte, R.: Landauer Sprachentwicklungstest für Vorschulkinder LSV. Ein Individualtest zur Erfassung von Artikulation, Wortschatz, Formen- und Satzbildungsfähigkeit sowie Kommunikationsfähigkeit vier- bis sechseinhalbjähriger Kinder. Weinheim/Basel 1976
Griffith, R.: The abilities of babies: A study in mental measurement. London 1954
Griffith, R.: Griffiths Entwicklungsskalen zur Beurteilung der Entwicklung in den ersten beiden Lebensjahren (GES). Weinheim 1983. In: Brandt/Sticker [2]2001
Grimm, H.: Sprachentwicklungstest für zweijährige Kinder (SETK-2). Göttingen 2000
Grimm, H.: Sprachentwicklungstest für drei- bis fünfjährige Kinder (SETK 3 – 5). Göttingen 2001
Grimm, H., Doil, H.: Elternfragebögen für die Früherkennung von Risikokindern (ELFRA). Göttingen 2006
Grimm, H., Schöler, H.: Heidelberger Sprachentwicklungstest (H-S-E-T). Braunschweig/Göttingen 1991
Grund, M., Haug, G., Naumann, C. L.: Diagnostischer Rechtschreibtest für 4. Klassen (DRT 4). Göttingen [2]2003
Grund, M., Haug, G., Naumann, C. L.: Diagnostischer Rechtschreibtest für 5. Klassen (DRT 5). Göttingen [2]2003
Günzburg, H. C.: P-A-C. Pädagogische Analyse und Curriculum der Sozialen und Persönlichen Entwicklung (7 Formen). Stratford-upon Avon 1973, 1991

Hardesty, F. P., Priester, H. J.: Handbuch für den Hamburg-Wechsler Intelligenztest für Kinder. Bern/Stuttgart 1956
Hellbrügge, T.: Münchener Funktionelle Entwicklungsdiagnostik (MFED). Göttingen [4]1994

Hetzer, H.: Entwicklungstestreihen für das Schulalter (7.–13. Lebensjahr). Weilburg 1955

Hetzer, H., Tent, L.: Der Schulreifetest. Auslesemittel oder Erziehungshilfe? Die Weilburger Testaufgaben zur Gruppenprüfung von Schulanfängern und ihre praktische Anwendung. Lindau 1958

Holtz, K.-L., Eberle, G., Hilig, A., Marker, K. R.: Heidelberger Kompetenz-Inventar für geistig Behinderte (HKI). Heidelberg [4]1998

Horn, H., Schwarz, E., Vieweger, G.: Bildertest 1–2 (BT 1–2). Weinheim/Berlin 1967; überarb. [2]1994

Horn, W.: Begabungstestsystem (B-T-S). Göttingen [2]1972

Hußlein, E.: Der Schulangst-Test SAT. Göttingen/Toronto/Zürich 1978

Hylla, E., Süllwold, F., Wicht, G.: Rechtschreibtest (RST 4+). Weinheim 1970

Ingenkamp, K.: Bildertest 2–3 (BT 2–3). Weinheim 1966

Jansen, H., Mannhaupt, C., Marx, H., Skowronek, H.: Bielefelder Screening zur Früherkennung von Lese-Rechtschreibschwierigkeiten (BISC). Göttingen 2002

Joerger, K.: Gruppentest für die soziale Einstellung (SET). Göttingen 1973, [3]1981

Johnson, M. K., Zuck, F. N., Wingate, K.: The motor age test: measurement of motor handicaps in children with neuromuscular disorders such as cerebral palsy. In: J. Bone Joint Surg. 33-A, 1951, 698–707

Kamratowski, I. u. J.: Wortschatztest für Schulanfänger (WSS 1). Weinheim 1970.

Kastner-Koller, U., Deimann, P.: Wiener Entwicklungstest (WET). Göttingen [2]2002

Kauter, H., Storz, L., Munz, W. (Hrsg: Ingenkamp, K.): Schultestbatterie zur Erfassung des Lernstandes in Mathematik, Lesen und Schreiben I (SBL I). Göttingen 2000

Kauter, H., Storz, L., Munz, W. (Hrsg: Ingenkamp, K.): Schultestbatterie zur Erfassung des Lernstandes in Mathematik, Lesen und Schreiben II (SBL II). Göttingen 2002

Kiese, Ch., Kozielski, P.-M.: Aktiver Wortschatztest für drei- bis sechsjährige Kinder (AWST 3–6). Weinheim 1979, [2]1996

Kiphard, E. J.: Wie weit ist ein Kind entwickelt? Eine Anleitung zur Entwicklungsüberprüfung. Dortmund 1976, [12]2006

Kiphard, E. J.: Sensomotorisches Entwicklungsgitter. Dortmund 1976 b

Kiphard, E. J.: Trampolin-Körperkoordinationstest für Kinder (TKT). In Kiphard, E. J.: Bewegungs- und Koordinationsschwächen im Grundschulalter. Schorndorf [2]1973, 51–59

Kleber, E. W. u. G.: Differentieller Leistungstest – KE (DL-KE). Göttingen 1974

Kleber, E. W. u. G.: Differentieller Leistungstest – KG (DL-KG). Göttingen 1975, [2]1999

Klein, L.: Diagnostik und Therapie beim hyperkinetischen Syndrom (HKS) – Fragebogen zum Hyperkinetischen Syndrom und Therapieleitfaden. Weinheim 1993

Kleiner, A.: Göppinger Leistungsprüfung zur Feststellung der notwendigen Mindestkenntnisse gegen Ende des 1., 2., 3. und 4. Grundschuljahres. Schwäbisch-Gmünd 1975/1976 (38. – 41. Aufl.)

Kling, E., Bach, H.: Leistungs- und Beobachtungsheft für die fundamentale Erziehung bei geistig Behinderten und bei nichtbehinderten Kleinkindern. Berlin ²1975

Koch, K.: Der Baumtest. Bern/Stuttgart/Wein 1972, ¹⁰1997

Kornmann, R.: Testbatterie für entwicklungsrückständige Schulanfänger (TES). Weinheim 1983

Kramer, J.: Kramer-Test (KT). Solothurn ⁴1972

Kratzmeier, H.: Heidelberger Intelligenztest HIT 1 – 2. Weinheim ²1994

Krug, D. Y., Arick, J., Almond, P.: Behavior checklist for identifying severely handicapped individuals with high levels of autistic behavior. In: Journal of Child Psychology and Psychiatry 21 (1980), 221 – 229

Kubinger, K. D., Wurst, E.: AID 2 – Adaptives Intelligenz Diagnostikum 2. Weinheim 2001

Küspert, P., Schneider, W.: Würzburger Leise Leseprobe (WLLP). Göttingen 1998

Kuhnert und Zinn: Informeller Schülerfragebogen (IST)

LeCouteur, A. et al.: Autism Diagnostic Interview: A semistructured interview for parents and caregivers of autistic persons. In: Journal of Autism and Developmental Disorders 19 (1989), 363 – 387

Linder, M., Grissemann, H.: Zürcher Lesetest. Bern/Stuttgart/Wien 1968, 1996

Lockowandt, O.: Frostigs Entwicklungstest der visuellen Wahrnehmung (FEW). Weinheim ⁹2000

Lord, C. et al.: Autism Diagnostic Oberservation Schedule. A standardized observation of communicative and social behavior. In: Journal of Autism and Developmental Disorders 19 (1989), 185 – 196

Lord, C. et al.: Autism Diagnostic Interview-Revised: A revised version of a diagnostic interview for caregivers of individuals with possible pervasive developmental disorders. In: Journal of Autism and Developmental Disorders 24 (1994), 659 – 685

Löwe, A., Heller, K.: Heidelberger Hörprüf-Bild-Test für Schulanfänger (HHBT). Villingen 1972

Lückert, H. R.: Stanford Intelligenz-Test. Handanweisung. Göttingen 1957

Lückert, H.-R.: Standford-Binet-Intelligenztest (SIT). Göttingen 1957, ²1965

Lüer, G., Cohen, R., Nauck, W.: Eine Kurzform der „Vineland Social Maturity Scale" für minderbegabte Kinder. In: Eggert, D. (Hrsg.): Zur Diagnose der Minderbegabung. Weinheim, 1972, 281 – 292

Mainberger, U.: Test zum divergenten Denken (Kreativität) für 4.–6. Klassen (TDK 4–6). Weinheim 1977

McCleery, R. L.: McCleery scale of adolescent development. Lincoln, Neb. 1955

Meili, R.: Analytischer Intelligenztest (AIT). Bern 1971

Melchers, P., Preuß, U.: K-ABC. Kaufman-Assessment Battery for Children (Alan S. Kaufman, Nadeen L. Kaufman). Interpretationshandbuch. Frankfurt/M. 1991 a, ⁶2003

Melchers, P., Preuß, U.: K-ABC. Kaufman-Assessment Battery for Children (Alan S. Kaufman, Nadeen L. Kaufman). Durchführungs- und Auswertungshandbuch. Frankfurt/M. 1991 b, ⁶2003

Metzker, H.: Stammler-Prüfbogen. Marburg o. J.

Mietzel, G.: Kombinierter Schultest (KS 3, 4, 5). Braunschweig ²1979

Möhling, R., Portmann, R., Stark, G.: Rechtschreibung 4. Weinheim 1974

Möhling, R., Raatz, U.: Frankfurter Tests für Fünfjährige – Konzentration (FTF-K). Weinheim 1971

Möhling, R., Raatz, U.: Konzentrationstests für das 1. Schuljahr (KT 1). Weinheim 1975

Müller, H.: Sinnverstehendes Lesen (SVL 3). Weinheim 1969

Müller, R.: Diagnostischer Rechtschreibtest für 2. Klassen (DRT 2). Weinheim 1966, 2003

Müller, R.: Diagnostischer Rechtschreibtest für 3. Klassen (DRT 3). Weinheim 1997, 2003

Müller, R.: Sozialer Motivationstest (SMT 4–9). Weinheim 1973

Müller, R.: Diagnostisches Soziogramm (DSO). Braunschweig 1980

Müller, R.: Diagnostischer Rechtschreibtest für 1. Klassen (DRT 1). Weinheim ²2003

Neale, M. D.: Neale Scales of early Childhood Developments. North Ryde 1976

Neumann, K.: Intelligenztest für 6- bis 14jährige körperbehinderte und nichtbehinderte Kinder. Weinheim 1981

Niemeyer, W.: Bremer Artikulationstest (BAT). Bremen 1976

Niemeyer, W.: Bremer Lautdiskriminationstest (BLDT). Bremen 1976

Norden, I.: Das Binetarium – Intelligenzprüfung nach Binet-Bobertag. Göttingen 1953

Oseretzky, N.: Psychomotorik. Methoden zur Untersuchung der Motorik In: Z. angew. Psychol. Bh. 57. Leipzig 1931

Petermann, F. u. U.: Erfassungsbogen für aggressives Verhalten in konkreten Situationen (EAS). Göttingen ²1993, ⁴2000

Petermann, F., Petermann, U.: Hamburg-Wechsler-Intelligenztest für Kinder-IV. Übersetzung und Adaption der WISC-IV® von David Wechsler (HAWIK-IV). Göttingen 2010

Petermann, F., Renziehausen, A.: Neuropsychologisches Entwicklungs-Screening (NES). Göttingen 2005

Petillon, H.: Soziometrischer Test 3 – 7. Klassen (ST 3 – 7). Weinheim 1980

Petillon, H.: Sozialfragebogen für Schüler der 4. – 6. Klassen (SFS 4 – 6). Weinheim 1984

Portmann, R., Stark, G.: Rechtschreibung 3. Weinheim 1974

Raatz, U., Möhling, K., Ruchti, Q.: Frankfurter Test für Fünfjährige – Wortschatz (FTF-W). Weinheim 1971

Raatz, U., Möhling, R.: Konzentrationstest für das 1. Schuljahr (KT 1). Weinheim 1974

Raven, J. C.: The Advanced Progressive Matrices (APM). London 1971

Raven, J. C.: Standard Progressive Matrices (SPM). London 1971

Raven, J. C.: The Coloured Progressive Matrices (CPM). London 1975

Raven, J. C.: Raven Matrizen Test. Coloured Progressive Matrices (CPM). Göttingen [3]2002

Reimann, B., Eichhorn, R.: Testsystem für hörgeschädigte Kinder (THK). Psychodiagnostisches Zentrum. Berlin 1984.

Reinartz, A.: Schulleistungstest lernbehinderter Schüler (S-L-S). Berlin [3]1971, [4]1974

Reinartz, A. u. E. (Hrsg.): Marianne-Frostig-Programm: Visuelle Wahrnehmungsstörung. Übungs- und Beobachtungsfolge. Anweisungsheft. Hannover 1979

Rey, A.: Monographies de psychologie clinique. Neuchatel/Paris 1952

Rieder, O.: Allgemeiner Schulleistungstest für 2. Klassen (AST 2). Weinheim 1991

Rosenzweig, S.: Picture Frustration Test (PF-Test). Göttingen 1957

Roth, H., Schlevoigt, G., Süllwold, F., Wicht, G.: Handbuch zum Frankfurter Schulreifetest – Komm, spiel mit! – Frankfurt, a. M. 1960

Rudolf, H.: Graphomotorische Testbatterie (GMT). Weinheim 1986

Rühl, D.: Autismus – Diagnostisches Beobachtungsinstrument. Deutsche Übersetzung: Kinder- und Jugendpsychiatrische Abteilung der Universitätsklinik Frankfurt. Frankfurt 1996

Rutte, V., Ballinger, E.: Komplexes Sprechtraining. Wien/München 1979.

Sailor, W., Mix, B. J.: The TARC Assessment System. Austin 1975. (Dt. Übersetzung: Niedermann, A., Müller, M., Simmen, R.: TARC-Methode. Bern 1987)

Samstag, K., Sander, A., Schmidt, R.: Diagnostischer Rechentest für 3. Klassen (DRE 3). Weinheim [2]1992

Samtleben, E., Biglmaier, F., Ingenkamp, K.: Lesetest für 2. Klassen (LT 2). Weinheim 1969, [3]1971

Sauter, F. Ch.: Prüfung optischer Differenzierungsleistungen (POD). Braunschweig 1979

Schauder, T.: Aussagenliste zum Selbstwertgefühl für Kinder und Jugendliche (ALS). Weinheim 1991, ²1995

Schenk, Ch.: Kontrollprogramm zum auditiven Differenzierungsvermögen im sprachlichen Bereich für Vorschulkinder (KAUD-S). In: Schenk, Ch.: Lesenlernen vorbereiten. Baltmannsweiler 1990

Schenk-Danzinger, L.: Entwicklungstest für das Schulalter (SDET). Wien 1953, 1971

Schilling, F.: Körperkoordinationstest für Kinder (KTK). Weinheim 1974

Schilling, F.: Checkliste motorischer Verhaltensweisen (CMV). Braunschweig 1976

Schlange, H., Stein, B., Böttischer, I. v., Taneli, S.: Göttinger Formreproduktionstest (GFT). Göttingen 1972, ³1977

Schmalt, H.-D.: Das LM-Gitter. Göttingen 1976

Schmidt, M.: Verhaltensbeurteilungsbogen für Vorschulkinder (VBV 3 – 6). Weinheim 1993

Schmötzer, G., Rühl, D., Thies, G., Poustka, F.: Autismus: Diagnostisches Interview-R. Deutsche Übersetzung: Kinder- und Jugendpsychiatrische Abteilung der Universitätsklinik Frankfurt 1991

Schopler, E., Eichler, R. J.: Entwicklungs- und Verhaltensprofil. Förderung autistischer und entwicklungsbehinderter Kinder (PEP-R). Dortmund 1981, ²2004

Schopler, E., Reichler, R. J., Rener, B. R.: The Childhood Autism Rating Scale (CARS). Los Angeles 1988

Schuck, K.-D., Eggert, D., Raatz, U.: Columbia Mental Maturity Scale CMM 1 – 3. (Sprachfreier Gruppenintelligenztest für die Grundschule). Weinheim 1975, ²1994

Seitz, W., Rausche, A.: Persönlichkeitsfragebogen für Kinder 9 – 14 (PFK). Braunschweig 1976, ⁴2004

Sloan, W.: The Lincoln-Oseretzky motor development scale. In: Genet. psychol. Monogr. 51, 1955, 183 – 252

Snijders, J. T., Snijders-Oomen, N.: Sprachfreie Intelligenzuntersuchung für Hörende und Taubstumme. Snijders-Oomen nicht verbale Intelligenztestreihe. Groningen 1958

Staabs, G. v.: Sceno-Test. Bern/Stuttgart/Wien ⁸1992

Staps, H.: Übungsblätter zur Sprachbehandlung. Hrsg. von der Deutschen Gesellschaft für Sprachheilpädagogik. Hamburg o. J.

Stark, G., Thyen, H.: Mathematische Sachzusammenhänge 3. Weinheim 1973

Steingrüber, H. J., Lienert, G. A.: Hand-Dominanz-Test (HDT). Göttingen 1971, ²1976

Steinhausen, H. C.: Autismus-Beurteilungsskala. Deutsche Übersetzung des CARS. In: Psychische Störungen bei Kindern und Jugendlichen. München 1988

Stiensmeier-Pelster, J., Schürmann, M., Duda, K.: Depressionsinventar für Kinder und Jugendliche (DIKJ). Göttingen 1989, ²2000

Sulser, H.: Bilder Sprachtest I (Lautbestandsaufnahme) und Bilder-Sprachtest II (Satzbau). Radolfszell 1975

Tellegen, P. J., Laros, J. A.: Non-verbaler Intelligenztest (SON-R 2 ½ – 7). Göttingen 2007

Tellegen, P. J., Laros, J. A.: Non-verbaler Intelligenztest (SON-R 5 ½ – 17). Göttingen 2005

Tellegen, P. J., Winkel, M., Laros, J. A.: Snijders-Oomen Non-verbaler Intelligenztest (SON-R 2 ½–7) Göttingen 1998

Tewes, U.: HAWIE-R. Hamburg-Wechsler-Intelligenztest für Erwachsene – Revision 1991

Tewes, U., Rossmann, P., Schallberger, U. (Hrsg.): HAWIK-III. Hamburg-Wechsler-Intelligenztest für Kinder III. Bern ³2000

Thomas, M.: Geschichtenerzähltest. Genf 1938

Thomas, P., Eggert, D.: Diagnostisches Inventar Auditiver Alltagssituationen (DIAS). Weinheim 1990

Thurner, F., Tewes, U.: Der Kinder-Angst-Test (K-A-T). Göttingen ³1975

Thurner, F., Tewes, U.: Kinder-Angst-Test II (KAT II). Göttingen 2000

Thurstone, L. L., Thurstone, T. G.: SRA Primary mental abilities – elementary – ages 7 to 11. Examiner Manual. Chicago 1948

Thurstone, L. L., Thurstone, T. G.: SRA Primary mental abilities – intermediate – ages 11 to 17. Examiner Manual. Chicago 1949

Thurstone, L. L., Thurstone, T. G.: SRA Primary mental abilities – primary – ages 5 to 7. Examiner Manual. Chicago 1953

Torrance, E. P.: Torrance Tests of Creative Thinking. Lexington 1974

Trihas, B. J.: Pädagogischer Anamnese-Fragebogen. Neuburgweier/Karlsruhe o. J.

Tröster, H., Flender, J., Reineke, D.: Dortmunder Entwicklungsscreening für den Kindergarten (DESK 3 – 6). Göttingen 2004

Urban, K. K.: Hörverstehtest (HVT). Weinheim 1986

Užgiris, I., Hunt, J. MC. V.: Ordinalskalen zur sensomotorischen Entwicklung. Dt. Bearbeitung v. K. Sarimski. Weinheim 1987

Wagner, J. W. L.: Fragebogen: Einstellung zur Schule für 4. – 6. Klassen (FES 4 – 6). Weinheim 1977

Wagner, J. W. L.: Fragebogen zum Selbstkonzept für 4. – 6. Klassen (FSK 4 – 6). Weinheim 1977

Wechsler, D.: Die Messung der Intelligenz Erwachsener. Bern/Stuttgart 1956, Revision ³1985

Weidlich, S.: Diagnosticum für Cerebralschädigung (DCS). Bern 1972, ⁴2001

Weiss, R. H.: Grundintelligenztest Skala 2 (CFT 20). Braunschweig ⁴1997

Weiss, R. H.: Grundintelligenztest Skala 2 – Revision (CFT 20-R). Göttingen 2006

Weiss, R. H., Osterland, J.: Grundintelligenztest CFT 1, Skala 1. Braunschweig [5]1997

Wendeler, J., Stark, G.: Lesen 3. Weinheim 1973 a

Wendeler, J., Stark, G.: Lesen 4. Weinheim 1973 b

Werscherberger Lautprüf- und Übungsmappe. Arbeiterwohlfahrt Bezirksverband Weser-Ems e. V. (Hrsg.). Oldenburg o. J.

Westhoff, K., Geusen-Asenbaum, C., Leutner, D., Schmidt, M.: Problemfragebogen für 11- bis 14jährige (PF 11 – 14). Braunschweig 1981

Widdel, H.: Fragebogen zum schulischen Leistungsmotiv für 5. – 7. Klassen (FSL 5 – 7). Weinheim 1977

Wieczerkowski, W., Nickel, H., Janowski, A., Fittkau, B., Rauer, W.: Angstfragebogen für Schüler (AFS). Braunschweig [6]1991

Ziler, H.: Der Mann-Zeichen-Test. Münster [4]1973, [11]2000

Zimmer, R., Volkamer, M.: Motoriktest für 4- bis 6jährige Kinder (MOT 4 – 6). Weinheim [2]1987

Sachregister

Konrad Bundschuh
Heilpädagogische Psychologie

4., überarb., erweit. und neu gestaltete Aufl. 2008. 359 Seiten.
13 Abb. 2 Tab.
UTB-M (978-3-8252-1645-0) kt

Wer Sonder- und Heilpädagogik studiert, muss sich mit
Heilpädagogischer Psychologie befassen. Der UTB-Klassi-
ker greift in der 4. Auflage aktuelle Forschungsergebnisse
und Theorien auf: neurobiologische Erkenntnisse über
Lernen und Emotion, aktuelles Wissen aus der Entwicklungspsychologie, Kompetenzorientierung in der Förderdiagnostik u. v. m. Er präsentiert sich in neuem Format
mit Schlüsselbegriffen in der Randspalte; Lernziele und
Übungsfragen helfen beim „Pauken" für die Prüfung.

 **reinhardt**

www.reinhardt-verlag.de

Claudia Quaiser-Pohl/Heiner Rindermann
Entwicklungsdiagnostik

Unter Mitarbeit von A. Born, C. Geiser, K. A. Heller, I. Jüling,
A. Köhler, V. Kwiatkowski und W. Lehmann
2010. 333 Seiten. 28 Abb. 21 Tab. UTB-M (978-3-8252-2880-4) kt

Dieses Lehrbuch gibt einen Überblick über (test-)theore-
tische und methodische Grundlagen sowie die wichtigsten Instrumente der Entwicklungsdiagnostik. Die Autoren
führen in gängige Screening-Verfahren für Säuglinge und
Kleinkinder ein und stellen die allgemeinen Entwicklungstests für die anschließenden Altersgruppen vor. Es folgt
eine Einführung in die Intelligenzdiagnostik. Anschließend werden Tests für verschiedene Entwicklungsbereiche vorgestellt.

www.reinhardt-verlag.de

Sieglind Luise Ellger-Rüttgardt

Geschichte der Sonderpädagogik

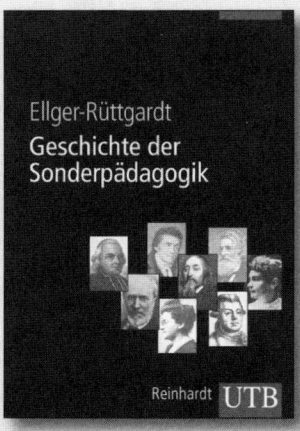

Eine Einführung
2008. 381 Seiten. 42 Abb. 12 Tab.
UTB-L (978-3-8252-8362-9) kt

Ausgehend von Fragen der Gegenwart rollt diese Einführung in die Geschichte der Sonderpädagogik die wichtigsten Etappen chronologisch auf: von der Zeit der Aufklärung über das 19. und 20. Jahrhundert bis hin zu gegenwärtigen Trends in Theorie und Praxis der pädagogischen
Hilfesysteme für behinderte und benachteiligte Kinder
und Jugendliche. Die Widersprüche moderen Pädagogik
werden entfaltet an ihrer Spezialdisziplin Sonderpädagogik. Unterschiedliche theoretische Ansätze wie Ideen-,
Sozial-, Institutuions- und Alltagsgeschichte finden dabei
Berücksichtigung.

℞ reinhardt

www.reinhardt-verlag.de